경제법총서

알기쉬운 프랜차이즈 가맹사업거래법의 이해

김 홍 석 저

화 산 미 디 어

머 리 말

가맹사업(Franchise)이라 함은 가맹본부가 가맹점사업자로 하여금 자기의 영업표지를 사용하여 일정한 품질기준 또는 영업방식에 따라 상품 또는 용역을 판매하도록 함과 아울러 이에 따른 경영 및 영업활동 등에 대한 지원·교육과 통제를 하며 가맹점 사업자는 영업표지의 사용과 경영 및 영업활동 등에 대한 지원·교육의 대가로 가맹금을 지급하는 계속적인 거래관계를 말한다.

이러한 가맹사업은 가맹본부가 제공하는 영업표지(브랜드)와 노하우를 이용하여 별다른 경험이나 사업지식이 없는 사람도 창업할 수 있다는 장점 때문에 소자본 창업자들이 가장 선호하는 창업형태이고, 가맹본부 또한 자신이 보유하고 있는 독특한 브랜드나 사업모델을 가맹희망자들의 자본을 통해 확산시킴으로써 적은 자본으로도 수익을 창출할 수 있는 매우 효율적인 사업방식이라 할 수 있다.

공정거래위원회에 등록된 정보공개서에 따르면 2015년 말 현재 등록된 가맹본부의 가맹점 수는 208,104개로 2008년(107,354개) 대비 약 93.8% 증가하였다. 이는 2008년 글로벌 경제위기 이후 명예퇴직자 등이 소자본으로 쉽게 창업할 수 있는 가맹사업 분야에 진출을 확대하고 있기 때문으로 분석된다.

공정거래위원회는 가맹사업의 공정한 거래질서를 확립하고 가맹본부와 가맹점사업자가 대등한 지위에서 상호보완적으로 균형 있게 발전하도록 하기 위하여 2002년 5월 13일부터 가맹사업법을 제정하였다.

이러한 가맹사업의 공정한 거래질서를 확립하고 가맹본부와 가맹점사업자가 대등한 지위에서 상호보완적으로 균형있게 발전하도록 함으로써 소비자 복지의 증진과 국민경제의 건전한 발전에 이바지함을 목적으로 제정한 가맹사업거래의 공정화에 관한 법률을 저자는 공정거래위원회 재직시 법집행을 통해 얻게 된 경험과 공정거래위원회를 떠나 대학강단에서 소비자법 강의 및 소비자단체 등에서 활동하면서 느꼈던 실무경험 등을 살려 법과 제도를 쉽게 설명하고 체계적으로 정리하였다.

이 책이 법과 제도를 몰라서 피해를 보는 사업자들이 더 이상 발생하지 않도록 도움이 되었으면 하는 바람이 있으며, 가맹사업법을 집행하고 운용하고 있는 공정거래위원회, 검찰, 경찰, 서울특별시 등 지방자치단체 및 소비자단체, 이 법을 준수해야할 사업자 모든 분들에게 좋은 참고 서적이 되기를 바란다.

본서의 출간을 위해 자료를 정리하여 주신 선문대학교 성화학숙 허원욱 차장에게 고마움을 전하며, 흔쾌히 출간을 승낙하여 주신 화산미디어 현근택 사장님께 감사의 마음을 올린다.

2017년 1월 1일

김 홍 석

차 례

알기쉬운 프랜차이즈 가맹사업거래법의 이해

제 1 장 가맹사업법 개요

제 1 절 가맹사업거래의 의의 및 기능

Ⅰ. 개 요

가맹사업(Franchise)이라 함은 가맹본부가 가맹점사업자로 하여금 자기의 영업표지를 사용하여 일정한 품질기준 또는 영업방식에 따라 상품 또는 용역을 판매하도록 함과 아울러 이에 따른 경영 및 영업활동 등에 대한 지원·교육과 통제를 하며 가맹점 사업자는 영업표지의 사용과 경영 및 영업활동 등에 대한 지원·교육의 대가로 가맹금을 지급하는 계속적인 거래관계를 말한다.

이러한 가맹사업은 가맹본부가 제공하는 영업표지(브랜드)와 노하우를 이용하여 별다른 경험이나 사업지식이 없는 사람도 창업할 수 있다는 장점 때문에 소자본 창업자들이 가장 선호하는 창업형태이고, 가맹본부 또한 자신이 보유하고 있는 독특한 브랜드나 사업모델을 가맹희망자들의 자본을 통해 확산시킴으로써 적은 자본으로도 수익을 창출할 수 있는 매우 효율적인 사업방식이라 할 수 있다.

공정거래위원회에 등록된 정보공개서에 따르면 2015년 말 현재 등록된 가맹본부의 가맹점 수는 208,104개로 2008년(107,354개) 대비 약 93.8% 증가하였다. 이는 2008년 글로벌 경제위기 이후 명예퇴직자 등이 소자본으로 쉽게 창업할 수 있는 가맹사업 분야에 진출을 확대하고 있기 때문으로 분석된다.

공정거래위원회는 가맹사업의 공정한 거래질서를 확립하고 가맹본부와 가맹점사업자가 대등한 지위에서 상호보완적으로 균형 있게 발전하도록 하기 위하여 2002년 5월 13일부터 가맹사업법을 제정하였다.

이후 몇 차례 가맹사업법 개정이 이루어졌는데, 특히 2007년 8월 3일 제4차 가맹사업법 개정에서는 가맹본부와 가맹희망자 또는 가맹점사업자 간 정보의 불균형으로 인해 발생할 수 있는 부작용을 예방하기 위하여 정보공개서 등록제와 가맹금 예치제 등을 주요내용으로 하여 개정이 이루어졌다. 아울러, 2008년 11월 부터는 공정거래위원회에 등록된 정보공개서의 주요내용을 가맹사업정보제공시스템(http://franchise.ftc.go.kr)을 통해 일반인에게 공개하여 정보공개서의 신뢰성과 투명성을 제고하였다.

한편, 가맹사업시장이 빠른 속도로 확대되면서 가맹본부의 허위·과장 정보제공, 부당한 영업시간 강요, 가맹계약 중도해지 시 과도한 위약금 요구, 잦은 매장 환경개선 요구, 가맹본부의 우월한 거래상의 지위를 이용한 불공정행위 등으로 인해 가맹점 사업자의 피해가 확산됨에 따라 2013년 8월 13일 제9차 개정이 이루어졌다. 제9차 개정 가맹사업법에서는 가맹희망자 또는 가맹점사업자에게 정확하고 충분한 정보가 제공되도록 하고, 부당한 점포환경 개선 요구, 부당한 영업시간 구속, 부당한 영업지역 침해 등을 금지함으로써 새롭게 제기되는 불공정거래행위를 예방할 수 있는 제도적 장치를 마련하는 것을 주요내용으로 하여, 2014년 2월 14일부터 시행되었다(영업지역 보호제도 강화조항은 2014년 8월 14일부터 시행되었다.).

또한, 일부 가맹점사업자 등으로부터 가맹본부가 광고나 판촉행사를 목적으로 가맹점사업자로부터 금전을 수수하는 경우가 빈번하나, 가맹점사업자는 가맹본부가 동 금전을 목적에 맞게 사용했는지 알 수 있는 방법이 없어 가맹본부가 자신이 부담해야 할 비용까지 가맹점사업자에게 전가할 우려가 있다는 문제가 제기되었다. 또한 분쟁조정조서에는 민사상 합의의 효력만 인정되어 가맹본부가 조정사항을 이행하지 않는 경우 가맹점사업자는 별도의 소송을 제기해야 하는 어려움이 있었다. 이에 가맹본부의 광고·판촉행사 집행내역 통보의무를 신설하고, 조정조서에 재판상 화해의 효력을 인정하는 등의 내용으로 2016년 3월 29일 제10차 개정이 이루어졌다.

Ⅱ. 법 집행 실적

1. 사건처리 실적

2002년 가맹사업법 제정 이후 2015년 12월 31일까지 가맹사업법 위반행위에 대한 시정실적은 총 1,223건이며, 이 가운데 시정명령은 391건, 경고는 832건을 차지하였다. 특히, 2015년에는 가맹사업법 위반행위에 대한 시정명령이 총 95건 이루어져 역대 최다로 부과되었다. 특히, 2015년에는 가맹사업법 위반행위에 대한 시정명령이 총 95건 이루어져 역대 최다로 부과되었다. 특히. ㈜지엔푸드(굽네치킨)의 부당한 영업지역 축소행위에 대해 시정명령 및 과징금을 부과하고, ㈜핫시즈너(동대문엽기떡볶이)의 영업지역 침해행위에 대해 시정명령을 부과하는 등 엄정한 법집행이 이루어졌다.

[표 1] 연도별 사건처리 실적

연도	2003	2004	2005	2006	2007	2008	2009	2010	2011	2012	2013	2014	2015	계
시정명령	0	2	5	14	7	11	28	23	49	48	54	55	95	391
경고	1	7	29	16	39	84	338	142	61	52	19	18	26	832
계	1	9	34	30	46	95	366	165	110	100	73	73	121	1,223

2015년에 시정한 121건을 위반행위 유형별로 보면, 정보공개서 제공의무 위반이 104건으로 가장 많았고, 불공정거래행위가 7건, 허위·과장 정보제공이 6건, 가맹금 미예치, 가맹계약서 미교부, 가맹금 미반환 등 기타 위반행위가 4건을 차지했다.

아직까지 정보공개서 제공의무 위반이 빈번히 발생하고 있는 것은 가맹본부의 상대적인 영세성에 기인한 것으로 보인다. 2015년 공정위에 등록된 가맹본부 중 매출액 200억원 미만의 영세한 가맹본부가 차지하는 비중이 94.2%, 매출액 10억원 미만인 가맹본부는 65.3%에 달하는 등 대다수는 가맹본부가 영세한 상황이다.

[표 2] 위반유형별 시정실적

정보공개서 제공의무 위반	불공정 거래행위	허위과장 정보제공	가맹금 미예치	가맹계약서 미교부	가맹금 미반환	합계
104	7	6	2	1	1	121

2. 정보공개서 등록 및 공개 실적

공정거래위원회는 2008년 5월 이후 정보공개서 등록 및 공개 업무를 지속적으로 추진하고 있다. 보다 효율적인 정보공개서 등록을 위하여 2012년 2월 17일 가맹사업법 개정으로 정보공개서 등록 관련 업무를 한국공정거래조정원에 위탁할 수 있는 근거를 마련하여, 2013년부터는 정보공개서 등록 관련 업무는 한국공정거래조정원에서 담당하고 있다.

2015년 말 기준으로 국내 전체 가맹본부 수는 3,910개, 영업표지(브랜드) 수는 4,844개에 달하고 있는데, 이는 정보공개서 등록제가 도입된 2008년 대비 가맹본부 수는 387.5%, 영업표지(브랜드) 수는 379.6% 증가한 수치다.

[표 3] 공정거래위원회 가맹본부 정보공개서 등록 현황

구분	2008	2009	2010	2011	2012	2013	2014	2015
가맹본부	1,009	1,505	2,042	2,405	2,678	2,973	3,482	3,910
영업표지	1,276	1,901	2,550	2,947	3,311	3,691	4,288	4,844
가맹점 수	107,354	132,443	148,719	170,926	176,788	190,730	194,199	208,104
직영점 수	6,087	7,695	9,477	10,155	11,326	12,619	12,869	15,459

* 출처 : 공정위 가맹정보제공시스템, 전년도 가맹사업 실적을 매년 4월 말에 집계하므로 가맹점수직영점수는 전년도 실적이 반영됨

등록된 정보공개서는 2008년 11월부터 가맹사업정보제공시스템(http://franchise. ftc.go.kr)을 통하여 일반인에게 공개되고 있으며, 2015년 동 사이트 방문자 수는 751,078명에 달한다.

[표 4] 가맹사업정보제공시스템 방문자수 현황

구분	2008	2009	2010	2011	2012	2013	2014	2015	합계
방문자 수	56,979	202,543	458,692	1,011,691	800,660	666,886	1,019,679	751,078	4,968,208

한편, 공정거래위원회는 2015년 9월 18일 가맹희망자 피해예방을 위해 정보공개서 내용 중 매출액 등 정보공개서의 중요사항을 변경등록하지 아니한 241개 가맹본부의 263개 정보공개서의 등록을 취소하여 정보공개서의 신뢰

성을 제고하였다.

3. 가맹사업거래분쟁조정협의회 운영 실적

가맹사업거래 관련 분쟁사건에 대한 분쟁조정은 한국공정거래조정원 산하의 가맹사업거래분쟁조정협의회에서 담당하고 있다.

가맹사업거래분쟁조정협의회에서 2003년~2015년의 기간 동안 조정한 실적은 총 5,140건으로서 연평균 395건 가량이고, 2015년은 총 550건의 사건이 조정되었다.

2015년 분쟁조정실적을 살펴보면, 총 550건 중 263건에 대하여 조정절차를 종료하였고, 조정절차 종료 건 중 224건이 조정성립되었는 바, 조정성립률은 85.2%로서 역대 최고 수준이다.

[표 5] 분쟁조정 내역

(단위 : 건, 2003.1.1. ~ 2015.12.31.)

연도	조정성립	조정절차 완료	소계	기각*	조정절차	총계
		조정불성립			중단**	
2003	110	59	169	17	0	186
2004	132	64	196	26	0	222
2005	62	111	173	94	2	269
2006	74	72	146	40	1	187
2007	68	77	145	42	1	188
2008	154	81	235	26	41	302
2009	201	51	252	34	81	367
2010	170	67	237	28	149	414
2011	459	106	565	14	131	710
2012	324	82	406	17	186	609
2013	381	45	426	51	130	607
2014	249	18	267	62	200	529
2015	224	39	263	31	256	550
합계	2,608	872	3,480	482	1,178	5,140

* 기각 : 분쟁조정신청 이유 없음.

** 조정절차중단 : 소제기, 신고취하, 가맹본부의 소재불명 및 폐업 등

한편, 2015년에 조정이 성립된 사건을 유형별로 살펴보면, 정보공개서 제공의무 위반이 53건으로 가장 많은 부분을 차지하였다. 현행 가맹사업법상 가맹본부는 공정위에 등록된 정보공개서를 제공한 날부터 14일이 지나지 않은 경우에는 가맹희망자와 가맹계약을 체결하거나, 가맹금을 수령하는 행위가 금지되는바, 이러한 규정을 준수하지 않고 성급하게 가맹계약을 체결하여 이와 관련한 가맹금반환이나 계약해지 등의 분쟁이 많았던 데 기인하는 것으로 판단된다.

[표 6] 분쟁조정협의회 유형별 조정실적

(단위 : 건, 2015.12.31. 기준)

유 형 별	조정절차 완료		이유 없음	조정절차 중단	계
	조정성립	조정불성립			
정보공개서 제공의무 위반	53	9	3	39	104
가맹금 예치의무 위반	2	-	-	2	4
허위, 과장 정보 제공	39	8	8	45	100
부당한 계약 해지	10	-	2	20	32
부당한 계약 종료	3	-	-	-	3
부당한 계약 변경	4	-	1	5	10
영업지역 침해	15	1	3	38	57
부당한 내용의 계약조건 설정	5	8	-	2	15
계약이행의 청구	5	1	1	1	8
부당이득 반환	9	-	-	8	17
상표 및 의장권 침해	-	-	-	1	1
기 타	79	12	13	95	199
합 계	224	39	31	256	550

4. 가맹거래사 제도 운영

가맹희망자들의 무경험·전문지식 부족을 보완하고 가맹사업거래와 관련하여 가맹점사업자들이 저렴한 비용으로 손쉽게 법률적 조언을 받을 수 있도록 하기 위하여 가맹사업법 제27조 및 제28조에 가맹거래사 제도가 마련되어 있고, 자격시험 실시업무를 한국산업인력공단에 위탁·운영하고 있다. 가맹거래사 자격시험이 2003년도에 처음으로 실시되어 62명의 합격자가 나온 이후 2015년 말 현재 총 585명의 합격자가 배출되었다.

또한, 가맹사업법 제27조 같은 법 시행령 제30조에 따라 가맹거래사 자격시험 합격자를 대상으로 실무수습을 실시하고 있으며, 2015년 말 현재 총 488명이 실무수습을 이수하였으며 이 중 401명이 공정거래위원회에 등록한 상태이다.[1)]

[표 7] 최근 가맹거래사 시험 합격자 및 공정위 등록자 현황

(단위 : 명, 2003.1.1. ~ 2015.12.31)

년도	합격자 수	실무수습자 수	등록자 수
2003	62	-	-
2004	52	55	29
2005	18	34	6
2006	29	-	13
2007	31	41	14
2008	45	28	45
2009	50	34	25
2010	28	67	33
2011	55	45	20
2012	50	36	50
2013	65	60	76
2014	46	46	48
2015	54	42	42
합 계	585	488	401

1) 공정거래위원회, 2016년판 공정거래백서 494-501 인용.

Ⅲ. 가맹사업의 성장과 현황

1. 가맹사업의 성장과 현황

가맹사업은 가맹본부가 가맹점사업자에게 상표 등 영업표지(브랜드) 사용권을 부여하고 일정한 영업방식에 대한 지원, 교육 및 통제를 하면서 그 대가로 가맹금을 수령하는 계속적인 거래관계[2]로서 1960년대 미국에서 시작된 유통사업의 한 분야이다.[3]

우리나라는 1995년 12월 29일 상법 개정 시 제46조(기본적 상행위) 제20호에 "상호・상표 등의 사용허락에 의한 영업에 관한 행위"라는 가맹사업 관련 규정을 추가[4]하여 상법을 주로 적용해 오다가 2002년 5월 13일 공정거래법의 특별법인 가맹사업이 제정되면서 가맹사업과 관련한 행정업무 및 분쟁의 대부분은 가맹거래법의 적용을 받고 있다.

국세청이 제출한 자료에 따르면, 2004년에서 2013년까지 창업한 개인사업자 등록 건수는 949만 건인데, 이 중 현재까지 사업 계속 중인 업체는 156만 건으로, 지난 10년 동안 자영업자의 생존율은 16.4%에 불과하다.[5] 그런데 가맹점사업자의 경우에는 개업 후 3년차 생존율이 73.02%로 일반 개인사업자의 3년차 생존율인 58.43%보다 14.59%나 높은 것으로 나타나고 있다.

위와 같이 가맹사업 창업의 경우, 가맹본부로부터 창업 및 영업에 관한 조력을 받을 수 있고, 실제로 일반 개인사업자에 비하여 가맹점사업자의 생존율이 높게 나타나고 있어, 많은 창업자들이 현재 창업 과정에서 가맹사업에 뛰어들고 있는 것이다. 그 결과 2010년 2,042개였던 가맹본부가 2014년 기준 3,482개, 같은 기간 148,719개의 가맹점도 194,199개로 증가할 만큼 가파른

---

2) 가맹거래 공정화에 관한 법률 제2조 제1호 : 가맹사업이란 가맹본부가 가맹점사업자로 하여금 자기의 상표・서비스표・상호・간판 그 밖의 영업표지(이하 "영업표지"라 한다)를 사용하여 일정한 품질기준이나 영업방식에 따라 상품(원재료 및 부재료를 포함한다. 이하 같다) 또는 용역을 판매하도록 함과 아울러 이에 따른 경영 및 영업활동 등에 대한 지원・교육과 통제를 하며, 가맹점사업자는 영업표지의 사용과 경영 및 영업활동 등에 대한 지원・교육의 대가로 가맹본부에 가맹금을 지급하는 계속적인 거래관계를 말한다.

3) Glady Glickman, Franchising Vol. 1., Matthew Bender(2006) § 1 ; William P. Hall, Franchising New Scope for an Old Technique, 42 Harv. Bus. Rev. 60, 72(1964)

4) 〈우리나라 가맹거래법의 현주소〉, 최영홍, 서강법학 제9권

5) 2015. 11. 15.자 뉴시스, [자영업자 인생유전①]문 닫는 자영업자 속출…다 어디로 갔나?

성장세를 보이고 있다.

2. 가맹사업 관련 분쟁의 증가

가맹사업의 성장세가 두드러지는 만큼 가맹사업과 관련된 분쟁도 아래와 같이 꾸준히 증가하고 있는 추세이다.

〈그림 1〉 한국공정거래조정원 연도별 분쟁조정 접수현황

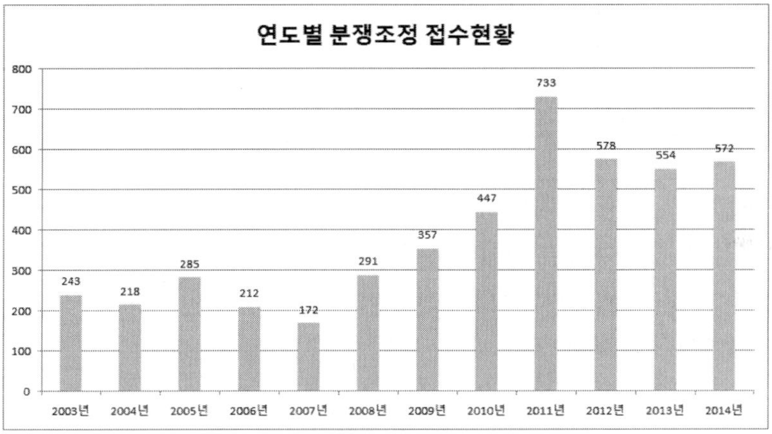

3. 가맹사업 분쟁의 유형과 주요 발생 시기

가맹사업은 주로 사업 경험이 부족한 가맹점사업자들이 창업수단으로 활용하기 때문에 창업 단계부터 가맹본부에 전적으로 의존하게 되는 반면, 가맹사업과 관련된 대부분의 정보를 독점적으로 보유하고 있는 가맹본부는 계약 체결 전부터 정보력 우위 등을 원인으로 가맹점사업자에 대한 우월적인 지위에 있게 되고 아래 〈그림 2〉와 같이 가맹점사업자는 계약 체결 전 단계부터 가맹계약 이행, 가맹계약 종료 단계까지 가맹본부의 불공정행위 피해위험에 노출될 위험에 처하게 된다.

〈그림 2〉 분쟁의 유형

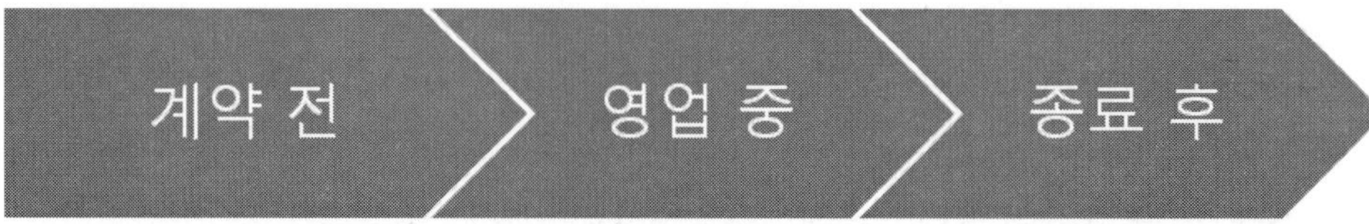

- 정보공개서, 계약서 사전 미제공
- 허위 · 과장 또는 불충분한 정보 제공
- 점포 입지선정 및 개점 지연
- 부실한 교육 · 훈련 내용

- 가맹사업 및 물류공급 중단
- 가맹금, 상품대금 부당 인상
- 광고·판촉비 부당 징수
- 부당한 영업시간 강요
- 경영지원 미비
- 영업지역 내 추가 출점

- 계약해지 절차 미준수
- 재계약시 부당한 조건 강요
- 과도한 경업금지 의무

2013년의 공정거래위원회에서 시정명령과 경고 조치를 받은 사건을 구체적으로 살펴보면 대부분이 가맹계약 체결 이전 단계인 정보공개서 제공 · 가맹계약서의 교부 단계에서 문제가 발생하고 있다.

〈그림 3〉 2013년 공정위 처분실적

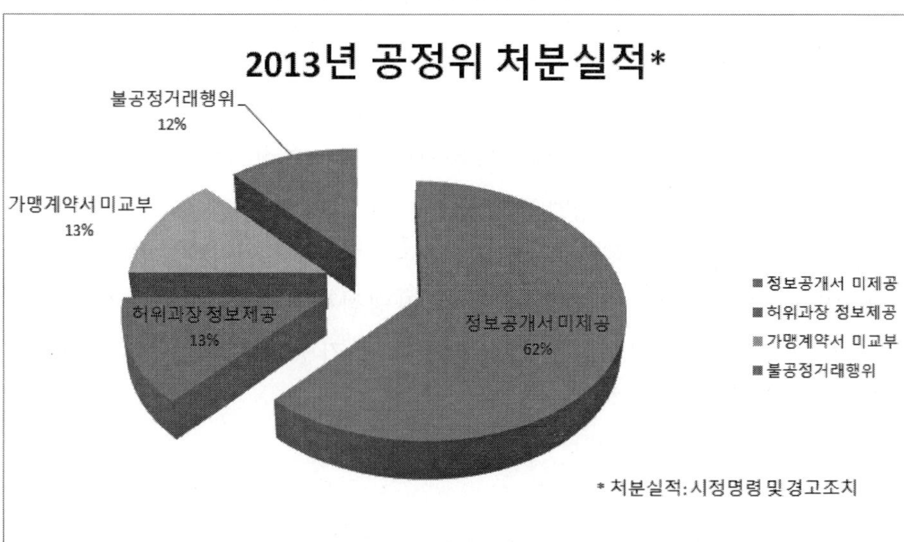

4. 사후적 해결의 한계

2003년부터 2013년까지 한국공정거래조정원의 가맹사업거래분쟁조정협의회에 접수된 조정신청 사건 현황을 보면, 신청이 접수된 4,061건 중 조정이 성립된 사건은 2,135건으로 겨우 50%를 웃도는 수준이다(조정불성립 815건, 기각 389건, 조정절차 중단 722건 등).

이는 절반 정도의 사건이 해결되지 못한 채 여전히 가맹본부와의 갈등을 유지한 상태로 남아 있는 것을 의미하며, 나아가 가맹사업이 가맹본부와 가맹점사업자 사이에 관계의 지속성을 전제로 운영되는 점을 고려하면 이러한 분쟁의 미해결은 필연적으로 계약해지로 연결된다.

5. 사전예방과 가맹사업 인증제도

현재 가맹사업 분쟁의 유형이 가맹계약 체결 단계에서 주로 많이 발생하고 있는 점과 분쟁 해결에 드는 비용과 피해를 감안하면, 가맹본부와 가맹점사업자 사이의 분쟁을 사전에 예방하는 것이 분쟁에 가장 효과적인 대안으로 고려될 수 있다.

이와 같은 사전적 통제의 방법으로는 전술한 바와 같이 형식적 심사 수준인 정보공개서 등록업무를 실질적 심사 수준으로 강화하고, 실태조사와 상시적인 감찰을 통해 형해화된 정보공개서와 가맹계약서의 사전 제시의무를 강화하는 방법과 가맹점사업자로부터 수취한 부당이득을 통해 수익을 창출하는 불공정한 가맹본부와 충실한 가맹사업 내용과 가맹점사업자와의 파트너십 관계 속에서 영업이익을 창출하는 건전한 가맹본부를 구분하여 후자가 가맹사업 업계를 주도하도록 가맹사업 문화를 개선하는 방법이 있다.[6]

Ⅳ. 향후 과제

공정거래위원회는 2013년 8월 13일 가맹사업법 개정을 통하여, 가맹사업 분야에서 새롭게 제기되거나 확산되고 있는 불공정행위를 근절하기 위한 각종 제도적 장치를 마련하였고, 이에 따라 2014년에는 가맹본부의 불공정행위

6) 서울시, 가맹사업거래인증제도도입방안 용역자료에서 일부 발췌.

및 관행을 감시·적발하여 엄중하게 조치를 하는 데 주력하였다.

그 결과 2014년 말 가맹분야에서 최초로 실시한 실태조사 결과에 의하면, 가맹사업법상 새로 도입된 제도들이 불공정거래를 개선하는 계기로 작용한 것으로 나타났다. 심야영업에서 손실이 발생한 편의점 등이 영업시간 단축을 신청하는 경우 심야시간대 영업손실 발생 등의 요건이 실제로 충족된 경우에는 모두 심야영업중단이 허용(996개)되었고, 가맹점주의 위약금(△21.2%)·매장시설변경 비용부담(즉석음식 업종△29.3%)도 2013년에 비해 2014년에는 상당 부분 감소한 것으로 나타났다. 한편, 영업지역설정의무제도 시행(2014년 8월) 이후 조사대상 201개 가맹본부는 모두 거리 기준(98개), 인구·세대 기준(40개), 행정구역 기준(29개), 복수 기준(18개) 등 다양한 형태로 영업지역을 설정해 주고 있었다.

그러나, 아직 가맹사업 분야에서의 공정한 거래질서가 정착되기까지는 더 많은 노력이 필요할 것으로 전망된다. 대부분 가맹점사업자들은 권리확보를 위한 노력을 기울이기 어려운 생계형 자영업자로서 스스로 관련 제도를 충분히 알고 창업준비 단계부터 권리를 지켜나가는 데에는 부족함이 있고, 일부 가맹본부의 경우 가맹사업법을 제대로 숙지하지 않고 있거나 의도적으로 이를 회피하려는 잘못된 인식에서 완전히 탈피하지 못한 것으로 보이기 때문이다.

이에 따라, 공정거래위원회는 앞으로 가맹사업법상 신규 도입제도를 착실히 집행하는 한편, 당해 제도들의 작동실태에 대해 지속적으로 점검하고 가맹본부뿐만 아니라 가맹점사업자가 관련 제도를 충분히 숙지할 수 있도록 교육·홍보활동을 지속적으로 벌여나가는 등 가맹사업법상 신규 제도들이 우리 사회에 제대로 뿌리내릴 수 있도록 다각적으로 노력해야 할 것이다.[7]

---

7) 공정거래위원회, 2015년판 공정거래백서 455-462 인용.

제 2 절 개 념

Ⅰ. 목 적

이 법은 가맹사업의 공정한 거래질서를 확립하고 가맹본부와 가맹점사업자가 대등한 지위에서 상호보완적으로 균형있게 발전하도록 함으로써 소비자 복지의 증진과 국민경제의 건전한 발전에 이바지함을 목적으로 한다(법 제1조).

가맹사업거래의 공정화에 관한 법률(이하 '가맹사업법'이라 한다)은 가맹사업의 공정한 거래질서를 확립하고, 가맹본부와 가맹점사업자 양 당사자가 대등한 지위에서 상호보완적으로 균형 있게 발전하도록 함으로써 소비자 복지의 증진과 국민경제의 건전한 발전에 이바지함을 목적으로 제정된 법률이다.

즉, 가맹점운영과 관련된 거래관계에서 정보력, 기술력, 경영노하우, 자본력 등 우월한 지위에 있는 가맹본부가 가맹점사업자[8]에게 불공정거래행위를 하여 발생하는 피해를 규제하기 위한 법률이다.

가맹사업법은 가맹본부가 가맹사업을 적법하게 영위하기 위하여 준수하여야 하는 개별제도에 대한 규정[9]과 가맹점사업자단체구성 및 협의요청에 대한 규정 그리고 분쟁해결을 위한 제도[10]가 주요 내용을 이루고 있다.

이를 가맹사업거래의 진행단계에 따라 분류하면 다음과 같다.[11]

---

8) 가맹점주

9) 정보공개서 등록제도, 가맹금 예치제, 가맹금 반환제도, 가맹계약 갱신요구권, 해지절차 제한, 허위·과장정보 제공, 불공정거래행위의 금지.

10) 조정신청, 공정거래위원회의 사건조사.

11) 프랜차이즈 불공정피해 상담사례집, 서울시, 2015.12, 21 인용.

계약체결 단계

- 정보공개제도
- 허위·과장된 정보제공 등의 금지
- 가맹금 보호제도
- 가맹계약서 규제

계약존속 단계

- (협의의) 불공정행위 금지
- 부당한 점포환경 개선 강요 금지 등
- 부당한 영업시간 구속 금지
- 부당한 영업지역 침해 금지

계약종료 단계

- 가맹계약 갱신요구제도(10년)
- 계약해지의 제한

판례[12]

【판시사항】

[1] 당사자 사이의 특정계약으로부터 발생하는 일체의 분쟁에 관한 전속적 국제관할합의의 효력이 그 분쟁과 사실관계를 같이하는 민사상 불법행위를 원인으로 한 손해배상청구에 미치는지 여부(적극)

[2] 전속적 국제관할합의가 가맹사업거래의공정화에관한법률위반을 원인으로 구하는 손해배상청구에 적용되는지 여부(소극)

【판결요지】

[1] 계약당사자가 계약체결 시 준거법을 미국 캘리포니아주 법으로 지정하고, 동 계약으로부터 발생하는 일체의 분쟁에 관하여 전속적 재판관할의 합의를 하였고, 한편으로 계약 일방당사자의 책임한도를 계약·불법행위 또는 기타 책임과 관련된 다른 어떠한 논리나 주장에도 불구하고 그 청구의 원인이 발생하기 직전 12개월 동안 본 계약에 따라 타방 당사자로부터 실제로 지급받은 작동 수수료 금액을 초과할 수 없는 것으로 약정한 경우, 이 관할합의의 효력은 동 계약과 관련하여 발생하는 채무불이행을 원인으로 한 손해배상책임뿐 아니라 그와 사실관계를 같이 하는 민사상 불법행위를 원인으로 한 손해배상책임에도 미친다.

[2] 가맹사업거래의공정화에관한법률은 가맹사업의 공정한 거래질서를 확립하고 가맹본부와 가맹사업자가 대등한 지위에서 상호보완적으로 균형있게 발전하도록 함으로써 소비자 복지의 증진과 국민경제의 건전한 발전에 이바지함을 목적으로 제정된 법인바, 가맹사업거래의공정화에관한법률위반 행위는 사회적 관점에서 볼 때 계약과는 별개의 생활관계에서

발생한 불법행위로 봄이 상당하고, 또한, 가맹사업거래의공정화에관한법률위반을 원인으로 한 불법행위에 대하여까지 외국법인의 전속적 관할합의를 인정하는 것은 가맹사업거래의공정화에관한법률의 공익적 특수성에 비추어 볼 때 대한민국의 공서양속을 해칠 수도 있으므로 국제관할합의의 효력이 가맹사업거래의공정화에관한법률위반을 원인으로 한 손해배상청구의 소에까지 미친다고 할 수는 없다.

【주문】

1. 원고가 피고들에 대하여 계약해제를 원인으로 구하는 원상회복 및 손해배상청구의 소와 민사상 불법행위를 원인으로 구하는 손해배상청구의 소를 각하한다.
2. 원고가 피고들에 대하여 가맹사업거래의공정화에관한법률위반을 원인으로 구하는 손해배상청구를 기각한다.
3. 소송비용은 원고가 부담한다.

【청구취지】

피고들은 연대하여 원고에게 미화 825,000＄ 및 이 중 미화 750,000＄에 대하여는 2001. 6. 30.부터, 미화 75,000＄에 대하여는 2001. 7. 31.부터 각 이 사건 소장부본 송달일까지는 연 6%, 그 다음날부터 완제일까지는 연 20%의 각 비율에 의한 금원을 지급하라.

【이유】

1. 기초사실

가. 원고는 전자인증사업 등을 목적으로 설립된 국내 법인이다. 피고 피닉스 테크놀로지스 리미티드(이하 '피고 미국 법인'이라 한다)는 전자부품 생산 및 장치인증사업 등을 목적으로 설립된 미국 법인이다. 피고 피닉스 테크놀로지스(헝가리) 소프트웨어 라이센싱 유한회사(이하 '피고 헝가리 법인'이라 한다)는 소프트웨어 사용허락 및 관리 등을 목적으로 설립된 헝가리 법인으로 피고 미국 법인의 자회사이다.

나. 원고와 피고 미국 법인은 2001. 3. 30. 피고 미국 법인이 원고를 대한민국 지역(및 도메인)에 대한 독점 인증서비스 공급자로 지정하고, 원고에게 컴퓨터 인증 서비스를 위한 소프트웨어 및 사용설명서 등의 제품

을 공급하며, 컴퓨터 인증 서비스를 위한 교육 등을 하고, 실제 수령한 서비스 순이익의 30%를 원고에게 지급하며, 원고가 그 대가로 피고 미국 법인에게 기술료, 지원비 등의 금원을 지급하는 것을 내용으로 하는 지역인증기관계약(이하 '이 사건 본계약'이라 한다)을 체결하였는데, 거기에는 다음과 같은 약정이 포함되어 있다.

(1) 책임의 제한 : 피고 미국 법인의 책임 한도는 계약, 불법행위 또는 기타 책임과 관련된 다른 어떠한 논리나 주장에도 불구하고, 그 청구의 원인이 발생하기 직전 12개월 동안 본 계약에 따라 피고 미국 법인이 원고로부터 실제로 지급받은 작동 수수료 금액을 초과할 수 없다.

(2) 준거법과 재판관할권 : 본 계약은 준거법 선택의 원칙을 배제하고 미국 캘리포니아주의 법을 적용하여 해석되어야 한다. 캘리포니아주 산타클라라 카운티에 있는 캘리포니아 북부지역 연방법원과 캘리포니아 주법원은 본 계약으로부터 발생하는 일체의 분쟁에 대한 전속적 재판관할권을 가진다.

(3) 양도금지 및 구속력 : 원고는 본 계약상으로 발생하는 원고의 권리와 의무를 피고 미국 법인의 사전 서면 동의 없이는 원고의 매각 또는 기타의 방법을 통해 직접적 또는 간접적으로 양도하거나 이전하지 않기로 합의한다. 이에 따라서 본 계약은 본 계약의 당사자, 그 승계인 및 승낙받은 양수인에 대하여 동일한 법적 구속력을 가지며, 이들의 이익으로 적용되어야 한다.

(4) 완결 합의 : 본 계약은 당사자 간에 본 사안과 관련하여 이루어진 일체의 합의 및 양해사항을 규정한 것으로, 이로써 이와 관련하여 과거 및 현재에 구두 또는 서면으로 한 모든 합의 및 양해사항을 대체하고 교체한다.

다. 원고와 피고 미국 법인은 2001. 3. 31. 피고 미국 법인의 지위를 자회사인 피고 헝가리 법인이 양수하고 원고가 지급하기로 한 기술료, 지원비 등의 금원을 감액하는 내용의 수정계약(이하 '이 사건 수정계약'이라 한다)을 체결하였고, 이 사건 수정계약에 의하여 변경된 것을 제외한 이 사건 본계약의 나머지 모든 조항과 조건은 완전한 효력을 유지하는 것으로 약정하였다.

라. 이 사건 계약(앞의 본계약과 수정계약을 포함한다. 이하 같다.)상 원고의 피고들에 대한 기술료, 지원비 등의 금원 지급의무의 이행지는 피고들의 본점이고, 피고들의 원고에 대한 컴퓨터 인증 서비스 소프트웨

어 제공, 기술자 훈련, 기술지원의 이행지는 대한민국이다.

마. 원고의 본점은 서울에 있고, 원고는 미국에 지점이나 영업소가 없다. 피고 미국 법인의 본점은 미국 캘리포니아에 있고, 피고 헝가리 법인의 본점은 헝가리 부다페스트에 있으며, 피고들은 한국 내에 지점이나 영업소가 없다.

바. 피고들은 2003. 5. 7.경 미국 캘리포니아 주법원에 이 사건 계약과 관련한 원고의 채무불이행 등을 이유로 손해배상을 청구하는 소를 제기하였다. 원고는 위 소에 적극적으로 응소하면서 2003. 10. 24.경 이 사건 청구원인과 동일한 사실관계에 기초하여 피고들을 상대로 손해배상을 청구하는 반소를 제기하였다.

[증거] 갑 제1 내지 3호증, 갑 제4, 6호증의 각 1, 2의 각 기재, 변론 전체의 취지

2. 원고의 주장은 이렇다.

피고들은 원고에게 이 사건 계약을 체결할 것을 권유하면서, 사업 첫해의 수익이 미화 3,330,534＄가 될 것이라고 사업전망을 설명하고, 나아가 매 분기마다 미화 30,000＄씩 총 미화 240,000＄의 영업지원비용을 지급하며, 향후 원고에게 100만 ＄를 투자할 계획이라고 구체적인 수치까지 제시하며 사업성을 보장하였다. 원고는 이를 믿고 이 사건 계약을 체결하고 2001. 6. 29. 기술료로 미화 750,000＄, 2001. 7. 31. 지원비로 미화 75,000＄를 피고들에게 송금하였다. 그런데 피고들은 전혀 근거 없는 사업전망을 한 것이었고, 영업지원비용으로 약속한 금액에 훨씬 못 미치는 미화 25,000＄를 보내주었을 뿐이며, 미화 1,0000,000＄를 투자하기로 한 약속도 미루기만 하고 지키지 않았다.

그렇다면 피고들은 약정한 의무를 이행하지 아니하였거나, 아니면 허위로 사업성을 보장하였던 것이 된다.

이에 원고는 이 사건 소장 부본의 송달로 이 사건 계약을 해제하고 원상회복 및 손해배상으로서 피고들에게 지급한 미화 825,000＄ 및 그 이자 상당액의 반환을 구한다. 또한, 피고들의 이러한 행위는 신의칙상 요구되는 신뢰보호의 원칙 및 계약체결 과정에서의 선관주의의무를 중대하게 위반한 민사상의 불법행위가 되므로 이를 원인으로 한 손해배상을 구한다. 나아가 이 사건 계약은 일종의 가맹사업을 내용으로 하는 가맹사업계약이라 할 것인데, 가맹본부인 피고들은 가맹희망자인 원고에게 원고가 얻을 수 있는 예상수입을 과장하여 설명하고 영업지원비용과 투자금 등을 지급할

것을 확약하고도 이를 지급하지 않는 등 허위 또는 과장된 정보를 제공하여 가맹사업거래의공정화에관한법률(이하 '가맹사업법'이라 한다)을 위반하여 원고에게 손해를 입혔으므로, 원고는 이를 원인으로 한 손해배상을 구한다.

3. 본안전 항변을 판단한다.

가. 쟁 점

(1) 피고들의 주장

이 사건 소는 원고와 피고들 사이에 합의된 전속적 합의관할법원이 아닌 재판관할권이 없는 대한민국의 법원에 제기된 것이므로 부적법하다.

(2) 원고의 주장

이 사건 계약으로부터 발생하는 일체의 분쟁과 미국 캘리포니아 북부지역 연방법원 및 캘리포니아 주법원 사이에는 합리적인 관련성이 없으므로 원고와 피고들 사이의 국제관할합의는 무효이다.

또한, 이 사건 국제관할합의의 효력은 이 사건 계약의 해석 및 이행과 관련된 분쟁에만 미치고 이와 다른 분쟁인 이 사건 소에는 그 효력이 미치지 않는다.

나. 관할합의의 유효성

원고와 피고들 사이에 이 사건 계약으로부터 발생하는 일체의 분쟁에 관하여 캘리포니아주 산타클라라 카운티에 있는 캘리포니아 북부지역 연방법원과 캘리포니아 주법원을 전속적 관할법원으로 합의하였음은 앞서 본 바와 같다.

이렇게 대한민국 법원의 관할을 배제하고 외국 법원을 관할법원으로 하는 전속적인 국제관할의 합의가 유효하기 위하여는, 당해 사건이 대한민국 법원의 전속관할에 속하지 아니하고, 지정된 외국 법원이 그 외국법상 당해 사건에 대하여 관할권을 가져야 하는 외에, 당해 사건이 그 외국 법원에 대하여 합리적인 관련성을 가질 것이 요구된다(대법원 1997. 9. 9. 선고 96다20093 판결 참조).

먼저, 이 사건 분쟁은 대한민국 법원의 전속관할에 속하지 아니한다.

나아가 앞서 본 사실에 의하면, 피고 미국 법인의 본점은 미국 캘리포니아에 있고, 피고 헝가리 법인은 피고 미국 법인의 자회사이며, 이 사건 계약의 해석에 대한 준거법이 미국 캘리포니아주의 법인데다가, 이 사건 계약에 따른 원고의 의무이행이 상당부분 미국 캘리포니아주에서 이루어지게 되어 있으므로, 이 사건 계약으로부터 발생하는 일체의 분쟁에 대하여는 미국 캘리포니아 북부지역 연방법원 및 캘리포니아 주 법원에 관할권이 있을 뿐만 아니라 이를 인정할 합리적 관련성도 있다. 그러므로 원고와 피고들 사이에 이루어진 이 사건 국제관할합의는 유효하다.

다. 관할합의의 적용범위

(1) 계약해제를 원인으로 구하는 원상회복 및 손해배상청구의 경우

원고가 이 사건 계약의 해제를 원인으로 구하는 원상회복 및 손해배상청구는 이 사건 관할합의의 범위에 포함됨이 분명하므로, 재판권이 없는 이 법원에 이를 제기한 것은 부적법하다.

(2) 민사상 불법행위를 원인으로 구하는 손해배상청구의 경우

(가) 원고는, 피고들이 원고에게 사업전망을 과장하여 설명하고 나아가 영업지원비용과 투자금을 지급할 것처럼 하여 이 사건 계약을 체결한 행위는 신의칙상 요구되는 신뢰보호의 원칙 및 계약체결 과정에서의 선관주의의무를 중대하게 위반한 민사상의 불법행위가 되므로, 이를 원인으로 한 손해배상을 구한다는 취지이다.

(나) 그런데 앞서 본 바와 같이 원고와 피고들은 이 사건 계약을 체결하면서 준거법을 미국 캘리포니아주 법으로 지정하고, 이 사건 계약으로부터 발생하는 일체의 분쟁에 관하여 전속적 재판관할의 합의를 하였고, 한편으로 피고들의 책임 한도를 계약, 불법행위 또는 기타 책임과 관련된 다른 어떠한 논리나 주장에도 불구하고 그 청구의 원인이 발생하기 직전 12개월 동안 본 계약에 따라 피고들이 원고로부터 실제로 지급받은 작동 수수료 금액을 초과할 수 없는 것으로 약정하였다. 그렇다면 이 사건 관할합의의 효력은 이 사건 계약과 관련하여 발생하는 채무불이행을 원인으로 한 손해배상책임뿐 아니라 그와 사실관계를 같이 하는 민사상 불법행위를 원인으로 한 손해배상책임에도 미치는 것이라고 봄이 상당하다.

(다) 한편, 앞서 본 이 사건 계약의 완결합의 조항에 의하면, 이 사건 계약은 원고와 피고들 간에 이 사건 계약의 사안과 관련하여 이루어진 일체의 합의 및 양해사항을 규정한 것으로, 이로써 이와 관련하여 과거 및 현재에 구두 또는 서면으로 한 모든 합의 및 양해사항을 대체하고 교체하게 되어 있다.

그런데 원고가 주장하는 바에 따르더라도 피고들이 하였다는 사업전망에 관한 설명이나 영업지원비용 또는 투자금의 지급 약속은 이 사건 계약을 체결한 후가 아니라 계약체결 당시 또는 그 전에 있었다는 취지이므로, 원고의 주장은 위의 완결합의 조항에 어긋난다고 볼 여지가 없지 않다.

그렇다면 이 사건 계약 체결과정에 원고가 주장하는 피고들의 위와 같은 행위가 있었으며 이를 이행하지 않았는지 등은 이 사건 계약의 위와 같은 완결합의 조항을 비롯하여 계약 전체의 해석과 직결되어 있으므로, 이를 원인으로 구하는 원고의 손해배상청구는 이 사건 계약으로부터 발행하는 일체의 분쟁에 해당한다고 볼 수밖에 없다.

(라) 따라서 원고가 피고들에 대하여 민사상 불법행위를 원인으로 구하는 손해배상청구는 어느 모로 보나 이 사건 계약으로부터 발생하는 일체의 분쟁에 해당하여 이 사건 관할합의의 효력이 미친다. 그러므로 원고가 재판권이 없는 이 법원에 이를 제기한 것은 부적법하다.

(3) 가맹사업법위반을 원인으로 구하는 손해배상청구의 경우

(가) 가맹사업법은 가맹사업의 공정한 거래질서를 확립하고 가맹본부와 가맹점사업자가 대등한 지위에서 상호보완적으로 균형있게 발전하도록 함으로써 소비자 복지의 증진과 국민경제의 건전한 발전에 이바지함을 목적으로 제정된 법인바, 원고가 주장하는 피고들의 가맹사업법위반 행위는 이 사건 계약과 전혀 무관한 것은 아닐지라도 사회적 관점에서 볼 때 이 사건 계약과는 별개의 생활관계에서 발생한 불법행위로 봄이 상당하다.

또한, 가맹사업법위반을 원인으로 한 불법행위에 대하여까지 외국법원의 전속적 관할합의를 인정하는 것은 가맹사업법의 위와 같은 공익적 특수성에 비추어 볼 때 대한민국의 공서양속을 해칠 수도 있다.

그러므로 이 사건 국제관할합의의 효력이 가맹사업법위반을 원인으로 한 손해배상청구의 소에까지 미친다고 할 수는 없다.

(나) 한편, 앞서 나온 증거들에 의하면, 피고들이 가맹사업법위반과 관련한 행위를 한 곳이 대한민국 내인 사실을 인정할 수 있다. 그러므로 이 법원은 피고들에 대하여 재판권을 행사할

수 있다.

(다) 따라서 원고가 피고들에 대하여 가맹사업법위반을 원인으로 구하는 손해배상청구의 소는 적법하다(다만, 원고의 피고 헝가리 법인에 대한 소는 부적법하다고 볼 여지도 없지 않지만, 원고의 청구원인이 분명하지 아니하므로 이를 선해하여 적법한 것으로 본다).

4. 본안 청구를 판단한다.

나아가 원고가 가맹사업법위반을 원인으로 구하는 손해배상청구의 본안에 관하여 판단한다.

원고는, 이 사건 계약은 일종의 가맹사업을 내용으로 하는 가맹사업계약인데, 가맹본부인 피고들은 2001. 3. 30.경 가맹희망자인 원고에게 원고가 얻을 수 있는 예상수입을 과장하여 설명하고 영업지원비용과 투자금 등을 지급할 것을 확약하고도 이를 지급하지 않는 등 허위 또는 과장된 정보를 제공하여 가맹사업법을 위반하여 원고에게 손해를 입혔다고 주장한다.

그런데 원고는 피고들의 위 행위가 2001. 3. 30.경 이루어졌다는 것이므로, 그 뒤인 2002. 5. 13. 법률 제6704호로 제정되어 2002. 11. 1.부터 시행된 가맹사업법에 위반하였음을 이유로 손해배상을 청구할 수는 없다.

또한, 가맹사업법 제37조 제3항, 독점규제및공정거래에관한법률 제57조 제1항 본문에 의하면, 가맹사업법(또는 원고가 청구한 취지를 선해하여 독점규제및공정거래에관한법률위반을 원인으로 한 손해배상을 구하는 취지도 포함되어 있다고 보는 경우에는 그 법률)의 규정에 의한 손해배상청구권은 시정조치가 확정된 후가 아니면 재판상 주장할 수 없게 되어 있다. 그러므로 원고의 청구는 이 점에서도 이유 없다.

따라서 원고의 위 청구는 더 나아가 살필 필요 없이 이유 없다.

5. 결 론

그렇다면 원고가 피고들에 대하여 계약해제를 원인으로 구하는 원상회복 및 손해배상청구의 소와 민사상 불법행위를 원인으로 구하는 손해배상청구의 소는 부적법하므로 이를 각하하고, 원고가 피고들에 대하여 가맹사업법위반을 원인으로 구하는 손해배상청구는 정당하지 않으므로 이를 기각하기로 하여 주문과 같이 판결한다.

---

12) 서울지법 2003.12.5, 선고 2003가합43945 판결

Ⅱ. 정 의

1. “가맹사업”이라 함은

가맹본부가 가맹점사업자로 하여금 자기의 상표·서비스표·상호·간판 그 밖의 영업표지(이하 “영업표지”라 한다)를 사용하여 일정한 품질기준이나 영업방식에 따라 상품(원재료 및 부재료를 포함한다. 이하 같다) 또는 용역을 판매하도록 함과 아울러 이에 따른 경영 및 영업활동 등에 대한 지원·교육과 통제를 하며, 가맹점사업자는 영업표지의 사용과 경영 및 영업활동 등에 대한 지원·교육의 대가로 가맹본부에 가맹금을 지급하는 계속적인 거래관계를 말한다(법 제2조 제1호).

2. “가맹본부”라 함은

가맹사업과 관련하여 가맹점사업자에게 가맹점운영권을 부여하는 사업자를 말한다(법 제2조 제2호).

3. “가맹점사업자”라 함은

가맹사업과 관련하여 가맹본부로부터 가맹점운영권을 부여받은 사업자를 말한다(법 제2조 제3호).

4. “가맹희망자”란

가맹계약을 체결하기 위하여 가맹본부나 가맹지역본부와 상담하거나 협의하는 자를 말한다(법 제2조 제4호).

5. “가맹점운영권”이란

가맹점사업자가 가맹본부의 가맹사업과 관련하여 가맹점을 운영할 수 있는 계약상의 권리를 말한다(법 제2조 제5호).

6. "가맹금"이란

명칭이나 지급형태가 어떻든 간에 다음 각 목의 어느 하나에 해당하는 대가를 말한다(법 제2조 제6호).

가. 가입비 · 입회비 · 가맹비 · 교육비 또는 계약금 등 가맹점사업자가 영업표지의 사용허락 등 가맹점운영권이나 영업활동에 대한 지원 · 교육 등을 받기 위하여 가맹본부에 지급하는 대가

나. 가맹점사업자가 가맹본부로부터 공급받는 상품의 대금 등에 관한 채무액이나 손해배상액의 지급을 담보하기 위하여 가맹본부에 지급하는 대가

다. 가맹점사업자가 가맹점운영권을 부여받을 당시에 가맹사업을 착수하기 위하여 가맹본부로부터 공급받는 정착물 · 설비 · 상품의 가격 또는 부동산의 임차료 명목으로 가맹본부에 지급하는 대가

라. 가맹점사업자가 가맹본부와의 계약에 의하여 허락받은 영업표지의 사용과 영업활동 등에 관한 지원 · 교육, 그 밖의 사항에 대하여 가맹본부에 정기적으로 또는 비정기적으로 지급하는 대가로서 대통령령으로 정하는 것

"대통령령으로 정하는 것"이란 다음 각 호의 어느 하나에 해당하는 대가를 말한다(시행령 제3조 제2항).

1. 가맹점사업자가 상표 사용료, 리스료, 광고 분담금, 지도훈련비, 간판류 임차료 · 영업지역 보장금 등의 명목으로 정액 또는 매출액 · 영업이익 등의 일정 비율로 가맹본부에 정기적으로 또는 비정기적으로 지급하는 대가
2. 가맹점사업자가 가맹본부로부터 공급받는 상품 · 원재료 · 부재료 · 정착물 · 설비 및 원자재의 가격 또는 부동산의 임차료에 대하여 가맹본부에 정기적으로 또는 비정기적으로 지급하는 대가 중 적정한 도매가격을 넘는 대가. 다만 가맹본부가 취득한 자신의 상품 등에 관한 「특허법」에 따른 권리에 대한 대가는 제외한다.

마. 그 밖에 가맹희망자나 가맹점사업자가 가맹점운영권을 취득하거나 유지하기 위하여 가맹본부에 지급하는 모든 대가

다만, 가맹본부에 귀속되지 아니하는 것으로서 대통령령으로 정하는 대가를 제외한다(법 제2조 제6호).

"대통령령으로 정하는 대가"란 다음 각 호의 어느 하나에 해당하는 대가를 말한다(시행령 제3조 제1항).

1. 소비자가 신용카드를 사용하여 가맹점사업자의 상품이나 용역을 구매한 경우에 가맹점사업자가 신용카드사에 지불하는 수수료
2. 소비자가 상품권을 사용하여 가맹점사업자의 상품이나 용역을 구매한 경우에 가맹점사업자가 상품권 발행회사에 지급하는 수수료나 할인금
3. 소비자가 「전자금융거래법」 제2조 제11호에 따른 직불전자지급수단 · 선불전자지급수단 또는 전자화폐를 사용하거나 「전자금융거래법」 제2조 제19호에 따른 전자지급결제대행 서비스를 이용하여 가맹점사업자의 상품이나 용역을 구매한 경우에 가맹점사업자가 지급수단 발행회사나 지급결제 대행회사에 지급하는 수수료나 할인금
4. 법 제2조 제6호 다목에 따라 가맹본부에 지급하는 대가 중 적정한 도매가격(도매가격이 형성되지 아니하는 경우에는 가맹점사업자가 정상적인 거래관계를 통하여 해당 물품이나 용역을 구입 · 임차 또는 교환할 수 있는 가격을 말하며 가맹본부가 해당 물품이나 용역을 다른 사업자로부터 구입하여 공급하는 경우에는 그 구입가격을 말한다. 이하 같다)
5. 그 밖에 가맹본부에 귀속되지 아니하는 금전으로서 소비자가 제3의 기관에 지불하는 것을 가맹본부가 대행하는 것

7. "가맹지역본부"라 함은

가맹본부와의 계약에 의하여 일정한 지역 안에서 가맹점사업자의 모집, 상품 또는 용역의 품질유지, 가맹점사업자에 대한 경영 및 영업활동의 지원 · 교육 · 통제 등 가맹본부의 업무의 전부 또는 일부를 대행하는 사업자를 말한다(법 제2조 제7호).

8. "가맹중개인"이라 함은

가맹본부 또는 가맹지역본부로부터 가맹점사업자를 모집하거나 가맹계약을 준비 또는 체결하는 업무를 위탁받은 자를 말한다(법 제2조 제8호).

9. "가맹계약서"라 함은

가맹사업의 구체적 내용과 조건 등에 있어 가맹본부 또는 가맹점사업자(이하 "가맹사업당사자"라 한다)의 권리와 의무에 관한 사항(특수한 거래조건

이나 유의사항이 있는 경우에는 이를 포함한다)을 기재한 문서를 말한다(법 제2조 제9호).

10. “정보공개서”란

다음 각 목에 관하여 대통령령으로 정하는 사항을 수록한 문서를 말한다(법 제2조 제10호).

가. 가맹본부의 일반 현황
나. 가맹본부의 가맹사업 현황(가맹점사업자의 매출에 관한 사항을 포함한다)
다. 가맹본부와 그 임원(「독점규제 및 공정거래에 관한 법률」 제2조 제5호에 따른 임원을 말한다. 이하 같다)이 다음의 어느 하나에 해당하는 경우에는 해당 사실
1) 이 법, 「독점규제 및 공정거래에 관한 법률」 또는 「약관의 규제에 관한 법률」을 위반한 경우
2) 사기 · 횡령 · 배임 등 타인의 재산을 영득하거나 편취하는 죄에 관련된 민사소송에서 패소의 확정판결을 받았거나 민사상 화해를 한 경우
3) 사기 · 횡령 · 배임 등 타인의 재산을 영득하거나 편취하는 죄를 범하여 형을 선고받은 경우
라. 가맹점사업자의 부담
마. 영업활동에 관한 조건과 제한
바. 가맹사업의 영업 개시에 관한 상세한 절차와 소요기간
사. 가맹본부의 경영 및 영업활동 등에 대한 지원과 교육 · 훈련에 대한 설명

11. 정보공개서의 기재사항

법 제2조 제10호 각 목 외의 부분에서 “대통령령으로 정하는 사항”이란 별표 1의 기재사항(이하 “정보공개사항”이라 한다)을 말하며(시행령 제4조 제1항), 정보공개서는 표지·목차 및 정보공개사항으로 구성하되 그 내용이 명확하고 구체적이며 가맹희망자가 이해하기 쉽도록 영업표지별로 별도의 문서로 작성되어야 하며(시행령 제4조 제2항), 가맹본부는 가맹사업의 경영에 필요한 내용으로서 별표 1에 규정되지 아니한 사항을 정보공개서에 기재할 수 있다(시행령 제4조 제3항).

공정거래위원회는 필요하다고 인정하는 경우 정보공개사항에 대하여 업종별·업태별 또는 용도별로 세부적인 사항을 정하여 고시할 수 있다(시행령 제4조 제4항).

[별표 1]

정보공개서의 기재사항(제4조 제1항 관련)

1. 정보공개서의 표지
   가. 정보공개서라는 한글 표시
   나. 다음의 문장
      이 정보공개서는 귀하께서 체결하려는 가맹계약 및 해당 가맹사업에 대한 전반적인 정보를 담고 있으므로 그 내용을 정확하게 파악한 후에 계약체결 여부를 결정하시기 바랍니다.
      「가맹사업거래의 공정화에 관한 법률」에 따라 가맹희망자에게는 정보공개서의 내용을 충분히 검토하고 판단할 수 있도록 일정한 기간이 주어집니다. 따라서 이 정보공개서를 제공받은 날부터 14일(변호사나 가맹거래사의 자문을 받은 경우에는 7일)이 지날 때까지는 가맹본부가 귀하로부터 가맹금을 받거나 귀하와 가맹계약을 체결할 수 없습니다.
      이 정보공개서는 법령에서 정한 기재사항을 담고 있는 것에 불과하며 그 내용의 사실 여부를 한국공정거래조정원이나 가맹사업 분야의 전문성을 갖춘 법인·단체 중 해당 업무를 수행할 수 있다고 공정거래위원회가 인정하여 고시하는 기관에서 모두 확인한 것은 아닙니다. 또한, 귀하께서는 어디까지나 가맹계약서의 내용에 따라 가맹사업을 운영하게 되므로 정보공개서의 내용에만 의존하여서는 아니 됩니다.
   다. 가맹본부의 상호, 영업표지, 주된 사무소의 소재지, 가맹사업과 관련하여 가맹본부가 운영하는 인터넷 홈페이지 주소, 가맹사업 담당부서, 가맹사업 안내 전화번호
   라. 정보공개서의 등록번호 및 최초 등록일
   마. 정보공개서의 최종 등록일
2. 가맹본부의 일반 현황
   가. 가맹본부의 설립일(법인인 경우 법인설립등기일, 개인인 경우 최초 사업자등록일을 말한다), 법인등록번호(법인인 경우만 해당한다) 및 사업자등록번호
   나. 가맹본부 및 가맹본부의 특수관계인[「독점규제 및 공정거래에 관한 법률 시행령」 제3조 제1호에 따른 동일인관련자(가맹본부가 아닌 자의 사용인

은 제외한다) 및 「독점규제 및 공정거래에 관한 법률 시행령」 제11조 제1호에 따른 특수관계인으로서 정보공개일 현재 최근 3년 동안 가맹사업을 경영한 적이 있거나 경영하고 있는 경우만 해당한다. 이하 같다]의 명칭, 상호, 영업표지, 주된 사무소의 소재지, 대표자의 이름, 대표전화번호(회사인 경우에는 회사의 대표번호를, 개인인 경우에는 주된 사무소의 대표번호를 기재한다. 이하 같다)

다. 가맹본부가 외국기업인 경우에는 가맹본부 및 국내에서 영업 중인 특수관계인의 명칭, 상호, 영업표지, 국내의 주된 사무소의 소재지, 대표자의 이름, 대표전화번호, 국내에서 영업을 허락받은 기간(가맹본부가 다른 사업자에게 국내에서 가맹사업운영권을 부여한 경우에만 기재한다)

라. 가맹본부가 정보공개 바로 전 3년간 다른 기업(정보공개일 현재 최근 3년 동안 가맹사업을 경영한 적이 있거나 경영하고 있는 경우만 해당한다)을 인수 · 합병(다른 기업의 가맹사업 관련 사업을 양수 또는 양도한 경우도 포함한다. 이하 같다)하거나 다른 기업에 인수 · 합병된 경우 해당 기업의 명칭, 상호, 주된 사무소의 소재지, 대표자의 이름

마. 가맹희망자가 앞으로 경영할 가맹사업(이하 "해당 가맹사업"이라 한다)의 명칭, 상호, 서비스표, 광고, 그 밖의 영업표지

바. 가맹본부의 정보공개 바로 전 3개 사업연도의 재무상황에 관한 다음의 정보

1) 연도별 대차대조표 및 손익계산서. 다만, 가맹본부가 재무제표를 작성하지 아니하는 경우에는 매출액을 확인할 수 있는 「부가가치세법」에 따른 부가가치세신고서 등의 증명서류로 대신할 수 있다.

2) 연도별 가맹사업 관련 매출액(영업표지별로 나누어 기재하되, 분류가 어려운 경우에는 그 합계를 기재할 수 있다. 또한 관련 매출액 산정이 곤란한 경우 추정된 매출액임을 밝히고 상한과 하한을 표시한다)과 구체적인 산정기준

3) 개인사업자가 법인사업자로 전환한 경우 종전 개인사업자의 1)의 정보(정보공개 바로 전 3개 사업연도 정보만 해당한다)

사. 가맹본부의 현 임원(「독점규제 및 공정거래에 관한 법률」 제2조 제5호에 따른 임원을 말한다. 이하 같다)의 명단(가맹사업 관련 임원과 관련되지 아니하는 임원을 나누어 기재한다) 및 정보공개일 현재 최근 3년 동안의 개인별 사업경력(재직했던 직위 및 사업기간을 포함한다)

아. 가맹본부의 정보공개 바로 전 사업연도 말 현재 임직원 수(상근 · 비상근 임원과 직원을 나누어 기재한다)

자. 가맹본부 및 가맹본부의 특수관계인이 정보공개일 현재 최근 3년 동안 가맹사업을 경영하였거나 경영하고 있는 경우 그러한 사실(영업표지별로 나누어 기재한다)

차. 가맹본부가 가맹점사업자에게 사용을 허용하는 지식재산권에 관한 다음의 정보

1) 등록 및 등록신청 여부(산업재산권의 경우 특허청 등록 · 등록신청 여부, 등록이 거부된 경우 그 사실, 등록 · 출원번호 및 등록일 · 출원일을 포함한다)

2) 지식재산권 소유자 및 등록신청자의 이름

3) 사용이 허용되는 지식재산권의 등록 만료일

4) 가맹본부가 지식재산권의 사용을 허용받은 기간 및 사용 범위

3. 가맹본부의 가맹사업 현황

가. 해당 가맹사업을 시작한 날

나. 해당 가맹사업의 연혁(해당 가맹사업을 시작한 날 이후 해당 가맹사업을 경영한 가맹본부의 상호, 주된 사무소의 소재지, 대표자의 이름, 가맹사업 경영 기간)

다. 정보공개 바로 전 3개 사업연도 말 현재 영업 중인 해당 가맹사업의 전국 및 광역지방자치단체별 가맹점 및 직영점 총 수(가맹점과 직영점을 나누어 기재한다)

라. 해당 가맹사업과 관련하여 정보공개 바로 전 3년간 신규 개점, 계약 종료, 계약 해지, 명의 변경의 사정이 있는 가맹점의 수(연도별로 나누어 기재한다)

마. 해당 가맹사업 외에 가맹본부 및 가맹본부의 특수관계인이 경영하는 가맹사업의 업종, 영업표지 및 사업 시작일과 정보공개 바로 전 3개 사업연도 말 현재 영업 중인 가맹점 및 직영점의 총 수

바. 직전 사업연도에 영업한 가맹점사업자(전국 및 광역지방자치단체별로 나누어 기재하되, 바로 전 사업연도 말 현재 5명 미만의 가맹점사업자가 영업 중인 지역은 기재를 생략할 수 있다)당 지역별 연간 평균 매출액(정확한 매출액이 산정되지 아니하는 경우에는 추정된 매출액임을 밝히고, 상

한과 하한을 표시한다)과 구체적인 산정기준

사. 해당 가맹사업을 경영하는 가맹지역본부(가맹본부가 직접 운영하는 지역 사무소 등을 포함한다. 이하 이 목에서 같다)에 관한 다음의 정보

1) 가맹지역본부의 상호, 주된 사무소의 소재지, 대표자의 이름, 대표전화번호, 관리지역, 가맹본부와 맺은 계약기간

2) 가맹지역본부가 가맹계약 체결의 상대방인지 여부

3) 가맹지역본부가 관리하는 바로 전 사업연도 말 현재 영업 중인 가맹점 수)

아. 해당 가맹사업과 관련하여 가맹본부가 정보공개 바로 전 사업연도에 지출한 광고비 및 판촉비(광고 및 판촉 수단별로 나누어 기재하되, 분류가 어려운 경우에는 총액만 기재한다)

자. 가맹금 예치에 관한 사항

1) 해당 업무를 수행하는 기관의 상호, 담당 지점이나 부서의 이름과 소재지, 안내 전화번호

2) 가맹금 예치절차

3) 가맹희망자 또는 가맹점사업자의 소재지에 따라 예치기관이 달라지는 경우 관련된 정보

차. 피해보상보험계약 등의 체결 내역(해당 사실이 있는 경우만 기재한다)

1) 보험금액

2) 보장범위 및 지급조건

3) 보험금의 수령절차

4) 그 밖에 필요한 사항

4. 가맹본부와 그 임원의 법 위반 사실 등

가. 정보공개일 현재 최근 3년 동안 가맹사업거래와 관련하여 법, 「독점규제 및 공정거래에 관한 법률」 또는 「약관의 규제에 관한 법률」을 위반하여 공정거래위원회로부터 시정권고 이상의 조치를 받은 사실

나. 정보공개일 현재 최근 3년 동안 가맹사업거래와 관련하여 「가맹사업거래의 공정화에 관한 법률」 또는 「독점규제 및 공정거래에 관한 법률」을 위반하거나, 사기 · 횡령 · 배임 등 타인의 재물이나 재산상 이익을 영득 또는 이득하는 죄로 받은 유죄의 확정판결과 관련된 민사소송에서 패소의 확정판결을 받았거나, 민사상 화해를 한 사실

다. 정보공개일 현재 최근 3년 동안 사기 · 횡령 · 배임 등 타인의 재물이나 재산상 이익을 영득 또는 이득하는 죄를 범하여 형의 선고를 받은 사실

5. 가맹점사업자의 부담

가. 영업개시 이전의 부담

1) 가맹점사업자가 해당 가맹사업을 시작하기 위하여 가맹본부에게 지급하여야 하는 대가의 내역과 그 반환조건 및 반환할 수 없는 경우에는 그 사유(계약금, 가입비, 할부금의 첫 지불액, 선급임차료, 교육비, 개점행사비 등 대가에 포함되는 구체적인 내용을 나누어 기재한다)

2) 보증금 · 담보목적물 등 계약 종료 시 가맹점사업자에게 반환되는 대가(가맹점사업자의 귀책사유 등으로 반환되지 아니하는 경우에는 그 사유를 기재한다)

3) 예치가맹금의 범위와 그 금액(가맹본부가 피해보상보험계약 등에 가입한 경우에도 법 제6조의5 제1항에 따라 예치대상이 되는 가맹금의 액수를 기재한다)

4) 1)과 2) 외에 가맹점사업자 사업을 시작하는 데에 필요한 다른 대가(위치나 점포 크기 등에 따른 비용의 차이를 예시하되, 정확한 금액이 산정되지 않는 경우에는 추정된 금액임을 밝히고 상한과 하한을 표시한다)의 내역, 지급대상과 그 반환조건 및 반환될 수 없는 경우에는 그 사유

가) 필수설비 · 정착물 · 인테리어 비용(가맹사업의 통일성을 위하여 가맹본부가 요구 또는 권장하는 경우만 해당한다)

나) 최초로 공급되는 상품의 비용 또는 용역의 비용

다) 설계 및 감리 비용

라) 그 밖의 필요 비용

5) 가맹점 입지 선정 주체 및 선정 기준

6) 가맹점사업자와 그 종업원의 채용 및 교육에 대한 기준

7) 가맹점 운영에 필요한 설비, 장비, 정착물 등의 물품 내역 및 공급 방법 · 공급 업체(가맹본부 또는 가맹본부가 지정한 자가 공급하는 경우만 해당한다)

나. 영업 중의 부담

1) 상표 사용료, 리스료, 광고 · 판촉료, 교육훈련비, 간판류 임차료, 영업

표지 변경에 따른 비용, 리모델링(remodeling) 비용, 재고관리 및 회계처리 비용, 판매시점 관리 시스템(POS)을 포함한 운영 시스템 유지 비용 등 가맹점사업자가 해당 가맹사업을 경영하기 위하여 가맹본부 또는 그 관계자에게 정기적으로 또는 비정기적으로 지급하여야 하는 모든 대가의 내역과 그 반환조건 및 반환될 수 없는 경우에는 그 사유(각각의 내역을 나누어 기재한다)

2) 가맹본부가 재고관리 · 회계처리 등에 관하여 가맹점사업자를 감독하는 내역

다. 계약 종료 후의 부담(부담이 없는 경우에는 그 사실을 기재한다)

1) 계약 연장이나 재계약 과정에서 가맹점사업자가 추가로 부담하여야 할 비용(점포 이전이 필요할 경우 그 비용도 포함한다)

2) 가맹본부의 사정에 의한 계약 등의 종료 시 조치사항

가) 가맹본부가 가맹사업을 다른 사업자에게 양도하는 경우 기존 가맹점사업자와의 계약승계 여부

나) 가맹본부가 사용을 허락한 지식재산권의 유효기간이 만료되는 경우 조치사항

다) 가맹본부가 해당 가맹사업을 중단하는 경우 조치사항

3) 가맹점사업자가 다른 사업자에게 가맹점운영권을 이전하려는 경우, 가맹점사업자 또는 다른 사업자가 가맹본부에 부담하여야 할 대가

4) 계약종료 후 조치사항(가맹본부 또는 가맹본부가 지정한 자가 공급한 물품의 반품조건 등 재고물품 처리 방안을 포함한다)

6. 영업활동에 대한 조건 및 제한

가. 가맹점사업자가 해당 가맹사업을 시작하거나 경영하기 위하여 필요한 모든 부동산 · 용역 · 설비 · 상품 · 원재료 또는 부재료의 구입 또는 임차와 관련하여, 가맹본부가 가맹점사업자에게 특정한 거래상대방(가맹본부를 포함한다)과 거래할 것을 요구 또는 권장할 경우 그 특정한 거래상대방과 거래하는 거래대상물의 품목(가맹본부가 직접 공급하는 품목과 그 외의 특정한 거래상대방이 공급하는 품목을 구분하되, 가맹사업이 소매업에 해당하는 경우는 구체적인 품목명은 생략할 수 있다)

나. 가맹본부가 가맹점사업자에게 특정한 거래상대방과 거래하도록 요구 또는 권장하고 이와 관련하여 그 특정한 거래상대방이나 가맹점사업자로부

터 대가를 받는 경우에는 그 대가의 산정기준(품목명을 포함한다) 및 금액(정확한 금액이 산정되지 않는 경우에는 추정된 금액임을 밝히고 상한과 하한을 표시하되, 가맹사업이 소매업에 해당하는 경우는 구체적인 품목명은 생략할 수 있다)

다. 삭제 〈2014.2.11〉

라. 상품 또는 용역, 거래상대방 및 가맹점사업자의 가격 결정을 제한하는 경우 이에 관한 상세한 내용

1) 가맹점사업자에게 지정된 상품 또는 용역만을 판매하도록 제한할 필요가 있는 경우에는 그 제한내용

2) 가맹점사업자의 거래상대방에 따라 상품 또는 용역의 판매를 제한할 필요가 있는 경우에는 그 제한내용

3) 가맹점사업자가 판매하는 상품 또는 용역의 가격을 정하여 이에 따르도록 권장하거나, 가맹점사업자가 판매가격을 결정 · 변경하기 전에 가맹본부와 협의할 필요가 있는 경우에는 그 제한내용

마. 가맹점사업자의 영업지역을 보호하기 위한 구체적인 내용

1) 법 제12조의4에 따라 가맹계약 체결 시 가맹점사업자의 영업지역을 설정하여 가맹계약서에 적는다는 사실과 가맹계약기간 중에는 정당한 사유 없이 가맹점사업자의 영업지역에서 동일한 업종의 직영점 · 가맹점(가맹본부 또는 그 계열회사가 운영하는 직영점 · 가맹점으로 한정한다)을 설치하지 아니한다는 사실(가맹본부 또는 그 계열회사가 보유하고 있는 영업표지 중 해당 가맹사업과 동일한 업종의 영업표지가 존재하는 경우 그 영업표지도 함께 적는다)

2) 영업지역의 설정 기준

3) 가맹계약 갱신과정에서 영업지역을 재조정할 수 있는 사유 및 영업지역을 재조정하는 경우에 가맹점사업자에게 미리 알리는 절차와 동의를 받는 방법

4) 가맹점사업자가 가맹본부로부터 보장받는 영업지역 밖의 고객에게 상품 및 용역을 판매하는 데 따르는 제한

5) 그 밖에 영업지역에 관한 내용

바. 계약기간, 계약의 갱신 · 연장 · 종료 · 해지 및 수정에 관한 상세한 내용

1) 가맹계약의 기간(계약 갱신 기간을 포함하며, 여러 가지의 기간이 있

으면 모두 기재한다)

2) 계약 갱신 거절 사유

3) 계약 연장이나 재계약에 필요한 절차

4) 계약 종료, 해지 사유 및 그 절차(가맹본부 및 가맹점사업자의 권리를 각각 기재한다)

5) 계약 수정의 사유, 사전 통보 여부 및 동의 절차

사. 가맹점운영권의 환매 · 양도 · 상속 및 대리행사, 경업금지, 영업시간 제한, 가맹본부의 관리 · 감독 등에 관한 상세한 내용

1) 가맹점운영권의 환매 및 양도에 필요한 절차

2) 가맹점운영을 대행하거나 위탁할 수 있는지와 그에 필요한 요건

3) 가맹점사업자의 경업금지 범위(경업금지 기간, 업종, 지역을 기재한다)

4) 영업시간 및 영업일수 등의 제한에 대한 내용

5) 가맹점사업자가 고용하도록 권장되는 종업원 수 및 가맹점사업자가 직접 영업장에서 근무해야 하는지 여부

6) 가맹본부가 가맹점사업자의 영업장을 관리 · 감독하는지와 관리 · 감독하는 항목

아. 광고 및 판촉 활동

1) 광고의 목적(상품광고인지 가맹점 모집광고인지 등)에 따른 가맹본부와 가맹점사업자의 비용분담기준

2) 가맹점사업자가 가맹본부와 별개로 광고 및 판촉을 하려는 경우에 필요한 조건 및 절차

자. 해당 가맹사업의 영업비밀 보호 등에 관한 내용(가맹점사업자가 누설하지 아니하여야 할 영업비밀의 범위 및 그 기간을 포함한다)

차. 가맹계약 위반으로 인한 손해배상에 관한 사항

7. 가맹사업의 영업 개시에 관한 상세한 절차와 소요기간

가. 가맹계약 체결을 위한 상담 · 협의 과정에서부터 가맹점 영업 개시까지 필요한 절차(시간 순서대로 기재하되 변호사나 가맹거래사의 자문을 받는 방법을 포함한다)

나. 각 절차에 걸리는 기간(기간이 늘어날 수 있다는 점과 그 사유를 기재하되, 정확한 기간이 산정되지 아니하는 경우에는 추정된 기간임을 밝히고 상한과 하한을 포함한 구간으로 표시한다)

다. 각 절차에 드는 비용(절차별로 구체적으로 기재하되, 정확한 비용이 산정되지 아니하는 경우에는 추정된 비용임을 밝히고 상한과 하한을 포함한 구간으로 표시한다)

라. 가맹계약 체결 이후 일어날 수 있는 분쟁의 해결 절차

8. 가맹본부의 경영 및 영업활동 등에 대한 지원(지원사항이 없는 경우에는 그 사실을 적는다)

가. 가맹점사업자의 점포환경개선 시 가맹본부의 비용지원에 관한 사항(법 제12조의2 제2항에 따라 의무적으로 지급하여야 하는 최소한의 비용을 지급하는 경우라도 해당 내용을 적는다)

나. 판매촉진행사 시 인력지원 등 가맹본부가 지원하는 사항이 있는 경우 그 구체적 내용

다. 가맹본부가 가맹점사업자의 경영활동에 대한 자문을 하는 경우 그 구체적 방식 및 내용

라. 가맹본부가 가맹희망자 또는 가맹점사업자에게 직접 신용을 제공하거나 각종 금융기관의 신용 제공을 주선하는 경우에는 신용 제공에 대한 구체적 조건 및 신용 제공 금액

9. 교육 · 훈련에 대한 설명(교육 · 훈련 계획이 없는 경우에는 그 사실을 기재한다)

가. 교육 · 훈련의 주요내용(집단 강의 및 실습 교육을 구분한다) 및 필수적 사항인지 여부

나. 가맹점사업자에게 제공되는 교육 · 훈련의 최소시간

다. 가맹점사업자가 부담하는 교육 · 훈련비용

라. 교육 · 훈련을 받아야 하는 주체(가맹점사업자가 자기 대신에 지정한 자도 교육 · 훈련을 받을 수 있는 경우에는 이를 기재한다)

마. 정기적이고 의무적으로 실시되는 교육 · 훈련에 가맹점사업자가 불참할 경우에 가맹본부로부터 받을 수 있는 불이익

법령해석례[13]

「가맹사업거래의 공정화에 관한 법률 시행령」 별표 1 제4호나목 중 "사기 · 횡령 · 배임 등 타인의 재물이나 재산상 이익을 영득 또는 이득하는 죄와 관련된"의 의미(「가맹사업거래의 공정화에 관한 법률 시행령」 별표 1 등 관련)

【질의요지】

가맹본부가 공정거래위원회에 등록하여야 하는 정보공개서의 기재사항을 정한 「가맹사업거래의 공정화에 관한 법률 시행령」 별표 1 제4호 나목 중 "사기 · 횡령 · 배임 등 타인의 재물이나 재산상 이익을 영득 또는 이득하는 죄와 관련된 민사소송에서 패소의 확정판결을 받았거나, 민사상 화해를 한 사실"은 "사기 · 횡령 · 배임 등 타인의 재물이나 재산상 이익을 영득 또는 이득하는 죄로 받은 형사처벌을 원인으로 한 민사소송에서 패소의 확정판결을 받았거나, 민사상 화해를 한 사실"을 의미하는지, 아니면 "형사처벌을 받았는지 여부와는 상관없이 사기 · 횡령 · 배임을 포함하여 타인의 재물이나 재산상 이익을 영득 또는 이득한 사실을 원인으로 한 민사소송에서 패소의 확정판결을 받았거나, 민사상 화해를 한 사실"을 의미하는지?

【회답】

「가맹사업거래의 공정화에 관한 법률 시행령」 별표 1 제4호 나목 중 "사기 · 횡령 · 배임 등 타인의 재물이나 재산상 이익을 영득 또는 이득하는 죄와 관련된 민사소송에서 패소의 확정판결을 받았거나, 민사상 화해를 한 사실"은 "사기 · 횡령 · 배임 등 타인의 재물이나 재산상 이익을 영득 또는 이득하는 죄로 받은 형사처벌(유죄의 판결)과 관련된 민사소송에서 패소의 확정판결을 받았거나, 민사상 화해를 한 사실"을 의미한다고 보는 것이 타당하다고 할 것입니다.

【이유】

「가맹사업거래의 공정화에 관한 법률」 제2조 제10호, 같은 법 시행령 제4조 제1항 및 별표 1에서는 같은 법 제6조의2 및 제7조에 따라 가맹본부가 공정거래위원회에 등록하여 가맹희망자에게 제공하여야 하는 정보공개서의 기재사항을 정하고 있는바, 같은 법 시행령 별표 1 제4호에서는 "가맹본부와 그 임원의 법 위반 사실 등"을 정하고 있고, 그 기재사항 중 하나로 같은 호 나목에서는 정보공개일 현재 최근 3년 동안 가맹사업거래와 관련하여 사기·횡령·배임 등 타인의 재물이나 재산상 이익을 영득 또는 이득하는 '죄와 관련된'(정보공개서에 대한 용어의 정의를 하고 있는 같은 법 제2조 제10호에서는 '죄에 관련된'으로 표현하고 있음) 민사소송에서 패소의 확정판결을 받았거나, 민사상 화해를 한 사실을 기재사항 중 하나로 정하고 있습니다.
그런데, 민사관계는 기본적으로 개인과 개인의 사적인 법률관계인 반면, 형사관계는 범죄를 저지른 개인과 형벌권을 가진 국가 사이의 관계로서 그 해결을 위한 절차인 민사소송절차와 형사소송절차 또한 별개의 문제를 다루는 서로 독립된 절차라고 할 것이고, 일정한 개별적인 사건에 따라서 민사관계와 형사관계가 한꺼번에 문제되는 경우가 있다고 할 것인바, 「가맹사업거래의 공정화에 관한 법률 시행령」 별표 1 제4호 나목에서
사기·횡령·배임 등 타인의 재산을 영득 또는 이득하는 죄와 관련될 것을 요구하고 있음을 고려할 때, 적어도 민사관계와 형사관계가 모두 문제되는 경우에 한정하여 「가맹사업거래의 공정화에 관한 법률 시행령」 별표 1 제4호나목에 따른 정보공개서의 기재사항에 포함된다고 보는 것이 타당할 것이므로, 민사관계에서의 분쟁만이 발생한 상황을 포함하여 형사관계와의 관련성 여부와는 상관없이 '타인의 재산을 영득 또는 이득하는 행위'에만 관련되면 정보공개서의 기재사항에 포함되어야 한다는 의미로 같은 법 시행령 별표 1 제4호 나목을 확대해석하기는 어렵다고 할 것입니다.
한편, 「가맹사업거래의 공정화에 관한 법률 시행령」 별표 1 제4호 나목에 따른 정보공개서의 기재사항으로서, 가맹사업거래와 관련하여 민사소송이나 민사상 화해가 사기·횡령·배임 등 타인의 재물이나 재산상 이익을 영득 또는 이득하는 죄와 관련된 것인지 여부를 판단함에 있어서 어느 정도의 관련성이 필요한지에 대해서는 위 규정의 문언상 객관적인 판단기준이 불분명하다고 할 것입니다.
그런데, 「가맹사업거래의 공정화에 관한 법률」 제6조의4, 제9조 제1항, 제41조 및 같은 법 시행령 제5조의5 제2항 제4호에 따르면, 같은 법 시행령 별표 1 제4호에 따른 정보공개서의 기재사항은 중요사항으로서
이를 누락할 경우에는 정보공개서의 등록을 취소할 수 있도록 되어 있고, 5년 이하의 징역 또는 1억 5천만원 이하의 벌금에 처하도록 되어 있으며, 특히 같은 법 시행령 별표 1 제4호 나목의 경우 가맹희망자와 가맹점사업자의 법익보호를 위한 공익뿐만 아니라 임원 개인의 사생활 비밀보호에 관한 기본권이 제한되는 측면도 고려할 때, 같은 법 시행령 별표 1 제4호 나목은 보다 엄격하게 해석되어야 할 것입니다.

또한, 「가맹사업거래의 공정화에 관한 법률 시행령」 별표 1 제4호 가목에 따른 「가맹사업거래의 공정화에 관한 법률」 또는 「독점규제 및 공정거래에 관한 법률」을 위반하여 공정거래위원회로부터 시정권고 이상의 조치를 받은 사실의 경우에는 공정거래위원회가 행하는 조치이므로 그 조치 여부를 객관적으로 확인할 수 있는 반면, 같은 호 나목의 경우에는 공정거래위원회가 그 범죄 관련성 등을 객관적으로 확인하거나 조회하기도 어렵다고 할 것이고, 이에 더하여 같은 호 다목에서는 '정보공개일 현재 최근 3년 동안 사기 · 횡령 · 배임 등 타인의 재물이나 재산상 이익을 영득 또는 이득하는 죄를 범하여 형의 선고를 받은 사실'을 정보공개서의 기재사항으로 정하고 있음을 고려할 때, 사기 · 횡령 · 배임 등 타인의 재물이나 재산상 이익을 영득 또는 이득하는 죄의 판결이 있은 후에야 비로소 그 죄와 관련이 있는 민사소송이나 민사상 화해를 한 사실에 대한 판단이 가능한 것으로 볼 수 있습니다.

따라서, 「가맹사업거래의 공정화에 관한 법률 시행령」 별표 1 제4호나목 중 "사기 · 횡령 · 배임 등 타인의 재물이나 재산상 이익을 영득 또는 이득하는 죄와 관련된 민사소송에서 패소의 확정판결을 받았거나, 민사상 화해를 한 사실"은 "사기 · 횡령 · 배임 등 타인의 재물이나 재산상 이익을 영득 또는 이득하는 죄로 받은 형사처벌(유죄의 판결)과 관련된 민사소송에서 패소의 확정판결을 받았거나, 민사상 화해를 한 사실"을 의미한다고 보는 것이 타당하다고 할 것입니다.

※ 법령정비권고

다만, 「가맹사업거래의 공정화에 관한 법률」 제9조 제1항, 제41조 및 같은 법 시행령 제5조의5 제2항 제4호에 따르면, 같은 법 시행령 별표 1 제4호에 따른 정보공개서의 기재사항을 누락할 경우에는 5년 이하의 징역 또는 1억 5천만원 이하의 벌금에 처하도록 되어 있음에도 불구하고, 같은 법 시행령 별표 1 제4호 나목 중 "사기·횡령·배임 등 타인의 재물이나 재산상 이익을 영득 또는 이득하는 죄와 관련된 민사소송에서 패소의 확정판결을 받았거나, 민사상 화해를 한 사실"은 해당 죄와 어느 정도의 관련성이 필요한지에 대한 객관적인 판단기준이 불분명하다고 할 것이므로, 이를 명확히 규정할 필요가 있다고 할 것입니다.

13) 법제처 11-0314, 2011.7.7, 민원인

12. "점포환경개선"이란

가맹점 점포의 기존 시설, 장비, 인테리어 등을 새로운 디자인이나 품질의 것으로 교체하거나 신규로 설치하는 것을 말한다. 이 경우 점포의 확장 또는 이전을 수반하거나 수반하지 아니하는 경우를 모두 포함한다(법 제2조 제11호).

13. "영업지역"이란

가맹점사업자가 가맹계약에 따라 상품 또는 용역을 판매하는 지역을 말한다(법 제2조 제12호).

판례14)

【판시사항】
공정거래위원회의 심의절차종료결정이 청구인의 기본권을 침해하지 아니하였다고 보아 심판청구를 기각한 사례

【결정요지】
'가맹사업거래의 공정화에 관한 법률'상 가맹사업에 해당하려면, 가맹점사업자가 가맹본부에 영업표지의 사용과 경영 및 영업활동 등에 대한 지원·교육의 대가로 가맹금을 지급하는 것이 필수적 요소이다. 그런데 청구인과 ○○ 사이에 작성된 계약서 등 서류상에는 청구인이 ○○에게 가맹금을 지급하기로 하였다거나 가맹금을 지급하였다는 취지의 기재는 찾아볼 수 없다. 또한 '가맹사업거래의 공정화에 관한 법률'이 정한 가맹사업에 해당하기 위해서는, 가맹사업의 동일성과 가맹본부의 명성을 유지하기 위하여 가맹본부가 가맹점사업자에게 가맹본부의 영업전략과 기업문화에 맞는 일정한 지시 및 통제를 하여야 한다. 이때 가맹본부의 통제는 가맹점사업자 영업의 주된 부분에 관련된 것이어야 하고, 통제의 정도는 단순한 제의나 암시보다는 강하고, 강압적 요구보다는 약한, 상당한 수준의 지시 및 통제를 의미한다. 그런데 청구인과 ○○ 간에 체결된 임대차계약 및 공급계약의 주된 내용, 2009. 7. 23.자 합의서의 합의사항, 청구인의 영업형태 등을 종합적으로 검토해 보았을 때, ○○가 청구인의 영업 전반에 걸쳐 위 법에서 요구하는 상당한 수준의 통제를 한 것으로 보기 어렵다.

그렇다면 청구인과 ○○의 계약관계가 '가맹사업거래의 공정화에 관한 법률' 상 가맹사업 요건을 충족하지 아니한다고 판단한 피청구인의 결정으로 말미암아 청구인의 기본권이 침해되었다고 볼 수 없다.

【참조조문】
가맹사업거래의 공정화에 관한 법률(2013. 8. 13. 법률 제12094호로 개정되기 전의 것) 제2조 제1호, 제13조 제4항

【전문】
이 사건 심판청구를 기각한다.

[이 유]
1. 사건개요

청구인은 ○○ 주식회사(다음부터 '○○'라 한다)와 위탁운영계약을 체결하고 서울 관악구 ○○동에 있는 LPG 충전소(다음부터 '이 사건 충전소'라 한다)를 2004. 1. 1.부터 2006. 5. 31.까지 운영하였다. 그 뒤 청구인과 ○○는 위탁운영계약을 임대차계약으로 변경하였고, 청구인은 2006. 6. 1.부터 2009. 5. 31.까지는 월 임대료 5,480만원을 지급하고 이 사건 충전소를 운영하였다. 청구인과 ○○는 2009. 7. 23. 임대차기간을 2012. 5. 31.까지 연장하고 월 임대료는 4,760만원으로 하는 이 사건 임대차계약을 다시 체결하였다.

한편, 청구인은 이 사건 임대차계약과 별도로 2006. 6. 1. ○○로부터 2006. 6. 1.부터 2009. 5. 31.까지 석유제품을 공급받기로 하는 이 사건 공급계약을 체결하는 한편 자금대여계약도 체결하였다. 이 사건 공급계약은 기간 종료 뒤에도 자동연장되어 왔는데, ○○는 2012. 4. 17.경 청구인에게 계약기간 만료를 이유로 이 사건 임대차계약 등을 해지한다고 통보하였다.

이에 청구인은 2014. 11. 17. 피청구인에게 ○○가 '가맹사업거래의 공정화에 관한 법률'(다음부터 '가맹사업법'이라 한다)을 위반하여 계약해지 통보를 하였다고 신고하였다. 그러나 피청구인은 2015. 1. 12. '청구인과 ○○의 계약관계는 가맹사업법 제2조 제1호에서 정한 가맹사업 요건을 충족하지 아니한다'는 이유로 심의절차종료결정(다음부터 '이 사건 결정'이라 한다)을 하였다. 그러자 청구인은 이 사건 결정으로 인하여 자신의 평등권 및 재판절차진술권이 침해되었다고 주장하며, 2015. 2. 12. 그 취소를 구하는 이 사건 헌법소원심판을 청구하였다.

2. 청구인의 주장

청구인은 ○○와 이 사건 임대차계약 및 공급계약, 자금대여계약 등 다수의 개별계약을 체결하였지만, 이는 다음과 같은 사정에 비추어 보면 가맹사업법 제2조에서 규정한 '가맹사업'에 관한 계약에 해당한다. 즉, ① 청구인은 ○○의 상호이자 영업표지를 사용하여 영업하였다. ② 청구인은 ○○가 공급한 제품만 판매하고, ○○가 요청하는 경우 품질검사에 협조하였다. ③ 청구인의 경영 및 영업활동을 지원·교육하기 위해 ○○는 이 사건 충전소에 세차기를 설치하고 동절기에 대수선공사를 강행하였으며, 품질서비스팀과 주유고객 서비스지원팀을 지원하는 등 각종 교육 및 지원 프로그램을 제공하였다. ④ ○○는 경영지도, 영업자료 제출요구권, 광고게시물 설치 동의권을 가지고 청구인의 경영 및 영업활동에 대한 통제권한을 가지고 있었다. ⑤ 2009. 7. 23.에는 청구인이 월 570톤 이상의 물량을 판매하고 고객서비스 수준을 일정 수준 이상 유지하며 사업장 운영개선에 노력을 기울이고, ○○가 청구인의 사업장 운영 개선활동을 평가하기로 하는 내용의 '합의서'가 작성되었다. ⑥ 이 사건 임대차계약에서 정한 임대료는 임차보증금의 1/3 수준에 이르는 금액으로 일반적인 임대료라고 보기에는 고액인데다가, 통상의 경우 물가상승률 등을 감안하여 임대료가 인상되는 것이 일반적인데 오히려 계약 도중 임대료가 720만원이나 감액된 점 등에 비추어 보면, 임대료 중 일부는 가맹금으로 보아야 한다. 따라서 청구인과 ○○의 계약관계에는 가맹사업법이 적용되어야 한다. 그렇다면 가맹사업법 제13조 제4항에 따라 계약기간 만료 전 180일부터 90일까지 사이에 계약갱신 거절통지를 하여야 하는데도, ○○가 2012. 4. 17. 경에야 계약해지 통보를 한 것은 가맹사업법 제13조 제4항을 위반한 것으로 무효이다. 그런데 피청구인은 청구인과 ○○ 사이의 계약관계가 가맹사업 요건을 충족하지 아니한다는 이유로 이 사건 결정을 하였으므로, 이는 취소되어야 한다.

3. 판단

'가맹사업'이라 함은 가맹본부가 가맹점사업자로 하여금 자기의 상표·서비스표·상호·간판 그 밖의 영업표지를 사용하여 일정한 품질기준이나 영업방식에 따라 상품 또는 용역을 판매하도록 함과 아울러 이에 따른 경영 및 영업활동 등에 대한 지원·교육과 통제를 하며, 가맹점사업자는 영업표지의 사용과 경영 및 영업활동 등에 대한 지원·교육의 대가로 가맹본부에 가맹금을 지급하는 계속적인 거래관계를 말한다(가맹사업법 제2조 제1호). 이 사건 임대차계약 및 공급계약에 따르면, 청구인이 '○○'라는 상호를 사용하여 ○○로부터 공급받은 제품만 판매하고, 청구인과 ○○ 사이에 계속적 거래관계가 존재하여, 가맹사업에 해당하는 징표가 존재한다.
그러나 가맹사업법상 가맹사업에 해당하려면 가맹점사업자가 가맹본부에 가맹금을 지급하는 것이 필수적 요소인데, 청구인과 ○○ 사이에 작성된 계약서 등 서류상에는 청구인이 ○○에게 가맹금을 지급하기로 하였거나 가맹금을 지급하였다는 취지의 기재는 찾아볼 수 없다. 청구인은 ○○에게 지급한 월 임대료 중 일부를 가맹금으로 보아야 한다고 주장한다. 하지만 가맹금은 가맹점사업자가 매출액이나 수익의 일정 비율을 가맹본부에 지급하는 방식으로 지급되는 것이 일반적이고, 제품 공급에 따라 가맹본부가 얻는 이익으로 가맹금을 갈음하는 방식도 이용되지만, 청구인 주장과 같이 월 임대료 중 일부를 가맹금으로 삼는 경우는 이례적이다. 또한 가맹본부는 가맹금 지급방식을 공개하여야 하는데, ○○가 이 사건 충전소와 관련하여 가맹금 지급방식을 공개한 바도 없다. 이러한 사정을 종합하여 보면, 청구인이 ○○에게 지급한 월 임대료가 청구인 주장과 같이 시세에 비해 고액이라 하더라도, 그러한 사정이나 월 임대료가 중간에 감액되었다는 사정만으로 월 임대료에 가맹금이 포함되어 있다고 보기는 어렵다.
한편, 가맹사업법상 가맹사업에 해당하기 위해서는 가맹사업의 동일성과 가맹본부의 명성 유지를 위하여 가맹본부가 가맹점사업자에게 가맹본부의 영업전략과 기업문화에 맞는 일정한 지시와 통제를 하고, 가맹점사업자의 이익이 극대화될 수 있도록 영업활동을 도와주는 내용의 합의가 있어야 한다. 이때 가맹본부의 통제는 가맹점사업자 영업의 주된 부분에 관련된 것이어야 하고, 통제의 정도는 단순한 제의나 암시보다는 강하고 강압적 요구보다는 약한, 상당한 수준의 지시 및 통제를 의미한다.
이 사건 임대차계약에 따르면, ○○는 청구인에게 경영지도를 하고 영업활동에 대한 자료를 요구할 수 있으며, 이 사건 충전소 내 시설물에 대한 설치·철거·변경에 대한 권한이 있고, 청구인이 광고물을 게시하는 데 사전동의권을 갖고 있다. 또 이 사건 공급계약에 따르면, 제품 공급가격 최종결정권이 ○○에게 있고, ○○의 품질검사에 청구인은 협조해야 하며, ○○는 이 사건 충전소에 제품의 판매정보를 파악할 수 있는 판매시점정보관리(POS)시스템을 설치할 수 있다. 한편, 청구인과 ○○ 사이에 체결된 2009. 7. 23.자 합의서에 따르면, 청구인은 ○○로부터 매월 일정량 이상의 제품을 구매하고 사업장 운영개선 활동에 대한 ○○의 평가 및 조치에 대하여 이의를 제기하지 않기로 하였다. 이러한 계약내용을 종합하여 보면, ○○가 청구인의 영업활동에 어느 정도 통제를 가하고 있었던 사실은 인정된다.
그러나 ○○는 제품공급자로서 제품 공급가격을 결정하고 품질검사를 실시할 수 있으며, 이 사건 충전소의 소유자 및 임대인으로서 충전소 내 시설물에 대한 설치·철거·변경 등에 대한 통제권한을 보유하고, 적정 임대료 산출을 위해 영업자료를 요구할 수 있다. 한편, 청구인이 2009. 7. 23. 자 합의서에 따른 판매 목표 수치를 달성하지 못하여 어떤 불이익이나 제재조치를 받았다는 자료가 없다. 고객서비스 수준 유지에 대한 합의도, 판매방식이나 고객 응대 요령 등 사업정책에 따른 서비스 방식을 구체적으로 지시한 것이 아니라 단순히 '고객만족도 조사'라는 일반적 내용에 그치고 있다. 특히, 이 사건 공급계약에 따라 이 사건 충전소에 가맹점 관리에 필수적으로 사용되는 판매시점정보관리시스템이 설치되었는데도 청구인의 요구로 그 시스템이 가동되지 아니하였다. 또 통상 가맹사업에서 행해지는 소비자가격 및 직원 복장 지정, 영업시간 및 영업일수 지정 등에 대한 통제는 전혀 이루어지지 않았다. 이런 사정에 비추어 보면, ○○가 청구인의 영업 전반에 걸쳐 가맹사업법에서 요구하는 상당한 수준의 통제를 하였다고 보기 어렵다.
그렇다면 청구인과 ○○의 계약관계는 가맹사업법 제2조 제1호에서 정한 가맹사업 요건을 충족하지 못하므로, 청구인과 ○○의 계약관계가 가맹사업법의 적용을 받는 것을 전제로 하는 청구인의 주장은 받아들일 수 없다.
따라서 피청구인이 이 사건 결정을 함에 있어서 현저히 정의와 형평에 반하는 조사를 하거나 법률의 적용 또는 증거판단 과정에서 잘못을 하였다고 볼 수 없고, 달리 이 사건 결정이 헌법재판소가 관여할 정도의 자의적인 처분이라고 볼 자료도 없으므로 이로 말미암아 청구인 주장의 기본권이 침해되었다고 볼 수 없다.

4. 결론

이 사건 심판청구를 기각하기로 하여 관여 재판관 전원의 일치된 의견으로 주문과 같이 결정한다.

14) 전원재판부 2015헌마149, 2015.9.24

Ⅲ. 적용대상

아래 5가지 요건을 모두 충족하면 가맹사업법이 적용된다.

1. 가맹본부가 가맹점사업자에게 영업표지의 사용 허락

영업표지의 사용 등록 여부와 관계없이 제3자가 독립적으로 인식할 수 있을 정도면 가능하고 가맹점사업자가 자신의 상호를 사용하여 영업하거나, 외관상 가맹본부의 상호(영업 표지)를 사용하는 것으로 보기 어렵고, 가맹본부가 공급한 상품 등만 간접적으로 사용하는 경우는 가맹사업에 해당되지 않는다.

2. 가맹점사업자는 일정한 품질기준이나 영업방식에 따라 상품 또는 용역을 판매

가맹본부가 가맹점사업자의 주된 사업과 무관한 상품 등만 공급하는 경우(예 : 편의점을 운영하는 가맹점에 신용카드 결제 서비스 제공)에는 가맹사업에 해당되지 않는다.

3. 가맹본부는 경영 및 영업활동 등에 대한 지원·교육·통제를 수행

가맹본부의 영업방침이 있으나 이를 지키지 않더라도 가맹점사업자에 대한 제재가 없는 경우 가맹사업에 해당되지 않고, 일정한 영업방식을 준수하도록 하지 않고 단순히 상품만 제공하는 경우(예 : 학원에 교재만 공급하고 교습에 필요한 기준 등은 개별 학원이 마음대로 결정) 가맹사업에 해당되지 않으며 가맹점사업자가 가맹본부의 경쟁사를 포함한 다른 사업자의 물품을 모두 취급하는 경우 가맹사업에 해당되지 않는다.

4. 영업표지 사용 및 경영·영업활동 등에 대한 지원·교육에 대한 대가로 가맹금 지급

가맹본부가 다른 대가 없이 보증금만 받는 경우(예 : 대리점 계약)은 가맹사업에 해당 되지 않는다.

5. 독립된 사업자 사이의 계속적인 거래관계

가맹본부와 가맹점사업자는 법적·경제적으로 독립적인 지위에서 계속적인 거래를 하는 경우에만 적용되며, 일시적 지원만 하는 경우는 가맹사업에 해당되지 않으며 가맹점사업자의 개설에 필요한 서비스를 제공하고 향후의 영업에 대해서는 별도의 지원이나 통제를 하지 않는 경우 가맹사업에 해당되지 않는다.[15]

제 3 절 적용배제

이 법은 다음 각 호의 어느 하나에 해당하는 경우에는 적용하지 아니한다(법 제3조 제1항).

제1항에도 불구하고 제9조 및 제10조(제10조 제1항 제1호는 제외한다)는 모든 가맹사업거래에 대하여 적용한다(법 제3조 제2항).

1. 가맹점사업자가 가맹금의 최초 지급일부터 6개월까지의 기간동안 가맹본부에게 지급한 가맹금의 총액이 100만원 이내의 범위에서 대통령령으로 정하는 금액을 초과하지 아니하는 경우(법 제3조 제1항 제1호).
   "대통령령으로 정하는 금액"이란 100만원을 말한다(시행령 제5조 제1항).
2. 가맹본부의 연간 매출액이 2억원 이내의 범위에서 대통령령으로 정하는 일정규모 미만인 경우. 다만, 가맹본부와 계약을 맺은 가맹점사업자의 수가 5개 이상의 범위에서 대통령령으로 정하는 수[16] 이상인 경우는 제외한다(법 제3조 제1항 제2호).
   "대통령령으로 정하는 일정규모"란 5천만원을 말한다. 다만, 해당 가맹본부가 가맹사업을 시작하기 전에 해당 가맹사업과 같은 품질기준이나 영업방식에 따라 상품이나 용역을 판매하는 직영점을 개설하여 1년 이상 운영하고 있는 경우에는 2억원(직영점의 매출액을 포함한다)으로 한다(시행령 제5조 제2항).
   금액의 산정은 바로 전 사업연도의 손익계산서상의 매출액으로 한다. 다

15) 프랜차이즈 불공정피해 상담사례집, 서울시, 2015.12, 22-23 인용.
16) 법 제3조 제1항 제2호 단서에서 "대통령령으로 정하는 수"란 5개를 말한다.

만, 가맹본부가 손익계산서를 작성하지 아니하는 경우에는 「부가가치세법」 에 따른 바로 전 2개 과세기간의 부가가치세확정신고서상의 과세표준과 면세수입금액을 합한 금액으로 한다(시행령 제5조 제3항).

3. 가맹본부가 가맹사업을 시작한 후 1년이 지나지 아니한 경우에는 사업을 시작한 때부터 마지막으로 부가가치세확정신고를 한 때까지의 부가가치세확정신고서(부가가치세확정신고를 하지 아니한 경우에는 부가가치세예정신고서)상의 과세표준과 면세수입금액을 합한 금액을 제3항 단서의 금액으로 본다(시행령 제5조 제4항).

제 2 장 가맹사업거래의 기본원칙

제 1 절 신의성실의 원칙

가맹사업당사자는 가맹사업을 영위함에 있어서 각자의 업무를 신의에 따라 성실하게 수행하여야 한다(법 제4조).

제 2 절 가맹본부의 준수사항

가맹본부는 다음 각호의 사항을 준수한다(법 제5조).

1. 가맹사업의 성공을 위한 사업구상
2. 상품이나 용역의 품질관리와 판매기법의 개발을 위한 계속적인 노력
3. 가맹점사업자에 대하여 합리적 가격과 비용에 의한 점포설비의 설치, 상품 또는 용역 등의 공급
4. 가맹점사업자와 그 직원에 대한 교육 · 훈련
5. 가맹점사업자의 경영 · 영업활동에 대한 지속적인 조언과 지원
6. 가맹계약기간 중 가맹점사업자의 영업지역 안에서 자기의 직영점을 설치하거나 가맹점사업자와 유사한 업종의 가맹점을 설치하는 행위의 금지
7. 가맹점사업자와의 대화와 협상을 통한 분쟁해결 노력

제 3 절 가맹점사업자의 준수사항

가맹점사업자는 다음 각 호의 사항을 준수한다.

1. 가맹사업의 통일성 및 가맹본부의 명성을 유지하기 위한 노력
2. 가맹본부의 공급계획과 소비자의 수요충족에 필요한 적정한 재고유지 및 상품진열
3. 가맹본부가 상품 또는 용역에 대하여 제시하는 적절한 품질기준의 준수
4. 제3호의 규정에 의한 품질기준의 상품 또는 용역을 구입하지 못하는 경우 가맹본부가 제공하는 상품 또는 용역의 사용
5. 가맹본부가 사업장의 설비와 외관, 운송수단에 대하여 제시하는 적절한 기준의 준수
6. 취급하는 상품 · 용역이나 영업활동을 변경하는 경우 가맹본부와의 사전 협의
7. 상품 및 용역의 구입과 판매에 관한 회계장부 등 가맹본부의 통일적 사업경영 및 판매전략의 수립에 필요한 자료의 유지와 제공
8. 가맹점사업자의 업무현황 및 제7호의 규정에 의한 자료의 확인과 기록을 위한 가맹본부의 임직원 그 밖의 대리인의 사업장 출입허용
9. 가맹본부의 동의를 얻지 아니한 경우 사업장의 위치변경 또는 가맹점운영권의 양도 금지
10. 가맹계약기간 중 가맹본부와 동일한 업종을 영위하는 행위의 금지
11. 가맹본부의 영업기술이나 영업비밀의 누설 금지
12. 영업표지에 대한 제3자의 침해사실을 인지하는 경우 가맹본부에 대한 영업표지침해사실의 통보와 금지조치에 필요한 적절한 협력

판례17)

【판시사항】

[1] 가맹사업에 있어서 가맹본부가 가맹점사업자에 대하여 상품 및 용역의 품질기준의 준수를 요구할 수 있는지 여부

[2] 가맹본부가 가맹점사업자와 협의 없이 판매촉진행사의 시행과 집행을 할 수 있는 내용의 가맹점계약 조항이 약관의규제에관한법률 제6조 제2항 제1호에서 규정한 '고객에 대하여 부당하게 불리한 조항'에 해당하는지 여부

[3] 가맹본부가 전국적인 판매촉진행사를 하면서 가맹점사업자의 영업지역에 판매촉진행사를 광고하는 광고전단지를 배포하게 하고 가맹점사업자에게 그 광고전단지 비용을 부담시킨 행위가 독점규제및공정거래에관한

법률시행령 제36조 제1항 [별표 1] 제6호 (라)목의 규정에 의한 불이익 제공행위에 해당하는지 여부에 관한 판단 기준

[4] 가맹점 매뉴얼(manual)에 상품을 제조·판매·보관·포장하는 등의 방법 이외에 가맹점계약에 의하여 가맹점사업자에게 부과되어 있는 의무를 구체화하기 위한 내용도 포함될 수 있는지 여부

[5] 치킨가맹사업거래에 있어서 가맹본부가 가맹사업자와 가맹점계약을 체결함에 있어 가맹점사업자가 치킨제품을 판매할 때 백깍두기나 양배추 샐러드와 같은 보조음식을 무료로 제공하는 것과 같은 사항에 대하여 명시·설명의무가 없다고 한 사례

[6] 가맹사업거래에 있어서 가맹본부가 가맹점사업자에 대하여 상품이나 용역의 공급 또는 영업의 지원 등을 중단 또는 거절하는 행위가 불공정거래행위로서의 거래거절에 해당하기 위한 요건

【판결요지】

[1] 가맹사업에서는 가맹사업의 통일성과 가맹본부의 명성을 유지하기 위하여 합리적으로 필요한 범위 내에서 가맹점사업자가 판매하는 상품 및 용역에 대하여 가맹점사업자로 하여금 가맹본부가 제시하는 품질기준을 준수하도록 요구하고, 그러한 품질기준의 준수를 위하여 필요한 경우 가맹본부가 제공하는 상품 또는 용역을 사용하도록 요구할 수 있다고 봄이 상당하다.

[2] 가맹사업은 가맹본부가 가맹점사업자로 하여금 자기의 상표·서비스표·상호·간판 그 밖의 영업표지를 사용하여 일정한 품질기준에 따라 상품(원재료 및 부재료를 포함한다) 또는 용역을 판매하도록 함과 아울러 이에 따른 경영 및 영업활동 등에 대한 지원·교육과 통제를 하고, 가맹점사업자는 영업표지 등의 사용과 경영 및 영업활동 등에 대한 지원·교육의 대가로 가맹본부에 가맹금을 지급하는 계속적인 거래관계를 말하므로, 가맹사업은 가맹본부와 가맹점사업자 사이의 상호의존적 사업방식으로서 신뢰관계를 바탕으로 가맹점사업자의 개별적인 이익보호와 가맹점사업자를 포함한 전체적인 가맹조직의 유지발전이라는 공동의 이해관계를 가지고 있으며, 가맹사업에 있어서의 판매촉진행사는 비록 전국적인 것이라고 하더라도 1차적으로는 가맹점사업자의 매출증가를 통한 가맹점사업자의 이익향상에 목적이 있고, 그로 인하여 가맹점사업자에게 공급하는 원·부재료의 매출증가에 따른 가맹본부의 이익 역시

증가하게 되어 가맹본부와 가맹점사업자가 모두 이익을 얻게 되므로, 가맹점계약에서 가맹본부와 가맹점사업자 사이에 판매촉진행사에 소요된 비용을 합리적인 방법으로 분담하도록 약정하고 있다면, 비록 가맹본부가 판매촉진행사의 시행과 집행에 대하여 가맹점사업자와 미리 협의하도록 되어 있지 않더라도 그러한 내용의 조항이 약관의규제에관한법률 제6조 제2항 제1호 소정의 고객에 대하여 부당하게 불리한 조항에 해당한다고 할 수는 없다.

[3] 가맹본부가 전국적인 판매촉진행사를 하면서 가맹점사업자의 영업지역에 판매촉진행사를 광고하는 광고전단지를 배포하게 하고 그 광고전단지 비용을 부담시킨 행위가 독점규제및공정거래에관한법률시행령 제36조 제1항 [별표 1] 제6호 (라)목의 규정에 의한 불이익제공행위에 해당하는지 여부는 가맹사업의 거래특성, 전국적인 판매촉진행사의 목적과 그에 관한 가맹점계약의 규정내용, 판매촉진행사의 수립 및 집행과정, 가맹점사업자와의 사전협의 여부, 비용분담의 적정성 등을 종합하여 구체적으로 판단하여 결정하여야 한다.

[4] 가맹점 매뉴얼(manual)은 가맹본부가 제품의 통일성과 품질관리 및 명성의 유지를 위하여 가맹점계약에 터잡아 가맹점운영규칙의 일환으로 제정하여 운영하는 것이므로, 가맹점사업자가 상품을 제조·판매·보관·포장하는 등의 방법에 관하여는 물론 가맹점계약에 의하여 가맹점사업자에게 부과되어 있는 의무를 구체화하기 위한 내용도 포함될 수 있다고 봄이 상당하다.

[5] 치킨가맹사업거래의 특성과 치킨제품의 가격결정구조에 비추어, 가맹점사업자가 치킨제품을 판매할 때 백깍두기나 양배추샐러드와 같은 보조음식을 무료로 제공하는 것과 같은 영업형태는 치킨가맹사업거래에 있어서 일반적이고 공통된 것이어서 가맹본부가 가맹점사업자와 가맹점계약을 체결함에 있어 가맹점사업자에게 별도의 설명을 하지 아니하여도 충분히 예상할 수 있는 사항이라고 할 것이므로, 그러한 사항에 대하여까지 명시·설명의무가 있다고 할 수는 없다고 한 사례.

[6] 가맹사업거래의 특성에 비추어 가맹본부가 가맹점사업자에 대하여 상품이나 용역의 공급 또는 영업의 지원 등을 중단 또는 거절하는 행위가 불공정거래행위로서의 거래거절에 해당하기 위해서는, 가맹점사업자의 계약위반 등 가맹점사업자의 귀책사유로 인하여 가맹사업의 거래관계를 지속하기 어려운 중대한 사정이 없음에도 불구하고 가맹점사업자의 계속적인 거래기회를 박탈하여 그 사업활동을 곤란하게 하거나 가맹점사

업자에 대한 부당한 통제 등의 목적달성을 위하여 그 실효성을 확보하기 위한 수단 등으로 부당하게 행하여진 경우라야 한다.

【주문】

상고를 기각한다. 상고비용은 피고가 부담한다.

【이유】

1. 상고이유 제1점에 대하여

가맹사업에서는 가맹사업의 통일성과 가맹본부의 명성을 유지하기 위하여 합리적으로 필요한 범위 내에서 가맹점사업자가 판매하는 상품 및 용역에 대하여 가맹점사업자로 하여금 가맹본부가 제시하는 품질기준을 준수하도록 요구하고, 그러한 품질기준의 준수를 위하여 필요한 경우 가맹본부가 제공하는 상품 또는 용역을 사용하도록 요구할 수 있다고 봄이 상당하다.

원심이 적법하게 확정한 사실과 기록에 의하면, 원고가 가맹점사업자로부터 매출액의 일정비율에 상당하는 금원을 가맹금으로 받는 것이 아니라 가맹점사업자에게 공급하는 원·부재료의 가격과 원고가 구입하는 원·부재료의 가격의 차액에 해당하는 금원을 가맹금으로 하는 사업구조를 취하고 있으므로, 모든 원·부재료를 가맹점사업자가 개별적으로 직접 구입하도록 한다면 원고의 가맹사업의 존립 자체가 불가능하게 되는 점, 양배추샐러드는 원고의 주력상품 또는 중심상품인 치킨제품의 느끼한 맛을 덜하도록 하기 위하여 함께 제공되는 보조음식(반찬과 양념에 해당하는 것)으로서 양배추샐러드의 맛과 품질은 치킨제품의 맛과 품질을 유지함에 있어서 중요한 의미를 가지므로, 양배추샐러드의 맛과 품질은 치킨제품의 매출에도 중대한 영향을 미칠 수 있는 점, 원고는 1995. 비비큐(B.B.Q.) 치킨가맹사업을 개시한 이후 2000. 6. 30.까지는 가맹점계약 제6조 제1항, 제21조에 따라 치킨제품을 판매할 때 양배추샐러드를 무료로 제공하는 영업형태를 취하면서도(뒤에서 보는 바와 같이 원고는 양배추샐러드의 가격을 치킨제품의 판매가격에 이미 반영하여 책정하고 있으므로 엄격한 의미에서는 무료라고 할 수 없음) 양배추샐러드를 주문하는 가맹점사업자에 대하여만 양배추샐러드를 공급함으로써 가맹점사업자들이 이익을 증대하기 위하여 양배추샐러드 대신 백깍두기를 제공하는 것을 어느 정도 방임해 왔으나, 백깍두기의 원료가 되는 사카린이 미국에서 발암성 의심물질로 규정되어 있고 케이에프시(KFC)를 비롯한 외국의 가맹사업체의 경우 치킨제품을 판매할 때 백깍두기가 아닌 양배추샐러드를 제공하고 있으며, 소비자들이 백깍두기보다 양배추샐러드를 선호하고 있다는 시장조사 결과 등을 감안하여, 원고의 영업표지(B.B.Q.)의 이미지 제고와 가맹사업의 경쟁력 강화를 위하여 가맹점사업자에 대하여 2000. 7. 1.부터 치킨제품을 판매할 때 양배추샐러드를 무료로 제공하도록 함과 아울러 신선육을 공급받음에 있어 일정한 양의 양배추샐러드를 의무적으로 공급받도록 한 점, 원고가 공급하는 양배추샐러드는 고유한 양념과 제조비법으로 만들어지므로 그 고유한 맛과 품질을 유지하기 위하여 가맹점사업자로 하여금 원고가 공급하는 양배추샐러드만을 사용하도록 할 필요성이 있다고 보이는 점 등을 알 수 있고, 여기에다가 가맹사업의 거래특성 등을 종합하여 보면, 가맹점사업자가 치킨제품을 판매할 때 양배추샐러드와 백깍두기를 선택적으로 제공하는 것을 사실상 방치하면서 신선육을 공급함에 있어서도 양배추샐러드는 가맹점사업자의 신청에 따라 공급하던 영업정책을, 원고의 영업표지의 이미지 제고와 경쟁력 강화를 위하여 치킨제품을 판매할 때 양배추샐러드만을 무료로 제공하도록 하면서 신선육을 공급함에 있어서도 일정한 양의 양배추샐러드를 원고로부터 의무적으로 공급받도록 하는 것으로 변경하였다고 하더라도 이는 가맹사업의 목적달성을 위하여 필요한 범위 내의 통제라고 할 것이고, 그것이 거래상 지위를 이용하여 가맹점사업자로 하여금 가맹사업의 목적달성을 위하여 필요한 범위를 벗어나서 판매상품(원재료 포함)을 가맹본부로부터 구입하도록 강제하는 행위에 해당한다고 볼 수는 없다.

같은 취지의 원심의 판단은 정당한 것으로 수긍이 가고, 거기에 가맹사업의 목적달성에 필요한 범위에 관한 법리를 오해한 위법 등이 있다고 할 수 없다.

2. 상고이유 제2점에 대하여

가. 가맹사업은 가맹본부가 가맹점사업자로 하여금 자기의 상표·서비스표·상호·간판 그 밖의 영업표지를 사용하여 일정한 품질기준에 따라 상품(원재료 및 부재료를 포함한다) 또는 용역을 판매하도록 함과 아울러 이에 따른 경영 및 영업활동 등에 대한 지원·교육과 통제를 하고, 가맹점사업자는 영업표지 등의 사용과 경영 및 영업활동 등에 대한 지원·교육의 대가로 가맹본부에 가맹금을 지급하는 계속적인 거래관계를 말하므로, 가맹사업은 가맹본부와 가맹점사업자 사이의 상호의존적 사업방식으로서 신뢰관계를 바탕으로 가맹점사업자의 개

별적인 이익보호와 가맹점사업자를 포함한 전체적인 가맹조직의 유지발전이라는 공동의 이해관계를 가지고 있으며, 가맹사업에 있어서의 판매촉진행사는 비록 전국적인 것이라고 하더라도 1차적으로는 가맹점사업자의 매출증가를 통한 가맹점사업자의 이익향상에 목적이 있고, 그로 인하여 가맹점사업자에게 공급하는 원·부재료의 매출증가에 따른 가맹본부의 이익 역시 증가하게 되어 가맹본부와 가맹점사업자가 모두 이익을 얻게 되므로, 가맹점계약에서 가맹본부와 가맹점사업자 사이에 판매촉진행사에 소요된 비용을 합리적인 방법으로 분담하도록 약정하고 있다면, 비록 가맹본부가 판매촉진행사의 시행과 집행에 대하여 가맹점사업자와 미리 협의하도록 되어 있지 않더라도 그러한 내용의 조항이 약관의규제에관한법률 제6조 제2항 제1호 소정의 고객에 대하여 부당하게 불리한 조항에 해당한다고 할 수는 없다. 관계 법령의 규정과 앞서 본 법리 및 기록에 비추어 살펴보면, 원심이 가맹점계약 제20조가 가맹본부인 원고가 가맹점사업자와 협의 없이 가맹점사업자의 영업지역에서 광고전단지의 배포를 결정할 수 있도록 되어 있다고 하더라도, 그 비용을 합리적인 기준에 따라 분담하도록 약정하고 있으므로 위 조항이 고객에 대하여 부당하게 불리한 조항이라고 볼 수 없다고 판단한 것은 정당한 것으로 수긍이 가고, 거기에 약관의규제에관한법률 제6조 제2항 제1호에 관한 법리를 오해한 위법이 있다고 할 수 없다.

나. 원심은 그 채용 증거들을 종합하여 판시와 같은 사실을 인정한 다음, 그 인정 사실에 의하면 가맹점계약 제20조는 가맹점사업자들이 광고전단지 비용을 부담하는 근거가 될 수 있다는 취지로 판단하였다.
기록에 비추어 살펴보면, 원심의 위와 같은 사실인정과 판단은 정당한 것으로 수긍이 가고, 거기에 채증법칙을 위배하여 사실을 오인한 위법이 있다고 할 수 없다.

다. 가맹본부가 전국적인 판매촉진행사를 하면서 가맹점사업자의 영업지역에 판매촉진행사를 광고하는 광고전단지를 배포하게 하고 그 광고전단지 비용을 부담시킨 행위가 독점규제및공정거래에관한법률시행령 제36조 제1항 [별표 1] 제6호 (라)목의 규정에 의한 불이익제공행위에 해당하는지 여부는 가맹사업의 거래특성, 전국적인 판매촉진행사의 목적과 그에 관한 가맹점계약의 규정내용, 판매촉진행사의 수립 및 집행과정, 가맹점사업자와의 사전협의 여부, 비용분담의 적정성 등을 종합하여 구체적으로 판단하여 결정하여야 할 것이다.

원심이 확정한 사실과 기록에 의하면, 가맹점계약 제20조에 의하여 판매촉진행사는 기본적으로 원고 본사 또는 지역본부에서 계획하고 집행하며, 합리적으로 산정된 광고비용의 일부를 가맹점사업자에게 청구할 수 있도록 약정한 점, 원고가 이 사건 판매촉진행사를 함에 있어 판매촉진행사에 대한 가맹점사업자의 참가 여부와 가맹점사업자의 영업지역에 배포할 전단지의 매수를 미리 가맹점사업자의 신청을 받아 실시한 점, 이 사건 판매촉진행사의 일환으로 한 신문 및 텔레비전 광고비용 25억 5,400만원과 광고전단지의 디자인 비용은 모두 가맹본부인 원고가 부담하고, 광고전단지의 디자인 비용을 제외한 비용 약 5,482만원만을 가맹점사업자들이 부담하였으며, 사용하지 아니한 광고전단지는 모두 회수한 사실 등을 알 수 있는바, 이러한 사실관계와 이 사건 판매촉진행사의 목적 등을 앞서 본 법리에 비추어 살펴보면, 원고가 이 사건 판매촉진행사를 함에 있어 가맹점사업자들에게 광고전단지 비용을 부담하게 한 행위는 거래상대방에게 거래조건의 이행과정에서 불이익을 주는 불이익제공행위에 해당한다고 할 수 없다.

같은 취지의 원심의 판단은 정당한 것으로 수긍이 가고, 거기에 가맹사업의 목적달성에 필요한 통제의 범위에 관한 법리를 오해한 위법이 있다고 할 수 없다.

3. 상고이유 제3점에 대하여

가. 가맹점 매뉴얼(manual)은 가맹본부인 원고가 제품의 통일성과 품질관리 및 명성의 유지를 위하여 가맹점계약 제21조에 터잡아 가맹점운영규칙의 일환으로 제정하여 운영하는 것이므로, 가맹점사업자가 상품을 제조·판매·보관·포장하는 등의 방법에 관하여는 물론 가맹점계약 제6조에 의하여 가맹점사업자에게 부과되어 있는 의무를 구체화하기 위한 내용도 포함될 수 있다고 봄이 상당하다.

원심은 그 채용 증거들을 종합하여 판시와 같은 사실을 인정한 다음, 양배추샐러드 제공에 관한 가맹점매뉴얼의 내용은 치킨제품의 제조·판매·보관·포장방법은 물론 치킨제품을 판매할 때 양배추샐러드를 소비자에게 무료로 제공하라는 의미도 포함되어 있다고 해석하여야 한다고 판단하였다.

기록에 비추어 살펴보면, 원심의 위와 같은 사실인정과 판단은 정당한 것으로 수긍이 가고, 거기에 채증법칙을 위배하여 사실을 오인한 위법이 있다고 할 수 없다.

나. 원심이 확정한 사실과 기록에 의하면, 원고의 가맹사업은 치킨제품을

조리하여 판매하는 것을 중요사업내용으로 하는 것으로서 치킨제품의 통일적인 맛과 제품의 표준화를 위하여 원고로부터 신선육 및 치킨 파우더와 양배추샐러드를 구입하도록 하고, 위와 같은 신선육 및 치킨 파우더와 양배추샐러드의 판매수익은 가맹본부인 원고의 수입의 핵심을 이루고 있으며, 치킨제품의 판매가격에 신선육, 치킨 파우더 등 치킨제품의 원료는 물론 함께 무료로 제공되는 양배추샐러드의 가격까지 반영하여 책정하고 있으므로, 치킨제품을 판매할 때 양배추샐러드를 무료로 제공하도록 한 것이 가맹점사업자에게 양배추샐러드의 제공비용에 대한 부담을 전가하는 것이 아닌 점, 양배추샐러드는 원고의 가맹사업의 중심상품인 치킨제품의 느끼한 맛을 덜하도록 하기 위하여 함께 제공되는 보조음식으로서 양배추샐러드의 맛과 품질은 치킨의 맛과 품질을 유지함에 있어서 중요한 의미를 가지고 있는 점 등을 알 수 있는바, 이러한 사정과 치킨제품을 판매할 때 양배추샐러드를 무료로 제공하여야 하는지 여부 등에 관한 것은 구체적인 영업방침에 관한 것이어서 반드시 가맹점계약 그 자체에 구체적으로 명시되어 있어야 하는 것은 아니고, 합리적인 범위 안에서 가맹본부에 위임하여 정할 수도 있다는 점에 비추어 보면, 치킨제품을 판매할 때 양배추샐러드를 무료로 제공하여야 한다는 것을 사전에 가맹점계약서에 명시하지 아니하고 가맹본부에 일임하는 내용의 가맹점계약 제21조가 가맹점에 대하여 부당하게 불리한 약관으로서 무효라고 할 수 없다.

같은 취지의 원심의 판단은 정당한 것으로 수긍이 가고, 거기에 약관의규제에관한법률 제6조 제2항 제1호에 관한 법리를 오해한 위법이 있다고 할 수 없다.

다. 치킨가맹사업거래의 특성과 치킨제품의 가격결정구조에 비추어, 가맹점사업자가 치킨제품을 판매할 때 백깍두기나 양배추샐러드와 같은 보조음식을 무료로 제공하는 것과 같은 영업형태는 치킨가맹사업거래에 있어서 일반적이고 공통된 것이어서 가맹본부가 가맹점사업자와 가맹점계약을 체결함에 있어 가맹점사업자에게 별도의 설명을 하지 아니하여도 충분히 예상할 수 있는 사항이라고 할 것이므로, 그러한 사항에 대하여까지 명시 · 설명의무가 있다고 할 수는 없다.

원심이 가맹본부가 가맹점사업자와 가맹점계약을 체결함에 있어 치킨제품을 판매할 때 소비자에게 백깍두기나 양배추샐러드와 같은 보조음식을 무료로 제공하여야 한다는 것은 중요한 내용으로서 가맹점사업자에게 이를 설명할 의무가 있음을 전제로 판단한 것은 잘못이라고 할 것이나, 원고에게 가맹점계약을 체결함에 있어 명시 · 설명의무를 위반한 잘못이 없다고 판단한 결론은 정당한 것으로 수긍이 가고, 거기에 채증법칙을 위배하여 사실을 오인하거나 약관의규제에관한법률상의 명시 · 설명의무에 관한 법리를 오해하여 판결에 영향을 미친 위법이 있다고 할 수 없다.

라. 원심이 양배추샐러드의 무료제공에 관한 가맹점 매뉴얼이 유효한 것임을 전제로 판단하고 있는 것은 위 가맹점 매뉴얼이 실효된 것이라는 피고의 주장을 배척한 것으로 볼 수 있으므로, 원심판결에 판단유탈의 위법이 있다고 할 수 없다.

4. 상고이유 제4점에 대하여

가맹사업거래의 특성에 비추어 가맹본부가 가맹점사업자에 대하여 상품이나 용역의 공급 또는 영업의 지원 등을 중단 또는 거절하는 행위가 불공정거래행위로서의 거래거절에 해당하기 위해서는, 가맹점사업자의 계약위반 등 가맹점사업자의 귀책사유로 인하여 가맹사업의 거래관계를 지속하기 어려운 중대한 사정이 없음에도 불구하고 가맹점사업자의 계속적인 거래기회를 박탈하여 그 사업활동을 곤란하게 하거나 가맹점사업자에 대한 부당한 통제 등의 목적달성을 위하여 그 실효성을 확보하기 위한 수단 등으로 부당하게 행하여진 경우라야 할 것이다.

원심은 그 채용 증거를 종합하여 판시와 같은 사실을 인정한 다음, 원고의 가맹점사업자인 별빛점 대표 소외인이 원고로부터 수차례에 걸쳐 지도 및 경고를 받았음에도 불구하고 원고가 공급하는 양배추샐러드와 치킨박스(Box)를 사용하지 않고 다른 업체로부터 구입한 백깍두기와 치킨박스를 사용한 행위는 가맹점계약 제6조 제3항 제3호, 제1항에 의한 물류중단사유에 해당함과 아울러 가맹점계약 제9조 제1, 3, 4, 6항, 제6조 제1항에 의한 가맹점계약의 해지사유에 해당하고, 이는 가맹점계약상의 가맹점사업자로서의 의무를 위반한 것으로서 소외인의 귀책사유로 인하여 가맹사업의 거래관계를 지속하기 어려운 중대한 사정에 해당한다고 할 것이며, 나아가 소외인의 그와 같은 일련의 행위로 인하여 가맹본부인 원고와 가맹점사업자인 소외인 사이의 신뢰관계는 이미 붕괴되었다 할 것이고, 위와 같은 소외인의 행위를 이유로 한 원고의 물류중단조치나 가맹점계약의 해지행위가 단지 소외인의 사업활동을 곤란하게 할 의도로 남용된 것이라거나 양배추샐러드의 일방적인 공급행위를 통한 구입강제, 광고전단지 비용의 일방적인 전가행위를 통한 불이익제공행위, 구속조건부거래행위 등의 목적달성을 위하여 그 실효성을 확보하기 위한 수단으로 부당하게 행하여진 것으로 볼 수도 없으므로, 불공정거래행위로서의 거래거절에 해당한다고 할 수 없다는 취지로 판단하였다.

관계 법령의 규정과 앞서 본 법리 및 기록에 비추어 살펴보면, 원심의 위와 같은 사실인정과 판단은 정당한 것으로 수긍이 가고, 거기에 채증법칙을 위배하여 사실을 오인하거나 거래거절에 관한 법리를 오해한 위법이 있다고 할 수 없다.

5. 결 론

그러므로 상고를 기각하고, 상고비용은 패소자가 부담하도록 하여 관여법관의 일치된 의견으로 주문과 같이 판결한다.

17) 대법원 2005.6.9. 선고 2003두7484 판결

제 3 장　가맹사업거래의 공정화

제 1 절　정보공개서의 등록 등

Ⅰ. 정보공개서 등록

가맹본부는 가맹희망자에게 제공할 정보공개서를 공정거래위원회에 등록하여야 한다(법 제6조의2 제1항).

Ⅱ. 정보공개서 변경등록

가맹본부는 제1항에 따라 등록한 정보공개서의 기재사항 중 대통령령으로 정하는 사항을 변경하려는 경우에는 대통령령으로 정하는 기한 이내에 공정거래위원회에 기재사항의 변경등록을 하여야 한다. 다만, 대통령령으로 정하는 경미한 사항을 변경하려는 경우에는 신고하여야 한다(법 제6조의2 제2항).

Ⅲ. 등록 · 변경등록하거나 신고한 정보공개서 공개

공정거래위원회는 제1항 또는 제2항에 따라 등록 · 변경등록하거나 신고한 정보공개서를 공개할 수 있다(법 제6조의2 제3항).

Ⅳ. 정보공개서 등록시 통지 의무

공정거래위원회는 제3항에 따라 정보공개서를 공개하는 경우 당해 가맹본부에 공개하는 내용과 방법을 미리 통지하여야 하고, 사실과 다른 내용을 정정할 수 있는 기회를 주어야 한다(법 제6조의2 제4항).

V. 가맹사업정보제공시스템 구축 · 운용

공정거래위원회는 제3항에 따라 정보공개서를 공개하기 위하여 예산의 범위 안에서 가맹사업정보제공시스템을 구축 · 운용할 수 있으며(법 제6조의2 제5항) 그 밖에 정보공개서의 등록, 변경등록, 신고 및 공개의 방법과 절차는 대통령령으로 정한다(법 제6조의2 제6항).

제 2 절 정보공개서 신규등록 신청

가맹본부는 법 제6조의2 제1항에 따라 정보공개서를 등록하려는 경우에는 별지 제1호서식의 정보공개서 신규등록 신청서에 다음 각 호의 서류를 첨부하여 공정거래위원회에 제출하여야 한다(시행령 제5조의2 제1항).

■ 가맹사업거래의 공정화에 관한 법률 시행령 [별지 제1호서식]

가맹사업거래홈페이지(franchise.ftc.go.kr)에서도 신청할 수 있습니다.

정보공개서 신규등록 신청서

※ 뒤쪽의 유의사항을 읽고 작성하시기 바라며, [ ]에는 해당되는 곳에 √표를 합니다. (앞쪽)

접수번호		접수일	처리기간 30일
신청인	법인명(상호)		법인등록번호
	영업표지		사업자등록번호
	소재지		전화번호
	대표자(성명)		생년월일
	대표 휴대전화		대표 팩스번호
	대표 전자우편		
	정보공개서 담당자	성명	직위/직급
		전화번호	전자우편
		사무실 주소 * 위 소재지와 다른 경우만 기재합니다.	
	참고사항 / 대표 업종	[ ] 편의점, [ ] 농수산, [ ] 건강식품, [ ] 의류·패션, [ ] 화장품, [ ] 기타도소매, [ ] 패스트푸드, [ ] 주류, [ ] 제과제빵, [ ] 기타외식, [ ] 교육서비스, [ ] 자동차관련, [ ] 이·미용, [ ] 스포츠, [ ] 배달서비스, [ ]유아관련, [ ] 컴퓨터관련, [ ] 유지관리서비스, [ ] 기타서비스	

「가맹사업거래의 공정화에 관한 법률」 제6조의2 제1항, 제39조 제2항 제1호 및 같은 법 시행령 제5조의2 제1항, 제36조 제1항에 따라 위와 같이 정보공개서의 등록을 신청합니다.

년 월 일

신청인: (서명 또는 인)

수탁기관의 장 귀하

구분	내용	수수료
첨부서류	1. 정보공개서(문서 형태의 정보공개서와 함께 정보통신망을 이용하여 전자 문서를 제출해야 합니다) 2. 바로 전 3개 사업연도의 대차대조표 및 손익계산서(가맹본부가 재무제표를 작성하지 않을 경우에는 바로 전 3개 사업연도의 매출액을 확인할 수 있는 서류) 3. 바로 전 사업연도 말 현재 운영 중인 직영점 및 가맹점 목록(대표자, 소재지, 가맹계약 체결일 및 전화번호를 적어야 합니다) 4. 가맹계약서 양식 사본 5. 바로 전 사업연도 말 현재 근무 중인 임직원 수를 확인할 수 있는 서류 6. 그 밖에 정보공개서 내용과 관련있는 서류로서 수탁기관이 제출하도록 요구하는 서류	수수료 없 음
수탁기관 담당자 확인사항	1. 법인 등기사항증명서(가맹본부가 법인인 경우만 해당합니다) 2. 법인을 설립하려는 발기인의 주민등록표 등본(해당 법인의 설립등기 전에 등록신청하는 때만 해당합니다) 3. 사업자등록증	

행정정보 공동이용 동의서

본인은 이 건 업무처리와 관련하여 수탁기관 담당자가 「전자정부법」 제36조 제1항에 따른 행정정보의 공동이용을 통하여 위의 수탁기관 담당자 확인 사항의 제2호 및 제3호를 확인하는 것에 동의합니다.

※ 확인에 동의할 경우 행정정보의 공동이용을 위하여 대표자의 주민등록번호를 적습니다.

※ 확인에 동의하지 않는 경우 신청인이 해당 서류를 직접 제출해야 합니다.

대표자 주민등록번호 -

신청인 (서명 또는 인)

210㎜×297㎜[백상지 80g/㎡]

유 의 사 항

1. 정보공개서 신규등록 신청 처리기간은 등록신청일부터 30일이나, 「가맹사업거래의 공정화에 관한 법률」 제6조의4에 따라 등록이 취소된 가맹본부가 다시 등록을 신청한 경우의 처리기간은 2개월입니다.
2. 법인명(상호): 법인인 경우 법인 등기사항증명서상 이름을, 개인인 경우 사업자등록증상 이름을 적습니다. 주식회사, 유한회사 등 회사종류는 약칭으로 적습니다. [예: (주)조정원]
3. 영업표지: 한글로 띄어쓰기 없이 적는 것을 원칙으로 합니다. 외국어로 표기하는 경우에는 한글로 적은 후 괄호 안에 함께 적습니다. [예: 페어트레이드(Fair Trade)]
4. 소재지: 법인 등기사항증명서 또는 사업자등록증상 본점의 주소를 적습니다.
5. 대표 휴대전화: 정보공개서 등록 관련 안내를 휴대전화를 통한 문자메시지로 받고 싶은 경우에만 적습니다. 개인 휴대전화번호는 적지 않습니다.
6. 대표 전자우편: 개인 전자우편주소는 적지 않습니다.
7. 정보공개서 담당자: 회사 전화번호, 회사 전자우편주소를 적습니다. 담당자 사무실의 소재지가 회사 본점 소재지와 다른 경우 그 사실을 적습니다.

처 리 절 차

신청서 작성	➔	접수	➔	검토	➔	기안·결재	➔	등록증 작성	➔	등록증 발급
신청인				처리기관: 수탁기관						

1. 정보공개서[문서 형태의 정보공개서와 함께 「정보통신망 이용촉진 및 정보보호 등에 관한 법률」 제2조 제1항 제1호에 따른 정보통신망(이하 "정보통신망"이라 한다)을 이용하여 전자적 파일을 제출하여야 한다](시행령 제5조의2 제1항 제1호).
2. 바로 전 3개 사업연도의 대차대조표 및 손익계산서(가맹본부가 재무제표를 작성하지 아니하는 경우에는 바로 전 3개 사업연도의 매출액을 확인할 수 있는 서류)(시행령 제5조의2 제1항 제2호).
3. 바로 전 사업연도 말 현재 운영 중인 직영점 및 가맹점 목록(대표자, 소재지, 가맹계약 체결일 및 전화번호를 기재하여야 한다)(시행령 제5조의2 제1항 제3호).
4. 가맹계약서 양식 사본(시행령 제5조의2 제1항 제4호).
5. 바로 전 사업연도 말 현재 근무 중인 임직원 수를 확인할 수 있는 서류(시행령 제5조의2 제1항 제5호).
6. 그 밖에 정보공개서 내용과 관련있는 서류로서 공정거래위원회가 제출하도록 요구하는 서류(시행령 제5조의2 제1항 제6호).

제 3 절 공정거래위원회의 서류 확인

신청서를 제출받은 공정거래위원회는 「전자정부법」 제36조 제1항에 따른 행정정보의 공동이용을 통하여 다음 각 호의 서류를 확인하여야 한다. 다만, 신청인이 제2호 및 제3호의 확인에 동의하지 아니하는 때에는 그 서류(제3호의 경우에는 사본)를 제출하도록 하여야 한다(시행령 제5조의2 제2항).

1. 법인 등기사항증명서(가맹본부가 법인인 경우로 한정한다)
2. 해당 법인의 설립등기 전에 등록신청하는 때에는 법인을 설립하려는 발기인의 주민등록표 등본
3. 사업자등록증(제3항에 따라 정보공개서 등록증을 내준 날부터 30일 이내에 공정거래위원회가 확인하거나 신청인이 제출할 수 있다)

제 4 절 정보공개서 등록증 교부 및 관리

공정거래위원회는 제1항에 따른 등록신청이 있으면 등록신청일부터 30일(법 제6조의4에 따라 등록이 취소된 가맹본부가 다시 등록을 신청한 경우에는 2개월) 이내에 가맹본부에 별지 제2호서식의 정보공개서 등록증(이하 "등록증"이라 한다)을 내주어야 하며, 법 제6조의2 제5항에 따른 가맹사업정보제공시스템(이하 "가맹정보시스템" 이라 한다)에 등록에 관한 사항을 관리하여야 한다(시행령 제5조의2 제3항).

■ 가맹사업거래의 공정화에 관한 법률 시행령 [별지 제2호서식]

(앞쪽)

정보공개서 등록증

등록번호			
가맹본부 상호			
영업표지			
소재지			
대표자(성명)		생년월일	
대표 업종		최초 등록일	

「가맹사업거래의 공정화에 관한 법률」 제6조의3 제2항, 제39조 제2항 제1호 및 같은 법 시행령 제5조의2 제3항, 제36조 제1항에 따라 위와 같이 정보공개서를 등록하였음을 증명합니다.

년 월 일

수탁기관의 장 직인

210mm×297mm[백상지 120g/㎡]

변경사항 및 처분사항 등

(뒤쪽)

연 월 일	변경사항 및 처분사항	담당자(서명 또는 인)

제 5 절 내용의 변경 및 보완 요구

공정거래위원회는 제3항에도 불구하고 다음 각 호의 어느 하나에 해당하면 1회에 한하여 상당한 기간을 정하여 가맹본부에 필요한 내용의 변경 또는 보완을 요구하거나 정보공개서의 등록을 거부할 수 있다(시행령 제5조의2 제4항).

> 1. 정보공개서의 기재 사항이 사실과 다르거나 일부 내용이 빠진 경우
> 2. 제1항 제2호부터 제6호까지의 첨부 서류를 제출하지 아니한 경우
> 3. 제2항 제2호 및 제3호의 확인에 동의하지 아니하고 서류를 제출하지 아니한 경우

제 6 절 정보공개서의 등록 거부

공정거래위원회는 다음 각 호의 어느 하나에 해당하면 정보공개서의 등록을 거부하여야 하고, 그 사실을 가맹본부에 통지하여야 한다(시행령 제5조의2 제5항).

> 1. 정보공개서의 기재사항이나 첨부서류에 거짓이 있는 경우
> 2. 제4항에 따른 변경 또는 보완 요구에 가맹본부가 따르지 아니한 경우

가맹본부가 제4항에 따른 변경 또는 보완 요구에 따른 경우에는 그 요구에 따른 날을 등록신청을 한 날로 보며(시행령 제5조의2 제6항), 가맹본부는 가맹정보시스템을 통하여 제1항에 따른 정보공개서 등록신청을 할 수 있다(시행령 제5조의2 제7항).

제 7 절 정보공개서의 변경등록 및 변경신고

Ⅰ. 정보공개서의 변경 사항

법 제6조의2 제2항 본문에서 "대통령령으로 정하는 사항"이란 별표 1의2에 따른 변경등록사항을 말한다(시행령 제5조의3 제1항).

[별표 1의2] 〈개정 2015.1.6.〉

<u>정보공개서의 변경 사항 및 변경 기한</u>(제5조의3 제1항 관련)

구분	정보공개서 기재사항	변경 기한
변경 등록 사항	별표 1 제1호: 전체 별표 1 제2호: 가목, 나목(가맹본부와 관련된 정보 만 해당한다), 다목부터 마목까지, 사목(대표자와 관련된 정보만 해당한다) 및 자목 별표 1 제3호: 나목 별표 1 제4호: 전체	변경사유가 발생한 날부터 30일
	별표 1 제2호: 차목 별표 1 제3호: 사목1) 및 2) 별표 1 제5호 및 제6호 : 전체 별표 1 제8호: 전체	변경사유가 발생한 분기가 끝난 후 30일
	별표 1 제2호: 바목, 아목 별표 1 제3호: 다목부터 바목까지, 사목 3) 및 아목	매 사업연도가 끝난 후 120일. 다만, 재무제표를 작성하는 개인사업자인 가맹본부는 매 사업연도가 끝난 후 180일 이내에 정보공개서 변경등록을 신청할 수 있다.
변경 신고 사항	별표 1 제2호: 나목(가맹본부의 특수관계인과 관련된 정보만 해당한다), 사목(대표자 이외의 임원과 관련된 정보만 해당한다) 별표 1 제3호: 가목, 자목 및 차목 별표 1 제7호: 전체	변경사유가 발생한 분기가 끝난 후 30일

Ⅱ. 정보공개서의 변경기한

법 제6조의2 제2항 본문에서 "대통령령으로 정하는 기한"이란 상기1. 별표 1의2에 따른 기한을 말하며(시행령 제5조의3 제2항), 가맹본부는 상기1.별표 1의2에서 정한 변경등록사항이 변경된 경우에는 같은 표에서 정한 기한 내에 별지 제4호서식의 정보공개서 변경등록 신청서에 다음 각 호의 서류를 첨부하여 공정거래위원회에 제출하여야 한다. 이 경우 공정거래위원회는 「전자정부법」 제36조 제1항에 따른 행정정보의 공동이용을 통하여 법인 등기사항증명서와 사업자등록증을 확인(변경등록에 필요한 경우만 해당한다)하여야 하며, 신청인이 사업자등록증의 확인에 동의하지 아니하는 경우에는 그 서류를 첨부하도록 하여야 한다(시행령 제5조의3 제3항).

1. 변경된 정보공개서
2. 변경내용을 증명하는 서류
3. 등록증(등록증기재사항을 변경하는 경우만 해당한다)

■ 가맹사업거래의 공정화에 관한 법률 시행령 [별지 제4호서식] <개정 2015.1.6.>

정보공개서 [ ] 변경등록 신청서 [ ] 변경신고서

※ 뒤쪽의 유의사항을 읽고 작성하시기 바랍니다. (앞쪽)

접수번호		접수일	처리기간 변경등록 20일 변경신고 3일
신청인	법인명(상호)		법인등록번호
	영업표지		사업자등록번호
	소재지		전화번호
	대표자(성명)		생년월일
	대표 휴대전화		대표 팩스번호
	대표 전자우편		정보공개서 등록번호
	정보 공개서 담당자	성명	직위/직급
		전화번호	전자우편
		사무실 주소 * 위 소재지와 다른 경우만 적습니다.	
신청 사항	변경 전		변경 후
	*내용이 많을 경우에는 별지에 작성합니다.		
변경 사유			

「가맹사업거래의 공정화에 관한 법률」 제6조의2 제2항, 제39조 제2항 제1호, 같은 법 시행령 제5조의3 제3항·제6항 및 제36조 제1항에 따라 위와 같이 정보공개서를 [ ] 변경등록 신청, [ ] 변경신고합니다.

년 월 일

신청인(신고인): (서명 또는 인)

수탁기관의 장 귀하

첨부서류	1. 변경된 정보공개서(변경등록하는 경우만 해당합니다) 2. 변경내용을 증명하는 서류 3. 정보공개서 등록증(등록증 기재사항을 변경하는 경우만 해당합니다)	수수료 없음
수탁기관 담당자 확인사항	1. 법인 등기사항증명서 2. 사업자등록증	

행정정보 공동이용 동의서

본인은 이 건 업무처리와 관련하여 수탁기관 담당자가 「전자정부법」 제36조 제1항에 따른 행정정보의 공동이용을 통하여 사업자등록증을 확인하는 것에 동의합니다.

※ 확인에 동의할 경우 행정정보의 공동이용을 위하여 대표자의 주민등록번호를 적습니다.
※ 확인에 동의하지 않는 경우 신청인(신고인)이 해당 서류를 직접 제출해야 합니다.

대표자 주민등록번호 –

신청인(신고인) (서명 또는 인)

210㎜×297㎜[백상지 80g/㎡]

유 의 사 항

1. 정보공개서 변경등록사항과 변경신고사항을 함께 변경하려는 경우에는 변경등록 신청서와 변경신고서의 해당 [ ]에 모두 표시합니다.
2. 법인명(상호): 법인인 경우 법인 등기사항증명서상 이름을, 개인인 경우 사업자등록증상 이름을 적습니다. 주식회사, 유한회사 등 회사종류는 약칭으로 적습니다. [예: (주)조정원]
3. 영업표지: 한글로 띄어쓰기 없이 적는 것을 원칙으로 합니다. 외국어로 표기하는 경우에는 한글로 적은 후 괄호 안에 함께 적습니다. [예: 페어트레이드(Fair Trade)]
4. 소재지: 법인 등기사항증명서 또는 사업자등록증상 본점의 주소를 적습니다.
5. 대표 휴대전화: 정보공개서 등록 관련 안내를 휴대전화를 통한 문자메시지로 받고 싶은 경우에만 적습니다. 개인 휴대전화번호는 적지 않습니다.
6. 대표 전자우편: 개인 전자우편주소는 적지 않습니다.
7. 정보공개서 담당자: 회사 전화번호, 회사 전자우편주소를 적습니다. 담당자 사무실의 소재지가 회사 본점 소재지와 다른 경우 그 사실을 적습니다.
8. 신청사항: 변경 전·후의 내용을 정보공개서 관련 쪽수와 함께 적습니다. 내용이 많은 경우에는 별지에 적습니다.
9. 변경사유: 내용이 많은 경우에는 별지에 적습니다.

처 리 절 차

신청서 (신고서) 작성	→	접수	→	검토	→	기안·결재 (신고·수리)	→	등록증 변경사항 기재	→	등록증 재발급
신청인 (신고인)		처리기관: 수탁기관								

Ⅲ. 변경등록 및 거부절차

변경등록 및 거부절차에 관하여는 제5조의2 제2항부터 제6항까지의 규정을 준용한다. 이 경우 제5조의2 제3항 중 "30일"은 "20일"로 본다(시행령 제5조의3 제4항).

Ⅳ. 경미한 사항

법 제6조의2 제2항 단서에서 "대통령령으로 정하는 경미한 사항"이란 별표 1의2에 따른 변경신고사항을 말한다(시행령 제5조의3 제5항).

Ⅴ. 변경신고사항 변경시 증명거류 제출

가맹본부는 별표 1의2에서 정한 변경신고사항이 변경된 경우에는 같은 표에서 정한 기한 내에 별지 제4호서식의 정보공개서 변경신고서에 변경내용을 증명하는 서류를 첨부하여 공정거래위원회에 제출하여야 한다. 이 경우 공정거래위원회는 「전자정부법」 제36조 제1항에 따른 행정정보의 공동이용을 통하여 법인 등기사항증명서와 사업자등록증을 확인(변경신고에 필요한 경우만 해당한다)하여야 하며, 신고인이 사업자등록증의 확인에 동의하지 아니하는 경우에는 그 서류를 첨부하도록 하여야 한다(시행령 제5조의3 제6항).

Ⅵ. 변경등록 신청 및 변경신고시 등록 관리

공정거래위원회는 제3항에 따른 변경등록 신청 또는 제6항에 따른 변경신고가 있으면 가맹정보시스템에 변경등록 또는 변경신고에 관한 사항을 관리하여야 하며(시행령 제5조의3 제7항),가맹본부는 정보공개서를 변경등록하거나 변경신고하는 경우에는 정보통신망을 이용하여 전자적 파일 형태의 정보공개서를 함께 제출하여야 한다(시행령 제5조의3 제8항).

또한 가맹본부는 정보공개서를 변경등록한 경우에는 변경등록한 날 현재 가맹계약을 체결하고 있는 가맹점사업자에게 변경등록한 날부터 15일 이내에 그 사실을 알려야 한다(시행령 제5조의3 제9항).

Ⅶ. 변경등록된 정보공개서 요구

가맹본부는 제9항에 따라 별표 1의2에 따른 변경등록사항 중 다음 각 호에 해당하는 사항의 변경등록 통지를 받은 가맹점사업자가 변경등록된 정보공개서를 요구하면 그 요구를 받은 날부터 15일 이내에 제6조 제1항 각 호의 어느 하나에 해당하는 방법으로 이를 제공하여야 한다(시행령 제5조의3 제10항).

1. 별표 1 제1호
2. 별표 1 제2호 가목, 나목(가맹본부와 관련된 정보만 해당한다), 다목부터 마목까지, 사목(대표자와 관련된 정보만 해당한다) 및 자목
3. 별표 1 제3호 나목
4. 별표 1 제4호 [본조신설 2008.1.31]

제 8 절 정보공개서의 공개 등

Ⅰ. 정보공개서의 내용 공개

공정거래위원회는 법 제6조의2 제3항에 따라 정보공개서의 내용을 공개하는 경우에는 「개인정보 보호법」 제2조 제1호에 따른 개인정보와 「부정경쟁방지 및 영업비밀보호에 관한 법률」 제2조 제2호에 따른 영업비밀에 관한 사항은 제외하고 공개한다(시행령 제5조의4 제1항).

Ⅱ. 정보공개서 공개시 사전 통보

공정거래위원회는 정보공개서를 공개하는 경우에는 법 제6조의2 제4항에 따라 다음 각 호의 사항을 적은 서면으로 공개일 10일 전까지 가맹본부에 이를 미리 알려야 한다(시행령 제5조의4 제2항).

1. 공개 목적과 공개 기간
2. 공개 내용
3. 공개 방법
4. 가맹본부의 정정 또는 비공개 요구 방법

Ⅲ. 정정 및 비공개 요구

제2항에 따른 통지를 받은 가맹본부는 공개하는 내용 중 사실과 다른 내용이 있거나 제1항에 해당하는 내용이 있으면 통지를 받은 날부터 7일 이내에 그 사실을 증명하는 서류를 첨부한 서면으로 공정거래위원회에 그 내용의 정정 또는 비공개를 요구할 수 있다. 이 경우 공정거래위원회는 가맹본부의 요구가 정당하다고 인정되면 정보공개서의 공개 내용을 변경하거나 공개하지 아니하여야 한다(시행령 제5조의4 제3항).

제 9 절 정보공개서등록의 거부 등

Ⅰ. 정보공개서 등록 거부 및 내용 변경 요구

공정거래위원회는 제6조의2에 따라 등록을 신청한 정보공개서나 그 밖의 신청서류에 거짓이 있거나 필요한 내용을 적지 아니한 경우에는 정보공개서의 등록을 거부하거나 그 내용의 변경을 요구할 수 있다(법 제6조의3 제1항).

Ⅱ. 등록증 교부

공정거래위원회는 정보공개서의 등록을 하였을 때에는 신청인에게 등록증을 내주어야 한다(법 제6조의3 제1항).

제 10 절 정보공개서등록의 취소

Ⅰ. 등록의 취소

공정거래위원회는 정보공개서가 제1호에 해당하는 경우에는 그 등록을 취소하여야 하며, 제2호부터 제4호까지의 어느 하나에 해당하는 경우에는 등록을 취소할 수 있다(법 제6조의4 제1항).

1. 거짓이나 그 밖의 부정한 방법으로 정보공개서가 등록된 경우(법 제6조의4 제1항 제1호).

공정거래위원회는 법 제6조의4 제1항 제1호에 해당하는 사유로 정보공개서의 등록을 취소한 경우에는 취소한 날 부터 7일 이내에 해당 가맹본부에 서면으로 그 사실과 취소 사유를 알려야 한다(시행령 제5조의5 제1항).

2. 제2조 제10호 각 목의 기재사항 중 대통령령으로 정하는 중요한 사항(이하 "중요사항"이라 한다)이 누락된 경우(법 제6조의4 제1항 제2호).

"대통령령으로 정하는 중요한 사항"(이하 "중요사항"이라 한다)이란 별표 1 제1호, 별표 1 제2호 가목, 나목(가맹본부와 관련된 사항만 해당한다), 다목부터 바목까지, 사목(대표자와 관련된 사항만 해당한다), 아목부터 차목까지, 별표 1 제3호 나목부터 차목까지, 별표 1 제4호부터 제6호까지, 제8호 및 제9호의 어느 하나에 해당하는 사항을 말한다(시행령 제5조의5 제2항).

공정거래위원회는 법 제6조의4 제1항 제2호에 해당하는 사유가 있는 경우에는 상당한 기간을 정하여 누락된 중요사항의 보완을 가맹본부에 요구하여야 한다. 다만, 다음 각 호의 어느 하나에 해당하는 경우에는 가맹본부의 귀책정도, 회생가능성, 가맹희망자가 입을 피해가능성, 기존 가맹점사업자에게 미치는 영향 등을 모두 고려하여 보완 요구 없이 정보공개서의 등록을 취소할 수 있다(시행령 제5조의5 제3항).

1. 가맹본부가 휴업 또는 폐업 신고를 한 경우
2. 가맹본부가 파산을 신청한 경우
3. 가맹본부에 대하여 강제집행절차 또는 회생절차가 개시된 경우
4. 가맹본부가 발행한 어음·수표가 부도 등으로 지급거절된 경우
5. 가맹본부가 대표자의 사망·소재불명 등의 사유로 영업을 중단한 경우
6. 그 밖에 제1호부터 제5호까지의 규정에 준하는 경우로서 가맹본부가 가맹사업을 정상적으로 경영하기 어렵다고 공정거래위원회가 판단하는 경우

가맹본부는 제3항 각 호 외의 부분 본문에 따른 보완 요구를 받은 경우에는 누락된 중요사항을 보완하여 제5조의3에 따라 정보공개서의 변경등록을 신청하여야 한다(시행령 제5조의5 제4항).

3. 가맹본부가 폐업 신고를 한 경우

4. 가맹본부가 정보공개서 등록취소를 요청하는 경우

Ⅱ. 등록취소 시 명단 공개

공정거래위원회는 정보공개서 등록이 취소된 가맹본부의 명단을 공개할 수 있다(법 제6조의4 제2항).

제 11 절 가맹금 예치 등

Ⅰ. 가맹금 예치 의무

가맹본부는 가맹점사업자(가맹희망자를 포함한다. 이하 이 조, 제15조의2 및 제41조 제3항 제1호에서 같다)로 하여금 가맹금(제2조 제6호 가목 및 나목에 해당하는 대가로서 금전으로 지급하는 경우에 한하며, 계약체결 전에 가맹금을 지급한 경우에는 당해 가맹금을 포함한다. 이하 "예치가맹금"이라 한다)을 대통령령으로 정하는 기관(이하 "예치기관"이라 한다)에 예치하도록 하여야 한다.

다만, 가맹본부가 제15조의2에 따른 가맹점사업자피해보상보험계약 등을 체결한 경우에는 그러하지 아니하다(법 제6조의5 제1항).

Ⅱ. 예치가맹금 예치 통보

예치기관의 장은 가맹점사업자가 예치가맹금을 예치한 경우에는 예치일부터 7일 이내에 그 사실을 가맹본부에 통지하여야 한다(법 제6조의5 제2항).

Ⅲ. 예치가맹금 지급 요청

가맹본부는 다음 각 호의 어느 하나에 해당하는 경우에는 예치기관의 장에게 대통령령으로 정하는 바에 따라 예치가맹금의 지급을 요청할 수 있다. 이 경우 예치기관의 장은 10일 이내에 예치가맹금을 가맹본부에 지급하여야 한다(법 제6조의5 제3항).

1. 가맹점사업자가 영업을 개시한 경우
2. 가맹계약 체결일부터 2개월이 경과한 경우. 다만, 2개월이 경과하기 전에 가맹점사업자가 제5항 제1호부터 제3호까지의 규정 중 어느 하나에 해당하는 조치를 취한 사실을 예치기관의 장에게 서면으로 통보한 경우에는 그러하지 아니하다.

Ⅳ. 부정한 방법으로 예치가맹금 지급요청 금지

가맹본부는 거짓이나 그 밖의 부정한 방법으로 예치가맹금의 지급을 요청하여서는 아니 된다(법 제6조의5 제4항).

Ⅴ. 예치가맹금의 지급 보류 등

예치기관의 장은 제1호부터 제3호까지의 규정 중 어느 하나에 해당하는 경우에는 제24조에 따른 가맹사업거래분쟁조정협의회의 조정이나 그 밖의 분쟁해결의 결과(이하 "분쟁조정 등의 결과"라 한다) 또는 제33조에 따른 공정거래위원회의 시정조치가 확정될 때(공정거래위원회의 시정조치에 대하여 이의신청이 제기된 경우에는 재결이, 시정조치나 재결에 대하여 소가 제기된 경우에는 확정판결이 각각 확정된 때를 말한다. 이하 이 조에서 같다)까지 예치가맹금의 지급을 보류하여야 하고, 제4호에 해당하는 경우에는 예치가맹금의 지급요청을 거부하거나 가맹본부에 그 내용의 변경을 요구하여야 한다(법 제6조의5 제5항).

1. 가맹점사업자가 예치가맹금을 반환받기 위하여 소를 제기한 경우
2. 가맹점사업자가 예치가맹금을 반환받기 위하여 알선, 조정, 중재 등을 신청한 경우
3. 가맹점사업자가 제10조의 위반을 이유로 가맹본부를 공정거래위원회에 신고한 경우
4. 가맹본부가 제4항을 위반하여 거짓이나 그 밖의 부정한 방법으로 예치가맹금의 지급을 요청한 경우

Ⅵ. 분쟁조정 등의 결과 등에 따른 예치가맹금의 지급

예치기관의 장은 가맹본부 또는 가맹점사업자가 분쟁조정 등의 결과나 시정조치 결과를 첨부하여 예치가맹금의 지급 또는 반환을 요청하는 경우 요청일부터 30일 이내에 그 결과에 따라 예치가맹금을 가맹본부에 지급하거나 가맹점사업자에게 반환하여야 한다(법 제6조의5 제6항).

Ⅶ. 가맹본부의 동의를 받은 예치가맹금 반환

예치기관의 장은 가맹점사업자가 가맹본부의 동의를 받아 예치가맹금의 반환을 요청하는 경우에는 제5항 및 제6항에도 불구하고 요청일부터 10일 이내에 예치가맹금을 가맹점사업자에게 반환하여야 한다(법 제6조의5 제7항).

Ⅷ. 가맹금 예치기관

법 제6조의5 제1항 본문에서 "대통령령으로 정하는 기관"(이하 "예치기관"이라 한다)이란 다음 각 호의 기관을 말한다(시행령 제5조의6).

1. 「은행법」 제2조 제1항 제2호 및 같은 법 제5조에 따른 금융회사
2. 「우체국 예금 · 보험에 관한 법률」에 따른 체신관서
3. 「보험업법」에 따른 보험회사
4. 「자본시장과 금융투자업에 관한 법률」에 따른 신탁업자 [본조신설 2008.1.31]

Ⅸ. 가맹금의 예치기관 지정 및 계약 체결

가맹본부는 법 제6조의5 제1항 본문에 따라 가맹점사업자(가맹희망자를 포함한다. 이하 이 조, 제5조의8 및 제16조의2에서 같다)로 하여금 가맹금을 예치하도록 할 경우에는 예치기관을 지정하여 가맹금의 예치에 관한 계약을 체결하여야 한다(시행령 제5조의7 제1항).

Ⅹ. 가맹금 예치 신청

가맹본부는 가맹점사업자에게 별지 제5호서식의 가맹금예치신청서(이하 "예치신청서"라 한다)를 내주어야 하며, 가맹점사업자는 예치신청서와 함께 법 제6조의5 제1항 본문에 따른 예치가맹금(이하 "예치가맹금"이라 한다)을 예치하여 줄 것을 지정된 예치기관에 신청하여야 한다(시행령 제5조의7 제2항).

■ 가맹사업거래의 공정화에 관한 법률 시행령 [별지 제5호서식] <개정 2012.5.7>

가맹금예치신청서

※ 아래 유의사항을 읽고 작성하시기 바랍니다.

접수번호	접수일	처리기간 즉시

신청인	상호(가맹점명)	
	성명(대표자)	
	주소(사무소)	전화번호
가맹본부	상호(영업표지)	
	성명(대표자)	
	주소(사무소)	전화번호
예치가맹금	₩ (금 원 정)	
신청인의 계좌		
가맹본부의 계좌		

「가맹사업거래의 공정화에 관한 법률」 제6조의5 제1항 본문 및 같은 법 시행령 제5조의7 제2항에 따라 위와 같이 예치가맹금을 예치해 줄 것을 신청합니다.

년 월 일

신청인 (서명 또는 인)

예치기관의 장 (지점장) 귀하

예치기관이 주의해야 할 사항

1. 예치기관의 장은 예치가맹금을 예치한 경우에는 지체 없이 예치신청인에게 예치증서를 내주어야 합니다.
2. 예치기관의 장은 예치가맹금의 예치일부터 7일 이내에 예치가맹금 예치증서를 첨부하여 예치가맹금을 예치한 사실을 가맹본부에 통지해야 합니다.
3. 예치기관의 장은 예치가맹금의 예치 및 그 관리로 인해 발생하는 비용을 관리수수료로서 예치가맹금의 수령인이 수령할 금액에서 공제할 수 있습니다.

210㎜×297㎜[백상지 80g/㎡]

XI. 예치가맹금 귀속

가맹본부는 제2항에 따라 예치신청서를 내주는 경우에는 법 제6조의5 제3항 각 호의 어느 하나에 해당하면 예치가맹금이 가맹본부에 귀속된다는 사실을 가맹점사업자에게 알려야 한다(시행령 제5조의7 제3항).

XII. 예치기관의 명의 예치 및 관리

예치기관의 장은 제2항에 따른 예치신청을 받은 경우에는 예치가맹금을 예치기관의 명의로 예치하여야 하고, 이를 다른 금융자산과 분리하여 관리하여야 한다(시행령 제5조의7 제4항).

XIII. 가맹금 예치증서 교부

예치기관의 장은 제4항에 따라 예치가맹금을 예치한 경우에는 가맹본부와 가맹점사업자에게 각각 별지 제6호서식의 가맹금 예치증서(이하 "예치증서"라 한다)를 내주어야 한다(시행령 제5조의7 제5항).

■ 가맹사업거래의 공정화에 관한 법률 시행령 [별지 제6호서식] <개정 2012.5.7>

가맹금 예치증서

예치번호			
예치신청인 (가맹점명)			
수령인 (영업표지)			
예치기관명		계좌번호	
예치금액	₩ (금 원 정)		
예치이율	연 %	관리수수료	₩

「가맹사업거래의 공정화에 관한 법률」 제6조의5 제1항 본문 및 같은 법 시행령 제5조의7 제4항·제5항에 따라 위와 같이 예치가맹금을 예치하였음을 증명합니다.

년 월 일

예치기관의 장(지점장) 인

예치기관이 주의해야 할 사항

1. 예치기관의 장은 예치가맹금을 예치한 경우에는 지체 없이 예치신청인에게 예치증서를 내주어야 합니다.
2. 예치기관의 장은 예치가맹금의 예치일부터 7일 이내에 본 증서를 첨부하여 예치가맹금을 예치한 사실을 가맹본부에 통지해야 합니다.
3. 예치기관의 장은 예치가맹금의 예치 및 그 관리로 인하여 발생하는 비용을 관리수수료로서 가맹금의 수령인이 수령할 금액에서 공제할 수 있습니다.

가맹점사업자가 주의해야 할 사항

1. 가맹점사업자가 영업을 시작하거나 가맹계약 체결일부터 2개월이 지난 경우에는 이 예치가맹금은 가맹본부에 지급됩니다.
2. 다만, 다음의 경우에는 예치가맹금 지급보류 요청서를 작성하여 예치기관에 요청하면 예치가맹금 지급이 보류됩니다.
   가. 가맹점사업자가 예치가맹금을 반환받기 위하여 소를 제기한 경우
   나. 가맹점사업자가 예치가맹금을 반환받기 위하여 알선, 조정, 중재 등을 신청한 경우
   다. 가맹점사업자가 예치가맹금 반환 사유가 발생하여 가맹본부를 공정거래위원회에 신고한 경우

210mm×297mm[백상지 120g/㎡]

XIV. 예치가맹금의 지급 및 반환

가맹본부는 법 제6조의5 제3항에 따라 예치가맹금의 지급을 요청하려는 경우에는 별지 제7호서식의 예치가맹금 지급(반환) 요청서(이하 "가맹금지급요청서"라 한다)를 예치기관의 장에게 제출하여야 한다. 이 경우 법 제6조의5 제3항 제1호의 사유에 해당하면 가맹점사업자가 영업을 시작하였다는 사실을 증명하는 서류 또는 가맹점사업자의 확인서를 첨부하여야 한다(시행령 제5조의8 제1항).

■ 가맹사업거래의 공정화에 관한 법률 시행령 [별지 제7호서식] <개정 2012.5.7>

예치가맹금 [ ] 지급 요청서 [ ] 반환 요청서

※ 아래 유의사항을 읽고 작성하시기 바라며, [ ]에는 해당되는 곳에 √표를 합니다.

접수번호	접수일	처리기간 일반 10일 분쟁발생시 30일

구분	내용	
신청인	해당 지위 [ ] 가맹본부	[ ] 가맹점사업자
	상호명(대표자)	
	주소(사무소)	전화번호
요청내용	요청사항 [ ] 지급	[ ] 반환
	요청사유 [ ] 가맹점사업자의 영업 개시	[ ] 계약체결 후 2개월 경과
	[ ] 분쟁조정·시정조치 등 완료	[ ] 가맹본부의 동의
예치가맹금	₩ (금 원 정)	
예치번호/예치일		
입금 계좌		

「가맹사업거래의 공정화에 관한 법률」 제6조의5 제3항·제6항·제7항, 같은 법 시행령 제5조의8 제1항·제3항·제4항에 따라 위와 같이 예치가맹금을 지급(반환)해 줄 것을 요청합니다.

년 월 일

신청인 (서명 또는 인)

예치기관의 장 (지점장) 귀하

첨부서류	1. 요청사유를 증명하는 서류 2. 가맹점사업자의 영업 개시 사실 증명서류 또는 가맹점사업자의 확인서(가맹본부가 요청하는 경우로서 가맹점사업자가 영업을 개시한 경우에만 해당합니다) 3. 가맹본부의 동의서(가맹점사업자가 요청하는 경우로서 가맹본부의 동의를 받아 요청하는 경우에만 해당합니다)	수수료 없음

예치기관이 주의해야 할 사항

1. 예치기관의 장은 가맹본부가 예치가맹금의 지급을 요청하는 경우에는 10일 이내에 지급해야 합니다. 다만, 가맹본부가 거짓이나 그 밖의 부정한 방법으로 지급을 요청한 경우에는 예치가맹금의 지급 요청을 거부하거나 가맹본부에 그 내용의 변경을 요구해야 합니다.
2. 예치기관의 장은 가맹본부 또는 가맹점사업자가 분쟁조정 등의 결과나 시정조치 결과를 첨부하여 예치가맹금의 지급 또는 반환을 요청하는 경우에는 요청일부터 30일 이내에 그 결과에 따라 예치가맹금을 가맹본부에 지급하거나 가맹점사업자에게 반환해야 합니다.
3. 예치기관의 장은 가맹점사업자가 가맹본부의 동의를 받아 예치가맹금의 반환을 요청하는 경우에는 요청일부터 10일 이내에 예치가맹금을 가맹점사업자에게 반환해야 합니다.

210㎜×297㎜[백상지 80g/㎡]

XV. 예치가맹금 지급보류 요청

가맹점사업자는 법 제6조의5 제5항 제1호부터 제3호까지의 사유가 발생한 경우에는 그 사실을 증명하는 서류를 첨부하여 별지 제8호서식의 예치가맹금 지급보류 요청서를 예치기관의 장에게 제출하여야 한다(시행령 제5조의8 제2항).

■ 가맹사업거래의 공정화에 관한 법률 시행령 [별지 제8호서식] <개정 2012.5.7>

예치가맹금 지급보류 요청서

※ 아래 유의사항을 읽고 작성하시기 바라며, [ ]에는 해당되는 곳에 √표를 합니다.

접수번호	접수일	처리기간 3일

신청인	상호(가맹점명)	
	성명(대표자)	
	주소(사무소)	전화번호
가맹본부	상호(영업표지)	
	성명(대표자)	
	주소(사무소)	전화번호
보류사유	[ ] 제소(提訴) [ ] 알선 신청 [ ] 조정 신청 [ ] 중재 신청 [ ] 공정위 신고 [ ] 기타	
예치가맹금	₩ (금 원 정)	
예치번호/예치일	/	

「가맹사업거래의 공정화에 관한 법률」 제6조의5 제5항 및 같은 법 시행령 제5조의8제2항에 따라 위와 같이 예치가맹금 지급보류를 보류해 줄 것을 요청합니다.

년 월 일

신청인 (서명 또는 인)

예치기관의 장 (지점장) 귀하

첨부서류	보류사유를 증명하는 서류	수수료 없음

예치기관이 주의해야 할 사항

1. 예치기관의 장은 가맹본부가 예치가맹금의 지급을 요청하는 경우에는 10일 이내에 지급해야 합니다. 다만, 가맹본부가 거짓이나 그 밖의 부정한 방법으로 지급을 요청한 경우에는 예치가맹금의 지급 요청을 거부하거나 가맹본부에 그 내용의 변경을 요구해야 합니다.
2. 예치기관의 장은 가맹본부 또는 가맹점사업자가 분쟁조정 등의 결과나 시정조치 결과를 첨부하여 예치가맹금의 지급 또는 반환을 요청하는 경우에는 요청일부터 30일 이내에 그 결과에 따라 예치가맹금을 가맹본부에 지급하거나 가맹점사업자에게 반환해야 합니다.
3. 예치기관의 장은 가맹점사업자가 가맹본부의 동의를 받아 예치가맹금의 반환을 요청하는 경우에는 요청일부터 10일 이내에 예치가맹금을 가맹점사업자에게 반환해야 합니다.

210㎜×297㎜[백상지 80g/㎡]

가맹본부 또는 가맹점사업자는 법 제6조의5 제6항에 따라 예치가맹금의 지급 또는 반환을 요청하려는 경우에는 그 사실을 증명하는 서류를 첨부하여 가맹금지급요청서를 예치기관의 장에게 제출하여야 한다(시행령 제5조의8 제3항).

XVI. 예치가맹금의 반환 요청시 가맹본부 동의

가맹점사업자는 법 제6조의5 제7항에 따라 예치가맹금의 반환을 요청하려는 경우에는 가맹본부의 동의서를 첨부하여 가맹금지급요청서를 예치기관의 장에게 제출하여야 한다(시행령 제5조의8 제4항).

예치기관의 장은 정보통신망을 이용하여 가맹금의 예치신청 · 지급 및 반환 등에 필요한 절차를 수행할 수 있다. 이 경우 예치기관의 장은 가맹본부와 가맹점사업자로 하여금 그 신원을 파악하기 위하여 「전자서명법」 제2조 제8호에 따른 공인인증서를 사용하도록 할 수 있다(시행령 제5조의8 제5항).

XVII. 예치가맹금 지급서류 보관 의무 및 자료 요청

예치기관의 장은 가맹본부 또는 가맹점사업자가 제1항부터 제4항까지의 규정에 따라 제출한 증명서류 등을 해당 예치가맹금을 지급 또는 반환한 날부터 3개월간 보관하여야 한다(시행령 제5조의8 제6항).

공정거래위원회는 예치기관의 장에게 가맹금의 예치 · 지급 및 반환 현황 등에 관한 업무 자료를 요청할 수 있다(시행령 제5조의8 제7항).

그 밖에 가맹금의 예치 · 지급 및 반환 등에 필요한 세부사항은 공정거래위원회가 정하여 고시할 수 있다(시행령 제5조의8 제8항).

제 12 절 정보공개서의 제공의무 등

Ⅰ. 정보공개서의 제공

가맹본부(가맹지역본부 또는 가맹중개인이 가맹점사업자를 모집하는 경우를 포함한다. 이하 같다)는 가맹희망자에게 제6조의2 제1항 및 제2항에 따라 등록 또는 변경등록한 정보공개서를 내용증명우편 등 제공시점을 객관적으로 확인할 수 있는 대통령령으로 정하는 방법에 따라 제공하여야 한다(법 제7조 제1항).

가맹본부는 제1항에 따라 정보공개서를 제공할 경우에는 가맹희망자의 장래 점포 예정지에서 가장 인접한 가맹점 10개(정보공개서 제공시점에 가맹희망자의 장래 점포 예정지가 속한 광역지방자치단체에서 영업 중인 가맹점의 수가 10개 미만인 경우에는 해당 광역지방자치단체 내의 가맹점 전체)의 상호, 소재지 및 전화번호가 적힌 문서(이하 "인근가맹점 현황문서"라 한다)를 함께 제공하여야 한다. 다만, 정보공개서를 제공할 때 장래 점포 예정지가 확정되지 아니한 경우에는 확정되는 즉시 제공하여야 한다(법 제7조 제2항).

Ⅱ. 정보공개서 및 인근가맹점 현황문서 미 제공시 금지행위

가맹본부는 등록된 정보공개서 및 인근가맹점 현황문서(이하 "정보공개서 등"이라 한다)를 제1항의 방법에 따라 제공하지 아니하였거나 정보공개서등을 제공한 날부터 14일(가맹희망자가 정보공개서에 대하여 변호사 또는 제27조에 따른 가맹거래사의 자문을 받은 경우에는 7일로 한다)이 지나지 아니한 경우에는 다음 각 호의 어느 하나에 해당하는 행위를 하여서는 아니 된다(법 제7조 제3항).

1. 가맹희망자로부터 가맹금을 수령하는 행위. 이 경우 가맹희망자가 예치기관에 예치가맹금을 예치하는 때에는 최초로 예치한 날(가맹본부가 가맹희망자와 최초로 가맹금을 예치하기로 합의한 때에는 그 날)에 가맹금을 수령한 것으로 본다.
2. 가맹희망자와 가맹계약을 체결하는 행위

Ⅲ. 정보공개서 표준양식 사용 권장

공정거래위원회는 대통령령이 정하는 바에 따라 정보공개서의 표준양식을 정하여 가맹본부 또는 가맹본부로 구성된 사업자단체에게 그 사용을 권장할 수 있다(법 제7조 제4항).

Ⅳ. 정보공개서 제공 방법

가맹본부(가맹지역본부 또는 가맹중개인이 가맹점사업자를 모집하는 경우를 포함한다. 이하 같다)는 법 제7조 제1항에 따라 가맹희망자에게 정보공개서를 제공할 경우에는 다음 각 호의 어느 하나에 해당하는 방법에 따라야 한다. 다만, 제3호 및 제4호의 경우에는 문서의 형태로 인쇄 또는 출력이 가능하도록 하는 조치를 취하여야 한다(시행령 제6조 제1항).

1. 가맹희망자에게 정보공개서를 직접 전달하는 방법. 이 경우 다음 각 목의 모든 사항을 적은 서면을 작성(가목부터 다목까지의 사항은 가맹희망자가 자필로 작성하는 것을 말한다)하여 가맹희망자에게 주어야 한다.
   가. 정보공개서를 제공받았다는 사실, 제공받은 일시 및 장소
   나. 가맹희망자의 성명 · 주소 및 전화번호
   다. 가맹희망자의 서명 또는 기명날인
   라. 가맹본부의 서명 또는 기명날인
2. 가맹희망자에게 정보공개서의 제공시점을 확인할 수 있는 내용증명우편으로 제공하는 방법
3. 정보통신망을 이용하여 정보공개서의 내용을 게시한 후 게시사실을 가맹희망자에게 알리는 방법. 이 경우 가맹본부는 특정 가맹희망자가 정보공

> 개서의 내용을 읽어 본 시간을 그 가맹희망자 및 가맹본부가 확인할 수 있는 시스템을 마련하여야 한다.
> 4. 가맹희망자의 전자우편 주소로 정보공개서의 내용이 포함된 전자적 파일을 보내는 방법. 이 경우 가맹본부는 전자우편의 발송시간과 수신시간의 확인이 가능한 방법으로 하여야 한다.

Ⅴ. 정보공개사항의 일부 문서 작성 제공

가맹본부는 제1항의 규정에 불구하고 가맹희망자의 편의를 위하여 필요하다고 인정하는 때에는 정보공개사항의 일부에 관하여 별도의 문서(이하 "설명서"라 한다)를 작성하여 이를 제공할 수 있다. 이 경우 설명서에 수록되는 정보공개사항의 목차는 정보공개서에 수록하여야 한다(시행령 제6조 제2항).

Ⅵ. 변경된 정보공개서 통보 의무

가맹본부는 정보공개서를 제공한 후 가맹계약 체결 전에 중요사항이 변경된 경우에는 변경된 내용을 제1항 각 호의 어느 하나에 해당하는 방법으로 가맹희망자에게 지체 없이 알려야 한다(시행령 제6조 제3항).

Ⅶ. 정보공개서의 표준양식

공정거래위원회는 법 제7조 제4항에 따라 각 업종별 · 업태별 또는 용도별로 정보공개서의 표준양식을 정하여 고시할 수 있다(시행령 제7조).

제 13 절 정보공개서의 열람방법

Ⅰ. 정보공개서란 무엇인가?

창업희망자가 가맹계약을 체결하여 가맹점을 개설하고자 하는 경우에는 자신이 관심을 가지는 업종과 업태 브랜드에 대한 사전 조사가 필요하다. 이를 위해 가맹점 운영경험자, 가맹거래사 등 전문가의 조언을 듣거나 인터넷 검색 등을 할 수 있으나, 그 전에 반드시 검토해야 하는 문서가 있는데 이는 해당 가맹브랜드에 대한 "정보공개서"이다.

정보공개서는 가맹본부와 가맹사업에 관한 일정한 정보를 수록한 문서로서, 가맹본부의 일반현황, 가맹사업의 현황, 가맹본부의 임직원의 법위반사실, 가맹점사업자의 영업활동에 관한 조건 및 제한, 가맹점사업자의 부담 등과 관련된 중요사항이 기재되어 있다.

우월한 지위에 있는 가맹본부는 자신이 보유한 정보를 상대방인 가맹점사업자(또는 가맹희망자)에게 사실대로 제공하여 정보의 균형을 맞출 필요가 있다. 이에 가맹사업법에서는 가맹계약 체결 14일 전(변호사와 가맹거래사의 자문을 받는 경우 7일)에 가맹본부가 가맹희망자에게 정보공개서를 제공할 것을 의무화하고 있다(가맹사업법 제7조 제1항).

Ⅱ. 정보공개서 열람은 어디서 할 수 있나?

1. 가맹본부가 제공하는 경우

가맹계약 체결을 위한 상담이나 협의를 하는 과정에서 가맹본부에서 다음과 같은 표지로 시작하는 정보공개서를 제공하는 경우가 있다.

가맹사업은 법률, 회계, 경영 등 다양한 분야의 지식이 필요한 분야이므로 가맹거래사 등 전문가의 자문을 받는 것을 권장한다.

◆• 정보공개서 표지의 예•◆

[가맹본부의 로고가 있는 경우 로고]

[정보공개서 등록번호]
[정보공개서 최초 등록일]
[정보공개서 최종 등록일]

[가맹본부의 홈페이지 주소 및 대표 이메일 주소]

[가맹희망자가 운영하게 될 영업표지(브랜드명)]

정 보 공 개 서

[가맹본부명]은 「가맹사업거래의 공정화에 관한 법률」 제7조 및 같은 법 시행령 제4조 제1항에 따라 귀하에게 이 정보공개서를 드립니다.

20 . . .

[가맹본부명]

<주 의 사 항>

이 정보공개서는 귀하께서 체결하려는 가맹계약 및 해당 가맹사업에 대한 전반적인 정보를 담고 있으므로 그 내용을 정확하게 파악한 후에 계약체결 여부를 결정하시기 바랍니다.

「가맹사업거래의 공정화에 관한 법률」에 따라 가맹희망자에게는 정보공개서의 내용을 충분히 검토하고 판단할 수 있도록 일정한 기간이 주어집니다. 따라서 이 **정보공개서를 제공받은 날부터 14일(변호사나 가맹거래사의 자문을 받은 경우에는 7일)이 지날 때까지는 가맹본부가 귀하로부터 가맹금을 받거나 귀하와 가맹계약을 체결할 수 없습니다.**

이 정보공개서는 법령이 정한 기재사항을 담고 있는 것에 불과하며 그 **내용의 사실 여부를 한국공정거래조정원에서 모두 확인한 것은 아닙니다.** 또한, 귀하께서는 어디까지나 **가맹계약서의 내용에 따라 가맹사업을 운영하게 되므로 정보공개서의 내용에만 의존하여서는 아니 됩니다.**

귀하께서 **가맹계약서에 서명하는 순간부터** 그 내용에 구속됩니다. 따라서 충분한 시간을 갖고 정보공개서나 가맹계약서의 내용을 검토하시고 **기존 가맹점사업자를 방문하여 얻은 정보**에 근거하여 가맹본부의 신뢰성을 판단하도록 하십시오.

가맹사업은 **법률, 회계, 경영** 등 다양한 분야의 지식이 필요한 분야이므로 **가맹거래사 등 전문가의 자문**을 받는 것을 권장합니다. 귀하가 과거 사업경력이 없는 경우 관련 업종에서 경험을 쌓아 경영 수행 능력을 갖출 필요가 있습니다.

마지막으로 사업 초기에 많은 자금이 소요되므로 **귀하의 재정상태를 확실히 점검**한 다음 창업에 임하시기 바랍니다.

[가맹본부의 주된 사무소의 소재지]
[가맹본부의 대표전화번호]
[가맹본부의 대표팩스번호]
[가맹사업 담당부서 및 전화번호]

- 2 -

2. 가맹희망자가 직접 찾아보는 경우

가맹본부가 정보공개서를 제공하기 전이라면(제공하였다 할지라도) 직접 공정거래위원 회의 등록된 정보공개서를 찾아서 열람해 보는 것이 필요하다.

가맹본부가 가맹점 모집행위를 하기 위해서는 공정거래위원회에 정보공개서를 등록하여야 하며 매년 변동사항을 갱신하여야 하므로 가맹희망자는 공정거래위원회 가맹사업거래 홈페이지(http://franchise.ftc.go.kr)에서 정보공개서를 즉시 열람할 수 있다.

가맹희망자 또는 가맹점사업자가 자신의 투자여건, 경영능력 등을 고려하여 브랜드를 선정하였다면 가맹계약을 체결 또는 갱신하기 전에 반드시 정보공개서를 확인하여 해당 가맹본부 또는 브랜드의 경쟁력 여부를 꼼꼼하게 검토하는 것이 중요하다.

다만 가맹본부의 영업비밀 보호를 위해 재무제표, 가맹점 내역 등 일부 내용이 비공개 될 수 있다.

◆· 정보공개서 열람방법 ·◆

공정거래위원회 가맹사업거래 웹페이지 접속(http://franchise.ftc.go.kr)

⇩

상호 또는 영업표지를 입력하여 검색

Ⅲ 정보공개서 체크리스트

정보공개서는 일반적으로 50~60페이지 정도의 방대한 분량의 정보를 포함하고 있습니다. 그런데 이와 같이 가맹본부로부터 많은 정보를 한꺼번에 제공받다 보면 중요사항임에도 쉽게 지나치게 되는 경우가 많습니다. 따라서 정보공개서에서 반드시 체크해야 할 사항을 아래에 소개하고자 한다.

1. 공정거래위원회에 등록된 정보공개서인지 여부

가맹본부가 공정거래위원회에 등록되지 않은 정보공개서를 제공하는 것은 정보공개서를 제공하지 않은 것과 같으므로(가맹사업법 제7조 제3항) 제공된 정보공개서가 등록된 정보공개서인지, 등록된 정보공개서와 동일한 내용인지를 공정거래위원회 가맹사업거래 홈페이지(http://franchise.ftc.go.kr)에서 확인함이 중요하다.

2. 3년 간의 가맹점 변동현황 및 직영점 수

3년 간 가맹점 변동 추이로 해당 브랜드가 도입기, 성장기, 성숙기, 쇠퇴기의 어느 단계에 있는지를 확인하여야 한다. 특별한 이유가 없다면 쇠퇴기의 브랜드는 피해야 합니다.

또한 직영점이 없거나 현저히 적은 경우에는 가맹본부의 기술력, 경영노하우 등을 신뢰하기 어려우므로 주의하여야 한다.

◆• 정보공개서 예시•◆

바로 전 3년간 사업연도 말 영업 중인 [반포삼겹살] 가맹점 및 직영점의 총 수

(단위: 개)

지역	2011.12.31.			2012.12.31.			2013.12.31.		
	전체	가맹점수	직영점수	전체	가맹점수	직영점수	전체	가맹점수	직영점수
전체	54	50	4	58	55	3	68	64	4
서울	44	40	4	40	37	3	49	45	4
부산	–	–	–	–	–	–	–	–	–
대구	–	–	–	–	–	–	–	–	–
인천	–	–	–	–	–	–	–	–	–
광주	–	–	–	–	–	–	1	1	–
대전	–	–	–	2	2	–	2	2	
울산	–	–	–	–	–	–	–	–	–
경기	10	10	–	16	16	–	16	16	–

바로 전 3년간 [반포삼겹살] 가맹점 수

(단위: 개)

연도	연초	신규 개점	계약 종료	계약 해지	명의 변경	연말
2011	41	11	1	1	2	50
2012	50	12	5	2	–	55
2013	55	10	1	–	1	64

– 가맹점 변동현황(바로 전 3년간 가맹점 수)을 살펴보아 계약 해지 · 종료나 명의변경 비율이 높은 가맹본사는 안정적인 경영이 이루어지지 않을 수 있으니 주의하셔야 합니다.

3. 지역별 평균매출액

가맹희망자에게 제시한 매출액과 해당지역의 평균매출액을 비교하여 실제 매출액을 추정해 볼 수 있으므로, 매출액을 허위, 과장 하였는지를 판단해 볼 수 있다.

◆• 정보공개서 예시•◆

[바로 전 사업연도 가맹점사업자의 연간 평균 매출액(직영점 매출은 제외)과 그 산정 기준]

[반포삼겹살] 가맹점사업자 한 명이 2013년에 올린 연간 평균 매출액 및 지역별 매출액은 아래와 같을 것으로 추정됩니다. 보다 정확한 금액은 매출액 표의 상한과 하한 금액 사이에 있을 것으로 판단됩니다.

(단위 : 천원, 부가세 미포함)

지역	2013년 말 가맹점 수	2013년 가맹점사업자의 연간 평균 매출액			비고
		연간 평균 매출액	상한	하한	
전체	64	92,000	125,300	52,300	
서울	45	99,000	125,300	72,700	
부산	–	해당없음			
대구	–	해당없음			
인천	–	해당없음			
광주	1	해당없음			5곳 미만
대전	2	해당없음			5곳 미만

4. 가맹본부 임원의 법위반사실

공정거래위원회로부터 시정조치를 받거나 임 · 직원이 형의 선고를 받은 경우가 많을수록 경영이 투명하지 못하고 불공정거래행위가 발생할 확률이 높으니 주의하셔야 합니다.

◆• 정보공개서 예시•◆

Ⅲ. 가맹본부와 그 임원의 법 위반 사실

1. 공정거래위원회의 시정조치

시정조치 대상	의결번호 (사건번호)	위반법령	위반내용 (위반법조문)	조치일자	조치내용
(주)공정위	의결 2011-00 (2011가맹OOOO)	가맹사업법	가맹금 미반환 (제10조제1항)	2011.12.3.	시정명령 과징금 10백만원
㈜공정위	사권 2012-00 (2012약관OOOO)	약관규제법	부당하게 과중한 손해배상의무 부담 (제8조)	2012.9.10.	시정권고
감사 송가맹	의결(약)2013-00 (2013제감OOOO)	공정거래법	거래거절 (제23조제1항)	2013.5.6.	시정명령

2. 민사소송 및 민사상 화해

원고	피고	사건번호	최종 법원명	판결(선고) 일자	청구 취지 및 내용	판결 또는 화해 내용
(주)OOO	(주)공정위	201100 OOOO	대법원	2011.12.3.	피고는 원고에게 금 300만원 지급	청구 취지와 동일

3. 형(刑)의 선고

피고	사건번호	선고 법원	선고 일자	죄명 및 범죄사실	선고 내용
(주)공정위	2011OOO	대법원	2011.7.5.	횡령죄 (OOOOOOOO)	벌금 500만원
대표이사 김공정	2012OOO	OO 지방법원	2012.5.3.	사기죄 (OOOOOOOO)	벌금 100만원

5. 교육시간

우수한 노하우 및 기술에 대한 일정 수준 이상의 교육시간의 확보가 필요한데, 지나치게 단기간의 교육시간인 경우에는 기술력의 우수성을 의심해 볼 필요가 있다.

◆• 정보공개서 예시•◆

Ⅷ. 교육 · 훈련에 대한 설명

1. 교육 · 훈련의 주요내용

[당사는 반포삼겹살 운영에 필요한 제반 지식 및 노하우를 귀하에게 전수하기 위하여 교육 · 훈련을 실시하고 있습니다. 자세한 내용은 다음과 같습니다.]

구분	주요내용	교육방식①	기한	비고②
신규 교육	회사 소개 음식 가공 POS 사용, 입금 방법 등	합숙 실습교육 집단 강의	가맹계약 체결 후 1개월 이내	필수 교육

2. 교육 · 훈련의 최소시간 및 비용

귀하가 [반포삼겹살] 가맹사업을 운영하는데 필요한 교육 · 훈련의 최소시간 및 비용은 다음과 같습니다.

구분	최소시간	비용(단위: 천원, 부가세 포함)	비고
신규 교육	7일(2박 3일 합숙 포함)	1,100	최초 계약시 이수
보수 교육	3일	770	매년 필수적으로 이수
...			

6. 합리적 영업지역을 제시하는지 여부

업종에 따라서 영업지역범위에 차이가 있을 수 있으므로, 영업지역 범위 및 영업지역 조정 절차가 합리적인 범위인지를 확인해 볼 필요가 있다.

◆• 정보공개서 예시•◆

4. 가맹점사업자의 영업지역 보호

1) 독점적 · 배타적 영업지역 설정

동일한 업종 범위	동일한 업종 영업표지	
	가맹본부	계열회사
돼지고기 또는 소고기 구이를 전문으로 하는 가맹사업	반포삼겹살	세종오겹살

2) 영업지역 설정기준

[당사는 영업지역을 다음과 같이 정하고 있습니다.]

설정 기준①	설정방법②
인구 ○만명 당 1점포	별지에 영업지역 표시 (지도별첨을 원칙으로 함)
점포를 중심으로 반경 00㎞	별지에 영업지역 표시 (지도별첨을 원칙으로 함)
행정구역당 1점포 단, 특수상권(백화점, 마트, 시장, 지하상가, 공항, 호텔 등)은 행정구역과 상관없이 별도의 영업지역으로 인정	별지에 영업지역 표시 (지도별첨을 원칙으로 함)
…	

3) 가맹계약 갱신과정에서 영업지역을 재조정할 수 있는 사유 및 절차

영업지역 재조정 사유	재조정 절차	동의를 얻는 방법
① 재건축, 재개발, 신도시 건설 등 대규모개발로 인하여 상권의 급격한 변동이 발생하는 경우 ② 해당 상권의 거주인구 또는 유동인구가 현저히 변동되는 경우 ③ 소비자의 기호변화 등으로 인하여 해당 상품·용역에 대한 수요가 현저히 변동되는 경우 ④ 위의 사유에 준하는 사유로 인하여 영업지역을 그대로 유지하는 것이 현저히 불합리하다고 인정되는 경우	재조정 사유 발생 → 당사 담당팀 검토 → 영업지역 변경(안) 작성 → 가맹점사업자에게 서면 통지 → 가맹점사업자 동의 → 영업지역 변경 완료	영업지역 변경(안)을 서면으로 통지하고 30일 이내에 동의 여부 회신 동의가 있는 경우 15일 이내에 영업지역 재조정 완료 (신규 점포 입점 가능)

7. 재무제표를 확인

가맹본부의 재정건전성을 확인할 수 있다.

정보공개서 예시

9. 가맹금 예치

귀하가 당사와 계약을 체결하기 위하여 가맹금을 지급하는 경우에는 [(주)한강은행]에 예치하여야 하며 자세한 내용은 다음과 같습니다.

예치기관 상호	담당 지점 또는 부서	주소	전화번호
(주)한강은행	수신부 프랜차이즈팀	서울시 OO구 OO로 OO번지	02-XXX-XXXX

8. 예치계좌를 제시하는지 여부

예치계좌 운영 또는 피해보상보험증권 발급이 이루어지는지 확인하여야 한다.[18]

◆• 정보공개서 예시•◆

바로 전 3개 사업연도의 대차대조표 및 손익계산서

1) 당사의 바로 전 3년 동안의 재무상황 요약은 다음과 같습니다.

(단위: 천원, 부가세 미포함)

연도	자산총계	부채총계	자본총계	매출액	영업 이익	당기 순이익
2011년						
2012년						
2013년						

그 근거자료는 별첨 1과 같습니다. [※대차대조표, 손익계산서 사본은 가맹사업거래의 공정화에 관한 법률 시행령에 따라 반드시 삽입하셔야 합니다.]

2) 당사의 바로 전 3년 동안의 가맹사업 관련 매출액은 다음과 같습니다.

당사의 가맹사업 관련 매출액

(단위: 천원, 부가세 미포함)

영업표지	연도	가맹사업 관련 매출액		
		매출액	상한	하한
반포삼겹살	2011년			
	2012년			
	2013년			

18) 프랜차이즈 불공정피해 상담사례집, 서울시, 2015.12, 40-51 인용.

제 14 절 가맹사업거래 정보공개서 표준양식에 관한 고시[19)]

가맹사업거래의 공정화에 관한 법률 제7조【정보공개서의 제공의무 등】제4항 및 같은 법 시행령 제7조【정보공개서의 표준양식】에 따라 가맹사업거래 정보공개서 표준양식에 관한 고시(공정거래위원회 고시 제2012-70호) 별지 서식을 별지와 같이 하여 고시한다.

제1조(목적) 이 고시는 가맹사업거래의 공정화에 관한 법률(이하 "법" 이라 한다) 제7조(정보공개서의 제공의무 등) 제4항 및 법 시행령 제7조(정보공개서의 표준양식)에 따라 정보공개서의 표준양식을 정하여 가맹본부 또는 가맹본부로 구성된 사업자단체에게 그 사용을 권장함으로써 가맹희망자에게 실효적인 정보공개서를 제공하고 가맹본부의 업무편의를 높이며 나아가 가맹사업의 공정한 거래관행이 정착되게 함을 목적으로 한다.

제2조(용어의 정의) 이 고시에서 "표준정보공개서"란 가맹본부 또는 가맹본부로 구성된 사업자단체에게 그 사용이 권장되는 정보공개서의 표준양식으로 법 시행령 제4조(정보공개서의 기재사항) 제1항의 내용을 포함한 것을 말한다.

제3조(정보공개서 작성원칙) 가맹본부는 다음 각 호의 원칙에 따라 정보공개서를 작성한다.

1. 정보공개서는 가맹희망자나 가맹점사업자의 입장에서 읽기 쉽도록 명확하면서도 구체적으로 작성하여야 한다.
2. 정보공개서는 읽는 사람의 이해를 쉽게 하기 위하여 표, 그림, 그래프 등 시각적 효과를 높이는 도구를 가능한 많이 사용하고 중요한 내용은 별도의 색상, 글꼴, 글씨 크기 등으로 작성하여야 한다.

19) 개정 2014. 3. 11. 공정거래위원회 고시 제2014-03호

3. 정보공개서의 내용 중 사실과 가맹본부의 의견(전망, 예상, 추정 등을 포함한다)은 분리하여 작성하여야 한다.
4. 정보공개서는 법 시행령 별표1에 따른 기재사항 순서대로 작성하여야 한다.

제4조(표준정보공개서의 이용) ① 표준정보공개서는 별지 서식과 같다.
② 가맹본부는 표준정보공개서의 내용을 자신이 영위하는 가맹사업에 맞도록 수정하여 사용할 수 있으나, 법 시행령 제4조 제1항의 정보공개사항을 임의로 삭제하여서는 아니 된다.
③ 공정거래위원회는 필요하다고 인정하는 경우에는 이 고시에서 정한 표준정보공개서에 대하여 업종별·업태별 또는 용도별로 세부적인 정보공개사항을 추가 또는 변경할 수 있다.

제5조(재검토기한) 「훈령·예규 등의 발령 및 관리에 관한 규정」(대통령훈령 제248호)에 따라 이 고시 발령 후의 법령이나 현실 여건의 변화 등을 검토하여 이 고시의 폐지, 개정 등의 조치를 하여야 하는 기한은 2015년 8월 20일까지로 한다.

부 칙〈2005.7.13.〉

이 고시는 고시한 날부터 시행한다.

부 칙〈2008.6.17.〉

이 고시는 고시한 날부터 시행한다.

부 칙〈2009.8.20.〉

이 고시는 2009년 8월 21일부터 시행한다.

부 칙 〈2010.12.22.〉

이 고시는 2011년 1월 14일부터 시행한다.

부 칙 〈2012.12.20.〉

이 고시는 2013년 1월 1일부터 시행한다.

부 칙 〈2014.3.11.〉

이 고시는 고시한 날부터 시행한다.

〈별지 서식〉

※ 정보공개서는 **영업표지(브랜드) 별로 작성 · 등록**하여야 합니다.

※ 목차는 가맹본부에 맞게 더 자세하게 나누십시오.

※ 이하의 내용은 공정거래위원회가 가상의 가맹본부를 상정하여 작성한 것입니다. 본 표준정보공개서를 사용하려는 가맹본부는 자신의 상황에 맞게 내용을 작성하시고, 특히 대괄호[ ] 안의 내용은 가맹본부의 영업방침에 따라 수정하시기 바랍니다. 또한, **해당되는 사항이 없는 경우에도 반드시 "해당없음", "그러한 사실이 없습니다." 등으로 일반인이 알기 쉽게 표시**하십시오. 아무 표시가 없는 경우 정보공개서 **기재사항을 누락한 것으로 간주**합니다.

※ 본문 내용 중 보충설명이 필요한 부분에는 **점선으로 된 글상자** 안에 그 내용을 기재하였으니 참고하십시오.

※ **객관적인 사실에 근거하지 않거나 계약서의 관련 내용과 다른 사항**이 정보공개서에 기재될 경우 **관련법에 따라 처벌**될 수 있으니 주의하시기 바랍니다.

※ 표준정보공개서는 가맹사업법령에 따른 정보공개서 기재사항을 모두 포함하고 있으나 본 양식을 사용한 것만으로 정보공개서 등록이 항상 이루어지는 것은 아니므로 **법적 검토를 하신 후 사용**하시기를 부탁드립니다.

[가맹본부의 로고가 있는 경우 로고]

[정보공개서 등록번호]
[정보공개서 최초 등록일]
[정보공개서 최종 등록일]

[가맹본부의 홈페이지 주소 및 대표 이메일 주소]

[가맹희망자가 운영하게 될 영업표지(브랜드명)]

정 보 공 개 서

[가맹본부명]은 「가맹사업거래의 공정화에 관한 법률」 제7조 및 같은 법 시행령 제4조 제1항에 따라 귀하에게 이 정보공개서를 드립니다.

20 . . .

[가맹본부명]

〈주 의 사 항〉

이 정보공개서는 귀하께서 체결하려는 가맹계약 및 해당 가맹사업에 대한 전반적인 정보를 담고 있으므로 그 내용을 정확하게 파악한 후에 계약체결 여부를 결정하시기 바랍니다.

「**가맹사업거래의 공정화에 관한 법률**」에 따라 가맹희망자에게는 정보공개서의 내용을 충분히 검토하고 판단할 수 있도록 일정한 기간이 주어집니다. 따라서 이 **정보공개서를 제공받은 날부터 14일(변호사나 가맹거래사의 자문을 받은 경우에는 7일)이 지날 때까지는 가맹본부가 귀하로부터 가맹금을 받거나 귀하와 가맹계약을 체결할 수 없습니다.**

이 정보공개서는 법령이 정한 기재사항을 담고 있는 것에 불과하며 그 **내용의 사실 여부를 한국공정거래조정원에서 모두 확인한 것은 아닙니다**. 또한, 귀하께서는 어디까지나 **가맹계약서의 내용에 따라 가맹사업을 운영하게 되므로 정보공개서의 내용에만 의존하여서는 아니 됩니다.**

귀하께서 **가맹계약서에 서명하는 순간**부터 그 내용에 구속됩니다. 따라서 충분한 시간을 갖고 정보공개서나 가맹계약서의 내용을 검토하시고 **기존 가맹점사업자를 방문하여 얻은 정보**에 근거하여 가맹본부의 신뢰성을 판단하도록 하십시오.

가맹사업은 **법률, 회계, 경영** 등 다양한 분야의 지식이 필요한 분야이므로 **가맹거래사 등 전문가의 자문**을 받는 것을 권장합니다. 귀하가 과거 사업경력이 없는 경우 관련 업종에서 경험을 쌓아 경영 수행 능력을 갖출 필요가 있습니다.

마지막으로 사업 초기에 많은 자금이 소요되므로 **귀하의 재정상태를 확실히 점검**한 다음 창업에 임하시기 바랍니다.

[가맹본부의 주된 사무소의 소재지]
[가맹본부의 대표전화번호]
[가맹본부의 대표팩스번호]
[가맹사업 담당부서 및 전화번호]

목 차

정보공개서를 읽기 전에

◇ 정보공개서는 가맹본부의 자료에 기초하여 작성된 것이므로 귀하가 실제 운영할 사업 내용과는 **차이가 있을 수 있습니다**. 따라서 사전에 충분히 **내용의 타당성을 검토**하고 별다른 문제가 없는 경우에 가맹계약을 체결하여야 합니다.

◇ 정보공개서의 내용을 이해하기 위해서는 일정한 법률 지식이 필요합니다. 이해가 가지 않는 부분은 가맹본부 측에 **충분한 설명을 요구**하고 필요한 경우 **가맹거래사나 변호사 등 전문가에게 자문을 요청**하는 것이 바람직합니다.

◇ 가맹본부로부터 제공받은 정보공개서와 한국공정거래조정원에 등록한 정보공개서(http://franchise.ftc.go.kr)를 비교하여 다른 내용이 있는 경우 한국공정거래조정원(http://franchise.ftc.go.kr)에 알려 주시기 바랍니다.

◇ 정보공개서 기재사항에 허위·과장된 정보가 포함된 경우에는 그 사실을 **공정거래위원회 또는 가맹사업거래홈페이지(http://franchise.ftc.go.kr)**로 신고하실 수 있습니다.

◇ 가맹사업거래의 공정화에 관한 법률에 따라 정보공개서와 함께 귀하가 창업하려고 하는 **점포 예정지 인근 10곳의 정보(가맹점명, 소재지, 전화번호)**를 제공받아야 합니다. 인근 점포를 직접 방문하셔서 가맹본부를 신뢰할 수 있는지 확인하시기 바랍니다.

◇ 가맹본부와 상담하기 전 **'창업희망자가 알아야 할 10가지 필수사항'**과 **'창업희망자를 위한 가맹사업 계약체결 안내서'**를 확인하시고 **가맹사업법 관련 조항**도 찾아보십시오.

가맹사업거래홈페이지(http://franchise.ftc.go.kr) – '정보마당' – '교육자료'

가맹사업거래홈페이지(http://franchise.ftc.go.kr) – '법령 및 제도' – '법령자료'

◇ 가맹본부와 분쟁이 발생한 경우 정보공개서는 중요한 단서가 될 수 있습니다. **정보공개서를 계약서와 함께 잘 보관하십시오.**

Ⅰ. 가맹본부의 일반 현황

1. 가맹본부의 일반 정보

당사의 일반 정보는 다음과 같습니다.

<table>
<tr><th>상호</th><th colspan="2">영업표지</th><th colspan="4">주 소</th></tr>
<tr><td rowspan="4">(주)공정위</td><td colspan="2">반포삼겹살 외 1개</td><td colspan="4">서울시 서초구 반포로 9999번지</td></tr>
<tr><td colspan="2">법인 설립등기일[①]</td><td>사업자등록일</td><td>대표자</td><td>대표전화번호</td><td>대표팩스번호</td></tr>
<tr><td colspan="2">1999.3.15.</td><td>1999.3.17.</td><td>김공정</td><td>02-1234-5678</td><td>02-1234-5679</td></tr>
<tr><td>법인등록번호</td><td colspan="2">111111-2222222</td><td colspan="2">사업자등록번호</td><td>123-45-67890</td></tr>
</table>

① 개인사업자의 경우 법인 설립등기일 란에 "개인사업자"로 표기합니다.

2. 특수관계인※의 일반 정보

당사의 최근 3년 동안 특수관계인의 일반 정보는 다음과 같습니다.

<table>
<tr><th>관계</th><th>이름/상호[①]</th><th>영업표지</th><th colspan="3">주 소</th></tr>
<tr><td rowspan="3">배우자</td><td rowspan="3">이친절
(주)서초건강</td><td rowspan="3">1004건강</td><td colspan="3">서울시 서초구 강남대로 10000번지</td></tr>
<tr><td>대표자</td><td>대표전화번호</td><td>대표팩스번호</td></tr>
<tr><td>백철민</td><td>02-2000-9999</td><td>02-2000-8888</td></tr>
<tr><th>관계</th><th>이름/상호</th><th>영업표지</th><th colspan="3">주 소</th></tr>
<tr><td rowspan="3">사용인
(임원)</td><td rowspan="3">최거래</td><td rowspan="3">반포삼겹살 외
1개</td><td colspan="3">서울시 서초구 반포로 9999번지</td></tr>
<tr><td>대표자</td><td>대표전화번호</td><td>대표팩스번호</td></tr>
<tr><td>-</td><td>02-1234-5678</td><td>02-1234-5679</td></tr>
<tr><th>관계</th><th>이름/상호</th><th>영업표지</th><th colspan="3">주 소</th></tr>
<tr><td rowspan="3">사용인
(임원)</td><td rowspan="3">송가맹</td><td rowspan="3">반포삼겹살 외
1개</td><td colspan="3">서울시 서초구 반포로 9999번지</td></tr>
<tr><td>대표자</td><td>대표전화번호</td><td>대표팩스번호</td></tr>
<tr><td>-</td><td>02-1234-5678</td><td>02-1234-5679</td></tr>
<tr><th>관계</th><th>이름/상호</th><th>영업표지[④]</th><th colspan="3">주 소</th></tr>
<tr><td rowspan="4">계열회사[③]</td><td rowspan="3">조정원(주)</td><td rowspan="3">잠원우동 외
1개</td><td colspan="3">서울시 서초구 잠원로 1234번지</td></tr>
<tr><td>대표자</td><td>대표전화번호</td><td>대표팩스번호</td></tr>
<tr><td>박조정</td><td>02-9876-5432</td><td>02-9876-5431</td></tr>
<tr><td>법인등록번호</td><td>333333-4444444</td><td colspan="2">사업자등록번호</td><td>987-65-43210</td></tr>
<tr><td rowspan="4">계열회사[⑤]</td><td rowspan="3">나도해(주)</td><td rowspan="3">삼겹구어 외
1개</td><td colspan="3">서울시 서초구 반포로 7777번지</td></tr>
<tr><td>대표자</td><td>대표전화번호</td><td>대표팩스번호</td></tr>
<tr><td>박협회</td><td>02-1234-3333</td><td>02-1234-3334</td></tr>
<tr><td>법인등록번호</td><td>777787-666666</td><td colspan="2">사업자등록번호</td><td>123-45-67890</td></tr>
<tr><td>. . . .</td><td></td><td></td><td colspan="2"></td><td></td></tr>
</table>

※ 특수관계인의 범위(가맹사업거래의 공정화에 관한 법률 시행령 별표1 제2호 나목)

1) 다음에 해당하는 회사나 개인을 간추립니다.

가) 가맹본부를 사실상 지배하고 있는 자: 임원 여부와 무관하게 실제로 의사결정을 하는 자를 의미

나) 가)의 배우자, 6촌 이내의 혈족, 4촌 이내의 인척

다) 가맹본부의 계열회사

라) 가맹본부나 계열회사의 사용인: 임원 여부와 무관하게 가맹사업 경영에 실질적으로 참여하는 자를 의미

2) 1)에 해당하는 회사나 개인이 **최근 3년 이내에 가맹사업을 경영한 적이 있거나 현재 경영하고 있습니까?**

예 → 특수관계인에 해당 / 아니오→ 해당없음

3) 더 자세한 내용은 독점규제 및 공정거래에 관한 법률 시행령 제3조제1호 및 제11조제1호를 참고하십시오.

① 회사인 경우 상호를, 개인인 경우 이름을 기재합니다. 개인인 특수관계인이 다른 가맹본부의 임원인 경우 그 회사명도 표시합니다.

② 특수관계인이 가맹본부의 계열사이거나 다른 회사의 임원인 경우 그 회사의 대표자를 기재합니다.

③ 계열회사인 경우 법인등록번호 및 사업자등록번호를 기재합니다.

④ 특수관계인이 운영하는 영업표지가 복수인 경우 대표 영업표지 1개 외 몇 개식으로 기재합니다.

⑤ 계열회사가 최근 3년 동안 가맹사업을 경영하였으나 폐업 등으로 정보공개서 등록 취소 등을 하고 더 이상 가맹사업을 경영하지 않는 경우에도 빠짐없이 기재합니다.

3. 가맹본부의 인수 · 합병 내역

당사는 바로 전 3년 동안 다음과 같이 다른 기업(가맹사업 영업표지를 포함하여 가맹사업을 경영한 기업)을 인수 · 합병(다른 기업의 가맹 관련 사업을 양수 또는 양도한 경우도 포함한다)하거나 다른 기업에 인수 · 합병된 적이 있습니다.

인수 · 합병 여부	기업명	영업표지	인수 · 합병일	주 소	대표자
가맹본부가 다른 기업을 인수함	해당없음				
가맹본부가 다른 기업의 가맹사업 일부를 인수함	해당없음				
다른 기업에 가맹사업 일부를 인도함	청산별곡 (주)	달려라 한입	2011.11.24.	강원도 OO군 OO로 OO번지	나국어
다른 기업이 가맹본부를 합병함	해당없음				

※ 기재기간 : 바로 전 3년

4. 가맹희망자가 앞으로 경영할 가맹사업(앞으로 [반포삼겹살]이라 합니다)의 내용

귀하는 앞으로 아래 표에 따른 가맹사업을 경영하게 됩니다.

구 분	내 용	추가 설명
명 칭①	반포삼겹살	명칭의 유래 설명
상 호②	반포삼겹살 OO점	
상표(서비스표)③		서비스표 등록번호: OOOOOOOOOOO
광 고④		
그 밖의 영업표지		

[반포삼겹살은... 영업표지 홍보를 하고 사진 등의 자료도 첨부합니다.]※

※ 가맹본부의 로고, 간판 등의 그림을 기재하는 것도 가능합니다.

① 영업표지를 기재합니다.

② 가맹점이 사용하게 될 점포명을 기재합니다.

③ 상표법에 따라 등록한 상표(서비스표 포함)가 아니더라도 제3자의 입장에서 가맹본부의 영업표지가 경쟁사의 영업표지와 구별될 수 있는 표지(로고 포함)를 기재합니다.

④ 광고에 사용되는 캐릭터 등이 있으면 기재합니다.

5. 바로 전 3개 사업연도①의 대차대조표 및 손익계산서

1) 당사의 바로 전 3년 동안의 재무상황 요약은 다음과 같습니다.

(단위 : 천원, 부가세 미포함)

연도	자산총계②	부채총계	자본총계	매출액	영업 이익	당기 순이익
2011년						
2012년						
2013년						

그 근거자료는 별첨 1과 같습니다. [**※ 대차대조표, 손익계산서 사본**은 가맹사업거래의 공정화에 관한 **법률 시행령에 따라 반드시 삽입**하셔야 합니다.]

① 정보공개서 최종 등록일에 따라 기재 기간이 달라집니다.

- 2014년에 등록할 경우 : 2011~2013년도 대차대조표 및 손익계산서
- 2014년 이후 등록할 경우 : 직전 3개 사업연도의 대차대조표 및 손익계산서

* 주식회사의 외부감사에 관한 법률에 따라 외부감사의 대상이 되는 가맹본부(자산총액

70억 이상 주식회사, 주권 상장법인, 코스닥 상장법인)는 감사보고서상의 대차대조표 및 손익계산서를 기재하며, **그 내용을 임의로 수정하지 마십시오.**

② 자산, 부채, 자본의 경우 직전 사업연도 말일을 기준으로 기재합니다. 기재기간은 ①과 같습니다.

※ 대차대조표 및 손익계산서를 작성하지 않는 가맹본부는 최근 3개 사업연도의 매출액을 확인할 수 있도록 **부가가치세신고서 등의 증명서류**를 삽입합니다.
재무상황의 기재방법은 원칙적으로 **기업회계기준**을 따릅니다.

[당사는 [　]년[　]월 개인사업자[법인사업자]에서 법인사업자[개인사업자]로 전환하였습니다. 따라서, 0000년도 이전은 법인사업자[개인사업자]로 전환하기 전 개인사업자[법인사업자]로서의 가맹본부 매출액이며, 0000년 이후에는 현재 법인사업자[개인사업자]의 매출액임을 알려드립니다.]

※ 가맹본부가 최근 3년 사업연도에 **개인사업자에서 법인사업자로 전환**하였거나 법인사업자에서 개인사업자로 전환한 경우 **전환 전 사업연도의 매출액**은 전환 전 **개인사업자**(또는 법인사업자)의 **매출액임을 반드시 추가 명기**하시기 바랍니다.

2) 당사의 바로 전 3년 동안의 가맹사업 관련 매출액①은 다음과 같습니다.

당사의 가맹사업 관련 매출액

(단위 : 천원, 부가세 미포함)

영업표지②	연도	가맹사업 관련 매출액③④		
		매출액	상한	하한
반포삼겹살	2011년			
	2012년			
	2013년			
과천보쌈	2011년			
	2012년			
	2013년			
. . . .				

① 가맹본부가 가맹사업 이외의 사업을 경영하지 않아 1)**의 매출액과** 가맹사업 관련 매출액이 **같을 경우에는** 1)의 매출액과 **같음을 표기하고 추가로 기재하시지 않으셔도 됩니다.**

② 가맹본부가 다수의 영업표지를 경영하고 있을 경우에는 **영업표지별로 분류**하여 **기재**하시되, 분류가 어려울 경우에는 그 합계를 기재하실 수 있습니다.

③ 관련 매출액 근거자료 제시나 매출액 산정이 곤란할 경우, 추정된 매출액임을 밝히고 그 상한과 하한을 기재하셔야 합니다. 또한, 매출액 산정 시 그 산정기준을 제시하여야 합니다.

④ 직영점이 있을 경우에는 직영점 매출액도 포함하여 기재합니다.

[당사에서 추정한 가맹사업 관련 매출액은 당사 전체 매출액의 60%입니다.]

[당사는 가맹사업(반포삼겹살, 과천보쌈) 외, 육류 도매업도 하고 있으며, 당사의 매출액은 가맹사업별로 가맹점사업자들에게 공급하는 육류매출액과 육류 도매매출액으로 구성됩니다.

당사가 각 가맹사업 영업표지별로 가맹점사업자들에게 공급하는 육류의 매출액은 전체 매출액과 대비하여 60%에 해당하며, 가맹사업 관련 매출액 중 반포삼겹살 가맹점사업자들에게 공급하는 육류매출액은 50%~52%이며, 과천보쌈 가맹점사업자들에게 공급하는 육류매출액은 48%~50% 입니다. 따라서 관련 매출액은 반포삼겹살은 000천원과 000천원 사이에 있으며, 과천보쌈은 000천원과 000천원 사이에 있을 것으로 추정됩니다.]

※ 가맹사업 관련 매출액을 산정(추정)시 그 근거자료를 제시하시기 바랍니다.

6. 가맹본부의 임원① 명단 및 사업경력②

당사의 임원 내역은 다음과 같습니다.

관련여부③	이름	현 직위	사업경력		
			기간④	직위	담당 업무
가맹사업 관련 임원	김공정	대표이사	2008.1.~2011.3.	AB학원(주) 상무	가맹점 관리
			2011.3.~2012.11.	AB학원(주) 전무	회계 · 자금
			2012.11.~현재	(주)공정위 대표이사	회사 업무 총괄
	송가맹	감사	2009.1.~2011.5.	(주)가나식품 전무	가맹점 관리
			2008.5.~현재	(주)공정위 감사	
가맹사업 비관련 임원	최거래	이사	2007.6.~2011.5.	한강대학교 교수	경영학
			2009.5.~현재	(주)공정위 이사	경리
	…				

① 임원의 범위(자세한 내용은 독점규제 및 공정거래에 관한 법률 제2조제5호를 참고하십시오.)
  1) 이사 · 대표이사 : 등기여부를 불문
  2) 업무집행을 하는 무한책임사원
  3) 감사
  4) 지배인 등 본점이나 지점의 영업전반을 총괄적으로 처리할 수 있는 상업사용인
  5) 그 밖에 이에 준하는 사람

② 사업경력은 **시간 순서**에 따라 기재합니다. 동일한 기간에 여러 사업을 수행한 경우에는 **가맹사업과 관련된 내용을 우선 기재**하고 그밖의 업무는 중요도를 고려하여 기재합니다.

③ 가맹본부의 임원이지만 가맹사업에 관여하지 않는 임원은 나누어 기재합니다.
④ 기재기간: 최근 3년
※ 임원의 **개인정보(집 주소, 집 전화번호, 휴대 전화번호, 주민등록번호, 생년월일 등)는 기재하지 않습니다.**

7. 바로 전 사업연도 말 임직원 수

당사의 바로 전 사업연도 말 임직원 수는 다음과 같습니다.

시 점	임원수(명)		직원수(명)①
	상 근	비상근	
2013년 12월 31일	3	1	30

※ 사업연도가 연도 말이 아닌 가맹본부는 사업연도 말을 기준으로 기재합니다.
① **직원수**는 가맹본부가 관할 세무서장에게 신고한 바로 전 사업연도 말(12월) **원천징수이행상황신고서** 상의 **월급여간이세율**(A01)**의 총인원**을 기준으로 하며, 등록심사시 근거자료도 제출합니다.

8. 가맹본부 및 가맹본부의 특수관계인의 가맹사업 경영 사실

당사 및 당사의 특수관계인은 정보공개일 현재 최근 3년 동안 다음과 같이 가맹사업을 경영하였거나 경영하고 있습니다.

관계	상호/이름	구분	기간①	사업내용②
가맹본부	(주)공정위	가맹사업 경영	2006.1.~현재	과천보쌈(등록번호: 20120000019)이라는 영업표지의 한식사업 경영
		가맹사업 경영	2007.2.~2011.11. * 해당 가맹사업을 다른 회사에 인도함	달려라한입(등록번호: 20080000001)이라는 영업표지의 분식사업 경영
특수관계인 (배우자)	이친절	다른 가맹본부 [(주)서초건강] 이사로 재직	2008.11.~현재	1004건강(등록번호: 20080000002)이라는 영업표지의 식품사업 경영
		친절식품(주)라는 식품 업체 경영	2008.7.~현재	(주)공정위에 식자재 등 납품
특수관계인 (계열회사)	조정원(주)	가맹사업 경영	2008.5.~현재	잠원우동(등록번호 : 20080000003)라는 영업표지의 분식사업 경영

		가맹사업 경영	2008.4.～현재	랄라라학원(등록번호:20080000005)라는 영업표지의 영어사업 경영
특수관계인(계열회사)	나도해(주)	가맹사업 경영	2008.9.～2011.1. * 경영난으로 폐업하여 정보공개서 자진취소③	삼겹구어(등록번호 : 20080000004)이라는 영업표지의 한식사업 경영
		가맹사업 경영	2010.2.～현재	세종오겹살(등록번호 : 2010000010)이라는 영업표지의 한식사업 경영

① 기재기간 : 최근 3년
② 구체적으로 기재하되, **가맹사업의 영업표지 · 업종, 정보공개서 등록번호**는 반드시 포함합니다.
③ 최근 3년 동안 가맹사업을 경영한 적이 있으나 **폐업 등의 사유로 정보공개서를 자진취소한 경우**도 **포함**하여 **기재**하여야 합니다.

9. 사용을 허용하는 지식재산권①

당사가 귀하에게 사용을 허용하는 지식재산권은 다음과 같습니다.

명칭	권리내용②	등록 및 등록신청 여부(일자)	출원번호 및 등록번호	소유자(등록신청자)	존속기간 만료일(가맹본부의 사용기간③)
반포삼겹살(상표권)		2004.5.10. 출원 2004.7.21. 등록	출원 제OO-O 등록 제OO-O	(주)공정위	2014.7.21.
특제소스 1(특허권)	제품 사용 및 대가 수수	2004.4.11. 출원 2006.1.20. 등록	출원 제OO-O 등록 제OO-O	(주)공정위	2024.4.11.
특제소스 2(특허권)	제품 사용 및 대가 수수	2010.6.2. 출원 2010.9.2. 등록	출원 제OO-O 등록 제OO-O	나가맹	2030.6.2. (2015.2.4.)
특제소스 3(특허권)	제품 사용 및 대가 수수	2010.9.3. 출원 2010.10.29. 출원거절 2010.11.22. 이의신청	출원 제00-0	((주)공정위)	
· · · ·					

귀하가 허용된 범위를 벗어나 당사의 상표(특허)를 사용할 경우에는 민형사상 책임을 질 수 있으니 주의하여야 합니다.
당사의 지식재산권 내용은 한국특허정보원 특허정보검색서비스(http://www.kipris.or.kr)에서 확인할 수 있습니다.
① 특허청에 상표 · 실용신안 · 특허 등의 **출원신청을 하고 접수된 이후의 사항**에 대해서 기재

합니다. 특히 가맹본부가 외국법인인 경우, 국제 PCT 특허 출원이 있는 경우에 한정하여 기재합니다.
지식재산권이 등록되지 않은 경우(출원신청만 한 경우)에는 **"당사의 상표 등을 사용하는 권리는 관계법으로 보호받지 못합니다."**라는 내용을 반드시 기재합니다.

② 가맹점사업자에게 사용이 허용되는 범위를 구체적으로 기재합니다.

③ 지식재산권 소유자가 가맹본부가 아닌 자일 경우, 소유자로부터 가맹본부가 사용권을 부여받은 기간을 괄호로 표현합니다.

※ 참고: 가맹본부가 **외국기업**인 경우 작성요령

① 국내에 가맹본부의 영업 사무소(국내지사 포함)가 있고 국내 사무소가 가맹사업을 진행하는 경우 및 ② 국내에 가맹본부의 영업 사무소가 없고 국제 가맹계약(라이선스 계약 포함)을 통하여 별도의 사업자가 가맹사업을 진행하는 경우(이 경우 국내사업자가 국내에서 가맹사업운영권을 부여받은 기간을 포함하여 기재합니다.)

가. 가맹본부의 상호, 영업표지, 설립일, 명칭 등은 국제적으로 통용되는 원 가맹본부의 정보를 기재합니다. 다만, 가맹희망자의 이해를 돕기 위하여 국내 사무소(또는 국내 사업자)의 정보도 함께 표시합니다.

나. 기타 정보(가맹본부의 주소, 사업자등록일, 전화번호, 특수관계인, 인수합병 내역, 재무제표, 임원 명단 등)는 국내 사무소(또는 국내 사업자)를 기준으로 작성합니다.

③ 국내에 가맹본부의 영업 사무소가 있으나 실제 영업은 별도 계약을 맺은 국내 사업자가 수행하는 경우
→ 실제 사업을 수행하는 국내 사업자가 국내 사무소 대신 정보공개서를 작성합니다.

Ⅱ. 가맹본부의 [반포삼겹살] 가맹사업 현황

1. 〔반포삼겹살〕 을 시작한 날 : 1997년 3월 21일

(직영점을 시작한 날 : 1996년 5월 23일)

※ 최초의 가맹점이 영업을 시작한 날을 기재합니다. 가맹점 없이 직영점을 먼저 개설하여 사업을 운영하고 있었다면 최초의 직영점이 영업을 시작한 날을 추가로 기재하고 그 사실을 표시합니다. 다른 영업표지를 인수 · 합병한 경우에도 동일합니다. 또한 영업을 시작한 날을 확실하게 알기 어려운 경우에는 계약일을 기재하고 그 사실을 표시합니다.

2. [반포삼겹살] 연혁

가맹본부 상호	영업표지	대표자의 이름	가맹사업 경영 기간	주된 사무소의 소재지
공정위	서초삼겹살	김사업	1997.3.21.~1999.3.16.	서울시 송파구 송파1동 999번지
(주)공정위	반포삼겹살	김사업	1999.3.17.~2012.10.31.	서울시 서초구 반포로 9999번지
(주)공정위	반포삼겹살	김공정	2012.11.1.~현재	서울시 서초구 반포로 9999번지

※ 변경사항이 발생하면 기재하시기 바랍니다. 다만, 가맹본부 상호, 영업표지, 대표자 이름, 경영기간에 변경이 없이 주된 사무소의 소재지 등만 변경된 경우에는 연혁에 별도로 기재하지 않으셔도 됩니다.

3. 바로 전 3년 간 사업연도 말 영업 중인 [반포삼겹살] 가맹점 및 직영점의 총 수

(단위 : 개)

지역	2011.12.31.			2012.12.31.			2013.12.31.		
	전체	가맹점수	직영점수	전체	가맹점수	직영점수	전체	가맹점수	직영점수
전체	54	50	4	58	55	3	68	64	4
서울	44	40	4	40	37	3	49	45	4
부산	-	-	-	-	-	-	-	-	-
대구	-	-	-	-	-	-	-	-	-
인천	-	-	-	-	-	-	-	-	-
광주	-	-	-	-	-	-	1	1	-
대전	-	-	-	2	2	-	2	2	
울산	-	-	-	-	-	-	-	-	-
경기	10	10	-	16	16	-	16	16	-
강원	-	-	-	-	-	-	-	-	-
충북	-	-	-	-	-	-	-	-	-
충남	-	-	-	-	-	-	-	-	-
전북	-	-	-	-	-	-	-	-	-
전남	-	-	-	-	-	-	-	-	-
경북	-	-	-	-	-	-	-	-	-
경남	-	-	-	-	-	-	-	-	-
제주	-	-	-	-	-	-	-	-	-

※ 직영점과 가맹점 수는 영업 중인 점포 수를 기준으로 기재합니다. 다만, 가맹점의 경우 영업을 시작한 시점이 불분명할 경우 가맹계약을 체결한 가맹점 수를 기준으로 기재합니다. 다만, 가맹본부가 개인사업자에서 법인사업자로 전환하거나, 법인사업자에서 개인사업자로 전환한 경우 전환 전 연도의 가맹점 및 직영점 수에 대한 설명을 추가합니다.

4. 바로 전 3년 간 [반포삼겹살] 가맹점수

(단위 : 개)

연도	연초	신규 개점	계약 종료①	계약 해지②	명의 변경③	연말
2011	41	11	1	1	2	50
2012	50	12	5	2	-	55
2013	55	10	1	-	1	64

[반포삼겹살] 가맹점의 자세한 내역은 별지를 확인하십시오.④

※ 연초: 1월 1일, 연말: 12월 31일 기준으로 가맹점 수를 기재합니다.
① 계약종료: **계약기간이 만료**되어 종료하는 경우
② 계약해지: 가맹본부나 가맹점사업자의 귀책사유 등으로 **계약을 중도에 종료**하는 경우
③ 명의변경: 가맹점운영권을 **가맹점사업자간 양도한 경우**(가맹본부가 파악할 수 있는 내용만 기재합니다)에 한하며, 가맹본부가 가맹점사업자의 운영권을 환매하여 직영점으로 운영하는 경우에는 계약 해지에 포함합니다.
④ 가맹점사업자의 상호(OO점), 소재지 및 전화번호를 기재한 가맹점사업자 내역을 별지로 제공하는 것이 바람직합니다. 양이 많은 경우 전자우편 등으로 제공할 수도 있습니다.

5. [반포삼겹살]외에 가맹본부가 경영하거나 특수관계인이 경영하는 가맹사업 현황

당사는 [반포삼겹살]외에도 가맹본부 및 가맹본부의 특수관계인이 경영하고 있는 가맹사업의 바로 전 3년간 현황은 다음과 같습니다.

(단위 : 개)

구분	상호/이름	영업표지	정보공개서 등록번호	업종①	가맹점/직영점의 수②		
					2011.12.31.	2012.12.31.	2013.12.31.
가맹본부	(주)공정위	과천보쌈	20120000019	한식	11/1	11/1	11/2
특수관계인 (배우자)	(주)서초 건강	1004건강	20080000050	식품사업	23/1	25/0	25/0
특수관계인 (계열회사)	조정원(주)	잠원우동	2008000003	분식	67/0	122/2	79/2
		랄랄라영어	2008000005	영어학원	40/5	50/6	55/3
특수관계인 (계열회사)	나도해(주)	세종오겹살	2010000010	한식	20/1	25/3	40/3

① 일반인이 쉽게 구별할 수 있도록 대표상품(서비스)을 기재하는 것도 좋습니다.
② 기재기간 : 바로 전 3년간 사업연도 말 기준

6. 바로 전 사업연도 가맹점사업자①의 연간 평균 매출액(직영점 매출은 제외)과 그 산정기준②

[반포삼겹살] 가맹점사업자 한 명이 2013년에 올린 연간 평균 매출액 및 지역별 매출액은 아래와 같을 것으로 추정됩니다③. 보다 정확한 금액은 매출액 표의 상한과 하한 금액 사이에 있을 것으로 판단됩니다.

(단위 : 천원, 부가세 미포함)

지역④	2013년 말 가맹점 수	2013년 가맹점사업자의 연간 평균 매출액			비고⑤
		연간 평균 매출액	상한	하한	
전체⑥	64	92,000	125,300	52,300	
서울	45	99,000	125,300	72,700	
부산	-	해당없음			
대구	-	해당없음			
인천	-	해당없음			
광주	1	해당없음			5곳 미만
대전	2	해당없음			5곳 미만
울산	-	해당없음			
경기	16	87,600	121,100	54,100	
강원	-	해당없음			
충북	-	해당없음			
충남	-	해당없음			
전북	-	해당없음			
전남	-	해당없음			
경북	-	해당없음			
경남	-	해당없음			
제주	-	해당없음			

※ 가맹점매출액은 부가세를 포함하지 않고 기재합니다. 매출액 산정근거 자료에 부가세가 포함되어 있을 경우에는 부가세 부분(10%)은 제외하고 기재하여 주시기 바랍니다.

예시1)

[당사의 가맹점사업자 연간 평균 매출액은 가맹점별 POS(Point of Sales)상의 매출액을 근거로 하여 기재한 것입니다]

[특히 서울지역의 경우, 3개월 이상⑦ 영업한 가맹점의 매출액을 1년치로 환산하여 전체 연간평균 매출액을 추정하는데 근거수치로 포함하였으나, 2013년 10월 이후 영업을 개시한 2개 가맹점(00점, 00점) 매출액은 1년치로 환산하여 전체 연간평균 매출액을 추정하는데 근거자료로 사용하는 것은 합리적이지 않다고 판단하여 매출액 추정 근거자료로 활용하지 않았습니다. 따라서 표에서 기재한 연간 평균 매출액은 전체 가맹점 수 64개가 아닌 실제 62개 가맹점의 연간 평균 매출액 추정 자료임을 알려드립니다.]

예시 2)

[당사에서 추정한 매출액은 다음의 산식을 따른 것입니다.]

[매출액 = 당사가 가맹점에 공급하는 물품 공급액 × 추정비율⑧( )]

[당사가 보유한 가맹점사업자 원가 분석 자료에 따르면 물품 공급액이 차지하는 비율이 42%~46%인 것으로 보이므로 이를 역산하여 매출액을 추정하였습니다.]

[특히 서울지역의 경우, 3개월 이상 영업한 가맹점의 매출액을 1년치로 환산하여 전체 연간평균 매출액을 추정하는데 근거수치로 포함하였으나, 2013년 10월 이후 영업을 개시한 2개 가맹점(00점, 00점) 매출액은 1년치로 환산하여 전체 연간평균 매출액을 추정하는데 근거자료로 사용하는 것은 합리적이지 않다고 판단하여 매출액 추정 근거자료로 활용하지 않았습니다. 따라서 표에서 기재한 연간 평균 매출액은 전체 가맹점 수 64개가 아닌 실제 62개 가맹점의 연간 평균 매출액 추정 자료임을 알려드립니다.]

[매출액은 가맹점사업자별로 물품 공급액, 시장상황, 점주의 노력 등에 차이가 있기 때문에 달라질 수 있습니다. 따라서 위 표에 나타난 매출액이 귀하가 올릴 수 있는 미래 수입과 같지는 않다는 점을 명심하여야 합니다.]

[가맹사업거래의 공정화에 관한 법률 제9조 제3항 · 제4항 및 같은 법 시행령 제9조제1항에 따라 당사가 매출액 추정에 사용한 자료는 당사의 본사 사무실에 비치하고 있습니다. 귀하가 OOO으로 방문하여 소정의 신청서를

작성하면 열람이 가능합니다.]

① **바로 전 사업연도 말에 영업 중**인 **모든** 가맹점사업자를 대상으로 합니다.

② 매출액 산정기준은 가맹본부가 가지고 있는 **내부 자료**를 토대로 자체적으로 작성하시되, **근거자료가 없는 경우 매출액을 기재하지 않는 대신 "당사는 가맹점사업자의 매출액을 추정할 수 있는 근거자료가 없습니다"라는 사실을 반드시 기재합니다.** 근거자료는 가맹본부가 확보한 직접 자료(매출액) 외에도 간접 자료(물품 공급액, 원가율, 동종업계 관행, 과거 매출액 자료 등)가 모두 포함됩니다. 한편 매출액을 정보공개서에 기재할 경우에는 가맹사업거래의 공정화에 관한 법률 시행령 제9조제1항에 따른 자료를 **사무실에 비치**하고 있어야 합니다.

 1) **현재수익 또는 예상수익에 사용된 사실적인 근거와 예측에 관한 자료**
 2) **현재수익 또는 예상수익의 산출근거가 되는 가맹사업의 점포(직영점과 가맹점을 포함)의 수와 그 비율**
 3) **최근의 일정기간 동안에 가맹본부나 가맹중개인이 표시 또는 설명하는 현재수익 또는 예상수익과 같은 수준의 수익을 올리는 가맹점사업자의 수와 그 비율(이 경우 최근의 일정기간에 대하여 시작하는 날짜와 끝나는 날짜를 표시하여야 한다)**

③ 가맹본부가 가맹점사업자의 매출액을 정확하게 파악하기 어려운 경우가 대부분이므로 **추정된 매출액임을 밝히고, 상한과 하한을 포함한 구간**으로 나타내어야 합니다. 또한, 산정기준이 지역별로 다를 경우에는 그 내용도 포함시켜야 합니다.

④ **직전 사업연도 말에 영업 중인 가맹점사업자가 5곳 이상인 광역지방자치단체**(시 · 도)인 경우만 분류할 수 있고 5곳 미만인 경우에는 "해당없음"으로 기재할 수 있습니다. 다만, 5곳 미만이라도 **지역별 가맹점 수는 반드시 기재**하시기 바랍니다.

⑤ 가맹점사업자의 매출액을 기재하지 않은 경우 그 사유를 기재합니다.

⑥ 가맹점사업자의 전체 **연간 평균 매출액**은 5곳 미만인 광역지방단체의 가맹점사업자를 포함한 **모든 가맹점사업자**의 평균 매출액을 기재합니다.

⑦ 보다 합리적인 산정을 위하여 가맹점이 실제 **영업한 개월수가 3개월 이상**이면 **1년치로 환산**하여 연간 평균 매출액 산정자료에 포함하시고, 가맹점의 영업 개월수가 **3개월 미만**일 경우에는 해당 가맹점의 매출액은 **매출액 산정자료에 포함하지 않습니다.**

⑧ 추정비율은 일부 산정이 가능한「(표본)가맹점사업자의 매출액/(표본)가맹점사업자에 대한 가맹본부의 물품공급매출액」 등을 위주로 산정하실 수 있으나 그 외 더 합리적인 산정방법이 있으면 그에 따라 추정비율을 산정하시기 바랍니다. 또한 추정비율 산정근거 자료를 제출하시기 바랍니다.

7. 가맹지역본부(지사, 지역총판)①의 일반 정보

당사는 [반포삼겹살] 가맹점 관리를 위하여 다음과 같이 지역사무소를 운영하고 있습니다.

<table>
<tr><th>관리지역②</th><th>상호/명칭③</th><th colspan="3">주 소</th></tr>
<tr><td rowspan="6">서울시 동부</td><td>동부사무소</td><td colspan="3">서울시 OO구 OO로 OO번지</td></tr>
<tr><td>대표자</td><td colspan="2">대표전화번호</td><td>관리 가맹점수④</td></tr>
<tr><td>서일중</td><td colspan="2">02-7777-8888</td><td>14</td></tr>
<tr><td>가맹본부와의 계약기간</td><td>가맹점 모집권한</td><td>가맹계약 체결권한⑤</td><td>가맹금 수령권한⑥</td></tr>
<tr><td>2009.4.1.~2015.3.31.</td><td>○</td><td>×</td><td>×</td></tr>
<tr><td>상호/명칭</td><td colspan="3">주소</td></tr>
<tr><td rowspan="6">서울시 서부</td><td>서부총판</td><td colspan="3">서울시 OO구 OO로 OO번지</td></tr>
<tr><td>대표자</td><td>대표전화번호</td><td colspan="2">관리 가맹점수</td></tr>
<tr><td>이승</td><td>02-666-9999</td><td colspan="2">16</td></tr>
<tr><td>가맹본부와의 계약기간</td><td>가맹점 모집권한</td><td>가맹계약 체결권한</td><td>가맹금 수령권한</td></tr>
<tr><td>2010.5.2.~2016.5.1.</td><td>○</td><td>×</td><td>×</td></tr>
<tr><td rowspan="5">경기도</td><td>삼미실업(주)</td><td colspan="3">경기도 OO시 OO로 OO번지</td></tr>
<tr><td>대표자</td><td colspan="2">대표전화번호</td><td>관리 가맹점수④</td></tr>
<tr><td>장종훈</td><td colspan="2">031-5555-6666</td><td>11</td></tr>
<tr><td>가맹본부와의 계약기간</td><td>가맹점 모집권한</td><td>가맹계약 체결권한</td><td>가맹금 수령권한</td></tr>
<tr><td>2009.4.1.~2015.3.31.</td><td>○</td><td>○</td><td>×</td></tr>
</table>

① 가맹본부가 직접 가맹점을 관리하지 않으면서 본사의 지사형태로 운영하거나 다른 기업(총판, 대리점) 등으로 운영하는 경우를 모두 포함합니다.
② 가맹희망자가 자신을 담당할 관리지역을 알 수 있도록 쉽게 표현합니다.
③ 별도 회사인 경우 상호를, 가맹본부의 직영일 때에는 명칭을 쓰면 됩니다.
④ **직전 사업연도 말** 기준 관리 가맹점 수를 기재합니다.
⑤⑥ 가맹본부가 가맹지역본부(지사, 지역총판 등 명칭 불문)에게 부여한 권한내역을 구체적으로 기재하시기 바랍니다.

8. 광고·판촉 지출 내역

당사에서 [2013년]에 [반포삼겹살]과 관련하여 광고비 및 판촉비로 사용한 금액은 다음과 같습니다. 광고비 및 판촉비를 가맹점사업자와 분담하는 기준은 [ ]쪽을 참고하십시오.

구분①	수단②	기간③	지출 비용(단위: 천원, 부가세 미포함)			비고④
			합계	가맹본부	가맹점	
합계			342,000	295,000	47,000	
광고	소계		230,000	230,000	-	
	TV	2013.3.1.~3.7.	150,000	150,000	-	KTV
	라디오	2013.10.~12.	30,000	30,000	-	반포라디오
	인터넷	연중	50,000	50,000	-	ftc.com
판촉	소계		112,000	65,000	47,000	
	1월 행사	2013.1.5.~1.18.	35,000	20,000	15,000	
	추석 행사	2013.9.15.~9.29.	77,000	45,000	32,000	한가위와 함께하는 돈돈돈! 이벤트

① 광고 : **구체적인 행사와 관계없이** 회사 이미지 제고, 가맹점 모집, 신상품 출시 홍보 등을 위한 홍보 활동을 의미
판촉: **개별 행사와 관련하여 수행하는 홍보 활동**으로 월간 행사 외에도 명절, Day 이벤트 등을 포함
② 최대한 자세히 구분하십시오.(예 : TV, 라디오, 인터넷, 신문, 잡지, 입간판 등) **구분이 어려운 경우 총액만 쓰시기 바랍니다.**
③ **직전 사업연도** 중에 광고 및 판촉이 실제로 이루어진 기간을 기재합니다.
④ **광고의 경우 매체명, 판촉의 경우 행사명**을 기재하십시오.
⑤ 해당 가맹사업 이외의 가맹사업을 경영하거나, 가맹사업이 아닌 사업을 경영하고 있고 해당 가맹사업에 관련된 광고비 및 판촉비를 산정하기 곤란하여 손익계산서상의 광고판촉비를 기재하실 경우에는 기재한 액수에 해당 가맹사업 외의 광고비 및 판촉비도 포함되어 있음을 추가 설명하시기 바랍니다.

9. 가맹금 예치

귀하가 당사와 계약을 체결하기 위하여 가맹금을 지급하는 경우에는 [(주)한강은행]에 예치하여야 하며 자세한 내용은 다음과 같습니다.

예치기관 상호	담당 지점 또는 부서	주 소	전화번호
(주)한강은행	수신부 프랜차이즈팀	서울시 OO구 OO로 OO번지	02-XXX-XXXX

자세한 예치방법은 다음과 같습니다.

귀하는 가맹금을 당사의 소정서식을 작성하여 [한강은행]에 [계약 체결 다음 날까지] 예치신청 하여야 합니다. [예치방법은 한강은행의 인터넷 홈페이지에 접속하여 공인인증서를 다운받아 설치한 후 “예치 서비스”를 클릭한

다음 (주)공정위를 찾아 금액을 입력하면 됩니다.]※

※ 가맹본부와 예치기관(은행, 우체국, 보험회사) 간의 맺은 약정에 따른 예치방법을 자세히 안내하여야 합니다. 그림을 사용하여 알기 쉽게 설명하는 것이 바람직합니다. 한편 가맹본부는 가맹사업거래의 공정화에 관한 법률 시행령 별지 제5호서식의 **예치신청서**를 가맹점사업자에게 내 주어야 하므로 그 서식을 별첨하는 것이 좋습니다.

귀하는 또한 [한강은행]에서 발급한 예치증서를 보관하고 있어야 하며 아래 주의사항을 반드시 알아 두어야 합니다.

가맹금 예치와 관련하여 가맹점사업자가 알아두어야 할 사항

1. 가맹점사업자가 영업을 시작하거나 가맹계약 체결일부터 2개월이 지난 경우에는 이 가맹예치금은 가맹본부에 지급됩니다.
2. 다만, 다음의 경우에는 가맹금의 지급이 보류됩니다.
   가. 가맹점사업자가 예치가맹금을 반환받기 위하여 소를 제기한 경우
   나. 가맹점사업자가 예치가맹금을 반환받기 위하여 알선, 조정, 중재 등을 신청한 경우
   다. 가맹점사업자가 가맹금반환 사유가 발생하여 가맹본부를 공정거래위원회에 신고한 경우
3. 2번의 가~다의 조치를 취한 경우 그 사실을 예치기관에 서면으로 통보하여야 합니다. 그렇지 않은 경우 예치가맹금은 가맹본부에 지급될 수 있습니다.

※ 가맹점사업자피해보상보험 등에 가입하여 예치 의무가 없는 경우에는 그 사실을 기재합니다.

10. 가맹점사업자피해보상보험 등의 체결 내역

당사는 가맹점사업자의 피해를 예방하기 위하여 [(주)한강보증보험]과 피해보상보험 계약을 체결하였으며 자세한 내용은 다음과 같습니다.

항목	내용	비고
보험인(보험회사)	(주)한강보증보험	
보험계약자	(주)공정위	가맹본부
피보험인(보험금을 지급받는 자)	가맹점사업자	
보험기간	가맹금 예치기간(가맹계약체결일로부터 2개월이 경과한 날 또는 가맹점사업자 영업 개시일까지)	
보험금액	예치금액	
보장범위	가맹점사업자의 피해액 일부 보장	
지급조건	가맹본부의 가맹금반환의무 불이행	

보험금의 수령절차	가맹점사업자의 보험금 신청 → 가맹본부 경유 → 보험회사 접수 → 보험회사 조사 → 지급 여부 결정 → 보험금 지급	평균 〔 〕 개월 소요

[※ 보험증권 본문의 사본이 있는 경우 삽입하는 것이 바람직합니다.]

※ 가맹점사업자피해보상보험에 가입한 경우 보험사의 로고 등을 사용할 수 있습니다.
가맹점사업자피해보상보험 등에 가입하지 않은 경우 [해당없음]으로 표시하십시오.

Ⅲ. 가맹본부와 그 임원의 법 위반 사실

1. 공정거래위원회의 시정조치①

당사와 당사의 임원은 정보공개일 현재 최근 3년 동안 가맹사업거래와 관련하여 가맹사업거래의 공정화에 관한 법률, 독점규제 및 공정거래에 관한 법률 및 약관의 규제에 관한 법률을 위반하여 공정거래위원회로부터 [4]회의 시정조치를 받은 사실이 있으며 자세한 내용은 다음과 같습니다.

시정조치 대상	의결번호 (사건번호)	위반법령	위반내용 (위반법조문)②	조치일자③	조치내용④
(주)공정위	의결 2011-00 (2011가맹OOOO)	가맹사업법	가맹금 미반환 (제10조제1항)	2011.12.3.	시정명령 과징금 10백만원
㈜공정위	시권 2012-00 (2012약관OOOO)	약관규제법	부당하게 과중한 손해배상의무 부담 (제8조)	2012.9.10.	시정권고
대표이사 김공정	의결(약)2011-00 (2011서경OOOO)	가맹사업법	부당한 계약해지 (제12조제1항제1호)	2011.7.21.	시정명령 가맹점사업자에게 통지
감사 송가맹	의결(약)2013-00 (2013제감OOOO)	공정거래법	거래거절 (제23조제1항)	2013.5.6.	시정명령
(주)공정위			정보공개서 변경등록 불이행	2012.1.1.	정보공개서 (과천보쌈 200800000) 직권취소

당사는 [과천보쌈] 정보공개서의 변경등록 불이행으로 정보공개서가 직

권취소되었으나, 직권취소된 2012.1.1.부터 정보공개서를 신규로 재등록한 2012. 8.5.까지 신규로 가맹계약을 체결하지 않았을 뿐 현재까지 [과천보쌈] 경영하고 있습니다.

① 공정거래위원회로부터 **시정권고 이상의 조치(시정권고, 시정명령, 과징금 부과, 정보공개서 등록취소 등)**를 받은 경우에 한하며, **자진시정 · 경고 · 조정 성립 등은 해당하지 않습니다.**
② 복수의 위반행위가 있는 경우 대표 위반행위를 기재합니다.
③ **의결일**을 기재합니다.
④ 의결 주문 내용을 요약하여 작성하십시오.

2. 민사소송 및 민사상 화해

당사와 당사의 임원은 정보공개일 현재 최근 3년 동안 가맹사업거래와 관련하여 가맹사업거래의 공정화에 관한 법률 또는 독점규제 및 공정거래에 관한 법률을 위반하거나, 사기 · 횡령 · 배임 등 타인의 재물이나 재산상 이익을 영득 또는 이득하는 죄로 받은 유죄의 확정판결과 관련된 민사소송에서 패소의 확정판결을 받았거나, 민사상 화해를 한 사실이 다음과 같이 있습니다.

원고①	피고	사건번호	최종 법원명	판결(선고) 일자	청구 취지 및 내용	판결 또는 화해 내용
(주)OOO	(주)공정위	2011OOOOOO	대법원	2011.12.3.	피고는 원고에게 금 300만원 지급	청구 취지와 동일

※ **사건이 계속 중(항소, 상고 등)인 경우에는 기재하지 않습니다.**
① 원고의 실명은 생략하고 **이니셜**(김OO, K 전자회사 등)로 표시합니다.

3. 형(刑)의 선고

당사와 당사의 임원은 정보공개일 현재 최근 3년 동안 사기 · 횡령 · 배임 등 타인의 재물이나 재산상 이익을 영득 또는 이득하는 죄를 범하여 형의 선고를 받은 사실이 다음과 같이 있습니다.

피고	사건번호	선고 법원	선고 일자	죄명 및 범죄사실	선고 내용
(주)공정위	2011OOO	대법원	2011.7.5.	횡령죄 (OOOOOOOO)	벌금 500만원
대표이사 김공정	2012OOO	OO 지방법원	2012.5.3.	사기죄 (OOOOOOOO)	벌금 100만원

※ 최종심 이전의 **하급심에서 선고를 받은 경우에도 기재합니다.** 다만, 같은 사건의 경우 **현재까지 진행된 최종심의 선고 내용**만 기재합니다.

Ⅳ. 가맹점사업자의 부담

1. 영업개시 이전의 부담

귀하가 [반포삼겹살] 가맹사업을 시작하기 위해서는 아래와 같은 금액이 소요됩니다. 이 금액에는 귀하가 지불하여야 하는 [점포의 임대비용 등]※이 제외되어 있습니다. 또한, 귀하가 운영하게 될 점포의 위치 및 규모, 내부 설비의 종류, 영업 시작까지 걸리는 시간 등이 상이하므로 실제 지불하는 금액과는 차이가 있을 수 있습니다.

※ 가맹사업을 시작하는데 필요한 비용에서 제외된 항목을 구체적으로 기재하여 가맹점사업자가 오인하지 않도록 주의합니다.

귀하가 부담하여야 할 대가는 매우 다양하나 크게 다음의 세 가지로 구분할 수 있습니다.

구분	지급 대상	예치 대상 여부	비고
최초 가맹금	가맹본부	예치	확정 금액
보증금	가맹본부	예치	확정 금액
기타 비용	가맹본부 또는 다른 업체	예치하지 않음	추정 금액

1) 최초 가맹금을 자세히 나누면 다음 표의 내용과 같습니다.

(단위 : 천원, 부가세 포함)

구분①	금액②	지급 기한	반환조건③	반환될 수 없는 사유	비고
총계	[4,950]				
가입비	3,300	계약 체결 후 20일 이내	영업 개시 이전까지 계약 해지	가맹점 모집을 위해 소요된 실제비용	반환시 당사에서 정한 기준의 위약금을 공제 (계약금을 별도로 지급하는 경우, 사후 가입비로 전환)
교육비	1,100	교육 시작 7일 이전	교육 시작 1일 이전에 계약 해지		교육이 시작되면 반환되지 않음

개점행사비	550	계약 체결 후 20일 이내	영업개시 이전까지 계약 해지	영업개시 행사를 위한 소요된 실제비용	반환 시 당사에서 정한 기준의 위약금을 공제
. . .					

① 가맹본부의 실정에 맞게 작성하고 최대한 자세히 구분하되 서로 겹치지 않도록 항목을 조정하여 기재합니다.
② 정액으로 금액이 특정되면 그 금액을, 정률 기준이 있으면 그 기준을 기재합니다.
③ 반환조건, 반환될 수 없는 사유, 비고란은 가맹본부의 계약 내용을 자세히 기재합니다.

2) 보증금을 자세히 나누면 다음 표의 내용과 같습니다. 보증금은 계약 종료시 전액이 귀하에게 반환되는 대가입니다. 다만, 귀하의 귀책사유가 있는 경우에는 그러하지 아니합니다.

(단위 : 천원, 부가세 없음)

구분①	금액②	지급 기한	가맹점사업자의 귀책사유③	비고
총계	[35,000]			
(현금)보증금	5,000	계약 체결 후 20일 이내	가맹금 미지급, 본사가 공급한 물품 파손 등	직전년도 전체 가맹점사업자의 1회 평균 상품 등의 대금(원·부재료 대금 포함)의 3배 이내④
담보목적물	30,000	계약 체결 후 20일 이내	〃	가맹희망자의 동산에 질권설정
...				

① 가맹본부의 실정에 맞게 작성하고 최대한 자세히 구분하되 서로 겹치지 않도록 항목을 조정하여 기재합니다.
② 금전으로 수령하는 경우에는 그 금액을, 별도의 기준이 있으면 그 기준을 기재합니다.
③ 보증금을 반환할 경우에 가맹점사업자의 귀책사유에 따라 일정 금액을 공제하도록 하고 있다면 그 내용을 기재합니다.
④ 표준가맹계약서상의 적정 계약이행보증금 산정기준으로서 동 기준 내에서 계약이행보증금을 산정하는 것을 권장합니다.

3) 예치가맹금의 범위와 그 금액

가맹사업거래의 공정화에 관한 법률에 따라 귀하가 예치하여야 하는 가맹금의 자세한 내역은 다음과 같습니다.

구 분	금액(단위 : 천원, 부가세 포함)
합계	9,950
가입비	3,300
교육비	1,100
개점행사비	550
(현금)보증금	5,000

① 예치하여야 하는 가맹금의 범위(가맹사업거래의 공정화에 관한 법률 제2조제6호)

가. 가입비 · 입회비 · 가맹비 · 교육비 또는 계약금 등 가맹점사업자가 영업표지의 사용허락 등 가맹점운영권이나 영업활동에 대한 지원 · 교육 등을 받기 위하여 가맹본부에 지급하는 대가

나. 가맹점사업자가 가맹본부로부터 공급받는 상품의 대금 등에 관한 채무액이나 손해배상액의 지급을 담보하기 위하여 가맹본부에 지급하는 대가

(**가+나를 합친 금액을 예치하여야 함**)

② **가맹본부가 피해보상보험계약** 등을 가입한 경우에는 가맹금을 예치하실 필요가 없음을 알려주시기 바랍니다. 다만, **보험으로 대체되는 예치가맹금 액수는 반드시 기재**하시기 바랍니다.

4) 귀하가 그 밖에 지급하여야 하는 비용을 자세히 나누면 다음 표의 내용과 같습니다. 귀하가 가맹점을 운영하기 위하여 필요한 물품의 품목은 [ ] 쪽에서 확인할 수 있습니다.

(단위 : 천원, 부가세 포함)

분①	지급대상②	금액③	지급 기한	반환조건	비고④
총계		[54,500~63,000]			
필수설비(정착물)	(주)공정위, OO기계 외 1개사	24,700	설치 1일 이전	설치 전 계약취소	
인테리어(점포 내장공사)	튼튼디자인 외 2개사	21,000(보통형) 27,000(고급형)	내부 인테리어 공사 시작 3일 이후	공사 전 계약취소	33㎡ 기준 3.3㎡ 늘어날 때마다 700천원 추가부담(보통형, 고급형의 경우

					800천원)
최초 공급 상품 비용	(주)공정위	7,000~9,000	물품 공급 1일 이전	상품 미공급시	
기타 개점에 소요되는 비용	(주)공정위	1,800~2,300	계약 체결 후 20일 이내	개점전 계약취소 (그간 소요 비용 제외)	소모품비, 사업자등록 등 대행 대가
· · · ·					

[위 표의 금액은 당사가 그 동안의 가맹점 운영 경험을 토대로 추정한 것으로 실제 지불 금액과는 다를 수 있습니다.]

[※ 위 표에 기재된 비용 중 가맹본부 또는 가맹본부가 지정한 업체가 아닌 다른 업체와 거래할 경우 가맹본부에 **추가로 비용을 지불**(**예**: 당사 또는 당사가 지정한 업체가 아닌 **다른 업체와 인테리어 공사를 진행할 경우** 인테리어 공사 관련, 당사의 **설계 및 감리 대가로** 33㎡ **기준으로** 500**천원을** 내부 인테리어 공사 완료 후 3일 이후에 당사에 **추가 지급하여야 합니다**) 하도록 하고 있다면 그 내용을 반드시 기재합니다.]

① 가맹본부의 실정에 맞게 작성하고 최대한 자세히 구분하되 서로 겹치지 않도록 항목을 조정합니다. 필수설비, 정착물, 인테리어 비용은 **가맹사업의 통일성을 위하여 가맹본부가 요구 또는 권장하는 경우만 해당합니다.** 위 표에 기재된 비용 중 가맹본부 또는 가맹본부가 지정한 업체가 아닌 다른 업체와 거래할 경우 가맹본부에 **추가로 비용을 지불**(**예 : 인테리어 자체 시공 시 가맹본부에 감리비 지급**)하도록 하고 있다면 그 내용을 반드시 기재합니다.

② 가맹본부가 직접 제공하거나 업체를 지정(계열사 포함)하는 경우, 가맹본부와 가맹본부가 지정한 업체를 구별하되 업체의 수가 많을 경우 요약하여 기재합니다. 여기서 '지정'이라 함은 업체 소개, 유도, 요구, 제한 등 실질적으로 가맹본부가 가맹점사업자로 하여금 자신이 정한 업체와 계약하도록 하는 모든 행위를 포함합니다.

③ 금액이 확정되지 않는 경우에는 **추정치임을 알 수 있도록 상한과 하한을 포함한 구간**으로 표시합니다.

④ 가맹희망자가 각 비용의 성격을 알 수 있도록 내용을 기재하고, 필요한 경우 주석을 다는 것도 바람직합니다.

5) 가맹점 입지 선정 주체 및 선정 기준

당사는 신규 가맹점 입지를 다음과 같이 정하고 있습니다.

선정 주체①	선정 기준②
당사 점포개발팀 (전화:02-XXX-XXXX)	담당자 배정 → 상담을 통하여 가맹희망자가 원하는 지역 파악 → 현장 조사 등 시장 분석 → 최적의 입지 도출 → 가맹희망자에게 동의 여부를 구함 ※ 가맹희망자가 동의하지 않는 경우 새로운 입지를 정할 수 있으나 영업이 늦어지는데 따라 발생하는 비용을 추가로 부담할 수 있습니다.

① 담당 임원이나 담당자가 정해져 있는 경우 그 내용을 기재할 수 있습니다. 가맹희망자가 직접 입지를 정할 경우 그 내용을 기재합니다.
② 선정까지의 절차를 나타내되, 가맹희망자와의 협의 여부, 가맹본부가 정한 입지를 가맹희망자가 원하지 않는 경우 해결 방법 등을 자세히 기재합니다.

6) 가맹점사업자와 그 종업원의 교육 및 계약 · 채용 기준

당사와 계약을 체결하여 교육을 받거나 귀하가 운영하는 가맹점에 종업원을 채용하기 위하여 필요한 조건은 다음과 같습니다.

구 분	교육 기준①	계약 · 채용 기준②
가맹점사업자	국외여행에 결격사유가 없을 것	금치산자 · 한정치산자가 아닐 것 OOO 자격증을 소유할 것 만20세 이상일 것
종업원	특별한 기준 없음	만18세 이상일 것

① 가맹점사업자나 종업원이 교육을 받기 위해 필요한 **자격요건이나 결격사유**가 있으면 기재합니다.
② 가맹점사업자가 계약을 맺거나 종업원을 채용하기 위한 기준을 작성합니다. 계약서에 기재된 자격요건이나 결격사유를 기재합니다.

7) 가맹점 운영에 필요한 설비 등의 내역 및 공급방법 · 공급업체

[반포삼겹살] 가맹점을 운영하기 위해서는 다음의 물품이 필요합니다.

[※물품의 상세 내역은 첨부한 카탈로그를 참고하기 바랍니다.]

물품 내역①		공급방법②	공급업체③
주방집기	냉장고	가맹계약 체결 시 별도 계약	OO전자(지정업체)
	가스레인지	가맹계약 체결 시 별도 계약	OO전자(지정업체)
	그릇	시장에서 자체 조달 (30인분 이상)	-
외부	간판	추후 별도 계약	OO디자인(지정업체)
	입간판	추후 별도 계약	OO아트(지정업체)
내장재	실내공사	가맹계약에 포함	(주)공정위
기타	금전출납기	가맹계약에 포함	(주)공정위
…			

① **원재료, 부재료, 상품, 서비스 등은 제외**하고 가맹점 운영에 필요한 **설비(집기)를** 자세히 기재합니다.

② **가맹본부가 직접 공급하거나 업체(계열사 포함)를 지정**하는 경우에는 계약 체결 방법을 기재하고, 가맹점사업자가 **자체 조달하는 경우에는 품질, 수량** 등 지켜야 할 사항을 기재합니다.
③ 가맹본부가 직접 공급하거나 업체를 지정한 경우에만 기재합니다.
※ 품목이 많은 경우 별지를 이용하거나 "OO외 몇 종"식으로 대표 품목별로 묶어서 기재하는 것도 가능합니다.

8) 한편, 귀하가 당사에 가맹금을 한 번에 납부하기 어려운 경우 다음과 같은 절차를 거쳐 가맹금을 납부할 수 있습니다.

구분	총액	계약금	중도금(1)	중도금(2)	...	잔금
금액(천원)		총액의 10%	15%	15%		10%
납부일		계약일	계약일+15일	계약일+1월		계약일+2월
비고						

2. 영업 중의 부담

1) 비용 부담

귀하가 영업을 시작한 후에도 다음과 같은 비용을 부담하여야 합니다. 특히 광고분담금에 대한 세부 분담기준은 [ ]쪽에 나와 있습니다.

(단위 : 천원, 부가세 포함)

구분①	지급대상②	금액③	지급기한	반환조건	반환될 수 없는 사유	비고④
상표사용료	(주)공정위	월 200	다음 월 10일			
리스료		해당없음				
광고 분담금	(주)공정위	월 매출액 0.5% 등	다음 월 20일			
판촉분담금		행사별로 분담 등				
교육훈련비	(주)공정위	770	교육 실시 10일 이전			교육 필요 시 지급
간판류 임차료		해당없음				
영업표지 변경 등에 따른 간판변경	공정광고 기획(주)	1,500~3,000	간판 변경 후 2일 이내			부득이한 경우 변경될 수 있으며, 교체비용은

비용[⑤]						당사자의 귀책사유 등을 고려하여 협의결정
영업지역 보장금		해당없음				
시설, 각종 기기의 교체·보수 비용		14,000~16,000	교체·보수 후 5일 이내			교체·보수 필요시 시설, 기기 등의 내구연수 등을 감안하여 당사와 협의하여 결정
점포환경 개선 비용	튼튼디자인 외 2개사	가맹본부 분담비용을 제외한 나머지				55페이지 참조
재고관리 비용	(주)공정위	150	재고조사 후 7일 이내			3개월마다 지급
회계처리 비용		해당없음				
POS 사용료	OO시스템	월 150	다음 월 5일			
지연이자[⑥]	㈜공정위	연10~20%	지급기일의 다음날부터 지급하는 날까지			월 계속가맹금의 지급기한을 경과했을 시 부담
· · · ·						

① 가맹본부의 실정에 맞게 작성하고 최대한 자세히 구분하되 서로 겹치지 않도록 항목을 조정합니다.

② **가맹본부와 가맹본부가 지정한 업체(관계자, 계열사 포함)를 구별**하되 업체의 수가 많을 경우 요약하여 기재합니다.

③ 정액인 경우 그 금액을, 정률인 경우 그 기준을 기재하되 금액이 확정되지 않는 경우에는 **추정치임을 알 수 있도록 상한과 하한을 포함한 구간**으로 표시합니다.

④ 가맹희망자가 각 비용의 성격을 알 수 있도록 내용을 기재하고, 필요한 경우 주석을 다는 것도 바람직합니다.

⑤ 영업표지 변경 등으로 가맹본부가 가맹점사업자에게 계약기간 중에 간판을 변경하도록 요구할 경우, 변경비용의 분담 기준을 기재합니다.

⑥ 가맹점사업자가 금전지급의무(월 계속가맹금, 원·부재료 상품대금, 지체배상금, 위약벌 등 가맹계약과 관련하여 부담하는 일체의 금전지급의무) 지체 시 지연이자를 부담하는 경우, 그 내용에 대해 기재합니다.

2) 가맹점사업자에 대한 감독

당사는 귀하의 영업 상황에 대하여 일정한 감독을 실시하고 있으며 자세한 내용은 다음과 같습니다.

감독 항목	내 용	시기	비고
재고관리	실재제고 수량을 조사하여 장부상 재고와 비교	분기별 1회	문의: OO팀 (02-XXX-XXXX)
회계처리	가맹점사업자의 매출누락에 대한 회계 조사 실시	1년 1회	문의: OO팀 (02-XXX-XXXX)
· · · ·			

3. 계약종료 후의 부담(부담이 없는 경우에는 그 사실을 기재합니다)

1) 계약연장이나 재계약 과정의 추가 부담

귀하가 당사와 계약이 종료된 후에 연장(갱신, 재계약을 포함한다)하기 위해서는 아래의 금액을 지급하여야 합니다.

(단위 : 천원, 부가세 포함)

구분①	금액②	지급 기한	반환조건③	반환될 수 없는 사유	비고
총계	[ ]				
추가 교육비④	협의하여 결정	교육 시작 7일 이전	교육 시작 1일 이전에 계약 해지		추가교육 필요 시
점포 이전비⑤	협의하여 분담	점포 이전 후 10일 이내	점포 이전에 합의하지 않을 경우		점포이전 합의 시
· · · ·					

[당사는 계약종료 시점에 점포 위치에 대한 정기 점검을 실시하고 있어, 가맹점 운영에 반드시 필요하다고 당사가 판단하여 협의한 결과 가맹점도 이에 동의하면 점포 이전비가 추가 될 수 있습니다.]

① 가맹본부의 실정에 맞게 작성하고 최대한 자세히 구분하되 서로 겹치지 않도록 항목을 조정합니다.

② 정액으로 금액이 특정되면 그 금액을, 정률 기준이 있으면 그 기준을 기재합니다.

③ 반환조건, 반환될 수 없는 사유, 비고란은 가맹본부의 계약 내용을 자세히 쓰고 신규 계약과 비교할 수 있도록 작성하기 바랍니다.

④ 추가 교육이 필요한지 여부, 최초 계약시 수료하는 교육의 양과 질에 비하여 추가교육의 수준이 다른지 여부 등을 감안하여 그에 상응하는 비용 책정 등 가맹본부의 교육방침을

기재합니다.

⑤ 가맹본부의 필요에 의하여 점포 이전할 경우, 그 이전사유를 감안하여 그 비용 분담내용을 기재합니다.

2) 가맹본부의 사정에 의해 계약종료시 조치사항

가) 가맹본부가 가맹사업을 다른 사업자에게 양도하는 경우 기존 가맹점사업자와의 계약승계 여부

당사가 가맹사업을 타인에게 양도하는 경우 가맹점사업자는 가맹계약을 종료하고 계약관계를 탈퇴할 수 있습니다. 다만, 가맹점사업자가 양수한 사업자(가맹본부)와의 계약 관계 유지를 원할 경우에는 가맹계약을 유지할 수 있습니다. 가맹관계를 탈퇴할 경우, 당사의 귀책사유로 인한 계약해지에 해당되므로 가맹점사업자는 남은 가맹계약기간을 고려하여 일부 가맹금의 반환을 청구할 수 있습니다.

나) 가맹본부가 사용을 허락한 지식재산권의 유효기간이 만료되는 경우 조치사항

당사가 가맹점운영을 위하여 가맹점사업자에게 사용을 허가한 상표권, 특허권 등 지식재산권이 존속기간의 만료, 소유권(사용권) 변경, 효력 상실 등의 사유로 더 이상 지식재산권을 독점적으로 사용할 수 없게 된 경우에는 당사의 책임과 비용으로 이를 대체할 수 있는 수단을 제공하며, 이로 인해 가맹점사업자에게 손해가 발생하면 가맹점사업자와 협의하여 이를 배상하도록 하겠습니다.

또한, 대체할 수 있는 수단을 제공하지 못하거나 대체수단이 만족스럽지 못할 경우에는 가맹점사업자는 체결한 가맹계약을 해지하실 수 있으며, 이 경우 귀책사유 등을 감안하여 일부 가맹금의 반환을 청구할 수 있습니다.

다) 가맹본부가 해당 가맹사업을 중단하는 경우 조치사항

당사는 원칙적으로 모든 가맹계약이 종료될 때까지 가맹사업을 중단하지 않습니다. 다만, 예상치 못한 사정으로 당사가 가맹사업을 중단하게 될 경우에는 이를 미리 가맹점사업자에게 통지하고 협의하여 계약을 해지할 것입니다. 이 경우 계약해지의 귀책사유를 고려하여 일부 가맹금의 반환을 청구할 수 있습니다.

3) 가맹점 운영권 양도 과정의 부담

귀하가 운영하는 [반포삼겹살] 운영권을 다른 사람에게 양도할 경우에는 귀하가 [(주)공정위]에 지급해야 할 비용은 없습니다. 다만, 양수인은 가맹점을 운영하기 위하여 요구되는 교육을 받아야 하며 이에 필요한 교육비를 지급하여야 합니다. 또한 계약보증금도 가맹본부에 지급하여야 합니다. 운영권 양도에 관한 자세한 절차는 [ ]쪽에 나와 있습니다.

※ 양도 과정에서 가맹점사업자가 직접 비용을 부담하는 경우에 기재합니다. 또한, 기존 가맹점사업자와 별도로 **양수인이 가맹본부에 교육비, 보증금 등을 지급하는 경우에는 그 내용을 기재합니다.**

4) 계약종료 후의 조치 사항

[가맹점사업자는 계약이 종료된 경우에는 지체없이 상호·간판 등 영업표지의 사용을 중단하고 이를 철거 내지 제거하여야 하며, 가맹본부가 제공한 설비, 전산시스템 등 영업관련 자산을 가맹본부에 반환하여야 합니다. 이상의 내용을 준수하지 아니한 경우에는 가맹점사업자는 일정한 금액을 손해배상액으로 당사에 지급하여야 합니다.]

[다만, 가맹점사업자가 지급한 계약이행보증금의 정산잔액과 정산서를 받을 때까지는 상호·간판 등의 철거 내지 제거, 영업관리 자산의 반환의무 이행을 연기할 수 있습니다. 또한 위 의무이행과 관련하여 필요한 비용은 계약종료에 책임 있는 당사자가 부담합니다.]

[또한, 가맹점사업자가 당사 또는 당사가 지정한 자로부터 공급받은 물품을 반품하고자 하는 경우, 물품의 재고량, 오·훼손 등 관리상태, 유통기한 등을 고려하고 일정범위 내(10%~90%)에서 반품이 가능하며, 구체적인 내용은 당사와 협의하여 결정합니다.]

※ 가맹본부의 계약서 및 영업방침의 내용을 중심으로 작성하기 바랍니다.

V. 영업활동에 대한 조건 및 제한※

귀하는 당사와 가맹계약을 체결하게 되면 **사업의 동일성 유지**를 위하여 **영업활동에 일부 제한을 받을 수 있습니다.** 따라서 앞으로 기재된 내용을 신중히 살펴본 후 계약 체결 여부를 판단할 것을 권장합니다.

※ 본 항목은 **불공정거래행위**와 관련되어 있으므로 최대한 자세히 기재하기 바랍니다. 정보공개서에 정확하게 기재되지 않거나 기재하더라도 지나치게 가맹점사업자의 영업활동을 제한하는 경우 **가맹사업법에 따라 처벌**될 수 있으므로 **법률 자문**을 거친 후에 작성하는 것을 권장합니다.

1. 물품 구입 및 임차

귀하가 [반포삼겹살]을 시작하거나 경영하기 위하여 필요한 부동산·용역·설비·상품·원재료 또는 부재료 등의 구입 또는 임차와 관련하여, 당사 또는 당사가 지정하는 자와 거래해야 할 품목은 다음과 같습니다.

구분①	품목②	규격③	거래 형태④	거래 상대방⑤	비고⑥
부동산	해당없음				
용역	POS 사용료	시스템 사용료	강제	OO시스템	
	· · · ·				
설비	냉장고	1,000ℓ	강제	OO전자	
	· · · ·				
상품	기름과자	-	권장	OO식품	
	마늘		권장	OO식품	
	· · · ·				
원·부재료	삼겹살	1등급	강제	(주)공정위	매일 발주 후 익일 정산
· · · ·					

[귀하가 위 표에 기재된 물품을 지정된 사업자가 아닌 사업자에게 공급받으려는 경우에는 사전에 가맹본부에게 서면으로 통지하여 승인을 받아야 합니다. 그렇지 않을 경우 불이익을 받을 수 있으므로 주의하여야 합니다.]

[당사는 경영환경의 변화 등으로 필요한 경우 위 표에 기재된 상품·용역 외에 다른 품목도 추가할 수 있습니다 이 경우 가맹점사업자의 동의를 미리 얻도록 하고 있으며, 동의가 없는 경우에는 본 정보공개서의 내용에 따라 사업을 진행합니다.]

① 상품은 직접 소비자에게 판매하는 형태일 때, 원 · 부재료는 가공하여 판매하는 형태일 때로 구분합니다.
② 품목이 많은 경우 별지에 기재하거나 "외 몇 종" 등으로 줄여 기재할 수도 있습니다.
③ 상품의 규격 또는 서비스의 내용을 기재합니다.
④ **강제사항(요구)인지 권장사항인지 구분**하여 기재합니다.
⑤ 거래 상대방은 **가맹본부 또는 가맹본부가 지정한 사업자**인 경우만 해당합니다.
⑥ 가맹희망자가 각 비용의 성격을 알 수 있도록 내용을 기재하고, 필요한 경우 주석을 다는 것도 바람직합니다.
※ 가맹본부가 **소매업(다수의 일상품을 판매)**에 해당하는 경우에는 구체적인 품목명은 생략할 수 있습니다.

※ 가맹사업법 시행령 관련 조문(별표2 제2호 구속조건부 거래 나목)

나. 거래상대방의 구속

부동산 · 용역 · 설비 · 상품 · 원재료 또는 부재료의 구입 · 판매 또는 임대차 등과 관련하여 **부당하게 가맹점사업자에게 특정한 거래상대방(가맹본부를 포함한다)과 거래할 것을 강제**하는 행위

다만, 다음의 요건을 충족하는 경우에는 그러하지 아니하다.

(1) **부동산 · 용역 · 설비 · 상품 · 원재료 또는 부재료가 가맹사업을 경영하는 데에 필수적이라고 객관적으로 인정될 것**
(2) **특정한 거래상대방과 거래하지 아니하는 경우에는 가맹본부의 상표권을 보호하고 상품 또는 용역의 동일성을 유지하기 어렵다는 사실이 객관적으로 인정될 것**
(3) **가맹본부가 미리 정보공개서를 통하여 가맹점사업자에게 해당 사실을 알리고 가맹점사업자와 계약을 체결할 것**

2. 거래 요구 또는 권장①의 대가 내역

당사는 [반포삼겹살] 가맹점사업자로 하여금 상품 또는 용역을 특정한 거래상대방에게 거래하도록 요구 또는 권장하여 특정한 거래상대방이나 가맹점사업자에게 다음과 같은 대가를 받고 있습니다.

(단위 : 천원, 부가세 포함)

상품 · 용역②	거래상대방	대가 지불③	산정기준④	금액⑤	비고⑥
갈비살	OO축산	가맹점사업자	거래액의 2%	연간 거래총액 250,000	2013년 기준
식탁	OO가구	OO가구	정액	건당 100	
간판	OO디자인	OO디자인	정액	건당 200	
· · · ·					

[당사는 이러한 대가의 일부를 가맹점사업자를 위하여 사용하고 있습니다. 구체적인 내용은 첨부 파일을 참고하시기 바랍니다.]

① V.1번에 기재된 가맹점사업자의 거래 상대방을 제한하는 경우를 제외하고 **가맹본부가 가맹점사업자의 편의를 위하여 거래상대방을 주선하여 대가를 받는 경우**만 기재합니다.

② 소비자 판매 대상 상품뿐만 아니라 가맹점사업자가 사용하는 **설비, 장비, 정착물 등도 포함**합니다.

③ 거래상대방 또는 가맹점사업자로 구분하여 기재합니다.

④ 대가를 산정하는 구체적인 기준이 있는 경우 기재합니다.

⑤ 정확한 금액이 산정되지 아니하는 경우에는 **추정된 금액임을 밝히고 상한과 하한을 포함한 구간**으로 표시합니다.

⑥ 가맹희망자가 각 대가의 성격을 알 수 있도록 내용을 기재하고, 필요한 경우 주석을 다는 것도 바람직합니다.

3. 상품 · 용역, 거래상대방, 가격 결정

1) 가맹점사업자가 취급하는 상품 · 용역의 판매 제한

당사의 상표권을 보호하고 상품 또는 용역의 동일성을 유지하기 위하여 귀하는 지정된 상품 · 용역만을 판매하여야 하며 그 자세한 내용은 다음과 같습니다.

상품 · 용역명①	제한내용 및 조건②	위반시 책임③	비고④
흑미삼겹살	왼쪽에 기재된 이외의 제품을 판매할 수 없음	1회 위반: 구두 경고 2회 위반: 2회 이상 서면 시정요구 3회 이상 위반: 계약 해지	
쫄깃오겹살			
· · · ·			
대박갈비살			

[귀하가 위 표에 기재되지 않은 상품 · 용역을 판매하려는 경우에는 사전에 가맹본부에게 서면으로 통지하여 승인을 받아야 합니다. 그렇지 않을 경우 불이익을 받을 수 있으므로 주의하여야 합니다.]

[당사는 경영환경의 변화 등으로 필요한 경우 위 표에 기재된 상품 · 용역 외에도 판매 제한을 가할 수 있습니다. 이 경우 당사는 가맹점사업자의 동의를 미리 얻고 있습니다.]

① ~ ③ 계약서 내용을 중심으로 구체적으로 기재하기 바랍니다.

④ 가맹점사업자에게 필요한 내용을 기재하고 필요한 경우 주석을 다는 것도 좋습니다. 또한 가맹점사업자가 가맹본부의 승인을 얻어 상품을 판매할 수 있다는 내용을 예시와 같이 언급하여야 합니다.

2) 거래상대방(고객)에 따른 상품 · 용역의 판매 제한

당사의 상표권을 보호하고 상품 또는 용역의 동일성을 유지하기 위하여 귀하는 지정된 고객에 대해 상품 · 용역을 판매하지 않아야 하며 자세한 내용은 다음과 같습니다.

거래상대방(고객)①	상품 · 용역명②	제한내용 및 조건③	위반시 책임④	비고⑤
고등학교 재학생	주류	거래상대방별로 기재된 제품은 판매할 수 없음	1회 위반: 구두 경고 2회 위반: 2회 이상 서면 시정요구 3회 이상 위반: 계약 해지	
· · · ·				

[귀하가 위 표에 기재된 거래상대방에게 제한된 상품 · 용역을 판매하려는 경우에는 사전에 가맹본부에게 서면으로 통지하여 승인을 받아야 합니다. 그렇지 않을 경우 불이익을 받을 수 있으므로 주의하여야 합니다.]

[당사는 경영환경의 변화 등으로 필요한 경우 위 표에 기재된 거래상대방(고객) 외에도 판매 제한을 가할 수 있습니다. 이 경우 당사는 가맹점사업자의 동의를 미리 얻고 있습니다.]

① ~ ④ 계약서 내용을 중심으로 구체적으로 기재하기 바랍니다.

⑤ 가맹점사업자에게 필요한 내용을 기재하고 필요한 경우 주석을 다는 것도 좋습니다. 또한 가맹점사업자가 가맹본부의 승인을 얻어 상품을 판매할 수 있다는 내용을 예시와 같이 언급하여야 합니다.

※ 가맹사업법 시행령 관련 조문(별표2 제2호 구속조건부 거래 다목)

다. 가맹점사업자의 상품 또는 용역의 판매제한

가맹점사업자에게 **부당하게 지정된 상품 또는 용역만을 판매하도록 하거나 거래상대방에 따라 상품 또는 용역의 판매를 제한**하는 행위

다만, 다음의 요건을 충족하는 경우에는 그러하지 아니하다.

(1) **가맹점사업자의 상품 또는 용역의 판매를 제한하지 아니하는 경우에는 가맹본부의 상표권을 보호하고 상품 또는 용역의 동일성을 유지하기 어렵다는 사실이 객관적으로 인정될 것**

(2) **가맹본부가 미리 정보공개서를 통하여 가맹점사업자에게 해당 사실을 알리고 가맹점사업자와 계약을 체결할 것**

3) 가맹점사업자의 가격 결정의 제한

당사는 귀하가 판매하는 상품이나 용역의 가격을 정하여 이를 따르도록 권장하도록 하고 있으며 자세한 내용은 다음과 같습니다.

상품 · 용역명[①]	권장가격(단위: 원)[②]	가격 통보 방법	비고[③]
흑미삼겹살	5,000(180g)	월별로 홈페이지에 공지	2013.12월 기준
쫄깃오겹살	6,000(180g)	〃	〃
· · · ·			
대박갈비살	10,000(120g)	〃	〃
· · · ·			

[귀하가 위 표에 기재된 권장가격과 다른 가격으로 상품 · 용역을 판매하려는 경우에는 사전에 서면으로 당사와 협의하여야 합니다.]

① 권장가격이 있는 상품 · 용역만 기재합니다. 내용이 많은 경우 별지에 작성합니다.
② 소비자가격을 표시합니다.
③ 가맹점사업자에게 필요한 내용을 기재하고 필요한 경우 주석을 다는 것도 좋습니다. 또한 가맹점사업자가 가격을 결정하거나 변경하기에 앞서 가맹본부와 사전협의를 할 수 있다는 등의 내용을 예시와 같이 언급할 수도 있습니다.

※ 가맹사업법 시행령 관련 조문(별표2 제2호 구속조건부 거래 가목)

가. 가격의 구속

정당한 이유없이 가맹점사업자가 판매하는 상품 또는 용역의 가격을 정하여 그 가격을 유지하도록 하거나 가맹점사업자가 상품 또는 용역의 가격을 결정하는 행위를 부당하게 구속하는 행위

다만, 다음의 어느 하나에 해당하는 행위는 제외한다.

(1) **판매가격을 정하여 가맹점사업자에게 이를 따르도록 권장하는 행위**

(2) **가맹점사업자에게 판매가격을 결정하거나 변경하는 경우 그 내용에 관하여 사전에 협의하도록 하는 행위. 다만, 사전협의를 통해 판매가격을 강요하는 행위는 가격을 구속하는 행위로 본다.**

4. 가맹점사업자의 영업지역 보호

※ 영업지역 보호(개정 가맹사업법 제12조의4) 규정이 시행되는 2014. 8. 14. 이전에는 유형 1 과 유형 2 중에 가맹본부가 선택하여 기재 가능하나, 유형 1 로 정보공개서를 작성하는 경우 영업지역 보호 규정이 시행되는 2014. 8. 14. 에 맞추어 유형 2 로 정보공개서를 변경하여야 합니다.

〈유형 1(구 가맹사업법)〉

1) 영업지역 제도 유무와 독점적 · 배타적 영업지역 설정 여부

당사는 영업지역과 관련하여 기본적으로 다음과 같은 방침을 갖고 있습니다.

영업지역 제도 운영 여부①	독점적 · 배타적 영업지역 여부②
O	×(직영점이나 다른 가맹점 설치 가능)

[당사는 가맹점사업자의 영업지역 내에 반포삼겹살을 추가 설치하지 않으며, 향후에도 돼지고기 또는 소고기 구이를 전문으로 하는 동일업종의 영업표지를 가진 가맹사업을 해당 영업지역에 추가 개설하지 않습니다.]

① 가맹본부가 특정 가맹점사업자별로 영업지역을 정하는 제도를 운영하고 있는 경우 "O"로 표시합니다. 별도의 영업지역 제도가 없는 경우에는 "X"로 표시합니다.

② 계약기간 동안 특정 가맹점사업자의 영업지역 안에서 해당 가맹사업의 영업표지 또는 해당 가맹사업과 같은 업종의 다른 영업표지를 사용하는 가맹본부 또는 그 계열회사가 직영점이나 다른 가맹점을 설치하지 않도록 **계약서에 명문화**되어 있는 경우에는 예시와 같이 "O"로 기재하고, 그렇지 않은 경우 **직영점이나 다른 가맹점을 설치할 수 있다는 내용을 반드시 기재**합니다. 또한 **독점적 · 배타적 영업지역 제도를 운영하는 경우**에는 해당 가맹사업과 같은 업종의 범위 및 영업표시의 종류도 **반드시 기재**합니다.

2) 영업지역의 설정 기준과 변경 가능성 및 그 사유

당사는 영업지역을 다음과 같이 정하고 있으며 경우에 따라 일부 변경될 수 있습니다.

설정 기준①	설정방법②	변경 가능 여부③	변경 사유④
인구 ○만명 당 1점포	별지에 영업지역 표시	가맹점사업자 동의 시	상권 변화(기관 입주, 아파트 입주 등), 고객 선호 변화, 경쟁 영업표지 입점의 사유로 기존 가맹점사업자의 영업지역 내 예상매출액이 다른 가맹점사업자의 평균 예상매출액보다 2.5배 이상으로 나타나는 경우
점포를 중심으로 반경 00㎞	별지에 영업지역 표시	가맹점사업자 동의 시	상권 변화(기관 입주, 아파트 입주 등), 고객 선호 변화, 경쟁 영업표지 입점의 사유로 기존 가맹점사업자의 영업지역 내 예상매출액이 다른 가맹점사업자의 평균 예상매출액보다 2.5배 이상으로 나타나는 경우
행정구역당 1점포	별지에 영업지역 표시	가맹점사업자 동의 시	상권 변화(기관 입주, 아파트 입주 등), 고객 선호 변화, 경쟁 영업표지 입점의 사유로 기존 가맹점사업자의 영업지역 내 예상매출액이 다른 가맹점사업자의 평균 예상매출액보다 2.5배 이상으로 나타나는 경우
· · · ·			

① 가맹점사업자의 영업지역을 정하는 구체적인 기준을 기재하십시오.
② 예시: 계약서 별지에 구역(지도)으로 표시, 행정구역별로 표시 등
③ 독점적·배타적 영업지역 설정으로 영업지역은 변경가능하지 않으나, 가맹점사업자가 동의할 경우는 가능
④ 영업지역을 변경할 수 있는 사유를 구체적으로 기재**하되, 계약서상의 내용과 일치하여야 합니다.**

3) 영업지역을 재조정(변경)하는 경우의 절차

당사는 영업지역을 재조정하기에 앞서 가맹점사업자의 동의를 얻고 있으며 구체적인 절차는 다음과 같습니다.

재조정 절차	동의를 얻는 방법
재조정 사유 발생 → 당사 담당팀 검토 → 영업지역 변경(안) 작성 → 가맹점사업자에게 서면 통지 → 가맹점사업자 동의 → 영업지역 변경 완료	영업지역 변경(안)을 서면으로 통지하고 30일 이내에 동의 여부 회신 동의가 있는 경우 15일 이내에 영업지역 재조정 완료(신규 점포 입점 가능)

[당사는 계약기간 중 가맹점사업자의 동의 없이 영업지역을 변경할 수 없습니다. 다만, 가맹본부는 도로사정의 변경이나 재개발 등으로 인하여 영업지역이 충돌되는 경우에는 가맹점사업자 상호간의 이해관계를 합리적으로 조정할 수 있습니다.]

〈유형 2(개정 가맹사업법)〉

1) 독점적·배타적 영업지역 설정

[당사는 가맹사업거래의 공정화에 관한 법률 제12조의4에 의거 가맹계약 체결 시 가맹점사업자의 영업지역을 설정하여 가맹계약서에 영업지역을 명시하고 있습니다.]

[당사 및 당사의 계열회사는 가맹계약기간 중에는 정당한 사유 없이 가맹점사업자의 영업지역 내에 동일한 업종의 직영점·가맹점을 추가 개설하지 않습니다. 동일한 업종의 범위 및 동일한 업종에 해당하는 당사 및 당사의 계열회사의 영업표지는 다음과 같습니다.]

동일한 업종 범위①	동일한 업종 영업표지②	
	가맹본부	계열회사
돼지고기 또는 소고기 구이를 전문으로 하는 가맹사업	반포삼겹살	세종오겹살

① 동일한 업종이란 수요층의 지역적·인적 범위, 취급품목, 영업형태 및 방식 등에 비추어 동일하다고 인식될 수 있을 정도의 업종을 말하며, 가맹본부가 운영하는 가맹사업과 동일한 업종의 범위를 상세하게 기재합니다.
② 동일한 업종에 해당하는 가맹본부 및 계열회사의 영업표지의 종류를 가맹본부와 계열회사로 구분하여 기재합니다.

2) 영업지역 설정기준

[당사는 영업지역을 다음과 같이 정하고 있습니다.]

설정 기준①	설정방법②
인구 ○만명 당 1점포	별지에 영업지역 표시 (지도별첨을 원칙으로 함)
점포를 중심으로 반경 00㎞	별지에 영업지역 표시 (지도별첨을 원칙으로 함)
행정구역당 1점포 단, 특수상권(백화점, 마트, 시장, 지하상가, 공항, 호텔 등)은 행정구역과 상관없이 별도의 영업지역으로 인정	별지에 영업지역 표시 (지도별첨을 원칙으로 함)
· · · ·	

① 가맹점사업자의 영업지역을 정하는 구체적인 기준을 기재하십시오.
② 예시 : 계약서 별지에 구역(지도)으로 표시, 행정구역별로 표시 등

3) 가맹계약 갱신과정에서 영업지역을 재조정할 수 있는 사유 및 절차

[당사는 가맹사업거래의 공정화에 관한 법률 제12조의4에 의거 가맹계약 갱신시 다음과 같은 사유가 발생하는 경우에 한해서 가맹점사업자와 협의를 통하여 기존 영업지역을 합리적으로 조정할 수 있습니다. 구체적인 절차는 다음과 같습니다.]

영업지역 재조정 사유	재조정 절차	동의를 얻는 방법
① 재건축, 재개발, 신도시 건설 등 대규모개발로 인하여 상권의 급격한 변동이 발생하는 경우 ② 해당 상권의 거주인구 또는 유동인구가 현저히 변동되는 경우	재조정 사유 발생 → 당사 담당팀 검토 → 영업지역 변경(안) 작성 → 가맹점사업자에게 서면 통지 → 가맹점사업자 동의 → 영업지역 변경 완료	영업지역 변경(안)을 서면으로 통지하고 30일 이내에 동의 여부 회신 동의가 있는 경우 15일 이내에 영업지역 재조정 완료 (신규 점포 입점 가능)

③ 소비자의 기호변화 등으로 인하여 해당 상품·용역에 대한 수요가 현저히 변동되는 경우 ④ 위의 사유에 준하는 사유로 인하여 영업지역을 그대로 유지하는 것이 현저히 불합리하다고 인정되는 경우		

4) 영업지역 밖의 고객에게 상품이나 용역을 판매하는 데에 따르는 제한

[가맹점사업자는 가맹본부와 약정한 영업지역을 준수하시기 바랍니다. 영업지역을 벗어나 다른 가맹점사업자의 영역지역에 속한 고객에게 영업활동을 하는 경우 가맹본부는 다음의 조치를 취하여 가맹점사업자 상호간의 이해관계를 합리적으로 조정할 수 있습니다.]

[첫째, 가맹점사업자가 다른 가맹점사업자의 영업지역의 고객과 거래하는 경우 가맹본부가 두 가맹점사업자 간의 보상금 지불에 대한 중재안을 제시하는 행위]

[둘째, 영업지역을 침해받은 가맹점사업자의 영업지정 조정 요구가 있는 경우 매출액 현황 조사 등 필요한 조치를 취하는 행위]

[셋째, 특정 가맹점사업자가 다른 가맹점사업자의 영업지역을 반복적으로 침해하여 '반포삼겹살' 영업표지 이미지에 심각한 손해를 가한 경우 그 가맹점사업자에게 행위의 시정을 요구하고 손해배상액을 청구하는 행위]

※ 가맹점사업자의 영업지역을 **가맹본부가 침해하는 것은 불공정거래행위**로 문제가 될 수 있으나 **다른 가맹점사업자가 침해하는 것은 원칙적으로 허용**됩니다. 따라서 가맹점사업자 간 분쟁은 **민사문제**로 해결하도록 하시되, 법령에서 허용된 범위에서 필요한 조치를 예시와 같이 기재하시기 바랍니다.

> ※ 가맹사업법 시행령 관련 조문(별표2 제2호 구속조건부 거래 라목)
> **라. 영업지역의 준수강제**
> **부당하게 가맹점사업자에게 영업지역을 준수하도록 조건을 붙이거나 이를 강제하**는 행위
> 다만, 다음의 어느 하나에 해당하는 행위는 제외한다.
> (1) **가맹본부가 가맹점사업자의 영업거점지역을 정하는 행위**
> (2) **가맹점사업자가 자기의 영업지역에서의 판매책임을 다한 경우에 영업지역 외의 다른 지역에서 판매할 수 있도록 하는 행위**

(3) **가맹점사업자가 자기의 영업지역 외의 다른 지역에서 판매하고자 하는 경우 그 지역의 가맹점사업자에게 광고선전비 등 판촉비용에 상당하는 일정한 보상금을 지불하도록 하는 행위**

5) 그 밖에 영업지역에 관한 내용

※ 상기의 기재사항 외, 영업지역 관련 영업방침이 있을 경우 기재합니다.

5. 계약기간, 계약의 갱신 · 연장 · 종료 · 해지 · 수정

1) 가맹계약 및 갱신 기간

[반포삼겹살] 가맹사업의 계약기간은 〔계약체결일로부터〕 [ ]년이며, 가맹계약 갱신시 계약기간은 〔계약갱신일로부터〕 [ ]년입니다.

※ 가맹계약의 종류(type)가 여러 가지가 있고, 각각 계약기간이 다른 경우 나누어 기재합니다.

2) 계약 연장이나 재계약, 또는 계약 종료에 필요한 절차

가맹사업거래의 공정화에 관한 법률 제13조 및 같은 법 시행령 제14조에 따라 귀하에게는 가맹계약의 갱신을 요구할 수 있는 권리가 최초 계약일로부터 10년간 주어집니다. 구체적인 절차는 다음과 같습니다.

순 서	기간(계약만료일: D-day)
① 가맹점사업자가 계약갱신을 요구하였습니까? 예→②, 아니오→⑦	D-180 ~ D-90
② 3)에서 정한 계약갱신 거절 사유에 해당합니까? 예→④, 아니오→③	D-180 ~ D-90
③ 가맹본부가 계약조건 변경을 서면으로 통지하였습니까? 예→⑤, 아니오→A	D-180 ~ D-90
④ 가맹본부가 가맹점사업자에게 거절 사유를 적은 서면으로 거절 통지를 하였습니까? 예→B, 아니오→A	①+15일 이내
⑤ 가맹점사업자가 계약조건 변경에 동의하였습니까? 예→C, 아니오→⑥	
⑥ 변경된 계약조건이 다른 가맹점사업자에게 통상적으로 적용되는 계약조건입니까? 예→B, 아니오→D	

⑦ 가맹본부가 계약갱신을 하지 않겠다는 사실을 서면으로 통지하였습니까? 예→B, 아니오→⑧	D-180 ~ D-90
⑧ 가맹점사업자가 계약갱신 또는 계약조건에 대하여 이의를 제기하였습니까? 예→E, 아니오→A	D-60일 이전
A. 종전과 같은 조건으로 다시 가맹계약 체결	D-day
B. 계약기간이 만료되는 날 계약 종료	D-day
C. 변경된 조건으로 다시 가맹계약 체결	D-day
D. 양자가 합의하여 계약조건을 바꾸어야 함(가맹본부가 계약 변경을 강행할 경우 불공정거래행위에 해당할 수 있음)	-
E. 양자가 합의하여 계약을 만료하거나 변경된 조건으로 다시 가맹계약 체결(민사상 문제로 가맹사업법에서 특별하게 제한하는 규정 없음)	-

3) 계약갱신 거절(종료) 사유

당사가 가맹계약의 갱신요구를 거절할 수 있는 사유는 다음과 같습니다.

갱신요구 거절 사유	관련 계약조문
○ 가맹계약상의 가맹금 등의 지급의무를 지키지 아니한 경우	O조 O항
○ 다른 가맹점사업자에게 통상적으로 적용되는 계약조건이나 영업방침을 귀하가 수락하지 아니한 경우	O조 O항
○ 가맹점 운영에 필요한 점포 · 설비의 확보나 법령상 필요한 자격 · 면허 · 허가의 취득을 하지 못한 경우	O조 O항
○ 판매하는 상품이나 용역의 품질을 유지하기 위하여 필요한 제조공법 또는 서비스기법을 지키지 않은 경우	O조 O항
○ [반포삼겹살] 경영에 필수적인 지식재산권을 보호하기 위한 방침을 지키지 않은 경우	O조 O항
○ 정기적으로 실시하는 교육 · 훈련을 준수하지 않은 경우(다만, 교육 · 훈련 비용이 같은 업종의 다른 가맹본부가 통상적으로 요구하는 비용보다 뚜렷하게 높은 경우는 제외합니다.)	O조 O항

※ 가맹계약서에 기재되지 않은 사유를 정보공개서에 기재하여서는 아니됩니다.

4) 계약해지 사유 및 그 절차

당사가 귀하와의 가맹계약을 해지할 수 있는 사유는 다음과 같습니다.

계약해지 사유	관련 계약조문
○	O조 O항
○	O조 O항
○	O조 O항
· · · ·	

가맹사업거래의 공정화에 관한 법률 제14조와 같은 법 시행령 제15조에 따라 당사는 가맹계약을 해지하려는 경우에는 귀하에게 서면으로 2개월 이상의 유예기간을 두고 계약의 위반 사실 및 이를 시정하지 않을 경우 계약을 해지한다는 사실을 2회 이상 통지하고 있습니다. 이러한 절차를 거치지 않은 계약해지는 무효가 됩니다.

다만, 가맹사업법 시행령 제15조의 계약해지 사유에 해당되는 아래의 경우에는 2개월 이상의 유예기간이나 2회 이상의 서면통지 없이 계약서에 따른 절차를 거쳐 계약이 해지될 수 있으므로 주의하여야 합니다.

즉시계약 해지 사유	관련 계약조문
ㅇ 가맹점사업자에게 파산 신청이 있거나 강제집행절차 또는 회생절차가 개시된 경우	O조 O항
ㅇ 가맹점사업자가 발행한 어음·수표가 부도 등으로 지불정지된 경우	O조 O항
ㅇ 천재지변, 중대한 일신상의 사유 등으로 가맹점사업자가 더 이상 가맹사업을 경영할 수 없게 된 경우	O조 O항
ㅇ 가맹점사업자가 공연히 허위사실을 유포함으로써 가맹본부의 명성이나 신용을 뚜렷이 훼손하거나 가맹본부의 영업비밀 또는 중요정보를 유출하여 가맹사업에 중대한 장애를 초래한 경우	O조 O항
ㅇ 가맹점사업자가 가맹점 운영과 관련되는 법령을 위반하여 이를 시정하라는 내용의 행정처분(과징금·과태료 등의 부과처분을 포함한다)을 통보받고도 행정청이 정한 시정기한(시정기한을 정하지 아니한 경우에는 통보받은 날부터 10일) 내에 시정하지 않는 경우	O조 O항
ㅇ 가맹점사업자가 가맹점 운영과 관련되는 법령을 위반하여 자격·면허·허가 취소 또는 영업정지 명령(15일 이내의 영업정지 명령을 받은 경우는 제외한다) 등 그 시정이 불가능한 성격의 행정처분을 받은 경우. 다만, 법령에 근거하여 행정처분을 갈음하는 과징금 등의 부과 처분을 받은 경우는 제외한다.	O조 O항
ㅇ 가맹점사업자가 법 제14조제1항 본문에 따른 가맹본부의 시정요구에 따라 위반사항을 시정한 날부터 1년(계약갱신이나 재계약된 경우에는 종전 계	O조 O항

약기간에 속한 기간을 합산한다) 이내에 다시 같은 사항을 위반하는 경우. 다만, 가맹본부가 시정을 요구하는 서면에 다시 같은 사항을 1년 이내에 위반하는 경우에는 법 제14조제1항의 절차를 거치지 아니하고 가맹계약이 해지될 수 있다는 사실을 누락한 경우는 제외한다.	
ㅇ 가맹점사업자가 가맹점 운영과 관련된 행위로 형사처벌을 받은 경우	O조 O항
ㅇ 가맹점사업자가 공중의 건강이나 안전에 급박한 위해를 일으킬 염려가 있는 방법이나 형태로 가맹점을 운영하는 경우	O조 O항
ㅇ 가맹점사업자가 정당한 사유 없이 연속하여 7일 이상 영업을 중단한 경우	O조 O항

※ 보다 자세한 내용은 **가맹사업법 제14조 및 같은 법 시행령 제15조**를 참고하기 바랍니다.
※ **가맹계약서에 기재되지 않은 사유를 정보공개서에 기재하여서는 아니됩니다.**
※ **가맹계약 즉시해지사유는** 가맹사업법 제14조 및 같은 법 시행령 제15조에 규정된 사유를 기재하시기 바랍니다.

5) 계약수정의 사유, 사전 통보 여부 및 동의 절차

당사는 계약기간 중에 계약서의 내용을 변경하지 않는 것을 원칙으로 합니다. 다만, 다음의 경우에는 [귀하의 동의를 얻어] 계약 조건을 수정할 수 있습니다.

계약 수정 사유	관련 계약조문
○	O조 O항
○	O조 O항
○	O조 O항
. . . .	

재조정 절차	동의 절차
계약수정 사유 발생 → 당사 담당팀 검토 → 수정계약서(안) 작성 → 가맹점사업자에게 서면 통지 → 가맹점사업자 동의 → 수정 완료	수정계약서(안)를 서면으로 통지하고 30일 이내에 동의 여부 회신 동의가 있는 경우 수정계약서에 정한 날부터 효력 발생

※ 예시처럼 계약수정 절차나 동의를 얻는 방법은 최대한 자세히 기재하되, **동의를 얻지 못할 경우 가맹본부의 조치에 대해서도 반드시 기재**하여야 합니다.

6. 가맹점운영권의 환매 · 양도 · 상속 및 대리행사

1) 가맹점운영권의 환매

당사는 [귀하가 가맹점을 운영하다가 개인 사정 등으로 조기에 계약을 해지하려는 경우 새로운 가맹점사업자를 찾을 때까지 일시적으로]① 가맹점운영권을 다시 사들여 직영점 체제로 운영하는 제도를 운영하고 있습니다. 자세한 내용은 다음과 같습니다.

환매 조건②	환매 절차③	비 고④
○ 가맹점에게 계약서 OO조, OO조, OO조, OO조의 계약 해지 사유가 존재하지 않을 것 ○ 가맹점사업자의 매출액이 당사가 정한 기준 이상일 것 ○ 가맹점운영 기간이 2년 이상일 것 ○ · · · ·	가맹점사업자가 소정의 양식을 갖추어 가맹본부에 환매 신청 → 당사 담당팀 검토(현장조사 포함, 20일 가량 소요) → 환매 여부 통지	문의: OO팀 (02-XXX-XXXX)

① 가맹점운영권 환매 제도를 운영하고 있는 경우에 그 사유를 알기 쉽게 기재합니다.
② 환매에 필요한 조건을 자세하기 기재합니다.
③ 대략적인 소요기간 등도 가능하면 기재합니다.
④ 그 밖에 가맹점사업자에게 필요한 내용을 기재합니다.

2) 가맹점운영권의 양도①

귀하가 가맹점운영권을 다른 사업자에게 양도하기 위해서는 [사전에 당사에게 서면으로 그 사실을 통지하여야 하고, 당사의 승인이 있어야만 합니다.] 자세한 내용은 다음과 같습니다.

양도 가능 조건②	양도 절차③	비고④
○ 양수인이 당사가 정한 가맹점 운영 기준을 준수할 것 ○ · · · ·	가맹점사업자가 서면으로 양도 신청 → 당사 담당팀 검토(양수인 면담 포함, 30일 가량 소요) → 승인 여부 통지 → 양도인, 양수인, 가맹본부의 양수 · 양도 계약 체결(5일 소요) → 가맹점운영권 이전 완료	문의: OO팀 (02-XXX-XXXX)

[당사가 양도를 승인하면 양수인은 양도인의 모든 권리의무를 승계하게 되며 양수인은 교육비 및 계약이행 보증금을 납입하여야 합니다. 다만, 양수인이 원할 경우 당사는 양수인과 신규 가맹계약을 맺을 수 있습니다. 이 경우 신규가맹계약일지라도 가맹점 모집비용, 개점행사비 등이 일반적인 신규 가맹계약보다 적게 소요될 경우에는 비용 소요액에 상응하는 가맹금을 당사와 협의하여 지급하실 수 있습니다.]

① 가맹점사업자가 계약기간 중에 **운영권을 양도·양수계약을 통해 다른 사람에게 넘기는 경우** 해당됩니다.
② 양도에 필요한 조건을 자세하기 기재합니다. **가맹점사업자는 가맹본부와 독립된 사업자로서 조건을 지나치게 까다롭게 설정하는 경우 불공정거래행위에 해당할 수 있습니다.**
③ 대략적인 소요기간 등도 가능하면 기재합니다.
④ 그 밖에 가맹점사업자에게 필요한 내용을 기재합니다.

3) 가맹점운영권의 상속, 대리행사, 위탁 등

가맹점운영권은 원칙적으로 당사와 가맹계약을 체결한 귀하에게 주어집니다. 따라서 개인사정 등으로 가맹점운영권을 다른 사람에게 대리행사하게 할 경우에는 당사에 사전에 서면으로 그 사실을 통지하여야 합니다.

가맹점사업자의 상속인은 가맹점 영업을 상속할 수 있으며, 이 경우 상속개시일로부터 3개월 이내에 상속사실을 통지하여야 합니다. 다만, 상속인이 미성년자, 피성년후견인에 해당하거나 이에 준하는 사유가 있는 경우에는 가맹계약은 종료합니다.

구분①	가능 여부(조건)②	이전 범위③	절차④	기타 의무사항⑤
상속	상속인 사후통지 시	모든 권리의무	[앞서 내용을 참고하여 작성]	교육수료 및 교육비 지급
대리행사	본부 승인 시 가능	가맹점사업자가 지정한 범위 내의 권리의무		
업무위탁	본부 승인 시 가능	-		
· · · ·				

① 가맹점사업자가 계약기간 중에 **운영권의 전부 또는 일부를 양수·양도 계약 외의 방법으로 다른 사람에게 넘기는 경우**에 해당됩니다.
② ①의 행위가 인정되는지 여부를 기재하고, 인정될 경우 그 조건을 기재합니다.
③ 상속인(대리인, 수탁인 등 포함)에게 이전되는 가맹점운영권의 범위를 기재합니다.

④ 대략적인 소요기간 등도 가능하면 기재합니다.
⑤ 가맹점 운영에 필요한 교육이수에 따른 교육비 등이 있으면 기재합니다.

7. 경업금지, 영업시간 제한, 가맹본부의 영업장 관리 · 감독

1) 경업금지의 범위

당사는 계약기간 동안 [지역 내에서] 귀하가 [반포삼겹살]과 동일한 업종의 영업을 하는 행위를 금지하고 있습니다. 만약 귀하가 그러한 행위를 하기 위해서는 [사전에 가맹본부에 서면으로 그 사실을 통지하여야 합니다.] 자세한 내용은 다음과 같습니다.

경업금지 되는 업종①	경업허가 절차②	비고③
○ 일반인에게 식사류를 제공하면서 돼지고기나 쇠고기를 철판에 굽는 형태로 판매하는 업종 ○ · · · ·	가맹점사업자가 서면으로 경업허가 신청 → 당사 담당팀 검토(시장조사 포함, 30일 가량 소요) → 허가 여부 통지 → 완료	문의: OO팀 (02-XXX-XXXX)

① 가맹점사업자가 쉽게 알 수 있도록 자세히 기재합니다.
② 대략적인 소요기간 등도 가능하면 기재합니다.
③ 그 밖에 가맹점사업자에게 필요한 내용을 기재합니다.
※ 경업금지의 범위를 동일업종이 아니라 **유사한 업종까지 확대하는 것은 약관규제법상 무효**가 됩니다.

2) 영업시간 및 영업일수 제한

당사는 [반포삼겹살]의 영업시간 및 영업일수를 제한하고 있습니다. 자세한 내용은 다음과 같습니다.

영업시간	영업일수	비고
1일 24시간	365일 연중 무휴 영업	문의: OO팀 (02-XXX-XXXX)

가맹사업거래의 공정화에 관한 법률 시행령 제15조제10호에 따라 귀하가 정당한 사유없이 연속하여 7일 이상 영업을 중단한 경우 가맹계약 해지가 될 수 있으므로 주의하시기 바랍니다.

[귀하는 가맹사업거래의 공정화에 관한 법률 제12조의3에 의거 오전 1시부터 오전 6시까지의 매출이 영업에 소요되는 비용에 비하여 저조하여 6개월

간 영업손실이 발생하거나, 질병의 발생과 치료 등 불가피한 사유가 발생하는 경우 당사에 영업시간 단축을 요청할 수 있으며 영업시간을 조정해야 할 경우에는 사전에 담당팀에 통지하시기 바랍니다.]

3) 권장 종업원 수 및 영업장 근무 여부

당사는 귀하가 운영하는 가맹점포(영업장)의 종업원 및 근무 형태를 제한하고 있으며 자세한 내용은 다음과 같습니다.

권장① 종업원수	직접 근무 여부②	대체 가능 인력③	비고④
3명 이상	직접 근무	점주의 배우자, 직계가족	점주의 부재 시 가맹본부에 사전 통보

① 가맹본부가 종업원수를 제한하고 있는 경우 그 내용을 기재합니다.
② 가맹점사업자가 직접 영업장에서 근무해야 할 경우 그 내용을 기재합니다.
③ 가맹점사업자가 개인사정 등으로 직접 근무하지 못하는 경우 대체 가능 인력과 절차를 기재합니다.
④ 그 밖에 가맹점사업자에게 필요한 내용을 기재합니다.

4) 가맹본부의 영업장 관리 · 감독

당사는 귀하가 운영하는 가맹점포(영업장)를 정기적으로 관리 · 감독하고 있으며 자세한 내용은 다음과 같습니다.

관리 · 감독 항목①	감독 절차	빈도 및 시기	담당팀②	비고③
매장 청결(4항목)	담당자 매장 방문 → 청결도 확인 → 관리표 작성 → 가맹점사업자 확인 및 서명 → 완료	4회/1주일	각 지역 XX팀	
친절도(5항목)	담당자 매장 암행방문 → 주문 → 친절도 확인 → 관리표 작성 → 완료	1회/2주일	본사 OO팀	
품질 관리(7항목)	담당자 매장 방문 → 품질 확인 → 관리표 작성 → 가맹점사업자 확인 및 서명 → 완료	4회/1주일	각 지역 XX팀	
· · · ·				

[당사는 감독의 공정성을 기하기 위하여 다음과 같은 가맹점 관리표를 작성하고 있습니다. 본 표는 감독이 끝난 후 귀하의 서명을 받아 (주)공정위와 귀하가 각 1부씩 보관하게 됩니다. ※ 관리표가 있는 경우 첨부합니다.]

① 가맹점사업자의 영업장을 관리 · 감독하는 항목을 자세히 기재합니다. 양이 많은 경우 별지에 기재합니다.
② 관리 · 감독을 실제 수행하는 담당팀을 기재합니다. 필요한 경우 연락처도 함께 기재합니다.
③ 그 밖에 가맹점사업자에게 필요한 내용을 기재합니다.

8. 광고 및 판촉 활동

1) 가맹본부와 가맹점사업자의 비용 분담 기준

당사는 [반포삼겹살 영업표지 이미지 제고 및 매출액 증대를 위한 전국 단위의] 광고 및 판촉 활동을 위해 필요한 비용을 [가맹점사업자와 나누어 부담하고 있습니다.] 자세한 내용은 다음과 같습니다.

<table>
<tr><th rowspan="2">구분①</th><th rowspan="2">광고 성격②</th><th colspan="2">부담비율</th><th rowspan="2">분담 절차④</th><th rowspan="2">비고⑤</th></tr>
<tr><th>본사부담③</th><th>가맹점부담</th></tr>
<tr><td rowspan="3">광고 전체 행사</td><td>상품광고</td><td>광고비의 50%</td><td>광고비 50% 중 가맹점 총매출액 비율 따라 산정</td><td rowspan="3">광고 계획 공고 → 가맹점의 광고참여 여부 결정 → 가맹점부담액 제시(명세서)</td><td rowspan="3">대중매체 광고 명절, Day 이벤트 행사 (전국 행사)</td></tr>
<tr><td>상품광고+ 가맹점모집 광고</td><td>광고비의 75%</td><td>광고비 25% 중 가맹점 총매출액 비율 따라 산정</td></tr>
<tr><td>가맹점 모집광고</td><td>전액 부담</td><td>없음</td></tr>
<tr><td rowspan="3">판촉 행사</td><td>할인행사</td><td>할인금액 (소비자가) 50%</td><td>할인금액 (소비자가) 50%</td><td>행사계획 공고 → 가맹점부담액 제시 → 가맹점의 행사 참여 결정 → 행사 시행 → 종료 후 최종분담금 확정</td><td>판촉행사 동의 절차를 거친 후 전체 가맹점 사업자의 70% 이상의 동의 시 전체 적용</td></tr>
<tr><td>증정행사</td><td>증정상품 출하가 50%</td><td>증정상품 출하가 50%</td><td>〃</td><td>〃</td></tr>
<tr><td>팜플렛 등 제작</td><td>판촉물 제작비용 50%</td><td>판촉물 제작비용 50%</td><td>〃</td><td>〃</td></tr>
</table>

	기타 개별행사	행사에 따라 유동적 (2013년의 경우 행사별로 가맹점당 20~50만원 부담)		〃	〃
할인카드 · 멤버십 제휴 서비스	제휴행사	서비스로 인한 월 할인금액의 50%	서비스로 인한 월 할인금액의 50%	(가맹점) 월 할인금액 제시 → (가맹본부) 자료제출일로부터 10일 이내 부담액 송금	할인서비스 등의 종료 시까지
· · ·					

[전국단위의 광고일 경우 가맹점부담액은 광고비 중 일부를 광고시행 직전 분기의 각 가맹점사업자의 총매출액 비율에 따라 분담합니다. 지역 광고일 경우에는 해당 지역 내 가맹점사업자가 가맹점부담액 부분을 분담합니다.]

※ 실제 가맹본부의 광고 및 판촉활동 내용의 기재하셔야 합니다. 특히 **할인카드 · 멤버스 제휴 서비스가** 있으신 경우 해당 내용을 **반드시 기재**하셔야 합니다.

① **광고와 판촉행사를 구분**하되 가능한 자세히 기재합니다. 할인카드 · 제휴서비스 사용으로 인한 비용 부담도 포함합니다.

② 반드시 **광고의 성격(상품광고인지, 가맹점 모집광고인지 등)에 따라 구분**하여 **기재**합니다.

③ 분담 비율이 있으면 비율을, 가맹점사업자가 정액으로 부담하면 그 액수를 기재합니다.

④ 분담 기준이 매번 달라질 경우 그 절차를 기재합니다.

⑤ 그 밖에 가맹점사업자에게 필요한 내용을 기재합니다.

※ 가맹점부담 비율을 제시할 경우에는 광고에 따른 예상이익 등을 고려해서 **광고비의 산출 근거를 명확하게 제시**하여야 합니다. 특히 가맹점의 월매출액 대비 일정비율을 광고비로 부담시키는 경우에는 **가맹점 매출을 구체적으로 산정하는 기준을 제시**하여야 합니다.

2) 가맹점사업자의 독자적 광고 · 판촉 활동

[개별 가맹점사업자가 스스로 또는 다른 가맹점사업자와 함께 독자적으로 광고 · 판촉 활동을 할 수 있습니다. 이 경우 특별하게 필요한 절차는 없습니다.]

※ 가맹본부가 가맹점사업자의 독자적인 광고 · 판촉 활동에 대해 **별도의 조건(사전 협의 등)을 요구하는 경우에는 그 내용을 기재**합니다.

9. 영업비밀 보호에 관한 사항

당사의 영업비밀이란, 공공연히 알려져 있지 아니하고 독립된 경제적 가치를 가지는 것으로서, 가맹본부의 상당한 노력에 의하여 비밀로 유지된 생산방법, 판매방법, 그 밖에 영업활동에 유용한 기술상 또는 경영상의 정보를 말합니다.

귀하는 계약체결 및 가맹점 운영상 알게 된 가맹본부의 영업비밀을 계약기간은 물론 계약종료 후에도 제3자에게 누설해서는 안 됩니다. 가맹본부의 허락 없이 교육과 세미나자료 기타 가맹점운영과 관련하여 영업비밀이 담긴 관계서류의 내용을 인쇄 또는 복사할 수 없습니다.

당사의 영업비밀을 무단으로 유출할 경우 부정경쟁방지 및 영업비밀보호에 관한 법률에 의해 처벌받을 수 있음을 알려드립니다. 또한, 당사의 영업비밀은 한국특허정보원의 영업비밀 원본 증명 서비스에 가입되어 있습니다. 〔※ 해당사항이 있는 경우 기재합니다.〕

10. 가맹계약 위반 시 손해배상에 관한 사항

이 계약의 당사자는 상대방의 계약위반이나 불법행위로 인한 손해에 대하여 손해배상액의 예정으로서 위약금을 청구하거나 별도로 손해배상을 청구할 수 있다.

※ 가맹계약서에 기재된 내용을 구체적으로 기재하시기 바랍니다.

Ⅵ. 가맹사업의 영업개시에 관한 상세한 절차와 소요기간

1. 상담·협의 과정에서부터 가맹점 영업시작까지 필요한 절차 요약

귀하가 당사와 가맹계약을 체결할 경우 상담일로부터 실제 가맹점이 개설될 때까지 걸리는 시간과 필요한 절차는 다음과 같습니다.

(단위: 천원, 부가세 포함)

구 분	내 용	소요기간①	소요비용②
합계		47일 내외	[00p~00p 참조]
가맹희망자 문의	- 전화문의 접수 - 희망지역 확인, 담당자 배정	D-47	
사업 설명 · 상담	- 정보공개서 제공 인근 10개 가맹점 현황문서 제공 - 가맹희망자 상담	D-46~45	
점포개발 및 상권분석 실시	- 입지선정 - 입지 주위 점포 정보 제공	필요시 실시	
최종 협의	- 개설 승인 - 계약서 제공	D-34~31	
가맹계약 체결	- 계약 체결	D-30	
가맹금 예치	- OO기관에 가맹금 예치	D-29(1일)	
점포실측/설계	- 투자비 산출	D-27~25(3일)	
실내외 공사착수	- 도면협의 및 공사일정 확인	D-24(1일)	
인테리어 공사	- 공사 실시	D-24~5(20일)	
교육 실시	- 점포운영교육 실시	D-7~4(3일)	
점포 개설	- 가맹점 개설 및 영업시작	D-day	

위 표에 따른 소요기간은 평균적인 가맹점을 기준으로 작성된 것으로, 협의 과정에서 시장상황 등에 따라 그 기간이 늘어날 수 있습니다.③

귀하는 본사와 계약을 체결하는 과정에서 변호사나 가맹거래사의 자문을 받을 수 있습니다. 자문이 필요하신 경우는 본사에 소속되어 있거나 업무 연관성이 있는 변호사나 가맹거래사를 제외하고 귀하께서 선택하신 변호사나 가맹거래사에게 정보공개서 및 가맹계약서 등에 대하여 자문을 받으시기 바라며, 특히 정보공개서에 대하여 자문을 받으신 경우에는 계약체결일이 정보공개서 제공 14일 후에서 7일 후로 단축됩니다.

① 소요기간이 정확하게 산정되지 않을 경우에는 **추정된 기간임을 밝히고 상한과 하한을 포함한 구간**으로 표시합니다.
② 소요비용은 앞서 기재한 가맹점사업자의 부담내용 관련 페이지를 참조하도록 합니다.
③ 기간이 늘어날 수 있는 사유를 구체적으로 기재합니다.

2. 가맹본부와의 분쟁 해결 절차

[가맹계약 당사자는 계약의 해석 또는 계약에 의해 명시되지 아니한 사항에 관하여 다툼이 있을 경우 법적 절차에 이르기 전까지 우선적으로 대화와 협상을 통해 분쟁을 해결하도록 합니다.]

[대화와 협상으로 분쟁이 해결되지 아니할 경우, 가맹사업거래의 공정화에 관한 법률 제22조에 따라 한국공정거래조정원의 **가맹사업거래분쟁조정협의회**에 조정을 신청하거나(**연락처**: 1588-1490, **홈페이지**: http://www.kofair.or.kr) 다른 법령에 의해 설치된 중재기관에 중재를 신청할 수 있습니다.]

[중재를 신청하지 아니한 경우, 법적 분쟁에 관한 소송은 민사소송법상의 관할법원에 제기합니다. 단, 가맹본부와 가맹점사업자가 관할법원에 대해 약정할 경우에는 그러하지 아니합니다.]

※ 가맹본부가 분쟁 해결을 위하여 별도의 통제 시스템을 갖추고 있는 경우 자세히 기재합니다. 또한 가맹사업거래의 공정화에 관한 법률에 따른 분쟁조정협의회에 관한 내용도 기재하고, 민사소송 외에 중재제도를 통해 분쟁을 해결할 경우 그 내용도 포함합니다.

Ⅶ. 가맹본부의 경영 및 영업활동 등에 대한 지원

1. 점포환경개선 시 비용지원 내역

[당사는 가맹사업거래의 공정화에 관한 법률 제12조의2 및 시행령 제13조의2 규정에 의거 다음의 사유가 발생하는 경우에 한하여 점포환경개선을 실시하고 있으며, 가맹점사업자의 점포환경개선에 소요되는 비용의 일부를 분담하고 있습니다. 분담비율 및 구체적 절차는 다음과 같습니다.]

[다만, 가맹사업거래의 공정화에 관한 법률 제12조의2 규정에 의거 가맹점사업자의 자발적 의사에 의하여 점포환경개선을 실시하는 경우 및 가맹점사업자의 귀책사유로 인하여 위생·안전 및 이와 유사한 문제가 발생하여 불가피하게 점포환경개선을 하는 경우에는 비용분담을 하지 않습니다.]

점포환경개선 사유①	가맹본부 부담 비용항목②	가맹본부 부담 비용비율③	지급절차④	비용부담 제외사유⑤	비고
ㅇ 점포의 시설, 장비, 인테리어 등의 노후화가 객관적으로 인정되는 경우 ㅇ 위생이나 안전의 결함으로 인하여 가맹사업의 통일성을 유지하기 어렵거나 정상적인 영업에 현저한 지장을 주는 경우	ㅇ 간판교체 비용 ㅇ 인테리어 공사비용(장비·집기의 교체비용을 제외한 실내건축공사에 소요되는 일체의 비용. 단, 가맹사업의 통일성과 무관하게 가맹점사업자가 추가 공사를 실시함에 따라 소요되는 비용은 제외)	ㅇ 점포의 확장 또는 이전을 수반하지 않는 점포환경개선 : 20% ㅇ 점포의 확장 또는 이전을 수반하는 점포환경개선 : 40%	ㅇ 가맹점사업자의 비용 청구(공사계약서 등 공사비용을 증빙할 수 있는 서류 첨부) → 90일 이내에 가맹본부 부담액을 가맹점사업자에게 지급(단, 가맹본부와 가맹점사업자간 별도의 합의가 있는 경우 1년의 범위 내에서 분할지급 가능) 〈분할지급 시 절차〉 ㅇ 가맹점사업자의 비용 청구(공사계약서 등 공사비용을 증빙할 수 있는 서류 첨부) → 3차에 걸쳐 가맹본부 부담액을 분할 지급(1차 : 청구일로부터 90일 이내, 총 부담액의 30%, 2차 : 1차 지급일로부터 60일 이내, 총 부담액의 30%, 3차 : 2차 지급일로부터 60일 이내, 총 부담액의 40%)	ㅇ 점포환경개선일로부터 3년 이내에 가맹본부의 책임없는 사유로 계약이 종료(계약의 해지·영업양도 포함)되는 경우 가맹본부 부담액 중 잔여기간에 비례하는 부담액은 지급하지 아니하거나 이미 지급한 경우에는 환수 가능	

ㅇ 점포의 시설, 장비, 인테리어 등의 노후화가 객관적으로 인정되는 경우 ㅇ 위생이나 안전의 결함으로 인하여 가맹사업의 통일성을 유지하기 어렵거나 정상적인 영업에 현저한 지장을 주는 경우	ㅇ 간판교체비용 ㅇ 인테리어 공사비용(장비·집기의 교체비용을 제외한 실내 건축공사에 소요되는 일체의 비용. 단, 가맹사업의 통일성과 무관하게 가맹점사업자가 추가 공사를 실시함에 따라 소요되는 비용은 제외) ㅇ 집기·장비 교체비용	ㅇ 가맹점사업자의 투자금액(임차료 등), 월평균 매출액 등을 고려하여 -점포의 확장 또는 이전을 수반하지 않는 점포환경개선 : 50%~100% -점포의 확장 또는 이전을 수반하는 점포환경개선 : 50~80% -단, 집기·장비교체비용은 20% 부담	〃	〃	
· · · ·					

① 가맹사업거래의 공정화에 관한 법률 시행령 제13조의2 규정상의 점포환경개선 사유를 기재합니다.

② 가맹본부가 부담하는 비용항목을 기재하되, 가맹사업거래의 공정화에 관한 법률에 따라 의무적으로 부담하여야 하는 항목(간판교체비용 및 인테리어 공사비용)은 반드시 포함하여 기재하여야 합니다.

③ 가맹본부가 부담하는 비용부담 비율을 기재하되, 가맹사업거래의 공정화에 관한 법률에 따라 의무적으로 부담하여야 하는 비율(점포 이전·확장 수반 시 40%, 점포 이전·확장 미수반 시 20%)은 반드시 포함하여 기재하여야 합니다.

④ 가맹사업거래의 공정화에 관한 법률 시행령 제13조의2 규정상의 지급절차를 기재하되, 분할지급 시 분할지급 시기, 분할지급 비율 등의 분할지급 절차를 상세히 기재합니다.

⑤ 가맹사업거래의 공정화에 관한 법률 시행령 제13조의2 규정상의 비용부담 제외사유를 기재합니다.

2. 판매촉진행사 시 인력지원 등 내역

[당사는 가맹점을 개설 또는 운영함에 있어 다음과 같은 지원제도를 운영하고 있습니다. 다만, 해당 지원제도는 가맹본부의 경영사정 등에 의하여 가맹계약 기간 중이라도 지원여부 및 그 범위가 변경 또는 추가될 수 있습니다.]

(단위 : 천원, 부가세 별도)

지원정책①	주요 내용②	지원조건③	지원기간	지원금액④	비고⑤
개점 행사비	가맹점 오픈 시 판촉인원 파견 및 전단지, 기념품 등의 판촉비용 지원	가맹점의 매장면적, 예상매출액에 따라 판촉인원 수 및 판촉비용 차등 지원	오픈일로부터 3일 간	300만원 한도	
판촉 장려금	매월 가맹점 매입금액의 5% 이내 범위에서 장려금 지원	직전 2개월 평균 매입 금액이 1000만원 이상 가맹계약 위반사항이 없을 것 *지원조건 미충족 시 지원하지 않음	가맹계약 기간	직전 2개월 평균 매입금액이 1000~2000만원 : 매입금액의 2% 2000만원 초과~3000만원 : 매입금액의 3% 3000만원 초과 시 : 매입금액의 5%	익월 상품대금 차감방식으로 지원
판촉 지원	매월 전체 가맹점의 제품 주문량의 1~5%를 가맹점의 판촉물로 지원	없음 (전 가맹점 해당)	가맹계약 기간	소요되는 비용 전액 당사 부담	
판매용 집기 무상대여	가맹점에 필요한 판매용집기를 계약기간 동안 부상대여	없음 (전 가맹점 해당)	가맹계약 기간	소요되는 비용 전액 당사 부담	
반품지원	시즌행사(크리스마스, 연말연시, 가정의 날 등)시 출시되는 제품류	시즌행사 제품류 중 반품지원 품목 지정상품에 한함	시즌행사 종료 후 30일 이내	가맹점 매입금액의 80% 인정하여 지원금액 산정	

	중 일정한 품목에 대하여 반품지원				
마일리지	구매회원에 대한 2~5% 마일리지 적립	없음 (전 가맹점 해당)	가맹계약 기간	소요되는 비용 전액 당사 부담	가맹점 판촉마일리지 지급
CRM	우수고객에 대한 고객 유입 DM발송	없음 (전 가맹점 해당)	분기별 1회	소요되는 비용 전액 당사 부담	
테스터	고객이 사용할 수 있는 테스터공급 지원	없음 (전 가맹점 해당)	신제품 출시 시	소요되는 비용 전액 당사 부담	
. . . .					

① 가맹본부가 운영하는 지원제도를 작성하되 최대한 자세히 구분하고 서로 겹치지 않도록 항목을 조정합니다.
② 가맹희망자가 지원하는 내용을 알 수 있도록 구체적으로 기재하고, 필요한 경우 주석을 다는 것도 바람직합니다.
③ 지원조건이 있는 경우 그 내용을 기재하고, 지원조건을 충족하지 못하면 지원을 하지 않는 경우 그 내용도 함께 기재합니다.
④ 정액인 경우 그 금액을, 정률인 경우 그 기준을 기재하되 금액이 확정되지 않는 경우에는 추정치임을 알 수 있도록 상한선과 하한을 포함한 구간으로 표시합니다.
⑤ 그 밖에 필요한 내용을 기재합니다.
※ 가맹본부가 운영하는 지원제도가 없는 경우에는 "해당없음"으로 기재합니다.

3. 경영활동 자문

[당사는 가맹점사업자의 경영활성화를 위하여 가맹점사업자의 경영활동에 대한 경영지도를 하고 있으며 자세한 내용은 다음과 같습니다.]

구 분	대상 및 내용①	절 차②	비용부담	비 고
가맹본부 요청 시	상품, 설비(집기), 판매촉진, 고객관리, 위생관리, 교육훈련, 회계 등 가맹점 운영 전반에 대한 경영지도	가맹본부는 경영지도계획서(경영지도내용, 기간, 경영진단 및 지도관계자의 성명, 소요비용 등 포함)를 가맹점사업자에게 제시 → 경영지도 후 [ ]일 이내에 가맹본부 담당자가 가맹점사업자에게 직접 방문하여 경영지도 결과 및 경영개선방안을 서면으로 제시하고 이를 설명	가맹본부 부담	문의: OO팀 (02-XXX-XXXX)

가맹점 사업자 요청 시	상품, 설비(집기), 판매촉진, 고객관리, 위생관리, 교육훈련, 회계 등 가맹점 운영 전반에 대한 경영지도	가맹점사업자 경영지도 요청 → 가맹본부는 경영지도계획서(경영지도내용, 기간, 경영진단 및 지도관계자의 성명, 소요비용 등 포함)를 가맹점사업자에게 제시 → 경영지도 후 [ ]일 이내에 가맹본부 담당자가 가맹점 사업자에게 직접 방문하여 경영지도 결과 및 경영개선방안을 서면으로 제시하고 이를 설명	가맹점 부담 (가맹금에 포함된 통상의 경영지도 비용을 초과한 부분에 한함)	문의: OO팀 (02-XXX-XXXX)
· · · ·				

① 가맹본부가 경영지도하는 대상 및 내용을 가맹희망자가 알 수 있도록 구체적으로 기재합니다.
② 경영지도가 이루어지는 절차를 가맹희망자가 알 수 있도록 구체적으로 기재합니다.
※ 가맹본부가 가맹점사업자의 경영활동에 대해 경영지도를 하지 않는 경우에는 "해당없음"으로 기재합니다.

4. 신용제공 등 내역

당사는 [반포삼겹살] 가맹점사업자를 위하여 다음과 같이 신용제공 또는 알선을 하고 있습니다.

(단위: 원, 부가세 포함)

신용명 또는 내용①	신용제공자②	금액③	신용 형태④	신용제공 조건⑤
자금 지원	(주)공정위	최대 5천만원	신용 대출	임원 면담 후 결정
프랜차이즈 우대신용 대출	한강은행	최대 3천만원	담보 대출	가맹본부 확인 신용등급 OO이상 5천만원 이상 담보 제공

[구체적인 신용제공 조건은 귀하의 신용상태에 따라 달라질 수 있습니다. 신용 지원을 원하는 경우 02-XXX-XXXX로 상담하기 바랍니다.]

① 신용제공 상품명이 있으면 기재하기 바랍니다.
② 가맹본부 또는 신용제공 기관의 상호를 기재합니다.
③ 최대 제공 금액을 기재합니다.
④ 신용 대출, 담보 대출, 가맹본부 보증 등 실제 신용이 제공되는 형태를 기재합니다.
⑤ 신용제공이 가능한 조건(필요 서류 포함)을 기재하되, 양이 많은 경우 별도의 주석을 다는 것도 바람직합니다.

Ⅷ. 교육 · 훈련에 대한 설명

1. 교육 · 훈련의 주요내용

[당사는 반포삼겹살 운영에 필요한 제반 지식 및 노하우를 귀하에게 전수하기 위하여 교육 · 훈련을 실시하고 있습니다. 자세한 내용은 다음과 같습니다.]

구분	주요내용	교육방식①	기한	비고②
신규 교육	회사 소개 음식 가공 POS 사용, 입금 방법 등	합숙 실습교육 집단 강의	가맹계약 체결 후 1개월 이내	필수 교육
보수 교육	신메뉴 가공 종업원 관리 실무 등	실습교육	매년 가맹계약 체결일로부터 1개월 이내	매년 필수적으로 이수
…				

① 집단 강의 및 실습 교육을 구분하여 기재합니다.
② 가맹점사업자가 반드시 이수하여야 하는 필수적 사항인지 여부를 포함합니다.

2. 교육 · 훈련의 최소시간 및 비용

귀하가 [반포삼겹살] 가맹사업을 운영하는데 필요한 교육 · 훈련의 최소시간 및 비용은 다음과 같습니다.

구분	최소시간	비용(단위: 천원, 부가세 포함)	비고
신규 교육	7일(2박 3일 합숙 포함)	1,100	최초 계약 시 이수
보수 교육	3일	770	매년 필수적으로 이수
…			

3. 교육 · 훈련의 주체

교육 · 훈련은 가맹계약을 맺는 당사자가 직접 받아야 합니다. [다만, 귀하가 직접 받기 어려운 경우에는 본사의 사전 승인을 받아 가맹점을 함께 운영하는 사람으로 하여금 대신하게 할 수 있습니다.] 또한, 가맹계약 당사자가 원하여 당사자 외 직원도 같이 교육을 받게 되면 인원 추가에 따라 비용도 추가됩니다.

※ 교육 · 훈련을 받는 주체가 가맹계약 당사자가 아닌 경우 그 내용을 반드시 기재합니다.

4. 교육 · 훈련 불참 시에 받을 수 있는 불이익

[기한내 신규 교육을 받지 않은 경우에는 가맹계약서 OO조에 따라 OO일 내로 교육을 이수하여야 합니다. 그렇지 않은 경우에는 가맹계약이 해지될 수 있습니다.]

[기한내 보수 교육을 받지 않은 경우에는 가맹계약서 XX조에 따라 XX일 내로 교육을 이수하여야 합니다. 그렇지 않은 경우에는 본사가 정한 기준에 따라 벌점을 부여받는 등 불이익이 있을 수 있습니다.]

※ **정기적이고 의무적으로 실시되는 교육 · 훈련에 가맹점사업자가 불참한 경우에 받을 수 있는 불이익**에 대하여 기재합니다.

정보공개서 내용 문의

- 이상의 정보공개서에 대하여 문의 사항이 있거나 정보공개서와 다른 사실을 발견한 경우에는 당사 OO팀(02-XXX-XXXX)으로 연락 주시면 친절하게 안내해 드리겠습니다.
- 가맹사업거래의 공정화에 관한 법률 관련 내용이 궁금하신 경우에는 **공정거래위원회 고객지원담당관실**(044-200-4239~4241) **또는 가맹거래과**(help@ftc.go.kr)로 문의하십시오. 개별 정보공개서 내용에 관한 문의는 받지 않고 있으니 주의하시기 바랍니다.
- 이 정보공개서는 당사의 홈페이지[ ] 또는 **가맹사업정보제공시스템**(http://franchise.ftc.go.kr)에서도 확인하실 수 있습니다.

제 15 절 허위 · 과장된 정보제공 등의 금지

Ⅰ. 허위 · 과장된 정보제공 금지

가맹본부는 가맹희망자나 가맹점사업자에게 정보를 제공함에 있어서 다음 각 호의 행위를 하여서는 아니 된다(법 제9조 제1항).

1. 사실과 다르게 정보를 제공하거나 사실을 부풀려 정보를 제공하는 행위(이하 "허위 · 과장의 정보제공행위"라 한다)
2. 계약의 체결 · 유지에 중대한 영향을 미치는 사실을 은폐하거나 축소하는 방법으로 정보를 제공하는 행위(이하 "기만적인 정보제공행위"라 한다)

제1항 각 호의 행위의 유형은 대통령령으로 정한다(법 제9조 제2항).

Ⅱ. 정보제공 시 서면제공의무

가맹본부는 가맹희망자나 가맹점사업자에게 다음 각 호의 어느 하나에 해당하는 정보를 제공하는 경우에는 서면으로 하여야 한다(법 제9조 제3항).

1. 가맹희망자의 예상매출액 · 수익 · 매출총이익 · 순이익 등 장래의 예상수익상황에 관한 정보
2. 가맹점사업자의 매출액 · 수익 · 매출총이익 · 순이익 등 과거의 수익상황이나 장래의 예상수익상황에 관한 정보

Ⅲ. 정보제공 시 자료비치 및 열람의무

가맹본부는 제3항에 따라 정보를 제공하는 경우에는 그 정보의 산출근거가 되는 자료로서 대통령령으로 정하는 자료를 가맹본부의 사무소에 비치하여야 하며, 영업시간 중에 언제든지 가맹희망자나 가맹점사업자의 요구가 있

는 경우 그 자료를 열람할 수 있도록 하여야 한다(법 제9조 제4항).

제3항에도 불구하고 다음 각 호의 어느 하나에 해당하는 가맹본부는 가맹계약을 체결할 때 가맹희망자에게 대통령령으로 정하는 예상매출액의 범위 및 그 산출 근거를 서면(이하 "예상매출액 산정서"라 한다)으로 제공하여야 한다(법 제9조 제5항).

1. 중소기업자(「중소기업기본법」 제2조제1항 또는 제3항에 따른 자를 말한다)가 아닌 가맹본부
2. 직전 사업연도 말 기준으로 가맹본부와 계약을 체결 · 유지하고 있는 가맹점사업자(가맹본부가 복수의 영업표지를 보유하고 있는 경우에는 동일 영업표지를 사용하는 가맹점사업자에 한정한다)의 수가 대통령령으로 정하는 수 이상인 가맹본부
   "대통령령으로 정하는 수"란 100개를 말한다(시행령 제9조 제4항).

Ⅳ. 예상매출액 산정서 보관 의무 및 표준양식 사용 권장

가맹본부는 예상매출액 산정서를 가맹계약 체결일부터 5년 간 보관하여야 한다(법 제9조 제6항).

공정거래위원회는 예상매출액 산정서의 표준양식을 정하여 사용을 권장할 수 있다(법 제9조 제7항).

판례[20)]

【판시사항】

구 가맹사업거래의 공정화에 관한 법률 제9조 제1항에서 정한 '중요사항을 누락한 경우'의 의미 및 이 경우 가맹본부가 가맹희망자에게 구 가맹사업거래의 공정화에 관한 법률 제37조 제3항, 독점규제 및 공정거래에 관한 법률 제56조 제1항에 의한 손해배상책임을 부담하는지 여부(적극)

【판결요지】

구 가맹사업거래의 공정화에 관한 법률(2013. 8. 13. 법률 제12094호로 개정되기 전의 것, 이하 '가맹사업법'이라고 한다) 제4조, 제9조 제1항, 제41조 제1항

의 내용을 종합하면, 가맹사업법 제9조 제1항의 중요사항을 누락한 경우라 함은 가맹계약의 체결과 유지 등 가맹희망자의 의사결정에 중대한 영향을 줄 수 있는 사실 또는 가맹희망자가 일정한 사정에 관하여 고지를 받았더라면 가맹계약을 체결하지 않았을 것임이 경험칙상 명백한 경우 그와 같은 사정 등을 가맹계약을 체결하기 위하여 상담하거나 협의하는 단계에서 가맹희망자에게 고지하지 아니한 경우를 의미한다. 그리고 이러한 행위는 가맹사업법 제9조 제1항에 따른 정보제공의무 내지 고지의무를 위반한 것으로서, 가맹본부는 가맹희망자에 대하여 가맹사업법 제37조 제3항, 독점규제 및 공정거래에 관한 법률 제56조 제1항에 의한 손해배상책임을 부담한다.

【참조조문】

구 가맹사업거래의 공정화에 관한 법률(2013. 8. 13. 법률 제12094호로 개정되기 전의 것) 제4조, 제9조 제1항, 제37조 제3항, 제41조 제1항, 독점규제 및 공정거래에 관한 법률 제56조 제1항

【주 문】

상고를 모두 기각한다. 상고비용은 상고인 각자가 부담한다.

【이 유】

상고이유(상고이유서 제출기한이 경과한 후에 제출된 상고이유보충서의 기재는 상고이유를 보충하는 범위 내에서)를 판단한다.

1. 상고이유 제1점, 제2점에 관하여

가. 구 가맹사업거래의 공정화에 관한 법률(2013. 8. 13. 법률 제12094호로 개정되기 전의 것, 이하 '가맹사업법'이라고 한다) 제9조 제1항은 "가맹본부는 가맹희망자에게 정보를 제공함에 있어서 허위 또는 과장된 정보를 제공하거나 중요사항을 누락하여서는 아니 된다."고 규정하고, 같은 법 제41조 제1항은 "제9조 제1항의 규정에 위반하여 허위·과장된 정보를 제공하거나 중요사항을 누락한 자는 5년 이하의 징역 또는 1억 5천만원 이하의 벌금에 처한다."고 규정하고 있으며, 같은 법 제4조는 "가맹사업당사자는 가맹사업을 영위함에 있어서 각자의 업무를 신의에 따라 성실하게 수행하여야 한다."고 규정하고 있다.

이러한 가맹사업법의 관련 규정의 내용을 종합하면, 가맹사업법 제9조 제1항의 중요사항을 누락한 경우라 함은 가맹계약의 체결과 유지 등 가맹희망자의 의사결정에 중대한 영향을 줄 수 있는 사실 또는 가

맹희망자가 일정한 사정에 관하여 고지를 받았더라면 가맹계약을 체결하지 않았을 것임이 경험칙상 명백한 경우 그와 같은 사정 등을 가맹계약을 체결하기 위하여 상담하거나 협의하는 단계에서 이를 가맹희망자에게 고지하지 아니한 경우를 의미한다.

그리고 이러한 행위는 가맹사업법 제9조 제1항에 따른 정보제공의무 내지 고지의무를 위반한 것으로서, 가맹본부는 가맹희망자에 대하여 가맹사업법 제37조 제3항, 독점규제 및 공정거래에 관한 법률 제56조 제1항에 의한 손해배상책임을 부담한다.

나. 원심은 그 판시와 같은 사정을 인정한 다음, 학원의 설립·운영 및 과외교습에 관한 법률(이하 '학원법'이라고 한다)상 등록절차 없이 평생교육시설로 신고하는 등의 방법으로 개설된 유아 대상 교육기관들은 2007. 3. 23. 개정된 학원법 시행령에 의하여 소정의 유예기간이 경과한 후에는 학원으로 등록하여 운영하여야 함에도 불구하고 피고(반소원고, 이하 '피고'라고 한다)들은 유아 대상 교육기관인 이 사건 교육원을 평생교육원으로 신고하고 원고(반소피고, 이하 '원고'라고 한다)들로 하여금 수익사업을 하지 않는 비영리법인에 대한 고유번호증 또는 면세법인사업자에 대한 사업자등록증을 받아 이 사건 교육원을 운영하게 한다는 사정 및 이러한 운영방식은 현행 관련 법령 및 교육청 방침에 위배되는 것이어서 발각될 경우 행정적 제재나 형사처벌을 받을 수 있다는 사정 등을 고의로 고지하지 아니하였고, 이로써 원고들은 이 사건 교육원이 적법하게 운영될 것이라고 믿고 이 사건 가맹계약을 체결하였다고 판단하면서, 그 판시와 같이 피고들에 대하여 손해배상책임을 인정하였다.

다. 앞서 본 법리에 비추어 기록을 살펴보면, 원심의 위와 같은 판단은 정당하고, 거기에 상고이유 주장과 같이 논리와 경험의 법칙에 반하여 사실을 인정하거나 가맹사업법 제9조 제1항에서의 '중요사항의 누락', 학원법에서의 '학원' 등의 의미에 관한 법리를 오해한 잘못이 없다.

2. 상고이유 제3점에 관하여

불법행위로 인한 손해배상사건에서 피해자에게 손해의 발생이나 확대에 관하여 과실이 있거나 가해자의 책임을 제한할 사유가 있는 경우에는 배상책임의 범위를 정할 때 당연히 이를 참작하여야 할 것이나, 과실상계 또는 책임제한사유에 관한 사실인정이나 그 비율을 정하는 것은 그것이 형평의 원칙에 비추어 현저히 불합리하다고 인정되지 아니하는 한 사실심의 전권사항에 속한다(대법원 2012. 10. 11. 선고 2010다42532 판결 등 참조).

원심판결 이유를 위 법리와 기록에 비추어 살펴보면, 원심이 그 판시와 같은 사정을 들어 원고들 손해의 발생이나 그 확대에 원고들의 과실도 어느 정도 인정된다는 등의 이유로 피고들의 원고들에 대한 손해배상책임을 70%로 제한한 것은 정당하고, 거기에 상고이유 주장과 같이 과실상계 참작사유 등에 관한 법리를 오해한 잘못이 없다.

3. 결론

그러므로 상고를 모두 기각하고 상고비용은 패소자들이 부담하도록 하여, 관여 대법관의 일치된 의견으로 주문과 같이 판결한다.

Ⅴ. 허위·과장의 정보제공행위 등의 유형

법 제9조 제1항 제1호에 따른 허위·과장의 정보제공행위의 유형은 다음 각 호와 같다(시행령 제8조 제1항).

1. 객관적인 근거 없이 가맹희망자의 예상수익상황을 과장하여 제공하거나 사실과 다르게 가맹본부가 최저수익 등을 보장하는 것처럼 정보를 제공하는 행위
2. 가맹희망자의 점포 예정지 상권의 분석 등과 관련하여 사실 여부가 확인되지 아니한 정보를 제공하는 행위
3. 가맹본부가 취득하지 아니한 지식재산권을 취득한 것처럼 정보를 제공하는 행위
4. 제1호부터 제3호까지의 규정에 따른 행위에 준하여 사실과 다르게 또는 사실을 부풀려 정보를 제공하는 행위로서 공정거래위원회가 정하여 고시하는 행위

Ⅵ. 기만적인 정보제공행위의 유형

법 제9조 제1항 제2호에 따른 기만적인 정보제공행위의 유형은 다음 각 호와 같다(시행령 제8조 제2항).

20) 대법원 2015.4.9. 선고 2014다84824,84831 판결

1. 중요사항을 적지 아니한 정보공개서를 가맹희망자에게 제공하는 행위
2. 가맹본부가 가맹점사업자에게 지원하는 금전, 상품 또는 용역 등이 일정 요건이 충족되는 경우에만 지원됨에도 불구하고 해당 요건을 제시하지 아니하면서 모든 경우에 지원되는 것처럼 정보를 제공하는 행위
3. 제1호 또는 제2호에 따른 행위에 준하여 계약의 체결·유지에 중대한 영향을 미치는 사실을 은폐하거나 축소하는 방법으로 정보를 제공하는 행위로서 공정거래위원회가 정하여 고시하는 행위

Ⅶ. 예상수익상황에 대한 정보제공

법 제9조 제4항에서 "대통령령으로 정하는 자료"란 다음 각 호의 자료를 말한다(시행령 제9조 제1항).

1. 현재수익 또는 예상수익의 산출에 사용된 사실적인 근거와 예측에 관한 자료
2. 현재수익 또는 예상수익의 산출근거가 되는 가맹사업의 점포(직영점과 가맹점을 포함한다. 이하 같다)의 수와 그 비율
3. 최근의 일정기간 동안에 가맹본부나 가맹중개인이 표시 또는 설명하는 현재수익 또는 예상수익과 같은 수준의 수익을 올리는 가맹점사업자의 수와 그 비율(이 경우 최근의 일정기간에 대하여 시작하는 날짜와 끝나는 날짜를 표시하여야 한다)

공정거래위원회는 제1항의 규정에 의한 자료에 대하여 업종별·업태별 또는 용도별로 세부적인 사항을 정하여 고시할 수 있다(시행령 제9조 제2항).

Ⅷ. 예상매출액의 범위

법 제9조 제5항 각 호 외의 부분에서 "대통령령으로 정하는 예상매출액의 범위"란 가맹희망자의 점포 예정지에서 영업개시일부터 1년 간 발생할 것으로 예상되는 매출액의 최저액과 최고액으로 획정된 범위를 말한다. 이 경우 그 매출액의 최고액은 그 매출액의 최저액의 1.7배를 초과해서는 아니 된다

(시행령 제9조 제3항).

제3항에도 불구하고 가맹희망자의 점포 예정지가 속한 해당 특별시 · 광역시 · 특별자치시 · 도 · 특별자치도에 해당 가맹본부의 가맹점(직전 사업연도의 영업기간이 6개월 이상인 가맹점으로 한정한다. 이하 이 항에서 같다)이 5개 이상 있는 경우에는 그 점포 예정지에서 가장 인접한 가맹점 5개 중 별표 1의3에 따른 직전 사업연도 매출환산액이 가장 작은 가맹점과 가장 큰 가맹점을 제외한 나머지 3개 가맹점의 같은 표에 따른 직전 사업연도 매출환산액 중 최저액과 최고액으로 획정된 범위로 제3항에 따른 범위를 갈음할 수 있다(시행령 제9조 제4항).

[별표 1의3] 〈신설 2014.2.11〉

직전 사업연도 매출환산액의 계산방법(제9조제4항 관련)

1. 직전 사업연도의 영업기간이 1년인 가맹점의 경우

$$\text{직전 사업연도 매출환산액} = \frac{\text{직전 사업연도에 발생한 매출액(원)}}{\text{매장면적}(\mathrm{m}^2)}$$

2. 직전 사업연도의 영업기간이 6개월 이상 1년 미만인 가맹점의 경우

$$\text{직전 사업연도 매출환산액} = \frac{\text{직전 사업년도에 발생한 매출액(원)}}{\text{매장면적}(\mathrm{m}^2)} \times \frac{365}{\text{직전 사업년도 영업일수}}$$

Ⅸ. 계약체결 시의 체크리스트

가맹희망자는 정보공개서를 검토한 이후 해당 가맹본부와 가맹계약을 체결하기로 결정하였다면 다음과 같은 사항을 주의하여 계약을 진행할 필요가 있다.

1. 가맹본부로부터 정보공개서를 14일 전 (가맹거래사, 변호사 등의 자문을 받은 경우에는 7일)에 제공받았는가

- 가맹본부가 정보공개서 숙고기간을 거치지 아니하고 가맹계약을 체결하자고 요구하는 경우에는 가맹사업법 위반에 해당한다.
- 가맹본부가 정보공개서 숙고기간을 준수하지 않았으면서도 이를 준수한 것으로 확인서에 서명·날인을 요구하는 경우가 있으므로 주의하시기 바란다.

2. 인근가맹점 현황문서를 제공하였는가

- 가맹희망자는 인근가맹점 10곳의 현황문서를 제공받아 해당 가맹점사업자(가맹점주)에게 가맹본부가 약속한 내용대로 경영·지원이 이루어지고 있는지, 불공정한 거래는 없는지 직접 확인하고 의견을 청취하는 것이 바람직하다.

3. 예상매출액 등을 제시할 때 "서면"으로 하였는가

- 가맹본부가 가맹희망자의 예상매출액·수익·매출총이익·순이익 등 장래의 예상수익상황에 관한 정보를 제공하는 경우에는 반드시 "서면"으로 제공하여야 하므로, 가맹본부측에서 구두로 예상수익상황을 제시하는 경우에는 서면으로 제공할 것을 요구할 필요가 있다.
- 특히 구두로 예상수익상황에 대한 정보를 고지하고 "서면"으로 제공하기를 거부하는 경우에는 가맹본부에서 제시하는 정보의 신빙성을 의심해 볼 수 있다.

> 가맹사업법 제9조 제4항
> 정보의 산출근거가 되는 자료로서 대통령령으로 정하는 자료를 가맹본부의 사무소에 비치하여야 하며, 영업시간 중에 언제든지 가맹희망자나 가맹점사업자의 요구가 있는 경우 그 자료를 열람할 수 있도록 하여야 한다.

4. 계약서를 사전에 제공하였는가

- 가맹계약서는 적어도 계약체결일 또는 가맹금 최초 수령일 중 빠른 날 전에 제공받아야 한다.

5. 계약서에 19가지의 필수기재사항이 모두 포함되었는가

- 가맹사업법 및 이의 시행령에서 규정하는 가맹계약서의 필수기재사항은 가맹점사업자의 권리의무에 영향을 미칠 내용을 포함하고 있으므로 가맹사업 영위에 중요한 내용에 해당 한다.
- 계약서에 필수기재사항이 모두 포함되지 않은 경우, 가맹본부는 공정거래위원회로부터 과징금, 시정명령 등의 처분을 받을 수는 있으나, 계약 자체는 일단 유효한 것으로 보기 때문에 계약체결 전에 필수기재사항이 계약서에 모두 포함되었는지를 꼼꼼히 확인할 필요가 있다.

가맹계약서 필수기재사항

1. 영업표지의 사용권 부여에 관한 사항
2. 가맹점사업자의 영업활동 조건에 관한 사항
3. 가맹점사업자에 대한 교육 · 훈련, 경영지도에 관한 사항
4. 가맹금 등의 지급에 관한 사항
5. 영업지역의 설정에 관한 사항
6. 계약기간에 관한 사항
7. 영업의 양도에 관한 사항
8. 계약해지의 사유에 관한 사항
9. 가맹희망자 또는 가맹점사업자가 가맹계약을 체결한 날부터 2개월(가맹점사업자가 2개월 이전에 가맹사업을 개시하는 경우에는 가맹사업개시일)까지의 기간 동안 예치가맹금을 예치기관에 예치하여야 한다는 사항(가맹본부가 가맹점사업자피해보상보험계약 등을 체결한 경우에는 그에 관한 사항)
10. 가맹희망자가 정보공개서에 대하여 변호사 또는 제27조에 따른 가맹거래사의 자문을 받은 경우 이에 관한 사항
11. 가맹금 등 금전의 반환조건에 관한 사항
12. 가맹점사업자의 영업설비 · 집기 등의 설치와 유지 · 보수 및 그 비

용의 부담에 관한 사항
13. 가맹계약의 종료 및 해지에 따른 조치 사항
14. 가맹본부가 가맹계약의 갱신을 거절할 수 있는 정당한 사유에 관한 사항
15. 가맹본부의 영업비밀에 관한 사항
16. 가맹계약 위반으로 인한 손해배상에 관한 사항
17. 가맹본부와 가맹점사업자 사이의 분쟁해결절차에 관한 사항
18. 가맹본부가 다른 사업자에게 가맹사업을 양도하는 경우에는 종전 가맹점사업자와의 계약에 관한 사항
19. 가맹본부의 지식재산권 유효기간 만료 시 조치에 관한 사항

6. 해당 브랜드가 실제 등록된 상표인가

- 상표검색사이트("http://www.kipris.or.kr")에서 한번 더 확인해 보는 것이 좋다.
- 영업표지의 상표권자(또는 서비스표권자)가 해당 법인인지 또는 제3자인지를 파악할 필요가 있다.
- 영업표지의 상표권자(또는 서비스표권자)가 해당 법인이 아닌 경우 가맹사업의 안정적인 경영이 어려울 수 있으니 주의해야 한다.[21)]

[상표검색사이트 http://www.kipris.or.kr]

- 객관적인 근거 없이 가맹희망자의 예상수익상황을 과장하여 제공하거나 사실과 다르게 가맹본부가 최저수익 등을 보장하는 것처럼 정보를 제공하는 행위 가맹희망자의 점포 예정지 상권의 분석 등과 관련하여 사실 여부가 확인되지 아니한 정보를 제공하는 행위
- 가맹본부가 취득하지 아니한 지식재산권을 취득한 것처럼 정보를 제공하는 행위

21) 프랜차이즈 불공정피해 상담사례집, 서울시, 2015.12, 52-55 인용.

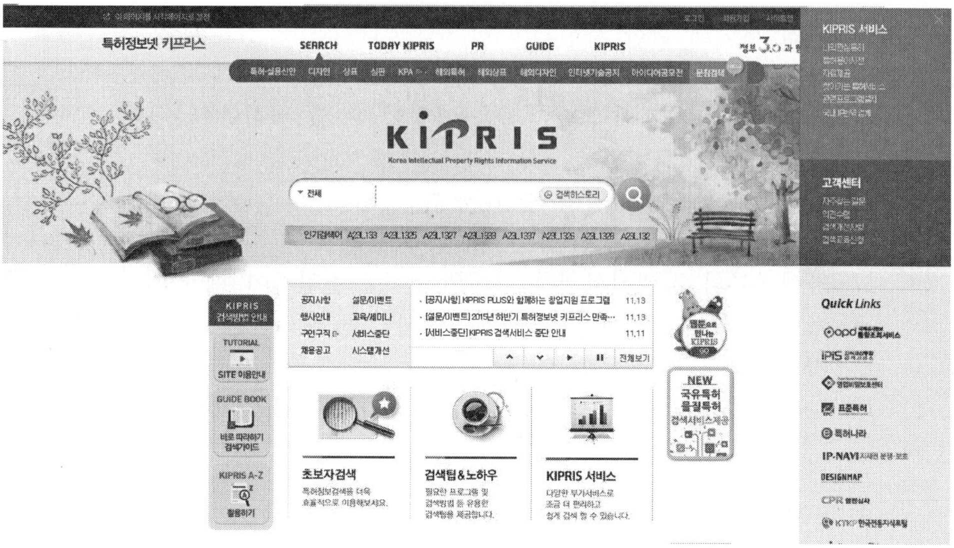

판례[22]

허위·과장된 정보제공 등의 금지(제9조)

□ 원고가 제공한 장래수익에 관한 정보는 장래수익 예측의 합리성, 적정성, 그 설명 내용의 정확성 등 여러 면에서 객관적으로 적절하지 않다고 인정되므로 허위 또는 과장된 정보라고 할 수 있고, 가맹점 수 또한 사실과 현저히 차이가 나는 허위의 정보임이 명백함.

• 원고는 가맹희망자들에게, 사업설명회에서 카탈로그 등으로 장래의 수익에 관하여 '가맹점 운영 시 소득은 학원·일반·교회형 분원으로 PC 5대로 6시간을 운영하여 30명을 모집할 경우 월 순수익 770만원 등'이라는 정보를 제공하였고, 홈페이지를 통해 기존 개맹점 수에 관하여 '2010년 6월 현재 전국 650개 가맹점 성업 중'이라는 정보를 제공함. 그러나 원고가 제공한 위 장래수익에 관한 정보는 가맹점사업자의 실제 평균 순수익, 통계자료 등 객관적 근거에 바탕을 둔 것이 아니라 막연한 추정을 근거로 한 것이었을 뿐만 아니라, 위와 같이 순수익을 계산할 때 인테리어 비용, PC 및 집기류 구입비 등 상당한 비용이 누락되었고, 원고의 가맹점사업자 중 영업상황이 양호한 괴정분원의 경우 월 평균 순수익이 평균 150~200만원 정도에 그치는 등 다른 가맹점사업자들의 실제 월 평균 순수익은 위 정보에 현저히 미치지 못하였으며, 원고의 가맹점 수는 2010년 말

기준 44개에 불과함. 위 사실관계에 의하면, 원고가 제공한 장래수익에 관한 정보는 장래수익 예측의 합리성, 적정성, 그 설명 내용의 정확성 등 여러 면에서 객관적으로 적절하지 않다고 인정되므로 허위 또는 과장된 정보라고 할 수 있고, 가맹점 수 또한 사실과 현저히 차이가 나는 허위의 정보임이 명백함(따라서 가맹희망자에게 허위 또는 과장된 정보를 제공하여 가맹사업법 제9조 제1항을 위반하였음을 이유로 한 시정명령은 위법하지 않음).

판례[23)]

□ 원고가 가맹희망자에게 객관성이 없는 '예상매출액 대비 추정이익' 자료[24)]를 기초로 예상매출액에 대하여 설명한 행위는 가맹본부로서 가맹희망자에게 허위·과장된 예상매출액 정보를 제공한 행위임

• ① 원고는 이 사건 가망계약 체결 전 가맹희망자에게 씨엔씨(점포창업 등 컨설팅업체)를 통해서나 원고 대표이사 스스로가 원고의 직원이 작성한 '예상매출대비 추정이익' 자료를 기초로 예상매출액에 대하여 설명하였는 바, 이에 의하면 원고는 가맹사업법 제9조 제1항의 가맹희망자에게 정보를 제공하였다고 충분히 인정할 수 있는 점, ② 원고가 이 사건 예상매출액 내역을 작성하면서 객관적 근거로 삼았다는 탐앤탐스 가맹점의 경우 2009년 당시 가맹점 수가 117개에 이르러 가맹점 수가 4개에 불과한 원고와 브랜드 인지도, 사업기간, 전체 매출액 등에 있어 큰 차이가 있어 적절한 비교대상이라고 보기 어렵고, 그 외에 이 사건 예상매출액 내역이 객관적인 근거자료를 바탕으로 작성되었다고 인정할 만한 아무런 증거가 없으며, 원고가 이 사건 예상매출액이 이와 같이 산정된 사실을 가맹희망자에게 설명한 것으로도 보이지 아니한 점, ③ 오히려 원고의 2010년도 전체 가맹점의 매출자료에 의하면 이 사건 가맹계약이 체결될 무렵인 2010년 1월, 2월 평균매출액이 각 4,300만원에서 4,100만원에 불과하여 원고가 가맹희망자에게 제시한 월 매출액 6,000만원에서 1억원과는 상당한 차이가 있고, 가맹희망자가 이 사건 가맹점을 운영하는 기간 동안의 실제 매출액은 월 평균 3,600만원에 매월 평균 약 1,000만원 이상의 손실이 발생하여 위 예상매출액과는 매우 큰 차이가 있는 점, ④ 2010년 6월경 가

22) 하이쿨 외 1의 가맹사업법 위반행위 건, 서울고법 2012.8.28. 선고 2012누8764판결
23) 커핀그루나루의 가맹사업법 위반행위 건, 서울고법 2014.6.26. 선고 2013누32719판결

맹희망자가 이 사건 가맹점 영업을 시작한 때부터 이 사건 가맹점의 월 매출은 위와 같은 수준이었고, 그 손실도 상당한 액수였는데, 그와 같은 현상은 2012년 5월경까지 계속하여 비슷하게 이어진 점에 비추어 볼 때 단지 원고가 당시 인근 커피매장들의 증가와 경기불황에 기인한 매출감소를 예측할 수 없었기 때문에 위와 같은 정보를 가맹희망자에게 제공한 것이라고도 보기도 어려운 점, ⑤ 또한 원고는 가맹희망자에게 이 사건 가맹계약을 체결하면서 가맹본부가 가맹희망자에게 의무적으로 제공하도록 하고 있는 가맹본부의 일반현황 및 매출에 관한 사항 등을 포함한 정보공개서를 제공하지 아니하였는 바, 가맹희망자로서는 원고가 제공한 이 사건 예상매출액 내역에 의존할 수밖에 없었을 것으로 보이므로 원고가 이메일과 이 사건 예상매출액 내역 자료에 "추정이익"이라는 사실을 기재하였다는 사실만으로 허위·과장된 정보가 아니라고 할 수 없는 점, ⑥ 2013년 8월 13일 개정된 가맹사업법 및 2014년 2월 11일 개정된 같은 법 시행령에 따라 예상매출액의 범위 및 산출근거를 반드시 가맹희망자에게 제시하여야 하는 가맹본부는 가맹사업자의 수가 100개 이상이어야 하고, 이는 원고가 인정하고 있는 바와 같이 가맹사업자가 100개 이상 되어야 지역별로 객관적인 데이터 표본을 수집할 수 있고 이에 기반하여 시행령에 서 제시하는 기준에 부합하는 객관성을 담보할 수 있게 되기 때문인 것으로 보이는데, 이러한 원고 스스로의 주장에 비추어 보더라도 2009년 당시 가맹점 수가 4개에 불과한 등으로 위 기준에 턱없이 부족했던 원고가 원고의 주장과 같이 2010년에 이 사건 가맹점에서 가까운 5곳을 기준으로 예상매출액의 범위를 산정한다는 것은 그 객관성을 인정하기 어려운 점 등을 종합하여 보면, 원고는 가맹본부로서 가맹희망자에게 허위·과장된 예상매출액 정보를 제공하였다고 판단됨.

24) 가맹희망자가 개설하려는 원고의 가맹점 인근에 있는 탐앤탐스 가맹점의 매출액을 기초로 산정

제 16 절 가맹금의 반환

Ⅰ. 가맹금의 반환

가맹본부는 다음 각 호의 어느 하나에 해당하는 경우에는 가맹희망자나 가맹점사업자가 대통령령으로 정하는 사항이 적힌 서면으로 요구하는 날부터 1개월 이내에 가맹금을 반환하여야 한다(법 제10조 제1항).

1. 가맹본부가 제7조제3항을 위반한 경우로서 가맹희망자 또는 가맹점사업자가 가맹계약 체결 전 또는 가맹계약의 체결일부터 4개월 이내에 가맹금의 반환을 요구하는 경우
2. 가맹본부가 제9조제1항을 위반한 경우로서 가맹희망자가 가맹계약 체결 전에 가맹금의 반환을 요구하는 경우
3. 가맹본부가 제9조제1항을 위반한 경우로서 허위 또는 과장된 정보나 중요사항의 누락된 내용이 계약 체결에 중대한 영향을 준 것으로 인정되어 가맹점사업자가 가맹계약의 체결일부터 4개월 이내에 가맹금의 반환을 요구하는 경우
4. 가맹본부가 정당한 사유 없이 가맹사업을 일방적으로 중단하고 가맹점사업자가 대통령령으로 정하는 가맹사업의 중단일부터 4개월 이내에 가맹금의 반환을 요구하는 경우

Ⅱ. 가맹금 산정 시 고려사항

제1항의 규정에 의하여 반환하는 가맹금의 금액을 정함에 있어서는 가맹계약의 체결경위, 금전이나 그 밖에 지급된 대가의 성격, 가맹계약기간, 계약이행기간, 가맹사업당사자의 귀책정도 등을 고려하여야 한다(법 제10조 제2항).

Ⅲ. 가맹금 반환 요구

법 제10조 제1항에 따라 가맹금의 반환을 요구하고자 하는 가맹점사업자 또는 가맹희망자는 다음 각 호의 사항이 기재된 서면으로 요구하여야 한다(시행령 제10조 제1항).

> 1. 가맹금의 반환을 요구하는 가맹점사업자 또는 가맹희망자의 주소·성명
> 2. 가맹본부가 허위 또는 과장된 정보를 제공하거나 중요사항을 누락한 사실
> 3. 가맹본부가 허위 또는 과장된 정보를 제공하거나 중요사항을 누락하여 계약체결에 중대한 영향을 준 것으로 인정되는 사실
> 4. 가맹본부가 정당한 이유없이 가맹사업을 일방적으로 중단한 사실과 그 일자
> 5. 반환대상이 되는 가맹금의 금액
> 6. 가맹본부가 정보공개서를 제공하지 아니한 사실 또는 정보공개서를 제공한 날부터 14일(가맹희망자가 정보공개서에 대하여 변호사 또는 법 제27조에 따른 가맹거래사의 자문을 받은 경우에는 7일)이 지나지 아니한 상태에서 가맹희망자로부터 가맹금을 수령하거나 가맹희망자와 가맹계약을 체결한 사실과 그 날짜

Ⅳ. 가맹사업의 중단일

법 제10조 제1항 제4호에서 "대통령령으로 정하는 가맹사업의 중단일"이란 다음 각 호의 어느 하나에 해당하는 날을 말한다(시행령 제11조).

> 1. 가맹본부가 가맹점사업자에게 가맹사업의 중단일을 통지하는 경우에는 그 통지가 가맹점사업자에게 도달된 날
> 2. 가맹본부가 가맹점사업자에게 미리 통지함이 없이 가맹사업을 영위하는데 중대한 영향을 미치는 부동산·용역·설비·상품 등의 거래를 10일 이상 중단하고 가맹점사업자가 서면으로 거래재개일을 정하여 거래재개를 요청하였음에도 불구하고 가맹본부가 이에 응하지 아니한 경우에는 위 서면으로 정한 거래재개일

판례[25)]

가맹금의 반환(제10조)

□ 가맹비, 교육지원비는 가맹금에 해당한다고 볼 수 있고, 물품비나 ID사용료는 원고에 귀속되지 않은 부분을 제외한 한도 내에서 가맹금에 해당한다고 볼 수 있음에도, 가맹점 개설대가 전액을 가맹금이라고 보고 그 반환을 명한 부분은 가맹금에 관하여 사실을 오인하여 재량권을 일탈·남용한 것으로서 위법함

- 가맹사업법 제33조 제1항은 '공정거래위원회는 가맹사업법 제 10조 제1항의 가맹금반환의무를 위반한 가맹본부로 하여금 가맹사업자에게 가맹금의 반환을 명할 수 있다'라고 규정하고 있고, 제10조 제1항은 '가맹본부가 정보공개서 제공의무를 위반하였거나 허위 또는 과장된 정보를 제공하여 그 정보가 계약 체결에 중대한 영향을 주었을 경우에는 가맹점사업자는 가맹계약의 체결일부터 2개월 이내에 대통령령으로 정하는 사항이 적힌 서면으로 가맹금의 반환을 요구할 수 있고 가맹본부는 그 때로부터 1개월 이내에 가맹금을 반환하여야 한다'고 규정하고 있으며 제10조 제2항은 '제1항의 규정에 의하여 반환하는 가맹금의 금액을 결정할 때는, 가맹계약의 체결경위, 금전이나 그 밖에 지급된 대가의 성격, 가맹계약기간, 계약이행기간, 가맹사업당사자의 귀책 정도 등을 고려하여야 한다'고 규정하고 있음. 위 가맹사업법 및 동법 시행령의 규정에 비추어 볼 때, 가맹금 반환명령을 할지는 피고의 재량이라고 볼 수 있으나, 반환명령의 대상은 '가맹금'이어야 할 뿐만 아니라, 위 제10조 제2항의 사항을 고려한 금액이어야 함. 원고가 정보공개서 제공의무를 위반하였고, 원고가 제공한 허위 또는 과장된 정보가 계약체결시 중요하게 고려되는 요소인 가맹점의 장래수익과 기존 가맹점 수이므로 그 정보가 계약체결에 중대한 영향을 주었다고 볼 수 있을 뿐만 아니라, 가맹사업자가 가맹계약의 체결일로부터 2개월 이내에 가맹사업법 시행령 제10조의 사항을 적은 서면으로 가맹금의 반환을 요구하였으므로 원고는 가맹사업자에게 가맹금을 반환할 의무가 있음.
- 가맹사업법 제2조 제6호, 동법 시행령 제3조 제1항의 규정에 비추어 볼 때, 원고가 받은 가맹점 개설대가 1,110만원 중 가맹비, 교육지원비는 가맹금에 해당한다고 볼 수 있고, 물품비(홍보전단지·현수막·포스터·명함 등 개원준비물에 대한 대가)나 ID사용료(온라인 콘텐츠 사용권에 대

한 대가)는 원고에게 귀속되지 않은 부분을 제외한 한도 내에서 가맹금에 해당한다고 볼 수 있음. 그럼에도 원고가 가맹사업자로부터 받은 개설대가 1,100만원 전부를 가맹금이라고 보고 그 반환을 명한 부분은 가맹금에 관하여 사실을 오인하여 재량권을 일탈·남용한 것으로 위법함. 또한 가맹사업법 제10조 제2항에 따라 '반환할 가맹금'의 금액을 정할 때, 가맹사업자가 가맹점을 2010년 12월 7일경 개원하여 적어도 원고에게 가맹금의 반환을 요구하는 내용증명 우편을 보낸 무렵까지는 운영하였으므로 이러한 사정을 고려해야 함에도 전혀 고려하지 않은 채 반환명령을 한 것도 재량권을 일탈·남용한 것으로 위법함.

제 17 절 가맹계약서의 기재사항 등

Ⅰ. 가맹계약서 제공 의무

가맹본부는 가맹희망자가 가맹계약의 내용을 미리 이해할 수 있도록 제2항 각 호의 사항이 적힌 문서를 다음 각 호의 날 중 빠른 날 전에 가맹희망자에게 제공하여야 한다(법 제11조 제1항).

1. 가맹계약의 체결일
2. 가맹금의 최초 수령일(가맹희망자가 예치기관에 예치가맹금을 예치하는 경우에는 최초로 예치한 날로 한다. 다만, 가맹희망자가 최초로 가맹금을 예치하기로 가맹본부와 합의한 날이 있는 경우에는 그 날로 한다)

25) 하이쿨 외1의 가맹사업법 위반행위건, 서울고법 2012.8.28 선고 2012누8764 판결

Ⅱ. 가맹계약서의 기재사항

가맹계약서는 다음 각 호의 사항을 포함하여야 한다(법 제11조 제2항).

1. 영업표지의 사용권 부여에 관한 사항
2. 가맹점사업자의 영업활동 조건에 관한 사항
3. 가맹점사업자에 대한 교육 · 훈련, 경영지도에 관한 사항
4. 가맹금 등의 지급에 관한 사항
5. 영업지역의 설정에 관한 사항
6. 계약기간에 관한 사항
7. 영업의 양도에 관한 사항
8. 계약해지의 사유에 관한 사항
9. 가맹희망자 또는 가맹점사업자가 가맹계약을 체결한 날부터 2개월(가맹점사업자가 2개월 이전에 가맹사업을 개시하는 경우에는 가맹사업개시일)까지의 기간 동안 예치가맹금을 예치기관에 예치하여야 한다는 사항. 다만, 가맹본부가 제15조의2에 따른 가맹점사업자피해보상보험계약 등을 체결한 경우에는 그에 관한 사항으로 한다.
10. 가맹희망자가 정보공개서에 대하여 변호사 또는 제27조에 따른 가맹거래사의 자문을 받은 경우 이에 관한 사항
11. 그 밖에 가맹사업당사자의 권리 · 의무에 관한 사항으로서 대통령령이 정하는 사항

Ⅲ. 가맹계약서의 보관의무

가맹본부는 가맹계약서를 가맹사업의 거래가 종료된 날부터 3년 간 보관하여야 한다(법 제11조 제3항).

Ⅳ. 표준 가맹계약서의 권장

공정거래위원회는 가맹본부에게 건전한 가맹사업거래질서를 확립하고 불

공정한 내용의 가맹계약이 통용되는 것을 방지하기 위하여 일정한 가맹사업거래에서 표준이 되는 가맹계약서의 작성 및 사용을 권장할 수 있다(법 제11조 제4항).

판례[26]

【판시사항】

가맹본부가 기업집단의 계열 분리로 인하여 기존의 편의점 영업표지를 일방적으로 변경한 후 변경된 영업표지를 위주로 편의점 가맹사업을 운영하는 것은 위 영업표지의 변경에 동의하지 않고 기존의 영업표지를 그대로 사용하고 있는 가맹점사업자에 대하여 가맹계약의 해지사유인 중대한 불신행위에 해당한다고 본 사례

【참조조문】

가맹사업거래의 공정화에 관한 법률 제11조 제2항 제8호, 민법 제105조

【주 문】

상고를 기각한다. 상고비용은 피고가 부담한다.

【이 유】

상고이유를 판단한다.

1. 상고이유 제1점에 대하여

   원심판결 이유에 의하면, 원심은 그 판시와 같은 사실을 인정한 다음, 이 사건 가맹계약의 목적은 피고가 독자적으로 개발한 상표권과 엘지유통의 경영노하우인 'LG25 시스템', 'LG25 이미지'를 기초로 'LG25점'을 개설·운영하고, 상호 협력하여 사업의 번영을 함께 실현하는 것인데, 'LG25'라는 영업표지의 인지도 등에 비추어 볼 때 'LG25'라는 영업표지는 이 사건 가맹계약의 가장 중요한 사항이고, 피고가 영업표지를 'LG25'에서 'GS25'로 변경하는 것은 원고가 운영하는 편의점에 대한 소비자들의 인지도나 식별가능성 등에 영향을 미칠 수 있는 중요한 요소이므로, 피고가 'LG 그룹'의 분리 당시 'GS홀딩스 그룹'에 속하게 됨에 따라 일방적으로 영업표지를 'LG25'에서 'GS25'로 변경한 후 'GS25'라는 영업표지를 위주로 편의점 가맹사업을 운영하는 것은 위 영업표지의 변경에 동의하지 않고 'LG25'라는 영업표지를 그대로 사용하고 있는 원고에 대하여 이 사건 가맹계약 제41조 제2항 제2호에서 정한 '고의, 악의, 기만 기타 중대한 과실

로써 어느 일방만의 이익을 위하여 이 계약의 목적에 위배되는 중대한 불신행위'에 해당하고, 기존의 'LG 그룹'에서 분리된 'GS홀딩스 그룹'이 전문화·전업화를 통한 경영의 집중 및 효율화로 사업 경쟁력 강화를 표방하였다거나, 피고가 위와 같은 영업표지 변경에 동의하지 아니하는 가맹점사업자들에 대하여 기존 영업표지인 'LG25'를 사용하도록 허용하고 있다거나, 피고의 홍보에 따라 일반인들 대부분이 편의점 영업표지인 'LG25'가 'GS25'로 변경되었다는 사정을 쉽게 인식할 수 있는 상황이고, 위와 같은 영업표지 변경으로 인하여 'LG25'를 영업표지로 사용하고 있는 편의점의 매출이 감소되었다는 객관적인 자료가 없다는 사정만으로 이와 달리 볼 것은 아니라고 판단하였다.

기록에 비추어 살펴보면 위와 같은 원심의 사실인정 및 판단은 정당한 것으로 수긍할 수 있고, 거기에 피고가 상고이유로 주장하는 바와 같은 계약해지권 및 위약금채권의 발생에 관한 법리오해 등의 위법이 없다.

2. 상고이유 제2점에 대하여

신의성실의 원칙은 법률관계의 당사자는 상대방의 이익을 배려하여 형평에 어긋나거나 신뢰를 저버리는 내용 또는 방법으로 권리를 행사하거나 의무를 이행하여서는 안 된다는 추상적 규범을 말하는 것으로서, 신의성실의 원칙에 위배된다는 이유로 그 권리행사를 부정하기 위하여는 상대방에게 신의를 공여하였거나 객관적으로 보아 상대방이 신의를 가짐이 정당한 상태에 이르러야 하고 이와 같은 상대방의 신의에 반하여 권리를 행사하는 것이 정의관념에 비추어 용인될 수 없는 정도의 상태에 이르러야 하는 것이다(대법원 1991.12.10. 선고 91다3802 판결, 대법원 2007.5.10. 선고 2005다4291 판결 등 참조).

위 법리와 기록에 비추어 살펴보면, 피고의 주장과 같이 기존 가맹점사업자 중 96%가 피고의 영업표지 변경에 동의하는 상황에서 원고가 이에 동의하지 않고 이 사건 가맹계약에 따라 'LG25' 영업표지를 계속 사용하고 있는 상태에서 이 사건 가맹계약의 해지를 주장하는 것이 오로지 위약금을 받을 목적으로 한 비진의 의사표시라거나 신의칙에 위배되는 것이라고 볼 수는 없으므로, 같은 취지에서 이 부분 피고의 주장을 배척한 원심의 조치는 정당한 것으로 수긍할 수 있고, 거기에 피고가 상고이유로 주장하는 바와 같은 신의칙 등에 대한 법리오해 등의 위법이 없다.

3. 상고이유 제3점에 대하여

손해배상 예정액이 부당하게 과다한 경우라고 함은 채권자와 채무자의 각 지위, 계약의 목적 및 내용, 손해배상액을 예정한 동기, 채무액에 대한 예정액의 비율, 예상 손해액의 크기, 그 당시의 거래관행 등 모든 사정을 참작하여 일반 사회관념에 비추어 그 예정액의 지급이 채무자에게 부당한 압박을 가하여 공정성을 잃는 결과를 초래한다고 인정되는 경우를 뜻하는 것으로 보아야 하고, 한편 위 규정의 적용에 따라 손해배상의 예정액이 부당하게 과다한지 및 그에 대한 적당한 감액의 범위를 판단하는 데 있어서는 법원이 구체적으로 그 판단을 하는 때 즉, 사실심의 변론종결 당시를 기준으로 하여 그 사이에 발생한 위와 같은 모든 사정을 종합적으로 고려하여야 한다(대법원 1999.4.23. 선고 98다45546 판결, 대법원 2002.12.24. 선고 2000다54536 판결 등 참조).

위 법리와 기록에 비추어 살펴보면, 원심이 가맹계약기간과 경과기간, 피고의 영업표지 변경에 대한 홍보, 이로 인한 매출감소의 증거가 없는 점 등 변론에 나타난 제반 사정을 참작하여 이 사건 가맹계약에 의해 산정된 위약금 중 일부를 감액한 조치는 정당한 것으로 수긍할 수 있고, 그 감액의 정도가 과소하여 형평의 원칙에 어긋난다고 볼 수 없으며, 거기에 위약금 산정에 있어서의 법리오해 등의 위법이 없다.

4. 결 론

그러므로 상고를 기각하고, 상고비용은 패소자가 부담하는 것으로 하여 관여 대법관의 일치된 의견으로 주문과 같이 판결한다.

판례27)

【판시사항】

가맹본부가 기업집단의 계열 분리로 인하여 기존의 편의점 영업표지를 변경하는 것에 대하여 가맹점사업주가 동의하였음에도 영업표지 변경작업에 협조하지 아니한 것은 가맹계약상 통일적 이미지 표출의무에 위배되는 것으로 중대한 불신행위에 해당한다고 본 사례

【참조조문】

가맹사업거래의 공정화에 관한 법률 제11조 제2항 제8호, 민법 제105조

26) 대법원 2008.11.13. 선고 2007다43580 판결

27) 대법원 2008.11.13. 선고 2008다6366,6373,6380 판결

【주 문】

원심판결의 원고(반소피고) 패소 부분 중 위약금 및 감가상각잔존가액에 관한 본소청구 부분과 피고(반소원고) 2, 4의 반소청구에 관한 부분을 파기하고, 이 부분 사건을 서울고등법원에 환송한다.

【이 유】

상고이유를 판단한다.

1. 원심판결 이유에 의하면, 원심은 그 채택 증거를 종합하여, 원고(반소피고, 이하 '원고'라고 한다)는 현재와 같이 상호를 변경하기 전 주식회사 엘지유통이라는 상호로 'LG25'라는 영업표지를 통하여 편의점 가맹사업을 영위하면서 피고(반소원고, 이하 '피고'라고 한다) 1, 2, 3, 4, 5, 6(이하 '이 사건 가맹자들'이라고 한다)과 각 가맹계약을 체결한 사실, 위 각 가맹계약은 가맹자들이 원고의 경영노하우인 'LG25 시스템'과 원고의 상표권 등으로 구성된 'LG25 이미지'를 기초로 'LG25점'을 개설·운영하기 위한 것으로서(제2조), LG25 이미지라 함은 원고가 독자적으로 개발한 상호·상표·마크 등 상업적 징표와 이를 바탕으로 한 점포구조·디자인(DESIGN)·배색·간판 등의 외관, 점내 레이아웃(LAYOUT)·진열방법·상품의 품질·선도 등의 양호한 관리 및 친절한 접객방법, 통일된 유니폼·청결 등 소비자에게 널리 인식되어져 있고 친숙해져 있는 LG25점의 독특한 이미지를 말하며(제5조 제3항), 가맹자들은 LG25 이미지가 LG25 점포 및 LG25 시스템에 대한 대외적인 신뢰와 지지를 뒷받침하는 기반이 되는 것으로서 LG25점의 모든 점포에서 통일적으로 표출되어져야만 한다는 점을 확인하고 이를 준수할 의무를 부담하고(제3조 제2항 제3호), 가맹자가 이에 대해 중대한 위반을 하여 원고가 10일 이상의 기간을 두고 문서로써 최고를 하였음에도 불구하고 그 기간이 경과된 후에도 그 위반사항을 시정하지 아니하거나 의무를 이행하지 않을 경우, 그 밖에 원고에 대하여 중대한 불신행위(고의·악의·기만 기타 중대한 과실로 가맹자만의 이익을 위하여 계약의 목적에 위배되는 행위를 말한다)가 있을 경우 원고는 계약을 해지할 수 있으며(제40조 제3항), 이 경우 가맹자는 원고에게 ① LG25점의 과거 1년 간(영업기간이 1년 미만인 경우에는 그 영업기간 중) 평균 월 매출총이익의 35%의 12개월분에 상당하는 금액을 위약금으로 지급하여야 하고, ② 부속명세서 Ⅱ의 (2)항에 기재된 본부 지원의 점포 내·외장공사 및 비품에 대하여 원고의 회계규정에 의거하여 산출된 감가상각잔존가액을 즉시 지급하며(제40조 제5항 및 별도의 합의서), 가맹자는 원고

의 설비를 철거하고, 또한 파손 부분은 수리하여 원고가 지정하는 장소에 반환하여야 하고, 이 경우 소요되는 일체의 비용을 부담하도록(제46조 제1항) 정한 사실, LG 그룹이 2004. 7. 1.경 기존의 LG 그룹을 LG 그룹과 GS홀딩스로 분할하기로 함에 따라 원고와 LG정유 등을 포함한 LG 그룹의 8개 계열사가 GS홀딩스의 계열사로 편입되게 되자, 원고는 상호를 주식회사 지에스리테일로 변경하고 2005. 3. 3. 그 변경등기를 마친 사실, 원고는 이 사건 가맹자들에게 기존의 영업표지인 'LG25'를 'GS25'로 변경하는 것에 대한 동의를 구하였고, 이에 이 사건 가맹자들은 2004. 12. 21.부터 2005. 2. 1.까지 사이에 기존의 가맹계약서 중 LG유통 상호 및 LG25 브랜드와 관련한 모든 사항(상호, 각종 마크, 의장, 저작물, 간판, 사인류 포장, 라벨 등)이 GS와 관련된 것으로 변경됨에 따라 원고가 이에 상응하는 조치를 함에 동의하며 세부적인 사항은 원고에게 위임하고(제1조), 위 대상물을 교체할 시기에 대하여는 상호 협의하되 원고가 정한 교체일정에 이의를 제기하지 않으며(제4조), 회사명, 브랜드명이 변경됨에 따라 기존 계약서를 수정하여야 하나 본 동의서로서 가맹계약서가 수정된 것으로 간주하고 그 외의 사항은 이미 체결된 가맹계약서에 따르기로 하는(제5조) 내용을 기재한 동의서를 작성하여 원고에게 교부한 사실, 그 후 원고는 이 사건 동의서에 따라 새로운 영업표지인 GS25를 사용한 각종 간판 및 매장 인테리어 등에 대한 제작을 완료하고, 이 사건 가맹자들에게 매장시설 등에 대한 영업표지 변경작업에 협조하여 줄 것을 촉구하면서 이에 협조하지 아니할 경우 이 사건 각 가맹계약을 해지할 수 있음을 통고하였고, 그럼에도 불구하고 이 사건 가맹자들은 이 사건 동의의 의사표시가 원고의 기망에 의한 것이고 오히려 원고의 일방적인 영업표지 등의 변경이 위 가맹계약상의 채무불이행이라고 주장하면서 원고를 상대로 위약금 등 청구소송을 제기한 사실, 이에 원고는 2006. 1. 3. 이 사건 가맹자들에게 이 사건 각 가맹계약 제3조 제2항에 따른 가맹자들의 통일적 이미지 표출의무 위반, 중대한 불신행위 등을 이유로 제40조 제3항의 규정에 따라 이 사건 각 가맹계약을 해지한다는 내용의 각 통고서를 발송하였고, 그 무렵 위 각 통고서가 이 사건 가맹자들에게 모두 도달된 사실, 한편 원고가 GS25로의 영업표지 변경에 동의하지 않은 가맹자들에게는 계약기간 동안 기존의 LG25의 영업표지를 사용하도록 하고 있는 사실 등을 인정한 다음, 일부 가맹자들이 기존의 LG25의 영업표지를 계속 사용하고 있는 점 등에 비추어 이 사건 가맹자들이 LG25의 영업표지를 계속하여 사용한다고 하여 통일적 이미지 표출의무를 위반한 것이라고 단정하기도 어렵고, 기존의 이 사건 가맹계약을 다른 내용으로 변경하는 것에 대한 위 동의의 의사표시에 관하여 이 사건 가맹자들이 이의를 제기하여 위 계약 내용의 변경의 유효 여부를 법적으로 다투는 것이 원고에 대한 중대한 불신행위라고 보기도 어려우며, 이러한 상황에서 그 상대방인 원고가 그 계약 내용의 변경이 유효하게 이루어졌음을 전제로 그러한 변경된 내용의 계약에 기하여 이 사건 가맹계약을 해지하는 것은 신의칙상 부당하다는 등의 이유를 들어 원고의 위 계약해지의 의사표시는 효력이 없다고 보아 본소청구 중 이 사건 각 가맹계약에 의한 위약금 및 감가상각잔존가액을 구하는 부분을 배척하였다.

2. 그러나 원심의 판단은 다음과 같은 이유로 수긍하기 어렵다.

처분문서는 그 성립의 진정함이 인정되는 이상 법원은 그 기재 내용을 부인할 만한 분명하고도 수긍할 수 있는 반증이 없는 한 그 처분문서에 기재되어 있는 문언대로의 의사표시의 존재와 내용을 인정하여야 한다(대법원 2002.6.28. 선고 2002다23482 판결, 대법원 2008.5.9.자 2007마1582 결정 등 참조). 그리고 신의성실의 원칙은 법률관계의 당사자는 상대방의 이익을 배려하여 형평에 어긋나거나 신뢰를 저버리는 내용 또는 방법으로 권리를 행사하거나 의무를 이행하여서는 안 된다는 추상적 규범을 말하는 것으로서, 신의성실의 원칙에 위배된다는 이유로 그 권리행사를 부정하기 위하여는 상대방에게 신의를 공여하였거나 객관적으로 보아 상대방이 신의를 가짐이 정당한 상태에 이르러야 하고 이와 같은 상대방의 신의에 반하여 권리를 행사하는 것이 정의관념에 비추어 용인될 수 없는 정도의 상태에 이르러야 한다(대법원 1991.12.10. 선고 91다3802 판결, 대법원 2007.5.10. 선고 2005다4291 판결 등 참조).

위 법리와 기록에 비추어 살펴보면, 이 사건 가맹자들이 작성하여 원고에게 교부한 동의서의 내용은 위와 같은 원고의 영업표지 등의 변경에 동의하고 세부적인 사항을 원고에게 위임하며, 위 동의서에 의해 기존의 가맹계약서가 수정된 것으로 간주하고, 위 동의서에 기재되지 아니한 나머지 사항은 기존의 가맹계약서에 따르기로 하는 취지임이 명백하고, 이 사건 가맹자들의 위와 같은 의사표시에 어떠한 하자가 있다고 보기도 어려우므로, 이 사건 가맹자들은 위 동의서와 기존의 각 가맹계약서 제3조 제2항 제3호에 따라 앞서 본 바와 같은 통일적 이미지 표출의무를 부담하며, 거기에는 위와 같은 원고의 영업표지의 변경에 적극 협조할 의무가 포함된다고 할 것이다. 따라서 이를 정당한 이유 없이 이행하지 아니하고 오히려 위 동의서의 효력을 문제로 삼는 행위는 이 사건 각 가맹계약상의 통일적 이미지 표출의무에 위배되는 것으로서 중대한 불신행위에 해당된다고 볼 수밖에 없다. 그렇다면 원고는 기존의 각 가맹계약서에 따라 이 사건 각 가맹계약을 해지할 수 있고, 이 때 이 사건 가맹자들은 원고에게 위 각 가맹계약에서 정한 위약금 및 감가상각잔존가액을 지급할 의무가 생긴다고 보아야 하며, 나아가 원심이 들고 있는 사정들을 종합해 보더라도 원고의 위 계약해지권 행사가 정의관념에 비추어 용인될 수 없는 정도의 상태에 이르러 신의칙에 반한다고 볼 수는 없다.

따라서 원심으로서는 원고의 위 계약해지가 유효함을 전제로 하여 이 사건 가맹자들을 비롯한 피고들이 부담할 정당한 위약금 액수와 감가상각잔존가액 등에 대해 나아가 심리·판단하였어야 할 것임에도 불구하고, 원심은 이에 이르지 아니한 채 원고의 본소청구 중 위약금 및 감가상각잔존가액 청구부분을 배척하고 말았으니, 원심판결에는 처분문서의 해석이나 계약해지권의 발생에 관한 법리를 오해하고 필요한 심리를 다하지 아니하여 판결에 영향을 미친 위법이 있다고 할 것이다. 이를 지적하는 원고의 상고이유의 주장은 이유 있다.

나아가 기록에 의하면, 원고가 본소청구금액을 자동채권으로 하여 상계의 의사표시를 하면서 피고들의 반소청구가 전부 기각되어야 한다는 취지로 주장하고 있음을 알 수 있으므로(기록 868면 등 참조), 원심판결의 위와 같은 위법은 피고 2, 4의 반소청구에 관한 원고의 패소 부분에도 영향을 미쳤음이 분명하다.

3. 그러므로 원심판결의 원고 패소 부분 중 위약금 및 감가상각잔존가액에 관한 본소청구 부분과 피고 2, 4의 반소청구에 관한 부분을 파기하고, 이 부분 사건을 다시 심리·판단하게 하기 위하여 원심법원에 환송하기로 하여 관여 대법관의 일치된 의견으로 주문과 같이 판결한다.

Ⅴ. 가맹사업당사자의 권리·의무에 관한 사항

법 제11조 제2항 제11호에서 "대통령령이 정하는 사항"이란 다음 각 호의 어느 하나에 해당하는 사항을 말한다(시행령 제12조).

1. 가맹금 등 금전의 반환조건에 관한 사항
2. 가맹점사업자의 영업설비·집기 등의 설치와 유지·보수 및 그 비용의 부담에 관한 사항
3. 가맹계약의 종료 및 해지에 따른 조치 사항
4. 가맹본부가 가맹계약의 갱신을 거절 할 수 있는 정당한 사유에 관한 사항
5. 가맹본부의 영업 비밀에 관한 사항
6. 가맹계약 위반으로 인한 손해배상에 관한 사항
7. 가맹본부와 가맹점사업자 사이의 분쟁 해결 절차에 관한 사항
8. 가맹본부가 다른 사업자에게 가맹사업을 양도하는 경우에는 종전 가맹점사업자와의 계약에 관한 사항
9. 가맹본부의 지식재산권 유효기간 만료 시 조치에 관한 사항

제 18 절 불공정거래행위의 금지

Ⅰ. 불공정거래행위의 금지

가맹본부는 다음 각호의 1에 해당하는 행위로서 가맹사업의 공정한 거래를 저해할 우려가 있는 행위를 하거나 다른 사업자로 하여금 이를 행하도록 하여서는 아니된다(법 제12조 제1항).

1. 가맹점사업자에 대하여 상품이나 용역의 공급 또는 영업의 지원 등을 부당하게 중단 또는 거절하거나 그 내용을 현저히 제한하는 행위
2. 가맹점사업자가 취급하는 상품 또는 용역의 가격, 거래상대방, 거래지역이나 가맹점사업자의 사업활동을 부당하게 구속하거나 제한하는 행위
3. 거래상의 지위를 이용하여 부당하게 가맹점사업자에게 불이익을 주는 행위
4. 삭제
5. 계약의 목적과 내용, 발생할 손해 등 대통령령으로 정하는 기준에 비하여 과중한 위약금을 부과하는 등 가맹점사업자에게 부당하게 손해배상 의무를 부담시키는 행위
6. 제1호부터 제3호까지 및 제5호 외의 행위로서 부당하게 경쟁가맹본부의

가맹점사업자를 자기와 거래하도록 유인하는 행위 등 가맹사업의 공정한 거래를 저해할 우려가 있는 행위

제1항 각호의 규정에 의한 행위의 유형 또는 기준은 대통령령으로 정한다(법 제12조 제1항).

판례[28)]

【판시사항】

가. 청구인이 불공정거래행위의 직접 당사자가 아닌 제3자에 해당함을 이유로 헌법소원의 자기관련성을 부정한 사례

나. '가맹사업거래의 공정화에 관한 법률'(2007. 8. 3. 법률 제8630호로 개정된 것, 이하 '가맹사업법'이라 한다)에서 정한 계약해지절차를 거치지 아니한 가맹본부의 이 사건 가맹계약 해지에 대하여 불공정거래행위에 해당하지 않는다고 판단하여 한 공정거래위원회의 무혐의처분이 청구인의 평등권을 침해한다고 본 사례

【결정요지】

가. 불공정거래행위의 직접 당사자가 아닌 제3자의 신고는 공정거래위원회에 대하여 법에 위반되는 사실에 관한 조사의 직권발동을 촉구하는 단서를 제공하는 것에 불과하므로, 제3자의 신고에 대하여 공정거래위원회가 한 무혐의처분을 대상으로 하여서는 특별한 사정이 없는 한 자기의 기본권 침해가 있었음을 전제로 한 헌법소원의 심판청구는 허용될 수 없다. 따라서 이 사건 무혐의처분 중 부당한 계약조건 변경 부분의 취소를 구하는 청구인의 심판청구는 자기관련성이 없는 자에 의한 심판청구로서 부적법하다.

나. 이 사건 가맹계약 해지는 '가맹점사업자에게 2개월 이상의 유예기간을 두고 계약의 위반 사실을 구체적으로 밝히고 이를 시정하지 아니하면 그 계약을 해지한다는 사실을 서면으로 2회 이상 통지하여야 한다'는 가맹사업법 제14조 제1항 등에서 정하고 있는 계약해지절차를 거치지 아니하였으므로, 가맹사업법 제12조 제1항 제1호 및 가맹사업법 시행령 제13조 제1항 [별표 2] 제1호 다목의 불공정거래행위인 부당한 계약해지에 해당

28) 전원재판부 2010헌마750, 2012.2.23

한다. 따라서 이 사건 가맹계약이 기간만료로 종료되었음을 전제로 이 사건 가맹계약 해지가 불공정거래행위에 해당하지 아니한다고 한 피청구인의 무혐의처분은 현저히 정의에 반하는 조사 또는 잘못된 법률의 적용이나 증거판단에 따른 자의적 처분으로서, 청구인의 평등권을 침해한 공권력행사이다.

재판관 이동흡의 이 사건 가맹계약 해지행위 부분에 대한 반대의견

이 사건 가맹계약 해지통보의 실질을 가맹본부가 이 사건 가맹계약이 기간만료로 종료된다는 사실을 청구인에게 통보한 것으로 선해할 수도 있고, 가맹본부가 계약만료 90일 이전인 2008. 9. 26. 청구인에게 발송한 서면의 의미를 해석하여 구 '가맹사업거래의 공정화에 관한 법률' 제13조 제1항의 계약종료절차를 거쳐 이 사건 가맹계약이 종료되었다고 인정한 피청구인의 판단 역시 나름의 합리적 근거를 가지고 있는 이상, 이를 두고 현저히 정의와 형평에 반하는 조사에 기인하였다거나 법률해석 또는 증거판단에 중대한 잘못이 있다고 단정할 수 없다.

【참조조문】

헌법 제11조 제1항

헌법재판소법 제68조 제1항

가맹사업거래의 공정화에 관한 법률(2007. 8. 3. 법률 제8630호로 개정된 것) 제12조 제1항 제1호, 제3호, 제2항, 제14조, 부칙 제5조, 제7조

구 가맹사업거래의 공정화에 관한 법률(2007. 8. 3. 법률 제8630호로 개정되기 전의 것) 제13조

가맹사업거래의 공정화에 관한 법률 시행령(2008. 1. 31. 대통령령 제20594호로 개정된 것) 제13조 제1항 [별표 2] 제1호 다목, 제15조

구 가맹사업거래의 공정화에 관한 법률 시행령(2008. 1. 31. 대통령령 제20594호로 개정되기 전의 것) 제13조 제1항 [별표 2] 제1호 나목

[주문]

피청구인이 2010. 10. 11. 청구인에 대하여 한 무혐의처분 중 가맹계약해지에 관한 부분은 청구인의 평등권을 침해한 것이므로 이를 취소하고, 청구인의 나머지 심판청구는 각하한다.

[이유]

1. 사건의 개요 및 심판대상

가. 사건의 개요

(1) 청구인은 2007. 4. 5. '○○'라는 상호로 건강기능식품의 방문판매 가맹사업을 영위하는 OOOO건강생활 주식회사(이하 'OOOO'이라 한다)와 사이에 '○○ 신정점'(이하 '청구인 매장'이라 한다)에 관한 가맹계약(이하 '이 사건 가맹계약'이라 한다)을 체결하였는데, 계약기간은 2008. 12. 31.까지로 정하였다.

(2) OOOO은 2008. 12. 29. 청구인에게 "청구인의 영업실적과 관련하여 본사에서 제시한 '표준업무 일정'에 따른 정상적인 영업활동이 이루어지지 않고 있다"는 이유로 가맹계약서 제5장 제12조의 약정 계약해지권에 의하여 2008. 12. 31.자로 이 사건 가맹계약을 해지한다고 통보하였다(이하 '이 사건 가맹계약 해지'라 한다).

(3) 한편, 청구인은 이 사건 가맹계약이 해지되기 이전인 2008. 8. 18. 'OOOO의 특판행사 지원행위, 제품프로모션 지원 차별행위, 공급가 인상행위, 직영점 설치행위 등이 불공정거래행위에 해당한다'는 이유로 OOOO을 피청구인에게 신고하였다가 이후 이 사건 가맹계약 해지에 대하여도 추가 신고하였다. 이에 대하여 피청구인은 2009. 4. 23. ① 이 사건 가맹계약 해지에 관한 신고사항에 대하여는 가맹계약의 해석에 대한 다툼으로 위원회에서 판단이 곤란하다는 이유로 '심의절차종료' 결정을, ② 나머지 신고사항에 대하여는 '가맹사업거래의 공정화에 관한 법률' 위반행위로 인정되지 않음을 이유로 '무혐의' 처분을 하였다.

(4) 그 후 청구인은 2009. 5. 18. 다시 피청구인에게 'OOOO이 ① 2008. 3.경 공급가 지급규정 등의 기존 거래조건을 가맹사업자에게 불리하게 변경하여 2008년 가맹계약을 체결함으로써 불공정한 계약조건 변경행위를 하였고, ② 정당한 사유가 없음에도 이 사건 가맹계약을 해지하여 부당한 거래거절을 하였다'는 이유로 OOOO을 재신고하였으나(이하 '이 사건 재신고'라 한다), 피청구인은 2010. 10. 11. 이 사건 재신고 사항에 대하여 불공정거래행위에 해당하지 않는다는 이유로 모두 무혐의처분을 하였다(이하 '이 사건 무혐의처분'이라 한다).

(5) 이에 청구인은 2010. 12. 9. 이 사건 무혐의처분으로 인하여 자신의 평등권 등이 침해되었다는 이유로 이 사건 헌법소원심판을 청구하

였다.

나. 심판대상

이 사건 심판의 대상은 이 사건 무혐의처분이 청구인의 기본권을 침해하는지 여부이다.

2. 청구인의 주장 및 무혐의처분의 이유

가. 청구인의 주장 요지

(1) 부당한 계약조건 변경 관련

OOOO은 2008. 3.경 가맹점사업자들을 상대로 2008년도 가맹계약으로 변경하는 계약을 체결하면서 공급가 지급규정, 판매장려금 지급기준, 제 지급물품 무상지급 조건, 사무직원 의무채용 등의 가맹계약 변경을 일방적으로 공지하였고, 가맹점사업자들의 반대에도 불구하고 일부 내용을 일방적으로 변경된 계약 내용에 포함시켰으며, 그 후 가맹점사업자들에게 변경된 가맹계약서에 날인토록 강요하였다. OOOO의 이와 같은 부당한 계약조건 변경행위로 수많은 가맹점사업자들이 제비용의 증가와 장려금 등을 지급받지 못하는 피해를 입었고, 이는 불공정거래행위의 유형인 거래상의 지위를 남용한 불공정한 계약조건 변경행위에 해당한다.

(2) 이 사건 가맹계약 해지 관련

OOOO은 2008. 12. 29. 청구인에게 이 사건 가맹계약 해지의 사유가 없음에도 불구하고, 청구인이 OOOO을 피청구인에게 불공정거래행위를 하였다고 신고한 것에 앙심을 품고 계약기간 중 일방적으로 이 사건 가맹계약을 해지하면서 가맹사업법에서 정한 가맹계약 해지절차도 준수하지 아니하였는데, 이는 부당한 거래거절로 인한 불공정거래행위에 해당한다.

(3) 따라서 불공정거래행위에 해당하는 OOOO의 부당한 계약조건 변경 및 이 사건 가맹계약 해지행위에 대하여 피청구인이 한 이 사건 무혐의처분은 심리미진 또는 판단유탈에 의한 자의적인 처분으로서 청구인의 평등권을 침해한 것이다.

나. 이 사건 무혐의처분의 이유

피청구인은 2010. 10. 11. 아래와 같은 이유로 이 사건 무혐의처분을 하였다.

(1) 부당한 계약조건 변경행위

OOOO이 우월적 지위를 이용하여 기존 가맹점사업자와 2008년도 변경계약을 체결한 것이 아니라 가맹점사업자와의 합의에 따라 재계약을 체결한 것으로 보이는 점, 문제가 되는 계약조항들은 가맹사업의 특성상 허용되기 어렵다거나 OOOO이 가맹사업의 특성을 무시하고 일방적으로 정하였다고 보기 어려운 점, 공급가 기준변경, 판매장려금 변경 등은 가맹계약서에서 그 변경가능성을 명시하고 있고, 전체적으로 살펴보면 가맹점사업자에게 유리하게 변경된 측면(가맹점사업자들의 전체적인 이득 : 5억 6,300만원)도 있는 점 등을 고려할 때, 문제가 되는 조항들이 가맹점사업자에게 불리한 계약조항이거나 갱신과정에서 종전의 거래조건보다 뚜렷하게 불리한 조건으로 변경되었다고 보기 어렵다.

(2) 이 사건 가맹계약 해지행위

청구인의 매출액이 2008. 8.부터 주변 가맹점사업자의 매출액에 비해 현저히 감소한 점 등으로 볼 때 OOOO이 이 사건 가맹계약 갱신을 부당하게 거절하였다고 보기 어렵다.

3. 적법요건에 관한 판단

가. 헌법재판소법 제68조 제1항은 "공권력의 행사 또는 불행사로 인하여 헌법상 보장된 기본권을 침해받은 자는 헌법소원심판을 청구할 수 있다."고 규정하고 있어, 그 기본권은 심판청구인 자신이 직접 그리고 현재 침해당한 경우라야 할 것이므로, 헌법소원은 기본권의 피해자에게만 허용된다 할 것이다(헌재 1990.6.25. 89헌마234, 판례집 2, 207, 211 참조).

나. 그런데 기록에 의하면, OOOO이 2008. 3.경 청구인을 포함하여 205개 가맹점사업자들을 대상으로 기존 2007년 가맹계약서의 내용을 일부 변경하여 ① 시스템준수사항 및 제재사항 신설, ② 가맹점 정리시점 제한, ③ 제 지급물품 등 무상지급 중단, ④ 제품 공급가율 인상 및 제품 공급가 책정기준, 각종 장려금의 지급기준 등의 사항을 변경하는 내용이 포함된 2008년 가맹계약서에 의하여 가맹점사업자와 재계약을 체결하려 하였으나(이하 '이 사건 계약조건 변경'이라 한다),

이 사건 계약조건 변경에 반대하였던 가맹점사업자인 청구인에 대하여는 2008년 가맹계약서의 내용을 적용하지 않고, 기존에 체결하였던 2007년 가맹계약의 내용을 그대로 유지하기로 합의하였던 사실이 인정된다.

다. 그렇다면, 청구인은 불공정거래행위라고 주장하는 이 사건 계약조건 변경의 직접 당사자인 피해자가 아니라 제3자에 불과하고, 불공정거래행위의 직접 당사자가 아닌 제3자의 신고는 피청구인에 대하여 법에 위반되는 사실에 관한 조사의 직권발동을 촉구하는 단서를 제공하는 것에 불과하다고 볼 것이므로, 제3자의 신고에 대하여 피청구인이 한 무혐의처분을 대상으로 하여서는 특별한 사정이 없는 한 자기의 기본권 침해가 있었음을 전제로 한 헌법소원의 심판청구는 허용될 수 없다고 봄이 타당하다. 따라서 이 사건 무혐의처분 중 이 사건 계약조건 변경 부분의 취소를 구하는 청구인의 심판청구는 자기관련성이 없는 자에 의한 심판청구로서 부적법하다.

4. 본안에 관한 판단

가. 인정사실

기록에 의하면 다음과 같은 사실이 인정된다.

(1) OOOO이 영위하는 가맹사업의 현황 및 특성

OOOO은 2005. 12. 31.부터 "○○"라는 상호로 건강기능식품(생식, 다이어트, 기초영양제품) 및 화장품의 방문판매 가맹사업을 영위하는 사업자로서, 가맹계약을 체결하여 가맹점사업자에게 가맹점 운영권을 부여하고, 가맹점사업자로 하여금 OOOO의 건강기능식품과 화장품을 방문판매하게 하는 형식으로 가맹사업을 영위하는 가맹사업법 제2조 제2호에서 정한 '가맹본부'이다.

(2) 이 사건 가맹계약의 내용

(가) 청구인은 2007. 4. 5. OOOO과 이 사건 가맹계약을 체결하였는데 '계약기간은 1년이되 회계연도 중 가맹계약이 체결되는 경우 계약의 유효기간은 익년도 말까지로 한다'는 계약조항(가맹계약서 제5장 제10조)에 따라서 이 사건 가맹계약의 계약기간은 2007. 4. 5.부터 2008. 12. 31.까지이다.

(나) 이 사건 가맹계약의 해지 및 갱신과 관련된 주요 계약내용은 아래와 같다.

① 가맹점에 대한 평가는 OOOO이 정하는 기준에 따라 시행하고, 3개월의 평균 매출실적이 연속 3회 이상 평가기준에 미달하는 경우에는 계약의 해지 및 재계약을 유보할 수 있다(가맹계약서 제1장 제6조).

② OOOO은 가맹점 매출실적이 연속 3회 이상 평가 기준에 미달하는 경우 및 계약서상 가맹점의 준수사항 위반 내용이 가맹점 계약해지 조건에 해당하는 경우 가맹점에 대한 재계약을 체결하지 않을 수 있으며, 가맹점의 계속적 운영의 결격사유에 따라 재계약을 체결하지 못하는 경우 등에

는 최소 3개월 전에 이를 전자문서 또는 서면으로 통보하여야 한다(가맹계약서 제1장 제7조).

③ 계약기간 만료 1개월 전까지 서면에 의한 의사표시가 없는 한 같은 내용으로 1년 간 연장되는 것으로 한다(가맹계약서 제5장 제10조).

④ 즉시 가맹계약을 해지할 수 있는 경우로 규정된 경우가 아닌 '가맹점의 귀책사유에 의한 영업활동 부진으로 판매실적이 저조한 경우' 등에는 2개월의 유예기간을 부여하고 3회에 걸친 서면으로 그 시정을 최고하였음에도 불구하고 가맹점이 이를 시정하지 아니하는 경우에 가맹계약을 해지할 수 있다(가맹계약서 제5장 제12조).

⑤ OOOO은 본사의 경영방침 및 경영전략의 갑작스러운 변화로 익년도에 이에 대한 반영이 필요한 경우 및 가맹점의 귀책사유로 가맹점이 본 계약 내용을 위반하고 있어 이에 대한 해소가 필요한 경우 등에는 재계약일로부터 90일 전에 가맹점에게 서면 통지함으로써 재계약을 유보하거나 재계약 일정을 변경할 수 있고, 가맹점이 재계약 유보 통지를 받은 날로부터 30일 이내에 가맹점의 귀책사유를 해소하지 못하면, 가맹점과의 본계약이 종료된 것으로 볼 수 있다(가맹계약서 제5장 제13조).

(다) 한편 청구인은 이 사건 가맹계약 체결시에 OOOO과 사이에 이 사건 가맹계약과 별도로 가맹금을 250만원으로 낮추고, 가맹점 평가를 최초 2년 간 유예하기로 하는 추가약정(이하 '이 사건 추가약정'이라 한다)을 체결하였다.

(3) 이 사건 가맹계약 해지에 이르기까지의 경과

(가) OOOO은 2008. 9. 26. 청구인에게 '2009년 가맹계약 재계약 통보'라는 제목의 내용증명우편을 발송하였는데, 그 내용은 '재계약과 관련하여 이의가 있을 경우 2008. 10. 31.(계약종료 60일 전)까지 서면으로 이의를 제기할 것과 이의가 없다면 2009년 가맹계약서에 따라 재계약 체결업무를 진행하겠다'는 것이었다.

(나) OOOO의 직원은 2008. 12. 4. 청구인 매장을 방문하여 청구인에게 2009년 가맹계약서를 전달하면서 계약내용 검토 후 이의가 없다면 계약만료일인 2008. 12. 31.까지 날인해 줄 것을

요청하였다.

(다) 그 후 OOOO은 2008. 12. 17. 청구인에게 '영업활동 시정조치 요청의 건'이라는 제목으로 내용증명우편을 발송하였는데, 그 내용은 '2008. 12. 4. 담당 직원을 통하여 청구인 매장의 영업활동이 원만하게 이루어지지 않고 있음을 확인하였고, 이로 인해 판매실적이 현저히 저조할 경우 가맹계약서 제5장 제12조(계약해지)의 계약해지사유와 가맹계약서 제1장 제6조(가맹점의 평가기준) 및 제7조(가맹점의 재계약 포기 및 정리)에 의한 재계약 갱신거절이 중첩적으로 적용된다'는 것이었다.

(라) OOOO은 2008. 12. 29. '청구인 매장의 영업실적과 관련하여 OOOO에서 제시한 표준업무 일정에 따른 정상적인 영업활동이 이루어지지 않고 있다(12월 26일 현재 매출실적, 출고실적, 가동인원수=0)'는 이유로 가맹계약서 제5장 제12조의 약정 계약해지권에 의하여 2008. 12. 31.자로 이 사건 가맹계약을 해지하겠다고 청구인에게 통보하였다.

(마) 한편, OOOO은 가맹계약서 제1장 제6조에서 정한 가맹점 평가의 구체적인 평가기준을 마련한 적이 없고, 실제 가맹점을 매출실적에 의하여 평가하거나 매출실적에 따라 계약해지 또는 재계약 갱신을 거부한 사례는 없다.

나. 불공정거래행위로서 부당한 거래거절의 성립요건

(1) 가맹사업은 가맹본부가 한편으로는 가맹점사업자의 영업을 지원하면서 다른 한편으로는 이를 통제하는 것을 본질적 특징으로 하기 때문에 가맹본부의 거래거절은 법적·경제적 관점에서 독립된 사업자를 전제로 하는 '독점규제 및 공정거래에 관한 법률'상의 거래거절과는 다른 측면이 있다. 특히 가맹사업은 가맹점사업자가 가맹본부로부터 상호, 상표, 포장, 디자인뿐만 아니라 제품의 생산에 대한 노하우 등 영업행위 일체에 대한 지원을 받고 있는 등 가맹본부에 전적으로 의존하는 거래관계에 있고, 가맹점사업자는 가맹본부가 제시하는 조건과 기준 등에 따라 점포 및 내부 시설장비 등을 준비하여야 하는 등 상당한 비용의 투자가 이루어지므로 가맹본부가 임의로 계약을 종료시키거나 해지하는 경우에 가맹점사업자가 투자비용을 제대로 회수할 수 없어 상당한 경제적 손실을 입게 된다.

(2) 2002. 5. 13. 법률 제6704호로 제정된 구 '가맹사업거래의 공정화에 관한 법률'은 가맹사업의 위와 같은 특성을 반영하여 가맹본부의

일방적인 계약종료 및 계약해지에 따른 가맹점사업자의 피해를 방지하기 위하여 가맹계약의 종료 및 해지사유와 그 절차에 대하여 일정한 제한을 가하고 있고(제13조, 제14조), 부당한 거래거절을 규정한 '독점규제 및 공정거래에 관한 법률' 제23조 제1항 제1호가 가맹사업거래에 관하여는 적용되지 않도록 규정하고 있다(제38조).

(3) 구체적으로 살펴보면, 절차적인 면에서 가맹점사업자를 보호하기 위하여 구 가맹사업법 제13조는 가맹본부가 기간만료로 계약을 종료시키기 위해서는 기간만료일부터 90일 전에 서면으로 가맹계약을 갱신 또는 연장하지 않는다는 통지를 하여야 하고(제1항), 그러한 통지를 하지 아니한 경우에는 종전 가맹계약과 동일한 조건으로 가맹계약 갱신을 한 것으로 보는 규정을 두고 있다(제2항). 마찬가지로 가맹사업법 제14조는 가맹계약을 해지하는 경우에 가맹사업법 시행령 제15조 각 호에서 정한 즉시 계약해지사유에 해당하지 않는 한 가맹점사업자에게 2개월 이상의 유예기간을 두고 계약의 위반 사실을 구체적으로 밝히고 이를 시정하지 아니하면 그 계약을 해지한다는 사실을 서면으로 2회 이상 통지하여야 하며(제1항), 이를 거치지 아니한 가맹계약의 해지는 효력이 없다(제2항)는 규정을 두고 있다.

(4) 그리고 가맹사업법 제12조 제1항 제1호, 가맹사업법 시행령 제13조 제1항 [별표 2] 제1호 다목에서 '부당하게 계약기간 중에 가맹계약을 해지하는 행위'를 불공정거래행위로 규정하고 있고, 구 가맹사업법 시행령 제13조 제1항 [별표 2] 제1호 나목에서는 '부당하게 정보공개서 또는 가맹계약서에 정하여진 계약종료사유에 따르지 아니하고 계약을 종료하거나 법 제13조의 규정에 의한 계약종료절차에 따르지 아니하고 계약을 종료하는 행위' 역시 불공정거래행위의 유형으로 규정하고 있다. 따라서 가맹사업법령에서 규정한 절차에 따르지 아니한 가맹계약의 종료 또는 해지 역시 가맹사업법 제12조 제1항 제1호에서 정한 불공정거래행위에 해당한다고 할 것이다.

다. 판단

(1) (가) 앞에서 본 인정사실에 의하면, OOOO은 2008. 12. 26. 당시 청구인 매장의 영업활동이 정상적으로 이루어지지 않고 있음을 이유로 하여 가맹계약서 제5장 제12조에서 정한 약정 계약해지권에 의하여 이 사건 가맹계약을 해지하였다고 할 것이고, 단지 그 계약해지 일자가 이 사건 가맹계약의 계약기간 만료

일과 동일하다는 이유만으로 이 사건 가맹계약이 기간만료로 종료되었다고 볼 수는 없다.

(나) 그러므로 OOOO이 이 사건 가맹계약을 해지하기 위해서는 가맹사업법 제14조 제1항에 따라 가맹사업법 시행령 제15조 각 호에서 정하는 즉시 계약해지사유가 존재하지 않는 한 청구인에게 2개월 이상의 유예기간을 두고 계약의 위반 사실을 구체적으로 밝히고 이를 시정하지 아니하면 그 계약을 해지한다는 사실을 서면으로 2회 이상 통지하여야(가맹계약서 제5장 제12조에 의하면 3회) 이 사건 가맹계약을 해지할 수 있다.

(다) 그런데 OOOO은 2008. 12. 31.자로 이 사건 가맹계약을 해지하면서 계약해지일로부터 14일 전인 같은 달 17.에야 비로소 청구인 매장의 영업활동이 원활하지 못한 상태이므로 가맹계약서 제5장 제12조에 의한 계약해지의 사유가 될 수 있다는 내용을 통지하였을 뿐이고, 달리 청구인에게 위 계약해지절차를 생략할 수 있는 가맹사업법 시행령 제15조 각 호 또는 가맹계약서에서 정한 즉시 계약해지사유가 존재한다고 볼 수 있는 아무런 근거도 없으므로 OOOO의 이 사건 가맹계약 해지는 가맹사업법 제14조 제1항 및 가맹계약서 제5장 제12조에서 정한 계약해지절차를 위반한 것이라고 할 것이다. 뿐만 아니라 OOOO은 가맹계약서 제1장 제6조에서 정한 가맹점 평가의 구체적인 평가기준을 마련한 적이 없어 실제 가맹점을 매출실적에 의하여 평가하거나 계약을 해지한 사례가 없고, 특히 OOOO은 청구인과 사이에 이 사건 추가약정을 통하여 2년간 청구인 매장의 평가를 유예하기로 한 점에 비추어 볼 때, 청구인의 영업활동 부진이 가맹계약서 제5장 제12조에서 정한 약정 계약해지사유에 해당한다고 보기도 어렵다.

(라) 결국, 이 사건 가맹계약해지는 가맹사업법 제14조 제1항 등에서 정하고 있는 계약해지절차를 거치지 아니하였으므로, 가맹사업법 제12조 제1항 제1호 및 가맹사업법 시행령 제13조 제1항 [별표 2] 제1호 다목의 불공정거래행위인 부당한 계약해지에 해당한다.

(2) (가) 한편, 피청구인은 이 사건 무혐의처분을 함에 있어 이 사건 가맹계약이 기간만료로 종료되었음을 전제로 이 사건 가맹계약 해지를 계약갱신의 거절로 보고 판단하였다. 그러나

OOOO이 이 사건 가맹계약을 기간만료로 종료시키기 위해서는 구 가맹사업법 제13조에 따라 기간만료일로부터 90일 전에 서면으로 이 사건 가맹계약을 갱신 또는 연장하지 않는다는 통지를 하여야 하고(제1항), 그러한 통지를 하지 아니한 경우에는 종전 가맹계약과 동일한 조건으로 다시 가맹계약을 체결한 것으로 본다(제2항 본문). 그런데 앞에서 본 OOOO이 이 사건 가맹계약의 기간만료일로부터 90일 전인 2008. 9. 26. 청구인에게 발송한 '2009년 가맹계약 재계약 통보' 서면은 청구인의 별다른 이의가 없는 경우 이 사건 가맹계약의 재계약절차를 추진하겠다는 것일 뿐 OOOO이 청구인에 대하여 더 이상 가맹계약을 연장 또는 갱신하지 않겠다는 내용을 통보하는 서면으로는 도저히 볼 수 없고, 달리 OOOO이 청구인에 대하여 이 사건 가맹계약 기간만료일로부터 90일 전까지 이 사건 가맹계약을 연장 또는 갱신하지 않겠다는 내용을 서면으로 통보하였다고 볼 수 있는 아무런 자료도 없으므로, 결국 이 사건 가맹계약은 구 가맹사업법 제13조 제2항 본문 및 가맹계약서 제5장 제10조에 따라 종전 계약과 동일한 내용으로 다시 1년 간 갱신되었다고 할 것이다.

(나) 그러므로 이 사건 가맹계약이 기간만료로 종료되었음을 전제로 하는 피청구인의 판단은 아무런 이유가 없다고 할 것이고, 또한 구 가맹사업법 제13조 제1항의 계약종료절차를 위반한 가맹계약의 종료 역시 가맹사업법 제12조 제1항 제1호 및 구 가맹사업법 시행령 제13조 제1항 [별표 2] 제1호 나목의 불공정거래행위에 해당한다.

(3) 결국 이 사건 가맹계약 해지는 어느 모로 보나 불공정거래행위에 해당한다고 할 것이다.

라. 소결

따라서 이 사건 무혐의처분 중 피청구인이 이 사건 가맹계약 해지를 불공정거래행위에 해당하지 아니한다고 판단한 것은 쉽사리 납득하기 어려워 이 부분에 대한 이 사건 무혐의처분은 현저히 정의에 반하는 조사 또는 잘못된 법률의 적용이나 증거판단에 따른 자의적 처분으로서, 청구인의 평등권을 침해한 공권력행사라고 할 것이다.

5. 결 론

그렇다면 이 사건 심판청구 중 이 사건 계약조건 변경 부분에 대한 심판청구는 부적법하므로 각하하고, 이 사건 가맹계약 해지 부분에 대한 피청구인의 무혐의처분을 취소하기로 하여 주문과 같이 결정한다. 이 결정은 이 사건 가맹계약 해지 부분에 대하여 아래 6.과 같은 재판관 이동흡의 반대의견이 있는 외에는 나머지 관여 재판관 전원의 일치된 의견에 따른 것이다.

6. 재판관 이동흡의 이 사건 가맹계약 해지행위 부분에 대한 반대의견

나는 다수의견과 달리 이 사건 가맹계약 해지 부분에 대한 피청구인의 무혐의처분이 헌법재판소가 관여할 만큼의 자의적 처분이라고 할 수 없어 이 부분에 대한 심판청구를 기각하여야 한다고 보므로 아래와 같이 반대의견을 밝힌다.

가. 계약기간 만료로 인한 이 사건 가맹계약의 종료

피청구인은 이 사건 가맹계약 해지의 실질을 가맹계약의 갱신거절로 파악하여 청구인 매장의 매출액이 주변 가맹점에 비하여 현저히 감소한 상태였다는 이유로 OOOO의 가맹계약 갱신거절이 부당하다고 볼 수 없다고 판단하였다. 비록 OOOO이 이 사건 가맹계약 해지통보를 하면서 약정 계약해지권에 관한 가맹계약서 조항을 언급하여 청구인에게 통보한 사실은 인정되나, 다른 한편으로는 ① 그 계약해지 일자가 이 사건 가맹계약의 계약기간 만료일자와 동일하고, ② OOOO이 2008. 12. 17. 청구인에게 '영업활동 시정조치 요청의 건'이라는 내용증명우편을 발송하면서 청구인의 판매실적이 저조할 경우 가맹계약 제1장 제6조의 재계약 갱신거절이 계약해지와 더불어 중첩적으로 적용될 수 있다는 점을 알려 청구인과 OOOO은 계약기간 만료로 이 사건 가맹계약이 종료된다는 사정을 잘 알고 있었다고 할 것이다. 이러한 사정들을 고려한다면 이 사건 가맹계약 해지통보의 실질을 OOOO이 기존 이 사건 가맹계약이 기간만료로 종료된다는 사실을 청구인에게 통보한 것으로 선해할 수도 있으므로 이 사건 가맹계약이 계약기간 만료로 종료되었다고 전제한 피청구인의 판단에 어떠한 자의성이 개재되었다고 단정하기 어렵다.

나. 계약종료절차의 준수

그리고 OOOO이 계약만료 90일 이전인 2008. 9. 26. 청구인에게 발송한 '2009년 가맹계약 재계약 통보'라는 서면의 의미를 다수의견과 같이 '이 사건 가맹계약의 재계약절차를 추진하겠다는 것일 뿐 OOOO이 청구인에 대하여 더 이상 가맹계약을 연장 또는 갱신하지 않겠다는 내용을 통보하는 서면으로 볼 수 없다'는 해석도 가능하다. 그러나 다른 한

편으로는 그 서면의 내용이 '재계약과 관련하여 이의가 없다면 2009년 가맹계약서에 따라 재계약 체결 업무를 진행하겠다'는 것이고, 청구인은 이미 'OOOO이 기존 2007년 가맹계약서를 2008년 가맹계약서로 갱신하는 것을 들어 불공정한 계약조건 변경행위에 해당한다'는 사유로 OOOO을 피청구인에게 신고까지 하였던 사정에 비추어 보면, 위 '2009년 가맹계약 재계약 통보' 서면의 의미를 이 사건 가맹계약이 갱신되기 위해서는 2009년 가맹계약서에 의하여 재계약이 체결되어야 하고, 그렇지 않으면 기존의 가맹계약은 계약기간 만료로 종료된다는 취지가 포함된 것으로 해석할 수 있는 가능성도 충분히 열려있다고 할 것이다. 그러므로 구 가맹사업법 제13조 제1항에서 정한 계약종료절차를 거쳐 이 사건 가맹계약이 종료되었다고 인정한 피청구인의 판단 역시 나름의 합리적 근거를 가지고 있는 이상 이를 두고 현저히 정의와 형평에 반하는 조사에 기인하였다거나 법률해석 또는 증거판단에 중대한 잘못이 있다고 단정할 수 없다.

다. 청구인 매장의 영업상황

기록에 의하면, 청구인 매장의 월 매출액은 2008. 1.경부터 이미 인근 3개 가맹점 평균의 20% 이하를 기록하고 있었고, 특히 청구인이 OOOO을 피청구인에게 신고한 이후인 2008. 8.경부터 2008. 12.경까지의 인근 3개 가맹점 평균 월 매출액 대비 청구인 매장의 월 매출액 비율의 추이는 8.97%→4.54%→2.40%→1.45%→3.62%로 이는 청구인 매장에서 정상적인 영업활동이 이루어지지 않았다는 것을 나타낼 뿐만 아니라, 청구인 매장의 매출부진이 일시적인 것이 아니라 계속적으로 누적되어 오는 것임을 알 수 있다.

라. 소결

존속기간의 정함이 있는 계속적 계약관계인 가맹계약에 있어 가맹본부의 갱신 거절이 당해 가맹점계약의 체결 경위·목적이나 내용, 그 계약관계의 전개 양상, 당사자의 이익 상황 및 가맹점계약 일반의 고유한 특성 등에 비추어 신의칙에 반하여 허용되지 아니하는 등의 특별한 사정이 없는 한 가맹본부는 가맹점사업자의 갱신 요청을 받아들여 갱신 등에 합의할 것인지 여부를 스스로 판단·결정할 자유를 가지며, 그에 있어서 정당한 사유 또는 합리적 사유가 있는 경우에 한하여 갱신을 거절할 수 있는 것은 아니라고 할 것이다(대법원 2010.7.15. 선고 2010다30041 판결 참조). 그런데 앞에서 본 바와 같이 청구인 매장이 영업실적이 극도로 부진한 상태에 있었고, 이는 일시적인 문제가 아니라 계속적으로 누적된 문제로서 OOOO은 청구인 매장에서 정상적인 영업활동이 이루어지지 않고 있으며, 청구인이 이러한 상황의 개선을 위하여 어떠한 노력도 기울이지 않고 있다고 판단할 충분한 근거가 있었던 사정 등 이 사건 가맹계약의 내용, 전개 양상, 당사자의 이익 상황 등을 종합적으로 고려하여 보면, OOOO의 이 사건 가맹계약 갱신거절이 신의칙 등의 법리에 위반된다고 볼 만한 특별한 사정이 있었던 것으로 보이지 아니한다. 그렇다면 이 사건 가맹계약이 구 가맹사업법 제13조 제1항에서 정한 계약종료절차를 거쳐 적법하게 종료되었고, 이를 불공정거래행위로 볼 수 없다고 한 피청구인의 판단에는 나름의 합리적인 근거가 있다고 할 것이고, 이를 두고 피청구인이 현저히 정의와 형평에 반하는 조사를 하였다거나 법률 적용이나 증거판단에 중대한 잘못이 있어 이 사건 가맹계약 해지 부분에 대한 이 사건 무혐의처분이 헌법재판소가 관여할 만큼의 자의적인 처분이라고 쉽게 단정할 수 없으므로, 이로 말미암아 청구인의 헌법상 기본권인 평등권이 침해되었다고 할 수 없다. 결국 이 사건 가맹계약해지 부분에 대한 청구인의 심판청구는 기각되어야 할 것이다.

Ⅱ. 위약금의 부당성 판단기준

법 제12조 제1항 제5호에서 "계약의 목적과 내용, 발생할 손해 등 대통령령으로 정하는 기준"이란 다음 각 호의 기준을 말한다(시행령 제12조의2)

1. 계약의 목적과 내용
2. 발생할 손해액의 크기
3. 당사자 간 귀책사유 유무 및 정도
4. 해당 업종의 정상적인 거래관행 [본조신설 2014.2.11]

Ⅲ. 불공정거래행위의 유형 또는 기준

법 제12조 제2항의 규정에 의한 불공정거래행위의 유형 또는 기준은 별표 2와 같다(시행령 제13조 제1항).

[별표 2] 〈개정 2014.2.11〉

불공정거래행위의 유형 또는 기준(제13조제1항관련)

1. 거래거절

법 제12조제1항제1호에 해당하는 행위의 유형 및 기준은 다음 각 목의 어느 하나와 같다. 다만, 가맹점사업자의 계약위반 등 가맹점사업자의 귀책사유로 가맹사업의거래관계를 지속하기 어려운 사정이 발생하는 경우에는 그러하지 아니하다.

가. 영업지원 등의 거절

정당한 이유없이 거래기간 중에 가맹사업을 영위하는데 필요한 부동산・용역・설비・상품・원재료 또는 부재료의 공급과 이와 관련된 영업지원, 정보공개서 또는 가맹계약서에서 제공하기로 되어 있는 경영 및 영업활동에 관한 지원 등을 중단 또는 거절하거나 그 지원하는 물량 또는 내용을 현저히 제한하는 행위

나. 부당한 계약갱신 거절

부당하게 가맹점사업자와의 계약갱신을 거절하는 행위

다. 부당한 계약해지

부당하게 계약기간 중에 가맹점사업자와의 계약을 해지하는 행위

2. 구속조건부 거래

법 제12조제1항제2호에 해당하는 행위의 유형 및 기준은 다음 각 목의 어느 하나와 같다.

가. 가격의 구속

정당한 이유없이 가맹점사업자가 판매하는 상품 또는 용역의 가격을 정하여 그 가격을 유지하도록 하거나 가맹점사업자가 상품 또는 용역의 가격을 결정하는 행위를 부당하게 구속하는 행위. 다만, 다음의 어느 하나에 해당하는 행위는 제외한다.

(1) 판매가격을 정하여 가맹점사업자에게 이를 따르도록 권장하는 행위

(2) 가맹점사업자에게 판매가격을 결정하거나 변경하는 경우 그 내용에 관하여 사전에 협의하도록 하는 행위. 다만, 사전협의를 통해 판매가격을 강요하는 행위는 가격을 구속하는 행위로 본다.

나. 거래상대방의 구속

부동산・용역・설비・상품・원재료 또는 부재료의 구입・판매 또는 임

대차 등과 관련하여 부당하게 가맹점사업자에게 특정한 거래상대방(가맹본부를 포함한다)과 거래할 것을 강제하는 행위. 다만, 다음의 요건을 모두 충족하는 경우에는 그러하지 아니하다.

(1) 부동산 · 용역 · 설비 · 상품 · 원재료 또는 부재료가 가맹사업을 경영하는 데에 필수적이라고 객관적으로 인정될 것

(2) 특정한 거래상대방과 거래하지 아니하는 경우에는 가맹본부의 상표권을 보호하고 상품 또는 용역의 동일성을 유지하기 어렵다는 사실이 객관적으로 인정될 것

(3) 가맹본부가 미리 정보공개서를 통하여 가맹점사업자에게 해당 사실을 알리고 가맹점사업자와 계약을 체결할 것

다. 가맹점사업자의 상품 또는 용역의 판매제한

가맹점사업자에게 부당하게 지정된 상품 또는 용역만을 판매하도록 하거나 거래상대방에 따라 상품 또는 용역의 판매를 제한하는 행위. 다만, 다음의 요건을 모두 충족하는 경우에는 그러하지 아니하다.

(1) 가맹점사업자의 상품 또는 용역의 판매를 제한하지 아니하는 경우에는 가맹본부의 상표권을 보호하고 상품 또는 용역의 동일성을 유지하기 어렵다는 사실이 객관적으로 인정될 것

(2) 가맹본부가 미리 정보공개서를 통하여 가맹점사업자에게 해당 사실을 알리고 가맹점사업자와 계약을 체결할 것

라. 영업지역의 준수강제

부당하게 가맹점사업자에게 영업지역을 준수하도록 조건을 붙이거나 이를 강제하는 행위. 다만, 다음 각 호의 어느 하나에 해당하는 행위는 그러하지 아니하다.

(1) 가맹본부가 가맹점사업자의 영업거점지역을 정하는 행위

(2) 가맹점사업자가 자기의 영업지역에서의 판매책임을 다한 경우에 영업지역 외의 다른 지역에서 판매할 수 있도록 하는 행위

(3) 가맹점사업자가 자기의 영업지역 외의 다른 지역에서 판매하고자 하는 경우 그 지역의 가맹점사업자에게 광고선전비 등 판촉비용에 상당하는 일정한 보상금을 지불하도록 하는 행위

마. 그 밖에 가맹점사업자의 영업활동의 제한

가목 내지 라목에 준하는 경우로서 부당하게 가맹점사업자의 영업활동을 제한하는 행위. 다만, 다음의 요건을 모두 충족하는 경우에는 그러하지 아니하다.

(1) 가맹점사업자의 영업활동을 제한하지 아니하는 경우에는 가맹본부의 상표권을 보호하고 상품 또는 용역의 동일성을 유지하기 어렵다는 사실이 객관적으로 인정될 것

(2) 가맹본부가 미리 정보공개서를 통하여 가맹점사업자에게 해당 사실을 알리고 가맹점사업자와 계약을 체결할 것

3. 거래상 지위의 남용

법 제12조 제1항 제3호에 해당하는 행위의 유형 및 기준은 다음 각 목의 어느 하나와 같다. 다만, 다음 각 목의 어느 하나에 해당하는 행위를 허용하지 아니하는 경우 가맹본부의 상표권을 보호하고 상품 또는 용역의 동일성을 유지하기 어렵다는 사실이 객관적으로 인정되는 경우로서 해당 사실에 관하여 가맹본부가 미리 정보공개서를 통하여 가맹점사업자에게 알리고 가맹점사업자와 계약을 체결하는 경우에는 그러하지 아니하다.

가. 구입강제 : 가맹점사업자에게 가맹사업의 경영과 무관하거나 그 경영에 필요한 양을 넘는 시설·설비·상품·용역·원재료 또는 부재료 등을 구입 또는 임차하도록 강제하는 행위

나. 부당한 강요 : 부당하게 경제적 이익을 제공하도록 강요하거나 가맹점사업자에게 비용을 부담하도록 강요하는 행위

다. 부당한 계약조항의 설정 또는 변경 : 가맹점사업자가 이행하기 곤란하거나 가맹점사업자에게 불리한 계약조항을 설정 또는 변경하거나 계약갱신과정에서 종전의 거래조건 또는 다른 가맹점사업자의 거래조건보다 뚜렷하게 불리한 조건으로 계약조건을 설정 또는 변경하는 행위

라. 경영의 간섭 : 정당한 이유없이 특정인과 가맹점을 같이 운영하도록 강요하는 행위

마. 판매목표 강제 : 부당하게 판매 목표를 설정하고 가맹점사업자로 하여금 이를 달성하도록 강제하는 행위

바. 불이익제공 : 가목부터 마목까지의 행위에 준하는 경우로서 가맹점사업자에게 부당하게 불이익을 주는 행위

4. 부당한 손해배상의무 부과행위

법 제12조 제1항 제5호에 해당하는 행위의 유형 및 기준은 다음 각 목의 어느 하나와 같다.

가. 과중한 위약금 설정 · 부과행위

1) 계약 중도해지 시 과중한 위약금 설정 · 부과 행위

계약해지의 경위 및 거래당사자 간 귀책사유 정도, 잔여계약기간의 정도, 중도해지 후 가맹본부가 후속 가맹점사업자와 계약을 체결하기 위하여 통상 소요될 것으로 예상되는 기간에 상당하는 손해액 등에 비추어 부당하게 과중한 위약금을 설정하여 계약을 체결하거나 이를 부과하는 행위

2) 과중한 지연손해금 설정 · 부과행위

상품 또는 용역에 대한 대금지급의 지연 시 지연경위, 정상적인 거래관행 등에 비추어 과중한 지연손해금을 설정하여 계약을 체결하거나 이를 부과하는 행위

나. 소비자 피해에 대한 손해배상의무 전가행위

가맹본부가 가맹점사업자에게 공급한 물품의 원시적 하자 등으로 인하여 소비자 피해가 발생한 경우까지도 부당하게 가맹점사업자가 손해배상의무를 모두 부담하도록 계약을 체결하는 행위

다. 그 밖의 부당한 손해배상의무 부과행위

가목 또는 나목에 준하는 경우로서 가맹점사업자에게 부당하게 손해배상의무를 부담하도록 하거나 가맹본부가 부담해야 할 손해배상의무를 가맹점사업자에게 전가하는 행위

5. 그 밖의 불공정거래행위

법 제12조 제1항 제6호에 해당하는 행위란 가맹본부가 다른 경쟁가맹본부의 가맹점사업자를 자기와 거래하도록 하여 자기의 가맹점사업자의 영업에 불이익을 주거나 다른 경쟁가맹본부의 가맹사업에 불이익을 주는 행위를 말한다.

Ⅳ. 불공정거래행위의 유형 또는 기준 고시

공정거래위원회는 필요하다고 인정하는 경우에 별표 2의 유형 또는 기준의 범위내에서 특정업종 또는 특정행위에 적용되는 세부적인 불공정거래행위의 유형 또는 기준을 정하여 고시할 수 있다(시행령 제13조 제2항).

판례[29)]

불공정거래행위의 금지(제12조)

□ 원고가 가맹사업자에게 시설환경표준화[30)]를 실시하도록 하고 그 비용을 가맹사업자로 하여금 부담하도록 한 행위는 거래상 지위를 이용하여 가맹점사업자에게 부당하게 불이익을 주는 행위에 해당함

- 가맹사업법 제12조 제1항 제3호는 '가맹본부가 거래상의 지위를 이용하여 부당하게 가맹점사업자에게 불이익을 주는 행위'를 불공정거래행위의 하나로 규정하고, 같은 조 제2항에 따른 법 시행령 제13조 제1항 [별표2]'불공정거래행위의 유형 및 기준 '제3호 바목은 가맹사업법 제12조 제1항 제3호에 해당하는 행위 유형의 하나로 '불이익 제공'을 들고 있음. 이러한 불공정거래행위에 해당하는지 여부를 판단함에 있어 '거래상 지위'는 일방이 상대적으로 우월한 지위 또는 적어도 상대방과의 거래활동에 상당한 영향을 미칠 수 있는 지위를 갖고 있으면 충분하고, 거래상 지위가 있는지 여부는 당사자가 처하고 있는 시장의 상황, 당사자 간의 전체적 사업능력의 격차, 거래의 대상인 상품의 특성 등을 모두 고려하여 판단하여야 함(대법원 2002.1.25. 선고 2000두9359 판결 등 참조). ① 원고가 국내 자동차 제조시장에서 시장지배적 사업자이고 자동차정비 가맹시장에서 1위 사업자인 점, ② 소비자들이 정비업소를 선택함에 있어 원고의 위와 같은 지위를 고려할 수 있고, 가맹사업자들도 보증수리 업무를 위탁받을 경우 이 부분에서 고정적이고 안정적인 수익을 기대할 수 있으므로 원고와의 가맹계약을 지속적으로 유지할 필요가 있으며, 자동차정비업의 특성상 보증수리를 맡긴 고객이 일반수리 등을 맡길 가능성이 있는 점 등 제반사정을 종합하여 보면 원고가 가맹사업자들에 대하여 상대적으로 우월한 지위 또는 적어도 상대방의 거래활동에 상당한 영향을 미칠 수 있는 지위에 있다고 볼 것임.
- 불이익제공행위에 있어서 불이익에 해당하기 위하여는 그 행위의 내용이 상대방에게 다소 불이익하다는 점만으로는 부족하고, 구입강제, 이익제공강요, 판매목표강제 등과 동일시할 수 있을 정도로 일방 당사자가 자기의 거래상의 지위를 부당하게 이용하여 그 거래조건을 설정 또는 변경하거나 그 이행과정에서 불이익을 준 것으로 인정되어야 하고, 또한 거래상 지위를 부당하게 이용하여 상대방에게 불이익을 준 행위인지 여부는 당해 행위의 의도와 목적, 효과와 영향 등과 같은 구체적 태양과 상품의 특

성, 거래의 상황, 해당사업자의 시장에서의 우월적 지위의 정도 및 상대방이 받게 되는 불이익의 내용과 정도 등에 비추어 볼 때 정상적인 거래관행을 벗어난 것으로서 공정한 거래를 저해할 우려가 있는지 여부에 따라 결정되어야 함(대법원 2006.9.8 선고 2003두7859판결). ① 자동차 정비업의 특성을 고려하면 고객편의시설 개선을 포함한 이 사건 시설환경표준화가 가맹사업의 목적을 달성하기 위하여 필수적이라고는 보기 어려운데도, 가맹점사업자들은 시설환경표준화를 이행하지 않은 경우에는 서비스역량평가에서 감점을 받아 보증수리 공임이 삭감되고 계약이 해지될 수 있으므로, 높은 비용을 단기간 내에 지출해서 이를 이행해야 하였으므로 원고의 행위는 객관적인 평가를 통하여 정당한 보상을 받을 수 있도록 경제적 유인을 제공한 것에 그치치 않고 시설환경표준화의 이행을 강요한 것으로 볼 수 있는 점, ② 원고로서는 시설환경표준화 사업을 통하여 자동차정비업 시장에서 블루핸즈의 브랜드 가치를 높이고, 자동차정비업과 연계하여 자동차 제조시장에서의 경쟁력을 강화할 수 있는 반면, 가맹점사업자로서는 이러한 비용을 지출하더라도 그 회수가 불투명하였던 것으로 보이는데도 원고는 이미 시설공사를 마치고 영업 중인 기존의 가맹점에 대하여 일률적으로 시설환경표준화를 강요하여 추가 비용을 지출하도록 하였고, 도서지역 가맹점, 시설환경표준화를 진행중인 가맹점, 신규 영업 후 1년 미만인 가맹점사업자에 대하여 합리적이고 객관적인 평가를 거치지 않고 최저 등급을 부여하였는데, 이러한 행위는 정상적인 거래관행에 비추어 용인되기 어려운 점 등에 비추어 원고의 행위는 거래상의 지위를 이용하여 가맹점사업자에게 부당하게 불이익을 주는 행위에 해당함.

• 원고는 자신의 행위가 가맹사업법 시행령 제12조 제1항 [별표2] 제3호 단서의 예외 요건에 해당한다고 주장하나, 동법 시행령 별표의 규정은 '가맹본부의 상표권을 보호하고 상품 또는 용역의 동일성을 유지하기 어렵다는 사실이 객관적으로 인정되는 경우로서 해당 사실에 관하여 가맹본부가 미리 정보공개서를 통하여 가맹사업자에게 알리고 가맹점사업자와 계약을 체결하는 경우'를 '불이익제공'으로 볼 수 없는 예외 사유로 규정하고 있는데, 원고의 시설환경표준화의 주요 내용은 고객쉼터, 접수처, 화 장실과 고객전용 TV 등 제품을 매뉴얼대로 설치·유지하는 것이어서 이를 시행하지 않더라도 원고의 자동차정비 가맹사법의 상표권 보호나 자동차정비업 용역의 동일성 유지에 어떤 장애가 있다고 보기 어렵고, 원고의 정보공개서에 "표준화 기준은 제시되며 사업자의 보수범위는 가

맹본부와 협의하여 가맹점사업자가 결정한다"라고 기재되어 있고, 가맹계약서에는 "블루핸즈 사업장의 표준화된 이미지와 시장환경 변화 대응을 위해 필요시설 및 환경개선을 요구할 수 있으며"라고 기재되어 있는 사실은 다툼이 없으나, 이러한 사정만으로 원고가 시설환경표준화에 관한 구체적인 내용을 가맹점사업자들에게 알렸다고 보기는 어려워 원고의 행위가 가맹사업법에 따른 예외요건에 해당한다고 볼 수 없음.

판례[31]

□ 원고의 신규 가맹점 개설행위[32]는 기존가맹점이 위치한 상권의 규모, 기존가맹점관의 이격 거리, 사전협의 약정 미이행 등에 비추어 볼 때 정상적인 거래관행을 벗어난 것으로서 공정한 거래를 저해할 우려가 있다고 봄이 상당함

- 위 법리[대법원 2006.9.8. 선고 2003두7859 판결(요지집 현대자동차 가맹사업법 위반행위 건 참조)]에 비추어 이 사건을 보건대, 인정사실과 각 증거에 변론 전체의 취지를 종합하여 알 수 있는 다음과 같은 사정, 즉 ① 여천점(기존가맹점)이 위치한 여수시는 2013. 3. 31. 기준으로 인구가 약 291,909명이고, 대도시 또는 교통의 요충지와 비교하여 상권이 대규모로 발달하거나 유동인구가 많은 곳이 아닌 점, ② 그럼에도 신규 가맹점은 여천점과 동일상권 내의 직선거리로 불과 약 100m(보행거리로 약 200m) 인근에 위치한 점, ③ 원고는 자신의 계약해지가 정당하다고 판단하고 000(여천점 가맹점사업자)을 대체할 의도로 새로운 가맹사업자를 물색한 끝에 신규 가맹점을 개설한 점, ④ 이 사건 가맹계약서 제5조 제2항은 가맹본부가 일정한 경우 가맹점사업자와의 협의를 거쳐 새로운 가맹점을 개설할 수 있는 것으로 규정하고 있으나, 원고는 여천점과 아무런 사전협의 없이 신규 가맹점을 개설한 점, ⑤ 신규 가맹점의 개설 및 할인행사로 실제로 여천점이 상당한 재산상의 손해를 입었던 점 등에 비추어 볼 때, 원고의 신규 가맹점 개설행위는 정상적인 거래관행을 벗어난 것으로서 공정한 거래를 저해할 우려가 있다고 봄이 상당하고, 원고가 가맹계약서 및 정보공개서에 가맹사업자에 대한 독점적·배타적 영업지역을 설정해 주지 않았다고 하여 달리 볼 것이 아니므로 원고의 위 주장도 이유 없음

29) 현대자동차의 가맹사업법 위반행위 건, 서울고법 2014.1.17. 선고 2012누40218 판결

30) 원고 가맹점의 간판, 외관, 작업장 및 고객편의시설에 대한 표준화 매뉴얼에 따라 통일된 모델로 공사하는 것

제 19 절 부당한 점포환경개선 강요 금지 등

Ⅰ. 부당한 점포환경개선 강요 금지

가맹본부는 대통령령으로 정하는 정당한 사유 없이 점포환경개선을 강요하여서는 아니 된다(법 제12조의2 제1항).

Ⅱ. 점포환경개선 소요 비용 부담

1. 부담비율

가맹본부는 가맹점사업자의 점포환경개선에 소요되는 비용으로서 대통령령으로 정하는 비용의 100분의 40 이내의 범위에서 대통령령으로 정하는 비율에 해당하는 금액을 부담하여야 한다. 다만, 다음 각 호의 어느 하나에 해당하는 경우에는 그러하지 아니하다(법 제12조의2 제2항).

1. 가맹본부의 권유 또는 요구가 없음에도 가맹점사업자의 자발적 의사에 의하여 점포환경개선을 실시하는 경우
2. 가맹점사업자의 귀책사유로 인하여 위생 · 안전 및 이와 유사한 문제가 발생하여 불가피하게 점포환경개선을 하는 경우

2. 가맹본부가 부담할 비용의 산정, 청구 및 지급절차

제2항에 따라 가맹본부가 부담할 비용의 산정, 청구 및 지급절차, 그 밖에 필요한 사항은 대통령령으로 정한다(법 제12조의2 제3항).

---

31) 토니모리의 가맹사업법 위반행위 건, 서울고법 2014.11.14. 선고 2014누42713 판결, 고법확정

32) 2013.8.13. 가맹사업법 개정(2014.8.14. 시행)으로 부당한 영업지역 침해는 가맹사업법 제12조의4(부당한 영업지역 침해금지)로 규율 가능

Ⅲ. 점포환경개선 비용부담의 범위 및 절차 등

1. 부당한 점포환경개선 강요 정당한 사유

법 제12조의2 제1항에서 "대통령령으로 정하는 정당한 사유"란 다음 각 호의 어느 하나에 해당하는 경우를 말한다(시행령 제13조의2 제1항).

> 1. 점포의 시설, 장비, 인테리어 등의 노후화가 객관적으로 인정되는 경우
> 2. 위생 또는 안전의 결함이나 이에 준하는 사유로 인하여 가맹사업의 통일성을 유지하기 어렵거나 정상적인 영업에 현저한 지장을 주는 경우

2. 점포환경개선 소요 비용

법 제12조의2 제2항 각 호 외의 부분 본문에서 "대통령령으로 정하는 비용"이란 다음 각 호의 비용을 말한다(시행령 제13조의2 제2항).

> 1. 간판 교체비용
> 2. 인테리어 공사비용(장비 · 집기의 교체비용을 제외한 실내건축공사에 소요되는 일체의 비용을 말한다). 다만, 가맹사업의 통일성과 관계 없이 가맹점사업자가 추가 공사를 함에 따라 드는 비용은 제외한다.

3. 점포환경개선 소요비용 부담비율

법 제12조의2 제2항 각 호 외의 부분 본문에서 "대통령령으로 정하는 비율"이란 다음 각 호의 구분에 따른 비율을 말한다(시행령 제13조의2 제3항).

> 1. 점포의 확장 또는 이전을 수반하지 아니하는 점포환경개선의 경우 : 100분의 20
> 2. 점포의 확장 또는 이전을 수반하는 점포환경개선의 경우 : 100분의 40

Ⅳ. 가맹본부부담액 지급청구

가맹점사업자는 법 제12조의2 제2항 각 호 외의 부분 본문에 따른 금액(이하 "가맹본부부담액"이라 한다)의 지급을 청구하려면 가맹본부에 공사계약서 등 공사비용을 증명할 수 있는 서류를 제출하여야 한다(시행령 제13조의2 제4항).

Ⅴ. 가맹본부부담액 지급의무

가맹본부는 제4항에 따른 지급청구일부터 90일 이내에 가맹본부부담액을 가맹점사업자에게 지급하여야 한다. 다만, 가맹본부와 가맹점사업자 간에 별도의 합의가 있는 경우에는 1년의 범위에서 가맹본부부담액을 분할하여 지급할 수 있다(시행령 제13조의2 제5항).

Ⅵ. 계약종료 시 가맹본부부담액 환수

가맹본부는 점포환경개선이 끝난 날부터 3년 이내에 가맹본부의 책임 없는 사유로 계약이 종료(계약의 해지 또는 영업양도를 포함한다)되는 경우에는 가맹본부부담액 중 나머지 기간에 비례하는 부담액은 지급하지 아니하거나 이미 지급한 경우에는 환수할 수 있다(시행령 제13조의2 제6항).

제 20 절 부당한 영업시간 구속 금지

Ⅰ. 부당한 영업시간 구속 금지

가맹본부는 정상적인 거래관행에 비추어 부당하게 가맹점사업자의 영업시간을 구속하는 행위(이하 "부당한 영업시간 구속"이라 한다)를 하여서는 아니 된다(법 제12조의3 제1항).

Ⅱ. 부당한 영업시간 구속 유형

다음 각 호의 어느 하나에 해당하는 가맹본부의 행위는 부당한 영업시간 구속으로 본다(법 제12조의3 제2항).

1. 가맹점사업자의 점포가 위치한 상권의 특성 등의 사유로 대통령령으로 정하는 심야 영업시간대의 매출이 그 영업에 소요되는 비용에 비하여 저조하여 대통령령으로 정하는 일정한 기간 동안 영업손실이 발생함에 따라 가맹점사업자가 영업시간 단축을 요구함에도 이를 허용하지 아니하는 행위
2. 가맹점사업자가 질병의 발병과 치료 등 불가피한 사유로 인하여 필요 최소한의 범위에서 영업시간의 단축을 요구함에도 이를 허용하지 아니하는 행위

Ⅲ. 부당한 영업시간 구속 금지의 판단기준

법 제12조의3 제2항 제1호에서 "대통령령으로 정하는 심야 영업시간대"란 오전 1시부터 오전 6시까지를 말한다(시행령 제13조의3 제1항).

법 제12조의3 제2항 제1호에서 "대통령령으로 정하는 일정한 기간"이란 가맹점사업자가 영업시간 단축을 요구한 날이 속한 달의 직전 6개월을 말한다(시행령 제13조의3 제2항).

제 21 절 부당한 영업지역 침해금지

Ⅰ. 가맹점사업자의 영업지역 설정 기재 의무

가맹본부는 가맹계약 체결 시 가맹점사업자의 영업지역을 설정하여 가맹계약서에 이를 기재하여야 한다(법 제12조의4 제1항).

Ⅱ. 영업지역 변경

상권의 급격한 변화 등 대통령령으로 정하는 사유가 발생하는 경우에는 가맹계약 갱신과정에서 가맹본부와 가맹점사업자가 협의를 통하여 기존 영업지역을 합리적으로 변경할 수 있다(법 제12조의4 제2항).

Ⅲ. 가맹본부의 동일 업종 직영점 설치 제한

가맹본부는 정당한 사유 없이 가맹계약기간 중 가맹점사업자의 영업지역 안에서 가맹점사업자와 동일한 업종(수요층의 지역적·인적 범위, 취급품목, 영업형태 및 방식 등에 비추어 동일하다고 인식될 수 있을 정도의 업종을 말한다)의 자기 또는 계열회사(「독점규제 및 공정거래에 관한 법률」 제2조 제3호에 따른 계열회사를 말한다)의 직영점이나 가맹점을 설치하는 행위를 하여서는 아니 된다(법 제12조의4 제3항).

Ⅳ. 영업지역 변경사유

법 제12조의4 제2항에서 "상권의 급격한 변화 등 대통령령으로 정하는 사유가 발생하는 경우"란 다음 각 호의 어느 하나에 해당하는 경우를 말한다(시행령 제13조의4).

1. 재건축, 재개발 또는 신도시 건설 등으로 인하여 상권의 급격한 변화가 발생하는 경우
2. 해당 상권의 거주인구 또는 유동인구가 현저히 변동되는 경우
3. 소비자의 기호변화 등으로 인하여 해당 상품·용역에 대한 수요가 현저히 변동되는 경우
4. 제1호부터 제3호까지의 규정에 준하는 경우로서 기존 영업지역을 그대로 유지하는 것이 현저히 불합리하다고 인정되는 경우

제 22 절 업종별 거래기준 권고

공정거래위원회는 가맹사업거래의 공정한 거래질서 확립을 위하여 필요한 경우 업종별로 바람직한 거래기준을 정하여 가맹본부에 이의 준수를 권고할 수 있다(법 제12조의5).

제 23 절 가맹계약의 갱신 등

Ⅰ. 가맹계약의 갱신 요구권

가맹본부는 가맹점사업자가 가맹계약기간 만료 전 180일부터 90일까지 사이에 가맹계약의 갱신을 요구하는 경우 정당한 사유 없이 이를 거절하지 못한다. 다만, 다음 각 호의 어느 하나에 해당하는 경우에는 그러하지 아니하다(법 제13조 제1항).

1. 가맹점사업자가 가맹계약상의 가맹금 등의 지급의무를 지키지 아니한 경우
2. 다른 가맹점사업자에게 통상적으로 적용되는 계약조건이나 영업방침을 가맹점사업자가 수락하지 아니한 경우
3. 가맹사업의 유지를 위하여 필요하다고 인정되는 것으로서 다음 각 목의 어느 하나에 해당하는 가맹본부의 중요한 영업방침을 가맹점사업자가 지키지 아니한 경우
   가. 가맹점의 운영에 필요한 점포 · 설비의 확보나 법령상 필요한 자격 · 면허 · 허가의 취득에 관한 사항
   나. 판매하는 상품이나 용역의 품질을 유지하기 위하여 필요한 제조공법 또는 서비스기법의 준수에 관한 사항
   다. 그 밖에 가맹점사업자가 가맹사업을 정상적으로 유지하기 위하여 필요하다고 인정되는 것으로서 대통령령으로 정하는 사항

Ⅱ. 가맹계약 갱신요구권의 기한

가맹점사업자의 계약갱신요구권은 최초 가맹계약기간을 포함한 전체 가맹계약기간이 10년을 초과하지 아니하는 범위 내에서만 행사할 수 있다(법 제13조 제2항).

Ⅲ. 가맹계약 갱신요구의 거절

가맹본부가 제1항에 따른 갱신 요구를 거절하는 경우에는 그 요구를 받은 날부터 15일 이내에 가맹점사업자에게 거절 사유를 적어 서면으로 통지하여야 한다(법 제13조 제3항).

Ⅳ. 가맹계약 갱신거부 사실 통지

가맹본부가 제3항의 거절 통지를 하지 아니하거나 가맹계약기간 만료 전 180일부터 90일까지 사이에 가맹점사업자에게 조건의 변경에 대한 통지나 가맹계약을 갱신하지 아니한다는 사실의 통지를 서면으로 하지 아니하는 경우에는 계약 만료 전의 가맹계약과 같은 조건으로 다시 가맹계약을 체결한 것으로 본다. 다만, 가맹점사업자가 계약이 만료되는 날부터 60일 전까지 이의를 제기하거나 가맹본부나 가맹점사업자에게 천재지변이나 그 밖에 대통령령으로 정하는 부득이한 사유가 있는 경우에는 그러하지 아니하다(법 제13조 제4항).

판례[33)]

【판시사항】

[1] 계속적 계약관계에 있어 계약 갱신 또는 존속기간 연장의 방법 및 가맹점사업자가 가맹점계약의 갱신을 요청한 경우 가맹본부는 정당한 사유 또는 합리적 사유가 있어야만 그 계약의 갱신을 거절할 수 있는지 여부

33) 대법원 2010.7.15, 선고 2010다30041 판결

(원칙적 소극)

[2] 가맹본부가 가맹점사업자와 존속기간이 3년인 가맹점계약을 체결한 후 두 차례 갱신하여 오다가 두 번째 갱신된 가맹점계약에서 정한 바에 따라 그 계약의 존속기간 만료일 3개월 전에 가맹점계약을 갱신 또는 연장하지 않겠다고 통지한 사안에서, 위 가맹점계약은 특별한 사정이 없는 한 그 존속기간의 만료로 종료되었다고 한 사례

【판결요지】

[1] 존속기간의 정함이 있는 계속적 계약관계는 그 기간이 만료되면 종료한다. 한편 그 계약에서 계약의 갱신 또는 존속기간의 연장에 관하여 별도의 약정이 있는 경우에는 그 약정이 정하는 바에 따라 계약이 갱신되거나 존속기간이 연장되고, 그러한 약정이 없는 경우에는 법정갱신 등에 관한 별도의 법규정이 없는 한 당사자가 새로이 계약의 갱신 등에 관하여 합의하여야 한다. 이는 계속적 계약관계에 해당하는 가맹점(프랜차이즈)계약관계에서도 다를 바 없다. 따라서 법 규정 또는 당해 가맹점계약의 해석에 좇아 가맹점사업자가 가맹본부에 대하여 갱신을 청구할 권리를 가지거나, 가맹본부의 갱신 거절이 당해 가맹점계약의 체결 경위·목적이나 내용, 그 계약관계의 전개 양상, 당사자의 이익 상황 및 가맹점계약 일반의 고유한 특성 등에 비추어 신의칙에 반하여 허용되지 아니하는 등의 특별한 사정이 없는 한, 가맹본부는 가맹점사업자의 갱신 요청을 받아들여 갱신 등에 합의할 것인지 여부를 스스로 판단·결정할 자유를 가지며, 그에 있어서 정당한 사유 또는 합리적 사유가 있는 경우에 한하여 갱신을 거절할 수 있는 것은 아니다.

[2] 가맹본부가 가맹점사업자와 존속기간이 3년인 가맹점계약을 체결한 후 두 차례 갱신하여 오다가 두 번째 갱신된 가맹점계약에서 정한 바에 따라 그 계약의 존속기간 만료일 3개월 전에 가맹점계약을 갱신 또는 연장하지 않겠다고 통지한 사안에서, 위 가맹점계약은 특별한 사정이 없는 한 그 존속기간의 만료로 종료되었다고 한 사례.

【참조조문】

[1] 구 가맹사업거래의 공정화에 관한 법률(2007. 8. 3. 법률 제8630호로 개정되기 전의 것) 제13조

[2] 구 가맹사업거래의 공정화에 관한 법률(2007. 8. 3. 법률 제8630호로 개정되기 전의 것) 제13조

【주 문】

상고를 기각한다. 상고비용은 원고가 부담한다.

【이 유】

상고이유를 살펴본다.

1. 상고이유 제1점에 대하여

가. 가맹점계약 갱신거절의 적법성 여부

존속기간의 정함이 있는 계속적 계약관계는 그 기간이 만료되면 종료한다. 한편 그 계약에서 계약의 갱신 또는 존속기간의 연장에 관하여 별도의 약정이 있는 경우에는 그 약정이 정하는 바에 따라 계약이 갱신되거나 존속기간이 연장되고, 그러한 약정이 없는 경우에는 법정갱신 등에 관한 별도의 법규정이 없는 한 당사자가 새로이 계약의 갱신 등에 관하여 합의하여야 한다. 이는 계속적 계약관계에 해당하는 가맹점(프랜차이즈)계약관계에서도 다를 바 없다(한편 가맹점계약관계에서 존속기간이나 계약의 갱신 등에 관한 약정이 과연 있는지, 또는 그것이 어떠한 내용인지도 역시 그 계약의 해석으로 정하여질 문제이고, 또한 그 약정이 약관에 의하여 행하여진 경우에는 '약관의 규제에 관한 법률'의 통제를 받음은 물론이다).

따라서 법규정 또는 당해 가맹점계약의 해석에 좇아 가맹점사업자가 가맹본부에 대하여 갱신을 청구할 권리를 가지거나, 가맹본부의 갱신거절이 당해 가맹점계약의 체결경위·목적이나 내용, 그 계약관계의 전개양상, 당사자의 이익상황 및 가맹점계약 일반의 고유한 특성 등에 비추어 신의칙에 반하여 허용되지 아니하는 등의 특별한 사정이 없는 한, 가맹본부는 가맹점사업자의 갱신 요청을 받아들여 갱신 등에 합의할 것인지 여부를 스스로 판단·결정할 자유를 가지며, 그에 있어서 정당한 사유 또는 합리적 사유가 있는 경우에 한하여 갱신을 거절할 수 있는 것은 아니다(이 사건 가맹점계약 당시에 시행되던 '가맹사업거래의 공정화에 관한 법률'(뒤에서 보는 법률 제8630호로 개정되기 전의 것) 제13조 제1항도 참조).

원심판결 이유 및 원심이 인용한 제1심판결 이유에 의하면, 피고는 상표명 '도미노피자'인 피자와 그 관련제품의 대한민국 내 판매권을 가진 회사인 사실, 원고는 1999. 4. 30. 피고가 직영하던 이 사건 점포를 2억 7,000만 원에 양수하고(이하 '이 사건 사업양수도계약'이라고 한다), 같은 해 5. 1. 피고와 사이에 이 사건 점포에 관하여 존속기간 3년인 가맹점계약을 체결한 사실, 원고와 피고는 2002. 5. 1. 및 2005. 5. 1. 가맹점계약을 각 갱신하였는데 2005. 5. 1. 갱신한 가맹점계약(이하 '이 사건 가맹점계약'이라고 한다)은 존속기간을 3년(2008. 4. 30.까지)으로 정하면서 존속기간 만료일 3개월 전까지 당사자 중 어느 일방이 상대방에게 서면으로 계약의 종료통지를 할 수 있도록 정한 사실, 피고는 2008. 1. 14. 원고에게 이 사건 가맹점계약을 갱신 또는 연장하지 아니하겠다는 통지를 한 사실을 알 수 있다. 그렇다면 이 사건 가맹점계약은 특별한 사정이 없는 한 그 존속기간의 만료로 종료되었다고 할 것이고, 그것이 이 사건 가맹점계약과는 별개인 이 사건 사업양수도계약 등에 의하여 영향을 받는다고 보아야 할 만한 사정은 기록상 보이지 아니한다.

한편 원심은 제1심판결을 인용하여, 가맹점사업자의 의무불이행 등의 사유가 없는 한 가맹점사업자에게 10년의 가맹점계약기간을 보장하는 내용의 '가맹사업거래의 공정화에 관한 법률'(2007. 8. 30. 법률 제8630호로 개정된 것) 제13조는 위 개정법률의 시행일(2008. 2. 4.) 이후에 가맹점계약이 체결되거나 갱신된 경우에만 적용되므로(위 개정법률 부칙 제4조 참조) 이 사건 가맹점계약에는 적용되지 아니하나, 이 사건 가맹점계약의 경우에도 가맹점사업자의 가맹사업 존속에 대한 기대이익을 보호하기 위하여 상당한 기간은 가맹본부가 가맹점계약의 갱신을 거절할 수 없다고 한 다음, 위에서 본 대로 9년 간 가맹점계약이 유지된 이 사건의 경우에는 원고의 가맹점계약 존속에 대한 기대이익을 보호하기에 충분한 기간이라는 이유로 피고가 이 사건 가맹점계약의 갱신을 거절할 수 있다고 판단하였다. 앞서 본 법리에 비추어 보면 원심의 위와 같은 판시이유는 적절하지 아니하다고 할 것이나, 이 사건 가맹점계약이 적법하게 종료되었다고 판단한 결론은 정당하다.

나. 이 사건 점포의 양도승인 거부에 관한 판단유탈

원심이 인용한 제1심판결 이유 및 기록에 의하면, 이 사건 가맹점계약 제12조는 이 사건 가맹점계약으로 인한 원고의 권리는 일신전속적 권리로 피고의 사전승인 없이 제3자에게 점포를 양도할 수 없다고 정하고 있는 사실, 원고는 2007. 8. 9.경 원고의 친형인 소외인에게 이 사건 점포의 영업권 일체를 양도하기 위하여 피고에게 양도승인을 요청하였으나 피고는 같은 달 29일 이 사건 점포의 양도승인을 거부한 사실을 알 수 있으나, 한편 피고가 이 사건 점포의 양도승인을 하지 아니한 것이 이 사건 사업양수도계약이나 이 사건 가맹점계약을 위반한 것이라고 인정할 만한 사정은 보이지 아니한다.

그렇다면 비록 원심이 피고의 이 사건 점포의 양도승인 거부가 이 사건 사업양수도계약 또는 이 사건 가맹점계약에 위반되었음을 청구원인으로 하는 손해배상청구에 대하여 명시적으로 판단을 하지 아니하였다고 하더라도, 이는 판결 결과에 영향을 미치는 판단유탈이라고 할 수 없어 파기사유로 삼을 수 없다고 할 것이다.

2. 상고이유 제2점 내지 제4점에 대하여

가. 원심 및 원심이 인용한 제1심판결은 그 판시와 같은 사실을 인정한 다음 아래와 같이 판단하였다.

(1) 이 사건 가맹사업은 표준화된 시스템을 통하여 전국적으로 통일적인 품질의 제품을 판매하는 사업으로 그 특성상 전국적으로 유통과정 및 유통기한 등이 정상적인 안전한 정량의 원부재료를 사용하여 똑같은 맛과 위생상태를 유지하여야 할 필요성이 있는 점, 그런데 가맹점이 개별적으로 원부재료를 구입하게 되면 위와 같은 품질의 관리는 불가능하게 되는 점, 원고도 이 사건 가맹점계약 당시 이러한 점을 잘 알고 있었던 점, 또한 피고가 중요 식자재의 품목이나 가격에 변동이 생길 경우 이러한 사실을 즉시 원고에게 통지하여 그에 관한 의견을 제시할 기회를 제공하여 주었던 점, 피고가 지정한 중요 식자재 품목의 가격이 시중가격보다 지나치게 비싸 피고가 그로 인하여 부당하게 높은 이익을 얻고 있다는 사정이 보이지 않는 점 등에 비추어 볼 때, 피고가 일부 원부자재를 피고로부터 공급받도록 하는 것은 이 사건 가맹사업의 구체적인 운영실상에 비추어 그 합리성이 인정되어 가맹사업의 목적달성에 필요한 범위 내의 제한이라고 할 것이며, 거래상의 지위를 이용하여 부당하게 거래상대방으로 하여금 구입할 의사가 없는 상품을 구입하도록 강요하는 행위로 볼 수 없다.

(2) 광고비분담률 인상에 관한 사항이 이 사건 가맹점계약에 명시되어 있지 아니하다고 하여도 계약당사자들의 합의에 의하여 광고비분담률을 인상할 수 있는 것이고, 이 사건 가맹점계약 중 광고비와 관련한 특별계약이라고 할 수 있는 광고비약정에 의하면 원고와 피고가 협의하여 광고비분담률을 변경할 수 있다고 규정하고 있는 점, 위 약정에 따라 광고비분담률이 변경될 때마다 피고는 원고의 동의를 받아온 점, 피고는 원고의 광고비분담률이 인상되면 그에 따라 피고의 광고비분담률도 같은 비율로 인상시켜온 점, 또한 광

고비 증가는 결국 이 사건 가맹사업에 관한 인지도 상승, 이미지 제고 및 매출 증가로 이어져 원고에게도 이익이 되는 점 등에 비추어 볼 때, 광고비분담률의 변경은 전체적인 가맹사업 조직의 유지·발전이라는 목적을 달성하기에 필요한 것으로 피고가 거래상의 지위를 이용하여 부당하게 광고비분담률 인상을 강요하였다고 보기 어렵다.

(3) 원고는 피고에 의하여 진행되는 전국적 할인행사에 의무적으로 참가하기로 이미 이 사건 가맹점계약에서 약정하고 있었던 점, 위와 같은 할인행사는 결국 이 사건 가맹사업에 관한 인지도 상승, 이미지 제고 및 매출 증가로 이어지게 되어 비록 할인행사로 인하여 감소하는 제품가격을 원고가 모두 부담하게 된다고 할지라도 그것이 반드시 종국적으로 원고에게 손해라고 볼 수만은 없는 점, 피고가 제휴할인행사의 실시 및 할인율의 변경이 있을 때마다 원고의 동의를 받은 점 등에 비추어 볼 때, 피고가 할인행사로 인한 비용을 일방적으로 원고에게만 부담하게 하였다고 하더라도 이를 가지고 피고가 거래상의 지위를 이용하여 부당하게 거래상대방에게 불이익을 주었다고 할 수는 없다.

나. 관련 법리 및 기록에 비추어 살펴보면, 원심의 위와 같은 사실인정 및 판단은 정당한 것으로 수긍할 수 있다. 거기에 상고이유의 주장과 같은 원부자재 구매 강요, 광고비의 부당한 전가, 제휴할인비용의 일방적 전가가 불공정거래행위에 해당하는지 여부에 관한 각 법리 오해 등의 위법이 있다고 할 수 없다.

3. 결론

그러므로 상고를 기각하고 상고비용은 패소자가 부담하도록 하여, 관여 대법관의 일치된 의견으로 주문과 같이 판결한다.

판례[34)]

【주 문】

1. 원고의 청구를 모두 기각한다.
2. 소송비용은 원고가 부담한다.

34) 서울중앙지방법원 2009.7.17, 선고 2008가합85654 판결

【청구취지】

피고는 원고에게 금 1,866,577,398원 및 이에 대한 이 사건 소장부본 송달일 다음날부터 다 갚는 날까지 연 20%의 비율에 의한 금원을 지급하라.

【이 유】

1. 기초사실

가. 피고는 '도미노피자'라는 브랜드의 대한민국 내 판매권을 가지고 가맹사업을 하는 회사이고, 원고는 피고와 가맹계약을 체결하여 서울 강남구 (이하 상세주소 생략)에서 '도미노피자 ○○점'(이하 '이 사건 점포'라 한다)을 운영하던 자이다.

나. 원고는 피고로부터 피고가 운영하는 이 사건 점포를 양수하기로 하고, 피고와 사이에 1999. 4. 9. 양수대금 270,000,000원, 양도일 같은 달 30.로 정하여 가계약을 체결하여, 같은 날 피고에게 계약금으로 27,000,000원을 지급하였다. 그 후 원고는 위 가계약에 기한 이 사건 점포의 양수도일인 1999. 4. 30. 피고와 사이에 사업 포괄 양도양수 계약(이하 '이 사건 사업양수도계약'이라 한다)을 체결하고, 같은 날 피고에게 잔금 243,000,000원을 지급하였다(피고는, 이 사건 점포는 피고의 영업이사였던 소외 5가 자신의 장모인 소외 4 명의로 운영하던 것으로, 원고는 위 소외 5로부터 이 사건 점포를 양수한 것이라고 주장한다. 살피건대, 갑 제3호증, 제4호증의 2의 각 기재에 의하면 이 사건 사업양수도 계약서가 원고와 소외 4 명의로 작성되었으며, 양도대금의 잔금 243,000,000원도 소외 4의 계좌로 입금된 사실을 인정할 수 있으나, 갑 제1, 2호증, 제4호증의 1, 제6, 32호증의 각 기재에 변론 전체의 취지를 종합하면, 이 사건 사업 양수도에 관한 위 가계약서가 피고의 대표이사 명의로 작성되었으며, 계약금 및 잔금의 입금표가 피고의 경리담당 직원인 소외 8의 명의로 작성된 사실, 원고가 피고와 사이에 아래 다항 기재와 같이 이 사건 가맹계약을 체결하면서 통상의 가맹계약이었으면 응당 지급하였어야 할 가맹비 금 30,000,000원의 지급을 면제받은 사실, 원고가 이 사건 점포를 인수하기 전 이 사건 점포의 점장이었던 소외 6이 이 사건 점포의 영업에 관한 사항을 피고의 대표이사인 소외 7에게 직접 보고를 해 왔던 사실을 각 인정할 수 있는바, 위 인정사실에 비추어 보면 이 사건 사업양수도계약의 당사자는 피고로 봄이 상당하다).

다. 또한, 원고는 1999. 5. 1. 피고와 사이에 이 사건 점포에 관하여 존속기간을 3년으로 정한 도미노피자 판매체인점 가맹계약을 체결하였는바,

위 계약은 2002. 5. 1. 및 2005. 5. 1. 두 차례에 걸쳐 갱신되었고, 2005. 5. 1. 갱신된 가맹계약의 주요한 내용은 별지 가맹계약 기재와 같다(이하 '이 사건 가맹계약'이라 한다).

라. 원고는 2007. 8. 9.경 원고의 친형인 소외(대법원 판결의 소외인)에게 이 사건 점포의 영업권 일체를 양도하기 위하여 이 사건 가맹계약에 따라 피고에게 영업양도 승인 요청을 하였으나, 피고는 같은 달 29. 위 영업양도 승인을 거절하였다.

마. 그 후, 피고는 2008. 1. 14. 원고에게 이 사건 가맹계약이 2008. 4. 30. 만료되며, 계약기간이 만료된 이후에는 이 사건 가맹계약을 갱신 또는 연장하지 않겠다는 취지의 통지를 하였으며, 그에 따라 2008. 5. 1.부터 원고에게 피자 등의 제조에 필요한 식자재 등을 공급해 주지 아니하여 원고는 결국 이 사건 점포의 영업을 중단하게 되었다.

[인정근거] 다툼없는 사실, 갑 제1, 2, 3, 4, 6, 7호증(가지번호 있는 것은 가지번호 포함)의 각 기재, 변론 전체의 취지

2. 원고 주장의 청구원인 사실

가. 계약의 위법한 파기로 인한 손해배상

1) 이 사건 점포는 원래 피고가 직접 운영하던 직영점으로, 원고는 피고로부터 이 사건 점포에 관한 일체의 권리와 의무를 양수받았고, 이러한 사업양수도계약에 따른 원고의 영업권을 보장하기 위하여 원고와 피고는 이 사건 가맹계약을 체결한 것이다. 따라서 이 사건 가맹계약에서 정한 존속기간과 상관없이, 원고가 이 사건 사업양수도계약상의 의무를 위반하는 등 위 사업양수도계약의 해지 사유 발생하지 않는 한, 피고는 이 사건 가맹계약을 해지하거나 종료시킬 수 없다. 그런데 피고는 원고에게 이 사건 사업양수도계약의 위반으로 인한 계약 해지사유가 없음에도 불구하고 이 사건 가맹계약의 갱신을 거절하여 이 사건 사업양수도계약상 보장된 영업권을 침해하였다.

2) 또한 이 사건 가맹계약에 의하더라도, 비록 가맹계약에서 존속기간을 정해 놓았다고 하더라도 피고는 계약 갱신의 의무가 있어 갱신을 거절하기 위하여는 원고의 계약 위반 등의 사유가 있어야 하는바, 원고가 이 사건 가맹계약을 위반한 사실이 없음에도 불구하고 피고가 이 사건 가맹계약의 갱신을 거절하여 원고에게 손해를 입혔다.

3) 그러므로 피고는 원고에게 손해배상으로 피고가 계약을 파기하지

않았더라면 원고가 얻을 수 있었던 영업이익 상당, 즉 피고가 이 사건 가맹계약을 파기한 2008. 5. 1.부터 2008. 10. 30.까지 원고의 예상 영업이익 상당인 금 129,327,288원(=매월 21,554,548원×6개월)을 지급할 의무가 있다.

4) 또한 원고는 당초 이 사건 점포를 소외 1에게 금 1,400,000,000원에 양도하려 하였고 피고도 위와 같은 사실을 잘 알고 있었는바, 피고의 위법한 계약 파기로 인하여 원고는 이 사건 점포를 양도할 수 없게 되었다. 따라서 피고는 원고에게 원고가 이 사건 점포를 양도하였을 경우 얻을 수 있었던 이익인 금 1,300,000,000원(=금 1,400,000,000원-임차보증금 100,000,000원)을 지급할 의무가 있다.

나. 원부자재 구입과 관련한 불공정거래행위로 인한 손해배상

1) 이 사건 가맹계약에 의하면 피고는 브랜드 및 제품품질의 동일성을 유지하는데 필요한 원부재료를 원고에게 공급한다고 규정하고 있으며, 위 규정에 의하여 피고는 모든 가맹점사업자에게 피자 등을 제조·판매하기 위해 필요한 물품들을 공급하여 왔다. 그런데 피고는 2002년경부터 이 사건 가맹사업의 통일적 이미지 및 상품의 동일한 품질 유지와 전혀 상관없는 물품들까지 피고로부터 구입하도록 강요하였는바, 이와 같은 피고의 행위는 거래상대방의 구속행위 또는 거래상 지위를 남용한 구입강제행위에 해당하는 것으로 위법한 행위라고 할 것이다.

2) 피고의 이와 같은 위법한 구입강제행위로 인하여 원고는 2002. 1. 1.부터 2008. 4. 30.까지 합계 금 242,575,806원의 손해를 입었으므로, 피고는 원고에게 동액 상당을 손해배상금으로 지급할 의무가 있다.

다. 광고비에 대한 부당한 강요행위로 인한 손해배상

1) 원고와 피고는 피고가 전국적으로 실시하는 광고의 비용에 관하여 원고가 매출금액의 3%를 지급하기로 약정하였는데, 피고는 2003. 12.경부터 원고와의 사전협의 없이 일방적으로 원고가 부담하여야 하는 광고비를 매출금액의 4.5%~6%로 인상하였는바, 이는 거래상 지위를 남용한 부당한 강요에 해당하는 위법한 행위라고 할 것이다.

2) 이와 같은 피고의 부당한 강요행위로 인하여 원고는 2003. 12. 28.부터 2008. 4. 20.까지 사이에 합계 금 56,674,304원의 광고비를 추가로 부담하는 손해를 입었으므로, 피고는 원고에게 손해배상으로

동액 상당을 지급할 의무가 있다.

라. 할인행사와 관련한 부당한 강요행위로 인한 손해배상

1) 피고는 2001년경부터 SK텔레콤, LG텔레콤 등의 이동통신사와 제휴하여 위 이동통신 가입자들에게 피자 가격을 15%~30% 할인하여 주는 제휴카드 할인행사를 시행하고 있는바, 위 할인행사에 따른 비용부담에 관한 사항은 정보공개서나 이 사건 가맹계약에는 규정되지 아니한 것으로, 해당 비용은 원고를 비롯한 가맹점사업자들이 예상할 수 없었던 비용임에도 피고는 자신은 비용을 전혀 부담하지 않고 원고가 이를 모두 부담하도록 강제하였다. 이와 같은 피고의 행위는 자신의 거래상 지위를 이용하여 거래상대방인 가맹점사업자에게 부당하게 비용을 부담하도록 강요하여 불이익을 주는 행위로 불공정거래행위에 해당한다.

2) 그로 인하여 원고는 2003년부터 2008년 1월까지 합계 금 138,000,000원의 손해를 입었으므로, 피고는 원고에게 손해배상으로 동액 상당을 지급할 의무가 있다.

마. 손해배상액의 합계

따라서 피고는 원고에게 손해배상으로 합계 금 1,866,577,398원(=금 129,327,288원+금 1,300,000,000원+금 242,575,806+금 56,674,304원+금 138,000,000원) 및 이에 대한 지연손해금을 지급할 의무가 있다.

3. 판 단

가. 계약의 위법한 파기 주장에 관한 판단

1) 사업양수도계약과 가맹계약의 관계

위 기초사실에서 본 바와 같이 원고는 피고와 사이에 이 사건 사업양수도계약 및 가맹계약을 체결하였는바, 이처럼 원고가 피고로부터 이 사건 점포를 양수하였다는 사실로 인하여 이 사건 가맹계약의 해지나 갱신거절이 제한을 받는지에 관하여 살피건대, 이 사건 사업양수도계약 및 가맹계약의 각 목적, 내용 등에 비추어 볼 때, 비록 위 각 계약의 당사자는 동일하지만, 위 각 계약에 있어서의 양 당사자의 법적 지위나 위 각 계약이 규율하는 법률관계는 서로 전혀 다르다고 할 것이어서, 원고와 피고 간의 이 사건 가맹사업에 관한 법률관계는 전적으로 이 사건 가맹계약에 의하여 규율된다고 봄이 상당하다.

따라서 이 사건 양수도계약상의 의무위반 여부와 상관없이 가맹계약에서 정한 해지사유 등 계약종료사유가 발생하면 피고는 적법하

게 가맹계약을 종료시킬 수 있다고 할 것이다(다만, 아래에서 보는 바와 같이 가맹계약의 특수성으로 인하여 피고는 원고를 비롯한 가맹점사업자들에게 일정기간 가맹계약을 존속시켜 줄 의무를 부담한다고 할 것인바, 이러한 가맹계약의 의무적 존속기간을 판단함에 있어서 원고가 피고로부터 이 사건 점포를 직접 양수하였다는 사실은 중요한 고려 요소가 될 수 있다).

2) 가맹계약 갱신거절의 위법성 여부

가) 관련 법규

구 가맹사업거래의 공정화에 관한 법률(2007. 8. 3. 법률 제8630호로 개정되기 전의 것. 이하 '구 가맹사업법'이라 한다)

제13조(가맹계약 종료사실의 통지 등)

① 가맹본부가 가맹계약을 갱신 또는 연장하지 아니하는 경우에는 계약이 만료되는 날부터 90일 전에 가맹점사업자에게 그 사실을 서면으로 통지하여야 한다.

② 가맹본부가 제1항의 규정에 의한 통지를 하지 아니하는 경우에는 계약만료전의 가맹계약과 동일한 조건으로 다시 가맹계약을 체결한 것으로 본다. 다만, 가맹점사업자가 계약이 만료되는 날부터 60일 전에 이의를 제기하거나 가맹본부나 가맹점사업자에게 천재지변 등 대통령령이 정하는 부득이한 사유가 있는 경우에는 그러하지 아니하다.

가맹사업거래의 공정화에 관한 법률(2007. 8. 3. 법률 제8630호로 개정된 것. 이하 '개정 가맹사업법'이라 한다)

제13조 (가맹계약의 갱신 등)

① 가맹본부는 가맹점사업자가 가맹계약기간 만료 전 180일부터 90일까지 사이에 가맹계약의 갱신을 요구하는 경우 정당한 사유 없이 이를 거절하지 못한다. 다만, 다음 각 호의 어느 하나에 해당하는 경우에는 그러하지 아니하다.

1. 가맹점사업자가 가맹계약상의 가맹금 등의 지급의무를 지키지 아니한 경우
2. 다른 가맹점사업자에게 통상적으로 적용되는 계약조건이나 영업방침을 가맹점사업자가 수락하지 아니한 경우
3. 가맹사업의 유지를 위하여 필요하다고 인정되는 것으로서 다음 각 목의 어느 하나에 해당하는 가맹본부의 중요한 영업방침을 가맹점사업자가 지키지 아니한 경우 (각 호 생략)

② 가맹점사업자의 계약갱신요구권은 최초 가맹계약기간을 포함한 전체 가맹계약기간이 10년을 초과하지 아니하는 범위 내에서만 행사할 수 있다.

나) 판단

살피건대, 이 사건 가맹계약에 의하면 가맹계약의 존속기간은 3년이며, 기간 만료일 3개월 전까지 어느 일방 당사자가 상대방에게 서면으로 계약 종료통지를 할 수 있도록 하고 있는바, 이러한 가맹계약에 비추어 볼 때, 피고는 원칙적으로 계약기간이 만료될 경우 자유롭게 계약의 갱신여부를 결정할 수 있다고 봄이 상당하다{개정 가맹사업법에 의하면 개맹점사업자에게 갱신요구권을 부여하고 있으나, 이 사건 가맹계약은 개정 가맹사업법이 시행되기 전에 체결되었으므로 개정 가맹사업법이 적용되지 아니한다(개정 가맹사업법 부칙 제4조 참조)}.

다만, 가맹사업의 특성상 원고와 같은 가맹점사업자는 가맹사업을 위하여 초기 시설비 등으로 상당한 비용의 투자를 하게 되며, 또한 가맹계약 기간동안 해당 상권을 꾸준히 관리하는 등 당해 가맹사업 존속에 대한 상당한 기대이익을 가지게 되는 점에 비추어 볼 때, 가맹계약에서 정해진 계약기간이 만료되었다고 가맹본부가 언제든지 바로 갱신을 거절할 수 있다고 보기는 어려우며, 가맹점사업자의 위와 같은 계약 존속에 관한 신뢰를 보호하여 상당한 기간동안에는 가맹본부가 가맹계약의 갱신을 거절할 수 없다고 보아야 할 것이다.

이 사건으로 돌아와 살피건대, 이 사건 가맹계약은 최초계약 이후에 2차례에 걸쳐 갱신이 되어 총 9년 동안 가맹계약이 계속되어 왔는바, 개정 가맹사업법에서 보장하고 있는 가맹점사업자의 갱신요구권의 인정기간(10년), 앞서 본 바와 같이 원고가 피고로부터 이 사건 점포를 직접 양수한 사정 등에 비추어 볼 때, 9년이라는 기간은 원고의 가맹계약 존속에 대한 기대이익 등을 보호하기에 충분한 기간이라고 판단되므로, 피고는 자유롭게 이 사건 가맹계약의 갱신을 거절할 수 있다고 할 것이다. 나아가 위 기초사실에서 본 바와 같이, 피고는 구 가맹사업법 및 이 사건 가맹계약에 따라 계약만료 시점인 2008. 4. 30.으로부터 3개월 전인 2008. 1. 14. 원고에게 갱신거절의 의사를 표시하였으므로, 피고의 갱신거절은 적법하다고 할 것이다. 따라서, 피고가 이 사건 가맹계약을 위법하게 파기하였다는 원고의 이 부분 주장은 이유 없다.

나. 원부자재 구입과 관련한 불공정거래행위 주장에 관한 판단

1) 인정사실

갑 제13호증, 을제1호증의 1 내지 24의 각 기재 및 증인 소외 3의 증언에 변론 전체의 취지를 종합하면, 피고는 이 사건 가맹계약에 따라 원고를 비롯한 가맹점사업자들에게 피자 등을 제조 및 판매하기 위한 물품들을 중요 식자재(일명 '코어 아이템')와 기타 식자재(일명 '논코어 아이템')로 분류하여 그 중 중요 식자재는 피고로부터 구입하도록 하고, 기타 식자재는 원고 등 가맹점사업자들의 선택에 따라 피고로부터 구입하든가 아니면 일반 시중에서 자유롭게 구입할 수 있도록 해 온 사실, 피고는 이러한 사실 및 피고로부터 구입하여야 하는 중요 식자재 목록을 가맹사업법에 따라 '정보공개서'에 기재하여 이를 등록해 온 사실, 피고는 위와 같은 중요 식자재의 품목이 변경되거나 가격이 변동될 경우 원고를 비롯한 가맹점사업자들에게 그러한 사실을 서면으로 사전에 통지하여 온 사실을 각 인정할 수 있으며, 이 사건 가맹계약에도 원고는 점포의 통일성과 대외적인 이미지 확보 및 소비자 보호 등을 위하여 피고가 공급하는 물품과 피고가 지정한 물품만을 사용하여야 한다고 규정되어 있음(제18조 제4항)은 앞서 본 바와 같다.

2) 판 단

살피건대, 이 사건 가맹사업은 표준화된 시스템을 통하여 전국적으로 통일적인 품질의 제품을 판매하는 사업으로, 그 특성상 전국적으로 유통과정, 유통기한 등이 정상적인, 안전한 정량의 원부재료를 사용하여 똑같은 맛과 위생상태를 유지하여야 할 필요성이 있는 점, 그런데 가맹점이 개별적으로 원부재료를 구입하게 되면 위와 같은 품질의 관리는 불가능하게 되는 점, 원고도 이 사건 가맹계약 당시 이러한 점을 잘 알고 있었던 점, 또한 피고가 중요 식자재의 품목이나 가격에 변동이 생길 경우 이러한 사실을 즉시 원고에게 통지하여 그에 관한 의견을 제시할 기회를 제공하여 주었던 점, 피고가 지정한 중요 식자재 품목의 가격이 시중가격보다 지나치게 비싸 피고가 그로 인하여 부당하게 높은 이익을 얻고 있다는 사정이 보이지 않는 점 등에 비추어 볼 때, 피고가 일부 원부자재를 피고로부터만 공급받도록 하는 것은 이 사건 가맹사업의 구체

적인 운영실상에 비추어 그 합리성이 인정되어 가맹사업의 목적달성에 필요한 범위 내의 제한이라고 할 것이며, 거래상의 지위를 이용하여 부당하게 거래상대방으로 하여금 구입할 의사가 없는 상품을 구입하도록 강요하는 행위로는 볼 수가 없다고 할 것이다. 따라서 원고의 이 부분 주장 역시 이유 없다.

다. 광고비에 대한 부당한 강요행위 주장에 관한 판단

1) 인정사실

갑 제14호증, 을 제3, 4, 17호증(가지번호 있는 것은 가지번호 포함)의 각 기재와 증인 소외 3의 증언에 변론 전체의 취지를 종합하면, 다음과 같은 사실을 인정할 수 있다.

가) 원고는 2001. 6. 26. 이 사건 가맹사업과 관련하여 피고가 전국적으로 시행하는 광고비용의 분담에 관하여 피고와 사이에 약정을 체결하였는바, 그 주요 내용은 다음과 같다(이하 '이 사건 광고비 약정'이라 한다).

제1조 (광고비의 정의)

피고가 기획한 광고에 대하여 원고와 피고는 정해진 방식과 정해진 율에 따라 광고비에 소요되는 비용을 분담하여 원고가 피고에게 납부하는 비용을 말한다.

제2조 (광고비 산출근거)

원고의 광고비 산정근거는 원고의 ROYALTY SALES 금액을 광고비 분담의 산출근거로 한다. 단, 광고비 산출방식 및 광고비 금액의 변경이 있을 경우에는 원고와 피고가 상호 협의하여 변경할 수 있다.

제4조 (광고비분담률)

원고의 광고비분담률은 ROYALTY SALES 금액의 3%(부가세 별도)로 확정하여 분담한다. 단, 현재 청구하고 있는 광고비 중에서 순수광고비를 제외한 기타 경비(무선이지체크서비스료, 핸드폰사용료, 회원카드 및 쿠폰구입료) 등은 별도 청구한다.

나) 그런데 피고는 그 후 시장 내 경쟁상황 및 사업환경의 변경에 따라 매출액의 3%~6%의 범위 내에서 수시로 광고비분담비율을 변경하였는바, 피고는 위와 같이 광고비분담률을 변경할 때에는 원고를 비롯한 가맹점사업자들에게 사전에 서면으로 통지하여 가맹점사업자들로부터 서면 동의를 받았으며, 원고

도 광고비분담률이 변경될 때마다 그 변경에 동의하였다.

다) 한편, 피고도 피고의 로열티 수익액 및 식자재 매출액에 관하여 원고를 비롯한 가맹점사업자들의 분담률과 같은 비율로 광고비를 분담하였는바, 그리하여 원고의 광고비분담률이 인상되면 피고의 광고비분담률도 함께 인상되었다.

2) 판 단

살피건대, 위 인정사실에 비추어 볼 때 알 수 있는 다음과 같은 사정, 즉 광고비분담률 인상에 관한 사항이 이 사건 가맹계약에 명시되어 있지 않다고 하여도(이 사건 가맹계약 제9조에서는 로열티 매출의 3%를 원고가 피고에게 전국광고기금으로 지급하도록 되어 있으나, 그 분담률의 인상에 관하여는 규정하지 않고 있다) 계약 당사자들의 합의에 의하여 광고비분담률을 인상할 수 있는 것은 계약 자유의 원칙상 당연한 것이라고 할 것이며, 또한 이 사건 가맹계약 중 광고비와 관련한 특별 계약이라고 할 수 있는 이 사건 광고비 약정에 의하면 원고와 피고가 협의하여 광고비분담률을 변경할 수 있다고 규정하고 있는 점, 위 약정에 따라 광고비분담률이 변경될 때마다 피고는 원고의 동의를 받아온 점, 피고는 원고의 광고비분담률이 인상되면 그에 따라 피고의 광고비분담률도 같은 비율로 인상시켜온 점, 또한, 광고비 증가는 결국 이 사건 가맹사업에 관한 인지도 상승, 이미지 제고 및 매출 증가로 이어져 원고에게도 이익이 되는 점 등에 비추어 볼 때, 위와 같은 광고비 분담률의 변경은 전체적인 가맹사업 조직의 유지·발전이라는 목적을 달성하기에 필요한 것으로 피고가 거래상의 지위를 이용하여 부당하게 광고비분담률 인상을 강요하였다고 보기는 어렵다고 할 것이다. 따라서 원고의 이 부분 주장 역시 이유 없다.

라. 할인행사와 관련한 부당한 강요행위 주장에 관한 판단

1) 인정사실

을 제4호증의 1 내지 6, 제17호증의 각 기재와 증인 소외 3의 증언에 변론 전체의 취지를 종합하면, 피고는 2001년부터 이동통신회사인 SK텔레콤과 제휴를 맺고 위 이동통신 가입자들에게 피고의 가맹점사업자가 판매하는 피자 가격의 15% 내지 30%를 할인하여 왔는바, 위와 같은 할인금액 중 일부는 SK텔레콤에서 부담하고 나머지 금액은 원고를 비롯한 가맹점사업자가 부담해 오고 있는 사실, 그 후 피고는 2005. 11.경부터 LG텔레콤과도 제휴를 맺고 위

이동통신 가입자들에게 피고의 피자 가격의 15%를 할인하여 주었는바, 그 할인금액은 전액 원고를 비롯한 가맹점사업자가 부담해 오고 있는 사실, 그런데 피고는 위와 같은 이동통신 제휴 할인을 시행함에 있어서 원고를 비롯한 가맹점사업자들에게 동의를 받아 사업을 시행하였으며, 할인율의 변경이 있을 때에도 그때마다 이를 원고를 비롯한 가맹사업자들에게 통지하여 그 변경에 관하여 동의를 받아 온 사실을 각 인정할 수 있다.

2) 판 단

살피건대, 위 인정사실에 의하면, 피고는 이동통신 제휴 할인행사를 시행해 오면서 자신은 아무런 비용을 부담하지 아니하고, 원고를 비롯한 가맹점사업자들에게만 할인으로 인한 비용을 부담하게 한 사실을 인정할 수 있으나, 원고는 피고에 의하여 진행되는 전국적 할인행사에 의무적으로 참가하기로 이미 이 사건 가맹계약에서 약정(제30조)하고 있었던 점, 위와 같은 할인행사는 결국 이 사건 가맹사업에 관한 인지도 상승, 이미지 제고 및 매출 증가로 이어지게 되어, 비록 할인행사로 인하여 감소하는 제품 가격을 원고가 모두 부담하게 된다고 할지라도 그것이 반드시 원고에게 손해라고 볼 수만은 없는 점(이와 같은 할인행사로 인하여 할인행사 전보다 원고에게 순이익이 감소하는 등 실제로 손실이 발생하였음을 인정할 만한 아무런 자료가 없다), 피고가 제휴 할인행사의 실시 및 할인율의 변경이 있을 때마다 원고의 동의를 받은 점 등을 알 수 있는바, 이러한 점들에 비추어 볼 때 피고가 할인행사로 인한 비용을 일방적으로 원고에게만 부담하게 하였다고 하더라도 이는 가맹사업의 목적 달성을 위해 필요한 범위 내의 행위라고 할 것이어서, 이를 가지고 피고가 거래상의 지위를 이용하여 부당하게 거래상대방에게 불이익을 주었다고 할 수는 없다고 할 것이다. 따라서 원고의 이 부분 주장 역시 이유 없다.

4. 결 론

그렇다면, 원고의 이 사건 청구는 모두 이유 없어 이를 기각하기로 하여 주문과 같이 판결한다.

[가맹점계약 생략]

판례[35)]

【판시사항】

공정거래위원회의 무혐의처분이 가맹점사업자인 청구인의 평등권과 재판절차진술권을 침해하지 아니한다고 본 사례

【결정요지】

구 '가맹사업거래의 공정화에 관한 법률' 하에서는 가맹점사업자의 계약갱신요구권이 인정되지 아니하므로, 가맹본부가 계약기간이 만료되는 날부터 90일 전에 가맹점사업자에게 서면으로 가맹계약을 갱신 또는 연장하지 않겠다는 통지를 하면 특별한 사정이 없는 한 그 가맹계약은 종료된다.

가맹본부는 가맹계약 기간만료일인 2008. 5. 16.을 앞두고 2008. 2. 11. 청구인에게 계약갱신에 관한 서면통지를 하였다. 그 통지는 2008. 5. 16.이 계약의 종료일임을 명시하고, 계약종료절차에 관한 규정인 구 '가맹사업거래의 공정화에 관한 법률' 제13조 제1항을 통지의 근거 법률로 기재하고 있다. 또한 그 통지 무렵 가맹본부가 다른 가맹점사업자들과는 재계약을 체결하면서 청구인에게는 재계약에 관하여 어떠한 안내도 하지 않았을 뿐만 아니라 계약갱신을 요청하는 청구인에게 아무런 답변을 하지 아니하였고, 오히려 청구인의 가맹점을 대신할 직영점의 개설을 준비하고 있었다. 이러한 사정에 비추어 보면, 가맹본부가 기간만료일부터 90일 전인 2008. 2. 11. 가맹계약을 갱신하지 않겠다는 의사를 통지하였다고 볼 수 있다.

한편, 가맹본부가 다른 가맹점사업자들과는 달리 청구인에게만 계약갱신의 조건으로 특별히 부당한 요구를 한 것으로는 보이지 아니하고, 청구인의 사업규모에 비추어 투자금이 상당히 회수되었을 것으로 짐작되는 등, 가맹본부의 갱신거절이 신의칙에 위반된다고 할 만한 특별한 사정이 있었던 것으로도 보이지 않는다.

따라서 이 사건 가맹계약은 법에서 정한 계약종료절차에 따라 적법하게 종료되었으므로, 가맹본부의 갱신거절을 불공정거래행위로 볼 수 없고, 이에 관한 공정거래위원회의 무혐의처분으로 말미암아 청구인의 평등권, 재판절차진술권이 침해되었다고 할 수도 없다.

35) 지정재판부 2009헌마582, 2011.6.30

【참조조문】
헌법 제11조 제1항, 제27조 제5항
구 가맹사업거래의 공정화에 관한 법률(2007. 8. 3. 법률 제8630호로 개정되기 전의 것) 제13조 제1항
구 가맹사업거래의 공정화에 관한 법률 시행령(2008. 1. 31. 대통령령 제20594호로 개정되기 전의 것) 제13조 제1항 [별표 2] 제1호 나목

[주 문]
이 사건 심판청구를 기각한다.

[이 유]
1. 사건의 개요 및 심판의 대상
가. 사건의 개요
(1) 청구인은 2001. 5. 17. 주식회사 ○○(이하 '○○'라 한다)와 Chicken Family Restaurant □□ 가맹계약(이하 '이 사건 가맹계약'이라 한다)을 체결하면서 계약기간을 2년으로 정하고 기간만료 시까지 쌍방의 이의가 없는 경우 계약기간을 1년 연장하기로 약정하였다.
(2) 이 사건 가맹계약이 매년 갱신되어 오던 중, ○○는 2008. 2. 11. 청구인에게 '□□ 가맹계약 종료 통보의 건'이라는 제목으로 기간만료에 따른 계약종료일이 2008. 5. 16.이라고 통지(이하 '2008. 2. 11.자 통지'라 한다)하였다. 청구인은 ○○에게 이 사건 가맹계약의 갱신을 요청하였으나, ○○는 아무런 답변을 하지 않고 있다가 2008. 5. 7. 다시 청구인에게 '□□ 가맹계약 종료 최종통보의 건'이라는 제목으로 계약종료일이 2008. 5. 16.임을 재차 통보함과 아울러 ○○의 영업표지나 노하우의 사용을 중지하고 시설물, 비품, 집기 등에 대하여 2008. 5. 23.까지 원상회복의무를 이행할 것을 요구(이하 위 통지를 '2008. 5. 7.자 통지'라 한다)하였다.
(3) 청구인은 2008. 10. 14. 피청구인에게 ○○의 계약갱신거절이 불공정거래행위라고 하여 신고하였으나, 피청구인은 2009. 7. 13. 2008서제2775호로 ○○의 계약갱신거절이 불공정거래행위에 해당하지 않는다는 내용의 무혐의처분을 하였다. 이에 청구인은 2009. 10. 12. 피청구인의 무혐의처분으로 인하여 자신의 평등권, 재판절차진술권이 침해되었다고 주장하면서 그 취소를 구하는 이 사건 헌법소원심판을 청구하였다.

나. 심판의 대상

이 사건 심판의 대상은 피청구인의 2009. 7. 13.자 2008서제2775호 무혐의처분(이하 '이 사건 처분'이라 한다)이 청구인의 기본권을 침해하여 위헌인지 여부이다.

2. 청구인의 주장 및 무혐의처분의 이유

가. 청구인의 주장

(1) 이 사건 가맹계약은 계약기간의 만료를 앞두고 매년 갱신되어 왔다. 특히 ○○가 2006. 12. 26. 청구인에게 2007. 5. 16.자로 계약이 종료되니 재계약 의사가 있으면 담당운영과장과 협의하라는 내용의 통지(이하 '2006. 12. 26.자 통지'라 한다)를 하였고, 가맹점사업을 계속하겠다는 청구인의 의사가 받아들여져 2007. 5. 17. 이 사건 가맹계약이 갱신되었다.

(2) ○○가 기간만료로 이 사건 가맹계약을 종료시키기 위해서는 청구인에게 구 '가맹사업거래의 공정화에 관한 법률'(2002. 5. 13. 법률 제6704호로 제정되고 2007. 8. 3. 법률 제8630호로 개정되기 전의 것, 이하 '구 가맹사업법'이라 한다) 제13조 제1항에 따라 기간만료일부터 90일 전에 서면으로 이 사건 가맹계약을 갱신 또는 연장하지 않는다는 통지를 하여야 한다.

(3) 그런데 ○○는 2008. 2. 11.자 통지 시에도 2006. 12. 26.자 통지와 마찬가지로 청구인에게 계약기간 만료일이 2008. 5. 16.임을 알리면서 필요시 본사로 방문하여 협의하라고 통지하였을 뿐 이 사건 가맹계약을 갱신 또는 연장하지 않겠다는 의사는 밝히지 않았다. ○○는 기간만료일을 불과 10일 앞두고 2008. 5. 7.자 통지로 비로소 청구인에게 이 사건 가맹계약을 갱신하지 않겠다고 통지하였을 뿐이다.

(4) 따라서 ○○는 2008. 5. 7.에야 이 사건 가맹계약의 갱신거절 통보를 하였으므로 ○○의 계약갱신거절은 구 가맹사업법 시행령(2008. 1. 31. 대통령령 제20594호로 개정되기 전의 것, 이하 '구 시행령'이라 한다) 제13조 제1항 [별표 2] 제1호 나목에 정한 "법 제13조의 규정에 의한 계약종료절차에 따르지 아니하고 계약을 종료하는 행위"로서 불공정거래행위에 해당함에도 피청구인이 이에 대하여 이 사건 처분을 함으로써 청구인의 평등권과 재판절차진술권을 침해하였다.

나. 무혐의처분의 이유

○○의 2008. 2. 11.자 통지는 구 가맹사업법 제13조의 계약종료절차에

따라 이 사건 가맹계약에 대한 종료의사를 적법하게 통지한 것으로 불공정거래행위가 아니다.

3. 판단

가. 인정사실

이 사건 기록에 현출된 제반 자료를 종합하여 보면 다음과 같은 사실을 인정할 수 있다.

(1) 청구인은 2001. 5. 17. ○○와 이 사건 가맹계약을 체결하면서 점포의 규모는 약 15평, 계약기간은 2년으로 정하되 기간만료 시까지 쌍방의 이의가 없는 경우 계약기간은 1년 연장되며, 계약종료 후에는 ○○의 영업표지나 노하우의 사용을 즉시 중지하고 청구인의 비용으로 위 영업표지가 표기된 모든 시설물, 비품, 집기 등을 즉시 철거하며, 계약종료일로부터 3년 간은 ○○의 노하우와 동일 또는 유사한 방법으로 영업을 할 수 없는 것으로 약정하였다. 또한 청구인은 계약체결 시 ○○에게 가맹금 500만원, 계약이행보증금 200만원을 각 납입하고, 그 중 가맹금은 ○○의 귀책사유가 없는 한 반환받을 수 없고 계약이행보증금은 계약종료 시 청구인이 ○○에게 지급하여야 할 물품대금 및 손해배상금 등을 정산한 후 잔액을 반환받기로 약정하였다.

(2) 이 사건 가맹계약은 2003. 5. 16. 계약기간이 만료된 이후에도 매년 갱신되어 왔다.(청구인은 2004. 5. 이후 갱신된 계약부터는 청구인의 처인 김봉남 명의로 계약을 갱신하였다.) ○○는 청구인에게 2006. 12. 26. '□□ 가맹계약 종료 통보'라는 제목하에 "당 가맹본부는 귀 가맹사업자와 2007. 5. 16.부로 계약이 종료됨을 통보 드립니다. □□ 가맹사업 재계약 의사가 있을 시 담당운영과장과 협의 후 본사로 내방하여 주시기 바랍니다."라는 통지를 하였고, 가맹점 사업을 계속하겠다는 청구인의 의사가 받아들여져 2007. 5. 17. 이 사건 가맹계약이 다시 갱신되었다.

(3) ○○는 2008. 1.경 청구인을 비롯한 가맹점사업자들에게 배달영업을 위주로 하는 소규모 가맹점포를 대로변으로 이전하고 그 규모도 확장할 것을 요구하였다. 청구인을 비롯한 일부 가맹점사업자들이 이에 반발하여 항의집회 등 집단행동을 하였다.

(4) ○○는 2008. 2. 11. 청구인에게 '□□ 가맹계약 종료 통보의 건'이라는 제목하에, "1. 귀 가맹점의 일익 번창하심을 진심으로 기원합니다. 2. 아래와 같이 계약이 만료됨에 따라 종료일을 통지하오니

참조바랍니다. (관련 근거; 구 가맹사업법 제13조 제1항) *계약종료일 : 2008. 5. 16., 3. 필요시 계약종료 전 60일 이전에 본사(또는 지역사업부 및 지역본부)로 방문하시어 협의하여 주시기 바랍니다. (관련 근거; 구 가맹사업법 제13조 제2항)"라는 내용의 통지를 하였다. 위 통지를 받은 후 청구인은 ○○의 담당운영과장에게 계약갱신을 요청하였으나 아무런 답변을 받지 못하였다.

(5) ○○는 2008. 2. 11.자 통지 무렵 계약기간 만료일을 3개월 정도 남겨놓은 가맹점사업자들과 사이에 개정 가맹사업법(2007. 8. 3. 법률 제8630호로 개정된 것)에 따라 새로운 내용의 재계약을 체결하였으나, 청구인을 비롯한 점포 이전 및 확장 요구에 반발하면서 집단행동을 주도한 가맹점사업자들에 대해서는 재계약 의사를 내비치지 않았다. ○○가 2007. 12. 1.부터 2008. 6. 30.까지 재계약을 하거나 계약을 갱신한 가맹점사업자는 584명이고, 위와 같이 집단행동을 주도한 가맹점사업자가 갱신 대상에서 배제되기는 하였으나 위 584명 중 549명은 ○○의 점포 이전 및 확장 요구에 응하지 않은 사람들이었다.

(6) ○○는 이 사건 가맹계약의 기간만료일인 2008. 5. 16.을 1개월 정도 남겨 놓은 2008. 4.경 청구인의 점포에서 약 5m 떨어진 지점에 □□(□□) 치킨 직영점 개설을 위한 준비행위로서 점포를 임차하여 내부시설공사에 착수하였으며, 2008. 5. 7. 청구인에게 '□□ 가맹계약 종료 최종통보의 건'이라는 제목하에 구 가맹사업법 제13조 제1항에 근거하여 이 사건 가맹계약이 2008. 5. 16. 기간만료로 종료되며, 이 사건 가맹계약상의 원상회복 약정에 따라 ○○의 영업표지나 노하우의 사용을 중지하고 매뉴얼 등을 반환할 것을 통지하였다.

(7) 청구인은 2008. 9.경 다른 곳에 점포를 마련하여 이 사건 가맹점과는 다른 치킨 호프집을 개업하여 운영 중이고, 2008. 10.경 이 사건 가맹점사업을 운영하던 임차점포는 원상회복한 후 임대인에게 인도함으로써 ○○에 대한 이 사건 가맹계약상의 원상회복의무를 이행하였다. 한편 청구인은 현재까지 이 사건 가맹계약의 종료 등과 관련하여 ○○를 상대로 어떠한 소송을 제기하지는 아니하였다.

나. 가맹사업법의 제정 및 개정

(1) 가맹사업법의 제정

가맹사업은 가맹본부가 한편으로는 가맹점사업자의 영업을 지원하면서 다른 한편으로는 이를 통제하는 것을 본질적 특징으로 하기 때문에 가맹본부의 거래거절은 법적·경제적 관점에서 독립된 사업자를 전제로 하는 '독점규제 및 공정거래에 관한 법률'상의 거래거절과는 다른 측면이 있다. 이러한 특수성을 반영하여 구 가맹사업법이 2002. 5. 13. 제정되면서 가맹계약의 종료절차에 관한 규정을 따로 두었고(제13조), 부당한 거래거절에 관한 '독점규제 및 공정거래에 관한 법률' 제23조 제1항 제1호가 가맹사업거래에 관하여 구 가맹사업법의 적용을 받는 사항에 대하여는 적용되지 않음을 명시하였다(제38조).

구 가맹사업법은 가맹계약의 종료절차 등에 관하여, 가맹본부가 기간만료로 계약을 종료시키기 위해서는 기간만료일부터 90일 전에 서면으로 가맹계약을 갱신 또는 연장하지 않는다는 통지를 하여야 하고(제13조 제1항), 가맹본부가 그 통지를 하지 아니하는 경우에는 기간만료 전의 가맹계약과 동일한 조건으로 다시 가맹계약을 체결한 것으로 보되, 가맹점사업자가 기간만료일부터 60일 전에 이의를 제기함으로써 계약갱신을 막을 수 있다(제13조 제2항)고 규정하고 있다.

(2) 가맹사업법의 개정

구 가맹사업법은 가맹본부가 가맹계약 기간만료일부터 90일 전에 서면으로 갱신거절의 통지를 하면 가맹계약은 종료되는 것으로 하고 가맹점사업자가 가맹본부에 대하여 가맹계약의 갱신을 요구할 수 있는 권리는 보장하고 있지 않았으므로 가맹점사업자의 투하자본 회수에 많은 어려움이 있었다. 이에 2007. 8. 3. 구 가맹사업법을 개정하여 가맹점사업자가 지속적인 거래를 예상하여 투자한 자본을 적절하게 회수할 수 있도록 가맹본부의 일방적인 계약갱신거절을 제한하는 규정을 신설하였다. 즉 개정 가맹사업법은 제13조에서 가맹본부는 가맹점사업자가 가맹계약상의 가맹금 등의 지급의무를 이행하지 아니하거나 가맹사업의 유지를 위하여 필요한 가맹본부의 중요한 영업방침을 지키지 아니한 경우 등을 제외하고는 전체 가맹계약기간이 10년을 초과하지 아니하는 범위 내에서 가맹점사업자의 갱신요구를 정당한 사유 없이 거절하지 못하도록 규정하였다.

(3) 이 사건 가맹계약에 적용되는 법률

가맹점사업자의 계약갱신요구권을 규정한 개정 가맹사업법은 시행일인 2008. 2. 4. 이후 체결되거나 갱신된 가맹계약부터 적용되고

(부칙 제1조, 제4조), 개정 가맹사업법 시행 전에 체결되거나 갱신된 가맹계약의 종료 사실 통지 등에 관하여는 종전의 규정에 따르도록 되어 있으므로(부칙 제7조), 개정 가맹사업법 시행 전인 2007. 5. 17. 갱신된 이 사건 가맹계약의 갱신거절에 관하여는 구 가맹사업법이 적용된다.

따라서 ○○가 계약기간이 만료되는 날부터 90일 전에 청구인에게 서면으로 이 사건 가맹계약을 갱신 또는 연장하지 않겠다는 통지를 하면 특별한 사정이 없는 한 이 사건 가맹계약은 종료된다.

다. 2008. 2. 11.자 통지가 적법한 계약갱신거절의 통지인지 여부

(1) 2008. 2. 11.자 통지의 해석

(가) 앞서 본 사실관계에 의하면 다음과 같은 사정을 알 수 있다.

1) 2006. 12. 26.자 통지서에는 '재계약 의사가 있을 시' 담당 운영과장과 협의하라고 기재되어 있으나, 2008. 2. 11.자 통지서에는 '필요 시' 가맹본부로 방문하여 협의하라고, 또한 계약기간 '만료'와 계약 '종료'를 구별하여 사용하면서 계약종료일을 2008. 5. 16.이라고 기재하고 있다. 2008. 2. 11.자 통지의 문언 기재나 아래에서 인정하는 통지 전후의 상황에 비추어 2008. 2. 11.자 통지가 청구인의 주장과 같이 단순히 기간만료일을 통지한 것이 아니라 기간만료일에 이 사건 가맹계약이 종료함을 통지한 것으로 이해할 수 있고, ○○가 청구인에게 재계약의 여지를 남기면서 재계약의 기회를 부여하고자 하는 의도였다고 보기는 어렵다.

2) 2008. 2. 11.자 통지 및 2008. 5. 7.자 통지에 관련 근거로 기재되어 있는 구 가맹사업법 제13조 제1항은 가맹본부가 가맹계약을 갱신하지 아니하는 경우 이를 기간만료 90일 전에 가맹점사업자에게 통지하여야 한다는 규정이다.

3) 개정 가맹사업법의 시행으로 2008. 2. 4. 이후 갱신되는 가맹계약은 개정법률에 따라 계약의 내용을 변경할 필요가 있었고, 실제로 ○○는 2008년 초부터 가맹점사업자들에게 계약기간 만료 3개월 전에 개정법률 및 변화된 영업방침을 반영하여 새로운 내용의 재계약을 체결할 것과 재교육을 받을 것을 안내한 후 그와 같은 내용의 재계약을 체결하였으나 청구인에게는 이러한 재계약 체결 및 재교육 안내 통지를 하지 아니하였고, 2008. 2. 11.자 통지로 계약

종료일이 2008. 5. 16.임을 통지하였을 뿐 청구인의 계약갱신 요구에 대하여도 아무런 답변을 하지 않은 점에 비추어 ○○가 2008. 2. 11.자 통지 당시 청구인과 이 사건 가맹계약을 갱신할 의사가 없었다는 것을 미루어 짐작할 수 있다.

4) 청구인뿐만 아니라 점포 이전 및 확장 요구에 반발하여 집단행동을 주도한 다른 가맹점사업자들 역시 재계약을 체결할 수 없었다. 한편, ○○가 2008. 5. 7.자 통지 전에 청구인의 점포 인근에 직영점 개설을 준비하고 있었다는 사실은 그 이전에 이미 ○○ 내부적으로 청구인과 이 사건 가맹계약을 갱신하지 않는다는 방침이 정해져 있었고, 청구인 또한 이를 알고 있었음을 의미한다.

(나) 위와 같은 2008. 2. 11.자 통지의 문언 및 그 목적, ○○가 그와 같은 통지를 하게 된 동기와 경위, 통지 전후의 제반 사정 등을 고려하면, 2008. 2. 11.자 통지는 이 사건 가맹계약을 갱신하지 않겠다는 의사의 통지로 봄이 상당하다.

(2) 계약갱신거절을 제한할 만한 특별한 사정의 존부

(가) 계약갱신거절에 대한 신의칙상의 제한

가맹본부는 가맹점사업자의 갱신요청을 받아들여 갱신 등에 합의할 것인지 여부를 스스로 판단·결정할 자유를 가진다. 다만 가맹본부의 갱신거절이 당해 가맹점계약의 체결 경위·목적이나 내용, 그 계약관계의 전개 양상, 당사자의 이익 상황 및 가맹점계약 일반의 고유한 특성 등에 비추어 신의칙에 반하여 허용되지 아니하는 특별한 사정이 있는 경우에는 그러하지 아니하다(대법원 2010.7.15. 선고 2010다30041 판결 참조).

(나) 앞서 본 사실관계에 의하면 다음과 같은 사정을 알 수 있다.

1) ○○가 영업방침의 변경으로 점포의 입지 및 규모에 관하여 새로운 기준을 설정한 후 청구인뿐만 아니라 다른 가맹점사업자에게도 그 기준에 따르도록 요구하였으나, 여기에 응하지 아니한 대부분의 가맹점사업자들과도 가맹계약을 갱신하거나 재계약을 체결한 사실로 미루어 ○○가 가맹점사업자들에게 변경된 영업방침을 강요한 것으로 보이지는 아니한다.

2) 이 사건 가맹계약은 ○○가 계약종료 후 청구인의 설비투자에 대하여 어떤 보상을 하기로 하는 내용은 없는 반면에 청구인이 계약종료일로부터 3년 간 경업피지의무를 부담하기로 하는 내용을 두고 있다. 그러나 청구인은 계약체결시 가맹금 500만원과 계약이행보증금 200만원을 납입한 후 2001. 5. 17.부터 2008. 5. 16.까지 7년 간 배달영업 위주의 소규모 점포에서 치킨 판매업을 운영하였는바, 그 업종 및 업태로 미루어 투하자본이 그리 많아 보이지 아니하고 가맹금과 계약이행보증금이 비교적 소액이며 계약이행보증금은 계약 종료 후 반환받는 점에 비추어, 청구인이 계약종료 후 설비투자에 대하여 아무런 보상을 받지 못하고 상당 기간 경업피지의무를 부담하게 된다고 하더라도 청구인은 실제 가맹점사업을 한 기간 동안 투하자본의 회수를 상당히 하였을 것으로 보인다.

(다) 위와 같은 이 사건 가맹계약의 내용, 계약관계의 전개 양상, 당사자의 이익 상황 등을 참작하면, ○○의 계약갱신거절이 신의칙 등의 법리에 위반된다고 볼 만한 특별한 사정이 있었던 것으로 보이지 아니한다.

(3) 소결

○○의 이 사건 가맹계약 갱신거절의 의사표시는 2008. 2. 11.자 통지로써 구 가맹사업법에서 정한 계약종료절차에 따라 이루어져 이 사건 가맹계약은 적법하게 종료되었다 할 것이므로, 이를 부당한 계약종료로서 불공정거래행위라고 볼 수는 없다. 그렇다면, 피청구인의 이 사건 처분은 정당하고 달리 피청구인이 현저히 정의와 형평에 반하는 조사를 하였다거나 이 사건 처분이 헌법재판소가 관여할 만큼의 자의적인 처분이라고 할 수 없으므로 이로 말미암아 청구인의 헌법상 기본권인 평등권, 재판절차진술권이 침해되었다고 할 수 없다.

4. 결론

따라서 청구인의 이 사건 심판청구는 이유 없으므로 이를 기각하기로 하여 관여 재판관 전원의 일치된 의견으로 주문과 같이 결정한다.

5. 가맹계약의 갱신거절사유

법 제13조제1항제3호다목에서 “대통령령으로 정하는 사항”이란 다음 각 호의 어느 하나에 해당하는 사항을 말한다(시행령 제14조 제1항).

1. 가맹본부의 가맹사업 경영에 필수적인 지식재산권의 보호에 관한 사항
2. 가맹본부가 가맹점사업자에게 정기적으로 실시하는 교육 · 훈련의 준수에 관한 사항. 다만, 가맹점사업자가 부담하는 교육 · 훈련 비용이 같은 업종의 다른 가맹본부가 통상적으로 요구하는 비용보다 뚜렷하게 높은 경우는 제외한다.

6. 계약만료 전 가맹계약 체결로 볼 수 있는 사유

법 제13조제4항 단서에서 "대통령령으로 정하는 부득이한 사유"란 다음 각 호의 어느 하나에 해당하는 경우를 말한다(시행령 제14조 제2항).

1. 가맹본부나 가맹점사업자에게 파산 신청이 있거나 강제집행절차 또는 회생절차가 개시된 경우
2. 가맹본부나 가맹점사업자가 발행한 어음 · 수표가 부도 등으로 지급거절된 경우
3. 가맹점사업자에게 중대한 일신상의 사유 등이 발생하여 더 이상 가맹사업을 경영할 수 없게 된 경우

제 24 절 가맹계약해지의 제한

Ⅰ. 가맹계약해지의 제한

가맹본부는 가맹계약을 해지하려는 경우에는 가맹점사업자에게 2개월 이상의 유예기간을 두고 계약의 위반 사실을 구체적으로 밝히고 이를 시정하지 아니하면 그 계약을 해지한다는 사실을 서면으로 2회 이상 통지하여야 한다. 다만, 가맹사업의 거래를 지속하기 어려운 경우로서 대통령령이 정하는 경우에는 그러하지 아니하다(법 제14조 제1항).

Ⅱ. 절차위반 가맹계약의 효력

제1항의 규정에 의한 절차를 거치지 아니한 가맹계약의 해지는 그 효력이 없다(법 제14조 제2항).

판례[36)]

【판시사항】

의류를 제조, 판매하는 가맹사업을 하는 乙 주식회사가 甲과 가맹계약을 체결하였는데, '乙 회사의 영업정책상 甲의 판매가 저조하거나 판매 활성화가 불가능하다고 판단될 경우 乙 회사는 서면 통보 후 임의로 계약해지를 할 수 있다'는 내용의 가맹계약 조항에 따라 계약해지를 통지한 사안에서, 위 가맹계약 조항은 가맹사업거래의 공정화에 관한 법률 제14조 제1항 본문에 반하여 무효이고, 乙 회사의 해지 통지도 효력이 없으므로, 乙 회사는 가맹계약 위반으로 甲이 입은 손해를 배상할 책임이 있다고 판단한 다음, 제반 사정을 고려하여 乙 회사의 책임을 70%로 제한한 사례

【판결요지】

의류를 제조, 판매하는 가맹사업을 하는 乙 주식회사가 甲과 가맹계약을 체결하였는데, '乙 회사의 영업정책상 甲의 판매가 저조하거나 판매 활성화가 불가능하다고 판단될 경우 乙 회사는 서면 통보 후 임의로 계약해지를 할 수 있다'는 내용의 가맹계약 조항에 따라 계약해지를 통지한 사안에서, 위 가맹계약 조항은 "가맹본부는 가맹계약을 해지하려는 경우에는 가맹점사업자에게 2개월 이상의 유예기간을 두고 계약의 위반 사실을 구체적으로 밝히고 이를 시정하지 아니하면 그 계약을 해지한다는 사실을 서면으로 2회 이상 통지하여야 한다."는 강행규정인 가맹사업거래의 공정화에 관한 법률 제14조 제1항 본문에 반하여 무효이고, 乙 회사의 해지 통지도 효력이 없으므로, 乙 회사는 가맹계약 위반으로 甲이 계약기간 종료일까지 매장을 운영하지 못함으로써 입은 일실손해를 배상할 책임이 있다고 판단한 다음, 甲 운영 매장의 매출이 인근 가맹점과 비교하여 저조했던 점 등을 고려하여 乙 회사의 책임을 70%로 제한한 사례.

【참조조문】

가맹사업거래의 공정화에 관한 법률 제12조 제1항 제3호, 제13조 제1항, 제2항, 제14조, 약관의 규제에 관한 법률 제6조, 제9조 제2호, 민법 제105조, 제390조, 제393조

36) 서울동부지법 2015.5.22, 선고 2014가합109264 판결 : 항소

【주 문】

1. 피고는 원고에게 2,277,280원 및 이에 대하여 2014. 10. 29.부터 2015. 5. 22.까지는 연 5%, 그 다음 날부터 다 갚는 날까지는 연 20%의 각 비율로 계산한 돈을 지급하라.
2. 원고의 나머지 청구를 기각한다.
3. 소송비용 중 90%는 원고가, 나머지는 피고가 각 부담한다.
4. 제1항은 가집행할 수 있다.

【청구취지】

피고는 원고에게 347,026,568원 및 이에 대하여 이 사건 소장부본 송달 다음 날부터 다 갚는 날까지 연 20%의 비율로 계산한 돈을 지급하라.

【이 유】

1. 기초 사실

가. 당사자 관계

피고는 '○○○ ○○○ ○○○'라는 상호로 의류를 제조, 판매하는 가맹사업(이하 '이 사건 가맹사업'이라 한다)을 하는 가맹본부이고, 원고는 피고로부터 이 사건 가맹사업과 관련하여 가맹점운영권을 부여받은 가맹점사업자이다.

나. 가맹계약의 체결

원고는 2011. 9. 30. 피고와 아래와 같이 이 사건 가맹사업과 관련하여 원고가 충주시 (주소 생략)에서 '충주 ○○○ ○○○ ○○○'(이하 '이 사건 매장'이라 한다)를 운영하기로 하는 가맹계약을 체결하였다(이하 '이 사건 가맹계약'이라 한다).

제4조 거래보증 2. 원고는 감정평가를 통한 실담보가 100,000,000원 이상의 부동산에 대하여 피고를 채권자로, 원고를 채무자로 하여 근저당권을 설정하여야 한다.제8조 판매사업장 2. 원고의 사업장 평수는 20평 이상이어야 하며, 상권 내에 경쟁력이 있다고 피고가 판단되는 매장이어야 한다. 3. 피고가 원고의 사업장에 대하여 경쟁력이 취약하다고 판단되어 판매 사업장의 이전을 원할 시 원고는 피고의 동의를 얻어 이를 성실히 이행한다. 만약 어떠한 사유로든 이전이 이행되지 않을 경우 원고는 피고의 영업정책에 이의를 제기하지 않는다.제17조 계약기간 1. 본 계약의 계약기간은 계약일로부터 1년으로 한다. 2. 본 계약의 계약만료 1개월 전까지 원고, 피고 중 어느 일방이 서면에 의한 해지표

시가 없을 경우 본 계약은 동일조건으로 1년 간 갱신된 것으로 한다.제18조 계약해지 1. 원고가 본 계약서 각 조항의 일부라도 위반하거나 제반 사항을 이행하지 않았을 경우 4. 피고의 영업정책상 원고의 판매가 저조하거나 판매 활성화가 불가능하다고 판단될 경우 제19조 계약해지 절차 2. 본 계약서 제18조 제1 내지 4항의 경우 피고는 서면 통보 후 임의로 계약해지를 할 수 있다.

다. 피고의 계약해지 통지

(1) 피고는 2014. 5. 27. 원고에게 '판매 부진에 따른 매장 확장 이전의 건'이라는 제목으로 아래와 같은 내용증명을 보냈다(이하 '이 사건 내용증명'이라 한다).

2. 원고는 2011. 10. 1.자로 이 사건 매장을 소외 1 대표로부터 인수인계를 받아 2년 8개월 째 운영하고 있으며, 그 기간 동안의 매출은 아래와 같습니다.

(단위 : 천 원)

구 분	2010년	2011년	2012년	2013년
매출	717,278	619,287	657,041	480,138
증감액	?	-97,991	37,754	-176,903
증감률	?	-13.7%	6.1%	-26.9%

3. 여러 상황에 따라 매출의 변화는 있다고 할 수 있지만 2013년도 매출 하락 폭은 원고 및 피고가 감내할 수 있는 수준을 벗어났다고 보이며, 이에 따라 피고는 부득이하게 매장 환경 개선을 통한 매출 신장을 유도하는 것이 최선의 방법이라 사료됩니다.

4. 매장 확장 및 이전에 대해서는 원고도 필요성을 인정하고 타 매장을 물색 중에 있었으며, 피고의 영업담당도 2014. 5. 14. 매장 방문 후 매장 확장 및 이전에 대한 상담을 진행하였습니다. 따라서 이제는 결과가 필요한 시점이라 생각되므로, 원고는 2014. 7. 14.까지 매장 확장 및 이전에 관한 결과를 피고에게 통보해 주시기 바랍니다(단 확장 및 이전 시 피고 동의 후 진행해 주시기 바랍니다).

5. 2014. 7. 14.까지 매장 확장 및 이전에 따른 결과가 없을 경우, 이 사건 매장에 대한 원고의 가맹점운영권은 상실되며, 피고는 부득이하게 제3자를 통한 매장 확장 및 이전을 추진할 수밖에

없으며, 만약 제3자를 통한 매장 오픈 시 원고의 영업은 2014. 8. 13.자로 종료할 수밖에 없음을 널리 양해해 주시기 바랍니다. 관련 계약 조항은 아래와 같습니다. 이 사건 가맹계약 제8조 제3항, 제18조 제4항, 제19조 제2항

(2) 피고는 2014. 7. 11. 원고에게 '원고는 2014. 7. 10. 현재 이 사건 내용증명의 요청사항에 대한 답을 하지 않았으므로, 2014. 7. 14.자로 이 사건 매장에 대한 가맹점운영권이 상실되었다. 2014. 8. 18.까지 원고가 보유한 재고상품을 반납하라'는 내용의 내용증명으로 이 사건 가맹계약의 해지를 통지하였다(이하 '이 사건 해지 통지'라 한다).

라. 원고의 재고 반납과 피고의 새로운 가맹계약 체결

(1) 원고는 2014. 8. 19. 피고에게 재고물품을 반납하였다.

(2) 피고는 2014. 9. 4. 소외 2와 충주 지역에 관한 가맹계약을 체결하였다.

[인정 근거] 다툼 없는 사실, 갑 제1, 2, 5호증, 을 제1, 2, 5호증(가지번호 포함)의 각 기재, 변론 전체의 취지

2. 피고의 손해배상책임의 발생

가. 당사자들의 주장

(1) 원고의 주장

피고는 이 사건 가맹계약 제8조 제3항, 제18조 제4항을 근거로 이 사건 해지 통지를 하였다. 그러나 이 사건 가맹계약 제8조 제3항은 '약관의 규제에 관한 법률'(이하 '약관법'이라 한다) 제6조 제1항, 제2항 제1호, '가맹사업거래의 공정화에 관한 법률'(이하 '가맹사업법'이라 한다) 제12조의2 제1항, '독점규제 및 공정거래에 관한 법률'(이하 '공정거래법'이라 한다) 제23조 제1항 제4호를 위반하여 무효이다. 또한 이 사건 가맹계약 제18조 제4항은 약관법 제6조 제1항, 제2항 제1 내지 3호, 제9조 제2호, 제3호를 위반하였고, 공정거래법 제23조 제1항 제1호, 제4호를 위반하여 무효이다. 따라서 이 사건 해지 통지는 실체적으로 위법하다.

이 사건 가맹계약 제19조 제2항은 가맹사업법 제14조 제1항에 반하여 무효이고, 피고는 가맹사업법 제14조 제1항의 절차를 위반하여 이 사건 해지 통지를 하였으므로, 이 사건 해지 통지는 절차적으로도 위법하다.

따라서 피고는 위법한 해지로 인해 원고가 입은 손해를 배상할 의무가 있다.

(2) 피고의 주장

이 사건 해지 통지는 이 사건 가맹계약 제8조 제3항, 제18조 제4항, 제19조 제2항에 따라 적법하게 이루어졌으므로, 이 사건 가맹계약은 적법하게 해지되었다.

또한 원고는 이 사건 해지 통지 이후에 2014. 8. 19. 자발적으로 피고로부터 받은 재고물품을 반납하여 이 사건 가맹계약의 해지에 동의하였다.

나. 이 사건 가맹계약이 적법하게 해지되었는지 여부

(1) 가맹사업법 제14조 제1항 본문은 "가맹본부는 가맹계약을 해지하려는 경우에는 가맹점사업자에게 2개월 이상의 유예기간을 두고 계약의 위반 사실을 구체적으로 밝히고 이를 시정하지 아니하면 그 계약을 해지한다는 사실을 서면으로 2회 이상 통지하여야 한다.", 제2항은 "제1항의 규정에 의한 절차를 거치지 않은 가맹계약의 해지는 그 효력이 없다."고 규정하고 있는데, 이는 가맹점사업자들로 하여금 위 유예기간 동안 계약해지사유에 대하여 해명하고 시정할 수 있는 기회를 충분히 가지도록 하기 위한 강행규정이다. 따라서 "피고는 원고가 이 사건 가맹계약을 위반할 경우 서면 통보 후 임의로 해지할 수 있다."고 규정한 이 사건 가맹계약 제19조 제2항은 가맹사업법 제14조 제1항 본문에 반하여 무효이고, 피고는 가맹사업법 제14조 제1항 본문에서 정한 절차를 준수하여 해지를 하여야 한다.

돌이켜 이 사건을 보건대, 피고는 이 사건 해지 통지 이전에 계약위반 사실을 구체적으로 밝혀 2회 이상 통지해야 함에도 불구하고, 이 사건 내용증명으로 1회만 통지하였다. 따라서 적법한 실체적 해지사유가 있었는지 여부는 별론으로 하고, 이 사건 해지 통지는 가맹사업법 제14조에 의해 효력이 없다.

(2) 한편 원고는 2014. 8. 19. 피고에게 피고로부터 받은 재고물품을 반납하였으나, ① 가맹점사업자인 원고는 가맹본부인 피고가 물품을 공급하지 않으면 더 이상 가맹점을 운영할 수 없는데, 피고는 2014. 7. 11. 이 사건 해지 통지로서 물품을 더 이상 공급하지 않을 의사를 분명히 한 점, ② 이 사건 가맹계약 제4조 제2항에 따라 원고는 피고에게 재고물품 반환의무 등을 담보하기 위해 자기 소유 부동산에 근저당권을 설정하였는데(갑 제2, 11호증), 원고가 피고에게 재고물품을 반납하지 않으면 담보권이 실행될 염려가 있는 점 등

을 고려할 때, 재고물품 반납 사실만으로는 원고가 이 사건 해지 통지에 동의하였다고 보기 어렵고, 달리 이를 인정할 증거가 없다.

다. 피고의 손해배상책임

이 사건 가맹계약은 적법하게 해지되지 않았으므로, 피고는 이 사건 가맹계약이 종료할 때까지 이 사건 가맹계약에 따른 의무를 부담한다. 그럼에도 피고는 이 사건 해지 통지를 통해 원고에게 이 사건 가맹계약에 따른 가맹본부로서의 의무를 이행하지 아니할 의사를 명백히 표시하였고, 그 후 실제로 피고는 이 사건 가맹계약에 따른 물품 공급을 중단하고 2014. 9. 4. 소외 2와 새로운 가맹계약을 체결하였으므로, 피고의 위와 같은 행위는 이 사건 가맹계약을 위반한 것이다.

따라서 피고는 원고에게 이 사건 가맹계약 위반으로 원고가 입은 손해를 배상할 책임이 있다.

3. 손해배상책임의 범위

가. 원고의 주장

(1) 원고는 이 사건 매장을 소외 1로부터 인수하면서 권리금 135,000,000원을 지급하였으나, 이 사건 가맹계약 위반으로 인해 이를 회수하지 못했다.

(2) 가맹사업법 제13조 제2항은 가맹점사업자에게 10년 동안의 계약갱신요구권을 부여하고 있으므로, 이 사건 가맹계약 위반이 없었다면 원고는 이 사건 가맹계약에 따른 영업을 시작한 2011. 10. 1.부터 10년 후인 2021. 9. 30.까지 영업을 할 수 있었을 것이다. 따라서 원고는 2011. 10. 1.부터 2013. 12. 31.까지 월평균 2,116,588원의 순이익을 얻었으므로, 원고는 이 사건 가맹계약 위반으로 인하여 182,026,568원[= 2,116,588원 × 86개월(2014. 8. 1.부터 2021. 9. 30.까지)]의 영업이익을 상실하는 손해를 입었다.

(3) 또한 원고는 이 사건 가맹계약 위반으로 인해 30,000,000원 상당의 정신적 손해를 입었다.

(4) 따라서 피고는 원고에게 손해배상으로 347,026,568원(= 135,000,000원 + 182,026,568원 + 30,000,000원) 및 이에 대한 지연손해금을 지급할 의무가 있다.

나. 권리금

(1) 영업용 건물의 임대차에 수반되어 행하여지는 권리금의 지급은 임대차계약의 내용을 이루는 것은 아니고, 권리금 자체는 거기의 영업시설·비품 등 유형물이나 거래처, 신용, 영업상의 노하우(know-

how) 또는 점포 위치에 따른 영업상의 이점 등 무형의 재산적 가치의 양도 또는 일정 기간 동안의 이용대가라고 볼 것이다. 권리금이 임차인으로부터 임대인에게 지급된 경우 그 유형·무형의 재산적 가치의 양수 또는 약정기간 동안의 이용이 유효하게 이루어진 이상 임대인은 그 권리금의 반환의무를 지지 아니한다. 다만 임차인은 당초의 임대차에서 반대되는 약정이 없는 한 임차권의 양도 또는 전대차의 기회에 부수하여 자신도 그 재산적 가치를 다른 사람에게 양도 또는 이용케 함으로써 권리금 상당액을 회수할 수 있을 것이다. 따라서 임대인이 그 임대차의 종료에 즈음하여 그 재산적 가치를 도로 양수한다든지 권리금 수수 후 일정한 기간 이상으로 그 임대차를 존속시켜 그 가치를 이용케 하기로 약정하였음에도 임대인의 사정으로 중도 해지됨으로써 약정기간 동안의 그 재산적 가치를 이용케 해주지 못하였다는 등의 특별한 사정이 있을 때에만 임대인은 그 권리금 전부 또는 일부의 반환의무를 진다(대법원 2001. 4. 10. 선고 2000다59050 판결 참조).

(2) 갑 제3호증, 갑 제10호증의 1의 각 기재에 변론 전체의 취지를 종합하면, 원고는 이 사건 매장의 영업을 위한 사업장을 확보하기 위해 2011. 9. 14. 소외 3으로부터 충주시 (주소 생략)을 임대차기간 2011. 10. 1.부터 24개월로 정하여 임차한 사실, 원고는 2011. 9. 14. 기존 임차인인 소외 1에게 권리금으로 135,000,000원을 지급한 사실을 인정할 수는 있다.

그러나 ① 권리금이 피고에게 지급된 것이 아닌 점, ② 피고는 원고에게 일정한 기간 이상 이 사건 매장에서 영업을 할 수 있도록 보장을 하지 않은 점(오히려 이 사건 가맹계약은 영업실적이 나쁠 경우 사업장을 이전할 수 있음을 예정하고 있다), ③ 원고로서는 이 사건 매장의 임차권을 양도하여 권리금의 일부를 회수할 수 있었음에도 이와 같은 조치를 취하지 않은 점, ④ 만약 이 사건 매장에 권리금 상당의 유형·무형의 재산적 가치가 없어서 원고가 권리금을 다음 임차인으로부터 회수하지 못한 것이라면 이는 이 사건 매장을 약 2년 9개월 간 운영한 원고에게도 귀책사유가 있는 점 등을 고려할 때, 위 인정 사실만으로는 이 사건 가맹계약 위반으로 인하여 원고가 위 권리금 상당의 손해를 입었다고 보기에 부족하고, 달리 이를 인정할 증거가 없다.

(3) 따라서 원고의 이 부분 주장은 받아들이지 아니한다.

다. 일실이익

피고는 원고에게 이 사건 가맹계약 위반으로 인해 원고가 이 사건 매장을 운영하지 못하여 입은 일실손해를 배상할 의무가 있다.

(1) 손해발생기간

(가) 원고는 가맹사업법 제13조 제2항은 가맹점사업자에게 10년 동안의 계약갱신요구권을 부여하고 있으므로, 이 사건 가맹계약 위반이 없었더라면 원고는 계속하여 갱신요구를 했을 것이고, 이 사건 매장에서 2021. 9. 30.까지 영업할 수 있었을 것이라고 주장한다.

(나) 살피건대, 가맹사업법 제13조 제1항 본문은 "가맹본부는 가맹점사업자가 가맹계약기간 만료 전 180일부터 90일까지 사이에 가맹계약의 갱신을 요구하는 경우 정당한 사유 없이 이를 거절하지 못한다."고 규정하고 있는데, 아래의 사정을 고려할 때, 원고가 가맹계약의 갱신을 요구하더라도 피고는 이를 거절할 정당한 사유가 있었다고 봄이 상당하다.

1) 이 사건 가맹계약의 해지사유와 관련하여

이 사건 가맹계약 제8조 제2항은 "원고의 사업장 평수는 20평 이상이어야 하며, 상권 내에 경쟁력이 있다고 피고가 판단되는 매장이어야 한다.", 제3항은 "피고가 원고의 사업장에 대하여 경쟁력이 취약하다고 판단되어 판매 사업장의 이전을 원할 시 원고는 피고의 동의를 얻어 이를 성실히 이행한다."고 각 규정하고 있으며, 제18조 제1항은 "원고가 본 계약서 각 조항의 일부라도 위반하거나 제반사항을 이행하지 않았을 경우"를, 제4항은 "피고의 영업정책상 원고의 판매가 저조하거나 판매 활성화가 불가능하다고 판단될 경우"를 각 해지사유로 규정하고 있다.

그런데 이 사건 매장의 면적은 약 18평에 불과하였던 점, 이에 따라 원고도 매장면적 부족을 인식하고 피고에게 먼저 매장 이전에 관한 의사를 표시하였던 점, 피고는 원고가 이전하려고 한 지역은 매출증가의 가능성이 없어 다른 지역을 추천하였던 점, 원고는 '임대매장을 구할 수 없다'는 이유로 이전을 위한 적극적인 행위를 하지 아니한 점(증인 소외 4, 소외 5, 소외 6, 소외 7의 각 증언만으로는 원고가 이전을 위한 적극적인 행위를 하였다고 인정하기에 부족하고, 오히려 소외 2는 피고가 이전을 요구한 지역 내인 충주시 문화동 인근에 매장을 구한 사정에 비추어 원고가 적극적인 노력을 다하였다면 이전할 매장을 구할 수 있었을 것으로 보인다), 피고는 이 사건 내용증명과 같이 이전을 촉구하기에 이르렀는데, 원고는 피고와 협의하는 등의 행위를 하지 아니한 점 등을 고려할 때, 원고의 매장 이전 거부행위는 이 사건 가맹계약 제8조, 제18조에서 정한 해지사유에 해당한다.

2) 이 사건 가맹계약상 해지사유가 법령에 위반하여 무효인지 여부

① 가맹사업법 제38조는 가맹사업법의 적용을 받는 사항에 대해서는 공정거래법 제23조 제1항 제1호, 제3호, 제4호, 제5호 규정에 우선하여 가맹사업법을 적용하도록 규정하고 있으므로, 공정거래법 위반 여부는 판단하지 않고, 약관법 및 가맹사업법 위반 여부에 관하여 본다.

② 약관법 제6조 제1항, 제2항 제1호에 따라 고객에 대하여 부당하게 불리한 조항으로서 '신의성실의 원칙에 반하여 공정을 잃은 약관 조항'이라는 이유로 무효라고 보기 위해서는, 그 약관 조항이 고객에게 다소 불이익하다는 점만으로는 부족하고, 약관 작성자가 거래상의 지위를 남용하여 계약 상대방의 정당한 이익과 합리적인 기대에 반하여 형평에 어긋나는 약관 조항을 작성·사용함으로써 건전한 거래질서를 훼손하는 등 고객에게 부당하게 불이익을 주었다는 점이 인정되어야 한다. 그리고 이와 같이 약관 조항의 무효 사유에 해당하는 '고객에게 부당하게 불리한 조항'인지 여부는 그 약관 조항에 의하여 고객에게 생길 수 있는 불이익의 내용과 불이익 발생의 개연성, 당사자들 사이의 거래과정에 미치는 영향, 관계 법령의 규정 등 모든 사정을 종합하여 판단하여야 한다(대법원 2008. 12. 16.자 2007마1328 결정, 대법원 2014. 6. 12. 선고 2013다214864 판결 참조).

살피건대, 가맹사업법 제13조 제1항 단서 제3호 (가)목

은 "가맹점 운영에 필요한 점포·설비의 확보에 관한 가맹본부의 중요한 영업방침을 가맹점사업자가 지키지 않은 경우 가맹본부는 가맹점사업자의 계약갱신요구를 거절할 수 있다."고 규정하고 있는 점, 경쟁력이 있는 매장을 확보하는 것은 피고뿐만 아니라 원고에게도 이익인 점 등을 고려할 때 이 사건 가맹계약 제8조 제3항과 제18조 제4항이 약관법 제6조 제1항 내지 제2항을 위반하였다고 단정하기 어렵다.

또한 약관법 제9조 제2호는 "사업자에게 법률에서 규정하고 있지 아니하는 해제권 또는 해지권을 부여하여 고객에게 부당하게 불이익을 줄 우려가 있는 조항은 무효이다."라고 규정하고 있는데, 가맹사업법은 갱신요구를 거절할 수 있는 사유를 제한하고 있으나 해지사유를 특별히 제한하지 않는바, 이 사건 가맹계약 제18조 제4항이 법률에서 규정하고 있지 아니하는 해지권을 부여하였다고 보기 어렵다.

③ 가맹사업법 제12조 제1항(가맹사업법 제정 이전에는 동일한 취지의 공정거래법 제23조 제1항 제4호, 제2항 및 같은 법 시행령 제36조 제1항, [별표 1] 제6호)에서 불공정거래행위의 한 유형으로 사업자의 거래상 지위의 남용, 즉 가맹본부가 거래상의 지위를 이용하여 부당하게 가맹점사업자에게 불이익을 주는 행위를 규정하고 있는 것은, 현실의 거래관계에서 경제력에 차이가 있는 거래주체 간에도 상호 대등한 지위에서 법이 보장하고자 하는 공정한 거래를 할 수 있게 하기 위하여 상대적으로 우월적 지위에 있는 가맹본부에 대하여 그 지위를 남용하여 상대방인 가맹점사업자에게 거래상 불이익을 주는 행위를 금지시키고자 하는 데 그 취지가 있는 것으로서, 우월적 지위를 부당하게 이용하여 가맹점사업자에게 불이익을 준 행위인지의 여부는 당해 행위의 의도와 목적, 효과와 영향 등과 같은 구체적 태양과 상품의 특성, 거래의 상황, 해당 가맹본부의 시장에서의 우월적 지위의 정도 및 상대방인 가맹점사업자가 받게 되는 불이익의 내용과 정도 등에 비

추어 볼 때 정상적인 거래관행을 벗어난 것으로서 공정한 거래를 저해할 우려가 있는지 여부를 판단하여 결정하여야 한다(동일한 취지의 공정거래법 규정에 관한 대법원 2000. 6. 9. 선고 97누19427 판결 참조).

살피건대, 이 사건 가맹계약 제8조 제3항이 "피고가 원고의 사업장에 대하여 경쟁력이 취약하다고 판단되어 판매 사업장의 이전을 원할 시 원고는 피고의 동의를 얻어 성실히 이행한다."고 규정하고 있으나, 이 사건에서 원고가 먼저 피고에게 이 사건 매장의 이전을 요청하였고, 이에 따라 피고는 매장 이전 장소에 대한 의견을 제시하였으므로, 원·피고 사이에는 매장 이전에 관한 의사의 합치가 있었던 점, 피고가 특별히 이전할 매장을 강제적으로 제한하였다고 보기 어려운 점, 원고는 앞에서 본 바와 같이 매장을 구하기 위한 적극적인 행위를 하였다고 볼 수 없는 점 등을 고려할 때, 피고가 이 사건 가맹계약 제8조 제3항을 근거로 원고에게 이 사건 매장의 이전을 요구한 것이 우월적 지위를 부당하게 이용하여 가맹점사업자에게 불이익을 준 행위라고 단정하기 어렵다.

3) 원고의 이 사건 가맹계약 갱신의사

① 아래에서 보듯이 이 사건 매장의 월평균 영업이익이 1,626,629원에 불과하여 영업이 원활하였다고 보기 어려운 점, ② 원고는 매출과 영업이익을 올리기 위해 먼저 피고에게 사업장의 이전을 요청하였으나, 이전할 장소를 찾는 것이 수월하지 않았던 점(증인 소외 6의 증언), ③ 이 사건 내용증명, 이 사건 해지 통지, 재고물품의 반납에 이르는 과정에서 원고는 피고에게 이 사건 가맹계약을 유지하기 위한 적극적인 의사를 표시하지 아니한 점, ④ 원고는 피고에게 가맹사업법 제13조 제1항에 따라 계약기간 만료 전 180일부터 90일까지 사이에 이 사건 가맹계약의 갱신을 요구할 수 있음에도 이러한 조치도 취하지 아니한 점, ⑤ 원고는 이 사건 해지 통지 당시 이 사건 매장 외에도 다른 의류 가맹사업인 '△△△'의 가맹점을 운영하고 있었던 점(증인 소외 6, 소외 5의 각 증언) 등을 고려할 때, 원

고에게 이 사건 가맹계약을 갱신할 의사가 있었다고 보기 어렵다.

(다) 결국, 원고가 이 사건 가맹계약의 갱신을 요구하지 않았고, 만약 하였더라도 피고는 이를 거절할 수 있으며, 피고는 이 사건 내용증명 및 해지 통지로서 이 사건 가맹계약을 갱신하지 않을 의사를 표시하였다.

따라서 이 사건 가맹계약은 이 사건 가맹계약 위반이 없었더라도 마지막으로 갱신된 2013. 9. 30.부터 이 사건 가맹계약에서 정한 계약기간인 1년이 경과하는 2014. 9. 30. 종료하였다고 봄이 상당하므로, 원고는 2014. 9. 30.까지의 일실이익의 배상만을 구할 수 있다.

(2) 손해액

갑 제7호증의 1, 2, 3의 각 기재에 변론 전체의 취지를 종합하면, 원고는 2011. 10. 1.부터 2013. 12. 31.까지 27개월 동안 이 사건 매장에서 영업이익으로 43,919,007원(=4,626,152원+13,857,426원+25,435,429원), 영업외 이익으로 13,228,886원(=1,912,828원-1원+6,351,235원+4,964,824원)을 얻었는데, 영업외 이익은 회사 자산 운영에 따른 수익이지 이 사건 매장 운영에 따른 이익은 아니므로, 위 기간 동안의 이 사건 매장의 월평균 영업이익은 1,626,629원(=43,919,007원 ÷ 27개월, 원 미만 버림, 이하 같다)으로 봄이 상당하다. 따라서 원고가 구하는 2014. 8. 1.부터 2014. 9. 30.까지 이 사건 매장에서 영업하지 못하여 입은 일실이익 상당의 손해는 3,253,258원(=1,626,629원 × 2개월)이다.

라. 정신적 손해

일반적으로 계약상 채무불이행 또는 불법행위 등으로 인하여 재산적 손해가 발생한 경우, 그로 인하여 당사자가 받은 정신적인 고통은 재산적 손해에 대한 배상이 이루어짐으로써 회복된다고 보아야 할 것이므로, 재산적 손해의 배상만으로는 회복될 수 없는 정신적 고통을 입었다는 특별한 사정이 있고, 상대방이 이와 같은 사정을 알았거나 알 수 있었을 경우에 한하여 정신적 고통에 대한 위자료를 인정할 수 있다(대법원 2005. 3. 24. 선고 2005다213 판결 참조).

돌이켜 이 사건을 보건대, 이 사건에서 원고가 위와 같은 재산적 손해의 배상만으로는 회복될 수 없는 정신적 고통을 입었다는 특별한 사정이나 상대방인 피고가 이와 같은 사정을 알았거나 알 수 있었다고 볼 증거가 부족하므로, 원고의 이 부분 주장은 받아들이지 아니한다.

마. 책임의 제한

채무불이행으로 인한 손해배상책임의 범위를 정함에 있어서의 과실상계 사유의 유무와 정도는 개별 사례에서 문제 된 계약의 체결 및 이행 경위와 당사자 쌍방의 잘못을 비교하여 종합적으로 판단하여야 한다 (대법원 2002. 7. 12. 선고 2000다17810 판결 참조).

이 사건 매장의 매출은 인근 가맹점과 비교하여 저조했던 점, 원고가 피고에게 먼저 이 사건 매장의 이전을 요청한 점, 원고는 이 사건 가맹계약을 갱신할 의사를 적극적으로 표시하지 아니한 점, 피고의 이 사건 해지 통지는 가맹사업법에서 정한 절차를 거치지 아니하여 무효로 되었을 뿐이고, 앞에서 본 바와 같이 계약 해지사유는 존재하는 점 등을 고려할 때, 원고의 과실비율을 30%로 봄이 상당하므로, 피고의 책임을 70%로 제한한다.

바. 소결론

따라서 피고는 이 사건 가맹계약 위반으로 인한 손해배상으로 2,277,280원(= 3,253,258원 × 70%) 및 이에 대하여 이 사건 소장부본 송달 다음 날인 2014. 10. 29.부터 피고가 그 이행의무의 존부와 범위에 관하여 항쟁함이 상당한 이 판결 선고일인 2015. 5. 22.까지는 민법이 정한 연 5%, 그 다음 날부터 다 갚는 날까지는 소송촉진 등에 관한 특례법이 정한 연 20%의 각 비율로 계산한 지연손해금을 지급할 의무가 있다.

4. 결론

그렇다면 원고의 청구는 위 인정 범위 내에서 이유 있으므로 이를 인용하고, 나머지 청구는 이유 없으므로 이를 기각하기로 하여, 주문과 같이 판결한다.

판례[37)]

【판시사항】

[1] 구 가맹사업거래의 공정화에 관한 법률 제14조에 정한 유예기간 중에 가맹본부가 가맹점사업자에게 가맹계약상의 급부 제공을 거절할 수 있는지 여부(**소극**) 및 이에 반하는 행위가 불법행위가 될 수 있는지 여부(**적극**)

37) 대법원 2009.9.24. 선고 2009다32560 판결

[2] 가맹본부의 가맹계약 해지통고가
구 가맹사업거래의 공정화에 관한 법률 제14조에 정한 절차를 위반하여 위법하고 이는 계약에 따른 채무를 이행하지 아니할 의사를 명백히 표시한 것이므로, 가맹점사업자는 이행거절의 채무불이행 내지 위 조항을 위반한 불법행위를 이유로 손해배상을 청구할 수 있다고 한 사례

【참조조문】

[1] 구 가맹사업거래의 공정화에 관한 법률(2007. 8. 3. 법률 제8630호로 개정되기 전의 것) 제14조, 민법 제750조

[2] 구 가맹사업거래의 공정화에 관한 법률(2007. 8. 3. 법률 제8630호로 개정되기 전의 것) 제14조, 민법 제544조, 제750조

【주 문】

원심판결을 파기하고, 사건을 서울고등법원에 환송한다.

【이 유】

상고이유를 판단한다.

1. 법률행위의 해석은 당사자가 그 표시행위에 부여한 객관적인 의미를 명백하게 확정하는 것으로서, 사용된 문언에만 구애받는 것은 아니지만, 어디까지나 당사자의 내심의 의사가 어떤지에 관계없이 그 문언의 내용에 의하여 당사자가 그 표시행위에 부여한 객관적 의미를 합리적으로 해석하여야 하는 것이고, 당사자가 표시한 문언에 의하여 그 객관적인 의미가 명확하게 드러나지 않는 경우에는 그 문언의 형식과 내용, 그 법률행위가 이루어진 동기 및 경위, 당사자가 그 법률행위에 의하여 달성하려는 목적과 진정한 의사, 거래의 관행 등을 종합적으로 고려하여 사회정의와 형평의 이념에 맞도록 논리와 경험의 법칙, 그리고 사회일반의 상식과 거래의 통념에 따라 합리적으로 해석하여야 한다(대법원 2007. 9. 7. 선고 2005다50690 판결 등 참조).
2. 또한 채무자가 채무를 이행하지 아니할 의사를 명백히 표시한 경우에 채권자는 신의성실의 원칙상 이행기 전이라도 이행의 최고 없이 채무자의 이행거절을 이유로 계약을 해제하거나 채무자를 상대로 손해배상을 청구할 수 있고, 채무자가 채무를 이행하지 아니할 의사를 명백히 표시하였는지 여부는 채무 이행에 관한 당사자의 행동과 계약 전후의 구체적인 사정 등을 종합적으로 살펴서 판단하여야 한다(대법원 2007. 9. 20. 선고 2005다

63337 판결 등 참조).

3. 한편 가맹사업거래의 공정화에 관한 법률(2007. 8. 3. 법률 제8630호로 개정되기 전의 것) 제14조는 가맹본부가 가맹계약을 해지하고자 하는 경우에는 해당 가맹점사업자에게 계약을 해지하는 날부터 2월 이상의 유예기간을 두고 3회 이상 계약해지의 사유를 기재한 문서로서 그 시정을 요구하도록 하고, 그와 같은 절차를 거치지 아니한 가맹계약의 해지는 효력이 없다고 규정하고 있는바, 이는 가맹점사업자들로 하여금 위 유예기간 동안 계약해지사유에 대하여 해명하고 시정할 수 있는 기회를 충분히 가지도록 하기 위한 강행규정이므로, 가맹본부로서는 위 법률 제14조가 규정하는 유예기간 중에는 가맹점사업자에게 가맹계약상의 급부 제공을 거절할 수 없고, 이에 위반하는 행위는 불법행위가 될 수 있다 할 것이다.

4. 원심판결 이유에 의하면 원심은, 피고가 2007. 8. 8.자로 이 사건 해지통고를 보낸 후에도 원고의 교재주문을 받아들여 이를 배송하였고, 해지통고에 따른 조치를 취하거나 요구한 일이 없으며, 원고도 이 사건 해지통고를 거절하였고, 피고가 이 사건 해지통고 이후에 원고의 계속되는 이 사건 확인영어 제공행위 등 다른 가맹계약체결 및 이 사건 로고 미사용에 대하여 원고에게 시정을 요구한 것 외에 별다른 행위를 한 바 없으므로, 이 사건 해지통고만으로 피고가 이행거절의 의사를 명백히 하였다고 볼 수 없고, 한편 피고의 이 사건 해지통고가 위 법률 제14조에 따른 절차를 거치지 아니하였지만 그 위반의 정도가 경미하다고 인정되므로 피고에게 손해배상을 구할 정도가 된다고 볼 수 없을 뿐만 아니라, 이 사건 해지통고가 무효여서 그 해지의 의사표시가 부적법한 경우에는 계약해지의 법률효과가 발생하지 아니하고 이 사건 가맹계약은 여전히 유효하게 존속한다 할 것이므로 부적법한 계약해지의 의사표시로 인하여 원고에게 어떠한 손해가 발생한다고 할 수도 없다고 하여, 이 사건 가맹계약이 피고의 위법한 계약해지 등 귀책사유로 인하여 해지되었음을 이유로 그로 인한 손해배상을 구하는 원고의 청구를 기각하였다.

5. 그러나 이러한 원심의 판단은 앞서 본 법리 등에 비추어 다음과 같은 이유로 이를 수긍하기 어렵다.

   원심판결 및 원심이 적법한 증거조사를 거쳐 채택한 증거 등에 의하면, 피고는 2007. 6. 26.자로 원고가 이 사건 가맹계약 제26조 제6항의 타 교육사업 참여금지의무와 제7조 제1항의 피고 체인학원으로서의 이미지 동일성 유지의무를 위반하였으므로 2007. 7. 31.까지 이를 시정하지 않으면 계약을 해지할 것이라고 통지한 사실, 그러자 원고는 2007. 7. 31.자로, 피고가 지적하는 타 교육사업인 확인영어 프로그램은 피고가 영위하지 않는 분야인 인터넷 자율학습용으로서 학원 수업시간에는 적용하지 않고 있고 2007. 7. 31.자로 사업장도 분리할 예정이며, 이미지 동일성 유지의무를 지적한 피고의 새로운 로고 부착은 이를 간판 등에 적용하는 작업을 완료하였고 일부 작업은 진행 중이므로 기한을 연장해달라고 통지한 사실, 그런데 피고는 이와 같은 원고의 해명과 시정조치에 대하여 제대로 확인하거나 검토해보지 않은 채 기 지적한 계약 위반이 시정되지 않았고 그 외에도 원고가 2007년 TESOL 행사의 피고 가맹학원장 모임에서 피고의 명예를 훼손하는 발언을 하였다며 2007. 8. 8.자로 이 사건 해지통고를 하였고, 이 사건 해지통고에는 "원고의 계약 위반으로 인하여 이 사건 가맹계약을 2007. 8. 1.자로 해지하기로 결정하였으므로 2007. 8. 14.부터 교재 출고를 정지할 것이며, 원고는 2007. 8. 20.까지 교재 반환 등 계약해지에 따른 원상회복조치를 이행하여야 한다"는 피고의 의사가 명확히 표시되어 있는 사실, 원고는 이 사건 해지통고를 받고 2007. 8. 13.자로 피고가 지적하는 계약해지 사유가 부당할 뿐 아니라 계약해지 절차가 가맹점사업자에게 2월 이상의 유예기간을 두고 3회 이상 계약해지의 사유를 기재한 문서로서 그 시정을 요구하여야 한다는 위 법률 제14조의 규정에 위반된다고 통지하였는데, 이에 대하여 피고는 2007. 8. 14.경부터 교재를 반환받는 등 원고의 해지절차 이행에 대하여 별다른 조치를 취하지 않다가 2007. 9. 18.자로 원고가 확인영어 제공행위뿐 아니라 ○○어학원 및 △△ 영어관의 운영도 하고 있다고 지적하면서 2007. 10. 4.까지 이를 시정하지 않으면 가맹계약을 해지하겠다는 내용의 통지를 한 사실, 이에 원고는 2007. 10. 1.자로 피고가 이미 이 사건 해지통고를 하고도 다시 시정을 권고한 것은 이해할 수 없다고 하면서, 피고가 부당한 사유로 해지통고를 하고 교재공급을 중단한 것은 가맹계약을 위반한 것이라는 이유로 계약 해지를 통지하였고, 반면 피고는 2007. 10. 23.자로 2007. 6. 26.부터 2개월 이상의 유예기간을 두고 3회에 걸쳐 위반사항의 시정을 요구하였음에도 원고가 이에 따르지 않았으므로 이 사건 가맹계약은 위 법률에 따라 적법하게 해지되었다고 통지한 사실, 한편 원고는 2007. 8. 14. 및 8. 17.에 피고에게 344,500원 상당의 강의교재를 주문하여 수령한 일이 있으나, 이에 반하여 원고가 2007. 8. 14.경부터 피고에게 반환한 교재는 8,887,000원 상당에 달하였던 사실(원고는 피고에 대한 위 교재 주문은 원고로부터 피고의 계약해지 사실을 통보받지 못한 학원 강사들이 강의에 필요한 교재들을 개별적으로 주문한 데에서 비롯된 것으로서 원, 피고 사이의 해지절차와는 관계가 없는 것이라고 주장한다)을 알 수 있다.

위와 같은 사실들을 종합하면 보면, 피고는 당초 2007. 6. 26.자 통지를 통하여 지적한 원고의 계약위반 사항에 관하여 원고의 해명이나 그 시정 여부를 제대로 확인하지도 않은 채 이 사건 해지통고로써 위 법률 제14조의 절차에 위반하여 이 사건 가맹계약을 해지함과 아울러 계약에 따른 채무를 이행하지 아니할 의사를 명백히 표시하였고, 이후로도 원고가 시정한 내용과 그렇지 않은 내용을 구분하여 추가보완을 요구하거나 원고의 주장을 받아들일 수 없는 이유를 원고에게 적절히 설명하는 등 계약관계의 유지를 위한 진지한 해결책을 모색하기보다는 원고가 2007. 8. 13.자 통지에서 지적한 해지절차의 위법 문제를 보완하기 위하여 2007. 9. 18.자 통지를 보내면서 오히려 그 동안 지적하지 않았던 새로운 위반사항까지 추가하여 이를 불과 보름 남짓한 2007. 10. 4.까지 시정하도록 일방적으로 요구함으로써 기존의 계약해지 의사를 더욱 확고히 하였으며, 이에 원고가 2007. 10. 1.자 통지로써 계약을 해지하기에 이른 것으로 보이므로, 설령 결과적으로 원고에게 계약위반 사항이 존재하여 피고가 계약을 해지할 수 있는 사유가 있었다고 하더라도, 이 사건 가맹계약은 위와 같은 피고의 위법한 계약해지 및 이행거절 등으로 인하여 피고의 귀책사유에 기하여 해지된 것으로 봄이 상당하고, 이와 같이 피고가 위법하게 계약을 해지함과 아울러 채무를 이행하지 아니할 의사를 명백히 표시한 이상 원고는 피고의 이와 같은 이행거절의 채무불이행 내지 위 법률 제14조를 위반한 불법행위를 이유로 손해배상을 청구할 수 있다 할 것이다.

6. 그럼에도 불구하고 원심은 피고가 이 사건 해지통고만으로 이행거절의 의사를 명백히 하였다고 볼 수 없다는 등의 이유로 위와 같이 원고의 청구를 기각하고 말았으니, 이러한 원심판결에는 의사표시의 해석, 계약해지와 이행거절 및 위 법률 제14조 등에 관한 법리를 오해하여 판결에 영향을 미친 위법이 있으므로, 이 점을 지적하는 상고이유의 주장은 이유 있다.
7. 그러므로, 원심판결을 파기하고 사건을 다시 심리·판단하게 하기 위하여 원심법원에 환송하기로 하여, 관여 대법관의 일치된 의견으로 주문과 같이 판결한다.

Ⅲ. 가맹계약의 해지사유

법 제14조 제1항 단서에서 "대통령령이 정하는 경우"란 다음 각 호의 어느 하나에 해당하는 경우를 말한다(시행령 제15조).

1. 가맹점사업자에게 파산 신청이 있거나 강제집행절차 또는 회생절차가 개시된 경우
2. 가맹점사업자가 발행한 어음 · 수표가 부도 등으로 지불정지된 경우
3. 천재지변, 중대한 일신상의 사유 등으로 가맹점사업자가 더 이상 가맹사업을 경영할 수 없게 된 경우
4. 다음 각 목의 어느 하나에 해당하여 가맹사업에 중대한 장애를 초래한 경우
   가. 가맹점사업자가 공연히 허위사실을 유포함으로써 가맹본부의 명성이나 신용을 뚜렷이 훼손한 경우
   나. 가맹점사업자가 가맹점 운영과 관련되는 법령을 위반하여 다음의 어느 하나에 해당하는 행정처분을 받음으로써 가맹본부의 명성이나 신용을 뚜렷이 훼손한 경우
      1) 그 위법사실을 시정하라는 내용의 행정처분
      2) 그 위법사실을 처분사유로 하는 과징금 · 과태료 등 부과처분
      3) 그 위법사실을 처분사유로 하는 영업정지 명령
   다. 가맹점사업자가 가맹본부의 영업비밀 또는 중요정보를 유출한 경우
5. 가맹점사업자가 가맹점 운영과 관련되는 법령을 위반하여 이를 시정하라는 내용의 행정처분(과징금 · 과태료 등의 부과처분을 포함한다)을 통보받고도 행정청이 정한 시정기한(시정기한을 정하지 아니한 경우에는 통보받은 날부터 10일) 내에 시정하지 않는 경우
6. 가맹점사업자가 가맹점 운영과 관련되는 법령을 위반하여 자격 · 면허 · 허가 취소 또는 영업정지 명령(15일 이내의 영업정지 명령을 받은 경우는 제외한다) 등 그 시정이 불가능한 성격의 행정처분을 받은 경우. 다만, 법령에 근거하여 행정처분을 갈음하는 과징금 등의 부과 처분을 받은 경우는 제외한다.
7. 가맹점사업자가 법 제14조제1항 본문에 따른 가맹본부의 시정요구에 따라 위반사항을 시정한 날부터 1년(계약갱신이나 재계약된 경우에는 종전 계약기간에 속한 기간을 합산한다) 이내에 다시 같은 사항을 위반하는 경

우. 다만, 가맹본부가 시정을 요구하는 서면에 다시 같은 사항을 1년 이내에 위반하는 경우에는 법 제14조제1항의 절차를 거치지 아니하고 가맹계약이 해지될 수 있다는 사실을 누락한 경우는 제외한다.
8. 가맹점사업자가 가맹점 운영과 관련된 행위로 형사처벌을 받은 경우
9. 가맹점사업자가 공중의 건강이나 안전에 급박한 위해를 일으킬 염려가 있는 방법이나 형태로 가맹점을 운영하는 경우
10. 가맹점사업자가 정당한 사유 없이 연속하여 7일 이상 영업을 중단한 경우

제 25 절 가맹점사업자단체의 거래조건 변경 협의 등

Ⅰ. 가맹점사업자단체 구성

가맹점사업자는 권익보호 및 경제적 지위 향상을 도모하기 위하여 단체(이하 "가맹점사업자단체"라 한다)를 구성할 수 있다(법 제14조의2 제1항).

1. 가맹점사업자단체의 의의

가맹사업법 제14조의2는 가맹점사업자단체 구성권, 거래조건에 대한 협의 요청권을 규정하고 있습니다. 이는 가맹사업 분야에서 불공정 문제에 보다 근본적으로 접근한 방식으로, 가맹점사업자가 단체를 구성할 수 있는 권리와 거래조건을 협의할 수 있는 권리를 부여하여 가맹본부와의 관계에서 힘의 균형을 달성하고 이를 통해 불공정이 발생되는 구조를 근본적으로 개선하기 위함이다.

2. 가맹점사업자단체 구성권

(1) 개 념

가맹점사업자는 권익보호 및 경제적 지위 향상을 도모하기 위하여 단체(이하 가맹점사 업자단체")를 구성할 수 있다.

> 제14조의2(가맹점사업자단체의 거래조건 변경 협의 등) ① 가맹점사업자는 권익보호 및 경제적 지위 향상을 도모하기 위하여 단체(이하 "가맹점사업자단체"라 한다)를 구성할 수 있다.
> ⑤ 가맹본부는 가맹점사업자단체의 구성·가입·활동 등을 이유로 가맹점사업자에게 불이익을 주는 행위를 하거나 가맹점사업자단체에 가입 또는 가입하지 아니할 것을 조건으로 가맹계약을 체결하여서는 아니 된다.

(2) 주 체

가맹점사업자단체를 구성할 수 있는 자는 가맹본부와 가맹계약을 체결·유지하고 있는 가맹점사업자(가맹점주)이다(법 제14조의2 제2항).

(3) 가맹본부의 금지의무

가맹본부는 ① 가맹점사업자단체의 구성·가입·활동 등을 이유로 가맹점사업자에게 불이익을 주는 행위를 하거나 ② 가맹점사업자단체에 가입 또는 가입하지 아니할 것을 조건으로 가맹계약을 체결하여서는 안된다(가맹사업법 제14조의2 제5항).

이는 가맹점사업자의 단체구성을 가맹본부가 방해하거나, 가입 또는 활동에 불이익을 제공하여 운영 및 활동을 방해함은 물론 가맹본부가 지정하는 특정단체에 가입하도록 함으로써 자주적인 단체결성을 통한 활동을 방해하는 행위를 방지하여 법상 보장된 단 체구성권을 실질적으로 보장하기 위함이다.

가맹본부가 이를 위반한 경우 시정조치, 시정권고, 과징금의 대상이 됩니다. 그리고 시 정조치 명령에 따르지 않을 경우 3년 이하의 징역 또는 1억 원 이하의 벌금에 처해질 수 있다(법 제41조 제2항 제1호).

3. 거래조건 협의 요청권

(1) 의 의

특정 가맹본부와 가맹계약을 체결·유지하고 있는 가맹점사업자(복수의 영업표지를 보 유한 가맹본부와 계약 중인 가맹점사업자의 경우에는 동일한 영업표지를 사용하는 가맹 점사업자로 한정)로만 구성된 가맹점사업자단체는 그 가맹본부에 대하여 가맹계약의 변경 등 거래조건에 대한 협의를 요청할 수 있다(가맹사업법 제14조의2 제2항).

거래조건의 경우 법으로 규제하는 것이 사실상 불가능 하므로 가맹점사업자들이 단체를 구성하고 교섭을 통해 합리적인 거래조건을 협의할 수 있도록 거래조건 협의요청권을 규정하였다.

> **제14조의2(가맹점사업자단체의 거래조건 변경 협의 등)**
> ② 특정 가맹본부와 가맹계약을 체결·유지하고 있는 가맹점사업자(복수의 영업표지를 보유한 가맹본부와 계약 중인 가맹점사업자의 경우에는 동일한 영업표지를 사용하는 가맹점사업자로 한정한다)로만 구성된 가맹점사업자단체는 그 가맹본부에 대하여 가맹계약의 변경 등 거래조건(이하 이 조에서 "거래조건"이라 한다)에 대한 협의를 요청할 수 있다.
> ③ 제2항에 따른 협의를 요청받은 경우 가맹본부는 성실하게 협의에 응하여야 한다. 다만, 복수의 가맹점사업자단체가 협의를 요청할 경우 가맹본부는 다수의 가맹점사업자로 구성된 가맹점사업자단체와 우선적으로 협의한다.
> ④ 제2항에 따른 협의와 관련하여 가맹점사업자단체는 가맹사업의 통일성이나 본질적 사항에 반하는 거래조건을 요구하는 행위, 가맹본부의 경영 등에 부당하게 간섭하는 행위 또는 부당하게 경쟁을 제한하는 행위를 하여서는 아니 된다.

(2) 주 체

(가) 가맹점사업자단체

특정 가맹본부와 가맹계약을 체결·유지하고 있는 가맹점사업자로만 구성된 가맹점사업자단체이다. 복수의 영업표지를 보유한 가맹본부와 계약 중인 가맹점사업자의 경우에는 동일한 영업표지를 사용하는 가맹점사업자로 한정된다(법 제14조의2 제2항).

(나) 복수단체의 문제

복수의 가맹점사업자단체가 협의를 요청할 경우 가맹본부는 다수의 가맹점사업자로 구성된 가맹점사업자단체와 우선적으로 협의한다(법 제14조의2 제3항).

(3) 거래조건 협의 대상

단체교섭의 대상은 가맹계약의 변경 등 거래조건이고(법 제14조의2 제2항). 다음의 사항은 제외된다.

가. 가맹사업의 통일성이나 본질적 사항에 반하는 거래조건을 요구하는 행위
나. 가맹본부의 경영 등에 부당하게 간섭하는 행위
다. 부당하게 경쟁을 제한하는 행위

(4) 가맹본부의 성실협의 의무

협의를 요청받은 경우 가맹본부는 성실하게 협의에 응하여야 한다(법 제14조의2 제3항).

Ⅱ. 가맹점사업자단체 교섭사례

1. 폐점 시 위약금 감면을 위한 거래조건 협의사례

가맹본부가 가맹점의 영업양도 통제, 과중한 위약금 부과 등의 불공정행위를 하여 가맹점주들이 한국공정거래조정원에 조정신청을 하였으나 가맹본부가 이를 거부하면서 발단이 되었다.

가맹사업법에 도입된 가맹점사업자단체 구성권, 거래조건협의 요청권을 통해 가맹점주들이 수차례 교섭을 진행하였고, 교섭결과 운영위약금 전액을 면제하기로 합의하였다.

2. 가맹본부 사업철수 시 보상에 대한 거래조건 협의사례

가맹본부의 영업수지가 악화되자 가맹본부는 점차 사업을 축소하고 가맹점에 대한 지원을 줄이는 등 가맹사업(브랜드)을 철수 하는 과정에서 이에 반발하는 가맹점주들이 집단적으로 대응하면서 분쟁이 발생하였다.

교섭 결과 가맹본부의 사업(브랜드) 철수 시 가맹점사업자단체와의 협의로 사후처리와 보상을 합의하였다.

3. 가맹점주 참여권 확대를 위한 거래조건 협의사례

AA가맹본부는 경영정책 실패로 매출이 하락하여 로열티 수입이 줄어들자 이를 만회하고자 상시 할인정책을 펼쳤습니다. 이로 인해 원가율이 급상승하여 가맹점주의 수익이 악화되면서 분쟁이 발생하였다.

교섭 결과 가맹점사업자단체를 가맹사업의 대등한 당사자로 인정하고 정기적으로 거래 조건에 대해 협의하기로 하였다.

또한 광고·판촉비 결정절차와 비율, 물품 공급업체 선정 등에 있어서 가맹점주 참여권보장으로 가맹사업에서의 동반자적 관계의 토대를 만들었다.[38)]

Ⅲ. 특정 가맹점사업자단체 협의

특정 가맹본부와 가맹계약을 체결·유지하고 있는 가맹점사업자(복수의 영업표지를 보유한 가맹본부와 계약 중인 가맹점사업자의 경우에는 동일한 영업표지를 사용하는 가맹점사업자로 한정한다)로만 구성된 가맹점사업자단체는 그 가맹본부에 대하여 가맹계약의 변경 등 거래조건(이하 이 조에서 "거래조건"이라 한다)에 대한 협의를 요청할 수 있다(법 제14조의2 제2항).

제2항에 따른 협의를 요청받은 경우 가맹본부는 성실하게 협의에 응하여야 한다. 다만, 복수의 가맹점사업자단체가 협의를 요청할 경우 가맹본부는 다수의 가맹점사업자로 구성된 가맹점사업자단체와 우선적으로 협의한다(법 제14조의2 제3항).

제2항에 따른 협의와 관련하여 가맹점사업자단체는 가맹사업의 통일성이나 본질적 사항에 반하는 거래조건을 요구하는 행위, 가맹본부의 경영 등에 부당하게 간섭하는 행위 또는 부당하게 경쟁을 제한하는 행위를 하여서는 아니 된다(법 제14조의2 제4항).

---

38) 프랜차이즈 불공정피해 상담사례집, 서울시, 2015.12, 96-100 인용.

Ⅳ. 가맹점사업자단체의 불이익 금지

가맹본부는 가맹점사업자단체의 구성 · 가입 · 활동 등을 이유로 가맹점사업자에게 불이익을 주는 행위를 하거나 가맹점사업자단체에 가입 또는 가입하지 아니할 것을 조건으로 가맹계약을 체결하여서는 아니 된다(법 제14조의2 제1항).

제 26 절 자율규약

Ⅰ. 자율규약

가맹본부 또는 가맹본부를 구성원으로 하는 사업자단체는 가맹사업의 공정한 거래질서를 유지하기 위하여 자율적으로 규약을 정할 수 있다(법 제15조 제1항).

Ⅱ. 자율규약 심사요청

가맹본부 또는 가맹본부를 구성원으로 하는 사업자단체는 제1항의 규정에 의하여 자율규약을 정하고자 하는 경우 그 규약이 제12조 제1항의 규정에 위반하는 지에 대한 심사를 공정거래위원회에 요청할 수 있다(법 제15조 제2항).

공정거래위원회는 제2항의 규정에 의하여 자율규약의 심사를 요청받은 때에는 그 요청을 받은 날부터 60일 이내에 심사결과를 신청인에게 통보하여야 한다(법 제15조 제3항).

가맹본부 또는 가맹본부를 구성원으로 하는 사업자단체는 법 제15조 제2항의 규정에 의하여 자율규약의 심사를 요청하고자 하는 때에는 공정거래위원회에 다음 각호의 사항을 기재한 서면과 심사요청의 대상이 되는 자율규약의 사본을 제출하여야 한다(시행령 제16조).

1. 심사요청인의 주소와 성명
2. 자율규약의 제정배경
3. 자율규약의 주요골자와 그 취지

제 27 절 가맹점사업자피해보상보험계약 등

Ⅰ. 가맹점사업자피해보상보험계약 체결

가맹본부는 가맹점사업자의 피해를 보상하기 위하여 다음 각 호의 어느 하나에 해당하는 계약(이하 "가맹점사업자피해보상보험계약 등"이라 한다)을 체결할 수 있다(법 제15조의2 제1항).

> 1. 「보험업법」에 따른 보험계약
> 2. 가맹점사업자 피해보상금의 지급을 확보하기 위한 「금융위원회의 설치 등에 관한 법률」 제38조에 따른 기관의 채무지급보증계약
> 3. 제15조의3에 따라 설립된 공제조합과의 공제계약

Ⅱ. 가맹점사업자피해보상금 지급의무

가맹점사업자피해보상보험계약 등에 의하여 가맹점사업자 피해보상금을 지급할 의무가 있는 자는 그 지급사유가 발생한 경우 지체 없이 이를 지급하여야 한다. 이를 지연한 경우에는 지연배상금을 지급하여야 한다(법 제15조의2 제2항).

Ⅲ. 가맹점사업자피해보상보험계약 체결 시 자료제출

가맹점사업자피해보상보험계약 등을 체결하고자 하는 가맹본부는 가맹점사업자피해보상보험계약 등을 체결하기 위하여 매출액 등의 자료를 제출함에 있어서 거짓 자료를 제출하여서는 아니 된다(법 제15조의2 제3항).

Ⅳ. 가맹점사업자피해보상 시 적절수준

가맹본부는 가맹점사업자피해보상보험계약 등을 체결함에 있어서 가맹점

사업자의 피해보상에 적절한 수준이 되도록 하여야 한다(법 제15조의2 제4항).

V. 가맹점사업자피해보상보험계약 표지사용권

가맹점사업자피해보상보험계약 등을 체결한 가맹본부는 그 사실을 나타내는 표지를 사용할 수 있다(법 제15조의2 제5항).

가맹점사업자피해보상보험계약 등을 체결하지 아니한 가맹본부는 제5항에 따른 표지를 사용하거나 이와 유사한 표지를 제작 또는 사용하여서는 아니 된다(법 제15조의2 제6항).

그 밖에 가맹점사업자피해보상보험계약 등에 대하여 필요한 사항은 대통령령으로 정한다(법 제15조의2 제7항).

VI. 가맹점사업자피해보상보험계약 체결 충족조건

법 제15조의2 제1항에 따라 가맹본부가 체결하는 가맹점사업자피해보상보험계약 등(이하 "피해보상보험계약 등"이라 한다)은 다음 각 호의 사항을 충족하여야 한다(시행령 제16조의2 제1항).

1. 가맹본부의 가맹금반환의무의 불이행 등으로 인한 가맹점사업자의 피해를 보상하는 내용일 것
2. 피보험자 · 채권자 또는 수익자는 해당 가맹본부와 가맹계약을 체결하거나 체결할 예정인 가맹점사업자 또는 가맹점사업자가 지정한 자로 할 것
3. 계약금액은 예치가맹금 이상으로 할 것
4. 정당한 사유 없이 가맹점사업자의 의사표시 방법을 제한하거나 가맹점사업자에게 지나친 입증책임을 지우지 아니할 것
5. 정당한 사유 없이 피해보상의 범위나 보험자 · 보증인 · 공제조합 또는 가맹본부의 책임을 한정하지 아니할 것
6. 계약기간은 2개월 이상으로 하고, 정당한 사유 없이 쉽게 계약을 해지할 수 있도록 하여 가맹점사업자에게 불이익을 주지 아니할 것
7. 그 밖에 가맹점사업자에게 예상하기 어려운 위험이나 손해를 줄 염려가 있거나 부당하게 불리한 약정을 두지 아니할 것

8. 보험금 · 보증금 또는 공제금은 해당 가맹본부와 가맹계약을 체결하거나 체결할 예정인 가맹점사업자 또는 가맹점사업자가 지정한 자가 직접 수령할 수 있도록 할 것

Ⅶ. 피해보상보험계약 등의 구체적인 기준 등 고시

제1항 외에 가맹본부가 경영하는 가맹사업의 특성에 따른 피해보상보험계약 등의 구체적인 기준이나 피해보상의 내용 · 절차와 보험의 표지 사용 등에 필요한 세부사항은 공정거래위원회가 정하여 고시할 수 있다(시행령 제16조의2 제2항).

Ⅷ. 방문판매법과 할부거래법상 소비자피해보상보험 계약제도

1991년 제정 방문판매법은 소비자 및 다단계판매원의 피해를 보상하는 제도를 마련하지 않았다. 이후 다단계판매에 따른 사회적 문제가 야기되자 1995년 환불보증금제도 및 채무지급보증제도를 도입하여 2002년 법개정전까지 지속되었으나, 다단계판매업자가 연락두절 및 법인을 폐쇄하는 경우에는 소비자가 피해보상의 요건을 입증하기 어려운 등 실질적 피해보상이 사실상 불가능하다는 문제점이 있었다.

이에 2002년 개정 방문판매법은 환불보증금공탁제도 등을 폐지하고 소비자피해보상보험계약을 도입하여 다단계판매업자로 하여금 보험회사와의 보험계약, 금융기관과의 채무지급보증계약, 공제조합과의 공제계약 중 하나를 반드시 체결하도록 하는 등 소비자피해보상제도를 전면 개편하였다.

방문판매법 제34조는 다단계판매업을 하고자 하는 자에게 소비자 또는 다단계판매원이 청약철회시 다단계판매회사 또는 다단계판매원이 소비자 또는 판매원에게 환불대금을 지급해 주지 않을 경우 보험회사, 금융기관 또는 공제조합으로 하여금 환불대금을 지급해 주도록 하기 위하여 다단계판매업자로 하여금 보험회사와의 보험계약, 금융기관과의 채무지급보증계약 또는 공제조합과의 공제계약을 체결하도록 하고 있으며, 이를 소비자피해보상보험계약이라고 한다.

방문판매법상 소비자피해보상보험계약에는 위와 같이 보험회사와의 보험계약, 금융기관과의 채무지급보증계약 또는 공제조합과의 공제계약 등 3가지가 있으나, 보험회사와 금융기관은 다단계판매업자의 사업상의 리스크가 크다는 점 등을 이유로 소비자피해보상보험 상품을 개발하지 않고 있어 현재 소비자피해보상보험계약으로는 공제조합이 유일하며, 공제조합에는 직접판매공제조합과 한국특수판매공제조합이 있다. 이와 유사하게 2010년 개정 할부거래에 관한 법률 제27조에 근거하여 선불식 할부거래, 즉 상조업분야에서도 상조판매업자로 하여금 보험회사와의 보험계약, 금융기관과의 채무지급보증계약, 공제조합과의 공제계약 및 금융회사등과의 예치계약 중 하나를 반드시 체결하도록 하는 등 소비자피해보상제도를 전면 도입하였다. 상조공제조합으로는 한국상조공제조합과 상조보증공제조합이 있다.[39]

제 28 절 공제조합의 설립

Ⅰ. 공제조합의 설립 인가

가맹본부는 제15조의2 제1항 제3호에 따른 공제사업을 영위하기 위하여 공정거래위원회의 인가를 받아 공제조합(이하 “공제조합”이라 한다)을 설립할 수 있다(법 제15조의3 제1항).

공제조합은 법인으로 하며, 주된 사무소의 소재지에 설립등기를 함으로써 성립한다(법 제15조의3 제2항).

공제조합에 가입한 가맹본부는 공제사업의 수행에 필요한 출자금 등을 조합에 납부하여야 한다(법 제15조의3 제3항).

공제조합의 기본재산은 조합원의 출자금 등으로 조성한다(법 제15조의3 제4항).

공제조합의 조합원의 자격, 임원에 관한 사항 및 출자금의 부담기준에 관한 사항은 정관으로 정한다(법 제15조의3 제5항).

공제조합의 설립인가 기준 및 절차, 정관기재사항, 운영 및 감독 등에 관

39) 이에 대한 상세한 내용은 김홍석 · 한경수, 개정방문판매법 해설, 잎새, 2012.11, 287면 이하. 김홍석 · 한경수, 알기쉬운 상조업과 할부거래법, 화산미디어, 2010.11, 65면 이하를 참조바람.

하여 필요한 사항은 대통령령으로 정한다(법 제15조의3 제6항).

공제조합이 제1항에 따른 공제사업을 하고자 하는 때에는 공제규정을 정하여 공정거래위원회의 인가를 받아야 한다. 공제규정을 변경하고자 하는 때에도 또한 같다(법 제15조의3 제7항).

제7항의 공제규정에는 공제사업의 범위, 공제료, 공제사업에 충당하기 위한 책임준비금 등 공제사업의 운영에 관하여 필요한 사항을 포함하여야 한다(법 제15조의3 제8항).

공제조합에 관하여 이 법에 규정된 것을 제외하고는 「민법」 중 사단법인에 관한 규정을 준용한다(법 제15조의3 제9항).

이 법에 따른 공제조합의 사업에 대하여는 「보험업법」을 적용하지 아니한다(법 제15조의3 제10항).

Ⅱ. 공제조합의 설립인가 신청

법 제15조의3 제1항에 따른 공제조합을 설립하려는 때에는 10명 이상이 발기인이 되어 정관을 작성하고 창립총회의 의결을 거쳐 공정거래위원회에 인가를 신청하여야 한다(시행령 제16조의3 제1항).

제1항에도 불구하고 특정 업종에 속하는 가맹본부만을 조합원으로 하는 공제조합을 설립하려는 때에는 발기인이 10명 미만이라도 해당 업종에 속하는 가맹본부 총수의 10분의 1 이상의 발기인이 있으면 제1항에 따른 절차를 진행할 수 있다(시행령 제16조의3 제2항).

공정거래위원회는 제1항에 따른 인가를 한 때에는 이를 공고하여야 한다(시행령 제16조의3 제3항).

Ⅲ. 공제조합의 정관기재사항

법 제15조의3 제6항에 따른 정관기재사항은 다음 각 호와 같다(시행령 제16조의4 제1항).

1. 목적
2. 명칭
3. 사무소의 소재지
4. 출자금과 그 납부방법 및 그 지분계산에 관한 사항
5. 조합원의 자격과 가입 · 탈퇴에 관한 사항
6. 조합원의 권리 · 의무에 관한 사항
7. 자산 및 회계에 관한 사항
8. 총회에 관한 사항
9. 운영위원회에 관한 사항
10. 임원 및 직원에 관한 사항
11. 융자에 관한 사항
12. 업무와 그 집행에 관한 사항
13. 정관의 변경에 관한 사항
14. 해산과 남은 재산의 처리에 관한 사항
15. 공고의 방법에 관한 사항

공제조합이 정관을 변경하려는 때에는 민법 제42조 제2항에 따른다(시행령 제16조의4 제2항).

Ⅳ. 방문판매법상 다단계판매분야의 공제조합제도와 타 보상제도와의 비교[40]

1. 소비자 피해의 사전 예방의 측면

다단계판매의 소비자 피해는 다액 다수의 피해가 한꺼번에 발생한다. 이러한 특징으로 인해 일반 보험제도에서의 보험요율 산출이 어렵고 사후의 피해 보상에 막대한 사회적 비용이 들어간다. 따라서 다단계판매는 행정력에 의한 규율보다는 시장 내부의 자율적인 정화 활동으로 사행성이 높은 영업

40) 방문판매법상 2002년에 도입되어 현재까지 직접판매공제조합과 한국특수판매공제조합이 운영되고 있는 다단계판매에서의 공제조합 제도와 다단계판매분야에서의 공제조합 제도와 유사한 할부거래에 관한 법률에 의거 2010년 설립되어 현재까지 운영되고 있는 한국상조공제조합과 상조보증공제조합을 중심으로 살펴본다.김홍석, "다단계판매업의 소비자피해보상제도 고찰", 선문법학 제9권 제1호, 선문대학교법학연구소, 2009. 6, 222~235면.

방식이나 불법 다단계판매에 대한 감시・감독을 하는 것이 효율적이다.

(1) 시장의 관리·감독

소비자 피해를 보상하는 것보다 더 중요한 것은 사전에 이를 예방하는 것이다. 더욱이 다단계판매시장은 불건전한 회사의 부실한 경영으로 대규모의 피해 발생 가능성이 높기 때문에 무엇보다 사전 예방이 중요하다. 공제조합은 이러한 공익적 기능을 수행하기 위해 설립되었으며 일반 금융기관은 시장의 관리・감독보다는 수익에 치중하게 되어 불건전한 회사의 시장 진입을 방조할 우려가 있어 공익적 기능을 수행하는 것은 한계가 있다.

현재의 공제조합 제도는 공제조합의 관리・감독권을 공정위에서 행사함으로 인해 공제조합을 통한 시장의 관리・감독기능이 작동한다. 그러나 금융기관을 통한 예치계약의 경우에는 공정위의 감독권한이 미치지 못하기 때문에 시장의 관리・감독기능 및 피해의 사전예방기능을 수행할 수 없다는 한계가 있다.

공제조합 제도는 청약철회의 실제 책임을 지는 다단계판매회사의 보험 의무 가입으로 시장 진입을 규율하고 있다. 현재의 제도 이전에 400여 개의 회사가 있었으나 공제조합 설립 당시 200여 개로 감소하여 부실업체의 퇴출효과를 거두었고 현재는 97개 회사가 일정한 매출액을 유지하고 있어 상당수의 불법 업체가 시장에서 퇴출되었다고 볼 수 있다.

공제조합은 회사와 소비자피해보상보험계약을 체결하기 전에 등록 요건에 대한 심사를 한다. 직접판매공제조합은 공제계약 체결을 위한 심사시 삼일회계법인 공인회계사의 실사를 통해 실질자본금규모(5억원) 및 실질자산규모(10억원)를 확인하고, 보상플랜(후원수당 산정 및 지급기준)에 있어 사기적인 내용의 포함 여부 및 부담을 주는 행위 등 기타 법 위반 가능성 여부를 종합 검토하고, 기업평가(신용평가)를 실시하여 다단계판매업자의 신용도를 종합적으로 진단하고 재무제표 등 제출한 자료의 신뢰성 여부를 검토하며, 주문건별 보증을 위한 실시간 공제번호 발급시스템을 구축하고 회사와 공제조합의 전산시스템을 연동시켜(실시간 모니터링) 매출신고누락을 미연에 방지하고 있으며, 공제계약 체결 이후 공제조합은 다단계판매업자의 신고자료(매출액 등)에 대한 실사를 연 2회 실시하고, 상시 모니터링체제를 가동하여 특별히 조사할 사유가 발생하면 즉시 방문하여 확인하며, 매출신고 누락·허위자료제출·담보미납 등의 경우 소비자 피해의 사전 예방 차원에서 공제계약을 해지하는 등의 조치를 취하고 있다.

만약 공제계약자가 사업 양수도 등을 행한 경우 신규회사에 준하는 절차를 이행하여야 하며 만약 조합에 이를 알리지 않거나 신규회사에 준하는 절차를 이행한 결과 신규회사로서의 가입 요건을 갖추지 못한 경우 시정요구를 하고 있다. 또한 공제계약자의 공제번호 미발급(또는 지연 발급)이나 소비자 피해보상을 위한 담보미납 등에 대한 불이익을 강화하고 개별회사에 대한 상시 모니터링과 실사를 통해 회사의 공제사고 가능성을 사전에 확인한다.

공제조합은 회사가 매출 규모에 상응하는 보증계약을 체결하지 않아 소비자 등이 예기치 않게 청약철회를 못하게 되는 등의 피해를 받지 않도록 함으로써 소비자 피해의 보상에 적절한 수준의 보험계약이 유지될 수 있도록 하여야 한다.

(2) 건전성 확보를 위한 공익적 기능 수행

공제조합은 다단계판매와 관련된 불법 행위를 모니터링이나 신고센터 운영을 통해 파악하여 공정위, 검·경찰 등에 보고하고 있다.

직접판매공제조합의 경우 2006년 6월이후 신고 포상 제도를 운영하고 있으며, 2007년부터는 전문상담 창구인 직접판매분쟁상담센터를 개설하여 운영하고 있다.

한국특수판매공제조합은 소비자피해 신고센터를 운영해 불법행위를 인지하고 있다. 인지한 경우 공정위나 검·경찰, 금융감독원 등 해당 불법 행위에 대해 단속권한이 있는 소관관청에 보고(신고)하고 있다.

공제조합은 다양한 매체를 활용하여 소비자피해보상제도를 알리고 불법행위에 대한 소비자의 주의를 요하고 있다. 특히 2005년에는 공유마케팅의 확산으로 업계가 혼란에 빠져 TV광고, 일간지 신문광고, 지하철광고 등을 대대적으로 실시하여 공제조합의 역할과 소비자주의사항을 일반 소비자에게 알렸다. 최근에는 라디오시사프로그램 참여, 라디오광고, 온라인카페 및 블로그 운영, 다단계판매원 대상 교육, 대학생 대상 교육 등으로 더 많은 소비자에게 공제조합제도와 주의사항을 알리고 있다.

(3) 다단계판매에 대한 전문성으로 소비자 피해 조기 차단

공제조합은 민원상담, 건별보증, 실사, 업계정보수집 등의 활동을 통해 업계와 시장 동향에 대한 전문성을 보유하고 있다. 이러한 점은 소비자 피해 가능성을 사전에 점검하고 소비자와 회사간 분쟁을 조정하는데 유리하다. 그러나 생명보험이나 종신보험의 경우 인구통계학적 변수를 비롯한 각종 변수를 이용하여 합리적인 보험요율의 적용은 가능하지만 다단계판매업의 경우 반품율, 업계 현황 등의 전문 정보를 일반 금융회사나 보험회사가 반영하기는 어렵다.

2. 소비자의 사후적 피해 보상의 측면

(1) 실질적인 소비자 피해 보상금 지급

(가) 환불보증금 공탁제도

환불보증금 공탁제도는 1995년에 도입되어 2002년까지 시행되었으나 보상 절차상의 한계로 실질적인 피해 보상이 사실상 어려웠다. 공탁금제도는 피해자에게 피해 입증 책임을 지우고 있었는데 회사가 증거를 남기지 않고 갑자기 도주하는 경우가 비일비재하고 현금 거래가 일반적이기 때문에 피해를 입증하기가 어려운 점에서 기인한다.

(나) 금융기관과의 채무지급보증계약

금융기관과의 채무지급보증계약은 은행이 최고한도를 설정하여 지급보증계약을 체결할 경우, 회사가 청약철회에 따른 환급의무를 다하지 않을 시 은행이 한도에서 회사를 대신하여 대금을 지급하게 된다. 문제는 매출이 최고한도를 초과하는 경우 소비자는 구제를 받을 길이 없으며 시중 은행에서는 공제조합과 같은 건별 보증 업무를 취급하지 않아 매출 규모에 상응하는 보증계약을 체결하지 않을 가능성이 크다.

또한 은행에서 일반적으로 사용하는 지급보증거래약정서 제3조제1항에 의하면, 본인의 신용상태의 현저한 약화 등으로 여신거래에 중대한 지장을 초래한다고 판단될 때에는 은행은 본인에 대한 통지에 의하여 지급보증한도액을 줄이거나 그 거래를 일시 정지할 수 있도록 규정하고 있다. 이는 방문판매법 시행령 제42조제1항제7호 등에 위반할 소지가 있다.

(다) 예치계약

다단계판매 분야에 있어 소비자 피해 사고는 다수의 피해자가 일시에 발생하며, 소비자 피해 사고가 발생한 순간 해당 판매조직은 더 이상 판매활동을 하지 않는다는 특성을 갖는다. 그러므로 소비자 피해 사고가 발생하였을 경우에는 적어도 3개월 상당의 매출액 전부를 손해보상금으로 적립하고 있어야만 한다.

예치기관을 금융기관으로 할 경우에는 금융기관은 영리기업으로서 수익성을 제1의 판단기준으로 삼게 되므로 소비자 피해예방 활동을 전혀 할 수 없게 된다는 점, 금융기관에 예상매출액에 따른 담보만 제공할 경우 마케팅 플랜에 대한 검토 없이 합법적으로 영업활동을 할 수 있게 된다는 점, 예치금에 대하여 소비자를 1차 수익자로 지정하는 절차가 이루어지지 않으면 다단계판매자의 일반채권자들이 쉽게 가압류·압류 등의 집행절차를 취할 수 있으므로 소비자피해보상금으로서의 기능을 하지 못하게 된다는 점, 다단계판매의 경우 판매계약이 수시로 이루어진다는 특성으로 인하여 개별 판매계약이 이루어질 때 마다 해당 소비자를 예치계약의 수익자로 지정하는 것이 사실상 어렵다는 점, 다단계판매업자가 매출신고를 누락하거나 다이너스티인터내셔널 사례와 같이 방문판매업을 겸영할 경우에는 예치금이 소비자피해보상금으로서의 기능을 할 수 없다는 점, 방문판매법 시행령 제42조는 소비자피해보상보험계약등의 요건을 상세하게 규정하고 있으나 예치계약 제도를 시행하게 될 경우에는 이와 같은 요건을 충족시킬 수 없다는 점 등의 문제점이 지적될 수 있다.

(라) 공제조합제도

회원사의 매출시스템이 공제조합 전산망과 연계되어 소비자와 판매원의 청약철회를 각 구매 건별로 보증하고 대량의 피해가 발생하여도 전체 회원사의 출자금 및 담보금을 통해 마련된 재원을 바탕으로 한도 제한 없이 보상이 가능하여 실질적이고 현실적으로 피해를 보상하고 있다.

(2) 소비자 우선 지급

(가) 가맹금 예치제도

가맹금 예치제도는 가맹점사업자가 가맹본부에 지급하여야 할 예치가맹금을 신뢰할 수 있는 금융기관 등에 예치한 뒤 가맹계약의 이행을 확인하고 가맹본부에 그 예치가맹금을 지급하는 제도이다.가맹금과 관련하여 분쟁이 발생하면 은행은 예치가맹금의 지급을 보류한 뒤 가맹본부 또는 가맹점사업자가 분쟁 조정 등의 결과나 시정조치 결과를 첨부하여 그 결과에 따라 가맹본부에 지급하거나 가맹점사업자에게 반환하도록 규정하고 있다. 즉 분쟁 조정이나 소송 등을 통해 권리자가 확정되어야만 가맹점사업자는 그 결과에 따라 가맹금을 받을 수 있다.

(나) 공제조합제도

공제조합제도는 소비자나 판매원의 보상금 지급을 우선으로 하여 담보금의 우선 순위를 보상금 지급으로 하고 있다. 이는 공제계약자가 공제조합에 납입하는 담보금은 피해자를 구제하는 재원으로서 소비자나 판매원의 보상청구 시 일정 요건을 갖춘 경우 그 피해 보상금으로 사용되고, 만일 공제계약이 해지 시 잔액이 있으면 이를 반환하여 주거나 담보금에 회원사(조합사)의 채권채무관계로 인하여 채권보전조치가 되어 있으면 법원에 공탁함으로써 모든 업무를 종료하게 하고 있다는 것이다.

가맹사업법은 기본적으로 가맹본부와 가맹사업자 사이에 가맹계약을 체결함에 있어 가맹사업자를 보호하기 위한 제도이므로 그 기본적인 성질은 가맹본부의 우월적 지위 남용으로 인해 가맹사업자의 피해를 예방하기 위한 것이므로 공정거래를 도모하기 위한 성격이 강하다. 그러나 방문판매법상의 소비자피해보상보험계약은 다단계판매업자로부터 소비자와 판매원을 보호하기 위한 규정으로서 소비자보호정책의 일환이라는 점에서 그 근본적인 차이가 있다.

(3) 제도의 실효성

(가) 환불보증금 공탁제도

환불보증금 공탁제도는 지자체의 운영 미숙과 복잡한 절차 등으로 실효성에 문제가 있었다.

대부분의 지자체는 특수판매 분야 담당 직원이 1명뿐이어서 모든 업무와 민원을 처리하는 것은 현실적으로 역부족이었다. 따라서 등록된 회사가 법을 준수하며 영업을 하고 있는지 등의 사후 관리는 더욱 어려운 일이었다. 피해보상을 받기 위해서는 법적 절차를 진행해야 했는데 법률적 지식이 미비한 소비자가 법원에서 법적 절차를 진행한다는 것은 시간적·경제적으로 어려운 일이었다. 지자체 역시 회사에 대한 자료를 가지고 있지 않아 법원이 피해 상황을 심사하여 적절한 보상이 가능하도록 돕는 것이 불가능하였다.

환불보증금 공탁제도는 지자체가 회사에 대한 적정한 위험 평가 절차 없이 회사가 매월 지자체에 보고하는 매출액과 반품액에 근거하여 피해보상 재원을 받았다. 회사는 해당 월의 다음 달 10일까지 매출액과 반품액을 신고하면서 신고 매출액의 일정 비율(2~10%)을 법원에 공탁하였고 이 공탁금은 3개월이 경과한 이후에 찾아 갔다. 지자체는 회사가 신고하는 매출액과 반품액에 대한 검증을 실시하지 않아 피해 보상에 필요한 적정한 재원을 확보하고 있지 못했다.

(나) 금융기관과의 채무지급보증계약

금융기관의 채무지급보증은 피보증자가 확정되어야 가능하다. 채무지급보증계약은 개별 소비자마다 보증서를 발급해야만 실효성이 있으나 소비자피해보상보험계약 등에서의 수혜자 또는 수익자인 소비자는 특정하기가 어렵고 개별 수익자마다 보증서를 발급하는 것은 현실적으로 어렵다. 또한 금융기관이 제공하는 포괄적인 지급보증만으로는 소비자피해보상에 제한적일 수밖에 없으며 오히려 사업자의 신용 상태가 악화될 경우에는 지급보증액을 줄이거나 정지할 수 있어 소비자피해보상에 불리한 규정이 많다. 지급보증액을 한도로 피해 보상이 가능하므로 실질적인 피해 전부를 보상하는 것이 어렵다는 점도 있다.

(다) 예치계약

예치계약제도는 금융기관과의 예치계약 체결 시 예치금의 수익자로 소비자가 특정되거나 담보권이 설정되어야 하는데 다수 판매계약이 수시로 체결되는 다단계판매의 특성에 비추어 볼 때 소비자나 판매원을 수익자 또는 담보권자로 특정하는 것이 불가능하다. 또한 회사가 잠적할 경우 피해자들은 피해 보상을 위해서 본인이 직접 구체적인 자료를 수집하여 피해 사실을 직접 입증해야 하나, 회사가 없어진 상황에서 사실상 자료를 확보하여 피해를 입증하는 것은 불가능할 것이다. 수백 명의 피해자가 동시에 피해 보상을 신청하는 등의 대규모 피해발생 시 예치계약기관의 업무가 마비될 수 있으며 예치기관에서는 피해 보상에 필요한 신청자들에 대한 정보가 없으므로 피해보상신청의 적절성 여부를 심사하기 어려울 것이다.

회사와 금융기관이 개별적으로 체결하는 예치계약은 회사가 제공한 예치금 한도에서 소비자피해보상을 할 수 밖에 없어 대량의 피해가 발생하는 경우에는 큰 실익이 없을 가능성이 많으며 이는 당초 소비자피해보상보험계약의 도입 취지를 전혀 반영하지 못하는 것이다. 또한 예치제도는 현금 거래에 적용될 수 있기 때문에 다단계판매에서 신용카드를 통해서 거래되는 70~80%의 매출이 보호 대상에서 제외되는 문제점이 있다.

(라) 공제조합제도

공제조합의 소비자피해보상보험은 소비자의 청약철회권을 보장해 주는 동시에 회사의 부담을 경감시켜 주는 보험 제도이다. 소비자피해보상보험제도의 도입으로 소비자와 판매원의 청약철회권이 실질적으로 보장받게 되었다. 회사가 어떤 이유로든 청약철회를 해주지 못하는 경우 공제조합이 개입하여 청약철회를 보장해주기 때문이다. 방문판매법상 청약철회 등과 관련된 분쟁은 판매자가 입증하도록 하고 있으나 법인의 폐쇄, 도주 등으로 입증이 불가능한 경우 공제조합의 건별보증 데이터를 기반으로 소비자피해구제가 가능하다.

또한 대량의 피해가 발생하더라도 전체 회원사(조합사)의 출자금 및 담보금을 통해 거의 한도에 제한 없이 보상이 가능하다. 이러한 특징으로 인해 회원사(조합사) 간 소비자 피해 발생 우려를 상호 견제하고 있다.

3. 회사 측면

(1) 비용부담 감소

환불보증금 공탁제도는 회사 매출의 일정 부분을 법원에 공탁하고 이에 대한 2%의 이자를 지급받았다. 그런데 일반 시중금리(5~6%)를 고려하면 회사 입장에서는 약 3~4%의 비용에 대한 부담이 있었다. 금융기관이나 에스크로 제도는 매출액의 1~3%를 수수료로 지급한다. 이런 면에서 공제조합은 매출액의 0.1%로 최소 10배에서 최대 30배까지 저렴하다고 볼 수 있다.

(2) 공제계약의 다양화

현재 다단계판매업을 하기 위해서는 직접판매공제조합 또는 한국특수판매공제조합과 공제계약을 체결해야 한다. 양 공제조합은 출자 여부 및 규모, 공제료율, 담보율 등 공제계약 조건에 있어서 차이가 있으므로 각 회사의 사정에 따라 회사의 자율 의지에 따라 어느 공제조합에 가입할지 선택할 수 있다. 예치계약제도는 현재의 소비자피해보상보험계약에서 금융기관과의 채무지급보증계약이나 보험계약, 공제조합과의 공제계약중 공제계약 이외에는 활용되고 있지 않아 이를 보완하고자 추가하였다고 공정위는 주장하고 있으나, 예치계약제도는 일차적으로 예금주에게 권리가 있으므로 수익자를 포괄적으로 정해야 하는데 이는 금융기관과의 채무지급보증계약이나 보험계약과 차별성이 없어 계약의 다양화와는 거리가 있다고 볼 수 밖에 없다.

또한 다단계판매회사의 소비자피해보상보험 의무 가입으로 부실업체가 시장에서 퇴출되고 소비자 피해가 감소하고 있어 공제조합제도는 업계 전체의 이미지 개선에 기여하고 있고 공제계약에서 반품률이 높은 업체는 공제료가 자동으로 인상되어 부실제품을 고가로 판매하여 외형성장에 주력하는 회사의 입지가 줄어들고 있다. 이는 곧 제품의 품질경쟁이 촉진되는 기능으로 이어진다.

4. 정부 관리 · 감독 측면

다단계판매 및 소비자보호정책에 대한 관리 · 감독 권한은 공정위에 부여되어 있다. 그러나 예치계약, 금융기관과의 채무지급보증계약, 보험계약 등과 관련하여 정작 공정위가 금융기관에 대한 통제를 할 수 없다는 점에서 관리 · 감독 권한의 충돌 또는 업무 공백이 발생할 수 있다.

제 29 절 가맹본부와 가맹점사업자 간 협약체결의 권장 등

Ⅰ. 가맹본부와 가맹점사업자 간 협약체결의 권장

공정거래위원회는 가맹본부와 가맹점사업자가 가맹사업 관계 법령의 준수 및 상호 지원 · 협력을 약속하는 자발적인 협약을 체결하도록 권장할 수 있다(법 제15조의4 제1항).

Ⅱ. 가맹본부와 가맹점사업자 간 협약체결의 지원

공정거래위원회는 가맹본부와 가맹점사업자가 제1항에 따른 협약을 체결하는 경우 그 이행을 독려하기 위하여 포상 등 지원시책을 마련하여 시행하여야 한다(법 제15조의4 제2항).

공정거래위원회는 제1항 및 제2항에 따른 협약의 내용 · 체결절차 · 이행실적평가 및 지원시책 등에 필요한 사항을 정한다(법 제15조의4 제3항).

제30절 가맹본부·가맹점사업자 간 공정거래 및 상생협력 협약 절차·지원 등에 관한 기준[41)]

제1장 총 칙

제1조(목적) 이 기준은 가맹본부와 가맹점사업자가 상생협력을 약속하는 협약을 자율적으로 체결하고, 공정거래위원회(이하 '공정위')가 이를 지원하는 공정거래 및 상생협력 방안(동반성장위원회가 공표하는 동반성장지수의 산정을 위해 체결하는 협약 포함)이 원활하게 정착될 수 있도록 하기 위해 필요한 제반의 기준, 절차, 방법 등을 정하는데 그 목적이 있다.

제2조(협약의 성격) 이 기준(이하 "협약절차기준"이라 한다)에 의한 협약은 가맹본부와 가맹점사업자가 「가맹사업거래의 공정화에 관한 법률 및 같은 법 시행령」(이하 "가맹사업법령"이라 한다) 및 「대·중소기업 간 상생협력 촉진에 관한 법령」(이하 "상생협력법"이라 한다) 등의 법규에 대한 자율적인 준수와 상호간의 상생협력 및 지원을 스스로 다짐하는 약속이다.

제3조(협약의 당사자) ① 협약의 당사자는 「가맹사업거래의 공정화에 관한 법률」(이하 "가맹사업법"이라 한다) 제2조의 규정에 의한 가맹본부 및 가맹본부와 거래 중에 있는 모든 가맹점사업자가 된다.

② 가맹본부는 협약체결 당시 거래 중에 있는 모든 가맹점사업자와 동일한 내용의 협약을 각각 체결하는 것을 원칙으로 하되, 가맹점사업자를 대표할 수 있는 단체의 대표가 구성원의 위임을 받은 경우 이 대표와 일괄하여 협약을 체결할 수 있다.

③ 가맹본부는 협약체결 후 새로이 가맹거래가 이루어지는 가맹점사업자에 대해서도 협약의 효력이 발생할 수 있도록 노력한다.

---

41) 제정 2013.12.31. 공정거래위원회예규 제187호, 1차개정 2014.10.20. 공정거래위원회예규 제201호, 2차개정 2014.12.31.공정거래위원회예규 제210호, 3차 개정 2015.12.17.공정거래위원회예규 제238호

제2장 협약의 내용

제4조(협약의 내용 – 공정거래 및 상생협력협약에 담겨야 할 주요내용) 가맹본부와 가맹점사업자가 체결하는 협약에는 다음의 내용이 반영되어야 한다.

① 영업지역 설정·변경 등에 관한 기준 설정

1. 영업지역 설정 기준의 명확성
   가. 영업지역에 관한 기준 제시
   나. 지도상에 영업구역을 표시한다는 내용의 반영 여부
   다. 영업구역을 설정하는데 필요한 기준 인구 또는 세대 등의 설정
2. 조정기준의 명확성
   가. 조정절차의 명확한 설정
   나. 조정기준에 해당되는지 여부를 입증할 수 있는 객관적 준거의 마련 여부

② 판촉행사 등의 충분한 사전협의 및 공정한 비용부담 추진

1. 판촉행사 등에 대한 사전협의 기준 마련
   가. 판촉행사 등에 대한 명확한 정의
   나. 사전협의 절차의 명확한 정의
2. 비용부담 기준의 설정
   가. 비용부담 대상의 명확한 정의
   나. 비용부담 기준의 명확한 기술

③ 점포환경 개선에 대한 충분한 사전협의 및 공정한 비용부담 추진

1. 점포환경 개선에 대한 사전협의 기준 마련
   가. 점포환경 개선에 대한 명확한 정의
   나. 사전협의 절차의 명확한 기술
2. 비용부담 기준의 설정
   가. 비용부담 대상에 대한 세부적인 정의
   나. 비용부담 기준의 명확한 기술

④ 가맹점사업자로부터 취득하는 금전에 대한 명확한 기준 및 그 금액의 조정기준

1. 가맹점사업자로부터 취득하는 금전에 대한 명확한 정의

2. 가맹점사업자로부터 취득하는 금전의 징수 기준의 명확한 기술
3. 가맹점사업자로부터 취득하는 금전의 조정기준의 명확한 기술

⑤ 불공정한 거래행위의 사전예방 및 감시시스템 구축

1. 사전예방 절차의 구체적인 기술
2. 내 · 외부 감시 시스템 구축에 대한 기술
3. 가맹점사업자와 상생협력 부서 설치 · 운용에 대한 기술
4. 가맹점사업자와 분쟁이 발생할 경우 처리할 심의기구에 대한 기술

⑥ 계약해지, 점포 폐점 및 양수도

1. 계약해지에 관한 기준 설정
2. 점포 폐점, 양수도 기준, 폐점 및 양수도 시 지원사항 설정

⑦ 가맹점사업자에 대한 지원

1. 가맹점사업자에 대한 지원기준 정의
2. 가맹점사업자에 대한 지원기준 설정

⑧ 위약금 등에 관한 기준 설정

1. 위약금을 부과하는 사항에 대한 명확한 설정
2. 위약금을 부과하는 기준에 대한 명확한 설정

⑨ 가맹본부에 대한 정보 제공

1. 가맹본부가 가맹점사업자에게 제공할 정보의 종류 규정
2. 정보를 제공하는 방법 및 주기에 대해 규정

⑩ 협약의 내용에 관해 가맹점 사업자와 협의할 기준의 반영 여부

1. 가맹본부와 가맹점사업자 간 협의할 절차 기술
2. 협의에 참석할 대상자에 대한 명확한 기술

⑪ 기타 사항

1. 신의성실의 원칙에 입각한 협약내용의 이행
2. 기타 가맹점사업자의 상생협력을 위한 협력사항으로 협약 당사자가 정한 내용
3. 공정위가 협약서에 반드시 포함시키도록 매년 고지한 내용

제3장 협약 절차

제5조(협약기간) ① 협약기간은 원칙적으로 1년으로 한다.

② 협약기간 만료 시 상호 합의에 의해 협약기간을 1년 단위로 연장할 수 있다.

③ 협약기간 만료 시 당사자 간의 합의지연 등 불가피한 사유로 인하여 협약기간이 경과한 후에 협약을 체결하고자 하는 경우에는 새로운 협약을 다시 체결(이하 "재협약"이라 한다) 한다.

④ 제2항 및 제3항의 규정에 따라 협약기간을 연장하거나 재협약을 체결하는 경우에는 제7조의 규정에 의한 협약체결 절차를 따른다.

⑤ 제2항 및 제3항의 규정에 의한 협약기간 연장 또는 재협약에 대한 이행평가는 제10조의 규정에 따른다.

제6조(공정위의 지원사항) ① 공정위는 가맹본부·가맹점사업자의 적극적인 협약 참여를 유도하고 협약 당사자가 협약내용을 성실히 이행할 수 있도록 하기 위하여 관련 가맹본부 및 사업자 단체와 협의하여 다음 사항을 지원한다.

1. 협약체결 절차·방법, 협약내용, 평가 및 인센티브 등에 대한 기준의 마련
2. 협약체결 전 협약내용의 검토 등 협약체결 지원
3. 중간점검
4. 협약이행 평가
5. 협약이행 우수 기업에 대한 인센티브 제공
6. 원활한 협약이행을 위한 상담
7. 협약이행 평가결과에 따른 컨설팅
8. 제4조 제11항 제3호에 의해 협약서에 매년 포함되어야 할 사항의 고지 및 그 내용이 협약서에 반영되고 이행된 정도에 따른 가감점 부여
9. 기타 협약 전반에 대하여 지원이 필요하다고 판단되는 사항

② 공정위는 협약 당사자의 자율적인 협약체결 및 이행을 위하여 최대한 지원을 하여야 하며, 이 기준이나 협약내용의 불이행 또는 평가등급의 저조 등을 이유로 어떠한 불이익을 제공하여서도 아니 된다.

③ 공정위는 가맹본부의 가맹점사업자와의 거래행태 등을 고려하여 기존 협약의 연장, 재협약, 신규협약의 체결을 권장할 수 있다.

제7조(협약체결 절차 및 표준공정거래 협약 문안) ① 협약을 체결(기간연장, 재 협약을 포함한다)하고자 하는 가맹본부는 협약체결 전에 협약서(안)과 별표 2.의 양식에 따라 작성한 협약체결 신청서를 공정위에 제출한다.

② 공정위는 가맹본부가 제출한 협약서(안)의 내용이 가맹사업 법령에 위배되는지의 여부 등을 검토하여 필요한 경우 협약서(안)의 내용에 대해 이 기준에 부합되도록 수정을 요구할 수 있으며, 수정을 요구받은 가맹본부는 특별한 사정이 없는 한 이에 응하여야 한다.

③ 가맹본부는 제1항 및 제2항의 절차를 거쳐 협약을 체결한 경우 협약체결일로부터 20일 이내에 협약서 사본과 협약내용에 대한 구체적인 세부 이행계획을 공정위에 제출하여야 한다.

④ 협약체결 당사자들은 별표 3의 「공정거래 및 상생협력 표준 협약 문안」 양식을 사용할 수 있다.

제4장 이행평가 및 인센티브

제8조(협약이행 평가) ① 가맹본부는 협약을 체결한 날로부터 1년이 경과한 후에는 1년 경과일로부터 30일 이내(동반성장 지수 대상기업의 경우 1.31.까지)에 공정위에 협약내용의 이행평가를 요청한다. 이때 협약내용 이행실적 자료를 공정위에 제출하여야 한다.

② 동반성장 지수 평가대상기업 중 이미 체결한 협약이 종료되지 않은 기업은 기존의 협약체결 시점부터 동반성장 지수 평가대상기간 이전까지의 기간에 대해 평가를 요청할 수 있다.

③ 아래의 경우에는 제1항의 규정에 의한 공정위의 협약이행평가 점수의 합을 0점으로 한다.

1. 협약체결 후 3번째 이후의 이행 평가에서 브랜드별로 협약을 체결한 가맹점사업자들의 비율이 30%미만인 경우. 단, 협약체결 후 2번째 이행평가까지는 브랜드별로 협약에 참여하는 가맹점사업자들의 비율이 30%

미만일 경우에도 협약이행평가를 실시한다.

2. 협약평가 개시일 기준으로 가맹본부 소속 브랜드 중 가장 많은 수의 가맹점사업자들이 있는 브랜드에 대한 협약이행평가를 요청하지 않은 상태에서 그보다 가맹점사업자들의 숫자가 적은 브랜드에 대해 가맹본부가 협약이행평가를 요청하는 경우

④ 공정위는 제1항의 규정에 의한 협약이행평가를 요청 받은 때에는 다음의 절차에 따라 평가를 실시한다.

1. 평가를 요청한 가맹본부의 계약내용의 공정성 및 계약 이행과정의 공정성, 상생협력정도, 자율준수 노력, 법위반 등에 따른 감점 등에 대해 평가를 실시한다.
2. 평가를 요청한 가맹본부의 협약기간 1년경과 일을 기준하여 같은 분기에 해당하는 가맹본부를 모아 평가를 실시한다. 다만, 동반성장지수 평가대상기업의 경우 직전년도의 실적에 대해 상반기에 평가를 실시한다.
3. 협약이행 평가는 협약체결 가맹본부 및 가맹점사업자가 제출한 서면(전자서면을 포함)자료, 공정거래조정원에 접수된 분쟁, 국민신문고에 접수된 민원 등을 통한 평가를 원칙으로 한다.
4. 제3호의 규정에도 불구하고 협약체결 당사자의 일방이 요청하거나 가맹본부 및 가맹점사업자가 제출한 서면(전자서면을 포함)자료, 공정거래조정원에 접수된 분쟁, 국민신문고에 접수된 민원으로는 정확한 평가가 곤란하다고 판단하는 부분에 대해 공정위가 가맹본부 또는 가맹점사업자를 대상으로 현장 확인을 실시할 수 있다. 이때 현장 확인은 가맹본부 및 가맹점사업자가 제출한 서면(전자서면을 포함)자료, 공정거래조정원에 접수된 분쟁, 국민신문고에 접수된 민원 등의 진위여부를 가리기 위한 확인으로 국한한다.
5. 협약이행평가와 관련한 가맹본부의 내부제보 및 가맹점사업자의 제보를 위해 공정위에 제보방을 운영할 수 있다.

제9조(협약이행 평가 항목) ① 협약이행의 평가 항목은 계약내용의 공정성 및 계약 이행과정의 공정성, 상생협력정도, 자율준수 노력, 법위반 등에 따른 감점, 만족도 조사로 구성된다.

② 계약내용의 공정성은 제4조(협약의 내용 - 공정거래 및 상생협력협약에 담겨야 할 주요내용)에서 규정한 사항이 협약서에 충실히 반영되어 있는지를 평가한다.

③ 계약 이행과정의 공정성은 제4조(협약의 내용 - 공정거래 및 상생협력협약에 담겨야 할 주요내용)에 따라 가맹본부와 가맹점사업자가 체결한 협약서에 기재된 내용이 제대로 이행되었는지를 평가한다.

④ 상생협력정도는 다음 사항에 대하여 평가한다.

1. 협약평가 개시일 가맹점 사업자 수 대비 협약평가 기간 중 폐점한 가맹점사업자 수의 비율
2. 가맹본부의 가맹사업 관련 매출액 증가율 대비 가맹점사업자의 평균 매출액 증가율
3. 협약평가 직전 년도 중에 개점한 가맹점 사업자 중 당해 가맹점사업자가 협약평가 만료일에도 영업을 지속하는지 여부

⑤ 자율준수 노력에 대한 평가는 다음 사항으로 구성된다.

1. 협약에 참여한 가맹점사업자의 비율
2. 협약 종료 1개월 이내 재 협약 체결
3. 프랜차이즈 표준계약서의 전면 도입 및 사용
4. 매년 공정위가 협약서에 포함하도록 고지한 내용의 반영 정도에 따른 가 감점
5. 100개 이상의 가맹점이 있는 2개 이상의 브랜드에 대해 가맹분야의 공정거래 및 동반성장 협약을 해당 브랜드 소속 30% 이상의 가맹점사업자와 체결하고 이행평가를 요청한 경우의 가점

⑥ 법위반 등으로 인한 감점은 다음 사항으로 구성된다. 단, 시정조치 등을 받은 전력이 있는 기업이 신규로 협약을 체결하였을 경우, 해당 협약에 대한 이행평가 시 협약체결 전의 시정조치 등을 이유로 감점하지 아니한다.

1. 가맹사업법 위반으로 협약기간 중 경고 이상의 조치를 받은 경우의 감점
2. 협약기간 중 임직원이 가맹사업과 관련하여 뇌물수수, 배임, 청탁 등 기업윤리와 상생협력에 반하는 행위로 지탄을 받는 경우의 감점

⑦ 만족도 조사는 다음의 사항으로 구성된다.

1. 가맹점사업자의 협약내용 및 이행관련 만족도(응답 가맹점사업자 만족

도 100분위 비율 × 10점)

제10조(협약이행의 평가) ① 협약이행 평가의 항목별 점수 배분 기준은 별표 1.과 같다.

② 동일 회사의 2개 이상 가맹사업 브랜드에 대해 협약이행 평가를 할 경우

1. 계약내용의 공정성 및 계약이행과정의 공정성, 상생협력정도, 자율준수 노력의 일부 평가 요소(협약에 참여한 가맹점사업자의 비율, 프랜차이즈 표준계약서의 도입 및 사용, 매년 공정위가 협약서에 포함하도록 고지한 내용의 반영정도)는 각 브랜드별로 평가하고 그 결과를 협약이행 평가대상 브랜드의 전체 가맹점사업자 수에서 각 브랜드별 가맹점사업자가 차지하는 비율을 곱하여 도출된 각 브랜드별 결과를 합산한다.
2. 자율준수 노력의 일부 평가 요소(1개 브랜드가 100개 이상의 가맹점이 있는 상태에서 2개 이상의 브랜드에 대해 가맹분야의 공정거래 및 동반성장 협약을 해당 브랜드 소속 30%이상의 가맹점사업자와 체결하고 이행평가를 요청한 경우), 법위반 등에 따른 감점은 가맹본부를 대상으로 실시하여 점수를 부여한다.

③ 가맹점사업자 만족도 조사는 아래와 같이 실시한다.

1. 만족도 조사는 동반성장위원회의 만족도 평가대상이 아닌 기업에 대하여 실시한다.
2. 조사대상 가맹점사업자는 가맹본부가 협약을 체결한 브랜드별로 전체 가맹점사업자 수의 5% ~ 50% 범위 내에서 정한다. 다만 조사대상 가맹점사업자 수가 500개 미만인 경우에는 협약체결 가맹점사업자 수의 30% 이상에 대해 조사를 실시한다.
3. 2개 이상의 브랜드에 대해 만족도 조사를 실시하는 경우에는 만족도 조사를 각 브랜드별로 실시하고, 브랜드별로 실시한 결과를 협약이행 평가대상 브랜드의 전체 가맹점사업자 수에서 각 브랜드별 가맹점사업자가 차지하는 비율을 곱하여 도출된 각 브랜드별 결과를 합산한다.
4. 만족도 조사는 공정위가 조사대상 가맹점사업자에게 우편 또는 이메일을 이용하여 설문조사 내용을 발송하여 수신하는 방법을 이용하거나, 외부의 설문조사 전문기관에 의뢰하여 조사를 실시할 수 있다.

④ 가맹본부가 다음 각 호에 해당하는 경우에 다음의 조치를 취할 수 있다.

1. 협약서에 포함된 내용이 공정위 소관 법규의 내용에 반하는 경우에는 해당 항목에 대한 계약내용의 공정성 및 계약 이행과정의 공정성 점수를 0점으로 할 수 있다.
2. 제4조(협약의 내용 - 공정거래 및 상생협력협약에 담겨야 할 주요내용)에서 규정한 사항 이외에 가맹본부 또는 가맹점사업자 중 어느 한 쪽에서 협약서에 명시하도록 요청하여 명시한 사항을 준수하지 않았을 경우에는 계약 이행과정의 공정성 평가 점수에서 10점을 감점 처리할 수 있다.
3. 평가시점 기준 3개월 내 가맹본부가 시정조치, 과징금, 고발 등(이하 시정조치 등)이 예상되는 경우, 시정조치 등이 확정되는 시점까지 당해 평가를 유예할 수 있으며, 평가가 이미 완료된 후 3개월 내 시정조치 등이 있는 경우, 기 이루어졌던 직전 이행평가의 점수를 소급하여 감점할 수 있다.
4. 평가 후 3개월 내 상생협력의 정신에 반하는 행위로 사회적 지탄을 받는 경우, 기 이루어졌던 직전 이행평가의 점수를 소급하여 감점할 수 있다.

제11조(중간점검) ① 공정위는 협약체결기업의 성실한 협약이행 여부를 협약기간 중 점검하고 그 결과를 통보할 수 있다.

② 중간점검은 협약내용 전반 또는 일부 내용에 대하여 실시할 수 있다.

③ 가맹본부가 제출한 중간점검 제출자료와 중간점검 결과에 대한 공개 여부에 대하여는 제15조(영업비밀 등의 보호)의 규정을 준용한다.

제12조(협약평가 위원회의 구성·운용) ① 공정위는 공정하고 객관적인 협약이행 평가와 협약제도의 발전에 대한 심의를 위해 협약평가위원회를 구성·운용할 수 있다.

② 위원은 한국프랜차이즈산업협회, 소상공인진흥원 및 한국공정거래조정원 소속 임원 각 1인, 필요 시 업종별 협회 소속 임원 각 1인, 변호사 1인, 교수 1인 및 설문조사 전문기관(회사) 소속 임원 1인과 공정위 기업거래정책국장, 기업거래정책과장 및 가맹거래과장 등 10인의 범위 내에서 구성한다.

③ 위원 중 변호사, 교수 및 설문조사 전문기관(회사) 소속 임원의 임기는 2년으로 한다.

④ 공정위는 협약평가위원을 위촉하는 경우 당사자에게 위촉사실을 문서로 통보하거나 위촉장을 수여할 수 있다.

⑤ 협약평가위원회는 협약이행평가, 가맹점사업자 만족도 조사, 이의신청, 허위자료 제출 등에 대한 조치 등 협약과 관련된 제반사항을 심의·결정한다.

⑥ 협약평가위원회의 운용은 공정위 기업거래정책국장이 회의를 소집하거나 평가위원 1/3 이상의 개회 요구를 받아 소집하되, 위원의 과반수 이상의 참석으로 개회를 한다.

⑦ 협약평가위원회는 긴급한 안건을 논의하기 위하여 필요하다고 인정하는 경우 서면으로 심의를 할 수 있다.

제13조(협약이행 평가등급 및 인센티브 제공기준) ① 공정위는 협약이행 평가결과 점수에 따라 다음과 같이 등급을 구분하여 인센티브를 제공한다.

평가등급	평가점수	인센티브 제공 내용
최우수	95점 이상	- 직권조사 2년 간 면제(조사 면제라 함은 당해 기업을 조사 대상에 미포함하는 것을 의미, 이하 동일) - 공정위로부터 시정명령을 받은 경우, 이에 대한 공표의무 면제(1년, 1회) - 법인, 개인 대상 위원장 이상 표창 수여
우수	90점 이상	- 직권조사 1년 간 면제 - 공정위로부터 시정명령을 받은 경우, 이에 대한 공표의무 면제(1년, 1회) - 법인 대상 위원장 이상 표창 수여
양호	85점 이상	- 공정위로부터 시정명령을 받은 사실 공표시, 공표 크기 및 매체수 1단계 하향 조정 및 공표기간 단축(1년, 1회) - 법인 대상 위원장 표창 수여

② 공정위는 동반성장지수 평가대상 기업의 경우, 그 평가 등급에 따라 다음과 같이 인센티브를 제공하며, 해당 기업이 제1항의 인센티브도 제공받는 기업인 경우, 양자를 비교하여 기업에게 더 유리한 인센티브를 제공한다.

평가등급	인센티브 제공 내용
최우수	- 직권조사 2년 간 면제
우수	- 직권조사 1년 간 면제

③ 공정위는 협약평가위원회 심의 후 평가를 받은 가맹본부에 잠정적인 평

가등급을 통지할 수 있으며, 해당 가맹본부는 1주일 이내에 이의신청을 할 수 있다.

④ 평가대상기간이 6개월을 초과하는 기업의 경우에는 기존 인센티브의 100%까지, 6개월 이하인 기업인 경우에는 50%까지 부여할 수 있다.

⑤ 이 협약절차기준에 따라 제공되는 인센티브는 다른 공정거래 관련 법규 등에서 정한 것과 별개로 제공된다.

⑥ 공정위는 제1항 및 제2항의 직권조사 면제 인센티브에 불구하고 신빙성 있는 첩보, 제보, 익명신고 등을 근거로 직권 인지하여 실시하는 조사(단, 가맹사업법 제32조의2에 따른 서면실태조사 결과를 근거로 직권 인지하여 실시하는 경우는 제외)는 직권으로 실시할 수 있다.

⑦ 공정위는 제1항의 규정에 의한 인센티브 제공 대상이 되는 당해 기업에 대해 평가등급, 인센티브 내용 및 인센티브 제공기간 등을 통지하여야 한다.

제14조(세부평가기준 제정) 공정위는 필요 시 평가항목, 평가방법 및 항목별 점수 배분 등에 대한 세부평가 기준을 제정하여 적용할 수 있다.

제5장 보 칙

제15조(영업비밀 등의 보호) ① 공정위는 협약 당사자가 협약체결 및 협약이행 평가와 관련하여 임의로 공정위에 제출한 협약내용, 협약이행 실적 및 평가결과 자료 중 협약 당사자의 영업비밀에 속하거나 외부로 제공될 경우 해당 사업자의 영업 및 이미지 관리에 지장을 초래할 수 있는 다음 내용을 해당 사업자의 동의 없이 공정위 이외의 국가기관(지방자치단체 포함), 단체 또는 기업 등에게 제공하여서는 아니 된다. 다만, 동반성장지수 산정을 위해 필요한 평가점수, 협력사 명단(회사명, 대표자명, 주소, 연락처 등)은 동반성장위원회에 제공할 수 있다.

1. 가맹본부의 가맹점사업자 명단(회사명, 대표자명, 거래금액, 거래품목, 주소, 연락처, 이메일 주소 등). 다만 가맹본부가 홈페이지 등을 통해 공개한 부분은 제외
2. 평가대상 가맹본부의 구체적인 평가점수 등 세부평가자료

3. 협약서 및 협약내용 세부추진계획, 협약이행실적 관련 자료
4. 가맹점사업자별 만족도 조사 회신내용 등 공개 시 가맹점사업자에게 불이익이 우려되는 자료
5. 기타 당해 기업의 영업비밀 공개, 기업이미지 훼손, 거래상의 불이익 등을 초래할 우려가 있는 자료

② 제1항의 규정에 의한 당해 사업자의 동의는 당해 기업의 대표이사 명의의 서면(전자서면 포함)동의를 말한다.

제16조(불공정거래행위 금지에 대한 특례) 협약을 체결한 가맹본부가 이 기준에 따라 자기의 가맹점사업자 또는 자기와 계열관계에 있는 다른 사업자의 가맹점사업자를 지원하는 행위가 「대·중소기업 상생협력 촉진에 관한 법률」제13조 및 동법 시행령 제9조의 요건을 충족하는 경우 「독점규제 및 공정거래에 관한 법률」 제23조 제1항 제7호의 규정에 의한 불공정거래행위(부당지원행위)에 해당하지 아니한다.

제17조(허위자료 제출 등에 대한 조치) ① 협약체결 가맹본부가 평가 자료를 허위로 제출하였다는 사실이 드러나거나 이행평가와 관련하여 가맹점사업자에 부당한 압력을 행사한 사실이 드러난 경우에는 공정위는 협약평가위원회의 심의·결정을 거쳐 허위자료 제출로 의결된 시점 이후 최근의 이행평가 점수를 50점 감점 처리한다. 단, 평가시점 기준 3개월 내 허위자료 제출로 의결이 예상되는 경우, 의결이 확정되는 시점까지 당해 평가를 유예할 수 있으며, 평가가 이미 완료된 후 3개월 내 의결이 있는 경우, 기 이루어졌던 직전 이행평가의 점수를 소급하여 감점할 수 있다.

② 제1항에서 '허위자료 제출'이란 협약체결 가맹본부가 실제 협약이행실적과 다른 자료를 제출하는 행위로서, 좋은 평가를 받기 위한 목적 내지 고의가 존재하는 것을 의미한다. 다만 이러한 목적 내지 고의가 없었다는 것은 협약체결 가맹본부가 입증하여야 한다.

③ 허위자료 제출여부를 확인하기 위한 조사에 정당한 사유 없이 응하지 아니하거나 조사를 방해하는 경우에는 해당 협약체결 가맹본부는 허위자료를 제출한 것으로 간주한다.

④ 제1항의 경우 해당 사실을 공개한다.

제18조(재검토기한) 공정거래위원회는 행정규제기본법 제8조 및 훈령·예규 등의 발령 및 관리에 관한 규정(대통령훈령 제248호)에 따라 이 예규에 대하여 2014년 1월 1일을 기준으로 매3년이 되는 시점(매 3년째의 12월 31일까지를 말한다)마다 그 타당성을 검토하여 개선 등의 조치를 하여야 한다.

부 칙〈제187호, 2013.12.31.〉

이 기준은 2014. 2. 14.부터 시행한다.

부 칙〈제201호, 2014.10.20.〉

1. 이 기준은 2014.10.20.부터 체결하는 협약에 대해 적용한다. 다만, 제10조제5항 내지 제7항, 제17조 제1항의 경우는 2014.10.20.에 현재 진행중인 협약에 대한 이행평가 시부터 적용한다.
2. 2014.10.20.이전에 있었던 시정조치, 과징금, 허위자료 제출 의결, 동반성장 정신에 반하는 행위로 인한 보도 등으로 인해 이미 평가에 불이익을 받은 대기업에 대해서는 제1호 단서 적용을 배제한다.

부 칙〈제210호, 2014.12.31.〉

1. 이 기준은 2015.1.1.부터 체결하는 협약에 대해 적용한다.

부 칙〈제238호, 2015.12.17〉

1. 이 기준은 2015.12.17.부터 체결하는 협약에 대해 적용한다. 다만, 제4조 제12항 제3호 공정위가 고지하여 매년 협약서에 반드시 포함시키도록 하는 내용에 대한 〈별표 1〉 제4의 가점 부여는 2019.1.1.부터 체결한 협약에 대해 시행한다.

〈별표 1〉

가맹분야 협약평가 항목별 점수 배분 기준

평가항목	세부평가 항목	배점
1. 계약내용의 공정성 (10점)	**(1) 영업지역 설정 · 조정 등에 관한 기준 설정**	1점
	① 영업지역 설정 기준의 명확성	0.5
	㉠ 영업지역에 관한 기준 제시	0.1
	㉡ 지도상에 영업구역을 표시한다는 내용의 반영 여부	0.2
	㉢ 영업구역을 설정하는데 필요한 기준 인구 또는 세대 등의 설정	0.2
	② 조정기준의 명확성	0.5
	㉠ 조정 절차의 명확한 설정	0.3
	㉡ 조정기준에 해당되는지 여부를 입증할 수 있는 객관적 준거의 마련 여부	0.2
	(2) 판촉행사 등의 충분한 사전협의 및 공정한 비용부담 추진	1점
	① 판촉행사 등에 대한 사전협의 기준 마련	0.5
	㉠ 판촉행사 등에 대한 명확한 정의	0.2
	㉡ 사전협의 절차의 명확한 기술	0.3
	② 비용부담 기준의 설정	0.5
	㉠ 비용부담 대상의 명확한 정의	0.2
	㉡ 비용부담 기준의 명확한 기술	0.3
	(3) 점포환경 개선에 대한 충분한 사전협의 및 공정한 비용부담 추진	1점
	① 점포환경 개선에 대한 사전협의 기준 마련	0.5
	㉠ 점포환경 개선에 대한 명확한 정의	0.2
	㉡ 사전협의 절차의 명확한 기술	0.3
	② 비용부담 기준 마련	0.5
	㉠ 비용부담 대상에 대한 세부적인 정의	0.2
	㉡ 비용부담 기준의 명확한 기술	0.3
	(4) 가맹점사업자로부터 취득하는 금전에 대한 명확한 기준 및 그 금액의 조정기준	1점
	① 가맹점사업자로부터 취득하는 금전에 대한 명확한 정의	0.3

	② 가맹점사업자로부터 취득하는 금전의 징수기준의 명확한 기술	0.4
	③ 가맹점사업자로부터 취득하는 금전의 조정기준의 명확한 기술	0.3
	(5) **불공정한 거래행위의 사전예방 및 감시시스템 구축**	1점
	① 사전예방 절차의 구체적인 기술	0.3
	② 내·외부 감시시스템 구축에 대한 기술	0.2
	③ 가맹점사업자와 상생협력 부서 설치·운용에 대한 기술	0.3
	④ 가맹점사업자와 분쟁이 발생할 경우 처리할 심의기구에 대한 기술	0.2
	(6) **계약해지, 점포폐점 및 양수도**	1점
	① 계약해지에 관한 기준 설정	0.5
	② 점포폐점, 양수도 기준, 폐점 및 양수도 시 지원사항 설정	0.5
	(7) **가맹점사업자에 대한 지원**	1점
	① 가맹점사업자에 대한 지원기준 정의	0.5
	② 가맹점사업자에 대한 지원기준 설정	0.5
	(8) **위약금 등에 관한 기준 설정**	1점
	① 위약금을 부과하는 사항에 대한 명확한 설정	0.5
	② 위약금을 부과하는 기준에 대한 명확한 설정	0.5
	(9) **가맹본부에 관한 정보제공**	1점
	① 가맹본부가 가맹점사업자에게 제공할 정보의 종류 규정	0.5
	② 정보를 제공하는 방법과 주기에 대해 규정	0.5
	(10) **협약의 내용에 관해 가맹점사업자와 협의할 기준의 반영**	1점
	① 가맹본부와 가맹점사업자 간 협의할 절차 기술	0.5
	② 협의에 참석할 대상자에 대한 명확한 기술	0.5
2. **계약 이행과정의 공정성(50점)**	(1) **영업지역 설정·변경 등에 관한 기준 이행**	5점
	① 설정기준의 이행	3
	㉠ 영업지역에 관한 기준의 이행	1
	㉡ 지도상에 표시된 영업구역의 준수	1
	㉢ 영업구역 설정에 사용된 인구 또는 세대 등의 준수	1
	② 조정기준의 명확한 이행	2
	㉠ 조정기준의 명확한 이행	1

	㉡ 객관적 준거의 명확한 사용	1
	(2) **판촉행사 등의 충분한 사전협의 및 공정한 비용부담의 이행**	5점
	① 판촉행사 등에 대한 사전협의 절차 준수	2
	② 비용부담 기준의 명확한 이행	3
	(3) **점포환경 개선에 대한 충분한 사전협의 및 공정한 비용부담의 이행**	5점
	① 점포환경 개선에 대한 사전협의 절차 준수	2
	② 비용부담 기준의 명확한 이행	3
	(4) **가맹점사업자로부터 취득하는 금전에 대한 기준의 명확한 준수**	5점
	① 가맹점사업자로부터 취득하는 금전에 관한 기준 명확한 준수	5
	(5) **불공정한 거래행위의 사전예방 및 감시시스템의 운영**	5점
	① 내·외부 감시시스템의 실질적인 운영	1
	② 가맹점사업자와 상생협력 부서의 실질적인 운영	2
	③ 가맹점사업자와 분쟁이 발생할 경우 처리할 심의기구의 실질적인 운영	2
	(6) **계약해지, 점포 폐점 및 양수도 기준 준수**	5점
	① 계약해지에 관해 설정한 기준의 준수	2
	② 점포폐점, 양수도 기준, 폐점 및 양수도 시 지원사항 이행	3
	(7) **가맹점사업자에 대한 지원**	5점
	① 가맹점사업자에 대한 지원 내용의 명확한 이행	5
	(8) **위약금 등에 관한 기준 이행**	5점
	① 위약금 등에 관해 설정된 기준의 명확한 준수	5
	(9) **가맹본부에 관한 정보제공**	5점
	① 가맹본부가 가맹점사업자에게 제공하다고 한 정보의 제공	2
	② 정보를 제공하는 방법과 주기의 준수	3
	(10) **협약의 내용에 관해 가맹점사업자와 협의한다는 기준의 이행**	5점
	① 협의절차의 명확한 준수	3
	② 협의에 참석할 대상자가 명확한 준수	2

3. **상생 협력 정도** (25**점**)	(1) 협약평가 개시일 가맹점사업자 수 대비 협약평가 기간 중 폐점한 가맹점사업자 수의 비율(협약평가 첫 번째 해에는 평가대상 협약이 개시된 년도의 1.1에서 12.31까지의 기간에 대해 적용)	10**점**
	(가) 폐점한 가맹점사업자의 비율 - 1% 미만 : 7점 - 1% 이상 ~ 2%미만 : 6점 - 2% 이상 ~ 4%미만 : 4점 - 4% 이상 ~ 7%미만 : 3점 - 7% 이상 ~ 10%미만 : 2점 - 10% 이상 : 1점	7
	(나) 전년도 협약평가 개시일 가맹점사업자 수 대비 협약평가 기간 중 폐점한 가맹점사업자 수의 비율과 대비(소수점 2자리에서 반올림한 비율) * 당해 평가대상기간과 동일한 전년도 기간의 비율과 대비 - 증가 : 0점 - 동일 : 1점 - 감소 : 3점	3
	(2) 가맹본부의 가맹사업 관련 매출액 증가율 대비 가맹점사업자의 평균 매출액 증가율(협약평가 첫 번째 해에는 평가대상 협약이 개시된 년도의 1.1에서 12.31까지의 기간에 대해 적용)	10**점**
	(가) 가맹본부의 가맹사업 관련 매출액 증가율 대비 가맹점사업자의 평균 매출액 증가율 * 전년도 협약평가 기간의 가맹본부의 가맹사업 관련 매출액과 협약평가 기간의 가맹본부의 가맹사업 관련 매출액을 비교한 증가율과 전년도 협약평가 기간의 가맹점사업자의 평균 매출액과 협약평가 기간의 가맹점사업자의 평균 매출액증가율을 비교(소수점 2자리에서 반올림) - 가맹점사업자의 평균 매출액 증가율이 가맹본부의 매출액 증가율 보다 높거나 같은 경우 : 7 - 가맹점사업자의 평균 매출액 증가율이 가맹본부의 매출액 증가율 보다 낮은 경우 : 3	7
	(나) 가맹점사업자의 평균 매출액 증가율 - 전년도 협약평가 기간의 가맹점사업자 평균 매출액과 협약평가 기간의 가맹점사업자의 평균 매출액을 대비(소수점 2자리에서 반올림한 비율) - 증가하거나 동일 : 3점	3

	- 감소 : 1점	
	(3) 협약평가 직전 년도 중에 개점한 가맹점사업자 중 당해 가맹점 사업자가 협약평가 만료일 현재도 영업을 지속하고 있는지 여부	5점
	(가) 현재도 영업을 하고 있는 당해 가맹점사업자의 비율 - 90% 이상 : 5점 - 80% ~ 90% 미만 : 3점 - 70% ~ 80% 미만 : 2.5점 - 60% ~ 70% 미만 : 1점 - 50% ~ 60% 미만 : 0.5점 - 50% 미만 : 0점	5
4. **자율준수 노력** (15점 +8점)	(1) 협약에 참여한 가맹점사업자의 비율(협약평가 만료일 기준) - 30% 미만 : 5점(2번째 협약평가 까지만 점수 부여 - 3번째 이후에는 협약이행 평가 자체를 실시하지 않음) - 30% ~ 50% 미만 : 6점 - 50% ~ 70% 미만 : 8점 - 70% ~ 80% 미만 : 9점 - 80% 이상 : 10점	10점
	(2) 이전 협약기간 종료 후 1개월 이내 재 협약 체결 (단, 이행평가를 요청하지 않은 경우는 제외) * 협약 체결 첫 번째 해에는 체결기간에 관계없이 2점 부여	2점
	(3) 프랜차이즈 표준계약서의 전면 도입 및 사용 : 3점 - 전면 도입 및 사용 : 3점 - 부분 도입 및 사용 : 2점 - 미사용 : 0점	3점
	ㅇ 매년 공정위가 협약서에 포함하도록 고지한 내용의 반영 정도 - 고지 사항을 모두 반영 : 3점 가산 - 당해 년도 고지 사항은 반영하였으나 나머지 고지사항의 일부를 반영하지 않은 경우 : 2점 가산 - 당해 년도를 제외한 나머지 고지 사항을 모두 반영 : 1점 가산	**최대 3점**
	ㅇ 100개 이상의 가맹점이 있는 2개 이상의 브랜드에 대해 가맹분야의 공정거래 및 동반성장 협약을 해당 브랜드 소속 30% 이상의 가맹점사업자와 체결하고 이행평가를 요청한 경우 - 브랜드 1개 추가될 때마다 1점 가산(최대 5점)	**최대 5점**

5. 법위반 등에 따른 감점	(1) 협약기간 중 가맹사업법 위반에 따른 조치 - 가맹사업법 위반에 따른 경고 이상의 조치를 받은 경우 (1회당) : 경고 △3, 시정명령 △15, 과징금 부과 △20, 고발 △25점 감점	1회당 최대 △25점
	(2) 임직원이 가맹사업과 관련하여 뇌물수수, 배임, 청탁 등 기업윤리와 상생협력에 반하는 행위로 사회적 지탄을 받은 경우 행위 1건당 10점 감점	1건당 △10점
6. 만족도 조사	○ 가맹점사업자의 협약내용 및 이행관련 만족도 - 응답 가맹점사업자 만족도 100분위 비율 × 10점 ※ 만족도 조사는 동반성장지수 대상기업이 아닌 기업의 각 브랜드 별로 실시 - 동일 회사의 2개 이상 가맹사업 브랜드에 대해 만족도 조사를 실시할 경우 각 브랜드별 만족도 점수를 협약이행 평가 대상 브랜드의 전체 가맹점사업자 수에서 각 브랜드별 가맹점사업자가 차지하는 비율을 곱하여 도출된 점수를 합산하여 최종 만족도 점수를 산출한다.	10점

※ 동반성장지수 대상기업이 아닌 기업의 경우 1. 계약내용의 공정성 ~ 4. 자율준수 노력의 점수합계를 90점 만점으로 환산한 후 4. 법위반 등에 따른 감점의 90%와 만족도 조사점수 (10점)를 합산하여 최종 등급 결정

〈별표 2〉

가맹사업 공정거래 및 상생협력 협약 신청서

(주)○○○○ 대표이사 ○○○은 가맹본부·가맹점사업자간 공정거래 기반조성 및 상생협력을 위해 가맹점사업자들과 공정거래 및 상생협력 협약을 체결하고자 「가맹본부·가맹점사업자간 공정거래 및 상생협력 협약절차 및 지원 등에 관한 기준」제7조의 규정에 따라 아래와 같이 협약체결을 신청합니다.

1. **신청인** : (주)○○○○ 대표이사 ○○○
   (서울시 ○○○구 ○○○동 1234-5)
2. **협약대상 가맹점사업자** : ○○○점(대표 ○○○) 외 ○○○개점

3. 가맹본부 개요

가. 영위업종 :

나. 일반현황(최근 2년간)

(단위 : 백만 원)

구분	자산총액	매출액	가맹사업 관련 매출액*	순이익	종업원수	영업점수	
						가맹점수	직영점수
2013							
2012							

* 직영점 매출액 포함

다. 협약체결 예정일 :

첨부 : 협약서(안) 1부.

0000. 00. 00.

(주)○○○ 대표이사 ○○○(직인)

〈별표 3〉

가맹본부 · 가맹점사업자 간 공정거래 및 상생협력 표준 협약 문안

(0000. 00. 00)

(주)○○○(이하 "□□□"이라 한다)와 영업표지 ◇◇◇의 △△△점 가맹점사업자(이하 "가맹점사업자"라 한다)는 다음과 같이 **공정거래 및 상생협력 협약**을 체결한다.

제1조(목적) 이 협약은 □□□과 가맹점사업자 간의 공정거래 및 상생협력을 위한 목적으로 체결된 것이다.

제2조(법률 준수) □□□과 가맹점사업자는 공정한 가맹거래를 위하여 "가맹사업거래의 공정화에 관한 법률 및 같은 법 시행령"(이하 '가맹사업거래법령'이라 한다) 등 가맹 관련법규를 성실히 준수한다.

제3조(협약내용의 성실한 이행) □□□은 본 협약에 게시된 내용을 성실히 이행하기로 한다.

제4조(영업지역의 설정·변경에 관한 사항) 영업지역은 다음의 기준으로 설정・변경하며, □□□는 개별 가맹점사업자의 영업구역을 지도에 표시하여 해당하는 가맹점사업자에게 배포한다.

① 영업지역의 설정・기준

1. 영업지역을 설정하는 기준

2. 영업지역을 설정하는데 사용된 인구(세대수) 기준

② 영업지역의 조정기준

1. 영업지역을 조정하는 기준

2. 조정기준에 해당되는지 여부를 입증하는데 사용되는 준거

3. 영업지역 조정 절차

제5조 판촉행사 등의 충분한 사전협의 및 공정한 비용부담 추진

① 판촉행사 등에 대한 기준

1. 판촉행사 등의 정의

2. 판촉행사 등에 대한 사젼협의 절차

② 비용부담 기준

1. 가맹점사업자의 비용부담 대상

2. 비용부담 기준

제6조 (점포환경 개선에 대한 충분한 사전협의 및 공정한 비용부담 추진)

① 점포환경 개선에 대한 사전협의 기준

1. 점포환경 개선의 정의

2. 점포환경 개선에 대한 사전협의 절차

② 비용부담 기준

1. 비용부담 대상의 세부 내역

2. 비용부담 세부 기준

제7조(가맹점사업자로부터 취득하는 금전에 대한 명확한 기준 및 그 금액의 조정기준)

① 가맹본부가 가맹점사업자로부터 취득하는 금전의 종류 및 정의

② 가맹본부가 가맹점사업자로부터 취득하는 금전의 세부적인 징수 기준

③ 가맹점사업자로부터 취득하는 금전의 조정기준 및 절차

제8조 불공정한 거래행위의 사전예방 및 감시시스템 구축

① 불공정한 거래행위의 사전예방 절차

② 내・외부 감시 시스템

③ 가맹점사업자와 상생협력 부서 설치・운용

④ 가맹점사업자와 분쟁이 발생할 경우 처리할 심의기구

제9조 계약해지, 점포폐점 및 양수도 지원

① 계약을 해지하는 경우

② 점포폐점 시 제품 등의 반품 기준, 점포의 양수도가 가능한 경우 또는

불가능한 경우의 기준

- 점포폐점 시 제품 등의 반품 기준

- 점포의 양수도가 가능한 경우 또는 불가능한 경우의 기준

제10조 가맹점사업자에 대한 지원

① 가맹점사업자에 대한 지원의 종류 및 정의

② 가맹점사업자에 대한 지원이 이루어지는 경우

제11조 위약금 등에 관한 기준

① 위약금을 부과하는 경우

② 위약금 부과 기준

제12조 가맹본부가 소지한 정보를 가맹점사업자에게 제공

① 가맹본부가 가맹점사업자에게 제공할 정보의 종류

② 정보의 제공 방법과 주기

제13조(협약의 내용에 관한 협의 절차)

① 협약의 내용에 관해 가맹본부와 가맹점사업자 간 협의절차

② 협의에 참석할 대상자

제14조(가맹점사업자의 상생협력을 위한 협력사항) 가맹점사업자는 □□□과 가맹거래를 함에 있어 다음과 같이 협력 방안 이행 등을 위하여 노력한다.

① 신의성실의 원칙에 입각한 계약 이행

② 가맹본부의 윤리규정 준수

③ 협약서의 내용에 불만이 있거나 협약서에 명시된 내용의 변경이 필요한 경우 제13조에 정해진 절차에 의해 논의

제15조(협약기간) ① 본 협약의 기간은 협약체결일로부터 1년 간으로 한다. 다만, 협약기간 중 거래가 종료되는 경우에는 거래종료일을 협약종료일로 본다.

② 협약기간 만료 시 공정위와 협의를 거쳐 1년 단위로 기간을 연장할 수 있다.

제16조(법적 성격) 이 협약은 □□□이 제1조의 목적 달성을 위해 협약 당사자인 가맹점사업자들에게 공정거래와 상생협력 의지를 선언하는 것으로서 법적 권리나 의무를 발생시키지 아니하며, 어느 일방의 협약위반을 이유로 상대방 또는 상대방의 임직원에 대하여 민·형사 또는 행정소송 등 법적 분쟁 절차를 제기할 수 없다.

제17조(협약기준 준수) □□□과 가맹점사업자는 이 협약을 이행함에 있어 공정위가 정한 "가맹본부·가맹점사업자 간 공정거래 및 상생협력협약 절

차 · 지원 등에 관한 기준"을 성실히 준수 한다

제18조(세부이행계획 및 평가자료) ① □□□은 협약체결 후 20일 이내에 협약서 사본, 협약체결 가맹점사업자 명단 및 협약내용에 대한 구체적인 이행계획을 공정위에 제출한다.

② □□□은 협약기간 만료 후 30일 이내에 공정위에 협약내용의 이행평가를 위한 협약내용 이행실적 자료를 제출한다.

ㅇㅇㅇㅇ년 ㅇㅇ월 ㅇㅇ일

(가맹본부)	(가맹점사업자)
주식회사 ㅇㅇㅇ	△△△점
대표이사 ㅇㅇㅇ (인)	대표 ㅇㅇㅇ (인)

제4장 분쟁의 조정 등

제1절 가맹사업거래분쟁조정협의회의 설치

Ⅰ. 가맹사업거래분쟁조정협의회의 설치

가맹사업에 관한 분쟁을 조정하기 위하여 「독점규제 및 공정거래에 관한 법률」 제48조의2 제1항에 따른 한국공정거래조정원(이하 "조정원"이라 한다)에 가맹사업거래분쟁조정협의회(이하 "협의회"라 한다)를 둔다(법 제16조).

Ⅱ. 가맹사업거래분쟁조정협의회 회의

(협의회의 회의) ① 법 제16조에 따라 가맹사업거래분쟁조정협의회(이하 "협의회"라 한다)의 위원장이 법 제19조 제1항에 따른 전체회의를 소집하거나 공익을 대표하는 위원이 같은 항에 따른 소회의를 소집하려는 때에는 관계 위원들에게 회의개최 7일 전까지 회의의 일시·장소 및 안건을 서면으로 통지하여야 한다. 다만, 긴급을 요하는 경우에는 그러하지 아니하다(시행령 제18조 제1항).

협의회의 회의는 공개하지 아니한다. 다만, 위원장이 필요하다고 인정하는 때에는 분쟁당사자 그 밖의 이해관계인에게 방청하게 할 수 있다(시행령 제18조 제2항).

제2절 가맹사업거래분쟁조정협의회 구성

협의회는 위원장 1인을 포함한 9인의 위원으로 구성하며(법 제17조 제1항), 위원은 공익을 대표하는 위원, 가맹본부의 이익을 대표하는 위원, 가맹점사업자의 이익을 대표하는 위원으로 구분하되 각각 동수로 한다(법 제17조 제2항).

위원은 조정원의 장이 추천한 자와 다음 각 호의 어느 하나에 해당하는 자중 공정거래위원회 위원장이 임명 또는 위촉하는 자가 된다(법 제17조 제3항).

1. 대학에서 법률학 · 경제학 · 경영학을 전공한 자로서 「고등교육법」 제2조 제1호 · 제2호 또는 제5호에 따른 학교나 공인된 연구기관에서 부교수 이상의 직 또는 이에 상당하는 직에 있거나 있었던 자
2. 판사 · 검사 직에 있거나 있었던 자 또는 변호사의 자격이 있는 자
3. 독점금지 및 공정거래업무에 관한 경험이 있는 4급 이상 공무원(고위공무원단에 속하는 일반직공무원을 포함한다)의 직에 있거나 있었던 자

위원장은 공익을 대표하는 위원중에서 공정거래위원회 위원장이 위촉하며(법 제17조 제4항), 위원의 임기는 3년으로 하고 연임할 수 있으며(법 제17조 제5항), 위원 중 결원이 생긴 때에는 제3항의 규정에 의하여 보궐위원을 위촉하여야 하며, 그 보궐위원의 임기는 전임자의 잔임기간으로 한다(법 제17조 제6항).

제 3 절 공익을 대표하는 위원의 위촉제한

공익을 대표하는 위원은 위촉일 현재 가맹본부 또는 가맹점사업자의 임원 · 직원으로 있는 자중에서 위촉될 수 없으며(법 제18조 제1항), 공정거래위원회 위원장은 공익을 대표하는 위원으로 위촉받은 자가 가맹본부 또는 가맹점사업자의 임원 · 직원으로 된 때에는 즉시 해촉하여야 한다(법 제18조 제2항).

제 4 절 가맹사업거래분쟁조정협의회의 회의

협의회의 회의는 위원 전원으로 구성되는 회의(이하 "전체회의"라 한다)와 공익을 대표하는 위원, 가맹본부의 이익을 대표하는 위원, 가맹점사업자의 이익을 대표하는 위원 각 1인으로 구성되는 회의(이하 "소회의"라 한다)로 구분하며(법 제19조 제1항), 협의회의 전체회의는 다음 각 호의 사항을 심의 · 의결한다(법 제19조 제2항).

1. 소회의가 전체회의에서 처리하도록 결정한 사항
2. 협의회 운영세칙의 제정 · 개정에 관한 사항
3. 그 밖에 전체회의에서 처리할 필요가 있다고 인정하는 사항으로서 협의회의 위원장이 전체회의에 부치는 사항

협의회의 소회의는 제2항 각 호 외의 사항을 심의 · 의결하며(법 제19조 제3항), 협의회의 전체회의는 위원장이 주재하며, 재적위원 과반수의 출석으로 개의하고, 출석위원 과반수의 찬성으로 의결한다(법 제19조 제4항).

협의회의 소회의는 공익을 대표하는 위원이 주재하며, 구성위원 전원의 출석과 출석위원 전원의 찬성으로 의결한다. 이 경우 소회의의 의결은 협의회의 의결로 보되, 회의의 결과를 전체회의에 보고하여야 한다(법 제19조 제5항).

위원장이 사고로 직무를 수행할 수 없을 때에는 공익을 대표하는 위원중에서 공정거래위원회 위원장이 지명하는 위원이 그 직무를 대행하며(법 제19조 제6항), 조정의 대상이 된 분쟁의 당사자인 가맹사업당사자(이하 "분쟁당사자"라 한다)는 협의회의 회의에 출석하여 의견을 진술하거나 관계자료를 제출할 수 있다(법 제19조 제7항).

법 제16조에 따라 가맹사업거래분쟁조정협의회(이하 "협의회"라 한다)의 위원장이 법 제19조제1항에 따른 전체회의를 소집하거나 공익을 대표하는 위원이 같은 항에 따른 소회의를 소집하려는 때에는 관계 위원들에게 회의개최 7일 전까지 회의의 일시 · 장소 및 안건을 서면으로 통지하여야 한다. 다만, 긴급을 요하는 경우에는 그러하지 아니하다(시행령 제18조 제1항).

협의회의 회의는 공개하지 아니한다. 다만, 위원장이 필요하다고 인정하는 때에는 분쟁당사자 그 밖의 이해관계인에게 방청하게 할 수 있다(시행령 제18조 제2항).

제 5 절 가맹사업거래분쟁조정협의회 위원의 제척 · 기피 · 회피

위원은 다음 각 호의 1에 해당하는 경우에는 당해 조정사항의 조정에서 제척된다(법 제20조 제1항).

1. 위원 또는 그 배우자나 배우자이었던 자가 당해 조정사항의 분쟁당사자가 되거나 공동권리자 또는 의무자의 관계에 있는 경우
2. 위원이 당해 조정사항의 분쟁당사자와 친족관계에 있거나 있었던 경우
3. 위원 또는 위원이 속한 법인이 분쟁당사자의 법률 · 경영 등에 대하여 자문이나 고문의 역할을 하고 있는 경우
4. 위원 또는 위원이 속한 법인이 당해 조정사항에 대하여 분쟁당사자의 대리인으로 관여하거나 관여하였던 경우 및 증언 또는 감정을 한 경우

분쟁당사자는 위원에게 협의회의 조정에 공정을 기하기 어려운 사정이 있는 때에 협의회에 당해 위원에 대한 기피신청을 할 수 있으며(법 제20조 제2항), 위원이 제1항 또는 제2항의 사유에 해당하는 경우에는 스스로 당해 조정사항의 조정에서 회피할 수 있다(법 제20조 제3항).

제 6 절 가맹사업거래분쟁조정협의회 조정사항

Ⅰ. 협의회의 조정사항

협의회는 공정거래위원회 또는 분쟁당사자가 요청하는 가맹사업거래의 분쟁에 관한 사항을 조정한다(법 제21조).

Ⅱ. 조정의 신청

분쟁당사자는 제21조의 규정에 의하여 협의회에 대통령령이 정하는 사항이 기재된 서면으로 그 조정을 신청할 수 있으며(법 제22조 제1항), 공정거래위원회는 가맹사업거래의 분쟁에 관한 사건에 대하여 협의회에 그 조정을 의뢰할 수 있다(법 제22조 제2항).

협의회는 제1항의 규정에 의하여 조정을 신청받은 때에는 즉시 그 조정사항을 분쟁당사자에게 통지하여야 한다(법 제22조 제3항).

Ⅲ. 분쟁조정의 신청 서류

법 제22조 제1항의 규정에 의하여 분쟁의 조정을 신청하고자 하는 자는 다음 각호의 사항이 기재된 서면을 협의회에 제출하여야 한다(시행령 제19조 제1항).

1. 신청인과 피신청인의 성명 및 주소(분쟁당사자가 법인인 경우에는 법인의 명칭, 주된 사무소의 소재지, 그 대표자의 성명 및 주소를 말한다)
2. 대리인이 있는 경우에는 그 성명 및 주소
3. 신청의 이유

제1항의 규정에 의한 서면에는 다음 각호의 서류를 첨부하여야 한다(시행령 제19조 제2항).

1. 분쟁조정신청의 원인 및 사실을 증명하는 서류
2. 대리인이 신청하는 경우 그 위임장
3. 그 밖에 분쟁조정에 필요한 증거서류 또는 자료

법령해석례[1)]

가맹사업에 관한 분쟁의 조정절차상 대리인의 범위(「가맹사업거래의 공정화에 관한 법률 시행령」 제19조 등 관련)

【질의요지】

가맹사업에 관한 분쟁의 조정에 대하여 「가맹사업거래의 공정화에 관한 법률 시행령」 제19조제1항제2호에 따른 대리인이 될 수 있는 자에 「변호사법」에 따른 변호사만 포함되는지, 아니면 변호사 외에 대리인으로 선임된 자도 포함되는지?

【회답】

가맹사업에 관한 분쟁의 조정에 대하여 「가맹사업거래의 공정화에 관한 법률

1) 법제처 10-0440, 2011.1.13, 공정거래위원회

시행령」 제19조에 따른 대리인 업무를 수행하는 것이 「변호사법」 제3조 및 제109조제1호에 따라 변호사 외의 자에게 금지되는 법률사무를 수행하는 경우에 해당하지 않는다면, 가맹사업에 관한 분쟁조정 절차상의 대리인에는 「변호사법」에 따른 변호사 외의 대리인도 포함된다고 할 것이나, 「가맹사업거래의 공정화에 관한 법률」에 따른 가맹거래사의 경우와 같이 자격제도를 정한 개별 법률에서 그 자격을 가진 자의 업무범위에 가맹사업에 관한 분쟁조정 절차상의 대리가 포함된다고 볼 수 없는 경우에는 해당 자격을 가진 자가 그 업무로서 가맹사업에 관한 분쟁조정 절차상의 대리인 업무를 수행할 수는 없다고 할 것입니다.

【이유】

「가맹사업거래의 공정화에 관한 법률」 제22조, 같은 법 시행령 제19조제1항제2호 및 같은 조 제2항제2호에서는 가맹사업에 관한 분쟁당사자가 가맹사업거래분쟁조정협의회에 그 분쟁의 조정을 신청할 때 대리인이 있는 경우 그 성명 및 주소를 서면에 기재하도록 하고, 대리인이 신청하는 경우에는 분쟁당사자의 위임장을 첨부하도록 하고 있으나, 가맹사업에 관한 분쟁조정 절차상의 대리인의 범위에 대해서는 별도의 규정이 없습니다.

그런데, 「변호사법」 제3조에 따르면, 변호사의 직무는 소송에 관한 행위와 행정처분의 청구에 관한 대리행위 및 일반 법률 사무로 나누어지고, 같은 법 제109조제1호에서는 변호사의 직무를 좀더 구체적으로 소송 사건, 비송 사건, 가사 조정 또는 심판 사건, 행정심판 또는 심사의 청구나 이의신청, 그 밖에 행정기관에 대한 불복신청 사건, 수사기관에서 취급 중인 수사 사건, 법령에 따라 설치된 조사기관에서 취급 중인 조사 사건, 그 밖에 일반의 법률사건에 관하여 감정 · 대리 · 중재 · 화해 · 청탁 · 법률상담 또는 법률 관계 문서 작성, 그 밖의 법률사무를 취급하는 것으로 규정하고 있으며, 변호사가 아니면서 금품 · 향응 또는 그 밖의 이익을 받거나 받을 것을 약속하고 또는 제3자에게 이를 공여하게 하거나 공여하게 할 것을 약속하고 위와 같은 변호사의 직무로 열거한 사무를 취급하는 것을 금지하고 있습니다.

위와 같이 변호사 외의 자의 법률사무 취급을 금지하고 있는 「변호사법」을 고려할 때, 「가맹사업거래의 공정화에 관한 법률」에 따른 가맹사업에 관한 분쟁조정 절차상의 대리인 업무를 수행하는 것이 「변호사법」 제3조 및 제109조제1호에 따라 금품 · 향응 또는 그 밖의 이익을 받거나 받을 것을 약속하고 또는 제3자에게 이를 공여하게 하거나 공여하게 할 것을 약속하고 변호사 외의 자에게 금지되는 법률사무를 수행하는 경우에 해당하지 않는다면, 가맹사업에 관한 분쟁조정 절차상의 대리인에는 「가맹사업거래의 공정화에 관한 법률 시행령」 제19조제2항제2호에 따라 위임장을 작성하여 제출한 「변호사법」에 따른 변호사 외의 대리인도 포함된다고 할 것입니다.
다만, 「가맹사업거래의 공정화에 관한 법률」 제27조에 따른 가맹거래사와 같이 개별 법률에서 일정 전문 분야에 관하여 자격제도를 마련하고 그 자격을 가진 자의 업무에 관하여 일정한 법률상 보호를 하고 있는 경우라면 그 자격을 가진 자는 개별 법률에서 정하는 업무범위에서 그 업무를 수행하여야 할 것인바, 가맹사업에 관한 분쟁조정과 관련하여 같은 법 제28조제5호에 따라 그 신청을 대행하는 업무만을 업무범위로 하고 있는 가맹거래사의 경우와 같이 개별 법률에서 정하는 업무범위에 가맹사업에 관한 분쟁조정 절차상의 대리인 업무가 포함된다고 볼 수 없는 경우에는 해당 자격을 가진 자가 그 업무로서 가맹사업에 관한 분쟁조정 절차상의 대리인 업무를 수행할 수는 없다고 할 것입니다.
따라서, 가맹사업에 관한 분쟁의 조정에 대하여 「가맹사업거래의 공정화에 관한 법률 시행령」 제19조에 따른 대리인 업무를 수행하는 것이 「변호사법」 제3조 및 제109조제1호에 따라 변호사 외의 자에게 금지되는 법률사무를 수행하는 경우에 해당하지 않는다면, 가맹사업에 관한 분쟁조정 절차상의 대리인에는 「변호사법」에 따른 변호사 외의 대리인도 포함된다고 할 것이나, 「가맹사업거래의 공정화에 관한 법률」에 따른 가맹거래사의 경우와 같이 자격제도를 정한 개별 법률에서 그 자격을 가진 자의 업무범위에 가맹사업에 관한 분쟁조정 절차상의 대리가 포함된다고 볼 수 없는 경우에는 해당 자격을 가진 자가 그 업무로서 가맹사업에 관한 분쟁조정 절차상의 대리인 업무를 수행할 수는 없다고 할 것입니다.

제 7 절 가맹사업거래분쟁조정협의회 조정 권고

Ⅰ. 조정 권고

협의회는 분쟁당사자에게 조정사항에 대하여 스스로 조정하도록 권고하거나 조정안을 작성하여 이를 제시할 수 있다(법 제23조 제1항).

Ⅱ. 조정 거부·중지

협의회는 다음 각 호의 1에 해당되는 경우에는 그 조정을 거부하거나 중지할 수 있다(법 제23조 제2항).

1. 분쟁당사자의 일방이 조정을 거부한 경우
2. 이미 법원에 소를 제기하였거나 조정의 신청이 있은 후 법원에 소를 제기한 경우 또는 조정의 신청이 있은 후 분쟁당사자가 「중재법」에 따른 중재합의를 한 경우
3. 신청의 내용이 관계법령 또는 객관적인 자료에 의하여 명백하게 인정되는 등 조정을 할 실익이 없는 것으로서 대통령령이 정하는 사항이 발생하는 경우

Ⅲ. 조정절차 종료

협의회는 다음 각 호의 1에 해당되는 경우에는 조정절차를 종료하여야 한다(법 제23조 제3항).

1. 분쟁당사자가 협의회의 권고 또는 조정안을 수락하거나 스스로 조정하는 등 조정이 성립된 경우
2. 조정을 신청 또는 의뢰 받은 날부터 60일(분쟁당사자 쌍방이 기간연장에 동의한 경우에는 90일로 한다)이 경과하여도 조정이 성립하지 아니한 경우
3. 제2항의 규정에 의하여 조정이 중지된 경우로서 조정절차를 진행할 실익이 없는 경우

Ⅳ. 조정절차 종료 통보

협의회는 제2항의 규정에 의하여 조정을 거부 또는 중지하거나 제3항의 규정에 의하여 조정절차를 종료한 경우에는 대통령령이 정하는 바에 따라 공

정거래위원회에 조정의 경위, 조정거부 · 중지 또는 종료의 사유 등과 관계서류를 서면으로 지체없이 보고하여야 하고 분쟁당사자에게 그 사실을 통보하여야 한다(법 제23조 제4항).

V. 조정사항 확인

협의회는 당해 조정사항에 관한 사실을 확인하기 위하여 필요한 경우 조사를 하거나 분쟁당사자에 대하여 관련자료의 제출이나 출석을 요구할 수 있다(법 제23조 제5항).

VI. 조정절차 종료 전 시정조치 금지

공정거래위원회는 조정사항에 관하여 조정절차가 종료될 때까지 당해 분쟁당사자에게 시정조치를 권고하거나 명하여서는 아니된다. 다만, 공정거래위원회가 이미 제32조의 규정에 의하여 조사중인 사건에 대하여는 그러하지 아니하다(법 제23조 제6항).

VII. 분쟁조정신청의 보완

위원장은 제19조의 규정에 의한 분쟁조정의 신청에 대하여 보완이 필요하다고 인정될 때에는 상당한 기간을 정하여 그 보완을 요구하여야 한다(시행령 제21조 제1항).

제1항의 규정에 의한 보완에 소요된 기간은 법 제23조 제3항 제2호의 규정에 의한 기간에 이를 산입하지 아니한다(시행령 제21조 제2항).

VIII. 분쟁조정의 거부 및 중지하는 내용

법 제23조 제2항 제3호에서 "대통령령이 정하는 사항이 발생하는 경우"라 함은 다음 각 호의 어느 하나에 해당하는 경우를 말한다(시행령 제22조).

1. 신청인이 정당한 사유 없이 기한 내에 분쟁조정신청을 보완하지 아니한 경우
2. 신청의 내용과 직접적인 이해관계가 없는 자가 조정신청을 한 경우
3. 신청인이 부당한 이익을 얻을 목적으로 조정신청을 한 것으로 인정되는 경우
4. 분쟁의 성격상 조정을 하는 것이 적당하지 아니하다고 인정되는 경우
5. 신청인이 같은 사안에 대하여 같은 취지로 2회 이상 조정신청을 한 경우
6. 신청인이 협의회에서 이미 끝난 분쟁조정과 같은 사안을 공정거래위원회에 신고하여 다시 협의회에 넘겨진 경우

Ⅸ. 분쟁조정의 종료

협의회는 법 제23조 제4항의 규정에 의하여 조정을 거부 또는 중지하거나 조정절차를 종료한 경우에는 다음 각호의 사항이 기재된 분쟁조정종료서를 작성한 후 그 사본을 첨부하여 공정거래위원회에 보고하여야 한다(시행령 제23조).

1. 조정신청인의 주소 · 성명
2. 조정대상 분쟁의 개요
   가. 가맹사업거래 당사자의 일반현황
   나. 가맹사업거래의 개요
   다. 분쟁의 경위
   라. 조정의 쟁점(가맹사업거래 당사자의 의견을 기술한다)
3. 조정의 거부 · 중지 또는 종료사유(법 제23조 제2항 및 제3항 각호에 규정된 사유별로 상세하게 기술한다)

Ⅹ. 분쟁당사자의 사실 확인

협의회는 법 제23조 제5항의 규정에 의하여 분쟁당사자에 대하여 출석을 요구하고자 하는 때에는 시기 및 장소를 정하여 출석요구일 7일 전까지 분쟁당사자에게 통지하여야 한다. 다만, 긴급을 요하거나 출석의 통지를 받은 자가 동의하는 경우에는 그러하지 아니하다(시행령 제24조 제1항).

제1항의 통지를 받은 분쟁당사자는 협의회에 출석할 수 없는 부득이한 사유가 있는 경우에는 미리 서면으로 의견을 제출할 수 있다(시행령 제24조 제2항).

제 8 절 가맹사업거래분쟁조정협의회의 조정조서의 작성과 그 효력

Ⅰ. 조정조서의 작성과 그 효력

협의회는 조정사항에 대하여 조정이 성립된 경우 조정에 참가한 위원과 분쟁당사자가 기명날인한 조정조서를 작성한다. 이 경우 분쟁당사자 간에 조정조서와 동일한 내용의 합의가 성립된 것으로 보이며(법 제24조 제1항), 협의회는 분쟁당사자가 조정절차를 개시하기 전에 조정사항을 스스로 조정하고 조정조서의 작성을 요구하는 경우에는 그 조정조서를 작성할 수 있다(법 제24조 제1항).

Ⅱ. 분쟁의 조정

협의회는 법 제24조 제1항의 규정에 의한 분쟁의 조정이 성립된 경우에는 다음 각호의 사항이 기재된 조정조서를 작성한 후 그 사본을 첨부하여 조정결과를 공정거래위원회에 보고하여야 한다(시행령 제25조).

1. 조정신청인의 주소 · 성명
2. 조정대상 분쟁의 개요
   가. 가맹사업거래 당사자의 일반현황
   나. 가맹사업거래의 개요
   다. 분쟁의 경위
   라. 조정의 쟁점(가맹사업거래 당사자의 의견을 기술한다)
3. 조정의 결과(조정의 쟁점별로 기술한다)

Ⅲ. 가맹사업거래분쟁조정협의회의 조직

제16조 내지 제24조의 규정 외에 협의회의 조직 · 운영 · 조정절차 등에 관하여 필요한 사항은 대통령령으로 정한다(법 제25조).

제 5 장 가맹거래사

제 1 절 가맹거래사 자격

Ⅰ. 가맹거래사 자격 요건

공정거래위원회가 실시하는 가맹거래사 자격시험에 합격한 후 대통령령이 정하는 바에 따라 실무수습을 마친 자는 가맹거래사의 자격을 가진다(법 제27조 제1항).

Ⅱ. 가맹거래사가 될 수 없는 자

다음 각 호의 어느 하나에 해당하는 자는 가맹거래사가 될 수 없다(법 제27조 제2항).

1. 미성년자 · 금치산자 또는 한정치산자
2. 파산선고를 받고 복권되지 아니한 자
3. 금고 이상의 실형의 선고를 받고 그 집행이 종료(종료된 것으로 보는 경우를 포함한다)되거나 집행을 받지 아니하기로 확정된 후 2년이 경과되지 아니한 자
4. 금고 이상의 형의 집행유예를 받고 그 집행유예기간중에 있는 자
5. 제31조의 규정에 의하여 가맹거래사의 등록이 취소된 날부터 2년이 경과되지 아니한 자

Ⅲ. 가맹거래사 자격시험의 시험과목 · 시험방법, 실무수습의 기간

가맹거래사 자격시험의 시험과목 · 시험방법, 실무수습의 기간 등 자격시험 및 실무수습에 관하여 필요한 사항은 대통령령으로 정한다(법 제27조 제3항).

1. 가맹거래사 자격시험

공정거래위원회는 법 제27조에 따른 가맹거래사 자격시험(이하 "시험"이라 한다)을 제1차시험과 제2차시험으로 구분하여 매년 1회 이상 실시한다(시행령 제28조 제1항).

2. 시험의 일시·장소 등 공고

공정거래위원회는 시험을 시행하고자 할 때에 시험의 일시·장소·방법·과목·응시자격 및 응시절차 등 필요한 사항을 시험시행일 3개월 전에 「신문 등의 진흥에 관한 법률」 제9조제1항에 따라 전국을 보급지역으로 등록한 일반일간신문 등에 공고하여야 한다(시행령 제28조 제2항).

3. 제2차시험 응시 자격

제2차시험은 제1차시험에 합격한 자 또는 제1차시험을 면제받은 자에 한하여 응시할 수 있다(시행령 제28조 제3항).

4. 시험방법

시험방법은 다음 각호에 의한다(시행령 제28조 제4항).

1. 제1차시험은 선택형으로 하되, 기입형을 가미할 수 있다.
2. 제2차시험은 논문형으로 하되, 기입형을 가미할 수 있다.

5. 시험과목

제1차시험 및 제2차시험의 과목은 별표 3과 같다(시행령 제28조 제5항).

[별표 3] 〈개정 2008.1.31〉

가맹거래사 시험과목(제28조제5항관련)

구분	시험과목
1차시험	○ 경제법[독점규제 및 공정거래에 관한 법령(제3장 기업결합의 제한 및 경제력집중의 억제를 제외한다) 및 약관의 규제에 관한 법령] ○ 민법(제1편 총칙, 제2편 물권 및 제3편제2장 계약만 해당한다) ○ 경영학
2차시험	○ 가맹사업거래의 공정화에 관한 법령 및 실무 ○ 가맹계약에 관한 이론 및 실무

6. 제1차시험 면제

제1차시험에 합격한 자에 대하여는 다음 회의 시험에 한하여 제1차시험을 면제한다(시행령 제28조 제6항).

7. 시험합격 점수

시험의 합격자는 매과목 100점을 만점으로 하여 매과목 40점 이상, 전과목 평균 60점 이상을 득점한 자로 한다(시행령 제28조 제7항).

8. 시험합격자 합격증서 교부

공정거래위원회는 시험의 합격자가 결정된 때에는 이를 관보에 게재하고, 합격자에 대하여는 합격증서를 교부하여야 한다(시행령 제28조 제8항).

9. 시험 부정행위자 응시자격 정지

시험에서 부정행위를 한 자에 대하여는 그 시험을 정지하거나 무효로 하고, 그 시험시행일부터 3년 간 응시자격을 정지한다(시행령 제28조 제9항).

10. 가맹거래사시험위원회

시험의 응시자격, 시험방법, 시험문제의 출제, 시험합격자의 결정 등 시험의 시행에 관하여 필요한 사항을 심의하기 위하여 공정거래위원회에 가맹거래사시험위원회를 둘 수 있다(시행령 제28조 제10항).

11. 그 밖의 시험 관리

그 밖에 시험관리에 관하여 필요한 사항은 공정거래위원회가 정하여 고시한다(시행령 제28조 제11항).

제 2 절 가맹거래사 자격제도의 운영에 관한 규정[2)]

제1장 총 칙

제1조(목적) 이 규정은 가맹사업거래의 공정화에 관한 법(이하 "법"이라 한다) 시행령(이하 "영"이라 한다) 제29조 제1항의 규정에 의한 응시수수료 반환, 제30조 제1항의 규정에 의한 가맹거래사 실무수습의 기간, 내용 및 방법에 관한 사항, 제28조 제8항의 규정에 의한 합격증, 제31조 제1항의 규정에 의한 자격증 및 제32조 제2항의 규정에 의한 등록증의 교부에 관한 사항을 정함을 목적으로 한다.

제2장 가맹거래사 자격시험

제2조(응시수수료 반환) ①영 제29조 제2항의 규정에 따른 응시수수료(이하 "수수료"라 한다)의 반환기준은 다음 각호와 같다.

1. 수수료를 과오납한 경우에는 그 과오납한 금액의 전부
2. 시험시행기관의 귀책사유로 시험에 응하지 못한 경우에는 납입한 수수료의 전부
3. 응시원서 접수기간 내에 접수를 취소하는 경우에는 납입한 수수료의 전부
4. 응시원서 접수 마감일의 다음 날부터 시험 시행일 10일 전까지 접수를

2) 제정 2004. 4. 3. 공정거래위원회 고시 제2004-3호, 개정 2006. 6. 28. 공정거래위원회 고시 제2006-9호, 개정 2009. 3. 27. 공정거래위원회 고시 제2009-4호, 개정 2009. 8. 20. 공정거래위원회 고시 제2009-31호, 개정 2010. 7. 27. 공정거래위원회 고시 제2010- 7호, 개정 2012. 6. 15. 공정거래위원회 고시 제2012-14호.

취소하는 경우에는 납입한 수수료의 100분의 50에 해당하는 금액
② 수수료의 반환절차 및 반환방법 등은 영 제28조 제2항의 규정에 따른 시험시행공고에서 정하는 바에 따른다.

제3장 가맹거래사 실무수습의 시행 및 관리

제3조(실무수습) ① 실무수습은 가맹거래사로서 직무수행에 요구되는 실무적인 지식, 기법 및 직업윤리 등을 습득하는 것으로 한다.
② 실무수습의 내용은 별표 1과 같이 한다. 다만 공정거래위원회는 필요한 경우 실무수습 내용을 추가할 수 있다.

제4조(실무수습의 시행회수) 공정거래위원회는 영 제30조제1항의 규정에 의한 가맹거래사의 실무수습을 연1회 실시한다. 다만 공정거래위원회는 시험합격인원의 증가 등으로 인하여 필요한 경우 실무수습의 시행회수를 증가시킬 수 있다.

제4장 증서의 교부 및 등록

제5조(합격증의 교부) 영 제28조 제8항의 규정에 의한 합격증의 교부는 별지 제1호서식에 의한다.

제6조(가맹거래사자격증의 교부 등) ① 영 제31조의 규정에 따라 공정거래위원회는 가맹거래사의 자격을 갖춘 자에게 별지 제2호 서식에 의한 자격증을 교부하며, 그 사실을 별지 제3호 서식의 가맹거래사자격증교부대장에 기재한다.
② 공정거래위원회는 전항에 의한 자격증을 교부하기 전에 자격증 교부 대상자가 법 제27조 제2항의 규정에 의한 결격사유에 해당하는지 여부를 검토하여야 하며 결격사유에 해당하는 자에 대하여는 결격사유가 해소되기까지 자격증을 교부하지 아니한다.
③ 제1항의 규정에 의하여 자격증을 교부받은 자가 자격증의 분실 또는 훼

손으로 이를 재교부 받고자 하는 경우에는 별지 제4호서식의 자격증재교부신청서에 다음 각호의 서류를 첨부하여 공정거래위원회에 제출하여야 한다.

1. 가맹거래사자격증 또는 합격증서 사본 1부.
2. 실무수습을 마쳤음을 증명하는 서류 1부.
3. 사진 2매(신청일전 6월 이내에 찍은 탈모상반신 반명함판)

제7조(가맹거래사등록 등) ① 영 제32조 제1항의 규정에 의하여 가맹거래사등록을 하려는 자는 별지 제5호서식의 가맹거래사등록신청서에 다음 각호의 서류를 첨부하여 공정거래위원회에 제출하여야 한다.

1. 가맹거래사자격증 사본 1부.
2. 사진 2매(신청일전 6월 이내에 찍은 탈모상반신 반명함판)

② 영 제32조 제2항의 규정에 의한 가맹거래사등록증은 별지 제6호 서식에 의하고, 가맹거래사등록부는 별지 제7호 서식에 의한다.

③ 영 제32조 제3항의 규정에 의한 등록증 재교부신청서는 별지 제8호 서식에 의한다.

제8조(가맹거래사등록의 갱신) ① 법 제29조 제2항의 규정에 의하여 등록을 갱신하고자 하는 자는 별지 제9호 서식의 가맹거래사등록갱신신청서에 다음 각호의 서류를 첨부하여 등록일로부터 5년이 경과되기 30일전까지 공정거래위원회에 제출하여야 한다.

1. 가맹거래사등록증 1부.
2. 사진 2매(신청일전 6월 이내에 찍은 탈모상반신 반명함판)

② 공정거래위원회는 제1항의 규정에 의한 등록갱신 신청이 있는 때에는 법 제27조제2항 및 법 제31조제1항 각호의 1에 해당하는 경우를 제외하고는 가맹거래사등록부에 기재하고 가맹거래사등록증을 갱신하여 교부한다.

③ 공정거래위원회는 법 제29조 제1항에 따라 가맹거래사 등록을 한 사람에게 해당 등록일부터 5년이 경과하기 60일 전까지 법 제29조 제2항에 따른 갱신등록을 하지 아니하면 가맹거래사 자격이 정지된다는 사실 등을 미리 통지하여야 한다.

④ 제3항에 의한 통지는 휴대폰에 의한 문자전송, 전자메일, 팩스, 전화,

문서 등으로 할 수 있다.

⑤ 제3항에 따라 통지를 받을 사람의 연락처 등을 통상적인 방법으로 확인할 수 없거나 통지가 불가능한 경우에는 공정거래위원회의 게시판 및 인터넷 홈페이지에 14일 이상 공고함으로써 통지에 갈음할 수 있다.

제9조(가맹거래사의 보수교육) ① 법 제31조제2항의 규정에 의하여 가맹거래사 자격을 회복하고자 하는 자는 공정거래위원회가 지정하는 교육기관에서 보수교육을 이수하여야 한다.

② 제1항의 규정에 의한 보수교육 시간은 15시간 이상으로 한다.

③ 보수교육 내용은 제1항에서 지정된 교육기관이 별표 1에서 필요한 내용을 선정한다.

④ 제1항의 규정에 의하여 보수교육을 이수한 자가 가맹거래사 등록을 갱신하고자 하는 경우에는 별지 제9호서식의 가맹거래사등록갱신신청서에 다음 각호의 서류를 첨부하여 공정거래위원회에 제출하여야 한다.

1. 가맹거래사등록증 1부.
2. 보수교육을 마쳤음을 증명하는 서류 1부.
3. 사진 2매(신청일전 6월 이내에 찍은 탈모상반신 반명함판)

제10조(재검토기한) 「훈령·예규 등의 발령 및 관리에 관한 규정」(대통령훈령 제248호)에 따라 이 고시 발령 후의 법령이나 현실 여건의 변화 등을 검토하여 이 고시의 폐지, 개정 등의 조치를 하여야 하는 기한은 2015년 8월 20일까지로 한다.

부 칙(2004.4.3. 제정)

① 이 고시는 공포 즉시 시행한다.

② 가맹사업거래상담사자격시험위원회의설치및운영에관한규정 (공정거래위원회 고시 제2002-2호)은 이를 폐지한다.

부 칙(2006.6.28. 개정)

① 이 고시는 2006년 7월 1일부터 시행한다.

부 칙(2009.3.27. 개정)

① 이 고시는 공포 즉시 시행한다.
② 가맹사업거래상담사자격시험위원회의설치및운영에관한규정 (공정거래위원회 고시 제 2004-3호)은 이를 폐지한다.

부 칙(2009.8.20.개정)

이 고시는 2009년 8월 21일부터 시행한다.

부 칙(2010.7.27. 개정)

① 이 고시는 2010년 7월 28일부터 시행한다.
② 제2조(응시수수료 반환) 제1항 제4호는 이 고시 시행 후 최초로 공고하는 시험부터 적용한다.

부 칙(2012.6.15. 개정)

이 고시는 2012년 6월 18일부터 시행한다.

〈별표1〉 가맹거래사 실무수습 내용(시행령 제31조 2항 관련)

- 시장경제와 경쟁정책
- 가맹거래사 직업윤리
- 프랜차이즈 시스템의 이해
- 가맹사업거래의공정화에관한법률의 이해
- 가맹계약법의 이해
- 정보공개서 작성·수정 및 검토 기법
- 가맹사업의 사업성 검토 기법
- 가맹계약서의 작성·수정 및 검토 기법
- 가맹점 개설 전략의 이해
- 가맹본부 경영관리의 이해
- 가맹점 운영·관리 기법
- 가맹사업의 금융·세무·회계
- 가맹사업관련 지적재산권, 산업재산권의 이해
- 권리구제, 분쟁조정 기법
- 상담 기법

[별지 제1호서식]

제 호

가 맹 거 래 사 합 격 증 서

성명 :

주민등록번호 :

위 사람은 「가맹사업거래의공정화에관한법률시행령」 제28조 제1항의 규정에 의한 제 회 가맹거래사 자격시험에 합격하였음을 증명합니다.

년 월 일

공정거래위원회 [인]

210㎜×297㎜ 보존용지(1종) 120g/㎡

[별지 제2호서식]

제 호

가 맹 거 래 사 자 격 증

성명 :

주민등록번호 :

사진
(3cm×4cm)

위 사람은 「가맹사업거래의공정화에관한법률」 제27조의 규정에 의한 가맹거래사 자격이 있음을 증명합니다.

년 월 일

공정거래위원회 [인]

210㎜×297㎜ 보존용지(1종) 120g/㎡

[별지 제3호서식]

가맹거래사자격증교부대장

교부 일자	자격증 번호	성명		주민등록 번호	시험 합격	실무 수습	비고
		한글	한문				

297mm×210mm 일반용지 60g/㎡

[별지 제4호서식]

<table>
<tr><td colspan="5">가 맹 거 래 사 자 격 증 재 교 부 신 청 서</td></tr>
<tr><td rowspan="2">신청인</td><td>성 명</td><td>(한글)
(한문)</td><td>주민등록번호</td><td>-</td></tr>
<tr><td>주 소</td><td colspan="3">(전화:)</td></tr>
<tr><td colspan="2">시 험 합 격</td><td colspan="3">제 회 가맹거래사 자격시험 합격</td></tr>
<tr><td colspan="2">실 무 수 습</td><td colspan="3">제 회 가맹거래사 실무수습 수료</td></tr>
<tr><td colspan="2">재 교 부 사 유</td><td colspan="3"></td></tr>
<tr><td colspan="5">「가맹사업거래의공정화에관한법률시행령」제31조의 규정에 의거 위와 같이 신청합니다.

년 월 일

신청인 (서명 또는 인)

공정거래위원회 귀중</td></tr>
<tr><td colspan="5">※ 구비서류
1. 가맹거래사자격증 또는 합격증서 사본 1부.
2. 실무수습을 마쳤음을 증명하는 서류 1부.
3. 사진 2매(신청일전 6월 이내에 찍은 탈모상반신 반명함판)</td></tr>
</table>

210mm×297mm 일반용지 60g/㎡

[별지 제5호서식]

가맹거래사등록신청서

<table>
<tr><td rowspan="4">신청인</td><td rowspan="2">성명</td><td>(한글)</td><td rowspan="2">주민등록번호</td><td rowspan="2">-</td></tr>
<tr><td>(한자)</td></tr>
<tr><td>주소</td><td colspan="3"></td></tr>
<tr><td>연락처</td><td>자 택 :
휴대폰 :</td><td>전자
메일</td><td></td></tr>
<tr><td colspan="2">자격증서번호</td><td colspan="3">제 호</td></tr>
<tr><td colspan="2">사무소명칭</td><td colspan="3"></td></tr>
<tr><td colspan="2">사무소소재지</td><td colspan="3">(전화:)</td></tr>
<tr><td colspan="2">개업예정일</td><td colspan="3">년 월 일</td></tr>
</table>

「가맹사업거래의공정화에관한법률」 제29조제1항 및「가맹사업거래의공정화에 관한법률시행령」제32조제1항의 규정에 의거 가맹거래사의 업무를 개시하고자 가맹거래사 등록을 신청합니다.

년 월 일

신청인 (서명 또는 인)

공정거래위원회 귀중

※ 구비서류

1. 가맹거래사자격증 사본 1부.
2. 사진 2매(신청일전 6월 이내에 찍은 탈모상반신 반명함판)

210㎜×297㎜ 일반용지 60g/㎡

[별지 제6호서식]　　　　　　　　　　　　　　　　　　　　　　　　(앞쪽)

등록번호 제　호

가 맹 거 래 사 등 록 증

성명 :

사진
(3cm×4cm)

주민등록번호 :

유효기간 :　.　.　.　~　.　.　.

위 사람은 「가맹사업거래의공정화에관한법률」제27조의 규정에 의한 가맹거래사 자격이 있는 자로 동법 제29조제1항의 규정에 따라 공정거래위원회에 등록하였음을 증명합니다.

년　　월　　일

공정거래위원회

210㎜×297㎜ 보존용지(1종) 120g/㎡

(뒤쪽)

※ 등록자 유의사항

1. 본 등록의 유효기간은 앞쪽의 표기된 바와 같으며 유효기간 만료일 30일 전까지 등록갱신을 신청하시기 바랍니다.
2. 가맹거래사의 직무수행 중 등록증을 잃어버리거나 못쓰게 된 때에는 재교부를 받아야 합니다.

[별지 제7호서식]

가맹거래사등록부

<table>
<tr><td>등록번호</td><td></td><td>등록년월일</td><td colspan="2"></td><td rowspan="3">사진
(3cm×4cm)</td></tr>
<tr><td>성 명</td><td></td><td>주민등록번호</td><td colspan="2"></td></tr>
<tr><td>주 소</td><td colspan="4"></td></tr>
<tr><td>연 락 처</td><td colspan="2">(자 택)
(사무소)
(휴대폰)</td><td>전자메일</td><td colspan="2"></td></tr>
<tr><td>사무소명</td><td colspan="5"></td></tr>
<tr><td>소 재 지</td><td colspan="5"></td></tr>
<tr><td>시험합격</td><td colspan="5"></td></tr>
<tr><td>실무수습</td><td colspan="5"></td></tr>
<tr><td>신원조회</td><td colspan="2"></td><td>결과</td><td colspan="2">적 정</td></tr>
<tr><td>갱신년월일</td><td colspan="5"></td></tr>
<tr><td>비 고</td><td colspan="5"></td></tr>
</table>

210㎜×297㎜ 일반용지 60g/㎡

[별지 제8호서식]

<table>
<tr><td colspan="5">가 맹 거 래 사 등 록 증 재 교 부 신 청 서</td></tr>
<tr><td rowspan="3">신
청
인</td><td>사무소명</td><td></td><td>등 록 번 호</td><td>제 호</td></tr>
<tr><td>사 무 소
소 재 지</td><td colspan="3">(전화:)</td></tr>
<tr><td>성명</td><td colspan="3">(한자:)</td></tr>
<tr><td colspan="2">재교부사유</td><td colspan="3"></td></tr>
<tr><td colspan="5">「가맹사업거래의공정화에관한법률시행령」 제32조제3항의 규정에 의거 위와 같이 신청합니다.

년 월 일

신청인 (서명 또는 인)

공정거래위원회 귀중</td></tr>
<tr><td colspan="5">※ 구비서류
1. 가맹거래사등록증(등록증을 잃어버린 경우는 제외)</td></tr>
</table>

210mm×297mm 일반용지 60g/㎡

[별지 제9호서식]

<table>
<tr><td colspan="5">가 맹 거 래 사 등 록 갱 신 신 청 서</td></tr>
<tr><td rowspan="3">신청인</td><td rowspan="2">성명</td><td>(한글)</td><td rowspan="2">주민등록번호</td><td rowspan="2">-</td></tr>
<tr><td>(한자)</td></tr>
<tr><td>주소</td><td colspan="3">(전화 :　　　)</td></tr>
<tr><td colspan="2">가맹거래사
등록번호</td><td colspan="3">제　　　호</td></tr>
<tr><td colspan="2">사무소명칭</td><td colspan="3"></td></tr>
<tr><td colspan="2">사무소소재지</td><td colspan="3">(전화 :　　　)
(Fax :　　　)</td></tr>
<tr><td colspan="2">등록연월일</td><td>년　월　일</td><td>최근등록갱신
연월일</td><td>년　월　일</td></tr>
<tr><td colspan="5">「가맹사업거래의공정화에관한법률」 제29조제2항의 규정에 의거 가맹거래사 등록갱신을 신청합니다.

년　　월　　일

신청인　　　(서명 또는 인)

공정거래위원회 귀중</td></tr>
<tr><td colspan="5">※ 구비서류
1. 가맹거래사등록증 사본 1부.
2. 사진 2매(신청일전 6월 이내에 찍은 탈모상반신 반명함판)</td></tr>
</table>

210㎜×297㎜ 일반용지 60g/㎡

제 3 절 가맹거래사의 업무

Ⅰ. 가맹거래사의 업무 수행 범위

가맹거래사는 다음 각 호의 사항에 관한 업무를 수행한다(법 제28조).

1. 가맹사업의 사업성에 관한 검토
2. 정보공개서와 가맹계약서의 작성 · 수정이나 이에 관한 자문
3. 가맹점사업자의 부담, 가맹사업 영업활동의 조건 등에 관한 자문
4. 가맹사업당사자에 대한 교육 · 훈련이나 이에 대한 자문
5. 가맹사업거래 분쟁조정 신청의 대행
6. 정보공개서 등록 신청의 대행 [전문개정 2007.8.3]

Ⅱ. 가맹거래사의 등록

가맹거래사 자격이 있는 자가 제28조에 따른 가맹거래사의 업무를 개시하고자 하는 경우에는 대통령령이 정하는 바에 따라 공정거래위원회에 등록하여야 한다(법 제29조 제1항).

Ⅲ. 가맹거래사의 등록 갱신

제1항의 규정에 의하여 등록을 한 가맹거래사는 공정거래위원회가 정하는 바에 따라 5년마다 등록을 갱신하여야 하며(법 제29조 제2항), 제1항의 규정에 의하여 등록을 한 가맹거래사가 아닌 자는 제27조의 규정에 의한 가맹거래사임을 표시하거나 이와 유사한 용어를 사용하여서는 아니 된다(법 제29조 제3항).

Ⅳ. 가맹거래사의 등록서류 제출

법 제29조 제1항에 따라 가맹거래사등록을 하려는 자는 공정거래위원회가 정하는 바에 의하여 등록신청서를 공정거래위원회에 제출하여야 한다(시행령 제32조 제1항).

Ⅴ. 가맹거래사의 등록증 교부

공정거래위원회는 제1항에 따른 등록신청이 있는 때에는 가맹거래사등록부에 다음 각호의 사항을 기재하고 신청인에게 등록증을 교부하여야 한다(시행령 제32조 제2항).

1. 가맹거래사의 주소 · 성명 및 주민등록번호
2. 사무소의 명칭 및 소재지
3. 등록번호
4. 그 밖에 공정거래위원회가 정하는 사항

Ⅵ. 가맹거래사의 등록증 재교부

가맹거래사등록을 한 자가 제2항에 따라 교부받은 등록증을 잃어버리거나 그 등록증이 못쓰게 된 때에는 재교부신청서를 공정거래위원회에 제출하여야 한다(시행령 제32조 제3항).

Ⅶ. 가맹거래사의 분실등록증 반환

제3항의 규정에 의하여 등록증의 재교부를 받은 후 잃어버렸던 등록증을 발견한 때에는 지체없이 이를 반환하여야 한다(시행령 제32조 제4항).

Ⅷ. 가맹거래사의 등록 및 등록갱신에 필요한 세부사항 고시

그 밖에 가맹거래사의 등록 및 등록갱신에 필요한 세부사항은 공정거래위원회가 정하여 고시한다(시행령 제32조 제5항).

제 4 절 가맹거래사의 책임

가맹거래사는 성실히 직무를 수행하며 품위를 유지하여야 한다(법 제30조 제1항).

가맹거래사는 직무를 수행함에 있어서 고의로 진실을 감추거나 허위의 보고를 하여서는 아니된다(법 제30조 제2항).

제 5 절 가맹거래사의 등록취소와 자격정지

Ⅰ. 가맹거래사의 등록취소

공정거래위원회는 제29조의 규정에 의하여 등록을 한 가맹거래사가 다음 각 호의 어느 하나에 해당하는 경우에는 그 등록을 취소할 수 있다. 다만, 제1호 및 제2호에 해당하는 경우에는 그 등록을 취소하여야 한다(법 제31조 제1항).

1. 허위 그 밖의 부정한 방법으로 등록 또는 갱신등록을 한 경우
2. 제27조제2항의 규정에 의한 결격사유에 해당하게 된 경우
3. 업무수행과 관련하여 알게 된 비밀을 다른 사람에게 누설한 경우
4. 가맹거래사 등록증을 다른 사람에게 대여한 경우
5. 업무수행과 관련하여 고의 또는 중대한 과실로 다른 사람에게 중대한 손해를 입힌 경우

Ⅱ. 가맹거래사의 등록정지

제29조제2항의 규정에 의한 갱신등록을 하지 아니한 가맹거래사는 그 자격이 정지된다. 이 경우 공정거래위원회가 고시로서 정하는 바에 따라 보수교육을 받고 갱신등록을 한 때에는 그 때부터 자격이 회복된다(법 제31조제2항).

Ⅲ. 가맹거래사의 등록취소 시 청문

제1항에 따라 가맹거래사의 등록을 취소하려는 경우에는 청문을 실시하여야 한다(법 제31조제3항).

제 6 절 가맹사업거래에 대한 교육 등

Ⅰ. 가맹사업거래질서 확립

공정거래위원회는 공정한 가맹사업거래질서를 확립하기 위하여 다음 각 호의 업무를 수행할 수 있다(법 제31조의2 제1항).

1. 가맹본부에 대한 교육 · 연수
2. 가맹희망자 및 가맹점사업자에 대한 교육 · 연수
3. 가맹거래사에 대한 교육 · 연수(제27조제1항에 따른 실무수습을 포함한다)
4. 가맹본부가 이 법을 자율적으로 준수하도록 유도하기 위한 자율준수프로그램의 보급 · 확산
5. 그 밖에 공정한 가맹사업거래질서 확립을 위하여 필요하다고 인정하는 업무

Ⅱ. 교육기관 위탁

공정거래위원회는 제1항의 업무를 대통령령으로 정하는 시설 · 인력 및

교육실적 등의 기준에 적합한 법인으로서 공정거래위원회가 지정하는 기관 또는 단체(이하 "교육기관 등"이라 한다)에 위탁할 수 있다(법 제31조의2 제2항).

Ⅲ. 교육기관 수익사업

교육기관 등은 제1항에 따른 업무를 수행하는데 필요한 재원을 조달하기 위하여 수익사업을 할 수 있다(법 제31조의2 제3항).

Ⅳ. 교육기관 지정 취소

공정거래위원회는 교육기관 등이 제1항에 따른 업무를 충실히 수행하지 못하거나 대통령령으로 정하는 기준에 미치지 못하는 경우에는 지정을 취소하거나 3개월 이내의 기간을 정하여 지정의 효력을 정지할 수 있다(법 제31조의2 제4항).

Ⅴ. 교육기관 등의 지정절차 및 방법

교육기관 등의 지정절차 및 방법, 제3항에 따른 수익사업 등에 관하여 필요한 사항은 공정거래위원회가 정하여 고시한다(법 제31조의2 제5항).

Ⅵ. 교육기관의 지정기준

법 제31조의2 제2항에서 "대통령령으로 정하는 시설·인력 및 교육실적 등의 기준"은 별표 4와 같다(시행령 제32조의2).

[별표 4] <개정 2012.2.29>

교육기관 등의 지정기준(제32조의2 관련)

1. 시설 기준

가. 바닥 면적이 150㎡ 이상으로서 집합교육을 할 수 있는 1개 이상의 강의실을 두어야 한다. 다만, 강의실은 교육기관 등이 직접 소유하거나 교육이 진행되는 기간 동안 계속하여 임차하여야 한다.

나. 10명 이상이 동시에 영상교육을 받을 수 있는 시설을 갖추어야 한다.

2. 인력 기준

가. 법 제31조의2 제1항 제1호부터 제3호까지의 업무를 수행하는 전임강사를 1명 이상 두어야 한다.

나. 가목의 전임강사는 다음 어느 하나에 해당하는 자로 한다.

1) 대학에서 법학·경제학·경영학 중 한 가지 이상을 전공한 자로서 「고등교육법」 제2조에 따른 학교나 공인된 연구기관에서 조교수 이상 또는 이에 상당하는 직에 재직 중이거나 그 직에 있었던 자

2) 판사나 검사의 직에 있었던 자 또는 변호사의 자격이 있는 자

3) 가맹거래사로 등록한 자

4) 가맹사업거래 관련 업무를 5년 이상 수행한 자

5) 공정거래위원회에서 5급 이상의 직에 5년 이상 근무한 경력이 있는 자(재직 중인 자는 제외한다)

다. 관리직원은 3명 이상 두어야 한다.

3. 교육실적 기준(다음 각 목의 어느 하나만 충족하면 기준을 만족하는 것으로 본다)

가. 지정일 바로 전 3년 동안 가맹본부 50개 이상이나 가맹희망자 및 가맹점사업자 100명 이상, 또는 가맹거래사 30명 이상의 교육·연수를 수행한 실적이 있을 것

나. 지정일 바로 전 3년 동안 가맹사업 관련 분쟁조정 실적이 30건 이상일 것

다. 「고등교육법」 제2조에 따른 학교로서 지정일 바로 전 3년 동안 별표 3에 열거된 가맹거래사 1차 시험과목 중 한 가지 이상을 매 학기 개설할 것

제 6 장　가맹희망자가 알아야 할 8가지 필수사항

Ⅰ. 가맹점 창업을 할 때는 반드시 정보공개서, 인근가맹점현황문서, 예상매출액산정서를 확인

정보공개서는 가맹사업에 대한 기본적인 정보를 담은 문서로, 가맹계약체결 14일 이전에 가맹본부로부터 제공받을 수 있다.

기재항목	주요내용(예시)
1. 가맹본부의 일반현황	• 가맹본부의 매출액. 최근 3개사업연도의 대차대조표 및 손익계산서 • 임원 명단 및 사업경력 등
2. 가맹본부의 가맹사업 현황	• 해당 가맹사업 연혁 • 최근 3년 간 가맹점 현황 • 가맹점사업자의 연간 평균 매출액(추정치)
3. 가맹본부와 그 임원의 법 위반사실	• 최근 3년 간 공정거래법 및 가맹사업법, 약관규제법 위반 내역 • 최근 3년 간 민사, 형사상 법위반 내역
4. 가맹점사업자의 부담	• 영업개시 이전 : 예치가맹금 등 • 영업 중 : 비용 및 가맹본부의 감독 내용 • 계약 종료 후 : 재계약, 영업권 양도시 부담비용
5. 영업활동에 대한 조건 및 제한	• 상품 · 용역, 거래상대방, 가격 결정에 따르는 제한 • 영업지역 설정 및 보호에 관한 내용 • 계약기간, 계약연장 · 종료 · 해지 등에 관한 내용
6. 가맹사업의 영업개시에 관한 상세한 절차와 소요기간	• 영업 시작까지 필요한 절차, 기간, 비용
7. 교육 · 훈련에 대한 설명	• 교육 · 훈련의 내용, 이수시간, 비용

※ '공정거래위원회 가맹사업거래'홈페이지(http://franchise.ftc.go.kr/)를 방문하시면 공정거래위원회에 등록된 모든 가맹본부의 정보공개서를 열람할 수 있다.

인근가맹점 현황문서는 가맹희망자의 장래 점포 예정지에서 가장 인접한 가맹점 10개의 상호 · 소재지 · 전화번호가 적힌 문서다. 가맹본부로부터 정보공개서와 함께 제공받을 수 있으며, 창업 전에 인근 가맹점을 직 접 방문하셔서 먼저 창업한 선배들의 경영상황을 살펴보시거나 자문을 구해보는 것을 권장한다.

예상매출액 산정서는 가맹본부(가맹점수가 100개 미만인 중소기업 가맹본부는 제외)가 가맹희망자에게 제공하는 예상매출액의 범위 및 그 산출 근거를 서면으로 제공하는 문서를 말한다. 다만, 서면으로 제공한 예상매출액 범위가 실제 매출액과 차이가 있더라도 산출근거에 객관성이 있다면 허위 · 과장정보제공행위가 되지는 않는다.

Ⅱ. 계약서는 가맹본부와 가맹점 간의 약속입니다. 사전에 꼼꼼히 따져보고 계약을 체결해야 한다.

가맹계약서는 계약체결이나 가맹금 지급일 전에 제공받으실 수 있다.

계약은 계약자유의 원칙에 따라 당사자 간 협의에 의해 그 내용을 자유롭게 정하는 것이다. 다만, 가맹사업의 경우에는 가맹사업의 통일성 유지 등을 위해서 가맹본부가 품질기준 영업방식 등을 결정하고 필요한 범위에서 일부 거래조건을 제약할 수 있다. 따라서 계약서 세부 제약조항 등에 대해 조금이라도 의문이 있다면 가맹본부에 확인해야 한다. 일단 계약서에 서명한다면 쉽게 계약을 해지할 수 없으며, 해지에 따른 위약금이 부과될 수 있는 등 민사상 법적 책임을 지게 되므로 유의해야 한다.

Ⅲ. 사기성 가맹점 모집은 가맹금 예치를 통해 예방할 수 있습니다.

가맹금은 가맹본부가 가맹점으로부터 가맹사업의 대가로 수령하는 일체의 금원을 말한다. 이러한 가맹금 중에 ① 계약금, 가입비, 교육비, 가맹비 등 계약 체결시 지급한 대가와 ② 보증금 등 계약이행을 위해 필요한 대가는 은행 등 예치기관에 일정 기간 동안 예치한 후에야 가맹본부에 지급된다.

가맹본부가 「가맹점사업자 피해보상보험계약」을 체결한 경우에는 가맹금을 직접 수 령할 수 있다.

만약 가맹본부로부터 예치가맹금을 자신에게 직접 지급하도록 요청받았다면, 피해보상보험계약을 체결하였는지 여부를 사전에 확인해야 한다.

Ⅳ. 문제가 생기는 경우 가맹금을 돌려받을 수 있다.

가맹본부가 가맹사업법상 일정한 의무를 다하지 않았을 때는 가맹금을 반환받을 수 있다.

정보공개서를 제공받지 못했거나 14일의 기간을 지키지 않은 경우, 가맹본부가 허위·과장된 정보를 제공하여 가맹금을 지급하거나 계약을 체결한 경우, 가맹본부가 정당한 사유 없이 일방적으로 사업을 중단할 경우에 가맹희망자 또는 가맹점사업자는 가맹본부에 가맹금 반환을 요구할 수 있다.

가맹금 반환 요구는 아무 때나 할 수 있는 것은 아닙니다. 가맹점사업자는 계약체결 전이나 가맹계약의 체결일(또는 사업의 중단일)부터 4개월 이내에 가맹본부에 서면으로 가맹금 반환을 요구하여야 한다. 따라서, 문제가 발생할 경우 그 사실을 정확히 기재해 놓고 신속하게 가맹본부에 알리는 것이 필요하다.

Ⅴ. 가맹점사업자에게는 10년간 계약갱신권이 있다.

가맹점사업자는 안정적으로 사업을 운영할 수 있도록 계약을 처음 체결한 시점부터 10년간 계약갱신을 요구하실 수 있다. 즉, 가맹사업법에서는 가맹점사업자가 계약기간 만료 전 180일부터 90일까지 사이에 계약갱신을 요구할 경우 가맹본부는 정당한 사유 없이 거절하지 못하고 있다. 다만, 가맹점사업자가 가맹본부의 통상적인 계약조건이나 영업방침을 따르지 않는 등 정당한 사유가 있는 경우에는 갱신요구가 거절될 수도 있다.

가맹본부가 계약갱신을 거절하거나 계약조건을 변경한다는 통지를 하지 않는 경우에는 종전과 같은 조건으로 다시 계약이 체결되는 것으로 간주된다. 만약 가맹점사업자가 계약연장을 원하지 않거나 계약조건의 변경을 원한다면 계약 만료일 60일 전까지 가맹본부에 이의제기를 해야 한다.

Ⅵ. 가맹본부가 가맹계약을 해지하는 경우에는 일정한 절차를 준수하여야 한다.

가맹본부가 가맹계약을 해지할 때에는 가맹사업법에 규정된 해지절차를 준수해야 한다. 즉, 가맹본부가 2개월 이상의 유예기간 동안 2차례 이상 서면으로 계약위반 내용과 시정할 수 있는 기회를 주지 않는 경우 계약해지는 무효가 된다.

Ⅶ. 가맹사업법이 대폭 개정되어 가맹점사업자의 권익보호가 더욱 강화되었다.

1. 가맹점사업자 단체구성권 · 거래조건 협의요청권

가맹점사업자는 권익보호 및 경제적 지위 향상을 도모하기 위하여 가맹점사업자단체를 구성할 수 있고 가맹본부에 대하여 가맹계약의 변경 등 거래조건에 대한 협의를 요청할 수 있다.

협의를 요청받은 경우 가맹본부는 성실하게 협의에 응하여야 하고, 가맹본부가 가맹점 사업자단체의 구성 · 가입 · 활동 등을 이유로 가맹점사업자에게 불이익을 주는 행위를 하거나 가맹점사업자단체에 가입 또는 가입하지 아니할 것을 조건으로 가맹계약을 체결할 경우 처벌을 받게 된다.

2. 부당한 점포환경 개선 강요 금지

가맹본부는 가맹점사업자에게 정당한 사유 없이 점포환경 개선을 강요하여서는 안 된다.

점포노후화, 위생 · 안정상 결함 등 정당한 사유가 있어 가맹본부가 점포환경 개선을 요구 · 권유한 경우에는 비용의 일부(20%~40%)를 가맹본부에게 청구할 수 있다.

3. 부당한 영업시간 구속 금지

가맹점사업자는 오전 1시~6시 심야 영업시간대에 영업손실(직전 6개월 기준)이 발생하거나 질병 등 사유가 발생한 경우에는 가맹본부에게 영업시간의 단축을 요구할 수 있다.

4. 부당한 영업지역 침해 금지

가맹본부는 가맹계약 체결 시 가맹점사업자의 영업지역을 설정하여 계약서에 기재하여야 한다.

가맹본부는 계약기간 중에는 정당한 사유 없이 각 가맹점사업자의 영업지역 안에 동일한 업종의 가맹점이나 직영점을 설치하여서는 안된다.

5. 부당한 손해배상의무 부과행위 금지

계약의 목적과 내용, 발생할 손해 등에 비하여 과중한 위약금을 부과하는 등 가맹점사업자에게 부당하게 손해배상의무를 부담시켜서는 안된다.

Ⅷ. 가맹본부와 문제가 발생하였다면…

가맹본부에 앞서 설명드린 의무를 지키도록 얘기하시고, 원만한 해결을 보는 것이 가장 좋습니다. 그러나 가맹본부와 원만한 협의가 이루어지지 않는다면 가맹본부로부터 받은 부당한 요구나 대우에 대한 구체적인 사실관계를 증빙할 수 있는 자료를 모아서 서울시 불공정피해상담센터(다산콜: 국번없이 120, 또는 02-2133-5559)에서 상담을 하시거나 공정거래위원회 신고를 할 수 있다.

가맹사업법 관련 분쟁발생 시 공정거래위원회 산하기관인 한국공정거래조정원에 설치된 분쟁조정협의회를 통해 조정신청이 가능하다. 부당한 가맹계약 해지, 가맹금 반환, 영업지역 침해 등 모든 이유로 조정신청이 가능합니다. 조정안에 가맹점사업자와 가맹본부가 동의하면 양자 간의 합의가 성립된 것으로 간주되어 분쟁조정신청이 종료된다. 조정신청은 무료이다. (http://www.kofair.or.kr, 분쟁조정콜센터(☎1588-1490)[1]

1) 프랜차이즈 불공정피해 상담사례집, 서울시, 2015.12, 12-17 인용.

제 7 장　가맹본부가 준수해야 할 제도들

제 1 절　가맹사업거래분쟁조정협의회의 설치

가맹본부가 준수해야 할 제도들은 다음과 같다.

Ⅰ. 계약체결단계

1. 정보공개서 등록(제6조의2 ～ 제6조의4)

가맹본부는 가맹희망자에게 제공할 정보공개서를 공정거래위원회에 등록하고, 매년 갱신된 사항을 변경등록할 의무가 있다.

현재 정보공개서 등록업무는 한국공정거래조정원에서 위탁받아 수행하고 있으며, 신청한 정보공개서나 신청서류에 거짓이 있거나 필요한 내용이 기재되지 않은 경우에는 등록을 거부하거나 변경을 요구할 수 있으며, 거짓이나 기타 부정한 방법으로 등록된 경우에는 등록이 취소될 수 있다.

2. 정보공개서/인근가맹점 현황문서 제공(제7조)

가맹본부는 가맹희망자에게 등록된 정보공개서를 제공하여야 한다. 이 때 장래 점포예 정지로부터 가장 인접한 가맹점 10곳의 상호, 소재지, 전화번호가 적힌 문서인 "인근가맹점 현황문서"를 함께 제공하여야 한다.

가맹본부는 정보공개서와 인근가맹점 현황문서의 제공일로부터 14일이 경과하지 아니하면 계약체결 또는 가맹금수령을 할 수 없다(단, 변호사, 가맹거래사의 자문을 받은 경우에는 7일로 단축된다).

3. 허위과장정보 제공금지(제9조)

가맹본부는 가맹희망자나 가맹점사업자에게 정보를 제공함에 있어서 허위·과장 정보제공이나 기만적인 정보제공을 하여서는 안된다.

〈허위과장의 정보제공행위의 유형〉

- 객관적인 근거 없이 가맹희망자의 예상수익상황을 과장하여 제공하거나 사실과 다르게 가맹본부가 최저수익 등을 보장하는 것처럼 정보를 제공하는 행위
- 가맹희망자의 점포 예정지 상권의 분석 등과 관련하여 사실 여부가 확인되지 아니한 정보를 제공하는 행위
- 가맹본부가 취득하지 아니한 지식재산권을 취득한 것처럼 정보를 제공하는 행위

〈기만적인 정보제공행위의 유형〉

- 중요사항을 적지 아니한 정보공개서를 가맹희망자에게 제공하는 행위
- 가맹본부가 가맹점사업자에게 지원하는 금전, 상품 또는 용역 등이 일정 요건이 충족되는 경우에만 지원됨에도 불구하고 해당 요건을 제시하지 아니하면서 모든 경우에 지원되는 것처럼 정보를 제공하는 행위

통상 가맹본부에서 예상매출액을 구두로 제공하는 경우가 많은데, 이는 반드시 "서면"으로 받아야 한다. 특히 중소기업법상 중소기업이 아니거나, 가맹점 수가 100개 이상 되는 경우에는 '예상매 출액 산정서'를 반드시 제공하여야 한다.

4. 가맹금 예치제도(제6조의5, 제15조의2)

가맹본부는 최초가맹금과 계약이행보증금을 직접 수령하여서는 안되며, 법에서 정한 예치기관(은행, 체신관서, 보험회사)에 예치하였다가 계약체결 후 2개월이 경과하거나 가맹점이 영업을 개시한 경우에 비로소 수령할 수 있다.

만약 가맹본부가 가맹금을 예치하지 않고 직접 수령하고자 한다면 피해보상보험계약을 체결하여야 한다.

5. 가맹금 반환 (제10조)

가맹계약을 체결하였더라도 아래의 사유가 있는 경우에는 계약이 해지되므로 가맹본부는 가맹금을 반환하여야 한다.

1. 가맹본부가 미등록된 정보공개서를 제공하거나, 정보공개서 제공 후 14일(변호사·가맹거래사의 자문을 받은 경우에는 7일)의 숙고기간을 지키지 않은 경우
2. 가맹본부가 허위과장정보제공 또는 기만적인 정보제공을 한 경우
3. 가맹본부가 허위과장정보제공 또는 기만적인 정보제공을 한 경우로서 허위 또는 과장된 정보나 중요사항의 누락된 내용이 계약체결에 중대한 영향을 준 것으로 인정되는 경우
4. 가맹본부가 정당한 사유 없이 가맹사업을 일방적으로 중단하는 경우

⇨ 이 경우 계약체결 전이라면 언제든지, 계약체결 후라면 계약체결일로부터 4개월 이내에 가맹사업법 제10조에 기한 가맹금 반환청구를 할 수 있습니다.

6. 가맹계약서 사전제공(제11조)

가맹본부는 가맹계약서를 계약체결일과 가맹금 수령일 중 빠른 날 전에 가맹희망자에게 제공하여 가맹희망자에게 검토기간을 제공하여야 한다.

그리고 여기에는 해당 가맹사업의 특성에 맞게 권리의무 등을 기재할 수 있으나, 공정한 거래질서유지에 필요한 법정필수기재사항을 반드시 포함하여야 합니다.

Ⅱ. 계약존속단계

1. 불공정거래행위의 금지(제12조)

가맹본부는 가맹사업의 공정한 거래를 저해할 우려가 있는 행위를 하거나 다른 사업자로 하여금 그와 같은 행위를 하도록 해서는 안 된다.

가맹사업법 및 시행령서 규정한 대표적인 불공정거래행위의 유형은 다음과 같다.

1. 가맹점사업자에 대하여 상품이나 용역의 공급 또는 영업의 지원 등을 부당하게 중단 또는 거절하거나 그 내용을 현저히 제한하는 행위
   - 영업지원 등의 거절
     가맹사업을 영위하는데 필요한 물품 등의 공급과 이와 관련된 영업지원, 정보공개서 또는 가맹계약서에서 제공하기로 되어 있는 경영 및 영업활동에 관한 지원 등을 중단 또는 거절하는 경우
   - 부당한 계약갱신 거절
     부당하게 가맹점사업자와의 계약갱신을 거절하는 행위
   - 부당한 계약해지
     부당하게 계약기간 중에 가맹점사업자와의 계약을 해지하는 행위
2. 가맹점사업자가 취급하는 상품 또는 용역의 가격, 거래상대방, 거래지역이나 가맹점사업자의 사업활동을 부당하게 구속하거나 제한하는 행위
   - 가격의 구속
   - 거래상대방의 구속
     부당하게 가맹점사업자에게 특정한 거래상대방(가맹본부를 포함한다)과 거래할 것을 강제하는 행위.
   - 가맹점사업자의 상품 또는 용역의 판매제한
     가맹점사업자에게 부당하게 지정된 상품 또는 용역만을 판매하도록 하거나 거래상대방에 따라 상품 또는 용역의 판매를 제한하는 행위.
   - 영업지역의 준수강제
     부당하게 가맹점사업자에게 영업지역을 준수하도록 조건을 붙이거나 이를 강제하는 행위.
   - 그 밖에 가맹점사업자의 영업활동의 제한
     위에 준하는 경우로서 부당하게 가맹점사업자의 영업활동을 제한하는 행위.
3. 거래상의 지위를 이용하여 부당하게 가맹점사업자에게 불이익을 주는 행위
   - 구입 강제
   - 부당한 강요
     부당하게 경제적 이익을 제공하도록 강요하거나 가맹점사업자에게 비용을 부담하도록 강요하는 행위
   - 부당한 계약조항의 설정 또는 변경 :

가맹점사업자가 이행하기 곤란하거나 가맹점사업자에게 불리한 계약조항을 설정 또는 변경하는 행위

- 경영의 간섭 :
  정당한 이유 없이 특정인과 가맹점을 같이 운영하도록 강요하는 행위
- 판매목표 강제 :
  부당하게 판매 목표를 설정하고 가맹점사업자로 하여금 이를 달성하도록 강제하는 행위
- 불이익제공 :
  상기한 행위에 준하는 경우로서 가맹점사업자에게 부당하게 불이익을 주는 행위

4. 계약의 목적과 내용, 발생할 손해 등 대통령령으로 정하는 기준에 비하여 과중한 위약금을 부과하는 등 가맹점사업자에게 부당하게 손해배상 의무를 부담시키는 행위
   - 과중한 위약금 설정·부과행위
     (1) 계약 중도해지 시 과중한 위약금 설정·부과 행위
     (2) 과중한 지연손해금 설정·부과행위
   - 소비자 피해에 대한 손해배상의무 전가행위
     가맹본부가 가맹점사업자에게 공급한 물품의 원시적 하자 등으로 인하여 소비자 피해가 발생한 경우까지도 부당하게 가맹점사업자가 손해배상의무를 모두 부담하도록 계약을 체결하는 행위
   - 그 밖의 부당한 손해배상의무 부과행위
     위에 준하는 경우로서 가맹점사업자에게 부당하게 손해배상의무를 부담하도록 하거나 가맹본부가 부담해야 할 손해배상의무를 가맹점사업자에게 전가하는 행위

2. 부당한 점포환경개선 강요행위(제12조의2)

가맹본부는 ① 점포의 시설·장비·인테리어 등의 노후화가 객관적으로 인정되는 경우 ② 위생 또는 안전의 결함이나 이에 준하는 사유로 인하여 가맹사업의 통일성을 유지하기 어렵거나 정상적인 영업에 현저한 지장을 주는 경우를 제외하고 점포환경개선을 강요할 수 없다.

가맹본부의 점포환경개선비 지원으로서 가맹본부는 가맹점사업의 점포환경개선에 소요되는 비용에 대하여 점포 확장 또는 이전을 수반하지 아니하는

경우에는 20%, 점포 확장 또는 이전을 수반하는 경우에는 40%를 부담하여야 한다.

> ※ 가맹본부 점포환경개선 비용 부담의 예외
> ① 가맹본부의 권유 또는 요구가 없음에도 가맹점사업자의 자발적 의사에 의하여 점포환경개선을 실시하는 경우
> ② 가맹점사업자의 귀책사유로 인하여 위생·안전 및 이와 유사한 문제가 발생하여 불가피하게 점포환경개선을 하는 경우

3. 부당한 영업시간 구속행위(제12조의3)

가맹본부는 정상적인 거래관행에 비추어 부당하게 가맹점사업자의 영업시간을 구속하는 행위를 하여서는 아니 된다.

4. 부당한 영업지역 침해행위(제12조의4)

(1) 영업지역설정의무(2014. 8. 14.시행)

가맹본부는 가맹계약 체결 시 가맹점사업자의 영업지역을 설정하여 가맹계약서에 이를 기재하여야 한다.

(2) 영업지역의 변경

아래 사유가 발생한 경우 가맹계약 갱신과정에서 가맹본부와 가맹점사업자가 협의를 통하여 기존 영업지역을 합리적으로 변경할 수 있다.

> 1. 재건축, 재개발 또는 신도시 건설 등으로 인하여 상권의 급격한 변화가 발생하는 경우
> 2. 해당 상권의 거주인구 또는 유동인구가 현저히 변동되는 경우
> 3. 소비자의 기호변화 등으로 인하여 해당 상품·용역에 대한 수요가 현저히 변동되는 경우
> 4. 제1호부터 제3호까지의 규정에 준하는 경우로서 기존 영업지역을 그대로 유지하는 것이 현저히 불합리하다고 인정되는 경우

5. 영업지역 침해행위

가맹본부는 정당한 사유 없이 가맹계약기간 중 가맹점사업자의 영업지역 안에서 가맹점사업자와 동일한 업종의 자기 또는 계열회사의 직영점이나 가맹점을 설치하는 행위를 하여서는 안됩니다.

Ⅲ. 계약종료단계

1. 계약갱신요구권(제13조)

가맹사업은 창업 시 초기 많은 투자비용이 소요되어 일정기간의 거래가 지속될 필요성이 있습니다. 이에 가맹사업법은 가맹점사업자에게 10년간 거래관계를 유지시킬 수 있도록 계약의 자동갱신을 인정하고 있다.

계약갱신요구권 행사방법

1. 계약기간 만료 전 180일~90일 사이에 행사하여야 합니다.
2. 가맹금 등 지급의무 불이행, 통상적인 계약조건이나 영업방침 미수락, 가맹사업 유지에 필요한 중요한 영업방침 미준수와 같은 사유가 없어야 합니다.
   ※ 구두, 우편, 전화 등 의사전달방식에 제한은 없으나, 증명이 쉽도록 녹취를 하거나 내용증명을 송부하는 것이 바람직합니다.

※ 설사 기간 내에'갱신요구권'을 행사하지 않았다 하더라도 가맹본부에서 계약기간 만료 전 180일~90일 사이에 조건의 변경에 대한 통지나 가맹계약을 갱신하지 아니한다는 사실의 통지를 서면으로 하지 않은 경우에는 이전 계약과 동일한 조건으로 가맹계약을 체결한 것으로 본다.

2. 해지절차 준수의무(제14조)

가맹사업법에서는 가맹본부가 가맹점사업자와 계약을 해지하기 위해서는 2개월 이상의 유예기간을 두고 계약위반사실을 구체적으로 밝히고 시정하지 않으면 계약을 해지한다는 사실을 서면으로 2번 이상 통지하여야 한다.

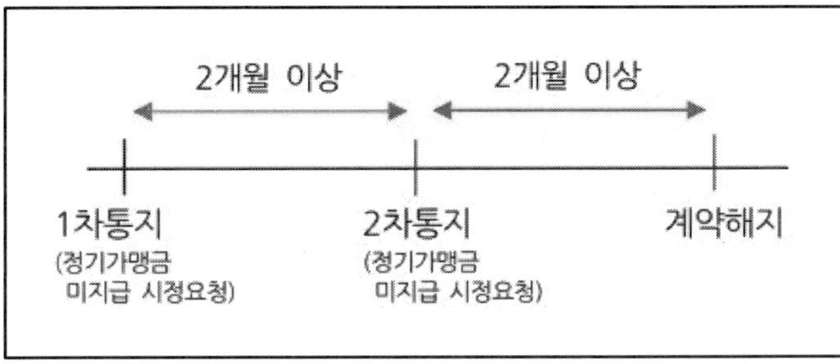

이러한 해지절차를 준수하지 않은 계약해지의 통보는 효력이 없으며, 계약은 여전히 유효하게 존속한다. 다만 가맹사업의 거래를 더 이상 지속하기 어려운 경우(즉시해지사유)에는 이러한 절차를 거치지 않고 통보만으로 계약이 해지되므로 주의하여야 한다.

즉시해지사유

1. 가맹점사업자에게 파산 신청이 있거나 강제집행절차 또는 회생절차가 개시된 경우
2. 가맹점사업자가 발행한 어음·수표가 부도 등으로 지불정지된 경우
3. 천재지변, 중대한 일신상의 사유 등으로 가맹점사업자가 더 이상 가맹사업을 경영할 수 없게 된 경우
4. 가맹사업에 중대한 장애를 초래한 경우로서 (1) 가맹점사업자가 공연히 허위사실을 유포함으로써 가맹본부의 명성이나 신용을 뚜렷이 훼손한 경우, (2) 가맹점사업자가 가맹점 운영과 관련되는 법령을 위반하여 행정처분, 과징금, 과태료 부과 처분, 영업정지명령의 행정처분을 받음으로써 가맹본부의 명성이나 신용을 뚜렷이 훼손한 경우 (3) 가맹점사업자가 가맹본부의 영업비밀 또는 중요정보를 유출한 경우
5. 가맹점사업자가 가맹점 운영과 관련되는 법령을 위반하여 이를 시정하라는 내용의 행정처분(과징금·과태료 등의 부과처분을 포함한다)을 통보받고도 행정청이 정한 시정기한(시정기한을 정하지 아니한 경우에는 통보받은 날부터 10일) 내에 시정하지 않는 경우
6. 가맹점사업자가 가맹점 운영과 관련되는 법령을 위반하여 자격·면허·허가 취소 또는 영업정지 명령(15일 이내의 영업정지 명령을 받은 경우는 제외한다) 등 그 시정이 불가능한 성격의 행정처분을 받은 경우(법령에 근거하여 행정처분을 갈음하는 과징금 등의 부과 처분을 받

은 경우는 제외)

7. 가맹점사업자가 가맹본부의 시정요구에 따라 위반사항을 시정한 날부터 1년(계약 갱신이나 재계약된 경우에는 종전 계약기간에 속한 기간을 합산한다) 이내에 다시 같은 사항을 위반하는 경우(가맹본부가 시정을 요구하는 서면에 다시 같은 사항을 1년 이내에 위반하는 경우에는 법 제14조제1항의 절차를 거치지 아니하고 가맹계약이 해지될 수 있다는 사실을 누락한 경우는 제외)
8. 가맹점사업자가 가맹점 운영과 관련된 행위로 형사처벌을 받은 경우
9. 가맹점사업자가 공중의 건강이나 안전에 급박한 위해를 일으킬 염려가 있는 방법이나 형태로 가맹점을 운영하는 경우
10. 가맹점사업자가 정당한 사유 없이 연속하여 7일 이상 영업을 중단한 경우

3. 분쟁발생 시 해결방법

가맹사업 당사자 간의 분쟁은 유형이 다양하고 복잡합니다. 분쟁이 발생한 경우 법원에서 재판을 통한 해결이 필요할 수는 있으나 비용과 시간의 부담이 커서 신속한 피해구제가 어려울 수 있다. 이 경우 가맹사업법은 재판 이외의 법적 절차로서 다음과 같은 제도를 규정하고 있다.

(1) 조정신청

가맹본부와 분쟁이 발생되었을 때에는 '한국공정거래조정원'에 분쟁조정을 신청할 수 있으며, 가맹점사업자의 단독신청만으로도 조정회부가 가능합니다.

(가) 가맹사업분쟁조정협의회

가맹사업거래분쟁조정협의회는 공익을 대표하는 위원 3명과 가맹본부를 대표하는 위원 3명, 가맹점사업자를 대표하는 위원 3명 등 모두 9명으로 구성된다.

공익대표위원은 공정거래위원회 위원장이 위촉하고 가맹본부와 가맹점사업자를 대표하는 위원은 사업자단체의 장의 추천을 받아 공정거래위원회 위원장이 임명 및 위촉합니다. 위원의 임기는 3년이며 협의회 위원장은 공익을

대표하는 위원 중에서 공정거래위원회가 위촉한다.

(나) 조정합의의 효력

조정이 성립된 경우 민사상 합의의 효력을 갖는다.

(다) 분쟁조정 절차

〈출처 : 한국공정거래조정원 〉

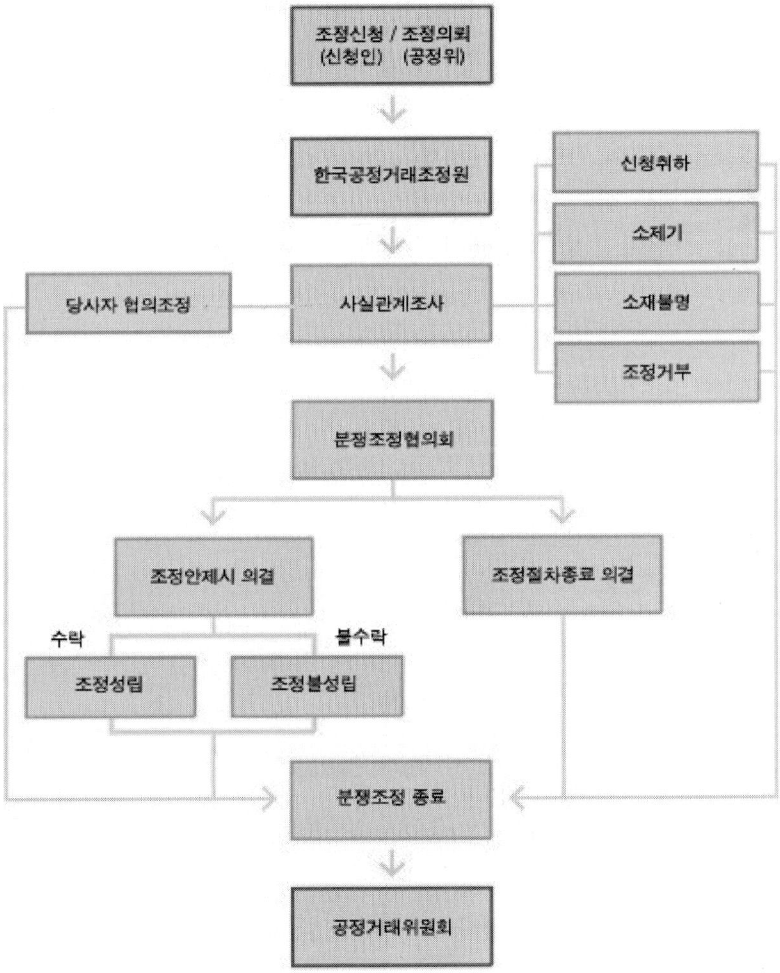

(2) 공정거래위원회 신고

조정 신청 이외에도 피해자가 가맹본부의 위법행위에 대하여 직접 공정거래위원회에 신고할 수 있다. 이 경우 공정거래위원회는 신고내용에 따라 소회의/전원회의에 회부하여 위법사항의 경중에 따라 가맹본부에 경고, 시정명령, 과징금 등 처분을 의결할 수 있다.

(3) 사업자단체구성 및 거래조건의 변경요구

가맹사업법 제14조의2는 가맹점사업자단체 구성권, 거래조건에 대한 협의요청권을 규정하고 있다. 이는 가맹사업 분야에서 가맹점사업자가 단체를 구성할 수 있는 권리와 거래조건을 협의할 수 있는 권리를 부여함으로써 가맹본부와의 관계에서 힘의 균형을 달성하고 이를 통해 불공정이 발생되는 근본적인 구조를 시정하고자 2013년에 도입된 제도이다.[1)]

1) 프랜차이즈 불공정피해 상담사례집, 서울시, 2015.12, 24-37 인용.

제 8 장　공정거래위원회의 사건처리절차 등

제 1 절　조사개시대상행위의 제한

이 법의 규정에 의하여 공정거래위원회의 조사개시대상이 되는 가맹사업거래는 그 거래가 종료된 날부터 3년을 경과하지 아니한 것에 한한다. 다만, 그 거래가 종료된 날부터 3년 이내에 신고된 가맹사업거래의 경우에는 그러하지 아니하다(법 제32조).

제 2 절　서면실태조사

Ⅰ. 서면실태조사 실시

공정거래위원회는 가맹사업거래에서의 공정한 거래질서 확립을 위하여 가맹본부와 가맹점사업자 등 사이의 거래에 관한 서면실태조사를 실시하여 그 결과를 공표할 수 있다(법 제32조의2 제1항).

Ⅱ. 서면실태조사 자료제출

공정거래위원회가 제1항에 따라 서면실태조사를 실시하려는 경우에는 조사대상자의 범위, 조사기간, 조사내용, 조사방법, 조사절차 및 조사결과 공표범위 등에 관한 계획을 수립하여야 하고, 조사대상자에게 거래실태 등 조사에 필요한 자료의 제출을 요구할 수 있다(법 제32조의2 제2항).

Ⅲ. 서면실태조사 자료제출 서면통보 의무

공정거래위원회가 제2항에 따라 자료의 제출을 요구하는 경우에는 조사대상자에게 자료의 범위와 내용, 요구사유, 제출기한 등을 명시하여 서면으로 알려야 한다(법 제32조의2 제3항).

제 3 절 시정조치

Ⅰ. 시정조치

공정거래위원회는 제6조의5 제1항 · 제4항, 제7조 제3항, 제9조 제1항, 제10조 제1항, 제11조 제1항 · 제2항, 제12조 제1항, 제12조의2 제1항 · 제2항, 제12조의3 제1항 · 제2항, 제12조의4 제1항 · 제3항, 제14조의2 제5항, 제15조의2 제3항 · 제6항을 위반한 가맹본부에 대하여 가맹금의 예치, 정보공개서등의 제공, 점포환경개선 비용의 지급, 가맹금 반환, 위반행위의 중지, 위반내용의 시정을 위한 필요한 계획 또는 행위의 보고 그 밖에 위반행위의 시정에 필요한 조치를 명할 수 있다(법 제33조 제1항).

Ⅱ. 가맹사업거래분쟁조정협의회 조정사항 시정권고 면제

공정거래위원회는 제24조의 규정에 의하여 협의회의 조정이 이루어진 경우에는 특별한 사유가 없는 한 제1항에 따른 시정조치 및 제34조제1항에 따른 시정권고를 하지 아니한다(법 제33조 제2항).

Ⅲ. 시정명령 공표 · 통지 명령

공정거래위원회는 제1항에 따라 시정명령을 하는 경우에는 가맹본부에게 시정명령을 받았다는 사실을 공표하거나 거래상대방에 대하여 통지할 것을 명할 수 있다(법 제33조 제3항).

Ⅳ. 시정명령을 받은 사실의 공표방법

공정거래위원회는 법 제33조 제3항에 따라 해당 가맹본부에 대하여 시정명령을 받은 사실의 공표를 명하려는 경우에는 다음 각 호의 사항을 고려하여 공표의 내용, 매체의 종류·수 및 지면 크기 등을 정하여 명하여야 한다(시행령 제32조의3 제1항).

1. 위반행위의 내용과 정도
2. 위반행위의 기간과 횟수

Ⅴ. 공표문안 협의

공정거래위원회가 제1항에 따라 시정명령을 받은 사실의 공표를 명할 때에는 해당 가맹본부에 대하여 미리 그 문안(文案) 등에 관하여 공정거래위원회와 협의하도록 할 수 있다(시행령 제32조의3 제2항).

판례[2)]

시정조치(제33조)

□ 원고가 가맹사업법 관련 조항을 몰라서 가맹금 예치의무 및 정보공개서 제공의무를 위반하였더라도, 그러한 사정만으로는 원고에게 위 의무해태를 탓할 수 없는 정당한 사유가 있다고 보기 어려우므로 위 의무의 위반을 이유로 한 시정명령은 적법함

- 행정법규 위반에 대하여 가하는 제재조치는 행정목적의 달성을 위하여 행정법규 위반이라는 객관적 사실에 착안하여 가하는 제재이므로 위반자의 의무 해태를 탓할 수 없는 정당한 사유가 있는 등의 특별한 사정이 없는 한 위반자에게 고의나 과실이 없더라도 부과될 수 있음(대법원 2009.

6.11. 선고 2009두4272 판결 등 참조). 이 사건에서, 원고가 가맹사업법 조항을 몰라서 가맹금 예치의무 및 정보공개서 제공의무를 위반하였더라도, 그러한 사정만으로는 원고의 가맹금 예치의무 및 정보공개서 제공의무 위반을 이유로 한 시정명령은 적법함.

판례[3]

□ 이 사건 시정명령은 가맹점사업자들이 시설환경표준화를 이행하지 않을 경우 발생하는 부당한 결과를 방지하기 위한 것이고, 가맹점의 시설환경의 개선 정도에 따라 적정한 평가를 실시하는 것은 가맹사업법의 취지에 비추어도 허용된다고 볼 수 있으므로 시정명령의 이행이 불가능하다고 보기 어려움

- 원고는 시설환경표준화(가맹점사업자의 고객편의시설 등에 대해 표준화 매뉴얼에 따라 통일된 모델로 공사하는 것)를 실시하면서 거래상 지위를 이용하여 미실시 가맹점사업자의 경우 서비스역량평가에서 감점하는 등의 가맹점사업자에게 불이익을 주는 행위를 다시 하여서는 안 된다는 내용의 시정명령을 이행할 경우, 우수한 고객편의시설을 갖춘 가맹점과 그렇지 않은 가맹점을 공정하게 평가할 방법이 없게 되어 고객용 시설 등을 새로 설치한 가맹점의 역차별 문제가 발생하는 점 등을 고려하면 이 사건 시정명령의 이행은 실질적으로 불가능하다고 주장하나, 가맹사업의 통일적 이미지와 품질유지 등 그 목적달성을 위하여 표준화를 실시하는 것은 허용되지만, 이 사건에서 시설환경표준화 중 고객편의시설 부분 등은 가맹사업의 목적달성을 위하여 필수적인 것으로 보기 어렵고, 원고가 이미 시설공사를 마치고 영업 중인 기존의 가맹점에 대하여 일률적으로 시설환경표준화를 강요하여 추가비용을 지출하도록 하였으며, 표준화를 위하여 감점방식을 새로 도입하고 계약해지 사유로 정하는 등 과도한 수단을 사용한 점 등에 비추어 이 사건과 같은 표준화는 허용되기 어려움. 따라서 이 사건 시정명령은 가맹점사업자들이 시설환경표준화를 이행하지 않을 경우 감점방식 등에 의하여 정당한 공임을 지급받지 못하거나 계약이 해지되는 등 부당한 결과를 방지하기 위한 것이어서, 이러한 정도에 이르지 않는 한 가맹점의 시설환경의 개선 정도에 따라 적정한 평가를 실시하

2) 하이쿨 외 1의 가맹사업법 위반행위건, 서울고법 2012.8.28. 선고 2012누8764 판결
3) 현대자동차의 가맹사업법 위반행위건, 서울고법 2014.1.17. 선고 2012누40218 판결

고 경제적 유인을 부여하는 것은 가맹사업법의 취지에 비추어도 허용된다고 볼 수 있으므로 특별한 사정이 없는 한 이 사건 시정명령의 이행이 불가능하다고 보기 어려움.

제 4 절 시정권고

Ⅰ. 시정권고

공정거래위원회는 이 법의 규정을 위반한 가맹본부에 대하여 제33조의 규정에 의한 시정조치를 명할 시간적 여유가 없는 경우에는 대통령령이 정하는 바에 따라 시정방안을 마련하여 이에 따를 것을 권고할 수 있다. 이 경우 당해 권고를 수락한 때에는 시정조치를 한 것으로 본다는 뜻을 함께 통지하여야 한다(법 제34조 제1항).

Ⅱ. 시정권고 수락 통지

제1항의 규정에 의한 권고를 받은 가맹본부는 당해 권고를 통지받은 날부터 10일 이내에 이를 수락하는 지의 여부에 관하여 공정거래위원회에 통지하여야 한다(법 제34조 제2항).

Ⅲ. 시정권고 수락 효력

제1항의 규정에 의한 권고를 받은 가맹본부가 당해 권고를 수락한 때에는 제33조의 규정에 의한 시정조치를 받은 것으로 본다(법 제34조 제3항).

Ⅳ. 시정권고 절차

법 제34조 제1항의 규정에 의한 시정권고는 다음 각호의 사항을 명시한 서면으로 하여야 한다(시행령 제33조).

1. 법위반내용
2. 권고사항
3. 시정기한
4. 수락여부통지기한
5. 수락거부시의 조치

제5절 과 징 금

Ⅰ. 과 징 금

공정거래위원회는 제6조의5 제1항 · 제4항, 제7조 제3항, 제9조 제1항, 제10조 제1항, 제11조 제1항 · 제2항, 제12조 제1항, 제12조의2 제1항 · 제2항, 제12조의3 제1항 · 제2항, 제12조의4 제1항 · 제3항, 제14조의2 제5항, 제15조의2 제3항 · 제6항을 위반한 가맹본부에 대하여 대통령령으로 정하는 매출액(대통령령으로 정하는 사업자의 경우에는 영업수익을 말한다. 이하 같다)에 100분의 2를 곱한 금액을 초과하지 아니하는 범위에서 과징금을 부과할 수 있다. 다만, 그 위반행위를 한 가맹본부가 매출액이 없거나 매출액의 산정이 곤란한 경우로서 대통령령으로 정하는 경우에는 5억원을 초과하지 아니하는 범위에서 과징금을 부과할 수 있다(법 제35조 제1항).

Ⅱ. 과징금 부과 시 고려 사항

공정거래위원회는 제1항에 따라 과징금을 부과하는 경우에는 다음 각 호의 사항을 고려하여야 한다(법 제35조 제2항).

1. 위반행위의 내용 및 정도
2. 위반행위의 기간 및 횟수
3. 위반행위로 취득한 이익의 규모 등

Ⅲ. 합병회사 과징금 부과

이 법을 위반한 회사인 가맹본부가 합병을 하는 경우에는 그 가맹본부가 한 위반행위는 합병 후 존속하거나 합병으로 설립되는 회사가 한 위반행위로 보아 과징금을 부과·징수할 수 있다(법 제35조 제3항).

Ⅳ. 분할합병회사 과징금 부과

공정거래위원회는 이 법을 위반한 회사인 가맹본부가 분할되거나 분할 합병되는 경우 분할되는 가맹본부의 분할일 또는 분할합병일 이전의 위반행위를 다음 각 호의 어느 하나에 해당하는 회사의 행위로 보고 과징금을 부과·징수할 수 있다(법 제35조 제4항).

1. 분할되는 회사
2. 분할 또는 분할합병으로 설립되는 새로운 회사
3. 분할되는 회사의 일부가 다른 회사에 합병된 후 그 다른 회사가 존속하는 경우 그 다른 회사

Ⅴ. 신 회사 과징금 부과

공정거래위원회는 이 법을 위반한 회사인 가맹본부가 「채무자 회생 및 파산에 관한 법률」 제215조에 따라 신회사를 설립하는 경우에는 기존 회사 또는 신회사 중 어느 하나의 행위로 보고 과징금을 부과·징수할 수 있다(법 제35조 제5항).

Ⅵ. 과징금의 부과기준

제1항에 따른 과징금의 부과기준은 대통령령으로 정한다(법 제35조 제6항).

Ⅶ. 과징금의 산정방법 등

1. 매출액 산정

법 제35조 제1항 본문에서 "대통령령으로 정하는 매출액"이란 해당 가맹본부가 위반기간(위반행위의 개시일부터 종료일까지의 기간을 말한다. 이하 이 조에서 같다) 동안 관련 가맹점사업자 또는 가맹희망자에게 판매한 상품이나 용역의 매출액 또는 이에 준하는 금액(이하 "관련매출액"이라 한다)을 말한다(시행령 제34조 제1항).

2. 사업자의 범위

법 제35조 제1항 본문에서 "대통령령으로 정하는 사업자"란 상품 또는 용역의 대가의 합계액을 재무제표 등에서 영업수익으로 적는 사업자를 말한다(시행령 제34조 제2항).

3. 매출액이 없거나 산정이 곤란한 경우

법 제35조 제1항 단서에서 "대통령령으로 정하는 경우"란 다음 각 호의 어느 하나에 해당하는 경우를 말한다(시행령 제34조 제3항).

1. 영업중단 등으로 인하여 영업실적이 없는 경우
2. 위반기간 등을 확정할 수 없어 관련매출액의 산정이 곤란한 경우
3. 재해 등으로 인하여 매출액 산정자료가 소멸 또는 훼손되는 등 객관적인 매출액의 산정이 곤란한 경우

4. 과징금의 부과기준

법 제35조 제1항에 따른 과징금의 부과기준은 별표 4의2와 같다(시행령 제34조 제4항).

[별표 4의2]

과징금의 부과기준(제34조제4항 관련)

1. 과징금 부과여부의 결정

   과징금은 위반행위의 내용 및 정도를 우선적으로 고려하고, 시장상황 등을 종합적으로 고려하여 그 부과여부를 결정하되, 다음 각 목의 어느 하나에 해당하는 경우에는 원칙적으로 과징금을 부과한다.

   가. 가맹사업의 공정한 거래질서를 크게 저해하는 경우

   나. 가맹점사업자 등에게 미치는 영향이 큰 경우

   다. 위반행위에 의하여 부당이득이 발생한 경우

   라. 그 밖에 가목부터 다목까지에 준하는 경우로서 공정거래위원회가 정하여 고시하는 경우

2. 과징금의 산정기준

   과징금은 법 제35조제2항 각 호의 사항과 이에 영향을 미치는 사항을 고려하여 산정하되, 가목에 따른 기본 산정기준에 나목에 따른 위반행위의 기간 및 횟수 등에 따른 조정과 다목에 따른 가맹본부의 고의·과실 등에 따른 조정을 거쳐 라목에 따른 부과과징금을 산정한다.

   가. 기본 산정기준

      1) 법 제35조제2항제1호에 따른 위반행위의 내용 및 정도에 따라 위반행위의 중대성 정도를 "중대성이 약한 위반행위", "중대한 위반행위", "매우 중대한 위반행위"로 구분하고, 위반행위의 중대성의 정도별로 2)의 기준에 따라 산정한다.

      2) 가맹본부의 관련매출액에 중대성의 정도별로 정하는 부과기준율을 곱하여 산정한다. 다만, 제34조제3항 각 호의 어느 하나에 해당하는 경우에는 5억원 이내에서 중대성의 정도를 고려하여 산정한다.

      3) 위반기간은 위반행위의 개시일부터 종료일까지의 기간으로 하며, 관련매출액은 가맹본부의 회계자료 등을 참고하여 정하는 것을 원칙으로 한다.

   나. 위반행위의 기간 및 횟수 등에 따른 조정(이하 "1차 조정"이라 한다)

      법 제35조제2항제2호에 따른 위반행위의 기간 및 횟수를 고려하여

기본 산정기준의 100분의 50의 범위에서 공정거래위원회가 정하여 고시하는 기준에 따라 조정한다.

다. 가맹본부의 고의 · 과실 등에 따른 조정(이하 "2차 조정"이라 한다) 법 제35조제2항 각 호의 사항에 영향을 미치는 가맹본부의 고의 · 과실, 위반행위의 성격과 사정 등의 사유를 고려하여 1차 조정된 기본 산정기준의 100분의 50의 범위에서 공정거래위원회가 정하여 고시하는 기준에 따라 조정한다.

라. 부과과징금

1) 가맹본부의 현실적 부담능력이나 그 위반행위가 시장에 미치는 효과, 그 밖에 시장 또는 경제여건 및 법 제35조제2항제3호에 따른 위반행위로 취득한 이익의 규모 등을 충분히 반영하지 못하여 과중하다고 인정되는 경우에는 2차 조정된 기본 산정기준의 100분의 50의 범위에서 감액하여 부과과징금으로 정할 수 있다. 다만, 가맹본부의 과징금 납부능력의 현저한 부족, 가맹본부가 속한 시장 · 산업 여건의 현저한 변동 또는 지속적 악화, 경제위기, 그 밖에 이에 준하는 사유로 불가피하게 100분의 50을 초과하여 감액하는 것이 타당하다고 인정되는 경우에는 100분의 50을 초과하여 감액할 수 있다.

2) 2차 조정된 기본 산정기준을 감액하는 경우에는 공정거래위원회의 의결서에 그 이유를 명시하여야 한다.

3) 가맹본부의 채무상태가 지급불능 또는 지급정지 상태에 있거나 부채의 총액이 자산의 총액을 초과하는 등의 사유로 인하여 가맹본부가 객관적으로 과징금을 납부할 능력이 없다고 인정되는 경우에는 과징금을 면제할 수 있다.

3. 세부기준의 제정

기본 산정기준의 부과기준율, 관련매출액 산정에 관한 세부기준, 1차 조정 및 2차 조정, 그 밖에 과징금의 부과에 필요한 세부적인 기준과 방법 등에 관한 사항은 공정거래위원회가 정하여 고시한다.

5. 과징금의 부과절차에 필요한 세부사항

그 밖에 과징금의 부과절차에 필요한 세부사항은 공정거래위원회가 정하여 고시한다(시행령 제34조 제4항).

제 6 절 가맹사업법 위반사업자에 대한 과징금 부과기준에 관한 고시[4)]

Ⅰ. 목 적

이 고시는 「가맹사업거래의 공정화에 관한 법률(이하 "법"이라 한다)」 제35조(과징금), 같은 법 시행령(이하 "영"이라 한다) 제34조(과징금의 산정방법 등) 및 별표 4의2의 규정에 따른 과징금 부과의 세부기준 및 기타 과징금을 부과함에 있어서 필요한 사항을 정하는 데 그 목적이 있다.

Ⅱ. 정 의

1. 기본 산정기준

"기본 산정기준"은 법 제35조 제2항의 규정에 의한 참작사유 중 위반행위의 내용 및 정도에 따라 위반행위를 "중대성이 약한 위반행위", "중대한 위반행위", "매우 중대한 위반행위"로 구분하여 산정한 금액으로서 과징금 산정의 기초가 되는 금액을 말한다(이하 "산정기준"이라 한다).

2. 위반행위의 기간 및 횟수 등에 따른 조정

"위반행위의 기간 및 횟수 등에 따른 조정"은 법 제35조 제2항의 규정에 의한 참작사유 중 위반행위의 기간 및 횟수를 고려하여 산정기준을 조정하는 것을 말한다(이하 "1차 조정"이라 한다).

---

4) 제정 2014. 6. 26. 공정거래위원회 고시 제2014-9호

3. 가맹본부의 고의·과실 등에 따른 조정

"가맹본부의 고의·과실 등에 따른 조정"은 법 제35조 제2항의 규정에 의한 각 참작사유에 영향을 미치는 가맹본부의 고의·과실 등 행위자요소, 위반행위의 성격과 사정 등의 사유를 고려하여 1차 조정을 가중 또는 감경하는 것을 말한다(이하 "2차 조정"이라 한다).

4. 부과과징금

"부과과징금"은 2차 조정이 가맹본부의 현실적 부담능력, 당해 위반행위가 시장에 미치는 효과, 기타 시장 또는 경제여건 등을 충분히 반영하지 못하여 현저히 과중하다고 판단되는 경우에 이를 감액(면제를 포함한다)하여 부과하는 금액을 말한다.

5. 관련매출액

가. "관련매출액"은 시행령 제34조 제1항의 규정에 따라 가맹본부가 위반기간 동안 관련 가맹점사업자 또는 가맹희망자에게 판매한 상품이나 용역의 매출액 또는 이에 준하는 금액을 말한다.

나. 매출액의 산정

(1) 매출액은 총매출액에서 부가가치세, 매출에누리, 매출환입, 매출할인 등을 제외한 순매출액으로 산정한다.
(2) 영 제34조제2항의 규정은 이 고시를 적용할 때에 적용된다.

6. 위반기간

가. "위반기간"은 위반행위의 개시일부터 종료일까지의 기간을 말한다. 개시일 또는 종료일이 불분명한 경우에는 가맹본부의 영업·재무관련 자료, 임직원·거래관계인 등의 진술, 동종 또는 유사업종을 영위하는 다른 가맹본부들의 영업 및 거래실태·관행, 시장상황 등을 고려하여 이를 산정할 수 있다.

나. 다음의 경우에는 특정일을 위반행위의 종료일로 본다.

(1) 위반행위가 과징금 부과처분을 명하는 공정거래위원회의 심의일까지

종료되지 아니한 경우에는, 당해 사건에 대한 공정거래위원회의 심의일을 위반행위의 종료일로 본다.

(2) 위반행위가 2일 이상 행하여지되 불연속적으로 이루어진 경우에는, 당해 위반행위의 유형·성격·목적·동기, 연속되지 아니한 기간의 정도와 이유, 위반행위의 효과, 시장상황 등 제반사정을 고려하여 경제적·사회적 사실관계가 동일하다고 인정되는 범위 내에서 이를 하나의 위반행위로 보아 마지막 위반행위의 종료일을 당해 위반행위의 종료일로 본다.

7. 부당이득

"부당이득"은 법 제35조 제2항의 규정에 의한 참작사유 중 위반행위로 인하여 취득한 이익으로서, 위반사업자가 위반행위로 인하여 직접 또는 간접적으로 얻은 경제적 이익을 말한다.

8. 위반행위의 유형

위반행위의 유형은 ① 가맹금 예치의무 등 위반행위(법 제6조의5 제1항·제4항) ② 정보공개서등 제공의무 위반행위(법 제7조 제3항) ③ 허위·과장 및 기만적인 정보제공행위(법 제9조 제1항) ④ 가맹금 반환의무 위반행위(법 제10조 제1항) ⑤ 가맹계약서 제공의무 등 위반행위(법 제11조 제1항·제2항) ⑥ 불공정거래행위(법 제12조 제1항) ⑦ 부당한 점포환경개선 강요 등 위반행위(법 제12조의2 제1항·제2항) ⑧ 부당한 영업시간 구속행위(법 제12조의3 제1항·제2항) ⑨ 부당한 영업지역 침해행위(법 제12조의4 제1항·제3항) ⑩ 가맹점사업자단체 활동 방해행위(법 제14조의2 제5항) ⑪ 피해보상보험계약 관련 위반행위(법 제15조의2 제3항·제6항)의 11종으로 나눈다.

9. 심의일

"심의일"은 공정거래위원회의 전원회의 또는 소회의의 의장이 공정거래위원회회의운영및사건절차등에관한규칙(공정거래위원회 고시 제2012-71호, 이하 "사건절차규칙"이라 한다) 제3장에 정한 절차에 따라 심의에 부의한 사건에 대하여 각 회의가 의결을 위하여 심의를 진행한 날을 말한다. 만일 심의가 2회 이상 진행되었다면 마지막 심의일을 말한다.

10. 벌　　점

벌점이란 과징금 부과여부 및 과징금 가중기준 등의 기초자료로 활용하기 위하여 법을 위반한 가맹본부에 대하여 공정거래위원회가 조치한 다음과 같은 유형별 벌점의 부과기준에 따라 부과한 점수를 말한다. 1개 사건에서 2개 이상의 조치를 받은 경우에는 가장 중한 조치수준에 해당하는 벌점만 반영한다. 다만, 과태료 부과에 대해서는 벌점 산정시 고려하지 아니한다.

〈시정조치 유형별 벌점기준〉

유형	경고*	시정권고	시정명령	과징금	고발
점수	0.5	1.0	2.0	2.5	3.0

* 사건절차규칙 제50조에 의한 경고를 말하며 다만, 과태료 부과 대신 경고한 경우는 제외한다. 이하 같다.

Ⅲ. 과징금 부과 여부의 결정

1. 과징금 부과 여부는 위반행위의 내용 및 정도를 우선적으로 고려하고 시장상황 등을 종합적으로 참작하여 결정하되 다음 각 호의 어느 하나에 해당하는 경우에는 과징금을 부과하는 것을 원칙으로 한다.
   가. 가맹사업의 공정한 거래질서를 크게 저해하는 경우
   나. 가맹점사업자 등에게 미치는 영향이 큰 경우
   다. 위반행위에 의하여 부당이득이 발생한 경우

2. 위 1.의 규정에 불구하고 위반 가맹본부가 과거 3년 간(신고사건의 경우에는 신고접수일을, 직권조사 사건의 경우는 직권조사계획 발표일 또는 조사공문 발송일을 기준으로 하되 조사계획 발표일과 조사공문 발송일이 다를 경우에는 뒤의 일자를 기준으로 한다. 이하 같다) 2회 이상 법 위반으로 조치(경고 이상을 포함하되 과태료 부과는 제외한다)를 받고 벌점 누산점수가 3점 이상인 경우에는 원칙적으로 과징금을 부과한다. 다만, 당해 행위의 위반의 정도가 경미하거나 자진시정 등의 이유로 경고에 해당되는 경우에는 그러하지 아니할 수 있다.

Ⅳ. 과징금의 산정기준

1. 산정기준

가. 산정기준은 위반행위를 그 내용 및 정도에 따라 "중대성이 약한 위반행위", "중대한 위반행위", "매우 중대한 위반행위"로 구분한 후, 아래에서 정한 중대성의 정도별 부과기준율 또는 부과기준금액을 적용하여 정한다. 이 경우 위반행위 중대성의 정도는 위반행위 유형별로 마련된 [별표] 세부평가 기준표에 따라 산정된 점수를 기준으로 정한다. 다만, 위반행위로 인하여 발생한 공정한 거래질서의 저해정도, 가맹점사업자 등의 피해정도, 부당이득의 취득 여부 등을 종합적으로 고려하여 위반행위 중대성의 정도를 달리 정할 수 있다. 이 경우 그 이유를 의결서에 명시하여야 한다.

나. 관련매출액에 위반행위 중대성의 정도별 부과기준율을 곱하여 산정기준을 정한다.

중대성의 정도	기준표에 따른 산정점수	부과기준율
매우 중대한 위반행위	2.2 이상	1.6%이상 2.0%이하
중대한 위반행위	1.4이상 2.2미만	0.8%이상 1.6%미만
중대성이 약한 위반행위	1.4 미만	0.1%이상 0.8%미만

다. 영 제34조제3항 각 호의 어느 하나에 해당하는 경우에는 위반행위 중대성의 정도별 부과기준금액의 범위 내에서 산정기준을 정한다 (법 제35조 단서).

중대성의 정도	기준표에 따른 산정점수	부과기준금액
매우 중대한 위반행위	2.2 이상	4억원이상 5억원이하
중대한 위반행위	1.4이상 2.2미만	2억원이상 4억원미만
중대성이 약한 위반행위	1.4 미만	5백만원이상 2억원미만

2. 1차 조정(행위요소에 의한 조정)

가. 위반행위의 기간에 의한 조정

산정기준을 정하는 과정에서 위반기간이 고려되지 않은 경우에는 다음과 같이 위반기간에 따라 산정기준을 조정한다.

(1) 단기 위반행위 : 위반기간이 1년 이내인 경우는 산정기준을 유지한다.
(2) 중기 위반행위 : 위반기간이 1년 초과 2년 이내인 경우에는 산정기준의 100분의 10에 해당하는 금액을, 2년 초과 3년 이내인 경우에는 산정기준의 100분의 20에 해당하는 금액을 가산한다.
(3) 장기 위반행위 : 위반기간이 3년을 초과하는 경우에는 산정기준의 100분의 50에 해당하는 금액을 가산한다.

나. 위반행위의 횟수에 의한 조정

(1) 당해 사건에 관하여 과거 3년 간 2회 이상 법 위반으로 조치(경고 이상을 포함하되 과태료 부과는 제외한다)를 받고 벌점 누산점수가 3점 이상인 경우에는 3회 조치부터 다음과 같이 산정기준을 가중할 수 있다.
  (가) 과거 3년 간 2회 이상 법위반으로 조치(경고 이상)를 받고 벌점 누산점수가 3점 이상인 경우 : 100분의 20 이내
  (나) 과거 3년 간 3회 이상 법위반으로 조치(경고 이상)를 받고 벌점 누산점수가 5점 이상인 경우 : 100분의 40 이내
  (다) 과거 3년 간 4회 이상 법위반으로 조치(경고 이상)를 받고 벌점 누산점수가 7점 이상인 경우 : 100분의 50 이내
(2) 위 Ⅲ. 2. 및 Ⅳ. 2. 나. (1)에서 과거 시정조치의 횟수를 산정할 때에는 시정조치의 무효 또는 취소판결이 확정된 건을 제외한다.

3. 2차 조정(행위자요소 등에 의한 가중·감경)

가. 일반원칙

행위자 요소 등에 의한 가중 · 감경은 위반 가맹본부에게 다음 나. 및 다.

에서 정한 가중 또는 감경사유가 인정되는 경우에 각각의 가중비율의 합에서 각각의 감경비율의 합을 공제하여 산정된 비율을 1차 조정된 산정기준에 곱하여 산정된 금액을 1차 조정된 산정기준에 더하거나 빼는 방법으로 한다. 다만, 가중·감경의 결과 가감되는 금액은 1차 조정된 산정기준의 100분의 50 범위 내이어야 한다.

나. 가중사유 및 비율

(1) 위반 가맹본부 또는 그 소속 임원·종업원이 위반행위 조사를 거부·방해 또는 기피한 경우. 다만, 위반 가맹본부가 동일한 사유로 법 제43조 제1항의 규정에 의하여 과태료 처분을 받은 경우에는 그 금액을 가중금액에서 차감한다.

(가) 법 제37조 제1항의 규정에 의하여 준용되는「독점규제 및 공정거래에 관한 법률」제50조 제2항의 규정에 의한 조사 시 폭언·폭행, 고의적인 현장진입 저지·지연 등을 통해 조사를 거부·방해 또는 기피한 경우 : 100분의 10 이상 100분의 40 이내

(나) 법 제37조 제1항의 규정에 의하여 준용되는「독점규제 및 공정거래에 관한 법률」제50조 제2항의 규정에 의한 조사 시 자료의 은닉·폐기, 접근거부 또는 위·변조 등을 통해 조사를 거부·방해 또는 기피한 경우 : 100분의 10 이상 100분의 30 이내

(다) 법 제37조 제1항의 규정에 의하여 준용되는「독점규제 및 공정거래에 관한 법률」제50조에 의한 보고 또는 자료·물건 제출 명령을 불이행하는 등 (가) (나) 이외의 방법으로 조사를 거부·방해 또는 기피한 경우 : 100분의 5 이상 100분의 20 이내

(2) 위반 가맹본부의 이사 또는 그 이상에 해당하는 고위 임원(등기부 등재 여부를 불문한다)이 위반행위에 직접 관여한 경우 : 100분의 5 이상 100분의 10 이내

(3) 위반 가맹본부가 법 위반으로 조치받은 후 3년 이내에 조치받은 위반행위와 동일한 유형(법조 및 각 호가 같은 경우를 의미)의 위반행위로 조치받은 경우 : 100분의 5 이상 100분의 20 이내. 다만 위반횟수에 의한 조정사유와 중복되는 경우 가중비율이 높은 가중사유를 적용

한다.

(4) 기타 위 (1) 내지 (3)의 사항에 준하는 사유가 있는 경우 : 100분의 10 이내

다. 감경 사유 및 비율

(1) 조사협력 등

(가) 심사관의 조사 단계부터 위원회의 심리 종결 시까지 일관되게 행위사실을 인정하면서 위법성 판단에 도움이 되는 자료를 제출하거나 진술을 하는 등 적극 협력한 경우 : 100분의 30 이내

(나) 심사관의 조사 단계 이후라도 위원회의 심리 종결 전에 행위사실을 새로이 인정하면서 위법성 판단에 도움이 되는 추가적 자료를 제출하거나 진술을 한 경우 : 100분의 10 이내

(2) 정부의 시책(구속력이 있는 행정지도 포함)이 동인이 되어 위반행위가 이루어진 것으로 인정되는 경우 : 100분의 20 이내

(3) 위반행위를 자진 시정한 경우: 100분의 10이상 100분의 30 이내. 이때 자진 시정이라 함은 해당 위반행위 중지를 넘어서 위반행위로 발생한 효과를 적극적으로 제거하는 행위를 말하며, 이에 해당하는지 여부는 위반행위의 내용 및 성격, 공정한 거래질서의 회복 또는 피해의 구제, 관련 영업정책이나 관행의 개선, 기타 재발 방지를 위한 노력 등을 종합적으로 감안하여 판단한다.

(4) 상당한 주의를 기울인 경우 등

(가) 자율준수 노력, 외부 법률 자문 등 위법행위를 하지 아니하기 위하여 상당한 주의를 기울였으나 예상하기 어려운 사정으로 인해 위반행위가 발생한 경우 : 100분의 10 이내

(나) 통상의 업무 수행 중 발생할 수 있는 가벼운 과실에 의한 것이 객관적으로 명백한 경우 : 100분의 10 이내

(5) 위 (1) 내지 (4)의 규정에도 불구하고 위반 가맹본부 또는 그 소속 임원·종업원이 위반행위에 대한 공정거래위원회의 조사와 관련하여 Ⅳ.3.나.(가중사유 및 비율)중 (1)의 과징금 가중사유에 해당하는 경우에는 이를 적용하지 아니할 수 있다.

4. 부과과징금의 결정

가. 2차 조정된 산정기준이 위반 가맹본부의 특수한 재정적 사정 또는 시장·경제 여건을 반영한 현실적 부담능력, 당해 위반행위가 공정한 거래질서를 저해하는 정도 및 위반행위로 인해 취득한 이익의 규모에 비하여 과중한 경우 공정거래위원회는 그 이유를 의결서에 명시하고 2차 조정된 산정기준을 다음과 같이 조정하여 부과과징금을 결정할 수 있다.

(1) 현실적 부담능력에 따른 조정은 심의기일 직전 사업연도 사업보고서상 자본잠식 상태에 있거나 가까운 장래에 자본잠식이 예견되는 등 사업의 계속에 상당한 지장을 초래하지 아니하고는 과징금을 납부할 수 없는 경우에 한해 2차 조정된 산정기준의 100분의 50이내에서 인정되며, 과징금납부로 인해 단순히 자금사정에 어려움이 예상되는 경우(법 제37조제2항의 규정에 의해 준용되는 「독점규제 및 공정거래에 관한 법률」 제55조의4에 따른 과징금 납부기한 연장 및 분할납부로 자금사정의 어려움을 피할 수 있는 경우를 포함한다)에는 인정되지 않는다. 다만, 심의기일 직전 사업연도 사업보고서상 위반 가맹본부의 자본잠식율이 50% 이상인 경우 등 부담능력이 현저히 부족하다고 인정되는 때에는 100분의 50을 초과해서 감액할 수 있으며, '채무자 회생 및 파산에 관한 법률'에 따른 회생절차 중에 있는 등 객관적으로 과징금을 납부할 능력이 없다고 인정되는 경우에는 과징금을 면제할 수 있다.

(2) 당해 위반행위가 공정한 거래질서를 저해하는 정도, 위반행위로 인해 취득한 이익의 규모 등의 조정 사유는 그러한 사유들이 위반행위 유형별 산정기준 결정 단계 등 앞 단계에서 충분히 고려되지 못하였다고 인정되는 경우에 한해 적용하며, 2차 조정된 산정기준의 100분의 50 이내에서 감경할 수 있다.

(3) 위반 가맹본부는 2차 조정된 산정기준을 조정할 필요가 있다는 사실을 경영 및 자산상태에 관한 객관적인 자료로 증명하여야 한다.

(4) 공정거래위원회는 위 (3)과 관련하여 위반 가맹본부의 경영 및 자산

상태에 관한 객관적인 평가를 위하여 필요하다고 인정할 경우 기업회계, 재무관리, 신용평가 분야 등의 외부 전문가로부터 의견을 청취할 수 있다.

나. 하나의 사업자가 행한 여러 개의 위반행위(각 위반행위가 동일한 법조에 해당하는 경우를 포함한다. 이하 같다)에 대하여 과징금을 부과하는 경우에는 다음 기준에 의한다.

(1) 여러 개의 위반행위를 함께 심리하여 1건으로 의결할 때에는 각 위반행위별로 이 고시에서 정한 방식에 의하여 부과과징금을 산정한 후 이를 모두 합산한 금액을 과징금으로 부과하되, 부과과징금의 한도는 각 위반행위별로 정해진 법상 한도를 합산하여 적용한다. 다만, 각각의 위반행위로 인한 효과가 동일한 가맹점사업자에게 미치면서 과징금 합산금액이 과다하다고 인정되는 경우에는 위 가.의 기준에 따라 이를 조정할 수 있다.

(2) 여러 개의 위반행위를 여러 건으로 나누어 의결하는 경우에는 이를 1건으로 의결하는 경우와의 형평을 고려하여 후속 의결에서 위 가.의 기준에 따라 부과과징금을 조정할 수 있다.

다. 하나의 행위가 여러 개의 법령규정에 위반될 경우 이 고시에서 정한 방식에 의하여 각 위반행위 별로 산정된 2차 조정 과징금 중 가장 큰 금액을 기준으로 부과과징금을 결정한다.

라. 2차 조정된 산정기준이 1백만원 이하인 경우는 과징금을 면제할 수 있다.

마. 부과과징금을 결정함에 있어서 1백만원 단위 미만의 금액은 버리는 것을 원칙으로 한다. 다만, 공정거래위원회는 부과과징금의 규모를 고려하여 적당하다고 생각되는 금액단위 미만의 금액을 버리고 부과과징금을 결정할 수 있다.

바. 과징금 부과의 기준이 되는 매출액 등이 외국환을 기준으로 산정되는 경우에는 그 외국환을 기준으로 과징금을 산정하되, 공정거래위원회의 합의일에 주식회사 한국외환은행이 최초로 고시하는 매매기준율을 적용하여 원화로 환산하여 부과과징금을 결정한다. 다만, 주식회사 한국외환은행이 고시

하지 않는 외국환의 경우에는 미국 달러화로 환산한 후 이를 원화로 다시 환산한다.

Ⅴ. 재검토기한

「훈령·예규 등의 발령 및 관리에 관한 규정」(대통령훈령 제248호))에 따라 이 고시 발령 후의 법령이나 현실 여건의 변화 등을 검토하여 이 고시의 폐지, 개정 등의 조치를 하여야 하는 기한은 2017년 7월 1일까지로 한다.

부 칙

이 고시는 고시한 날부터 시행한다.

[별표]

세부평가 기준표

1. 점수 산정 방식

가. 기준표에 따른 점수는 세부평가 기준표의 참작사항별 해당 비중치에 부과수준별 해당등급의 점수를 곱하여 참작사항별로 점수를 산출한 후 각 점수를 합하여 산정한다.

나. 위반행위가 각 참작사항의 항목 중 두 가지 이상에 해당하는 경우에는 높은 점수의 기준을 적용한다.

다. 개별 위반행위에 대한 과징금을 산정할 경우 세부평가기준에서 고려하지 못하였거나 고려의 정도가 충분하지 못한 사정이 있어 위 기준과 달리 정하는 것이 합리적인 경우 위반행위의 중대성을 위 기준과 달리 판단할 수 있다.

2. 위반행위 유형별 세부평가 기준표

가. 가맹금 예치의무 등 위반행위(법 제6조의5제1항 · 제4항)

참작사항 (부과수준)		비중	상(3점)	중(2점)	하(1점)
위반행위내용	위반행위의 중대성	0.2	• 가맹본부가 가맹점사업자에게 가맹금 예치에 관한 사항을 전혀 알리지 아니한 경우 • 가맹본부가 거짓이나 그 밖의 부정한 방법으로 예치가맹금의 지급을 요청함에 따라 해당 가맹금을 전액 지급받은 경우	• 가맹본부가 가맹점사업자에게 가맹금 예치에 관한 사항을 부정확하게 알린 경우 • 가맹본부가 거짓이나 그 밖의 부정한 방법으로 예치가맹금의 지급을 요청함에 따라 해당 가맹금을 일부 지급받은 경우	• 가맹본부가 가맹점사업자에게 가맹금 예치에 관한 사항을 알린 경우 • 가맹본부가 거짓이나 그 밖의 부정한 방법으로 예치가맹금의 지급을 요청하였으나 해당 가맹금을 지급받지 못한 경우
	피해발생정도	0.3	• 위반행위로 인하여 가맹희망자 또는 가맹점사업자에게 상	• 위반행위로 인하여 가맹희망자 또는 가맹점사업자에게 피해가	• 위반행위로 인하여 가맹희망자 또는 가맹점사업자에게 피해가 발

			당한 피해가 발생하였거나 발생할 우려가 있는 경우	발생하였거나 발생할 우려가 있는 경우	생할 우려가 미미한 경우
위반행위 정도	위반 건수	0.2	• 위반 건수가 30건 이상인 경우	• 위반 건수가 10건 이상 30건 미만인 경우	• 위반 건수가 10건 미만인 경우
	위반 가맹금 규모 *	0.2	• 예치의무 위반 가맹금이 5천만원 이상인 경우	• 예치의무 위반 가맹금이 2천만원 이상 5천만원 미만인 경우	• 예치의무 위반 가맹금이 2천만원 미만인 경우
	가맹 본부 규모	0.1	• 위반 가맹본부의 위반행위 직전 사업연도 매출액이 500억원 이상인 경우	• 위반 가맹본부의 위반행위 직전 사업연도 매출액이 50억원 이상 500억원 미만인 경우	• 위반 가맹본부의 위반행위 직전 사업연도 매출액이 50억원 미만인 경우(매출액이 없는 경우를 포함한다)

* 위반행위 1건당 예치의무 대상 가맹금 규모를 의미(단, 위반행위 건별로 예치의무 대상 가맹금 규모가 다른 경우에는 평균값으로 함)

나. 정보공개서등 제공의무 위반행위(법 제7조제3항)

참작사항		비중	상(3점)	중(2점)	하(1점)
위반행위 내용	위반행위의 중대성	0.4	• 가맹본부가 계약체결이나 가맹금 수령 이전에 등록된 정보공개서를 제공하지 않은 경우(정보공개서를 제공하였으나 등록된 정보공개서가 아닌 경우를 포함)	• 가맹본부가 계약체결이나 가맹금 수령 이전에 등록된 정보공개서를 제공하였으나 법 제7조제1항에 따른 제공방법이나 법 제7조제3항에 따른 제공기한을 준수하지 않은 경우 • 가맹본부가 정보공개서 제공의무는 이행하였으나, 계약체결이나 가맹금 수령 이전에 인근가맹점 현황문서를 제공하지 않은 경우	• 가맹본부가 정보공개서 제공의무는 이행하였으나, 계약체결이나 가맹금 수령 이전에 인근가맹점 현황문서를 제공하면서 법 제7조제1항에 따른 제공방법이나 법 제7조제3항에 따른 제공기한을 준수하지 않은 경우
	피해 발생 정도	0.2	• 위반행위로 인하여 가맹희망자 또는 가맹점사업자에게 상당한 피해가 발생하였	• 위반행위로 인하여 가맹희망자 또는 가맹점사업자에게 피해가 발생하였거나 발생할 우	• 위반행위로 인하여 가맹희망자 또는 가맹점사업자에게 피해가 발생할 우려가 미

			거나 발생할 우려가 있는 경우	려가 있는 경우	미한 경우
위반행위 정도	위반 건수	0.3	• 위반 건수가 30건 이상인 경우	• 위반 건수가 10건 이상 30건 미만인 경우	• 위반 건수가 10건 미만인 경우
	가맹본부 규모	0.1	• 위반 가맹본부의 위반행위 직전 사업연도 매출액이 500억원 이상인 경우	• 위반 가맹본부의 위반행위 직전 사업연도 매출액이 50억원 이상 500억원 미만인 경우	• 위반 가맹본부의 위반행위 직전 사업연도 매출액이 50억원 미만인 경우(매출액이 없는 경우를 포함한다)

다. 허위·과장 및 기만적인 정보제공행위(법 제9조제1항)

참작사항		비중 (부과수준)	상(3점)	중(2점)	하(1점)
위반행위 내용	허위·과장, 기만적인 정보의 내용	0.3	• 영 제8조제1항제1호에 해당하는 경우	• 영 제8조제1항제2호 및 제8조제2항제1호에 해당하는 경우	• 상·중 이외 기타 사항인 경우
	정보제공의 방법 및 정도	0.2	• 허위·과장된 정보가 가맹본부가 제공한 정보 중 가장 중점적으로 강조된 경우	• 허위·과장된 정보가 가맹본부가 제공한 정보 중 중점적으로 강조된 경우	• 허위·과장된 정보가 가맹본부가 제공한 정보 중 중점적으로 강조된 사항이 아닌 경우
	피해 발생 정도	0.2	• 위반행위로 인하여 가맹희망자 또는 가맹점사업자에게 상당한 피해가 발생하였거나 발생할 우려가 있는 경우	• 위반행위로 인하여 가맹희망자 또는 가맹점사업자에게 피해가 발생하였거나 발생할 우려가 있는 경우	• 위반행위로 인하여 가맹희망자 또는 가맹점사업자에게 피해가 발생할 우려가 미미한 경우
위반행위 정도	관련 가맹점사업자 수	0.2	• 허위·과장 또는 기만적인 정보제공을 받은 가맹희망자 또는 가맹점사업자의 수가 30명 이상인 경우	• 허위·과장 또는 기만적인 정보제공을 받은 가맹희망자 또는 가맹점사업자의 수가 10명 이상 30명 미만인 경우	• 허위·과장 또는 기만적인 정보제공을 받은 가맹희망자 또는 가맹점사업자의 수가 10명 미만인 경우
	가맹본부 규모	0.1	• 위반 가맹본부의 위반행위 직전 사업연도	• 위반 가맹본부의 위반행위 직전 사업연도	• 위반 가맹본부의 위반행위 직전 사업연도

			도 매출액이 500억원 이상인 경우	도 매출액이 50억원 이상 500억원 미만인 경우	도 매출액이 50억원 미만인 경우(매출액이 없는 경우를 포함한다)

라. 가맹금 반환의무 위반행위(법 제10조제1항)

참작사항		비중 \ 부과수준	상(3점)	중(2점)	하(1점)
위반행위 내용	위반행위의 중대성	0.4	• 가맹본부가 법 제10조제1항제3호 · 제4호의 사유가 발생하여 가맹금 반환을 요구받는 경우 • 가맹본부가 가맹금 반환의무가 발생한 날로부터 6개월 이상 이를 이행하지 아니한 경우	• 가맹본부가 법 제10조 제1항제1호(계약체결이후에 한한다) 및 제2호의 사유가 발생하여 가맹금 반환을 요구받는 경우 • 가맹본부가 가맹금 반환의무가 발생한 날로부터 3개월 이상 6개월 미만의 기간 동안 이를 이행하지 아니한 경우	• 가맹본부가 법 제10조제1항제1호(계약체결 전에 한한다)의 사유가 발생하여 가맹금 반환을 요구받는 경우 • 가맹본부가 가맹금 반환의무가 발생한 날로부터 1개월 이상 3개월 미만의 기간 동안 이를 이행하지 아니한 경우
	피해발생정도	0.2	• 위반행위로 인하여 가맹희망자 또는 가맹점사업자에게 상당한 피해가 발생하였거나 발생할 우려가 있는 경우	• 위반행위로 인하여 가맹희망자 또는 가맹점사업자에게 피해가 발생하였거나 발생할 우려가 있는 경우	• 위반행위로 인하여 가맹희망자 또는 가맹점사업자에게 피해가 발생할 우려가 미미한 경우
위반행위 정도	위반건수	0.3	• 위반 건수가 10건 이상인 경우	• 위반 건수가 5건 이상 10건 미만인 경우	• 위반 건수가 5건 미만인 경우
	가맹본부 규모	0.1	• 위반 가맹본부의 위반행위 직전 사업연도 매출액이 500억원 이상인 경우	• 위반 가맹본부의 위반행위 직전 사업연도 매출액이 50억원 이상 500억원 미만인 경우	• 위반 가맹본부의 위반행위 직전 사업연도 매출액이 50억원 미만인 경우(매출액이 없는 경우를 포함한다)

마. 가맹계약서 제공의무 등 위반행위(법 제11조제1항 · 제2항)

참작사항 (부과수준)		비중	상(3점)	중(2점)	하(1점)
위반행위 내용	위반행위의 중대성	0.4	• 법 제11조제1항에 따른 기한내에 제공하지 않거나, 법 11조제2항 각호의 사항 중 5개 이상의 사항을 가맹계약서에 포함하지 아니한 경우	• 법 제11조제2항 각호의 사항 중 3개 이상 5개 미만의 사항을 가맹계약서에 포함하지 아니한 경우	• 법 제11조제2항 각호의 사항 중 3개 미만의 사항을 가맹계약서에 포함하지 아니한 경우
	피해 발생 정도	0.2	• 위반행위로 인하여 가맹희망자 또는 가맹점사업자에게 상당한 피해가 발생하였거나 발생할 우려가 있는 경우	• 위반행위로 인하여 가맹희망자 또는 가맹점사업자에게 피해가 발생하였거나 발생할 우려가 있는 경우	• 위반행위로 인하여 가맹희망자 또는 가맹점사업자에게 피해가 발생할 우려가 미미한 경우
위반행위 정도	위반 건수	0.3	• 위반 건수가 30건 이상인 경우	• 위반 건수가 10건 이상 30건 미만인 경우	• 위반 건수가 10건 미만인 경우
	가맹본부 규모	0.1	• 위반 가맹본부의 위반행위 직전 사업연도 매출액이 500억원 이상인 경우	• 위반 가맹본부의 위반행위 직전 사업연도 매출액이 50억원 이상 500억원 미만인 경우	• 위반 가맹본부의 위반행위 직전 사업연도 매출액이 50억원 미만인 경우(매출액이 없는 경우를 포함한다)

바. 불공정거래행위(법 제12조제1항)

참작사항 (부과수준)		비중	상(3점)	중(2점)	하(1점)
위반행위 내용	위반행위의 중대성	0.2	• 행위의 의도 · 목적, 당해행위에 이른 경위, 관련업계의 거래관행 등을 고려할 때 부당성이 큰 경우	• 행위의 의도 · 목적, 당해행위에 이른 경위, 관련업계의 거래관행 등을 고려할 때 부당성이 있는 경우	• 행위의 의도 · 목적, 당해행위에 이른 경위, 관련업계의 거래관행 등을 고려할 때 부당성이 작은 경우
	피해 발생	0.2	• 위반행위로 인하여	• 위반행위로 인하여	• 위반행위로 인하여

	정도		가맹점사업자에게 상당한 피해가 발생하였거나 발생할 우려가 있는 경우	가맹점사업자에게 피해가 발생하였거나 발생할 우려가 있는 경우	가맹점사업자에게 피해가 발생할 우려가 미미한 경우
위반행위 정도	지역적 범위	0.1	• 위반행위 효과가 3개 이상의 특별시 · 광역시 · 도에 미치는 경우	• 위반행위 효과가 2개 이상의 광역시 · 도에 미치거나 서울특별시에 미치는 경우	• 위반행위의 효과가 1개 광역시 · 도에 미치는 경우
	위반행위와 관련된 상품등*의 규모	0.4	〈 위반행위가 특정 상품등과 관련된 경우 〉		
			• 위반행위와 관련된 상품등의 매출액이 거래 중인 전체 상품등의 매출액에서 차지하는 비중이 50% 이상인 경우	• 위반행위와 관련된 상품등의 매출액이 거래 중인 전체 상품등의 매출액에서 차지하는 비중이 20% 이상 50% 미만인 경우	• 위반행위와 관련된 상품등의 매출액이 거래 중인 전체 상품등의 매출액에서 차지하는 비중이 20% 미만인 경우
			〈 위반행위가 특정 상품등과 관련되지 않은 경우 〉		
			• 위반행위가 가맹계약의 유지 여부에 영향을 미치거나 가맹점사업자의 영업활동에 중대한 영향을 미치는 경우	• 위반행위가 가맹점사업자의 영업활동에 적지 않은 영향을 미치는 경우	• 상 · 중 이외 기타 사항인 경우
	가맹본부 규모	0.1	• 위반 가맹본부의 위반행위 직전 사업연도 매출액이 500억원 이상인 경우	• 위반 가맹본부의 위반행위 직전 사업연도 매출액이 50억원 이상 500억원 미만인 경우	• 위반 가맹본부의 위반행위 직전 사업연도 매출액이 50억원 미만인 경우 (매출액이 없는 경우를 포함한다)

* 상품 또는 용역을 의미

사. 부당한 점포환경개선 강요행위(법 제12조의2제1항 · 제2항)

참작사항		비중	상(3점)	중(2점)	하(1점)
위반행위내용	위반행위의 중대성	0.3	• 점포환경개선 강요행위관련 행위의 의도 · 목적, 당해행위에 이른 경위, 관련업계의 거래관행 등을 고려할 때 부당성이 큰 경우 • 법 제12조의2제2항에 따라 가맹본부가 부담해야 할 금액을 전혀 지급하지 아니하는 경우	• 점포환경개선 강요행위관련 행위의 의도 · 목적, 당해행위에 이른 경위, 관련업계의 거래관행 등을 고려할 때 부당성이 있는 경우 • 법 제12조의2제2항에 따라 가맹본부가 부담해야 할 금액 중 일부만을 지급하거나 6개월이상 지연 지급한 경우	• 점포환경개선 강요행위관련 행위의 의도 · 목적, 당해행위에 이른 경위, 관련업계의 거래관행 등을 고려할 때 부당성이 작은 경우 • 법 제12조의2제2항에 따라 가맹본부가 부담해야 할 금액을 6개월 미만 지연지급한 경우
	부당이득 발생정도	0.2	• 가맹본부가 상당한 수준의 경제적 이득을 취득하였거나 취득할 우려가 있는 경우	• 가맹본부가 경제적 이득을 취득하였거나 취득할 우려가 있는 경우	• 가맹본부가 경미한 수준의 경제적 이득을 취득하였거나 취득할 우려가 있는 경우
위반행위정도	위반건수	0.2	• 위반 건수가 10건 이상인 경우	• 위반 건수가 5건 이상 10건 미만인 경우	• 위반 건수가 5건 미만인 경우
	점포환경개선 소요비용 *	0.2	• 점포환경개선 소요비용이 1억원 이상인 경우	• 점포환경개선 소요비용이 2천만원 이상 1억원미만인 경우	• 점포환경개선 소요비용이 2천만원 미만인 경우
	가맹본부 규모	0.1	• 위반 가맹본부의 위반행위 직전 사업연도 매출액이 500억원 이상인 경우	• 위반 가맹본부의 위반행위 직전 사업연도 매출액이 50억원 이상 500억원 미만인 경우	• 위반 가맹본부의 위반행위 직전 사업연도 매출액이 50억원 미만인 경우(매출액이 없는 경우를 포함한다)

* 점포환경개선을 위해 소요되는 가맹점사업자의 전체 비용을 의미하며, 점포환경개선을 시행한 가맹점사업자가 다수인 경우에는 평균 소요비용을 의미

아. 부당한 영업시간 구속행위(법 제12조의3제1항 · 제2항)

참작사항 (부과수준)		비중	상(3점)	중(2점)	하(1점)
위반행위 내용	위반행위의 중대성	0.4	• 행위의 의도 · 목적, 당해행위에 이른 경위, 관련업계의 거래관행 등을 고려할 때 부당성이 큰 경우	• 행위의 의도 · 목적, 당해행위에 이른 경위, 관련업계의 거래관행 등을 고려할 때 부당성이 있는 경우	• 행위의 의도 · 목적, 당해행위에 이른 경위, 관련업계의 거래관행 등을 고려할 때 부당성이 작은 경우
	피해발생정도	0.2	• 위반행위로 인하여 가맹점사업자에게 상당한 피해가 발생하였거나 발생할 우려가 있는 경우	• 위반행위로 인하여 가맹점사업자에게 피해가 발생하였거나 발생할 우려가 있는 경우	• 위반행위로 인하여 가맹점사업자에게 피해가 발생할 우려가 미미한 경우
위반행위 정도	위반건수	0.3	• 위반 건수가 10건 이상인 경우	• 위반 건수가 5건 이상 10건 미만인 경우	• 위반 건수가 5건 미만인 경우
	가맹본부규모	0.1	• 위반 가맹본부의 위반행위 직전 사업연도 매출액이 500억원 이상인 경우	• 위반 가맹본부의 위반행위 직전 사업연도 매출액이 50억원 이상 500억원 미만인 경우	• 위반 가맹본부의 위반행위 직전 사업연도 매출액이 50억원 미만인 경우(매출액이 없는 경우를 포함한다)

자. 부당한 영업지역 침해행위(법 제12조의4제1항 · 제3항)

참작사항 (부과수준)		비중	상(3점)	중(2점)	하(1점)
위반행위 내용	위반행위의 중대성	0.4	• 행위의 의도 · 목적, 당해행위에 이른 경위, 관련업계의 거래관행 등을 고려할 때 부당성이 큰 경우	• 행위의 의도 · 목적, 당해행위에 이른 경위, 관련업계의 거래관행 등을 고려할 때 부당성이 있는 경우	• 행위의 의도 · 목적, 당해행위에 이른 경위, 관련업계의 거래관행 등을 고려할 때 부당성이 작은 경우
	피해발생정도	0.2	• 위반행위로 인하여 가맹점사업자에게 상당한 피해가 발생하였거나 발생할 우려가 있는 경우	• 위반행위로 인하여 가맹점사업자에게 피해가 발생하였거나 발생할 우려가 있는 경우	• 위반행위로 인하여 가맹점사업자에게 피해가 발생할 우려가 미미한 경우

위반행위정도	위반건수	0.3	• 위반 건수가 10건 이상인 경우	• 위반 건수가 5건 이상 10건 미만인 경우	• 위반 건수가 5건 미만인 경우
	가맹본부규모	0.1	• 위반 가맹본부의 위반행위 직전 사업연도 매출액이 500억원 이상인 경우	• 위반 가맹본부의 위반행위 직전 사업연도 매출액이 50억원 이상 500억원 미만인 경우	• 위반 가맹본부의 위반행위 직전 사업연도 매출액이 50억원 미만인 경우(매출액이 없는 경우를 포함한다)

차. 가맹점사업자단체 활동 방해행위(법 제14조의2제5항)

참작사항 \ 부과수준		비중	상(3점)	중(2점)	하(1점)
위반행위내용	위반행위의 중대성	0.4	• 행위의 의도·목적, 당해행위에 이른 경위, 관련업계의 거래관행 등을 고려할 때 부당성이 큰 경우	• 행위의 의도·목적, 당해행위에 이른 경위, 관련업계의 거래관행 등을 고려할 때 부당성이 있는 경우	• 행위의 의도·목적, 당해행위에 이른 경위, 관련업계의 거래관행 등을 고려할 때 부당성이 작은 경우
	피해발생정도	0.2	• 위반행위로 인하여 가맹점사업자단체의 구성·가입·활동에 상당한 지장을 주는 경우	• 위반행위로 인하여 가맹점사업자단체의 구성·가입·활동에 지장을 주는 경우	• 위반행위로 인하여 가맹점사업자단체의 구성·가입·활동에 지장을 주는 정도가 미미한 경우
위반행위정도	위반건수	0.3	• 불이익을 받은 가맹점사업자의 수가 10명 이상인 경우	• 불이익을 받은 가맹점사업자의 수가 5명 이상 10명 미만인 경우	• 불이익을 받은 가맹점사업자의 수가 5명 미만인 경우
	가맹본부규모	0.1	• 위반 가맹본부의 위반행위 직전 사업연도 매출액이 500억원 이상인 경우	• 위반 가맹본부의 위반행위 직전 사업연도 매출액이 50억원 이상 500억원 미만인 경우	• 위반 가맹본부의 위반행위 직전 사업연도 매출액이 50억원 미만인 경우(매출액이 없는 경우를 포함한다)

카. 피해보상보험계약 관련 위반행위(법 제15조의2제3항 · 제6항)

참작사항		비중 (부과수준)	상(3점)	중(2점)	하(1점)
위반행위 내용	위반행위의 중대성	0.4	• 매출액 등 보험요율 결정에 중대한 영향을 미치는 자료를 거짓으로 제출하거나, 가맹본부가 법 제15조의2 제6항을 위반한 경우	• 가맹사업 경력 등 보험요율 결정에 영향을 미치는 자료를 거짓으로 제출하는 경우	• 상 · 중 이외 기타 자료를 거짓으로 제출하는 경우
	피해 발생 정도	0.2	• 위반행위로 인하여 가맹희망자 또는 가맹점사업자에게 상당한 피해가 발생하였거나 발생할 우려가 있는 경우	• 위반행위로 인하여 가맹희망자 또는 가맹점사업자에게 피해가 발생하였거나 발생할 우려가 있는 경우	• 위반행위로 인하여 가맹희망자 또는 가맹점사업자에게 피해가 발생할 우려가 미미한 경우
위반행위 정도	위반 건수	0.3	• 위반상태에서 계약을 체결한 건 수가 30건 이상인 경우	• 위반상태에서 계약을 체결한 건 수가 10건 이상 30건 미만인 경우	• 위반상태에서 계약을 체결한 건 수가 10건 미만인 경우
	가맹본부 규모	0.1	• 위반 가맹본부의 위반행위 직전 사업연도 매출액이 500억원 이상인 경우	• 위반 가맹본부의 위반행위 직전 사업연도 매출액이 50억원 이상 500억원 미만인 경우	• 위반 가맹본부의 위반행위 직전 사업연도 매출액이 50억원 미만인 경우(매출액이 없는 경우를 포함한다)

제 7 절 관계행정기관의 장의 협조

공정거래위원회는 이 법의 시행을 위하여 필요하다고 인정하는 때에는 관계행정기관의 장의 의견을 듣거나 관계행정기관의 장에 대하여 조사를 위한 인원의 지원 그 밖의 필요한 협조를 요청할 수 있다(법 제36조).

제 8 절 독점규제 및 공정거래에 관한 법률의 준용

Ⅰ. 공정거래위원회의 조사 · 심의 · 의결 및 시정권고에 관한 준용

이 법에 의한 공정거래위원회의 조사 · 심의 · 의결 및 시정권고에 관하여는 「독점규제 및 공정거래에 관한 법률」 제42조, 제43조, 제43조의2, 제44조, 제45조, 제49조 제1항 내지 제3항, 제50조 제1항 내지 제4항, 제52조, 제52조의2, 제53조, 제53조의2 및 제55조의2의 규정을 준용한다(법 제37조 제1항).

Ⅱ. 과징금의 부과 · 징수에 관한 준용

이 법에 의한 과징금의 부과 · 징수에 관하여는 「독점규제 및 공정거래에 관한 법률」 제55조의4부터 제55조의8까지를 준용한다(법 제37조 제2항).

Ⅲ. 이의신청, 소의 제기 및 불복의 소의 전속관할, 손해배상에 관한 준용

이 법에 의한 이의신청, 소의 제기 및 불복의 소의 전속관할, 손해배상에 관하여는 「독점규제 및 공정거래에 관한 법률」 제53조, 제53조의2, 제54조, 제55조, 제56조, 제56조의2, 제57조의 규정을 준용한다. 다만, 「독점규제 및 공정거래에 관한 법률」 제56조, 제56조의2 및 제57조의 규정은 사업자가 행한 법률위반의 정도가 경미하거나 이미 스스로 위반행위를 시정한 결과 시정조치의 실익이 없는 경우 등 대통령령이 정하는 경우에는 준용하지 아니한다(법 제37조 제3항).

법 제37조 제3항 단서에서 "대통령령이 정하는 경우"란 다음 각 호의 어느 하나에 해당하는 경우를 말한다.

> 1. 법률을 위반한 사업자의 연간 매출액이 10억원 미만으로서 위반행위의 파급효과가 1개의 시 · 군 · 구 지역에 한정되는 경우
> 2. 법률을 위반한 사업자가 가맹금을 반환하는 등 스스로 위반행위를 시정한 결과 시정조치의 실익이 없는 경우

Ⅳ. 위원, 공무원 또는 협의회 담당자에 대한 준용

이 법에 의한 직무에 종사하거나 종사하였던 공정거래위원회의 위원, 공무원 또는 협의회에서 가맹사업거래에 관한 분쟁의 조정업무를 담당하거나 담당하였던 자에 대하여는 독점규제및공정거래에관한법률 제62조의 규정을 준용한다(법 제37조 제4항).

제 9 절 독점규제 및 공정거래에 관한 법률과의 관계

가맹사업거래에 관하여 이 법의 적용을 받는 사항에 대하여는 「독점규제 및 공정거래에 관한 법률」 제23조 제1항 제1호(부당하게 거래를 거절하는 행위에 한한다) · 제3호(부당하게 경쟁자의 고객을 자기와 거래하도록 유인하는 행위에 한한다) · 제4호 · 제5호(거래의 상대방의 사업활동을 부당하게 구속하는 조건으로 거래하는 행위에 한한다) 및 동법 제29조 제1항의 규정을 적용하지 아니한다(법 제38조).

제 10 절 권한의 위임과 위탁

Ⅰ. 소속기관의 장이나 특별시장 · 광역시장 · 도지사 위임 · 위탁

이 법에 의한 공정거래위원회의 권한은 그 일부를 대통령령이 정하는 바에 따라 소속기관의 장이나 특별시장 · 광역시장 · 도지사 또는 특별자치도지

사에게 위임하거나 다른 행정기관의 장에게 위탁할 수 있다(법 제39조 제1항).

Ⅱ. 한국공정거래조정원이나 관련 법인·단체에 위탁

공정거래위원회는 다음 각 호의 어느 하나에 해당하는 업무를 대통령령으로 정하는 바에 따라 「독점규제 및 공정거래에 관한 법률」 제48조의2에 따라 설립된 한국공정거래조정원이나 관련 법인·단체에 위탁할 수 있다. 이 경우 제1호의 위탁관리에 소요되는 경비의 전부 또는 일부를 지원할 수 있다(법 제39조 제2항).

1. 제6조의2 및 제6조의3에 따른 정보공개서의 등록, 등록 거부 및 공개 등에 관한 업무
2. 제27조제1항에 따른 가맹거래사 자격시험의 시행 및 관리 업무

Ⅲ. 정보공개서의 등록, 등록 거부 및 공개 등에 관한 업무 위탁

공정거래위원회는 법 제39조 제2항 제1호에 따라 정보공개서의 등록, 등록 거부 및 공개 등에 관한 업무를 「독점규제 및 공정거래에 관한 법률」 제48조의2에 따른 한국공정거래조정원이나 가맹사업 분야의 전문성을 갖춘 법인·단체 중 해당 업무를 수행할 수 있다고 공정거래위원회가 인정하여 고시하는 기관에 위탁할 수 있다(시행령 제36조 제1항).

Ⅳ. 가맹거래사 자격시험의 시행 및 관리 업무 위탁

공정거래위원회는 법 제39조 제2항 제2호에 따라 가맹거래사 자격시험의 시행 및 관리 업무를 「한국산업인력공단법」에 따른 한국산업인력공단에 위탁한다(시행령 제36조 제2항).

제 11 절 정보공개서 등록, 등록 거부 및 공개 등에 관한 업무의 위탁기관 지정[5)]

「가맹사업거래의 공정화에 관한 법률」(이하 "법"이라 한다) 제39조 제2항 제1호 및 같은 법 시행령 제36조 제1항의 규정에 의하여 정보공개서의 등록, 등록 거부 및 공개 등에 관한 업무 위탁기관을 다음과 같이 지정·고시한다.

2012년 9월 1일
공정거래위원회

Ⅰ. 위탁기관

법 제6조의2 및 제6조의3에 따른 정보공개서의 등록, 등록 거부 및 공개 등에 관한 업무를 「독점규제 및 공정거래에 관한 법률」 제48조의2에 따라 설립된 한국공정거래조정원에 위탁한다.

Ⅱ. 재검토기한

「훈령·예규 등의 발령 및 관리에 관한 규정」(대통령훈령 제248호)에 따라 이 고시 발령 후 법령이나 현실 여건의 변화 등과 위탁기관의 변경, 유지 또는 복수지정 여부를 검토하여 이 고시의 개정, 폐지 등의 조치를 하여야 하는 기한은 2015년 8월 31일까지로 한다.

부 칙

이 고시는 2013년 1월 1일부터 시행한다.

---

5) 제정 2012. 9. 1. 공정거래위원회 고시 제2012-51호

제 12 절 위임 또는 위탁받은 자에게 필요한 보고요청

공정거래위원회는 제39조의 규정에 의하여 위임 또는 위탁한 사무에 대하여 위임 또는 위탁받은 자에게 필요한 보고를 하게 할 수 있다(법 제40조).

제 13 절 공정거래위원회 회의운영 및 사건절차 등에 관한 규칙[6)]

독점규제 및 공정거래에 관한 법률 제48조(조직에 관한 규정) 제2항의 규정에 의하여 공정거래위원회의 운영에 관하여 필요한 사항을 정하고, 독점규제 및 공정거래에 관한 법률, 표시·광고의 공정화에 관한 법률, 하도급거래 공정화에 관한 법률, 약관의 규제에 관한 법률, 방문판매 등에 관한 법률, 전자상거래 등에서의 소비자보호에 관한 법률, 가맹사업거래의 공정화에 관한 법률, 할부거래에 관한 법률 및 대규모유통업에서의 거래 공정화에 관한 법률 등 위원회 소관 법률을 위반한 사건에 대한 처리절차 등을 정하기 위하여 공정거래위원회 회의운영 및 사건절차 등에 관한 규칙(공정거래위원회고시 제2015-13호)을 다음과 같이 개정하여 고시한다.

제1장 총 칙

제1조(목적) 이 규칙은 독점규제 및 공정거래에 관한 법률(이하 "공정거래법"이라 한다) 제48조(조직에 관한 규정) 제2항 및 제55조의2(사건처리절차 등)의 규정, 표시·광고의 공정화에 관한 법률(이하 "표시·광고법"이라 한다) 제16조(독점규제 및 공정거래에 관한 법률의 준용)의 규정, 하도급거래 공정화에 관한 법률(이하 "하도급법"이라 한다) 제27조(독점규제

6) 개정 2016. 2. 4. 공정거래위원회 고시 제2016-2호.

및 공정거래에 관한 법률의 준용)의 규정, 약관의 규제에 관한 법률(이하 “약관법”이라 한다) 제19조(약관의 심사청구 등) 내지 제22조(의견진술)·제30조의2(독점규제 및 공정거래에 관한 법률의 준용) 및 동법 시행령 제13조(공정거래위원회의 심의·의결절차 등)의 규정, 방문판매 등에 관한 법률(이하 “방문판매법”이라 한다) 제57조(독점규제 및 공정거래에 관한 법률의 준용)의 규정, 전자상거래 등에서의 소비자보호에 관한 법률(이하 “전자상거래소비자보호법”이라 한다) 제39조(독점규제 및 공정거래에 관한 법률의 준용)의 규정, 가맹사업거래의 공정화에 관한 법률(이하 “가맹사업법”이라 한다) 제37조(독점규제 및 공정거래에 관한 법률의 준용)의 규정, 할부거래에 관한 법률(이하 “할부거래법”이라 한다) 제47조(독점규제 및 공정거래에 관한 법률의 준용), 대규모유통업에서의 거래 공정화에 관한 법률(이하 “대규모유통업법”이라 한다) 제38조(독점규제 및 공정거래에 관한 법률의 준용), 기타 위원회 소관법령의 규정에 의하여 공정거래위원회(이하 “위원회”라 한다)의 회의 및 그 운영과 사건의 조사·심사, 심의·결정·의결 및 그 처리절차에 관한 세부사항 등을 정함을 목적으로 한다.

제2조(적용범위) ① 이 규칙은 공정거래법, 표시·광고법, 하도급법, 약관법, 방문판매법, 전자상거래 소비자보호법, 가맹사업법, 할부거래법, 대규모유통업법, 기타 위원회 소관 법 관련사항에 대하여 적용한다.

② 이 규칙에서 명시적으로 규정되지 아니한 표시·광고법, 하도급법, 약관법, 방문판매법, 전자상거래소비자보호법 및 가맹사업법, 할부거래법 및 대규모유통업법상의 근거규정은 특별한 사정이 없는 한 공정거래법상의 해당 법조만을 규정함으로써 이에 갈음한다.

제3조(기간의 계산) 기간의 계산은 민법 제156조(기간의 기산점) 내지 제161조(공휴일 등과 기간의 만료점)의 규정에 따른다.

제2장 전원회의 및 소회의 운영

이하 생략

제46조(심의절차종료) 각 회의는 다음 각 호의 어느 하나에 해당하는 경우에는 심의절차의 종료를 의결할 수 있다.

1. 제12조(심사절차를 개시하지 아니할 수 있는 경우) 제1항 각 호의 어느 하나(제28호는 제외)에 해당하는 경우
2. 약관법 위반행위를 한 피심인이 사건의 조사 또는 심의과정에서 당해 위반약관을 스스로 시정하여 시정조치의 실익이 없다고 인정하는 경우
3. 재신고 사건으로 원사건에 대한 조치와 같은 내용의 조치를 하는 경우
4. 사건의 사실관계에 대한 확인이 곤란하여 법위반 여부의 판단이 불가능한 경우, 새로운 시장에서 시장상황의 향방을 가늠하기가 매우 어렵거나 다른 정부기관에서 처리함이 바람직하여 위원회 판단을 유보할 필요가 있는 등 심의절차종료가 합리적이고 타당하다고 인정하는 경우

제47조(무혐의) ① 각 회의는 피심인의 행위가 공정거래법, 표시·광고법, 하도급법, 약관법, 방문판매법, 전자상거래소비자보호법, 가맹사업법, 할부거래법 또는 대규모유통업법 위반행위로 인정되지 아니하거나 위반행위에 대한 증거가 없는 경우에는 무혐의를 의결할 수 있다.

② 각 회의는 피심인의 행위가 공정거래법, 표시·광고법, 하도급법, 약관법, 방문판매법, 전자상거래소비자보호법, 가맹사업법, 할부거래법 또는 대규모유통업법에 위반되지 아니하더라도 장래의 법위반 예방 등 필요한 경우에는 주의촉구를 할 수 있다. 이 경우 당해 행위는 공정거래법, 표시·광고법, 하도급법, 약관법, 방문판매법, 전자상거래소비자보호법, 가맹사업법, 할부거래법 또는 대규모유통업법에 위반되지는 아니함을 명백히 하는 문언을 함께 기재하여야 한다.

제48조(종결처리) ① 각 회의는 다음 각 호의 어느 하나에 해당하는 경우에는 종결처리를 의결할 수 있다.

1. 피심인에게 사망·해산·파산·폐업 또는 이에 준하는 사유가 발생함으로써 시정조치 등의 이행을 확보하기가 사실상 불가능하다고 인정될 경우
2. 피심인이 채무자 회생 및 파산에 관한 법률에 의하여 보전처분 또는 회생절차개시결정을 받았고, 법 위반 혐의가 재산상의 청구권과 관련된 경우

② 각 회의는 제1항 제2호에 의하여 종결처리된 사건에 있어서 피심인이

채무자 회생 및 파산에 관한 법률에 의하지 아니한 방법으로 정상적인 사업활동을 영위하는 경우에는 사건절차를 재개할 수 있다.

제49조(심의중지) ① 각 회의는 피심인, 신고인 또는 이해관계인 등에게 다음 각 호의 어느 하나에 해당하는 사유가 발생하여 심의를 계속하기가 곤란한 경우에는 그 사유가 해소될 때까지 심의중지를 의결할 수 있다.

1. 부도 등으로 인한 영업중단
2. 일시적 폐업이라고 인정되는 경우
3. 법인의 실체가 없는 경우
4. 도피 등에 의한 소재불명
5. 국외에 소재하는 외국인 사업자를 신고한 경우로서 조사 등이 현저히 곤란한 경우
6. 기타 제1호 내지 제5호에 준하는 경우

② 당해 사건 심사관은 제1항의 규정에 의하여 심의중지가 의결된 때에는 심의중지자 명부에 해당 사항을 기재하고 점검·관리하여야 한다. 이 경우 의결된 날부터 6개월 경과 후 종결처리할 수 있다.

③ 당해 사건 심사관이 제2항 후문의 규정에 의하여 종결처리 한 때에는 다음 각 호의 사항을 신고인 등에게 통지하여야 한다.

1. 종결처리된 사실
2. 피심인의 영업재개 등 심사개시사유가 발생한 때에는 재신고할 수 있다는 사실

제50조(경고) ① 각 회의는 다음 각 호의 어느 하나에 해당하는 경우에는 경고를 의결할 수 있다.

1. 공정거래법, 표시·광고법, 하도급법, 약관법, 방문판매법, 전자상거래소비자보호법, 가맹사업법, 할부거래법 또는 대규모유통업법 위반의 정도가 경미한 경우
2. 공정거래법, 표시·광고법, 하도급법, 방문판매법, 전자상거래소비자보호법, 가맹사업법, 할부거래법 또는 대규모유통업법 위반행위를 한 피심인이 사건의 심사 또는 심의과정에서 당해 위반행위를 스스로 시정하여 시정조치의 실익이 없다고 인정하는 경우

3. 공정거래법, 표시·광고법, 하도급법, 방문판매법, 전자상거래소비자보호법, 가맹사업법, 할부거래법 또는 대규모유통업법 위반행위를 한 피심인이 공정거래위원회의 시정조치 또는 금지명령에 응하지 않아 심사관이 심사절차를 개시하였으나 사건의 심사 또는 심의과정에서 시정조치 또는 금지명령을 이행한 경우

② 제1항의 규정을 적용함에 있어 부당한 공동행위, 사업자단체 금지행위, 불공정거래행위 및 재판매가격유지행위, 부당한 표시·광고행위, 하도급법 위반행위, 방문판매법 및 할부거래법 위반행위, 전자상거래소비자보호법 위반행위, 가맹사업법 위반행위, 대규모유통업법 위반행위가 별표의 기준 각 목의 어느 하나에 해당하는 경우에는 경고로 의결할 수 있다.

제51조(시정권고) ① 각 회의는 다음 각 호의 어느 하나에 해당하는 경우에 공정거래법, 표시광고법, 하도급법, 방문판매법, 전자상거래소비자보호법, 가맹사업법, 할부거래법 또는 대규모유통업법 위반행위를 한 사업자에게 시정방안을 정하여 이에 따를 것을 권고할 수 있다.

1. 위원회의 심결을 거쳐 위반행위를 시정하기에는 시간적 여유가 없거나 시간이 경과되어 위반행위로 인한 피해가 크게 될 우려가 있는 경우
2. 위반행위자가 위반사실을 인정하고 당해 위반행위를 즉시 시정할 의사를 명백히 밝힌 경우
3. 위반행위의 내용이 경미하거나 일정한 거래분야에서 경쟁을 제한하는 효과가 크지 않은 경우
4. 공정거래 자율준수 프로그램(CP)을 실질적으로 도입·운용하고 있는 사업자가 동 제도 도입이후 최초 법위반행위를 한 경우

② 각 회의는 약관법 위반사건이 약관법 제17조의2(시정조치) 제1항 및 제3항(시정권고에 한한다)에 해당하는 경우에는 피심인 또는 피심인과 동종의 사업을 영위하는 다른 사업자에게 시정방안을 정하여 이에 따를 것을 권고할 수 있다.

③ 제1항 또는 제2항의 규정에 의한 권고는 다음 각 호의 어느 하나에 해당하는 경우 당해 각목의 사항을 기재한 서면으로 하여야 한다.

1. 공정거래법, 표시·광고법, 하도급법, 방문판매법, 전자상거래소비자보호

법, 가맹사업법, 할부거래법 또는 대규모유통업법 위반사건의 경우
가. 사건번호, 사건명, 피심인명
나. 시정권고 사항
다. 법위반 내용
라. 적용법조
마. 시정기한
바. 수락 여부 통지기한
사. 수락거부 시 조치방침
2. 약관법 위반사건의 경우
가. 사건번호, 사건명, 피심인명
나. 시정권고 사항(시정기한 포함)
다. 시정권고 이유
라. 적용법조

④ 심사관은 권고를 받은 자가 수락하지 아니하기로 통지하거나, 시정권고를 통지받은 날부터 10일 이내에 그 수락 여부를 서면으로 통지하지 아니한 경우에는 당해 사건에 대한 심사보고서를 작성하여 각 회의에 제출하여야 한다. 다만, 약관법 위반사건의 경우에는 그러하지 아니하다.

제51조의2(심사관의 전결등) 〈삭 제〉

제52조(시정명령등 의결) ① 각 회의는 심의절차를 거쳐 시정명령, 시정요청(약관법 위반의 경우에 한한다), 과징금납부명령 또는 과태료납부명령의 의결을 할 수 있다.
② 각 회의는 법위반 상태가 이미 소멸된 경우에도 법위반행위의 재발방지에 필요하다고 인정하는 경우에는 시정에 필요한 조치 등을 의결할 수 있다.

제53조(고발 등 결정) ① 각 회의는 심의절차를 거쳐 고발, 입찰참가자격제한요청 또는 영업정지요청의 결정을 할 수 있다. 다만, 필요하다고 인정할 때에는 서면으로 심의·결정할 수 있다.
② 제12조(심사절차를 개시하지 아니할 수 있는 경우), 제46조(심의절차종료), 제48조(종결처리) 및 제49조(조사등 중지)의 규정은 시정조치불이행

사건에 대하여 이를 준용한다.

제53조의2(심사관의 전결 등) ① 심사관은 전결로 제46조(심의절차종료)에 해당한다고 인정되는 사건에 대하여 심사절차종료를, 제47조(무혐의)에 해당한다고 인정되는 사건에 대하여 무혐의를, 제48조(종결처리)에 해당한다고 인정되는 사건에 대하여 종결처리를, 제49조(심의중지)에 해당한다고 인정되는 사건에 대하여 조사 등 중지를, 제50조(경고)제1항 제2호 및 제3호, 제2항에 해당한다고 인정되는 사건에 대하여 경고를, 제51조(시정권고) 제2항에 해당한다고 인정되는 사건에 대하여 시정권고를 할 수 있다. 다만, 공정거래법 제3조의2(시장지배적지위의 남용금지) 제1항에 해당하고 당해 시장의 연간 매출액 규모가 1,000억원 이상인 경우 또는 기존 선례가 없는 새로운 유형의 경우로서 제46조 제4호(심의절차종료)에 해당한다고 인정되는 사건과 제47조(무혐의)에 해당한다고 인정되는 사건에 대하여는 심사관 대신 사무처장이 각각 심사절차종료와 무혐의로 전결할 수 있다.

② 심사관은 제52조(시정명령 등 의결) 제1항에 의하여 과태료를 부과하는 사건에 대하여는 전결할 수 있다. 다만, 다음 각 호의 어느 하나에 해당하여 과태료를 부과하는 경우에는 그러하지 아니하다.

1. 공정거래법 제69조의2(과태료) 제1항 제5호 내지 제8호
2. 표시·광고법 제20조(과태료) 제1항 제6호 내지 제8호
3. 하도급법 제30조의2(과태료) 제1항, 제2항
4. 약관법 제34조(과태료) 제1항 제2호
5. 방문판매법 제66조(과태료) 제1항 제10호 내지 제12호
6. 전자상거래보호법 제45조(과태료) 제1항 제6호 내지 제8호
7. 가맹사업법 제43조(과태료) 제1항 내지 제4항
8. 할부거래법 제53조(과태료) 제3항 제6호 내지 제8호
9. 대규모유통업법 제41조(과태료) 제1항 내지 제2항

③ 심사관은 제53조(고발등 결정) 제1항의 규정에 의하여 고발하는 사건이 다음 각 호의 어느 하나에 해당하는 경우에는 전결할 수 있다.

1. 약관법 제32조(벌칙)의 규정을 위반한 자에 대한 고발

2. 방문판매법 제51조(벌칙) 내지 제56조(벌칙)의 규정을 위반한 자에 대한 고발
3. 전자상거래소비자보호법 제40조(벌칙) 내지 제43조(벌칙)의 규정을 위반한 자에 대한 고발
4. 할부거래법 제48조(벌칙) 내지 제51조(벌칙)의 규정을 위반한 자에 대한 고발

④ 사무처장은 제51조(시정권고) 제1항의 규정에 해당한다고 인정되는 사건에 대하여는 전결할 수 있다.

⑤ 심사관 또는 사무처장이 제1항 내지 제4항의 규정에 의한 전결을 한 경우 심사관은 15일 이내에 피조사인 및 신고인 등에게 처리결과와 그 이유가 구체적으로 기재된 문서로 통지하여야 하며, 필요하다고 인정되는 경우에는 이해관계인 등에게도 통지할 수 있다. 다만, 제12조(심사절차를 개시하지 아니할 수 있는 경우)제1항제25호에 의하여 심사불개시 처리한 경우에는 그러하지 아니하다.

⑥ 제5항에도 불구하고 심사관 또는 사무처장은 종결처리 또는 조사중지의 경우에는 피조사인에게 통지하지 아니할 수 있고, 신고인이 신고를 취하한 경우 신고인에게 통지하지 아니할 수 있다.

⑦ 제1항에 따라 제50조(경고)의 규정에 의한 경고를 받은 자가 법위반의 여부 등에 관하여 심의를 요청하는 경우에 심사관은 심사보고서를 작성하여 소회의에 상정하여야 한다. 이 경우 사건처리절차는 제44조(심의의 분리·병합 및 재개)의 규정에 의한 심의절차 재개를 명한 사건의 처리절차에 따른다.

제54조(의결서 및 결정서의 작성 등) ① 각 회의는 제50조(경고), 제52조(시정명령 등 의결) 및 제53조(고발 등 결정)의 규정에 의한 의결 또는 결정(이하 "의결 등"이라 한다)을 하는 경우에는 그 의결 등의 합의가 있은 날부터 35일(과징금 부과금액의 확정을 위해 필요한 자료의 제출을 명하는 경우 70일) 이내에 그 의결서 또는 결정서(이하 "의결서 등"이라 한다)를 작성하여야 한다. 다만, 부득이한 사유로 인하여 작성기간의 연장이 필요한 경우에는 연장되는 기간을 정하여 주심위원 또는 소회의 의장의 허가를

득하여야 한다.

② 제1항의 의결서 등에는 다음 사항을 기재하여야 한다. 다만, 경고의결서의 경우는 다음 제6호 사항에 대하여 간이하게 기재할 수 있다.

1. 의결등 일자 및 의결등 번호
2. 사건번호 및 사건명
3. 피심인
4. 심의종결일
5. 주문(공표명령이 있는 경우에는 별지에 공표문안을 기재)
6. 이유

③ 제1항의 의결서 등에는 소수의견을 부기할 수 있다.

④ 제1항 및 제2항에 의하여 작성한 의결서 등에는 참여한 위원이 서명·날인하여야 한다. 이 경우 전원회의의 주심위원에 대하여는 당해 사건의 주심위원임을 표시하여야 한다.

第55조(의결서 등의 경정) ① 각 회의는 의결서 등에 오기, 계산착오, 그 밖에 이와 유사한 오류가 있는 것이 명백한 때에는 신청 또는 직권으로 경정결정을 할 수 있다.

② 경정결정은 의결서 등의 원본과 정본에 부기하여야 한다. 다만, 정본에 부기할 수 없는 때에는 결정의 정본을 작성하여 피심인 또는 의결서 등의 내용에 관하여 권한있는 기관의 장(이하 "권한있는 기관의 장"이라 한다)에게 송부하여야 한다.

③ 각 회의의 의장이 필요하다고 인정하는 경우 제31조(심의부의) 제2항의 규정에도 불구하고 제1항의 규정에 의한 의결서 등의 경정결정을 서면으로 심의할 수 있다.

第56조(의결 등의 조치 및 통지) ① 심판관리관은 제46조(심의절차 종료) 내지 제53조(고발 등 결정)의 규정에 의한 의결 등이 있는 경우 제54조(의결서 및 결정서의 작성 등) 제1항 단서의 부득이한 경우를 제외하고는 그 의결 등의 합의가 있는 날로부터 40일(과징금 부과금액의 확정을 위해 필요한 자료의 제출을 명하는 경우 75일) 이내에 피심인 또는 권한 있는 기관의 장에게 의결서 등의 정본(과징금 또는 과태료가 부과되는 경우 그 고지서를 포함하며 의결서가 생산되지 아니한 경우에는 그 의결취지, 내용을 의미한다.)을 송부하여야 하고 해당 심사관에게 그 사본을 송부하여야 한다. 다만, 제61조(의결서 등 갈음)에 의한 약식의결서의 경우는 심사관이 피심인 등에게 송부하여야 한다.

② 해당 심사관은 신고인 등에게 의결 등의 요지를 통지하는 등 기타 각 회의 의결 등에 따른 조치를 하여야 하고, 필요하다고 인정하는 경우에는 이해관계인 등에게도 의결서 등의 요지를 통지할 수 있다. 다만, 다른 규정이 있는 경우에는 그러하지 아니하다.

제57조(과징금 납부기한의 연장 및 분할납부 등에 관한 특칙) ① 과징금 납부명령을 받은 자가 공정거래법 제55조의4(과징금 납부기한의 연장 및 분할납부), 동법 시행령 제62조(납부기한의 연장 및 분할납부의 허용기준과 그 한계) 및 제63조(납부기한의 연장 및 분할납부의 신청)의 규정에 의거하여 과징금 납부기한의 연장 및 분할납부 신청을 하고자 할 때에는 다음 각 호의 사항이 기재된 신청서를 제출하여야 한다.

1. 당초 과징금 납부명령의 내용
2. 납부기한 연장신청의 경우에는 연장받고자 하는 기간 또는 분할납부신청의 경우에는 분할횟수 · 분할납부시기 · 분할납부방법
3. 신청이유
4. 제공가능한 담보에 관한 사항

② 심사관은 과징금 납부기한의 연장 및 분할납부 신청을 받은 때에는 제29조(심사보고서의 작성 · 제출 및 송부)의 규정에 불구하고 신청취지, 신청이유 및 검토, 신청에 대한 심사관의 의견을 기재한 심사보고서를 각 회의에 제출하여야 한다.

③ 각 회의는 필요하다고 인정하는 경우 제31조(심의부의) 제2항의 규정에도 불구하고 제2항의 신청에 대하여 서면으로 심의 · 의결을 할 수 있다.

④ 각 회의는 제2항의 신청으로 과징금의 납부기한연장 및 분할납부를 의결한 사건이 이의신청으로 인하여 과징금이 조정되는 경우에는 그 조정내용에 따라 과징금의 납부기한 및 분할납부를 재심의 · 의결할 수 있다.

제58조(임시중지명령에 관한 특칙) ① 심사관은 표시 · 광고법 제8조(임시중

지명령)의 규정에 의한 임시중지명령사건에 대한 심사보고서는 제29조(심사보고서의 작성·제출 및 송부)의 규정에 불구하고 다음 각 호의 사항에 대하여 간이하게 기재할 수 있다.

1. 사건의 개요
2. 사실의 인정
3. 임시중지명령 사유
4. 심사관의 의견

② 이 조에서 제28조(소회의 사건의 수락여부 조회) 및 제29조(심사보고서의 작성·제출 및 송부) 제10항의 규정은 적용하지 아니한다.

③ 각 회의 의장은 임시중지명령사건에 대한 심사보고서가 제출된 경우에는 제33조(심의기일지정 및 통지) 제1항 전단 및 제3항, 제34조(심사관 및 피심인의 회의출석) 제2항의 규정에 불구하고 제33조(심의기일지정 및 통지) 제1항 단서의 규정에 의해 지체없이 회의에 부의하여야 하며, 피심인이 출석하지 아니한 경우에는 피심인의 출석 없이 심의·의결할 수 있다. 다만, 각 회의 의장이 필요하다고 인정하는 경우에는 서면으로 심의·의결할 수 있다.

④ 제61조(의결서 등 갈음)의 규정은 임시중지명령사건에 대한 의결서의 작성 등에 관하여 이를 준용한다.

제3장 약식절차

제59조(적용대상) 제28조(소회의 사건의 수락여부 조회) 제1항에 따라 피심인이 심사보고서상의 행위사실을 인정하고 심사관의 조치의견을 수락한 의안(이하 "수락의안"이라 한다)에 대하여는 이 절의 절차에 따른다.

제60조(심의부의 및 심의방식) 각 회의의 의장은 심사관의 심사보고서가 제출된 날부터 30일 이내에 당해 사건을 심의에 부의하여야 하고, 각 회의는 서면으로 심의한다.

제61조(의결서등 갈음) ① 심사관은 수락의안에 대해서는 각 회의에 심사보고서를 제출할 때에 제54조(의결서 및 결정서의 작성등) 제2항 각호의 내

용을 약식으로 기재한 의결서(이하 “약식의결서”라 한다)를 함께 제출하여야 한다.

② 제1항의 규정에 의한 약식의결서는 제54조(의결서 및 결정서의 작성 등)의 규정에 의한 의결서 등에 갈음한다.

제62조(준용규정) 제32조(심의부의의 연기 · 철회), 제33조(심의기일지정 및 통지) 제1항 중 위원에 대한 부분 및 제2항, 제34조(심사관 및 피심인의 회의출석) 제1항 중 심사관에 대한 부분, 제38조(모두절차) 제1항, 제39조(석명권, 질문권) 제1항 · 제40조(진술의 제한) 중 심사관에 대한 부분, 제43조(심사관등의 의견진술) 제1항, 제44조(심의의 분리 · 병합 및 재개)의 규정은 이 절에 준용한다.

제63조(약식절차의 배제) 소회의가 심사관의 조치의견과 다른 내용의 의결을 할 필요가 있는 등 약식절차에 따르는 것이 부적당하다고 인정하는 경우에는 제3절의 절차에 따른다.

제4장 불복절차 등

제64조(이행결과의 확인) ① 위원회는 시정권고, 시정요청, 시정명령(이하 ‘이행명령’이라 한다) 또는 과징금 납부명령을 한 경우 그 이행결과를 확인하여야 한다. 이 경우 위원회는 피심인의 협조를 받을 수 있다

② 이행완료 기간이 정하여진 이행명령의 경우 심사관은 이행완료 기간(이의신청을 제기한 경우 재결서 정본 송달일 익일로부터 기산한다)이 경과한 날로부터 10일 이내에 이행결과를 확인하여야 한다.

③ 이행완료 기간이 정하여지지 아니한 이행명령의 경우 심사관은 이의신청 기간이 경과한 날(이의신청을 제기한 경우 재결서 정본의 송달일 익일로부터 기산한다)로부터 10일 이내에 피심인에게 이행계획서를 제출하도록 하고 이행계획서상 이행완료일 이 경과한 날로부터 10일 이내에 이행결과의 확인을 하여야 한다.

④ 조사공무원은 제2항 또는 제3항에 의한 이행결과의 확인을 한 경우 그 결과를 소속 과장 또는 팀장에게 서면으로 보고하여야 한다.

⑤ 위원회는 이행명령을 받은 피심인이 이행명령을 이행하지 아니할 경우 30일 이내의 기간을 정하여 1차 독촉하고 1차 독촉 기간이 경과한 후에도 이행하지 아니할 경우 30일 이내의 기간을 정하여 2차 독촉하고 불이행시 고발조치할 수 있다

제65조(준용규정) 각 회의의 의결 등에 대하여 이의신청이 제기된 이후의 절차에 대하여는 제66조(이의신청의 처리) 내지 제72조(소송수행)의 규정에 의하는 외에는 제3장 제1절 및 제3절의 관련규정을 준용하고 이 경우에 "피심인"은 "이의신청인"으로 본다. 다만, 제28조(심사보고서의 사전송부), 제29조(심사보고서의 작성·제출 및 송부), 제31조(심의부의), 제43조(심사관 등의 의견진술), 제45조(재심사명령) 내지 제53조(고발등 결정), 제57조(과징금 납부기한의 연장 및 분할납부 등에 관한 특칙)의 규정은 준용하지 아니한다.

제66조(이의신청의 처리) ① 이의신청사건의 처리에 있어서 심사관은 심판관리관이 된다.

② 심판관리관은 이의신청이 공정거래법 제53조(이의신청) 제1항, 표시·광고법 제16조(독점규제 및 공정거래에 관한 법률의 준용) 제1항, 하도급법 제27조(독점규제 및 공정거래에 관한 법률의 준용) 제1항, 약관법 제30조의2(독점규제 및 공정거래에 관한 법률의 준용), 방문판매법 제50조(독점규제 및 공정거래에 관한 법률의 준용) 제3항, 전자상거래소비자보호법 제39조(독점규제 및 공정거래에 관한 법률의 준용) 제3항, 가맹사업법 제37조(독점규제 및 공정거래에 관한 법률의 준용) 제3항, 할부거래법 제47조(독점규제 및 공정거래에 관한 법률의 준용) 제3항, 대규모유통업법 제38조(독점규제 및 공정거래에 관한 법률의 준용) 제2항의 규정에 의한 기간을 경과하여 제기된 경우에는 그 이의신청을 각하할 수 있다.

③ 위원장은 필요하다고 인정할 경우 제1항의 규정에 불구하고 이의신청의 심사관을 다르게 지정할 수 있고, 지정받은 심사관에 대하여는 제2항의 규정을 준용한다.

제67조(이의신청 심사보고서) ① 이의신청 또는 집행정지신청에 대한 심사보

고서에는 신청경위, 신청취지 및 이유를 기재하고 필요한 경우 신청에 대한 심사관의 의견을 기재할 수 있다.

② 심사관은 제1항에 의하여 작성한 심사보고서를 전원회의에 제출하고, 이의신청인에게 심의기일의 통지를 할 경우에는 이를 함께 송부한다.

제68조(이의신청의 취하) 이의신청인 또는 집행정지신청인은 이의신청에 대한 재결이, 집행정지에 대한 결정이 있을 때까지 각각 서면으로 신청을 취하할 수 있다.

제69조(심의방식) ① 이의신청에 대한 재결(각하재결 제외)은 구술심의로 한다. 다만, 이의신청인이 원처분시와는 다른 새로운 주장이나 자료를 제출하지 아니한 경우 등 전원회의 의장이 필요하다고 인정하는 사유가 있을 때에는 서면심의로 할 수 있다.

② 재결기간연장결정, 집행정지결정, 각하재결은 서면심의로 한다. 다만, 당사자가 구술심의를 신청한 때에는 서면심의만으로 결정할 수 있다고 인정되는 경우 외에는 구술심의를 하여야 한다.

제70조(재결의 구분) ① 전원회의는 이의신청이 공정거래법 제53조(이의신청) 제1항의 규정에 위반하여 제기된 경우에는 그 이의신청을 각하한다.

② 전원회의는 이의신청이 이유 없다고 인정하는 경우에는 그 이의신청을 기각한다.

③ 전원회의는 이의신청이 이유 있다고 인정하는 경우에는 처분 등을 취소 또는 변경한다.

제71조(이의신청 이후의 조치) ① 이의신청에 대한 재결 이후 당해 사건에 대한 이행점검 등 시정조치의 이행 또는 불이행과 관련된 절차의 수행은 당초 당해 사건을 심사한 심사관이 행한다.

② 이의신청에 대한 재결이 있는 경우 심판관리관은 원처분 담당심사관에게 재결결과를 지체없이 통지하고, 이의신청인에게는 재결서 정본을 지체없이 송부하여야 한다.

제72조(소송수행) ① 위원회의 처분에 대하여 불복의 소가 제기된 경우 송무

관련 보고서 작성, 증거자료수집, 소송자료의 작성, 증언 등 모든 송무관련 업무는 처분 등과 관련된 부서의 협조를 받아 송무담당관이 수행한다.

② 위원회는 필요하다고 인정하는 경우에는 제1항의 소송수행자를 위원회 소속의 다른 공무원으로 변경하거나 변호사를 당해 소송의 대리인으로 선임할 수 있다.

第73조(세부사항 시행) 위원장은 이 규칙의 세부사항을 시행하기 위하여 필요한 경우 각종 지침이나 서식 등을 정할 수 있다.

제9장 벌　　칙

Ⅰ. 5년 이하의 징역 또는 3억원 이하의 벌금

제9조 제1항의 규정에 위반하여 허위·과장의 정보제공행위나 기만적인 정보제공행위를 한 자는 5년 이하의 징역 또는 3억원 이하의 벌금에 처한다(법 제41조 제1항).

Ⅱ. 3년 이하의 징역 또는 1억원 이하의 벌금

다음 각 호의 어느 하나에 해당하는 자는 3년 이하의 징역 또는 1억원 이하의 벌금에 처한다(법 제41조 제2항).

1. 제33조 제1항에 따른 시정조치의 명령에 따르지 아니한 자
2. 제37조 제4항의 규정에 의하여 준용되는 「독점규제 및 공정거래에 관한 법률」 제62조의 규정에 위반한 자

Ⅲ. 2년 이하의 징역 또는 5천만원 이하의 벌금

다음 각 호의 어느 하나에 해당하는 자는 2년 이하의 징역 또는 5천만원 이하의 벌금에 처한다(법 제41조 제3항).

1. 제6조의5 제1항을 위반하여 가맹점사업자로부터 예치가맹금을 직접 수령한 자
2. 제7조 제3항을 위반하여 가맹금을 수령하거나 가맹계약을 체결한 자
3. 제15조의2 제6항을 위반하여 가맹점사업자피해보상보험계약 등을 체결하였다는 사실을 나타내는 표지 또는 이와 유사한 표지를 제작하거나 사용한 자

Ⅳ. 예치가맹금의 2배에 상당하는 금액 이하의 벌금

제6조의5 제4항을 위반하여 거짓이나 그 밖의 부정한 방법으로 예치가맹금의 지급을 요청한 자는 예치가맹금의 2배에 상당하는 금액 이하의 벌금에 처한다(법 제41조 제4항).

Ⅴ. 양벌규정

법인의 대표자나 법인 또는 개인의 대리인, 사용인, 그 밖의 종업원이 그 법인 또는 개인의 업무에 관하여 제41조의 위반행위를 하면 그 행위자를 벌하는 외에 그 법인 또는 개인에게도 해당 조문의 벌금형을 과(科)한다. 다만, 법인 또는 개인이 그 위반행위를 방지하기 위하여 해당 업무에 관하여 상당한 주의와 감독을 게을리하지 아니한 경우에는 그러하지 아니하다(법 제42조).

제 10 장 과 태 료

Ⅰ. 1억원 이하 또는 5천만원 이하의 과태료

가맹본부가 제3호 또는 제4호의 규정에 해당하는 경우에는 1억원 이하, 제1호 또는 제2호의 규정에 해당하는 경우에는 5천만원 이하의 과태료에 처한다(법 제43조 제1항).

1. 제32조의2제2항에 따른 자료를 제출하지 아니하거나 거짓의 자료를 제출한 자
2. 제37조제1항의 규정에 의하여 준용되는 「독점규제 및 공정거래에 관한 법률」 제50조제1항제1호의 규정에 위반하여 정당한 사유 없이 2회이상 출석하지 아니한 자
3. 제37조제1항의 규정에 의하여 준용되는 「독점규제 및 공정거래에 관한 법률」 제50조제1항제3호 또는 동조제3항의 규정에 의한 보고 또는 필요한 자료나 물건의 제출을 정당한 사유없이 하지 아니하거나, 허위의 보고 또는 자료나 물건을 제출한 자
4. 제37조제1항의 규정에 의하여 준용되는 「독점규제 및 공정거래에 관한 법률」 제50조제2항의 규정에 의한 조사를 정당한 사유없이 거부 · 방해 또는 기피한 자

Ⅱ. 1억원 이하 또는 1천만원 이하의 과태료

가맹점사업자가 제1항 제2호 또는 제3호의 규정에 해당하는 경우에는 1억원 이하, 동항 제1호의 규정에 해당하는 경우에는 1천만원 이하의 과태료에 처한다(법 제43조 제2항).

Ⅲ. 5천만원 이하 또는 1천만원 이하의 과태료

가맹본부 또는 가맹점사업자의 임원이 각각 제1항 제3호의 규정에 해당하는 경우에는 5천만원 이하, 동항 제1호 또는 제2호의 규정에 해당하는 경우에는 1천만원 이하의 과태료에 처한다(법 제43조 제3항).

Ⅳ. 5천만원 이하 또는 1천만원 이하 또는 5백만원 이하의 과태료

가맹본부 또는 가맹점사업자의 종업원 또는 이에 준하는 법률상 이해관계에 있는 자가 각각 제1항 제3호의 규정에 해당하는 경우에는 5천만원 이하, 동항 제2호의 규정에 해당하는 경우에는 1천만원 이하, 동항 제1호의 규정에 해당하는 경우에는 5백만원 이하의 과태료에 처한다(법 제43조 제4항).

Ⅴ. 100만원 이하의 과태료

제37조 제1항의 규정에 의하여 준용되는「독점규제 및 공정거래에 관한 법률」제43조의2의 규정에 의한 질서유지명령에 응하지 아니한 자는 100만원 이하의 과태료에 처한다(법 제43조 제5항).

Ⅵ. 1천만원 이하의 과태료

다음 각 호의 어느 하나에 해당하는 자에게는 1천만원 이하의 과태료를 부과한다(법 제43조 제6항).

1. 제6조의2 제2항 본문을 위반하여 기한 내에 변경등록을 하지 아니하거나 거짓으로 변경등록을 한 자
2. 제9조 제3항을 위반하여 같은 항 각 호의 어느 하나에 해당하는 정보를 서면으로 제공하지 아니한 자
3. 제9조 제4항을 위반하여 근거자료를 비치하지 아니하거나 자료요구에 응

> 하지 아니한 자
> 4. 제9조 제5항을 위반하여 예상매출액 산정서를 제공하지 아니한 자
> 5. 제9조 제6항을 위반하여 예상매출액 산정서를 보관하지 아니한 자
> 6. 제11조 제3항을 위반하여 가맹계약서를 보관하지 아니한 자

Ⅶ. 300만원 이하의 과태료

다음 각 호의 어느 하나에 해당하는 자에게는 300만원 이하의 과태료를 부과한다(법 제43조 제7항).

> 1. 제6조의2제2항 단서를 위반하여 신고를 하지 아니하거나 거짓으로 신고한 자
> 2. 제29조제3항을 위반하여 가맹거래사임을 표시하거나 유사한 용어를 사용한 자

Ⅷ. 공정거래위원회가 부과 · 징수

제1항부터 제7항까지의 규정에 따른 과태료는 대통령령으로 정하는 바에 따라 공정거래위원회가 부과 · 징수한다(법 제43조 제8항).

Ⅸ. 과태료의 부과기준

법 제43조 제6항 및 제7항에 따른 과태료의 부과기준은 별표 5와 같다(시행령 제37조).

[별표 5] 〈개정 2014.2.11〉

과태료의 부과기준(제37조 관련)

1. 일반기준

가. 위반행위의 횟수에 따른 과태료의 부과기준은 최근 1년 간 같은 위반행위를 한 경우에 적용한다. 이 경우 위반행위에 대하여 과태료 부과처분을 한 날과 다시 같은 위반행위(처분 후의 위반행위만 해당한다)를 한 날을 각각 기준으로 하여 위반횟수를 계산한다.

나. 공정거래위원회는 위반행위의 정도, 위반횟수, 위반행위의 동기와 결과 등을 고려하여 제2호의 개별기준에 따른 과태료 금액의 2분의 1의 범위에서 그 금액을 경감하거나 가중할 수 있다. 다만, 가중하는 경우에는 법 제43조제6항 및 제7항에 따른 과태료 금액의 상한을 초과할 수 없다.

2. 개별기준

(단위 : 만원)

위반행위	근거 법조문	과태료 금액		
		1차 위반	2차 위반	3차 이상 위반
가. 법 제6조의2제2항 본문을 위반하여 기한 내에 변경등록을 하지 않거나 거짓으로 변경등록을 한 경우	법 제43조 제6항제1호	200	500	1,000
나. 법 제6조의2제2항 단서를 위반하여 신고를 하지 않거나 거짓으로 신고한 경우	법 제43조 제7항제1호	60	150	300
다. 법 제9조제3항을 위반하여 같은 항 각 호의 어느 하나에 해당하는 정보를 서면으로 제공하지 않은 경우	법 제43조 제6항제2호	500	700	1,000
라. 법 제9조제4항을 위반하여 근거자료를 비치하지 아니하거나 자료요구에 응하지 않은 경우	법 제43조 제6항제3호	500	700	1,000
마. 법 제9조제5항을 위반하여 예상매출액 산정서를 제공하지 않은 경우	법 제43조 제6항제4호	500	700	1,000
바. 법 제9조제6항을 위반하여 예상매출액 산정서를 보관하지 않은 경우	법 제43조 제6항제5호	500	700	1,000
사. 법 제11조제3항을 위반하여 가맹계약서를 보관하지 않은 경우	법 제43조 제6항제6호	140	350	700
아. 법 제29조제3항을 위반하여 가맹거래사임을 표시하거나 유사한 용어를 사용한 경우	법 제43조 제7항제2호	60	150	300

제 11 장 고 발

제41조 제1항·제2항 제1호 및 제3항의 죄는 공정거래위원회의 고발이 있어야 공소를 제기할 수 있으며(법 제44조 제1항), 공정거래위원회는 제41조 제1항·제2항 제1호 및 제3항의 죄중 그 위반의 정도가 객관적으로 명백하고 중대하다고 인정하는 경우에는 검찰총장에게 고발하여야 한다(법 제44조 제2항).

검찰총장은 제2항의 규정에 의한 고발요건에 해당하는 사실이 있음을 공정거래위원회에 통보하여 고발을 요청할 수 있으며(법 제44조 제3항), 공정거래위원회가 제2항에 따른 고발요건에 해당하지 아니한다고 결정하더라도 감사원장, 중소기업청장은 사회적 파급효과, 가맹희망자나 가맹점사업자에게 미친 피해정도 등 다른 사정을 이유로 공정거래위원회에 고발을 요청할 수 있다(법 제44조 제4항).

제3항 또는 제4항에 따른 고발요청이 있는 때에는 공정거래위원회 위원장은 검찰총장에게 고발하여야 하며(법 제44조 제5항), 공정거래위원회는 공소가 제기된 후에는 고발을 취소하지 못한다(법 제44조 제6항).

판례[1)]

고발(제44조)

□ 항고소송의 대상의 되지 않는 고발의결의 취소를 구하는 것은 부적법함

- 고발은 수사의 단서에 불과할 뿐 그 자체로 국민의 권리의무에 어떤 영향을 미치는 것이 아니고, 특히 가맹사업법 제44조 제1항은 공정거래위원회의 고발을 가맹사업법 위반죄의 소추요건으로 규정하고 있어 공정거래위원회의 고발은 사직당국에 대하여 형벌권 행사를 요구하는 행정기관 상호간의 행위에 불과하여 항고소송의 대상이 되는 행정처분이라 할 수 없으며, 더욱이 공정거래위원회의 고발의결은 행정청 내무의 의사결정에 불과할 뿐 최종적인 처분은 아닌 것이므로 이 역시 항고소송의 대상이 되는 행정처분이 되지 못함(1995.5.12. 선고 94누13794 판결). 따라서 원고들의 이 사건 소 중 고발의결의 취소를 구하는 부분은 항고소송의 대상이 되지 않는 고발의결의 취소를 구하는 것이어서 부적법함.

1) 하이쿨 외 1의 가맹사업법 위반행위 건, 서울고법 2012.8.28. 선고 2012누8674 판결

제 12 장 불공정피해 실제 상담사례[1]

Ⅰ. 가맹금과 정보공개서

Q1

▶ 인근가맹점 현황문서를 미제공한 사례

가맹본부로부터 2014. 1. 1. 정보공개서를 제공받고 14일이 경과한 2014. 1. 16.에 가맹계약을 체결하였습니다. 그러나 영업을 개시한 이후 인근 동일 브랜드 가맹점주들은 가맹점 현황문서를 받았다고 합니다. 가맹점 현황문서는 꼭 받아야 하나요?

A1 가맹사업법상 인근가맹점 현황문서를 제공하도록 하는 이유는 계약체결 전 인근가맹점으로부터 거래조건, 수익상황 등 관련 정보를 충분히 수집한 후 계약체결 여부에 대해 판단하기 위함입니다. 만일 인근가맹점 현황문서를 제공하지 아니하고 가맹계약을 체결하였다면 가맹사업법 제7조 제3항 위반으로 시정조치 또는 과징금 처분을 받게 됩니다.

> 인근가맹점 현황문서 미제공으로 경고 처분
>
> 피심인이 가맹희망자에게 "가맹사업거래의 공정화에 관한 법률" 제7조 제2항의 인근가맹점 현황 문서를 제공하지 아니하고 가맹계약을 체결한 행위에 대하여 경고한다.
>
> 피심인은 2014. 4. 1. 가맹희망자에게 인근가맹점 현황문서를 제공하지 아니하고 가맹계약을 체결하였다. 피심인은 이러한 사실을 인정하였고 피심인이 제출한 자료를 통하여서도 인정되는 바 가맹사업법 제7조 제3항에 해당되어 위법하다.
>
> [공정거래위원회 의결(약) 제2015-170호]

---

1) 프랜차이즈 불공정피해 상담사례집, 서울시, 2015.12, 59-93 인용.

Q2

▶ 정보공개서 숙고기간 미준수

가맹본부로부터 2014. 1. 1. 정보공개서, 인근가맹점현황문서 등을 제공받고 6일이 경과한 2014. 1. 7.에 가맹계약을 체결하였습니다. 정보공개서를 계약체결 또는 가맹금 수령일 중 빠른 날로부터 14일 이전에 제공받아야 한다는데 이러한 경우에도 법 위반인지요?

A2 가맹사업법 제7조는 가맹계약 체결 또는 가맹금 수령은 정보공개서 제공 후 14일(변호사 또는 가맹거래사의 자문이 있는 경우에는 7일)이 지나서 이루어져야 함을 규정하고 있습니다. 그럼에도 가맹본부는 귀하에게 정보공개서, 인근가맹점 현황문서 등을 제공하고 6일 만에 계약체결을 하였으므로 법 위반입니다.

이 경우, 공정거래위원회의 시정조치, 과징금 등 행정처분과 2년 이하의 징역, 5천만원 이하의 벌금형에 처할 수 있습니다.

정보공개서 미제공 가맹본사에 대한 시정명령

피심인은 공정거래위원회에 등록된 정보공개서를 제공하지 아니하거나 정보 공개서를 제공한 날부터 14일이 지나지 아니하였음에도 가맹희망자와 가맹계약을 체결하는 것과 같은 행위를 다시 하여서는 아니 된다.

피심인은 2013. 5. 30. A에게 정보공개서를 제공하고 나서 6일이 경과한 2013. 6. 5. A와 가맹계약을 체결한 사실이 있다.

피심인은 위의 2. 가. 행위사실에서 보는 바와 같이 가맹점사업자인 A에게 정보공개서를 제공하고 나서 6일 만에 A와 가맹계약을 체결하였으므로, 이는 법 제7조 제2항의 규정 위반행위에 해당된다.

[공정거래위원회 의결(약) 제2015-154호]

Q3

▶ 정보공개서 미제공 상태에서 가맹계약 체결 후 계약 해지

가맹본부로부터 정보공개서를 제공받지 않은 상태에서 바로 가맹계약을 체결하고 가맹금을 송금하였으나, 한 달이 채 지나지 않아서 정보공개서 제공의무가 본부에 있음을 알고 이를 지키지 않은 가맹본부에 대한 신뢰가 깨져 계약해지와 함께 가맹금 반환을 요구하고자 합니다. 어떻게 해야 될가요?

A3 귀하는 가맹본사로부터 정보공개서를 제공받지 못한 상태에서 가맹계약을 체결하였습니다. 이러한 경우 가맹금 반환청구가 가능한데, 특히 가맹계약 체결 전 또는 체결일로부터 4개월 이내에 반환청구시 가맹본부는 1개월 이내에 가맹금을 반환하여야 합니다(가맹사업법 10조). 또한 가맹본부가 이를 위반하여 가맹금을 반환하지 않는 경우 공정거래위원회는 시정조치를 내릴 수 있습니다(가맹사업법 33조).

Q4

▶ 재가맹금의 일방적 인상

저는 ◆◆가맹본부와 계약기간 1년으로 하는 가맹계약을 체결하였습니다. 곧 갱신일이 다가오는데 계약서를 확인해보니, 가맹계약 갱신 시 가입비 또는 계약이행보증금은 증가될 수 있다고 규정되어 있습니다. 가맹본부가 증가된 재가입비와 계약이행보증금을 청구할까 걱정되는데 이러한 계약조항이 유효한가요?

A4 계약 갱신 시 재가맹금 또는 계약이행보증금이 경제사정이나 영업환경에 따라 조정될 수 있습니다. 그러나 갱신 시 재가맹금 등이 감소될 수 있음에도 불구하고 증가할 수 있는 것으로 규정되어 있

을 경우 이 조항은 가맹점사업자에게 부당하게 불리한 조항으로 무효입니다.

공정거래위원회는(2009약관0849, 시정권고 : 2009-013호) 계약 갱신 시 가입비 및 계약이행 보증금을 증가할 수 있는 조항에 대해 약관심사 결과, "당해 약관조항은 계약의 갱신이 있을 때 가입비 등이 '증가' 될 수 있는 가능성에 대하여만 규정하였을 뿐 '감소' 될 가능성에 대하여는 전혀 상정하지 않고 있어, 고객인 가맹점사업자에게 대하여 부당하게 불리한 조항으로써 약관법 제6조 제2항 제1호에 해당"하여 무효라고 의결하였습니다.

Q5

▶ 예치가맹금제도 미준수

저는 △△ 가맹본사와 가맹계약을 체결하고 가맹본사 대표의 보통예금계좌로 가맹금 1,000만원을 송금하였습니다. 가맹금은 예치계좌로 송금해야지 개인계좌로 송금하면 안된다고 들었는데 예치제도가 무엇인가요?

A5 가맹사업법 제6조의 5에 의하면 "가맹본부는 가맹희망자 또는 가맹점사업자로 하여금 가입비, 계약금, 교육비 등 최초 가맹금을 금전으로 지급하는 경우에 대통령령으로 정하는 기관(이하 "예치기관"이라 한다)에 예치하여야한다"라고 규정하고 있습니다. 가맹금 예치제도는 가맹본부가 최초 가맹금을 직접 수령한 후 영업지원 등과 같은 의무이행이 이루어지지 않는 경우가 많이 발생하여 이를 예방하기 위해 2008년에 신설된 제도입니다. 따라서 가맹본부가 반드시 예치기관의 일반 보통예금계좌가 아닌 예치계좌를 통하여 가맹금을 수령하여야 함에도 귀하의 가맹금을 직접 수령한 행위는 가맹사업법 위반입니다. 다만, 가맹본부가 가맹사업법 제15조의2에 따른 가맹점사업자피해보상보험계약 등을 체결한 경우에는 이러한 사실을 알리고 직접 수령할 수 있습니다.

가맹금 예치제 위반 가맹본사에 대한 시정명령

피심인은 2013. 6월부터 같은 해 12월까지 가맹점사업자 피해보상보험계약 등을 체결하지 아니한 상태에서 ○○○ 등 17명의 가맹점사업자로 하여금 가맹비, 교육비 및 이행보증금 총 202,300천원을 예치계좌에 예치하도록 하지 아니하고 자신의 보통예금계좌로 입금하도록 하여 직접 수령한 사실이 있다.

이와 같이 가맹점사업자가 피심인에게 지급한 가맹비·교육비는 가맹점 운영권을 부여받기 위한 대가이며, 이행보증금은 피심인으로부터 공급받는 상품의 대금 등에 관한 채무액이나 이와 관련한 손해배상액의 지급을 담보하기 위한 금전으로서 법에서 규정하고 있는 예치가맹금에 해당하는바, 별도의 가맹점사업자 피해보상보험계약 등을 체결하지 아니하고 가맹점사업자로 하여금 이러한 예치가맹금을 예치기관에 예치하도록 하지 않고 자신의 금융기관 계좌에 입금하도록 함으로써 이를 직접 수령한 피심인의 행위는 법 제6조의5 제1항에 위반되므로 위법하다.

(공정거래위원회 의결 제2015-318호)

Q6

▶ 가맹계약서 사전제공의무 위반

저는 ○○가맹본부로부터 정보공개서 및 인근가맹점 현황문서를 제공받고 14일이 지난 후 2015. 1. 15. 가맹계약을 체결하였으나, 가맹계약서는 계약체결 당일인 2015. 1. 15.에 제공받아 서명하였습니다. 이로 인해 가맹계약서 내용을 꼼꼼히 보지 못하고 계약을 체결한 것이 후회가 됩니다. 이러한 경우 규제하는 법률이 없나요?

A6 가맹사업법 제11조는 가맹희망자가 가맹계약의 내용을 미리 이해할 수 있도록 가맹계약서를 가맹계약 체결일 또는 가맹금 수령일 중 빠른 날 전에 가맹희망자에게 제공하도록 규정하고 있습니다. 따라서 가맹본부는 적어도 '15년 1월 15일 전날까지는 가맹희망자

에게 가맹계약서를 제공하여야 하는데, 당일 제공한 경우에는 가맹사업법 제11조 위반입니다.

Q7

▶ 가맹금 반환요청

정년퇴직 후 프랜차이즈 창업을 알아보던 중 ◆◆가맹본사와 창업 상담을 하였습니다. ◆◆가맹본사 직원은 저에게 인근 가맹점들이 평균 월 3,000만원 이상 매출을 올리고 있고, 지금 운영하고 있는 가맹점도 최소 3,000만원 이상 매출이 발생할 거라고 구두로 설명하였습니다. 이 말을 신뢰하여 저는 가맹계약을 체결하고 가맹비 2,000만원과 계약이행보증금 2,000만원을 송금하였습니다. 그러나 오픈 후 3개월 경과하였음에도 월 매출액이 1,000만원을 넘는 경우가 없었고 인근 가맹점 역시 마찬가지였습니다. 적자가 지속되어 더 이상 가맹점을 운영할 수 없어 계약을 해지하고 싶은 데 어떻게 해야 할까요?

A7 가맹본부가 계약체결에 중대한 영향을 미치는 허위과장정보를 제공한 경우에는 계약일로부터 4개월 이내에 서면으로 가맹금의 반환을 요구할 경우 가맹본부는 이를 반환해야 합니다.

동법 시행령 8조에서는 객관적인 근거 없이 가맹희망자의 예상수익상황을 과장하여 제공하거나 사실과 다르게 가맹본부가 최저수익 등을 보장하는 것처럼 정보를 제공하는 행위를 허위과장의 정보제공행위의 유형으로 보고 있습니다. 또한 귀하는 가맹본부로부터 서면이 아닌 “구두”로 예상매출액을 제공받았을 뿐만 아니라 예상매출액 역시 객관적·합리적 근거에 기초하여 산출한 것이 아닌 막연한 추측 등 허위·과장 정보로 볼 수 있어 해당 사실을 입증할 수 있는 녹취, 사업설명회 자료, 문자내역 등을 확보하고 아래의 내용이 포함된 서면으로 가맹금 반환청구를 하시면 됩니다.

[가맹금 반환청구의 서면기재사항]

1. 가맹금의 반환을 요구하는 가맹점사업자 또는 가맹희망자의 주소·성명
2. 가맹본부가 허위 또는 과장된 정보를 제공하거나 중요사항을 누락한 사실
3. 가맹본부가 허위 또는 과장된 정보를 제공하거나 중요사항을 누락하여 계약체결에 중대한 영향을 준 것으로 인정되는 사실
4. 가맹본부가 정당한 이유없이 가맹사업을 일방적으로 중단한 사실과 그 일자
5. 반환대상이 되는 가맹금의 금액
6. 가맹본부가 정보공개서를 제공하지 아니한 사실 또는 정보공개서를 제공한 날부터 14일(가맹희망자가 정보공개서에 대하여 변호사 또는 법 제27조에 따른 가맹거래사의 자문을 받은 경우에는 7일)이 지나지 아니한 상태에서 가맹희망자로부터 가맹금을 수령하거나 가맹희망자와 가맹계약을 체결한 사실과 그 날짜

[가맹금 반환청구서의 예]

가맹금 반환청구서(예시)

수신 : 서울시 가가구 가대로 22-1
◆◆ 주식회사 대표이사 홍길동

발신 : 경기도 별별시 별대로 34-2
나희망

1. 귀사의 무궁한 발전을 기원합니다.
2. 본인은 귀사와 2015. 1. 1. "◆◆ 별별점" 가맹계약을 체결하고 현재까지 운영하고 있으나, 귀 사는 본인에게 계약체결 당일에 정보공개서를 제공하였고 허위·과장정보를 제공한 사실을 2015. 3. 31.에 알게 되었습니다.
3. 법 위반 사실
   ○ 정보공개서 사전 제공의무 위반
     - 계약체결 당일 정보공개서를 제공받았음
   ○ 예상매출액 서면제공의무 위반
     - 귀사의 영업직원 OOO은 본인에게 예상매출액을 서면으로 제공하

지 아니하고 구두로 제공하였음.

○ 예상매출액의 허위 · 과장 정보 제공

- 오픈 이후 예상매출액의 50%의 매출에도 미치지 못하고 있어 적자운영이 계속되고 있음. 귀사의 예상매출 산정방식이 합리적 근거가 없는 막연한 추측이었으며, 실제 이러한 사정을 알았더라면 본인은 계약체결을 하지 않았을 것임.

4. 반환대상 가맹금

- 총 40,000,000원(= 가맹금 20,000,000원 계약이행보증금 20,000,000원)

5. 이에 귀사는 본 반환청구서 수령일로부터 1개월 이내에 상기 금원을 본인에게 지급하여 주시기 바랍니다.

2015. 4. 10.

발신인 나 희 망

Q8

▶ 가맹계약의 영업 양도 · 양수

저는 □□가맹본부와 1,000만원의 가입비를 지급하고 2년의 계약기간으로 하는 가맹계약을 체결하여 가맹점을 운영하다 1년이 경과한 후 지병이 있어 양수인 A에게 가맹점을 양도하고자 하였습니다. 그러나 가맹본부는 A에게 1,000만원의 가입비를 요구하고 있어 A는 양 · 수도 계약 체결을 망설이고 있습니다. 양수인도 가맹본사에 가입비를 새로 지급하여야 하나요?

A8 ▶ 가맹계약의 양도는 양도인인 귀하의 가맹계약상 지위가 그대로 양수인에게 이전되는 것을 말합니다. 즉, 가맹계약의 양수인은 양도인의 권리의무를 포괄적으로 승계받게 되므로 양도인이 체결한 계약내용이 양수인에게 그대로 미치게 됩니다. 따라서 이미 양도인이 가입비를 가맹본부에 지급한 이상 양수인이 또다시 가입비를 지급하는 것은 중복지급에 해당하므로 가맹본부의 가입비 요구행위는 적법하지 않습니다.

Ⅱ. 허위 · 과장의 정보제공행위

Q1

▶ 회사의 규모를 과장한 사례

직장을 퇴사하여 구직활동을 하던 중 **가맹본사 창업설명회에 참석하였습니다.

창업설명회 자리에서 **가맹본사는 경기도에 3곳의 공장과 물류창고를 가지고 있고 특허를 보유하고 있다고 설명하였습니다. 이에 전 규모와 기술력이 있는 회사여서 안정적인 사업이 가능하겠다고 믿어 가맹계약을 체결하였습니다.

그러나 가맹점 오픈 이후 알고 보니 이 회사는 공장을 가지고 있지 않고 타 업체로부터 물건을 납품받아 운영하고 있었으며 심지어 특허도 등록되지 않은 상태였습니다. 이러한 경우 저는 가맹본부에 책임을 물을 수 있나요?

A1 가맹사업법 제9조의 허위 · 과장된 정보제공 행위가 성립되기 위해서는 가맹본부가 가맹희망자에게 ①직접 또는 간접적인 방법으로 가맹희망자가 운영하려는 가맹사업에 관한 정보를 제공하여야 하고, ②사실과 다르거나 사실을 지나치게 부풀린 정보를 제공하여야 하며, ③가맹희망자를 기만하거나 오인시킬 우려가 있어야 합니다. 또한, 가맹희망자를 기만하거나 오인시킬 우려가 있는지 여부는 보통의 주의력을 가진 가맹희망자가 해당 행위로부터 받아들이는 전체적 · 궁극적 인상을 기준으로 하여 객관적으로 판단하여야 합니다. 그러나 가맹본부가 사실과 다르거나 사실을 지나치게 부풀린 정보 또는 중요사항을 누락한 정보를 제공하더라도 가맹희망자가 그 정보로 인하여 계약체결 등의 판단에 별다른 영향을 받지 아니하였다는 객관적인 정황이 있는 경우에는 허위 · 과장 정보제공행위로 보지 않습니다.

이를 사안에 적용해보면, 회사의 규모와 기술력에 대해 사실과 다른 정보를 제공함으로써 오인 · 혼동케 하여 귀하의 계약체결에 영향을 준 것이라고 객관적으로 인정될 경우 허위 · 과장정보 제공으로 처벌을 받을 수 있고, 허위과장정보의 제공으로 손해를 미친 것이 인정되는 경우에는 불법행위에 기한 손해배상을 청구할 수 있습니다.

※ 가맹계약체결일로부터 4개월 이내라면 가맹금의 반환을 요구할 수 있습니다(가맹사업법 제10조).

※ 분쟁발생 시 허위·과장정보 제공에 대한 책임소재를 명확히 하기 위하여 예상 매출액에 관한 문자내역, 메모, 계약당시의 녹취 등을 사전에 준비해 두는 것이 바람직합니다.

기타 허위 · 과장정보 관련 판례 및 심결례

공정거래위원회는[의결(약) 제2012-140호] "사업설명회 또는 창업설명회 과정에서 가맹희망자에게 객관적 근거 없이 자신의 가맹점을 창업하면 월 매출액 대비 일정한 수익을 얻을 수 있는 것처럼 과장된 정보를 제공하는 행위를 금지하는 시정명령을 한 바 있으며(의결(약) 제2014-101호), 통상 순이익이라 함은 매출액에서 매출원가(원재료 등), 영업비용(인건비, 임차료, 감가상각비 등의 판매관리비), 영업외비용(이자비용 등) 및 세금을 공제한 금액이며, 회계적으로는 당기순이익을 의미하므로, 순이익을 산출하기 위해서는 가맹점사업자가 부담하는 모든 비용을 공제하여야 하며, 세전소득을 '순익'으로 광고한 행위를 거짓 또는 과장성이 있는 광고"라고 의결한 바 있습니다.

Q2

▶ 인 · 허가에 대한 허위정보의 제공

저는 편의점 프랜차이즈를 창업하기 위해 "편의점20시" 가맹본부 영업팀장과 함께 점포를 물색하였으며, 영업팀장이 추천한 점포를 목적물로 하는 임대차계약을 체결하였습니다. 그러나 인테리어 등 가맹점 공사가 80% 진행된 상태에서 해당 점포는 무허가 건물임을 알았고 관할 구청에서 철거하라는 공문을 받게 되었습니다. 이로 인해 영업에 막대한 지장이 발생하여 가맹본사에 손해배상을 청구하고자 하는데 가능할까요?

A2 가맹본부는 입지선정에 조언을 줄 수는 있지만 실질적으로 점포입지 결정권자 및 임대차계약의 당사자는 나희망씨입니다. 따라서 나희망씨가 점포지에 대한 법률적, 경제적 제반 상황을 스스로 확인할 필요가 있습니다. 가맹본부가 추천한 점포지라는 이유로 손해를 보상받기는 어렵습니다.

Q3

▶ 메뉴 설명에 대한 허위정보의 제공

저는 ■■가맹점을 운영하게 되었을 때 취급할 수 있는 품목, 즉 메뉴에 대하여 본부 영업팀장으로부터 설명을 들었습니다. 당시 영업팀장은 주 메뉴인 "대만식 후라이드 치킨요리(A)"뿐만 아니라 자매브랜드에서 취급하는 "떡볶이(B)" 상품을 판매할 수 있는 것으로 설명하여 가맹계약을 체결하였습니다. 그러나 막상 가맹점을 오픈하자 본부는 "A"에 대한 상품만 공급, 판매하도록 지시하였습니다. 저는 계약체결 당시 "B" 상품판매를 주목적으로 하였으나 본사의 통제로 "B"상품을 팔지 못하여 영업에 지장을 받고 있는데 어떻게 대응해야 하나요?

A3 가맹본부는 가맹점이 정상적인 영업을 할 수 있도록 신의성실 원칙에 따라 영업지원을 해야 할 의무가 있습니다. 즉, 가맹본부는 약속했던 메뉴들을 성실하게 가맹점에 제공할 의무가 있으며, 이는 가맹본주의 가장 기본적인 의무이기도 합니다. 또한 가맹사업법 제9조는 가맹본부가 가맹희망자에게 정보를 제공함에 있어 허위 또는 과장된 정보를 제공하는 것을 금지하고 있습니다.

이 사안에서 가맹본부는 약속했던 메뉴들을 제대로 제공해 주지 않아 귀하의 영업을 어렵게 하였고, 또한 가맹계약을 체결하는 과정에서 'B'메뉴를 취급할 수 있다고 얘기했다가 사후에 취급할 수 없다고 말을 바꾼 것은 허위·과장정보를 제공한 것으로 볼 수 있어 가맹사업법 위반입니다.
또한 실제 계약내용에 "B상품을 팔 수 있다"라는 내용이 포함되어 있다면 본사의 채무불이행을 이유로 계약을 해지하고 손해배상을 청구할 수 있습니다.

Q4

▶ 타법령 위반행위 등 중요사항에 대한 고지 누락(기만적인 정보제공행위)

저는 마사지샵을 가맹사업으로 하는 ▽▽가맹본사로부터 정보공개서를 제공받고 14일 후에 다시 가맹계약을 체결하였습니다. 그러나 개업 후 얼마 지나지 않아 시각장애인에게만 자격을 제한적으로 부여하는 안마사가 아닌 자가 마사지를 할 경우 의료법 위반임을 알게 되었습니다. 이러한 경우 어떻게 대응해야 하나요?

A4 마사지는 의료행위로 장애인복지법에 따른 시각장애인 중 일정 자격을 갖춘 자만 할 수 있습니다(의료법 제82조). 따라서 안마사를 고용하지 않고 자격이 없는 자에게 안마를 하는 가맹사업은 의료법 위반행위입니다.
이러한 사실은 가맹계약의 중요사항임에도 불구하고, ▽▽가맹본부는 귀하에게 이 사실을 고지하지 않았습니다. 만일 귀하가 이러한 사실을 알았더라면 가맹계약을 체결하지 않았을 것이라는 점이 경험칙상 명백한 경우이므로 가맹본부는 가맹사업법 제9조 제1항의 계약의 체결, 유지에 중대한 영향을 미치는 사실을 은폐하거나 축소시킨, 즉 기만적인 정보제공행위를 한 것이며, 중요사항의 내용을 적지 않은 정보공개서를 제공한 위법이 있어 보입니다.
따라서 귀하는 가맹사업법 제9조를 이유로 손해배상을 청구하고 경우에 따라서 가맹계약을 해지할 수 있습니다.

※ 체결하고자 하는 가맹브랜드의 업종과 관련된 규제법을 검토하여 법령위반행위가 없는지를 체크할 필요가 있습니다.

예시 : 의료법, 학원법, 식품위생법 등

법령위반 사항을 고지하지 않은 경우 허위·과장정보 제공

대법원은(2015.4.9. 선고 2014다84824 판결) "가맹사업법 9조 1항의 중요사항의 누락은 가맹계약의 체결과 유지 등 가맹희망자의 의사결정에 중대한 영향을 줄 수 있는 사실 또는 일정한 사정에 관하여 고지를 받았더라면 가맹계약을 체결하지 않았을 것임 경험칙상 명백한 경우 그와 같은 사정 등을 가맹계약을 체결하기 위하여 상담하거나 협의하는 단계에서 가맹희망자에게 고지하지 않은 경우를 의미"하고,

"학원의 설립운영 및 과외교습에 관한 법률(학원법)으로 등록절차 없이 평생교육시설로 신고하는 방법으로 개설된 유아대상교육기관들은 2007. 3.23. 이후 학원으로 등록하여야 함에도 불구하고 기존의 방식대로 평생교육원으로 운영방식을 제공하고 지원하였고, 이는 법령위반으로 발각될 경우 행정적 제재나 형사처벌을 받을 수 있는 사정을 고지하지 아니하였고, 가맹점사업자들은 이 사건 교육원이 적법하게 운영될 것이라고 믿고 가맹계약을 체결한 것으로서 가맹사업법 9조 1항의 중요사항의 누락에 해당한다"라고 판시하였습니다.

허위·과장정보제공에 대한 시정명령 사례

AA가맹본부가 국내에서 제조하여 판매하는 기능성 신발을 판매할 가맹사업자를 모집하면서, 2008. 2.~2008. 12.까지 가맹희망자들에게 기능성 신발이 국내최초 유럽 메디컬 의료기기 '1등급'을 획득하였다는 내용을 기재한 홍보물을 제공하거나 설명하면서 가맹계약을 체결한 사안에서,

공정거래위원회는 "AA가맹본부는 자신의 사업제휴회사인 BB회사가 유럽 보건당국에 신고 등록시 제출한 인체 적합성 평가신고서(DOC) 상 'Class I Medical Products' 및 유럽의 의료기기 등급 인증제도의 근거가 되는 유럽공동체위원회의 의료기기지침상의 'Class 1'을 단순히 한글로 의료기기 '1등급'으로 표현한 것이고,

가맹희망자들에게 정보를 제공하면서 'Class I Medical Products'을 의료기기 '1등급'으로 표현하여 사용하는 것과 같이 마치 해당 제품이 특별한 의료적인 효과가 있거나 품질이나 기능이 우수하여 의료기기로서 최고의

등급을 인증받은 것으로 가맹희망자를 오인시킬 우려가 있는 과장된 정보 제공행위에 해당된다"하여 시정을 명령하였습니다.
[공정거래위원회 의결 제2009-283호(2009.12.30.)]

Ⅲ. 가맹사업법 제12조 불공정거래행위

Q1

▶ 부당한 갱신거절

저는 치킨 가맹점을 운영하면서 가맹본사가 공급하는 식용유를 본사로부터 공급받지 않고 동일제품을 직접 구입하여 사용하였습니다. 그러나 가맹본사는 같은 제품이더라도 자신으로부터 공급받지 않은 식용유를 사용할 수 없다고 시정을 요구하였습니다. 본사의 계속된 시정요구에도 제가 시정을 하지 않자 본사는 계약만료시점에서 이를 이유로 재계약 거절을 통보하였습니다. 저는 어떻게 해야 하나요?

A1 치킨 프랜차이즈에서 식용유는 가맹본사가 품질기준을 제시하고 가맹점주가 자유롭게 구매한다고 하더라도 그 용도나 기능에 지장이 있다고 볼 수 없어 가맹사업의 유지를 위하여 필수적인 상품으로 보기 어렵습니다. 따라서 이를 본사가 강제할 경우 불공정거래행위에 해당될 수 있습니다.(구속조건부 거래) 또한 가맹점주는 특별한 사정이 없는 한 10년간 갱신요구권을 가지고 있는데 상기한 사유로 가맹본부가 계약갱신거절을 한 것은 가맹사업법 제13조 갱신거절의 정당한 사유가 없는 것으로써 가맹사업법 제12조의 불공정한 행위에 해당하고 불법행위에 기한 손해배상청구도 가능할 것입니다.

거래거절의 위법성 요건

가맹사업거래의 특성에 비추어 가맹본부가 가맹점사업자에 대하여 상품이나 용역의 공급 또는 영업의 지원 등을 중단 또는 거절하는 행위가 불공정거래행위로서의 거래거절에 해당하기 위해서는, 가맹점사업자의 계약위반 등 가맹점사업자의 귀책사유로 인하여 가맹사업의 거래관계를 지속하기 어려운 중대한 사정이 없음에도 불구하고 가맹점사업자의 계속적인 거래기회를 박탈하여 그 사업활동을 곤란하게 하거나 가맹점사업자에 대한 부당한 통제 등의 목적달성을 위하여 그 실효성을 확보하기 위한 수단 등으로 부당하게 행하여진 경우라야 한다(대법원 2005.6.9. 선고 2003두7484 판결).

단, 아래의 사항에 해당하는 경우 가맹본부는 가맹점사업자의 계약갱신요구를 거절할 수 있습니다.

〈계약갱신요구 거절의 정당한 사유〉

① 가맹점사업자가 가맹계약상의 가맹금 등의 지급의무를 지키지 않은 경우
② 가맹점사업자가 다른 가맹점사업자에게 통상적으로 적용되는 계약조건이나 영업방침을 수락하지 아니하는 경우
③ 가맹사업의 유지를 위하여 필요하다고 인정되는 것으로서 다음 중 어느 하에 해당하는 가맹본부의 중요한 영업방침을 가맹점사업자가 지키지 아니한 경우

i) 점포 · 설비의 확보나 법령상 필요한 자격 · 면허 · 허가의 취득
ii) 판매하는 상품(용역)의 품질 유지에 필요한 제조공법 /서비스 기법의 준수
iii) 가맹본부의 지식재산권 보호

Q2

▶ 부당한 계약해지

저는 가맹본부의 부당한 거래조건 변경 등 불공정거래행위에 대해 대응하기 위하여 ○○가맹점주협의회라는 단체를 조직하여 대표로 활동하였습니다. 이에 가맹본부는 제가 타 가맹점사업자를 선동하고 회유하였다는 이유로 가맹계약을 즉시 해지하였습니다. 본사의 계약해지는 정당한가요?

A2 귀하는 가맹본부와 가맹계약을 체결한 가맹점사업자로서, 가맹사업법 제14조의2에 따라 가맹점사업자단체를 구성할 수 있습니다. "가맹점주협의회"는 가맹점사업자단체에 해당하며, 가맹본부가 가맹점사업자단체의 구성·가입·활동 등을 이유로 가맹점사업자에게 불이익을 주는 행위를 하는 경우에는 가맹사업법 제14조의2 제5항 위반으로 시정조치(가맹사업법 제33조) 시정권고(가맹사업법 제34조) 과징금(가맹사업법 제35조)의 제재를 받을 수 있습니다. 또한 가맹점사업자단체 구성을 이유로 계약을 해지한 것은 부당한 계약해지에 해당될 수 있고, 가맹사업법 제12조 및 14조의 2 위반에 따른 손해배상청구도 가능합니다(가맹사업법 제37조 제3항).

공정거래위원회는 본사의 영업방침 또는 정책을 거부·철회하자고 선동하거나 협박하는 경우 계약을 해지할 수 있는 조항에 대한 약관심사결과 가맹점사업자들이 가맹본부의 부당한 영업방침이나 정책에 대하여 정당하게 이의를 제기할 수 있는 길이 봉쇄될 가능성이 있는 점, 해지사유가 계약목적을 달성하기 어려운 경우로 볼 수 없는 점 등의 이유로 약관규제법 제9조 제2호에 해당되어 무효라고 판단하였습니다.
(공정거래위원회 2009약관0849)

Q3

▶ 가격 구속

저는 외식업 가맹사업을 하고 있는 가맹점주입니다. 가맹본부는 기존에 해당 영업지역의 매출액 또는 순수익에 따라 가맹점주가 상품가격을 자율적으로 고가, 저가 중 하나를 선택할 수 있도록 경영지도를 하였습니다. 저는 경쟁이 점점 치열해져서 상품가격을 저가로 선택하였는데, 가맹본부는 갑자기 저번 달부터 매뉴얼 갱신과 함께 고가의 상품가격으로만 판매하도록 지시하고 있습니다.
저희 매장은 고가판매시 경쟁력이 떨어져 영업을 하기 어려운데 본사의 지시에 따를 수밖에 없나요?

A3 가맹본사가 가격을 지정해서 통제하는 행위는 가맹사업법 제12조 제1항 제2호에 해당하는 행위 구속조건부 거래 중 가격의 구속에 해당할 수 있습니다. 즉, 가맹본부는 귀하가 판매하는 상품가격 결정을 구속, 강요할 수 없으며, 예외적인 경우 권장하거나 사전 협의는 가능합니다. 또한 계약 체결당시에는 상품가격에 대해 가맹점주의 선택에 의해 결정하였으나 일방적으로 가격결정을 구속하는 행위를 한 것으로 보이는 바, 이는 가맹사업법 제12조 제1항 제2호에 해당하는 행위(구속조건부 거래) 중 가격의 구속에 해당합니다.

Q4

▶ 거래상대방의 구속

저는 외식 프랜차이즈 가맹점을 운영하고 있습니다. 운영 중 매장 테이블에 설치된 진동벨이 고장 나서 여분의 진동벨을 구입하고자 준비하던 중 본사를 통해 진동벨을 구입하여야 한다는 통지를 받았습니다. 본사가 공급하는 진동벨은 가격이 시중보다 30% 이상 비싸 직접 구입하고 싶은데 가능한지요?

A4 진동벨은 외식 프랜차이즈 가맹사업을 하기 위해 필수적인 사항이지만, 가맹본사의 상표권 보호 및 상품의 동일성을 위하여 반드시 특정 거래상대방으로부터 구입되어야 한다고 보기 어렵습니다. 따라서 본사 이외의 업체로부터 구입할 수 있습니다.

또한 가맹본사가 시중가격 이상으로 가격책정을 한 점, 일정 품질을 제시하고 가맹점주가 자유롭게 구매한다고 하더라도 그 용도나 기능에 지장이 있다고 보이지 않는 점 등의 이유로 볼 때 가맹사업의 목적달성에 필요한 범위 내의 통제라고 보기 어려우므로 가맹본부가 자신이 공급하는 진동벨을 구입하도록 강요하는 행위는 불공정거래행위에 해당될 수 있습니다.

> 공정거래위원회는 치킨프랜차이즈 본사가 가맹점에게 해충방제서비스를 특정업체로부터 제공받도록 강요한 행위에 대해서, 해충방제서비스는 치킨의 맛과 품질에 직접적인 영향을 미치지 않는다는 이유 등으로 시정명령을 하였습니다. (공정거래위원회 의결 제2014-275호)

Q5

▶ 영업지역 준수강제

저는 치킨 가맹점을 운영하고 있는 점주입니다. 배달을 하다보면 제 영업지역이 아닌 곳까지 배달하는 상황이 종종 발생하는데 가맹본부에 몇 번 적발되어 지정된 영업지역을 준수하고 이를 위반하는 경우 폐점조치를 하더라도 어떤 이의를 제기하지 않겠다는 내용의 확인서를 가맹본부에 제출하였습니다. 이후 또 다시 적발되자 본사는 계약을 해지한다고 저에게 통보하였습니다. 본사의 해지가 적법한가요?

A5 가맹본부가 가맹점사업자에게 영업지역 안에서만 영업을 하게 하는 것과 같이 부당하게 가맹점사업자에게 영업지역을 준수하도록 조건을 붙이거나 이를 강제하는 행위는 불공정거래행위에 해당합니다. 공정거래위원회는 영업지역을 준수하지 아니한 가맹점사업자에게 경고, 식품공급중단 및 계약연장거부 의사통보 등의 행위를 한 것과 같이 부당하게 가맹점사업자에게 영업지역을 준수하도록 조건을 붙이거나 이를 강제하는 행위에 대해 시정을 명령하였습니다(공정거래위원회 의결 제2009-157호, 2009. 7. 9.).

Q6

▶ 구입강제

저는 영어학원 가맹점을 6년간 운영하고 있습니다. 그러나 가맹본사에서 권당 4만5천원인 교재를 매월 20권 이상 구매하도록 강요하고 있습니다. 현재 저는 수강생이 줄어들어 교재구입 수요가 줄어들었는데도 가맹본부는 매월 교재구입을 강요하여 재고만 누적되고 있습니다. 저는 어떻게 해야 할까요?

A6 가맹점주 경영에 필요한 양을 넘는 시설・설비・상품・용역・원재료 또는 부재료 등을 구입 또는 임차하도록 강제할 경우 불공정거래행위에 해당합니다. 따라서 본인이 발주한 교재수량 외에 교재는 공급받지 않겠다는 내용을 내용증명 우편 등의 방법으로 발송하시고 그럼에도 불구하고 본사가 교재 할당량을 계속 공급한다면 공정거래위원회 신고 또는 한국공정거래조정원에 가맹사업분쟁조정신청을 통해 시정을 요구하시기 바랍니다.

대법원은(2006.3.10. 선고 2002두332 판결) 패스트푸드 프랜차이즈 가맹본사가 원·부자재 등 공산품을 자신으로부터 공급하도록 가맹점주에게 강요한 행위에 대해서, 탄산시럽(사이다, 콜라), 후르츠칵테일, 밀감, 천연체리, 가당연유, 오렌지쥬스, 빙수용찰떡, 모카시럽, 케찹(팩), 피클, 그라뉴당, 마스타드, 슈가(팩), 카넬콘, 후라잉오일, 액상제리 등 16개의 일반공산품에 대하여 지속적으로 유통과정, 유통기한 등을 관리·통제할 필요성이 있다고 보이는 점, 16개의 일반공산품을 가맹점사업자에게 공급함에 있어서 그 가격을 시중거래가격 이상으로 책정하여 부당한 이윤을 취득하였다는 점을 인정할 자료도 없는 점 등을 종합적으로 고려하면, 가맹본사가 가맹점사업자에게 위 16개의 일반공산품을 자신으로부터만 공급받도록 하는 것은 가맹사업의 목적달성에 필요한 범위 내의 통제로서 거래상의 지위를 이용하여 부당하게 거래상대방으로 하여금 구입할 의사가 없는 상품을 구입하도록 강제하는 행위에 해당한다고 할 수 없다고 판단하였고 설비 중 1인의자, 테이블, 빠의자, 금전등록기, 전산장비(PC) 등 5개의 설비와 용도는 가맹본사의 중심상품인 패스트푸드의 맛과 품질의 균질성과 관련이 없는 점, 위 5개의 일반공산품이 가맹본사가 가맹점주들에게 공급하는 일반공산품에서 차지하는 비중, 위 5개의 일반공산품에 대해서는 가맹본사가 품질기준을 제시하고 가맹점주가 자유롭게 구매한다고 하더라도 그 용도나 기능에 지장이 있다고 보이지 아니하는 점 등에 비추어 보면, 가맹본사가 가맹점사업자에게 위 5개의 일반공산품을 자신으로부터만 공급받도록 하는 것은 가맹사업의 목적달성에 필요한 범위 내의 통제라고 하기 어려우므로 거래상의 지위를 이용하여 부당하게 거래상대방으로 하여금 구입할 의사가 없는 상품을 구입하도록 강제하는 행위에 해당한다고 판시하였습니다.

Q7

▶ 부당한 강요

저는 ■■피자 가맹본사와 가맹계약을 체결하였습니다. 계약서상에는 광고비를 분담하도록 규정하고 있으나, 명세서상에서 실제로 사전 동의 없이 광고비 전액을 제가 부담하고 있었음을 알았습니다. 본사에 광고비를 돌려달라고 할 수 있을까요?

A7 가맹점주와 가맹본사 양자가 수익하는 경제적 이익을 위한 비용은 분담하는 것이 바람직합니다. 또한 계약서상에서도 광고비를 분담하도록 규정하고 있음에도 실질적으로 귀하도 모르게 광고비 전액을 부담시킨 것은 가맹본부가 부담하여야 할 비용을 가맹점주에게 전가하여 경제적 이익을 취한 것으로 볼 수 있습니다. 따라서 이러한 가맹본부의 행위는 가맹점사업자에게 부당하게 비용을 부담하도록 강요하는 행위로서 가맹사업법 제12조 제1항의 불공정거래행위에 해당하고 손해배상을 청구할 수 있습니다.

> 공정거래위원회는(의결 제2014-210호) 가맹본사가 제휴 판촉할인 행사를 하면서 정보공개서 및 가맹계약서의 내용과 달리 가맹점사업자에게 모든 비용을 부담하도록 강요한 행위에 대해 거래상의 지위를 이용하여 부당하게 가맹점사업자에게 불이익을 주는 행위라고 의결하였습니다.
> 또한 가맹본사가 방송국 드라마 등과 같은 매체를 통한 광고비를 집행함에 있어 가맹점사업자들과 사전에 동의 또는 협의절차 없이 일방적으로 광고비를 분담시킨 행위에 대해 거래상의 지위를 이용하여 부당하게 불이익을 제공하는 행위로 불공정거래행위라고 의결하였습니다.
> 「공정거래위원회 의결(약) 제2014-125호」

Q8

▶ 부당한 계약조항의 설정 또는 변경

저는 외식 프랜차이즈 가맹점을 운영하고 있습니다. 그러나 가맹계약자가 장모님으로 되어 있어서 계약 명의를 실제 운영자인 저로 바꾸기 위해 가맹본부에 요청하였으나 가맹본사는 계약서상 명의개서료로 500만원을 지급하여야 가능하다고 통보하였습니다. 단순히 명의만 변경하는건데 500만원을 지급하여야 하나요?

A8 가맹점사업자의 실질적 변경이 없이 가맹점사업자의 명의를 변경하는 경우에도 가맹점사업자가 명의개서료를 부담하도록 하는 내용의 조항을 설정함으로써 가맹점 사업자에게 부당하게 불이익을 주는 행위는 불공정거래행위에 해당합니다(공정거래위원회 의결 제2009-274호, 2009. 12. 16.). 따라서 귀하는 계약조항의 무효를 주장할 수 있고 명의개서료를 지급할 필요가 없습니다.

> 공정거래위원회는 계약기간 중 가맹점사업자들이 거래개시 당시 납부한 가맹금 외에 가맹본부가 일방적으로 정한 추가 가맹금을 부담시키는 내용으로 계약을 변경하는 행위에 대해서 시정을 명령하였습니다.
> (공정위 의결 제2005-055호 2005.4.18.,공정위 2003유거0466)

Q9

▶ 과다한 위약금 부과

저는 편의점 프랜차이즈 가맹점을 하고 있습니다. 가맹본부와 계약기간을 5년으로 하는 가맹계약을 체결하였으나 2년이 경과한 시점에서 건강상의 이유로 가맹계약 해지의사를 가맹본부에 전달하였습니다. 그러나 가맹본사는 6개월치 로열티에 해당하는 위약금을 저에게 청구하였습니다. 꼭 위약금을 지급해야 계약을 해지할 수 있나요?

A9 계속적 거래계약에서 당사자 일방이 계약을 해지하면 상대방은 불측의 손해를 입기 때문에 위약금 약정을 하는 경우가 있습니다. 그러나 그 위약금이 계약해지의 경위 및 거래당사자 간 귀책사유 정도, 잔여계약기간의 정도, 중도해지 후 가맹본사가 후속 가맹점사업자와 계약을 체결하기 위하여 통상 소요될 것으로 예상되는 기간에 상당하는 손해액 등에 비추어 부당하게 과중한 위약금을 설정한 경우 불공정거래행위에 해당할 수 있습니다(가맹사업법 제12조 제1항 제5호).

가맹점주 A는 편의점 가맹본사와 계약기간 5년의 가맹계약을 체결하여 3년 정도 편의점을 운영하다가 '매월 적자를 면할 수 없고 임대인이 차임 증액을 요구하여 폐업할 수밖에 없다'는 이유로 가맹본사에 가맹계약 해지의 의사를 통보한 후 영업을 중단하자, 가맹본사가 위 영업중단이 가맹계약에서 정한 '정당한 사유 없이 연속하여 7일 이상 영업을 중단한 경우에 해당한다'며 계약을 해지하고 위약금으로 평균가맹점 수수료 8개월분을 지급받은 사안에서, 법원은 영업을 중단하여 계약 해지의 원인을 제공한 A는 가맹본사에 가맹계약에서 정한 '평균가맹점 수수료 8개월분'에 해당하는 돈을 손해배상금으로 지급할 의무가 있다고 하면서, 다만 계약기간이 5년이라는 긴 기간인 점, 가맹본사가 투자비용 이상의 이익금을 얻은 것으로 보이는 점 등 여러 사정에 비추어 A에게 당초 예정한 손해배상액 전액을 지급하라고 하는 것은 부당히 과다하다는 이유로 당초 예정한 금액의 50%로 감액함이 타당하다고 판시하였습니다(서울동부지방법원 2013.07.09. 선고 2012가단64742 판결).

Q10

▶ 소비자피해 전가행위

저는 외식 프랜차이즈 가맹점주입니다. 얼마 전 저희 매장에서 가맹본사로부터 갓 구입한 테이블과 의자가 파손되어 고객이 다치는 사건이 발생하였습니다. 이에 가맹본사에 이의를 제기하였으나 가맹본사는 계약서 상 가맹점에서 발생한 분쟁과 사고는 모두 가맹점주가 책임을 지도록 규정되어 있다며 책임을 회피하고 있습니다. 이런 경우 누가 고객에게 배상책임을 부담하나요?

A10 ▶ 가맹본부가 가맹점사업자에게 공급한 물품의 원시적 하자 등으로 인하여 소비자 피해가 발생한 경우까지도 부당하게 가맹점사업자가 손해배상의무를 모두 부담하도록 계약을 체결하는 행위는 소비자 피해에 대한 손해배상의무를 전가하는 불공정거래행위에 해당

될 수 있습니다. 따라서 귀하에게 모든 책임이 있다고 주장하는 본사의 주장은 타당하지 않습니다. 또한 계약서에 위와 같은 조항이 있어 본사가 제공한 물건의 하자로 인해 소비자에 피해가 생긴 경우에도 가맹점사업자에게 책임을 전가하는 것이라면 약관규제에 관한 법률에 근거하여 무효를 주장할 수 있습니다(약관법 제7조 면책조항의 금지).

Q11

▶ 부당한 영업시간 구속행위

저는 ◇◇가맹본사와 '15. 3. 10. 가맹계약을 체결하였는데, 역주변에 존재하는 점포입지상 24시간 영업이 필요하다는 가맹본사의 요구에 따라 계약서를 작성하고 별도의 직원 없이 혼자서 가맹점을 운영하여 왔습니다. 그러나 몇 개월 지나지 않아 제가 교통사고로 다리를 다쳐 인건비 과다지출이 불가피하게 되자 영업시간을 축소해 줄 것을 가맹본사에 요구하였습니다. 그러나 가맹본사는 24시간 영업을 반드시 준수할 것을 요구하고 있습니다. 영업시간 단축을 요구할 수 없나요?

A11 가맹사업법은 2013. 8. 13. 부당한 영업시간 구속 금지조항을 신설하였습니다. 이에 의하면 "가맹점사업자가 질병 등 불가피한 사유로 인하여 필요 최소한의 범위에서 영업시간의 단축을 요구하였을 경우에는 그 영업시간을 구속하여서는 아니된다"고 규정하고 있습니다. 따라서 귀하가 다리를 다친 상태로 인해 영업시간을 줄이고자 요청하였음에도 불구하고 가맹본사가 24시간의 영업을 준수하도록 강제하는 것은 불공정거래행위에 해당합니다.

Ⅳ. 영업지역 침해

Q1

▶ 영업지역 내 직영점 개설

저는 ◎◎가맹본사와 가맹계약을 체결할 당시 영업지역을 목동으로 설정하였습니다. 그러나 가맹본사는 몇 개월 뒤에 제 가맹점과 직선거리로 50m 부근에 직영점을 개설하였습니다. 이로 인해 저의 매출은 30% 이상 감소하였습니다. 저는 어떻게 해야 하나요?

A1 가맹사업법 제12조의 4는 "가맹본부는 정당한 사유 없이 가맹계약기간 중 가맹점 사업자의 영업지역 안에서 가맹점사업자와 동일한 업종의 자기 또는 계열회사의 직영점이나 가맹점을 설치하는 행위를 하여서는 아니 된다."고 규정되어 있습니다. 만일 가맹본부가 귀하와의 가맹계약기간 내에 가맹점사업자의 영업지역 안에 동일한 브랜드의 직영점을 설치한 것이라면 이는 불공정거래행위에 해당합니다. 따라서 귀하는 본사의 채무불이행을 이유로 계약을 해지하고 영업이익 감소분에 대해 손해배상을 청구할 수 있습니다.

※ 가맹본부는 가맹계약 체결 시 가맹점사업자의 영업지역을 설정하여 가맹계약서에 기재할 의무가 있습니다(2014. 8. 14. 시행).

제한 없이 영업지역을 침해할 수 있는 규정은 약관규제법 위반으로 무효

모든 가맹점계약에 있어서 가맹본부에 가맹점에 대한 판매지역권 보장의무가 당연히 인정되는 것은 아니라 하더라도, 가맹본부로서는 소속 가맹점의 판매지역권을 부당하게 침해하는 것은 허용되지 않는다고 할 것이므로, 가맹본부가 아무런 제약 없이 언제라도 가맹점의 점포와 동일 지역 내에 직영점을 개설하거나 가맹점을 둘 수 있도록 하는 조항을 두었다면 이는 가맹점에 대하여 부당하게 불리한 조항으로 약관의규제에관한법률 제6조 제1항, 제2항 제1호에 의하여 무효라고 보아야 할 것이다(대법원 2000.6.9. 선고 98다45553 판결).

Q2

▶ 리뉴얼 강제

저는 ●●가맹본사와 2년의 가맹계약을 지속적으로 갱신하여 총 10년 간 가맹점을 운영하고 있습니다. 10년이 경과되어 가맹본사에 재계약을 하자고 요청하였는데, 가맹본사는 인테리어 리뉴얼(점포환경 개선)하는 조건으로 갱신계약을 체결하겠다고 답변하였습니다. 10년이 경과되어 갱신요구권이 소멸된 상태에서 갱신계약의 조건으로 인테리어 리뉴얼을 요구하는 가맹본사의 요구는 정당한가요?

A2 ▶ 가맹계약기간 만료 전 180일부터 90일까지 사이에 가맹점사업자에게 조건의 변경에 대한 통지를 서면으로 하지 아니하는 경우에는 계약 만료 전의 가맹계약과 같은 조건으로 다시 가맹계약을 체결한 것으로 보아야 합니다(가맹사업법 제13조 제4항).

만일 가맹본사가 상기한 기간을 준수한 경우라면 가맹사업법상 10년 이후 갱신요구권을 규정하고 있지 않으므로 가맹본사는 갱신을 거절할 수 있습니다. 다만 ① 점포의 시설, 장비, 인테리어 등의 노후화가 객관적으로 인정되는 경우, ② 위생 또는 안전의 결함이나 이에 준하는 사유로 인하여 가맹사업의 통일성을 유지하기 어렵거나 정상적인 영업에 현저한 지장을 주는 경우가 아님에도 불구하고 가맹본사가 리뉴얼을 강제할 경우 가맹사업법 제12조의2 제1항에 따라 불공정 거래행위로 처벌받을 수 있습니다. 또한 인테리어 리뉴얼을 실시할 경우 가맹본사는 리뉴얼 비용의 20%~40%를 가맹점주에게 지원하여야 합니다(가맹사업법 제12조의2 제2항).

V. 가맹계약 종료와 관련된 분쟁

Q1

▶ 양수도 시 인테리어 리뉴얼 조건부 동의

저는 가맹점을 6년 간 운영 후 A와 가맹점 양도계약을 체결하였습니다. 가맹본부에 양도 승인을 요청하니 가맹본부는 5,000만원의 비용이 소요되는 인테리어 리뉴얼을 A가 하지 않는다면 동의해 줄 수 없다고 하여 양도가 무산될 상황입니다. 가맹본부의 주장을 따라야 하나요?

A1 상법 168조의9에 의하면, 가맹본사는 특별한 사정이 없는 한 가맹점주의 영업양도에 동의하여야 한다고 규정하고 있습니다. 따라서 가맹본부는 양수인의 신용불량 등 가맹점사업자로서의 자격미달 사유가 있다는 등의 특별한 사정이 있어야 양도에 동의하지 않을 수 있습니다. 또한 인테리어 리뉴얼 실시사유에 해당되지 않음에도 불구하고 리뉴얼을 조건으로 양·수도에 동의한다면 부당한 점포환경개선 강요 또는 거래상 지위남용행위 등 불공정거래행위에 해당할 수 있습니다.

> 상법
> 제168조의9(가맹상의 영업양도)
> ① 가맹상은 가맹업자의 동의를 받아 그 영업을 양도할 수 있다.
> ② 가맹업자는 특별한 사유가 없으면 제1항의 영업양도에 동의하여야 한다.

Q2

▶ 해지절차의 제한

저는 편의점을 2년 째 운영 중인데, '14. 2. 1. 초코우유의 유통기한이 지난 것을 모르고 진열하였다가 가맹본부에 적발되었습니다. 이에 가맹본부는 '14. 2. 15. 시정조치 공문을 송달하였고, 저는 바로 시정하였습니다. 그러나 가맹본사는 2개월이 지난 '14. 4. 15. 계약해지를 통보하였습니다. 본사의 계약해지가 유효한가요?

A2 계약서상에 "유통기한 경과물품의 진열 · 판매행위"가 계약해지사유로 기재되어 있다 하더라도, 해지를 하기 위해서는 2개월의 유예기간을 두고 계약위반사실을 시정하지 아니하면 계약을 해지한다는 내용을 2회 이상 서면으로 통지하여야 합니다(가맹사업법 제14조). 예외적으로 가맹사업의 거래를 지속하기 어려운 경우로서 즉시해지사유에 해당하는 경우 2회의 통지 없이 즉시해지가 가능합니다. 그러나 가맹본사는 1회의 시정요구를 한 후 계약을 해지하였으므로 가맹사업법 제14조 위반입니다. 또한 동법 14조는 강행규정이므로 본사의 해지는 효력이 없으며, 계약은 여전히 지속되고 있다고 볼 수 있습니다.

가맹본사가 해지절차규정을 준수하지 않을 경우 불법행위 성립

가맹사업거래의 공정화에 관한 법률(2007. 8. 3. 법률 제8630호로 개정되기 전의 것) 제14조는 가맹본부가 가맹계약을 해지하고자 하는 경우에는 해당 가맹점사업자에게 계약을 해지하는 날부터 2월 이상의 유예기간을 두고 3회 이상(개정법은 2회) 계약해지의 사유를 기재한 문서로서 그 시정을 요구하도록 하고, 그와 같은 절차를 거치지 아니한 가맹계약의 해지는 효력이 없다고 규정하고 있는바, 이는 가맹점사업자들로 하여금 위 유예기간 동안 계약해지사유에 대하여 해명하고 시정할 수 있는 기회를 충분히 가지도록 하기 위한 강행규정이므로, 가맹본부로서는 위 법률 제14조가 규정하는 유예기간 중에는 가맹점사업자에게 가맹계약상의 급부 제공을 거절할 수 없고, 이에 위반하는 행위는 불법행위가 될 수 있다 할 것이다(대법 2009.09.24. 선고 2009다32560 판결).

Q3

▶ 가맹계약 합의해지 후 잔여기간에 대한 가맹금 반환

저는 '14. 1. ▽▽가맹본사와 계약기간 5년으로 하는 가맹계약을 체결하고 가맹금 2,000만원을 지급하였으나 일신상의 이유로 더 이상 가맹점을 운영할 수 없어 '15. 6. 1. 가맹본사와 합의해지 하였습니다. 이 경우 제가 계약당시에 지급하였던 가맹금을 일부라도 반환받을 수 있나요?

A3 가맹계약 해지에 따른 가맹금 반환여부 판단 시 가맹점이 가맹본부에게 지급한 금전이 어떤 이름으로 지급하였는가를 가지고만 볼 것이 아니라 무엇에 대한 대가로 지급한 것이고, 프랜차이즈 계약의 해지 경위와 그에 있어서 당사자의 귀책사유 유무 등을 종합적으로 고려하여 판단하여야 하며, 프랜차이즈 계약이 합의해지 된 경우라면, 가맹본부가 지급받은 가맹금 중 프랜차이즈 계약의 합의해지 후 잔여기간에 해당하는 부분은 가맹점에게 반환하여야 합니다(수원지방법원 성남지원 2002 가단 13668판결).

Q4

▶ 경업금지 의무

저는 학원 프랜차이즈를 운용하고 있는 가맹점주입니다. 프랜차이즈를 하다보니 가맹본부에 지급하여야 하는 로열티가 너무 많고 통제가 심해 일반 개인학원으로 전환을 하려 합니다. 계약기간이 만료되면 가맹계약을 종료하고 일반 개인학원을 하겠다고 가맹본부에 통지하였으나, 계약서상 종료 후 5년 동안 경업금지의무가 규정되어 있어 이럴 경우 위약금 2,000만원을 청구한다는 답변을 보냈습니다. 본사의 주장이 타당한가요?

A4 가맹계약 종료 후에도 일정 장소에서 동종 영업을 금지하는 경업금지규정은 가맹점주가 가맹계약기간 존속 중 알게 된 가맹본부의 영업비밀을 이용하여 계약 종료 후 동일 장소에서 동종 영업을 하여 가맹본부에 손해를 끼치는 영업비밀 침해행위를 막기 위해 일반적인 가맹계약서에 규정되어 있습니다. 경업금지 규정이 업종과 지리적 제한을 둔 것은 합리적이나 기간과 장소적 제한을 두지 않아 아무런 제한 없이 영업을 못하게 하는 것은 사업자의 직업선택의 자유 등을 현저히 침해하는 것으로 무효라고 볼 수 있습니다. 따라서, 계약 종료 후 5년 동안 경업금지의무를 부과하는 것은 귀하의 직업선택의 자유를 현저히 침해하는 것으로 불공정약관에 해당될 소지가 높습니다.

제 13 장　가맹사업거래 분쟁조정 사례[1]

1) 한국공정거래조정원 홈페이지(www.kofair.or.kr)-분쟁조정사례-가맹사례에서 인용.

사례 1. 외식사업자의 정보공개서 미제공 관련 분쟁에 대한 건

1. 사건개요

가. 당사자 현황

피신청인은 육류 외식업 가맹업을 영위하는 법인이고, 신청인은 피신청인과 가맹계약을 체결하여 가맹점을 운영하는 사업자이다.

나. 분쟁의 경위

신청인은 피신청인과 가맹계약을 체결하고 이 사건 매장을 운영하던 중 가맹계약 체결시 정보공개서를 제공받지 못하였고, 피신청인이 허위·과장 정보를 제공하여 계약을 체결하였음을 이유로 가맹금 반환을 요구하는 이 사건 분쟁조정을 신청하였다.

다. 사안의 쟁점

정보공개서 제공의무 위반 및 허위·과장 정보제공행위 해당 여부
- 위 사안의 경우 피신청인의 정보공개서를 제공하였는지 여부 및 예상매출액 정보 제공이 허위·과장 정보제공행위에 해당하는지 여부가 문제된다.

손해배상액의 산정
- 피신청인의 행위가 위와 같은 가맹사업법 위반행위에 해당한다고 할 경우, 그로 인한 신청인의 손해가 얼마인지를 확정하기 위해 그 산정기준을 살펴보아야 한다.

라. 조정신청 대상적격

분쟁당사자 간의 거래가 가맹사업법 제2조 제1호에 따른 가맹사업에 해당하므로 조정대상이 된다.

2. 분쟁사실

신청인은 치킨 가맹점을 약 6년간 운영해오던 중 2009. 5. 1. 폐업하고 피신청인과 접촉하여 본건 가맹계약에 이르게 되었다.

신청인과 피신청인은 계약 체결 전 가맹점 개설예정지 여러 곳을 함께 검토한 바 있고, 결국 신청인의 요구에 따라 권리금은 없으나 임차료가 다소 높은 본 건 가맹점의 위치를 선택하게 되었다.

신청인은 피신청인의 직원인 이OO 팀장과의 통화 내용을 녹취한 음성파일을 제출하였고 그내용은 아래와 같다.

신청인 : 팀장님이 하루 매출액이 150만원에서 180만원이 나오는 매장이라고 하셔서 월세 500에도 불구하고 와서 장사를 시작하였는데 일평균 80만원이 나온다.

이OO 팀장 : 그렇게 예상했는데 아이참 힘드네. ▲▲▲도 장사도 잘되고 해서 피신청인 가맹점이 원래 처음에는 그렇게 매출이 나와도 조금만 지나면 월 4,000만 원 이상 씩은 다나오는데, 그게 피신청인 가맹점의 매력인데. 그렇지 못한 것은 지역적으로 문제가 있는거 같은데요. 본사 임원들이랑 회의해서 결과를 가지고 다시 전화드릴께요.

(2010년 7월 7일 오후 7시 25분 경)

- 위 음성녹취 자료는 신청인이 가맹점의 영업을 시작한 후 약 9개월이 지난 시점에서 피신청인의 직원과 통화한 내용이다.
- 피신청인이 피신청인의 모든 가맹점의 월매출액이 4,000만원 이상이라고 얘기했다는 신청인의 주장을 인정할 증거가 없다.

정보공개서에 따르면 2009년 기준으로 피신청인의 가맹점들은 월매출액이 최고 139,039,000원, 최소 8,262,916원을 달성하고 있고, 평균적으로는 31,789,580원 가량으로 파악된다.

- 피신청인이 신청인에게 제시한 일평균 매출액 중 하한 금액인 150만원 기준으로 월평균 매출액은 약 4,500만원 가량이고, 이는 피신청인 가맹점들 평균매출액의 약 142%에 해당하는 금액이다.

신청인의 가맹점은 2009. 10. 27. 개업한 이후 2011. 1. 5.까지 일평균 77만원, 월평균 2,300만원 가량의 매출액을 발생시키고 있고, 이는 피신청인의 전체 가맹점들 평균 매출액의 72% 수준이고, 피신청인의 제공한 예상매출액의 약 51% 수준이다.

이를 표로 정리하면 아래와 같다.

〈표-1〉 각 매출액 비교

(단위 : 원, 2009년 기준)

구 분	① 피신청인 가맹점월 평균매출액	② 피신청인 제공월 평균 예상매출액	③ 실제 신청인 가맹점 월매출액
매출액	31,789,580	45,000,000 (1,500,000원 기준)	23,000,000
차이비율		①의 약 142%	①의 72% ②의 51%
검 토		과장성 여부 판단 필요	피신청인 제공 정보에 비해 낮으나, 가맹점 평균매출액에 비해 저조하다고 보기 어려움

피신청인은 2010년 3월 경 신청인에게 정보공개서를 제공하였고, 정보공개서 상 제공날짜를 2009. 9. 2. 로 기재한 사실이 있다.

3. 양 당사자 주장

가. 신청인 주장

신청인은 본 건 가맹계약 체결 후 약 6개월 후인 2010년 3월경 피신청인으로부터 정보공개서를 제공받았고 당시 피신청인은 정보공개서에 2009. 9. 2. 정보공개서를 제공하였다는 내용을 기재하였다.

피신청인의 직원인 이OO 팀장은 가맹계약 체결 과정에서 본 건 가맹점의 일 매출액이 최소 150만원에서 180만원 정도 나올 것이고, 피신청인의 모든 매장이 월 4,000만원 이상 매출을 발생시키고 있다고 말한 바 있다.

그러나 실제 신청인 가맹점의 매출은 매우 저조하여 적자를 면하지 못하였다.

나. 피신청인 주장

본 건 가맹계약 체결 시점은 피신청인의 가맹점이 다수 개설되었던 시기라서 정보공개서를 제때 제공하지 못하였다.

피신청인은 단지 피신청인의 타 가맹점들의 사례를 말하였을 뿐 신청인의 가맹점에 대해 매출액을 예상하여 신청인에게 정보를 제공한 바 없다.

4. 관련 법규정 및 심사지침

가맹사업거래의 공정화에 관한 법률

제7조(정보공개서의 제공의무 등) ① 가맹본부(가맹지역본부 또는 가맹중개인이 가맹점 사업자를 모집하는 경우를 포함한다. 이하 같다)는 가맹희망자에게 제6조의2 제1항에 따라 등록한 정보공개서를 대통령령으로 정하는 바에 따라 제공하여야 한다.

② 가맹본부는 등록된 정보공개서를 제공하지 아니하였거나 정보공개서를 제공한 날부터 14일(가맹희망자가 정보공개서에 대하여 변호사 또는 제27조에 따른 가맹거래사의 자문을 받은 경우에는 7일로 한다)이

지나지 아니한 경우에는 다음 각 호의 어느 하나에 해당하는 행위를 하여서는 아니된다.

1. 가맹희망자로부터 가맹금을 수령하는 행위. 이 경우 가맹희망자가 예치기관에 예치가맹금을 예치하는 때에는 최초로 예치한 날(가맹본부가 가맹희망자와 최초로 가맹금을 예치하기로 합의한 때에는 그 날)에 가맹금을 수령한 것으로 본다.
2. 가맹희망자와 가맹계약을 체결하는 행위

제9조(허위 · 과장된 정보제공 등의 금지) ① 가맹본부는 가맹희망자에게 정보를 제공함에 있어서 허위 또는 과장된 정보를 제공하거나 중요사항을 누락하여서는 아니된다.

② 가맹본부는 가맹희망자나 가맹점사업자에게 다음 각 호의 어느 하나에 해당하는 정보를 제공하는 경우에는 서면으로 하여야 한다.

1. 가맹희망자의 예상매출액 · 수익 · 매출총이익 · 순이익 등 장래의 예상수익상황에 관한 정보
2. 가맹점사업자의 매출액 · 수익 · 매출총이익 · 순이익 등 과거의 수익상황이나 장래의 예상수익 상황에 관한 정보

③ 가맹본부는 제2항에 따라 정보를 제공하는 경우에는 그 정보의 산출근거가 되는 자료 로서 대통령령으로 정하는 자료를 가맹본부의 사무소에 비치하여야 하며, 영업시간 중에 언제든지 가맹희망자나 가맹점사업자의 요구가 있는 경우 그 자료를 열람할 수 있도록 하여야 한다.

제10조(가맹금의 반환) ① 가맹본부는 다음 각 호의 어느 하나에 해당하는 경우에는 가맹 희망자나 가맹점사업자가 대통령령으로 정하는 사항이 적힌 서면으로 요구하는 날부터 1개월 이내에 가맹금을 반환하여야 한다.

1. 가맹본부가 제7조 제2항을 위반한 경우로서 가맹희망자 또는 가맹점사업자가 가맹계약 체결 전 또는 가맹계약의 체결일부터 2개월 이내에 가맹금의 반환을 요구하는 경우

5. 분쟁조정협의회의 판단

가. 정보공개서 미제공에 해당하는지 여부

피신청인은 최초 가맹금의 지급일 또는 가맹계약 체결일로부터 14일 전에

정보공개서를 제공하지 않았으므로 가맹사업법 제7조를 위반한 소지가 있어 보인다.

나. 허위·과장 정보제공 행위에 해당하는지 여부

1) 허위·과장 정보제공 행위 해당여부에 대한 판단기준

- 법 제9조 제1항 전단의 허위 또는 과장된 정보제공 행위가 성립하기 위해서는 가맹본부가 가맹희망자에게 ①사실과 다르거나 사실을 지나치게 부풀린 정보를 제공하여 ② 가맹희망자를 기만하거나 오인시킬 우려가 있어야 한다. 다만, 가맹본부가 사실과 다르거나 사실을 지나치게 부풀린 정보 또는 중요사항을 누락한 정보를 제공하더라도 가맹희망자가 그 정보로 인하여 계약체결 등의 판단에 별다른 영향을 받지 아니하였다는 객관적인 정황이 있는 경우에는 허위·과장 정보 제공행위로 보지 아니한다.
- 가맹본부가 가맹희망자에게 제공한 정보가 가맹희망자를 기만하거나 오인시킬 우려가 있는지 여부는 정보 제공의 주체, 수단, 시기, 기간 및 표현 방법 등을 고려하여 보통의 주의력을 가진 가맹희망자를 기준으로 판단하여야 한다.

  즉, 같은 정보를 제공하는 경우에도 일반 직원보다는 임원의 정보 제공행위가, 구두보다는 문서 형태의 정보 제공행위가, 개별 상담보다는 공식적인 설명회상의 정보 제공행위가, 일회성보다는 지속적인 정보 제공행위가, 가정보다는 확정적인 정보 제공행위가 가맹희망자를 기만하거나 오인시킬 우려가 높다.

(공정거래위원회 2009. 12. 14. 의결 제 2009 - 247호 참조).

2) 판 단

신청인이 제출한 녹취자료를 통하여 피신청인이 신청인에게 일 평균 150만 원 내지 180만원의 매출액이 발생할 것이라는 내용의 정보를 구두로 제공하여 가맹사업법 제9조 제2항을 위반한 소지가 있다고 볼 수 있다.

한편, 피신청인이 신청인에게 제공한 예상매출액 정보가 가맹점 평균매출액의 약 142%에 달하여 다소 과장되어 보이나, 이를 가맹사업법 제9조 제1항 위반의 소지가 있는 행위로 보아야 할 지에 대한 검토가 필요하다.

실제로 본 건에서 피신청인이 신청인에게 예상매출액 정보를 "일반 직원에 의해서, 개별 상담으로, 일회성으로, 가정적인" 방식에 의해 제공하였으므로, 이로 인해 신청인이 기만당하거나 오인하였다고 보기 어렵고 피신청인이 구두로 예상매출액 정보를 제공한 행위가 신청인 가맹점의 매출부진과 인과관계가 있다고 볼 수도 없으므로 신청인의 손해배상청구도 인정되기 어렵다고 사료된다.

따라서 피신청인이 허위·과장된 정보를 제공하여 가맹사업법 제9조 제1항을 위반하였다고 보기는 어렵다.

다. 가맹금 반환 책임 여부

피신청인의 정보공개서 제공의무 위반사실은 인정되나, 신청인은 피신청인의 정보공개서 제공의무 위반을 이유로 서면으로 가맹금의 반환을 요구한 사실이 없고, 가맹금 반환 요구 기한마저 지났으므로 신청인의 가맹금 반환 요구는 어렵다.

다만, 피신청인의 가맹사업법 위반 소지를 이유로 하여 비록 법에서 규정한 반환 기간은 지났으나 가맹금 중 일부 금액을 반환토록 함이 적절할 것이라고 사료된다.

라. 가맹금 반환액의 산정

1) 산정기준[1)]

〈정보공개서 제공의무 위반 등 가맹사업법 위반시〉

가맹사업법 상 가맹금 반환 요건(계약체결일로부터 2개월 이내에 서면으로 가맹금 반환 요구)을 갖춘 경우 가맹금 전액을 반환.
계약체결 경위, 가맹금의 성격, 계약기간, 계약이행기간, 귀책정도 등 고려하여 반환 금액을 감액할 수 있음*
※ 가맹금 감액사례
- 이미 가맹점을 개설하여 운영한 경우
- 가맹점사업자가 '정보공개서 제공확인서'의 날짜를 허위로 작성한 경우

1) 가맹금 반환액 또는 손해배상액에 관한 위 산정기준은 그 동안의 가맹사업거래분쟁조정협의회가 심의·의결한 내용을 바탕으로 정리한 것이다.

〈계약해지 후 계약기간이 남아있는 경우〉
가맹금 중 계약기간에 따라 소진되는 금액 ※ 을 잔여계약기간분만큼 일할 계산
※ 영업표지 사용대가 또는 교육·지원의 대가 등을 말함
(제외) 초도물품비, 가입비 등 일시에 소진되는 금액은 제외

〈가맹점 포괄양수 시 새로이 가맹금을 지급한 경우〉
가맹본부에 지급한 가맹금 전액을 반환
(예외) 새로이 가맹계약기간을 정하여 신규 가맹계약을 체결한 경우

2) 판 단

피신청인의 가맹사업법 위반 소지를 이유로 하여 비록 법에서 규정한 반환 기간은 지났으나, 피신청인의 정보공개서 제공의무 위반 등 가맹사업법 위반사실이 인정되므로 가맹금 중 10,000,000원을 반환하도록 함이 적절할 것이라고 사료된다.

마. 권고 주문

피신청인은 신청인에게 2011년 ○월 ○○일까지 10,000,000원을 지급하여야 한다.

6. 조정 결과

양당사자는 본 협의회의 권고주문을 수락하여 주문과 같은 내용의 조정이 성립하였다.

사례 2. 주류외식사업자의 정보공개서 미제공 관련 분쟁에 대한 건

1. 사건개요

가. 당사자 현황

피신청인은 주류외식 가맹사업을 영위하는 가맹본부이고, 신청인은 피신

청인과 가맹계약을 체결하고자 사업신청서를 작성하고 가맹금을 지급한 가맹희망자이다.

나. 분쟁의 경위

신청인은 피신청인과 가맹계약을 체결하고자 먼저 사업신청서를 작성하여 피신청인에게 제공하고 계약금 1,000,000원을 지급한 후 계약조건에 관해 협의하던 중 계약조건이 자신이 생각했던 바와 맞지 않고, 피신청인의 다른 가맹점들이 피신청인을 상대로 소송을 제기하려고 한다는 등의 소문을 듣게 되었으며, 피신청인으로부터 정보공개서도 제공받지 못하였다는 사실을 알게 되어 피신청인에게 계약금 1,000,000원의 반환을 요구하였으나 피신청인이 반환을 거절하여 분쟁이 발생하였다.

다. 사안의 쟁점

정보공개서 미제공 행위 해당 여부
- 위 사안의 경우 피신청인이 공정거래위원회에 등록된 정보공개서를 제공하지 아니하였거나 정보공개서를 제공한 날부터 14일이 지나지 아니한 채 가맹계약을 체결하였는지 여부가 문제된다.

신청인의 가맹금 반환요구에 대하여 피신청인이 가맹금을 반환해야 하는지 여부
- 또한 피신청인이 정보공개서를 적법하게 제공하지 않았다면, 신청인이 이를 이유로 한가맹금 반환요건을 갖추어 서면으로 반환요구를 했는지와 이에 대한 가맹금 반환 여부를 살펴보아야 한다.

라. 조정신청 대상적격

분쟁당사자 간의 거래가 가맹사업법 제2조 제1호에 따른 가맹사업에 해당하므로 조정대상이 된다.

2. 분쟁사실

신청인은 2012. 1. 10. '□□□ 안양시 명학점' 가맹점의 개설을 희망하는 내용의 사업신청서를 작성하여 피신청인에게 제공하였고, 피신청인은 신청인

에게 정보공개서를 제공하지 않은 상태에서 신청인으로부터 계약금(이하 "가맹금"이라 한다) 1,000,000원을 수령하였다.

신청인은 이후 피신청인과 정식 가맹계약을 체결하기 전 계약조건에 관한 협의를 하던 중피신청인이 물품보증금 2,000,000원과 월 로열티 150,000원을 지급해야 한다는 내용의 계약조건을 제시하자, 이를 승낙하지 않고 가맹계약서의 작성을 보류하였다.

그리고 신청인은 피신청인에게 가맹금의 반환을 요구하였으나 피신청인이 반환을 거절하였고, 이에 신청인이 이 사건 분쟁조정을 신청하자 피신청인은 즉시 신청인에게 가맹금 전액을 반환하겠다고 하고선 현재까지 반환하지 않고 있다.

편, 신청인은 이 사건 분쟁조정 신청 이후인 2012. 3. 12. 피신청인의 정보공개서 미제공을 이유로 서면으로 가맹금 1,000,000원의 반환을 요구한 사실이 있다.

3. 양 당사자 주장

가. 신청인 주장

신청인은 피신청인이 가맹사업법에 의거하여 가맹금을 반환해야 하고, 구두로도 신청인에게 가맹금의 반환을 약속한 사실이 있기에 즉시 가맹금을 반환해야 한다고 주장한다.

나. 피신청인 주장

피신청인은 자금이 부족하여 즉시 신청인에게 가맹금을 반환하지 못하고 있으며, 자금에 여유가 생기는 대로 반환할 것이라고 주장한다.

4. 관련 법규정 및 심사지침

가맹사업거래의 공정화에 관한 법률

제7조(정보공개서의 제공의무 등) ① 가맹본부(가맹지역본부 또는 가맹중개인이 가맹점 사업자를 모집하는 경우를 포함한다. 이하 같다)는 가맹희망자에게 제6조의2 제1항에 따라 등록한 정보공개서를 대통령령으로 정

> 하는 바에 따라 제공하여야 한다.
> ② 가맹본부는 등록된 정보공개서를 제공하지 아니하였거나 정보공개서를 제공한 날부터 14일(가맹희망자가 정보공개서에 대하여 변호사 또는 제27조에 따른 가맹거래사의 자문을 받은 경우에는 7일로 한다)이 지나지 아니한 경우에는 다음 각 호의 어느 하나에 해당하는 행위를 하여서는 아니된다.
> 1. 가맹희망자로부터 가맹금을 수령하는 행위. 이 경우 가맹희망자가 예치기관에 예치가맹금을 예치하는 때에는 최초로 예치한 날(가맹본부가 가맹희망자와 최초로 가맹금을 예치하기로 합의한 때에는 그 날)에 가맹금을 수령한 것으로 본다.
> 2. 가맹희망자와 가맹계약을 체결하는 행위
>
> **제10조(가맹금의 반환)** ① 가맹본부는 다음 각 호의 어느 하나에 해당하는 경우에는 가맹희망자나 가맹점사업자가 대통령령으로 정하는 사항이 적힌 서면으로 요구하는 날부터 1개월 이내에 가맹금을 반환하여야 한다.
> 1. 가맹본부가 제7조 제2항을 위반한 경우로서 가맹희망자 또는 가맹점사업자가 가맹계약 체결 전 또는 가맹계약의 체결일부터 2개월 이내에 가맹금의 반환을 요구하는 경우

5. 분쟁조정협의회의 판단

가. 정보공개서 제공의무 및 가맹금 예치의무 위반 행위 해당 여부

피신청인은 가맹희망자인 신청인에게 정보공개서를 제공하지 않고서 가맹금 1,000,000원을 수령하여 가맹사업법 제7조 제2항 제1호를 위반하였다고 할 것이다.

나. 가맹금 반환 책임 여부

신청인은 가맹계약의 체결 전인 2012. 3. 12. 피신청인에게 정보공개서 제공의무 위반을 이유로 가맹금의 반환을 서면으로 요구하였고, 이는 가맹사업법 제10조 제1항 제1호에 따른 적법한 가맹금 반환 요구행위라고 할 것이므로 피신청인은 위 가맹금 반환 요구일로부터 1개월 이내인 2012. 4. 10.까지

신청인에게 가맹금을 반환해야 하나 현재까지 신청인에게 반환하지 않고 있으므로 즉시 신청인에게 가맹금을 반환해야 할 것이다.

한편, 피신청인은 자금부족을 이유로 가맹금의 즉시 반환이 어렵다고 주장하나, 피신청인이 가맹점 모집을 내용으로 하는 인터넷 홈페이지를 현재에도 계속 운영하고 있는 점, 홈페이지상 가맹점이 약 50개 이상인 점으로 볼 때 피신청인은 가맹점 모집에 따른 가맹금 및 가맹점에 대한 물류 공급을 통한 마진 등의 수익을 계속 얻고 있는 것으로 보이므로 피신청인의 주장은 이유 없다고 할 것이다.

다. 가맹금 반환액의 산정

1) 산정기준

〈정보공개서 제공의무 위반 등 가맹사업법 위반 시〉
가맹사업법 상 가맹금 반환 요건(계약체결일로부터 2개월 이내에 서면으로 가맹금 반환 요구)을 갖춘 경우 가맹금 전액을 반환.
계약체결 경위, 가맹금의 성격, 계약기간, 계약이행기간, 귀책정도 등 고려하여 반환 금액을 감액할 수 있음※
※ 가맹금 감액사례
- 이미 가맹점을 개설하여 운영한 경우
- 가맹점사업자가 '정보공개서 제공확인서'의 날짜를 허위로 작성한 경우

〈계약해지 후 계약기간이 남아있는 경우〉
가맹금 중 계약기간에 따라 소진되는 금액※을 잔여계약기간분만큼 일할계산
※ 영업표지 사용대가 또는 교육 · 지원의 대가 등을 말함
(제외) 초도물품비, 가입비 등 일시에 소진되는 금액은 제외

〈가맹점 포괄양수 시 새로이 가맹금을 지급한 경우〉
가맹본부에 지급한 가맹금 전액을 반환
(예외) 새로이 가맹계약기간을 정하여 신규 가맹계약을 체결한 경우

2) 판 단

피신청인은 가맹희망자인 신청인에게 정보공개서를 제공하지 않고서 가맹금을 수령하여 가맹사업법 제7조 제2항 제1호를 위반하였고, 이에 대하여 신청인은 가맹사업법 제10조 제1항 제1호에서 규정하고 있는 가맹금 반환 요건을 갖추었으므로 가맹금 전액인 1,000,000원을 반환하는 것이 타당할 것이다.

라. 권고 주문

피신청인은 신청인에게 가맹금 전액인 1,000,000원을 즉시 반환해야 한다.

6. 조정 결과

양당사자는 본 협의회의 권고주문을 수락하여 주문과 같은 내용의 조정이 성립하였다.

사례 3. 외식사업자의 정보공개서 미제공 관련 분쟁에 대한 건

1. 사건개요

가. 당사자 현황

피신청인은 외식 관련 가맹사업을 영위하는 가맹본부이고, 신청인은 피신청인과 'ㅇㅇ 상무점' 에 관한 가맹계약을 체결한 가맹점사업자이다.

나. 분쟁의 경위

신청인은 피신청인으로부터 정보공개서를 제공받지 못한 채, 이 사건 가맹계약을 체결한 후계약체결일로부터 2개월이 지나도록 가맹점을 개설하지 못하자 분쟁이 발생하였다.

다. 사안의 쟁점

정보공개서 제공의무 위반 여부
- 위 사안의 경우 피신청인이 공정거래위원회에 등록된 정보공개서를 제공하지 아니하였거나 정보공개서를 제공한 날부터 14일이 지나지 아니한 채 가맹계약을 체결하였는지 여부가 문제된다.

가맹금 반환 여부 및 반환대상 가맹금의 산정
- 피신청인의 행위가 위와 같은 가맹사업법 위반행위에 해당한다고 할 경우, 그로 인한 신청인의 손해가 얼마인지를 확정하기 위해 그 산정기준을 살펴보아야 한다.

라. 조정신청 대상적격

이 사건 분쟁당사자 간의 거래가 법 제2조 제1항에 따른 가맹거래에 해당하므로 조정대상이 된다.

2. 분쟁사실

신청인은 기존에 음식점을 운영하고 있던 자로서 점포의 시설물을 그대로 이용하여 가맹점을 운영할 목적으로 2011. 12. 24. 피신청인과 2년의 '○○ 상무점'에 관한 가맹계약을 체결하였다.

- 위 계약체결 과정에서 피신청인은 신청인에게 정보공개서를 제공하지 않았고 가맹금 15,000,000원 중 5,000,000원을 신청인으로 하여금 예치하도록 하지 않고, 2011. 12. 26. 직접 수령한 사실이 있다.

이후 신청인이 가맹점의 개설을 준비하던 과정에서 피신청인은 신청인 점포의 낙후된 시설물 일부를 새로이 교체할 것을 요구하고, 2012. 2. 13. "가맹계약의 조속한 이행에 대한 협조 요청서"를 발송하여 신청인에게 로스타, 주방집기, 수족관 등의 물품대금의 선 지급 및 가맹점 개설을 촉구하였다.

- 그러자 신청인은 피신청인에게 구두로 가맹계약의 해지를 통보하였고, 이후 2012. 2. 22. 서면으로 가맹금의 반환을 요구하였으나, 피신청인이

가맹점 개설에 필요한 각종 비품 발주에 비용이 지출되었다는 이유로 가맹금의 반환을 거절하고 있다.

3. 양 당사자 주장

가. 신청인 주장

신청인은 피신청인이 가맹계약 체결 전 제시하였던 투자비용 외에 추가 비용을 요구하여 가맹계약을 해지하기에 이르렀기에 피신청인은 가맹금 전액을 반환하여야 한다고 주장한다.

나. 피신청인 주장

피신청인은 신청인의 가맹점 개설에 필요한 각종 비품 발주를 위하여 이미 비용을 지출하였기에 신청인에게 가맹금 전액을 반환할 수 없다고 주장한다.

4. 관련 법규정 및 심사지침

가맹사업거래의 공정화에 관한 법률

제6조의5(가맹금의 예치 등) ① 가맹본부는 가맹점사업자(가맹희망자를 포함한다.)로 하여금 가맹금을 대통령령으로 정하는 기관에 예치하도록 하여야 한다. 다만, 가맹본부가 제15조의2에 따른 가맹점사업자피해보상보험계약 등을 체결한 경우에는 그러하지 아니하다.

제7조(정보공개서의 제공의무 등) ① 가맹본부(가맹지역본부 또는 가맹중개인이 가맹점사업자를 모집하는 경우를 포함한다. 이하 같다)는 가맹희망자에게 제6조의2 제1항에 따라 등록한 정보공개서를 대통령령으로 정하는 바에 따라 제공하여야 한다.

② 가맹본부는 등록된 정보공개서를 제공하지 아니하였거나 정보공개서를 제공한 날부터 14일(가맹희망자가 정보공개서에 대하여 변호사 또는 제27조에 따른 가맹거래사의 자문을 받은 경우에는 7일로 한다)이 지나지 아니한 경우에는 다음 각 호의 어느 하나에 해당하는 행위를 하여서는 아니된다.

1. 가맹희망자로부터 가맹금을 수령하는 행위. 이 경우 가맹희망자가 예치기관에 예치가맹금을 예치하는 때에는 최초로 예치한 날(가맹본부

> 가 가맹희망자와 최초로 가맹금을 예치하기로 합의한 때에는 그 날)에 가맹금을 수령한 것으로 본다.
>
> 2. 가맹희망자와 가맹계약을 체결하는 행위
>
> **제10조(가맹금의 반환)** ① 가맹본부는 다음 각 호의 어느 하나에 해당하는 경우에는 가맹희망자나 가맹점사업자가 대통령령으로 정하는 사항이 적힌 서면으로 요구하는 날부터 1개월 이내에 가맹금을 반환하여야 한다.
>
> 1. 가맹본부가 제7조 제2항을 위반한 경우로서 가맹희망자 또는 가맹점사업자가 가맹계약 체결 전 또는 가맹계약의 체결일부터 2개월 이내에 가맹금의 반환을 요구하는 경우

5. 분쟁조정협의회의 판단

가. 정보공개서 제공의무 및 가맹금 예치의무 위반 행위 해당 여부

피신청인은 현재 공정거래위원회에 정보공개서를 등록하고 있지 않은 가맹본부로서 이 사건 가맹계약 체결 과정에서 신청인에게 정보공개서를 제공하지 않았고, 신청인으로 하여금 가맹금을 예치하도록 하지 않고 직접 수령하여 가맹사업법 제7조 제2항 제1호 및 제6조의5 제1항을 위반하였다.

나. 가맹금 반환 책임 여부

신청인은 계약 체결일로부터 2개월이 지나지 않은 날에 피신청인에게 서면으로 가맹금의 반환을 요구한 사실이 있으나, 이 서면에는 가맹사업법 제10조에서 정하고 있는 기재사항 중가맹본부가 정보공개서를 제공하지 아니한 사실이 누락되어 있어 이를 가맹사업법 제10조 제1항에 따른 가맹금 반환 요구행위에 해당한다고 판단하기 미흡한 사실이 있다.

다만, 피신청인이 가맹사업법 제7조 제2항을 위반한 사실이 인정되고, 피신청인이 신청인 가맹점의 개설에 필요한 각종 비품의 발주에 지출된 비용에 대해 전혀 입증을 하지 못하고 있는 사실로 미루어 볼 때 이 사건 가맹계약의 해지로 인하여 피신청인이 입은 피해는 없다고할 것이므로, 비록 신청인이 법에서 규정한 반환 요구절차를 지키지 못하였다고 하더라도 피신청인으

로 하여금 가맹금을 반환하도록 함이 적절할 것이라고 사료된다.

다. 가맹금 반환액의 산정

1) 산정기준

〈정보공개서 제공의무 위반 등 가맹사업법 위반 시〉
가맹사업법 상 가맹금 반환 요건(계약체결일로부터 2개월 이내에 서면으로 가맹금 반환 요구)을 갖춘 경우 가맹금 전액을 반환.
계약체결 경위, 가맹금의 성격, 계약기간, 계약이행기간, 귀책정도 등 고려하여 반환 금액을 감액할 수 있음※
※ 가맹금 감액사례
- 이미 가맹점을 개설하여 운영한 경우
- 가맹점사업자가 '정보공개서 제공확인서'의 날짜를 허위로 작성한 경우

〈계약해지 후 계약기간이 남아있는 경우〉
가맹금 중 계약기간에 따라 소진되는 금액 ※ 을 잔여계약기간분만큼 일할 계산
※ 영업표지 사용대가 또는 교육·지원의 대가 등을 말함
(제외) 초도물품비, 가입비 등 일시에 소진되는 금액은 제외

〈가맹점 포괄양수 시 새로이 가맹금을 지급한 경우〉
가맹본부에 지급한 가맹금 전액을 반환
(예외) 새로이 가맹계약기간을 정하여 신규 가맹계약을 체결한 경우

2) 판 단

위 나항에서 본 바와 같이 피신청인이 가맹계약 체결 과정에서 가맹사업법을 위반한 사실, 이 사건 가맹계약 해지로 입은 피해가 전혀 없다는 사실 등을 고려할 때, 이 사건 가맹계약을 해지하고, 피신청인은 신청인으로부터 지급받은 가맹금 5,000,000원 전액을 반환하여야 함이 타당하다.

라. 권고 주문

피신청인은 이 사건 가맹계약을 해지하고, 피신청인은 신청인으로부터 지급받은 가맹금 5,000,000원 전액을 반환하여야 한다.

6. 조정 결과

양당사자는 본 협의회의 권고주문을 수락하여 주문과 같은 내용의 조정이 성립하였다.

사례 4. 죽전문점사업자의 정보공개서 미제공 관련 분쟁에 대한 건

1. 사건개요

가. 당사자 현황

피신청인은 죽 전문점 가맹업을 영위하는 가맹본부이고, 신청인은 피신청인과 가맹계약을 체결하여 가맹점을 운영하는 사업자이다.

나. 분쟁의 경위

신청인은 피신청인과 계약기간을 2년으로 하는 가맹계약을 체결하여 가맹점을 운영 하였는데 피신청인이 제시한 예상매출액보다 실제 매출액이 현저하게 낮고 매월 적자가 발생하여, 이에 신청인은 피신청인을 상대로 정보공개서 미제공 및 허위·과장정보 제공 등을 이유로 가맹계약을 해지하고 123,571,493원의 손해배상을 청구하는 취지의 조정을 신청하였다.

다. 조정신청 대상적격

분쟁당사자 간의 거래가 가맹사업법 제2조 제1호에 따른 가맹사업에 해당하므로 조정대상이 된다.

2. 분쟁의 쟁점

가. 분쟁사실

신청인은 정보공개서를 제공받지 못한 채 피신청인과 계약기간을 2년으로 하여 2011. 12. 14. 죽전문점을 운영하는 가맹계약을 체결하였다.

신청인은 실제로 가맹점을 운영해 본 결과 누적되는 적자로 인하여 가맹계약을 유지할 수없음을 이유로 피신청인에게 2012. 5. 3. 서면으로 가맹금의 반환 및 손해의 배상을 요구하였다.

나. 양 당사자 주장

1) 신청인 주장

신청인은 피신청인이 계약체결 전에 정보공개서를 제공하지 않았고 신청인이 계약체결 후정보공개서 제공을 요청하자 2012. 2. 27. 이메일로 제공하였으며, 가맹계약서도 계약체결 당일 교부받았다고 주장한다.

신청인은 피신청인이 제공한 월 매출 558~780만 원의 수입을 보장한다는 정보를 믿고 가맹계약을 체결하였으나, 실제 영업을 해 본 결과 월 평균 541만원의 적자를 면하지 못하고 있으므로 계약을 해지하고 피신청인이 이에 대한 손해를 배상해야 한다고 주장한다.

2) 피신청인 주장

피신청인은 신청인에게 정보공개서를 계약체결 이후 뒤늦게 이메일로 제공하였으나, 정보공개서를 제공한 날인 2012. 2. 27.부터 신청인이 본사로 잔금을 보낸 시점인 2012. 3. 14.까지 16일이라는 시간적 여유가 있었으므로 피신청인의 정보공개서 사전제공의무 위반의 정도는 비교적 경미하다고 주장한다.

피신청인은 가맹희망자들에게 월 수익을 보장한 사실이 없으며, 신청인이 2012. 3. 8. 영업을 개시하여 불과 2개월 정도 지난 시점에서 월 평균 5,410,240원의 적자가 발생하였다는 주장은 이해할 수 없으며, 적자의 원인은 매장 운영자의 개인 능력, 매장의 위치, 상권 등 다양한 변수에 따라 변동할 수 있는데 이를 전적으로 피신청인의 귀책사유로 돌린다는 것은 부당하다고 주장한다.

3. 조정 결과

양 당사자는 가맹계약을 해지하고 피신청인이 2,000만원을 신청인에게 지급하는 내용으로 합의하여 조정이 성립되었다.

사례 5. 학원사업자의 정보공개서 미제공 관련 분쟁에 대한 건

1. 사건개요

가. 당사자 현황

피신청인은 학원 가맹사업을 영위하는 가맹본부이고, 신청인은 피신청인과 가맹계약을 체결하고 가맹금을 지급한 가맹점사업자이다.

나. 분쟁의 경위

신청인은 피신청인으로부터 계약체결 14일 이전에 정보공개서를 제공받지 못하였음을 이유로 가맹계약의 해지 및 초도물품비 5,800,000원의 반환을 요구하는 내용의 이 사건 분쟁조정을 신청하여 분쟁이 발생하였다.

다. 조정신청 대상적격

분쟁당사자 간의 거래가 가맹사업법 제2조 제1호에 따른 가맹사업에 해당하므로 조정대상이 된다.

2. 분쟁의 쟁점

가. 분쟁사실

신청인은 피신청인과 2012. 7. 10. 이 사건 매장에 관한 가맹계약을 체결하였으며, 2012. 6. 11.자로 정보공개서를 제공받았다는 내용이 기재된 정보공개서 제공 확인증을 작성한 사실이 있다.

신청인은 2012. 8. 9. 위의 정보공개서 제공 확인증이 계약을 체결한 당일인 2012. 7. 10. 작성되었음을 이유로 피신청인에게 정보공개서 미제공 등에 따른 가맹계약 해지 및 초도물품비 반환을 요구하는 서면을 통지하였다.

피신청인은 2012. 8. 24. 신청인에게 정보공개서를 계약체결 약 1개월 전인 2012. 6. 11. 사전 제공하였다는 이유로 신청인의 요구를 거절하였다.

이에 신청인은 피신청인을 상대로 2012. 8. 27. 가맹계약 해지 및 초도물품비 반환을 요구하는 이사건 분쟁조정을 신청하였다.

나. 양 당사자 주장

1) 신청인 주장

신청인은 정보공개서 제공 확인증은 피신청인의 요청에 따라 가맹계약을 체결한 2012. 7. 10. 당일에 작성된 것이어서 계약체결 14일 전에 정보공개서를 제공받은 사실이 없다는 이유로 가맹사업법 제10조 제1항 제1호[2] 에 따라 피신청인을 상대로 계약 해지 및 초도물품비의 반환을 주장한다.

2) 피신청인 주장

피신청인은 정보공개서 제공 확인증에 기재된 대로 2012. 6. 11. 정보공개서를 사전에 제공하였으므로 신청인의 계약 해지 주장은 이유없다고 주장한다.

3. 조정 결과

① 양 당사자는 2012. O. OO.자로 가맹계약을 합의해지하며, ② 신청인은 지급받은 초도물품을 전량 반품하고, ③ 피신청인은 초도물품비용 5,800,000원을 신청인에게 지급하기로 합의하여 조정이 성립되었다.

사례 6. 편의점사업자의 허위・과장 정보제공을 이유로 한 손해배상 관련 분쟁에 대한 건

1. 사건개요

가. 당사자 현황

피신청인은 편의점 사업을 영위하는 법인이고, 신청인은 피신청인과 가맹계약을 체결하고 편의점을 운영하고 있는 가맹점사업자이다.

---

2) 제10조 (가맹금의 반환) ① 가맹본부는 다음 각 호의 어느 하나에 해당하는 경우에는 가맹희망자나 가맹점사업자가 대통령령으로 정하는 사항이 적힌 서면으로 요구하는 날부터 1개월 이내에 가맹금을 반환하여야 한다.

1. 가맹본부가 제7조 제2항을 위반한 경우로서 가맹희망자 또는 가맹점사업자가 가맹계약 체결 전 또는 가맹계약의 체결일부터 2개월 이내에 가맹금의 반환을 요구하는 경우

나. 분쟁의 경위

신청인은 2011. 6. 2. 피신청인과 계약기간을 5년으로 하여 가맹계약을 체결하여 가맹점을 운영하였는데, 피신청인이 제시한 예상매출액보다 실제 매출액이 현저하게 낮고 매월 적자가 발생하여 신청인은 가맹계약의 해지를 요청하였으나 피신청인이 신청인에게 가맹계약의 중도해지에 따른 위약금을 요구하여 분쟁이 발생하였다.

다. 사안의 쟁점

정보공개서 제공의무 위반 및 가맹계약서 사전제공의무 위반, 허위·과장 정보제공행위 해당 여부

- 위 사안의 경우 피신청인의 정보공개서를 제공하였는지 여부, 가맹계약서를 계약체결 이전에 제공하였는지 여부, 그리고 피신청인이 신청인에게 가맹점의 예상 매출수익과 관련하여 허위·과장된 정보를 제공하였는지 여부가 문제된다.

손해배상액의 산정

- 또한 피신청인의 행위가 허위·과장 정보 제공행위에 해당한다고 할 경우, 그로 인한 신청인의 손해가 얼마인지를 확정하기 위해 그 산정기준을 살펴보아야 한다.

라. 조정신청 대상적격

분쟁당사자 간의 거래가 가맹사업법 제2조 제1호에 따른 가맹사업에 해당하므로 조정대상이 된다.

2. 분쟁사실

신청인은 2011. 6. 2. 피신청인과 '▲▲▲점'을 5년 간 운영하기로 하는 가맹계약을 체결하였으며, 계약체결 과정에서 신청인은 피신청인으로부터 2011. 5. 16.에 정보공개서와 가맹계약서를 제공받았다는 내용이 기재된 '정보공개서 및 가맹계약서 제공확인서'에 서명날인하여 피신청인에게 교부하였다.

계약체결 당시 피신청인의 개발담당직원은 '일 매출 최저 120만원에서 최

고 170만원까지 오를수 있는 자리'라는 정보를 신청인에게 구두로 제공하였다.

이 사건 가맹점 '▲▲▲점'의 일 평균 매출은 40~60만원, 월 매출은 1,578만원으로, 피신청인으로부터 매월 약 247만원의 정산금을 수령하여 임차료와 인건비를 지급하면 약 62만원 가량의 손실을 보고 있다.

3. 양 당사자 주장

가. 신청인 주장

신청인은 계약체결 당시 피신청인의 점포개발담당자로부터 일 매출 최소 120만원이 예상된다는 정보를 구두로 제공받고 가맹계약을 체결하였으나 실제 가맹점 운영 결과 일 매출이 약 40~60만원 선을 넘지 못하여 피신청인이 이에 대한 손해를 배상해야 한다고 주장한다.

- 신청인은 이에 2012. 2. 16. 피신청인에게 가맹점 상권분석 및 예상수익분석에 대한 근거자료를 요구하였으나 피신청인 개발담당직원은 '예상매출부분은 회사자료이므로 요구한다고 줄 수 있는 것이 아니다'라고 하며 근거자료 제시에 응하지 않았다고 주장한다.

그리고 신청인은 가맹계약을 맺으면서 정보공개서를 제공받지 못하였으며 피신청인이 신청인에게 마치 정보공개서를 제공한 것처럼 '정보공개서 및 가맹계약서 제공 확인서'에 제공일자를 허위로 기재하였다고 주장한다.

나. 피신청인 주장

피신청인은 예상 일 매출액에 대하여 구체적인 금액을 언급한 적이 없으며 점포후보지를 소개하는 과정에서 신청인 점포 개설 예정지 인근에 학원과 주택가가 위치하고 있어 점포운영시 이익이 발생할 수 있는 상권임을 설명한 것이라고 주장한다.

피신청인은 2011. 5. 16. 신청인에게 신청인의 가맹점 개설예정지에서 정보공개서를 CD로 직접 제공하였으며, 그날 신청인이 '정보공개서 및 가맹계약서 제공확인서'를 직접 기재하여 피신청인에게 교부하였다고 주장한다.

4. 관련 법규정 및 심사지침

가맹사업거래의 공정화에 관한 법률

제9조(허위·과장된 정보제공 등의 금지) ① 가맹본부는 가맹희망자에게 정보를 제공함에 있어서 허위 또는 과장된 정보를 제공하거나 중요사항을 누락하여서는 아니된다.

② 가맹본부는 가맹희망자나 가맹점사업자에게 다음 각 호의 어느 하나에 해당하는 정보를 제공하는 경우에는 서면으로 하여야 한다.

1. 가맹희망자의 예상매출액·수익·매출총이익·순이익 등 장래의 예상수익상황에 관한 정보
2. 가맹점사업자의 매출액·수익·매출총이익·순이익 등 과거의 수익상황이나 장래의 예상 수익에 관한 정보

③ 가맹본부는 제2항에 따라 정보를 제공하는 경우에는 그 정보의 산출근거가 되는 자료로서 대통령령으로 정하는 자료를 가맹본부의 사무소에 비치하여야 하며, 영업시간 중에는 언제든지 가맹희망자나 가맹점사업자의 요구가 있는 경우 그 자료를 열람할 수있도록 하여야 한다.

5. 분쟁조정협의회의 판단

가. 정보공개서 제공의무 및 가맹계약서 사전 제공의무 위반 행위 해당 여부

피신청인이 제출한 '정보공개서 및 가맹계약서 제공확인서'상에 기재된 성명, 주민등록번호, 주소 등에 기재된 글씨체가 신청인 본인의 필체임을 인정하였고, 제공확인서상 '제공일자'란에 2011. 5. 16.로 기재되어 있는 부분의 숫자는 신청인 본인이 기재하지 않았다고 주장하고 있으나, 정황증거 외에 '정보공개서 및 가맹계약서 제공확인서'상의 제공일에 기재된 일자에 정보공개서를 제공받지 않았다는 명확한 입증자료나 근거를 제시하지 못하고 있다.

따라서 피신청인이 정보공개서 제공의무를 규정하고 있는 가맹사업법 제7조 제2항[3] 및 가맹계약서 사전제공의무를 규정하고 있는 제11조 제1항[4]을

3) 제7조(정보공개서의 제공의무 등) ② 가맹본부는 등록된 정보공개서를 제공하지 아니하였거나 정보공개서를 제공한 날부터 14일 (가맹희망자가 정보공개서에 대하여 변호사 또는 제27조에 따른 가맹거래사의 자문을 받은 경우에는 7일로 한다)이 지나지 아니한 경우에는 다음 각 호의 어느 하나에 해당하는 행위를 하여서는 아니된다.

위반하였다고 보기는 어렵다.

나. 예상매출액 정보 제공과 관련한 허위 · 과장 정보제공 행위 해당 여부

1) 허위·과장 정보 제공행위 해당여부에 대한 판단기준

- 법 제9조 제1항 전단의 허위 또는 과장된 정보제공 행위가 성립하기 위해서는 가맹본부가 가맹희망자에게 ①사실과 다르거나 사실을 지나치게 부풀린 정보를 제공하여 ② 가맹희망자를 기만하거나 오인시킬 우려가 있어야 한다. 다만, 가맹본부가 사실과 다르거나 사실을 지나치게 부풀린 정보 또는 중요사항을 누락한 정보를 제공하더라도 가맹희망자가 그 정보로 인하여 계약체결 등의 판단에 별다른 영향을 받지 아니하였다는 객관적인 정황이 있는 경우에는 허위 · 과장 정보 제공행위로 보지 아니한다.
- 가맹본부가 가맹희망자에게 제공한 정보가 가맹희망자를 기만하거나 오인시킬 우려가 있는지 여부는 정보 제공의 주체, 수단, 시기, 기간 및 표현 방법 등을 고려하여 보통의 주의력을 가진 가맹희망자를 기준으로 판단하여야 한다.

  즉, 같은 정보를 제공하는 경우에도 일반 직원보다는 임원의 정보 제공행위가, 구두보다는 문서 형태의 정보 제공행위가, 개별 상담보다는 공식적인 설명회상의 정보 제공행위가, 일회성보다는 지속적인 정보 제공행위가, 가정보다는 확정적인 정보 제공행위가 가맹희망자를 기만하거나 오인시킬 우려가 높다.

(공정거래위원회 2009. 12. 14. 의결 제 2009 - 247호 참조).

---

1. 가맹희망자로부터 가맹금을 수령하는 행위. 이 경우 가맹희망자가 예치기관에 예치가맹금을 예치하는 때에는 최초로 예치한 날(가맹본부가 가맹희망자와 최초로 가맹금을 예치 하기로 합의 한 때에는 그 날)에 가맹금을 수령한 것으로 본다.
2. 가맹희망자와 가맹계약을 체결하는 행위

4) 제11조(가맹계약서의 기재사항 등) ① 가맹본부는 가맹희망자가 가맹계약의 내용을 미리 이해할 수 있도록 제2항의 각 호의 사항이 적힌 문서를 다음 각 호의 날 중 빠른 날 전에 가맹희망자에게 제공하여야 한다.

1. 가맹계약의 체결일
2. 가맹금의 최초 수령일

2) 판　단

피신청인의 직원이 2011. 12. 21. 녹취된 대화 내용에서 인정하고 있듯이 가맹계약 체결과정에서 피신청인은 신청인에게 구두로 예상 월 매출액 정보를 제공한 사실이 있는 점, 피신청인이 신청인에게 구두로 제공한 예상매출액의 최저액인 일 120만원을 기준으로 산정한 월 평균 매출액은 약 3,600만원이나, 신청인 가맹점은 2011. 6. 13. 개설 이후 2012년 6월까지 일 평균약 54만원, 월 평균 1,578만원 가량의 매출액을 발생시키고 있고, 이는 피신청인이 제시한 예상매출액의 약 44% 수준에 그치고 있는 점, 그리고 신청인이 피신청인에게 신청인 가맹점의 예상매출액·수익·매출총이익·순이익 등 장래의 예상수익상황에 관한 정보에 대한 열람을 요구하였으나 이를 거절한 점 등을 종합적으로 고려할 때, 신청인에게 정확한 분석 과정을 거쳐 예상수익 정보를 제공하지 않은 과실이 있는 것으로 보인다.

위와 같은 피신청인의 행위는 가맹사업법 제9조 제1항 및 제3항에 위반되는 허위·과장된 정보제공 행위에 해당한다고 판단된다.

다. 가맹금 반환 또는 손해배상 책임 여부

이 사건 가맹계약 체결 과정에서 피신청인의 정보공개서 미제공 행위가 인정되지 않고, 이에 따라 정보공개서 미제공을 이유로 신청인이 가맹계약 체결 전 또는 가맹계약의 체결일부터 2개월 이내에 피신청인에게 가맹금 반환을 청구하여 이를 반환받을 수 있도록 하는 가맹사업법 제10조 제1항의 반환사유에는 해당하지 않는 것으로 보여진다.

그러나 신청인이 지급한 가맹금은 가맹계약서상 그 성격이 명시되어 있지 않으므로 가맹점사업자가 영업표지의 사용허락 등 가맹점 운영권이나 영업활동에 대한 지원·교육 등을 받기 위하여 가맹본부에 지급하는 대가적인 성격으로 보아야 할 것이고, 이는 가맹 계약을 해지한 후부터는 반환하여야 할 성질의 금원이다. 따라서 피신청인으로 하여금 가맹금 중 일부 금액을 반환하도록 하는 것이 타당할 것이다.

한편, 가맹점 예상 수익액에 대하여 사실적인 근거와 예측에 관한 자료 제시 없이 신청인에게 이에 대한 허위·과장 정보를 제공한 피신청인의 행위는 불법행위에 해당하고, 따라서 피신청인은 신청인이 현재 운영하고 있는 '▲▲▲점'을 폐점하고 위 가맹사업법 위반행위로 인하여 신청인에게 발생한 손해를 배상하여야 할 것이다.

라. 가맹금 반환액 또는 손해배상액의 산정

1) 산정기준

> 1) 가맹사업법 위반 (정보공개서 제공의무 위반, 허위·과장정보 제공, 가맹사업 중단)
> 가맹사업법 상 가맹금 반환 요건(계약체결일로부터 2개월 이내에 서면으로 가맹금 반환 요구)을 갖춘 경우 가맹금 전액을 반환하도록 하고 있음
> 계약체결 경위, 가맹금의 성격, 계약기간, 계약이행기간, 귀책정도 등 고려하여 반환 금액을 감액할 수 있음※
> ※ 가맹금 감액사례
> - 이미 가맹점을 개설하여 운영한 경우
> - 가맹점사업자가 '정보공개서 제공확인서'의 날짜를 허위로 작성한 경우
>
> 2) 계약해지 후 계약기간이 남아있는 경우
> 가맹금 중 계약기간에 따라 소진되는 금액※을 잔여계약기간분만큼 일할 계산
> ※ 영업표지 사용대가 또는 교육・지원의 대가 등을 말함
> (제외) 초도물품비, 가입비 등 일시에 소진되는 금액은 제외

2) 판　단

피신청인이 반환해야 할 가맹금의 범위에 관하여 살펴보건대, 피신청인은 잔여계약기간 분의 가맹금 225만원(300만원 × 45/60개월)과 계약이행보증금 225만원, 조정신청일 현재까지의 상품보증금 납부액 397만원을 신청인에게 반환하여야 한다.

다음으로, 손해배상액 산정과 관련하여 양 당사자들의 과실 여부 및 제반 사정에 관하여 살펴볼 필요가 있다.

- 피신청인이 가맹점 예상 수익액에 대하여 사실적인 근거와 예측에 관한 자료 제시 없이 신청인에게 이에 대한 허위·과장 정보를 제공한 점에서는 피신청인의 과실이 인정되나, 신청인 역시 피신청인의 예상매출액 정보를 무조건적으로 신뢰할 것이 아니라 스스로도 입지조건, 영업전망 등을 조사하여 이를 토대로 계약체결 여부를 신중히 결정하지 못한 점에서 그 과실이 인정된다.
- 그런데 본 사건에서는 피신청인 임원이 아닌 일반 직원이 예상매출액 정보를 제공하였고, 서면이 아닌 구두로 제공하였고, 신청인이 제공받은 정보의 내용도 여러 차례의 상권 분석을 통하여 일정 수준의 매출액을 보장한다는 확정적인 자료가 아닌 일회성의 단순 예측에 불과하다는 점 등을 고려할 때 신청인의 과실이 더욱 크다고 할 것이다.
- 이로 인한 신청인의 손해액 산정을 위한 기초금액은 2011년 6월부터 2012년 8월까지 신청인이 가맹점을 운영하면서 입은 손실액의 합계로 볼 것이고, 그 금액은 924만원이라고 할 수 있을 것이다. 다만 위와 같은 사유를 고려하여 신청인의 과실 비율을 70%로 보아 피신청인으로 하여금 위 금액의 30%에 해당하는 277만원을 손해배상액으로 부담하도록 함이 타당하다.

따라서 피신청인으로 하여금 잔존기간 분의 가맹금 및 손해배상액 합계 11,240,000원을 지급하도록 함이 적절하다.

마. 권고 주문

피신청인은 신청인에게 가맹금, 보증금, 손해배상금의 합계인 11,240,000원을 지급하고, 본계약을 위약금 없이 해지하도록 한다.

6. 조정 결과

양당사자는 본 협의회의 권고주문을 수락하여 주문과 같은 내용의 조정이 성립하였다.

사례 7. 퀵서비스사업자의 허위·과장 정보제공 관련 분쟁에 대한 건

1. 사건개요

가. 당사자 현황

피신청인은 퀵서비스 가맹사업을 영위하는 가맹본부이고, 신청인들은 가맹계약을 체결하고 가맹점을 운영하는 자이다.

나. 분쟁의 경위

신청인들은 피신청인으로부터 당일택배 서비스 등을 제공하는 가맹점이라는 설명을 듣고 피신청인과 가맹계약을 체결였으나, 영업 개시 이후 실제로는 당일택배 서비스를 실시하지 않는다는 사실을 알게 되어 각각 가맹금 1,000만원의 반환 및 인테리어 비용 1,000만원 상당의 손해배상을 구하는 조정신청을 하여 이 사건 분쟁이 발생하였다.

다. 사안의 쟁점

정보공개서 제공의무 위반, 가맹금 미예치, 허위·과장 정보제공행위 해당 여부
- 위 사안의 경우 피신청인의 정보공개서를 제공하였는지 여부, 가맹금을 예치하였는지 여부, 그리고 당일택배 서비스를 실시하지 않으면서 계약체결시 당일택배 서비스를 실시한다고 신청인에게 알린 행위가 허위·과장 정보제공행위에 해당하는지 여부가 문제된다.

가맹금 반환 또는 손해배상책임, 그 범위
- 피신청인의 행위가 위와 같은 가맹사업법 위반행위에 해당하는 경우 이에 따른 가맹금 반환 또는 손해배상책임을 지는지, 그렇다면 그 산정기준을 검토하여야 한다.

라. 조정신청 대상적격

분쟁당사자 간의 거래가 가맹사업법 제2조 제1호에 따른 가맹사업거래에

해당하므로 조정 대상이 된다.

2. 분쟁사실

본 건 가맹사업은 소비자가 피신청인의 대표번호로 전화를 걸어 당일택배, 퀵서비스, 대리운전, 꽃배달 등의 서비스를 신청하면 피신청인이 전화 발신지역을 영업지역으로 하는 가맹점사업자로 하여금 서비스의 이행을 지시하는 형태로서, 가맹점사업자, 피신청인, 기사가 약정에 정해진 비율에 따라 수수료를 배분하는 형태의 수익 구조이다.

피신청인은 계약 체결 전 신청인들에게 '당일택배, 퀵서비스, 대리운전, 꽃배달' 사업을 영위하고 있다는 내용의 사업설명서를 제공하였고, 이에 신청인들은 2009. 6. 16. 피신청인과 "ㅇㅇ포스트 서초구센터"와 "ㅇㅇ포스트 중구센터"에 관한 가맹계약을 각각 체결하고, 동년 동월 23일에 피신청인에게 가맹금 1,000만원, 인테리어 공사대금 1,000만원의 합계 총 2,000만원씩을 지급하였다.

신청인들은 가맹점 개설 이후 피신청인으로부터 당일택배 서비스의 이행을 지시받은 적이 전혀 없고, 이에 신청인들은 가맹점포를 없애고 자택에서 전화로만 사업을 운영하고 있는 중이다.[5)]

3. 양 당사자 주장

가. 신청인 주장

신청인들은 피신청인의 정보공개서 제공의무 위반 및 허위·과장 정보제공 행위 등을 이유로 피신청인이 가맹금 1,000만원을 반환해야 한다고 주장한다.

그리고 신청인들은 퀵서비스, 대리운전, 꽃배달 등의 서비스는 일정한 사무실이 없어도 업무가 가능하나, 당일택배 서비스의 경우 수화물 접수를 위해 사무실이 필수적이기 때문에 인테리어 시공비용으로 1,000만원을 지출하였는바, 피신청인이 위 인테리어 비용도 배상해야 한다고 주장한다.

---

5) 본 건 가맹사업은 대부분 전화로만 이루어질 수 있는 측면이 많으나, 당일택배 서비스는 수화물의 접수를 위해 사무실이 필요한 것으로 보인다.

나. 피신청인 주장

피신청인은 정보공개서 제공의무 위반을 이유로 한 신청인들의 가맹금 반환 청구는 가맹사업법상 가맹금반환 요구기간을 도과하였으므로 이유없다고 주장한다.

피신청인은 당일택배 서비스가 차지하는 비율이 낮고 계약 체결 시로부터 2년 이상의 기간이 경과하였으므로, 허위·과장 정보제공에 따른 신청인의 손해가 없다고 주장한다.

4. 관련 법규정 및 심사지침

가맹사업거래의 공정화에 관한 법률

제9조(허위·과장된 정보제공 등의 금지) ① 가맹본부는 가맹희망자에게 정보를 제공함에 있어서 허위 또는 과장된 정보를 제공하거나 중요사항을 누락하여서는 아니된다.

② 가맹본부는 가맹희망자나 가맹점사업자에게 다음 각 호의 어느 하나에 해당하는 정보를 제공하는 경우에는 서면으로 하여야 한다.

1. 가맹희망자의 예상매출액·수익·매출총이익·순이익 등 장래의 예상수익상황에 관한 정보
2. 가맹점사업자의 매출액·수익·매출총이익·순이익 등 과거의 수익상황이나 장래의 예상수익에 관한 정보

③ 가맹본부는 제2항에 따라 정보를 제공하는 경우에는 그 정보의 산출근거가 되는 자료로서 대통령령으로 정하는 자료를 가맹본부의 사무소에 비치하여야 하며, 영업시간 중에는 언제든지 가맹희망자나 가맹점사업자의 요구가 있는 경우 그 자료를 열람할 수있도록 하여야 한다.

5. 분쟁조정협의회의 판단

가. 정보공개서 제공의무 및 가맹금 예치의무 위반 행위 해당 여부

피신청인은 본 건 계약 체결일인 2009. 6. 16. 이전에 신청인들에게 정보공개서를 제공하지 않았고[6] 신청인들에게 가맹금을 예치하도록 하지 않아

6) 피신청인은 2009. 9. 30.에 최초로 공정거래위원회에 정보공개서를 등록하였다.

가맹사업법 제7조 제1항[7] 및 제6조의5 제1항[8]을 위반하였다고 보여진다.

나. 허위·과장 정보제공행위 해당 여부

1) 허위·과장 정보 제공행위 해당 여부에 대한 판단기준

- 법 제9조 제1항 전단의 허위 또는 과장된 정보제공 행위가 성립하기 위해서는 가맹본부가 가맹희망자에게 ① 사실과 다르거나 사실을 지나치게 부풀린 정보를 제공하여 ② 가맹희망자를 기만하거나 오인시킬 우려가 있어야 한다. 다만, 가맹본부가 사실과 다르거나 사실을 지나치게 부풀린 정보 또는 중요사항을 누락한 정보를 제공하더라도 가맹희망자가 그 정보로 인하여 계약체결 등의 판단에 별다른 영향을 받지 아니하였다는 객관적인 정황이 있는 경우에는 허위·과장 정보 제공행위로 보지 아니한다.
- 가맹본부가 가맹희망자에게 제공한 정보가 가맹희망자를 기만하거나 오인시킬 우려가 있는지 여부는 정보 제공의 주체, 수단, 시기, 기간 및 표현 방법 등을 고려하여 보통의 주의력을 가진 가맹희망자를 기준으로 판단하여야 한다.
  즉, 같은 정보를 제공하는 경우에도 일반 직원보다는 임원의 정보 제공행위가, 구두보다는 문서 형태의 정보 제공행위가, 개별 상담보다는 공식적인 설명회상의 정보 제공행위가, 일회성보다는 지속적인 정보 제공행위가, 가정보다는 확정적인 정보 제공행위가 가맹희망자를 기만하거나 오인시킬 우려가 높다.

(공정거래위원회 2009. 12. 14. 의결 제 2009 - 247호 참조).

2) 판 단

피신청인이 계약체결 과정에서 신청인에게 제공한 사업설명서에 당일택배 서비스에 관한 사항이 기재되어 있고, 신청인들과 체결한 가맹계약서에 당일택배를 포함한 여러 서비스의 수수료 지급에 관한 규정이 존재하는 것으

7) 제7조(정보공개서의 제공의무 등) ① 가맹본부는 가맹희망자에게 제6조의2 제1항에 따라 등록한 정보공개서를 대통령령으로 정하는 바에 따라 제공하여야 한다.

8) 제6조의5(가맹금의 예치 등) ① 가맹본부는 가맹점사업자(가맹희망자를 포함한다.)로 하여금 가맹금을 대통령령으로 정하는 기관에 예치하도록 하여야 한다. 다만, 가맹본부가 제15조의2에 따른 가맹점사업자피해보상보험계약 등을 체결한 경우에는 그러하지 아니하다.

로 볼 때, 피신청인이 계약 체결 당시 신청인에게 당일택배 서비스를 실시하고 있다는 정보를 제공하였던 것으로 보인다.

그러나 계약체결 이후 신청인이 당일택배 서비스를 전혀 실시하지 못한 사실과 본 건 출석조사 과정에서 피신청인이 "당일택배는 2010년 1월부터 실시하였다"고 진술한 사실로 판단하건데 피신청인은 본 건 계약체결 당시 신청인들에게 당일택배 서비스를 실시하고 있지 않음에도 이를 실시하고 있다는 허위 정보를 제공하여 가맹사업법 제9조 제1항을 위반한 소지가 있어 보인다.

따라서 위와 같은 피신청인의 행위는 가맹사업법 제9조 제1항 및 제3항에 위반되는 허위·과장된 정보제공 행위에 해당한다고 판단된다.

다. 가맹금 반환 또는 손해배상 책임 여부

피신청인의 정보공개서 제공의무 위반, 허위·과장 정보제공행위를 이유로 한 신청인들의 가맹금 반환 청구는 비록 가맹사업법상 가맹금반환 요구기간[9]을 도과하였으나, 당일택배 서비스에 대한 대가에 해당하는 가맹금은 부당이득에 해당하므로 양 당사자들의 과실비율 등을 고려하여 일정 부분 반환되어야 함이 타당하다.

한편, 허위·과장 정보를 제공한 피신청인의 행위는 불법행위에 해당하고, 따라서 피신청인은 위반행위로 인하여 신청인에게 발생한 손해를 배상하여야 할 것이다.

라. 가맹금 반환액 또는 손해배상액의 산정

1) 산정기준

〈정보공개서 제공의무 위반 등 가맹사업법 위반 시〉
가맹사업법상 가맹금 반환 요건(계약체결일로부터 2개월 이내에 서면으로 가맹금 반환 요구)을 갖춘 경우 가맹금 전액을 반환.
계약체결 경위, 가맹금의 성격, 계약기간, 계약이행기간, 귀책정도 등 고려하여 반환 금액을 감액할 수 있음※

9) 가맹계약 체결일로부터 2개월 이내

※ 가맹금 감액사례
- 이미 가맹점을 개설하여 운영한 경우
- 가맹점사업자가 '정보공개서 제공확인서'의 날짜를 허위로 작성한 경우

〈계약해지 후 계약기간이 남아있는 경우〉
가맹금 중 계약기간에 따라 소진되는 금액※을 잔여계약기간분만큼 일할 계산
※ 영업표지 사용대가 또는 교육·지원의 대가 등을 말함
(제외) 초도물품비, 가입비 등 일시에 소진되는 금액은 제외

〈가맹점 포괄양수 시 새로이 가맹금을 지급한 경우〉
가맹본부에 지급한 가맹금 전액을 반환
(예외) 새로이 가맹계약기간을 정하여 신규 가맹계약을 체결한 경우

2) 판 단

피신청인이 반환해야 할 가맹금의 범위에 관하여 살펴보건대, 이 사건 계약 체결시로부터 2년 이상의 기간이 경과하였다는 점 등을 고려할 때 피신청인의 과실비율을 25%로 봄이 타당 하므로, 피신청인은 신청인들에게 각각 250만원씩을 지급해야 함이 타당하다.

다음으로, 손해배상액 산정과 관련하여 양 당사자들의 과실 여부 및 제반사정 등을 고려하여 피신청인으로 하여금 당일택배 서비스의 이행을 위해 지출한 인테리어 비용 중 일부를 반환하도록 함이 타당할 것인데, 피신청인이 실시하고 있는 서비스들 중 당일택배 서비스가 차지하는 비율을 고려할 때 피신청인의 과실비율을 25%로 봄이 타당하므로 피신청인은 신청인들에게 각각 250만원씩을 배상해야 함이 타당하다.

마. 권고 주문

피신청인은 신청인들에게 각각 5,000,000원씩을 지급하여야 한다.

6. 조정 결과

양 당사자가 모두 협의회의 조정권고를 수락하지 아니하여 조정이 성립되지 아니하였다.

사례 8. 편의점사업자의 허위·과장 정보제공을 이유로 한 손해배상 관련 분쟁에 대한 건

1. 사건개요

가. 당사자 현황

피신청인은 편의점 사업을 영위하는 법인이고, 신청인은 피신청인과 가맹계약을 체결하고 편의점을 운영하고 있는 가맹점사업자이다.

나. 분쟁의 경위

신청인은 2011. 2. 11. 피신청인과 계약기간을 5년으로 하여 가맹계약을 체결하여 가맹점을 운영하였는데, 피신청인이 제시한 예상매출액보다 실제 매출액이 현저하게 낮고 매월 적자가 발생하여, 피신청인을 상대로 허위·과장 정보 제공 및 정보공개서 미제공을 이유로 가맹계약의 해지와 손해배상금 23,000,000원의 지급을 구하는 취지의 조정을 신청하였다.

다. 사안의 쟁점

정보공개서 제공의무 위반, 허위·과장 정보제공행위 해당 여부

- 위 사안의 경우 피신청인의 정보공개서를 제공하였는지 여부, 피신청인이 신청인에게 예상 매출·수익과 관련하여 허위·과장된 정보를 제공하였는지 여부가 문제된다.

손해배상액의 산정

- 또한 피신청인의 행위가 허위·과장 정보 제공행위에 해당한다고 할 경우, 그로 인한 신청인의 손해가 얼마인지를 확정하기 위해 그 산정기준을 살펴보아야 한다.

라. 조정신청 대상적격

분쟁당사자 간의 거래가 가맹사업법 제2조 제1호에 따른 가맹사업에 해당하므로 조정대상이 된다.

2. 분쟁사실

신청인은 2011. 2. 11. 피신청인과 "○○○○ 포항효자점"을 5년 간 운영하기로 하는 가맹계약을 체결하고, 가맹점을 운영해오고 있다.

위 계약체결 과정에서 신청인은 정보공개서를 피신청인으로부터 2011. 1. 10.에 제공받았다는 내용이 기재된 '정보공개서 교부확인서'에 기명날인하여 피신청인에게 교부하였다.

계약 체결 당시 피신청인 개발담당직원 ▲▲▲은 '예상(일)매출이 1,302,000원이다'라는 정보를 신청인에게 구두로 제공하였다. 다음은 신청인이 제출한 신청인과 피신청인 개발담당직원 ▲▲▲ 간 통화 내용의 녹취록 중 일부이다.

> ▲▲▲ 대리 : 오픈 전에 서면으로 요청하거나 담당자에게 요청하면 나가거든요. 근데 그거 조사는 다 해서 갔으니까 어차피 다 알고 있을 건데요.
> 신청인 : 아 그러니까 공정위에서...
> ▲▲▲ 대리 : 예상매출이 1,302,000원인가 아마 그럴 겁니다.
> 신청인 : 아 1,302,000원이요?
> 그 처음에 우리가 처음에 만났을 때 내가 ▲▲▲ 대리하고 나하고 얘기할 때 150으로 얘길 했다가 나중에 오픈 때 정확한 자료를 뽑았을 때 130만원인가로 나왔었잖아요.
> ▲▲▲ 대리 : 150이라고 얘기한 적 없는데, 1,302,000원이었는데요.
> 〈2012. 7. 2. 대화 녹취〉

- 위 음성녹취 자료는 신청인이 가맹점 영업을 시작한 후 약 1년 5개월이 지난 시점에서 당시 개발담당직원과 통화한 내용이다.

이 사건 가맹점의 일평균 매출은 약 710,000원, 월 매출은 21,290,000원으로, 피신청인으로부터 매월 약 2,440,000원의 금액을 수령하여 임차료와 인건비를 지급하면 약 1,818,000원 가량의 손실을 보고 있다.

3. 양 당사자 주장

가. 신청인 주장

신청인은 가맹계약을 체결한 당일 정보공개서를 제공받았으며 피신청인이 '정보공개서 교부확인서'상 형식적으로 제공일자를 기재하도록 하였다고 주장하며 이에 대한 입증자료로 지인의 확인서를 제출하였다.[10]

그리고 신청인은 계약체결 당시 피신청인 점포개발담당자 ▲▲▲으로부터 일매출 최소 1,302,000원이 예상된다는 정보를 구두로 제공받고 가맹계약을 체결하였으나 실제 가맹점 운영 결과 일매출이 약 710,000원에 그쳐 피신청인이 이에 대한 손해를 배상해야 한다고 주장한다.[11]

나. 피신청인 주장

피신청인은 2011. 1. 10. 신청인에게 신청인의 가맹점 개설예정지에서 정보공개서를 제공 하였으며, 그날 신청인이 '정보공개서 교부확인서'를 직접 기재하였다고 주장한다.

피신청인은 예상 일매출액에 대하여 구체적인 금액을 언급한 적이 없으며 개발담당자가 신청인과의 전화통화에서 언급한 것은 임대차품의서 상의 '손익점[12] 금액'을 '예상매출 1,302,000원'으로 잘못 말한 것이며, 이는 예상매출과는 전혀 관계가 없는 것으로 고정비 대비 피신청인 회사의 월 경상이익 1,000,000원에 이르기 위한 '일 매출 기준액'일 뿐이라고 주장한다.

---

10) 이 확인서에는 가맹계약 체결 당일인 2011. 2. 10. 신청인과 동석하였던 지인 2명이 작성한 것으로 신청인이 정보공개서를 이 날짜에 제공받았음을 확인하는 내용이 기재되어 있다.

11) 조정절차를 진행하면서 신청인은 위약금 없이 가맹계약을 해지하는 방향으로 진행을 원한다는 의사를 밝히기도 하였으나 피신청인이 이를 받아들이지 않았다.

12) 피신청인회사의 '편의점 개설을 위한 임대차품의서'에는 해당 점포의 면적, 차임, 관리비, 인건비 등 제반 경비(고정비) 등을 고려하여 해당 점포의 편의점 개설을 통하여 피신청인의 월 경상이익이 100만 원에 이르는 일 매출금액을 산정하여 '손익점'이라는 항목에 기재하고 있다. 모든 점포는 점포 면적, 월세, 관리비 등 고정비용이 상이하기 때문에 피신청인이 정해놓은 기준에 따른 고정비를 역산하여 '손익점 금액'을 산정하고 있다.

4. 관련 법규정 및 심사지침

가맹사업거래의 공정화에 관한 법률

제9조(허위 · 과장된 정보제공 등의 금지) ① 가맹본부는 가맹희망자에게 정보를 제공함에 있어서 허위 또는 과장된 정보를 제공하거나 중요사항을 누락하여서는 아니된다.

② 가맹본부는 가맹희망자나 가맹점사업자에게 다음 각 호의 어느 하나에 해당하는 정보를 제공하는 경우에는 서면으로 하여야 한다.

1. 가맹희망자의 예상매출액 · 수익 · 매출총이익 · 순이익 등 장래의 예상수익상황에 관한 정보
2. 가맹점사업자의 매출액 · 수익 · 매출총이익 · 순이익 등 과거의 수익상황이나 장래의 예상수익에 관한 정보

③ 가맹본부는 제2항에 따라 정보를 제공하는 경우에는 그 정보의 산출근거가 되는 자료로서 대통령령으로 정하는 자료를 가맹본부의 사무소에 비치하여야 하며, 영업시간 중에는 언제든지 가맹희망자나 가맹점사업자의 요구가 있는 경우 그 자료를 열람할 수있도록 하여야 한다.

5. 분쟁조정협의회의 판단

가. 정보공개서 제공의무 위반 행위 해당 여부

가맹사업법에 따르면 정보공개서를 제공하지 아니하였거나 정보공개서를 제공한 날부터 14일이 지나지 아니한 경우에는 가맹계약을 체결할 수 없도록 규정되어 있는 바, 피신청인은 다음과 같은 이유에서 가맹사업법 제7조 제2항을 위반하였다고 보기 어렵다고 판단된다.

- 첫째, 정보공개서 교부확인서 상의 제공일, 성명, 주소란 등에 신청인이 자필로 기재하고 날인한 점
- 신청인이 제출한 확인서의 내용은 신청인이 2011. 2. 11.에 정보공개서를 제공받았다는 내용일 뿐 2011. 1. 10.에 제공받지 않았음을 입증하는 내용이 아니라는 점
- 달리 신청인이 자신의 주장을 입증할 수 있는 객관적 자료를 제시하고

있지 못한다는 점

나. 예상매출액 정보 제공과 관련한 허위 · 과장 정보제공 행위 해당 여부

1) 허위·과장 정보 제공행위 해당여부에 대한 판단기준

- 법 제9조 제1항 전단의 허위 또는 과장된 정보제공 행위가 성립하기 위해서는 가맹본부가 가맹희망자에게 ① 사실과 다르거나 사실을 지나치게 부풀린 정보를 제공하여 ② 가맹희망자를 기만하거나 오인시킬 우려가 있어야 한다. 다만, 가맹본부가 사실과 다르거나 사실을 지나치게 부풀린 정보 또는 중요사항을 누락한 정보를 제공하더라도 가맹희망자가 그 정보로 인하여 계약체결 등의 판단에 별다른 영향을 받지 아니하였다는 객관적인 정황이 있는 경우에는 허위 · 과장 정보 제공행위로 보지 아니한다.
- 가맹본부가 가맹희망자에게 제공한 정보가 가맹희망자를 기만하거나 오인시킬 우려가 있는지 여부는 정보 제공의 주체, 수단, 시기, 기간 및 표현 방법 등을 고려하여 보통의 주의력을 가진 가맹희망자를 기준으로 판단하여야 한다.
  즉, 같은 정보를 제공하는 경우에도 일반 직원보다는 임원의 정보 제공행위가, 구두보다는 문서 형태의 정보 제공행위가, 개별 상담보다는 공식적인 설명회상의 정보 제공행위가, 일회성보다는 지속적인 정보 제공행위가, 가정보다는 확정적인 정보 제공행위가 가맹희망자를 기만하거나 오인시킬 우려가 높다.

(공정거래위원회 2009. 12. 14. 의결 제 2009 - 247호 참조).

2) 판 단

피신청인의 직원인 ▲▲▲이 가맹계약 체결과정에서 신청인에게 구두로 예상 월매출액 정보를 제공한 점, 신청인이 제출한 녹취 자료상에서도 ▲▲▲이 구체적인 금액을 언급하면서 이를 인정하고 있는 점에 비추어 볼 때 피신청인은 신청인이 가맹점을 개설하였을 때 명확한 액수를 제시하면서 예상매출액에 대한 정보를 제공한 것으로 보인다.

- 임대차품의서 상의 '손익점 금액'을 '예상매출 1,302,000원'으로 착오로 잘못 언급한 것이라는 피신청인의 주장은 피신청인 개발담당직원이 녹취내용에서 여러 차례 '예상매출' 과 '1,302,000원'이라는 금액을 언급하였으며 사건조사 과정에서 담당직원이 이에 대해 부정하지 않은 정황으로 볼 때 인정하기 어려운 것으로 보인다.
- 위와 같이 피신청인이 신청인에게 구두로 제공한 예상 일매출액 1,302,000원을 기준으로 산정한 월평균 매출액은 약 39,060,000원이나, 신청인 가맹점은 2011년 3월 개설 이후 2012년 6월까지 일평균 약 710,000원, 월평균 약 21,300,000원 가량의 매출액을 발생시키고 있고, 이는 피신청인이 제시한 예상매출액의 약 54% 수준에 그치고 있는 점 등으로 볼 때 피신청인이 신청인에게 가맹점 예상 수익액에 대하여 허위·과장 정보를 제공한 것으로 사료된다.

따라서 위와 같은 피신청인의 행위는 가맹사업법 제9조 제1항 및 제9조 제2항에 위반되는 허위·과장된 정보제공 행위에 해당한다고 판단된다.

다. 가맹계약을 해지하고 피신청인이 손해배상을 해야 하는지 여부

1) 손해배상 여부에 대한 판단기준

가맹점 개설 투자금의 일정비율 금액 배상 (통상 50% 또는 100%)
- 통상 가맹점사업자에게도 상인으로서의 주의의무를 인정하여 과실비율 50% 분담
- 가맹본부에게 전적으로 책임이 있는 경우 투자금 전액
  또는 계약기간 동안 순손실액의 일정비율 금액 (통상 30~60%)
  - 주로 예상 매출액 등 가맹점의 수익에 관한 허위·과장정보 제공행위인 경우

※ 과실비율 조정 사유
- 기본적으로 가맹점사업자도 상인으로서의 주의의무가 있으므로 과실을 인정
- 가맹본부의 정보제공행위로 인해 가맹점사업자가 별다른 영향을 받지 않았을 가능성이 있는 경우 (정보제공이 일반직원에 의해, 개별 상담

과정에서, 구두로 행하여지는 경우 등)
- 가맹점 매출 부진에 가맹점사업자의 귀책사유가 일부 인정되는 경우 (영업시간 또는 통일된 영업시스템 미준수 등)

2) 판 단

가맹점 예상 수익액에 대하여 사실적인 근거와 예측에 관한 자료 제시 없이 신청인에게 이에 대한 허위·과장 정보를 제공한 점에서는 피신청인의 과실이 인정되고 신청인 가맹점이 매월 적자를 면치 못하고 있으므로 피신청인은 신청인이 현재 운영하고 있는 "○○○○ 포항효자점"을 폐점하고 위 가맹사업법 위반행위로 인하여 신청인에게 발생한 손해를 배상하여야 할 것이다.

현행 가맹사업법은 가맹본부가 가맹희망자에게 예상매출액·수익·매출총이익·순이익 등의 정보를 제공함에 있어서는 반드시 서면으로 제공하도록 규정하고 있으며 구두로 정보제공하는 것을 금지하고 있다. 또한 가맹본부와 가맹희망자 간 보유하고 있는 정보의 양 및 수집 가능한 정보의 양이 현저하게 차이가 날 수 밖에 없는 현실을 고려할 때, 피신청인의 법 위반과 이에 대한 책임을 무겁게 물어야 할 것이다.

- 다만, 신청인으로서도 가맹점을 개점함에 있어 가맹본부의 조사결과에 무조건적으로 의존할 것이 아니라 스스로도 입지조건, 영업전망 등을 조사하여 이를 토대로 계약 체결 여부를 신중히 결정하여야 할 주의의무가 있음에도 불구하고 이를 게을리 한 잘못이 있음을 감안하여 피신청인이 부담할 손해액의 산정에 있어서 이를 참작하기로 하되, 그비율은 50%로 봄이 타당할 것이다.

이로 인한 신청인의 손해액 산정을 위한 기초금액은 2011년 3월부터 2012년 9월까지 신청인이 가맹점을 운영하면서 입은 손실액의 합계로 볼 것이 타당하다고 사료되며, 그 금액은 34,553,000원이라고 할 수 있을 것이다. 이에 따라 피신청인이 부담하도록 할 금액은 위 금액의 50%에 해당하는 17,276,500원이라고 할 것이다.

라. 피신청인이 추가적으로 가맹금을 반환해야 하는지 여부

1) 가맹금 반환여부에 대한 판단기준

1) 가맹사업법 위반 (정보공개서 제공의무 위반, 허위·과장정보 제공, 가맹사업 중단)
가맹사업법 상 가맹금 반환 요건(계약체결일로부터 2개월 이내에 서면으로 가맹금 반환 요구)을 갖춘 경우 가맹금 전액을 반환하도록 하고 있음
계약체결 경위, 가맹금의 성격, 계약기간, 계약이행기간, 귀책정도 등 고려하여 반환 금액을 감액할 수 있음※
※ 가맹금 감액사례
- 이미 가맹점을 개설하여 운영한 경우
- 가맹점사업자가 '정보공개서 제공확인서'의 날짜를 허위로 작성한 경우

2) 계약해지 후 계약기간이 남아있는 경우
가맹금 중 계약기간에 따라 소진되는 금액※을 잔여계약기간분만큼 일할 계산
※ 영업표지 사용대가 또는 교육 · 지원의 대가 등을 말함
(제외) 초도물품비, 가입비 등 일시에 소진되는 금액은 제외

2) 판 단

피신청인에게 가맹사업법상 가맹금 반환의무가 없다 하더라도, 가맹금의 성격이 가입비 · 입회비 · 가맹비 · 교육비 또는 계약금 등 가맹점사업자가 영업표지의 사용허락 등 가맹점 운영권이나 영업활동에 대한 지원 · 교육 등을 받기 위하여 가맹본부에 지급하는 대가라면 잔여 계약기간 분의 가맹금을 반환해야 할 것이다.

가맹계약서 제12조[가맹비]

"을"은 본 계약 체결과동시에 가맹비로 금 칠백만원(₩7,000,000)(부가세 별도)을 "갑"에게 지불한다. 위 금액은 "갑"의 귀책사유로 인해 해약된 경우를 제외하고는 반환되지 아니하는 것으로 한다.

정보공개서 Ⅳ. 가맹점사업자의 부담

1) 최초 가맹금을 자세히 나누면 다음의 표와 같습니다.

(단위 : 천원, 부가세 포함)

구 분	금 액	지급기한	반환조건	반환될 수 없는 사유	비고
총계	[20,750]				
가맹비	7,700	계약 체결	반환되지 않음	가맹점 모집을 위해 소요된 실제비용	◎가맹계약서 제12조
상품예치금	12,000	개점일 7일 전	반환되지 않음	가맹본부와 가맹점사업자 간 채권·채무의 정산	◎가맹계약서 제10조 ◎가맹계약서 제37조
잔돈준비금	500	개점일 7일 전	반환됨		◎가맹계약서 제10조
제소전 화해비용	550	개점일 7일 전	반환되지 않음	가맹본부와 가맹점사업자 간의 점포의 권리관계규명	

S타입/SL타입/AL타입1)

그러나 이 사건 가맹계약서와 정보공개서상 가맹금은 가맹점 모집을 위해 소요된 실제비용의 성격이므로 반환대상이 되지 않는다고 할 것이다.

마. 권고 주문

피신청인은 신청인에게 손해배상액 17,276,500원을 지급하고, 본 계약을 위약금 없이 해지하도록 한다.

6. 조정 결과

피신청인은 본 협의회의 권고주문을 불수락하여 조정 절차를 종료하였다.

사례 9. 외식사업자의 허위·과장 정보제공 등 관련 분쟁에 대한 건

1. 사건개요

가. 당사자 현황

피신청인은 카레 등 외식사업을 영위하는 가맹본부이고, 신청인은 가맹계약을 체결하고 가맹점을 운영하고 있는 가맹점사업자이다.

나. 분쟁의 경위

신청인은 피신청인이 소개한 ○○푸드코트에서 피신청인 브랜드의 가맹점을 개업하였으나, 푸드코트에서 이전부터 '돈까스'와 '오므라이스'를 판매해왔던 다른 입점자가 자신들의 메뉴와 신청인 상품의 메뉴가 중복됨을 이유로 반발하고 (주)○○가 이들의 요구를 수용하여 신청인의 영업을 제한하여 분쟁이 발생하였다.

다. 사안의 쟁점

피신청인의 행위가 허위·과장 정보제공행위에 해당하는지 여부
- 위 사안의 경우 피신청인이 신청인에게 법적으로 업종이 중복된 매장을 중개한 것인지 여부 및 이에 해당한다면 피신청인의 이러한 정보제공행위가 가맹사업법상 허위·과장 정보제공행위에 해당하는지 여부가 문제된다.

피신청인의 설명의무 위반 등 민사적 책임을 지는지 여부
- 또한 피신청인의 행위가 위와 같은 가맹사업법 위반행위에 해당하는지 여부와 별개로 피신청인이 이러한 업종 중복 매장에 대한 설명의무를 위반하였는지와 이에 대한 책임 인정 여부에 대하여 살펴보아야 한다.

라. 조정신청 대상적격

분쟁당사자 간의 거래가 가맹사업법 제2조 제1호에 따른 가맹사업거래에 해당하므로 조정 대상이 된다.

2. 분쟁사실

신청인은 피신청인으로부터 서울 서초구 양재동 소재 ○○ 건물의 카레 매장을 추천받아 2011. 7. 19. 피신청인과 위 매장에 입점하는 가맹계약을 체결하였으며, 피신청인에게 가맹비 1,000만원, 코너개설비 1,500만원, 교육 및 홍보비 600만원, 기타 인테리어 설치와 집기 구입비 2,400만원의 총 5,500만원을 지급하였다.

피신청인의 대표 상품은 정식 명칭이 '돈까스커리'와 '오므라이스커리'이나 (주)○○가 위상품명의 메뉴 게시와 포스 등록을 거부하고 있어 신청인은 해당 매장에서 위 상품명을 정상적으로 사용하지 못하고 있다.

3. 양 당사자 주장

가. 신청인 주장

신청인은 피신청인이 신청인 가맹점의 입지를 중개, 결정함에 있어 신청인 업종이 타 매장 업종과 상충하여 정상적인 영업(상품 명칭의 사용)이 곤란할 수 있는데도 무리하게 입점을 진행시켰으므로 허위·과장 정보를 제공한 것이라고 주장한다.

나. 피신청인 주장

피신청인은 신청인의 업종이 업종별 분양계약상의 지정업종준수의무를 위반하는 것이 아니고 푸드코트 내 기득권을 가진 입점자들이 (주)○○에 압력을 행사하여 신청인 영업을 위법하게 제한한 것이라고 주장하며, 피신청인은 이에 대해 (주)○○에 지속적으로 문제제기하였으나 받아들여지지 않고 있다고 주장한다.

피신청인은, 가맹본부가 백화점이나 대형마트에 가맹점을 입점시킬 경우 해당 가맹점이 건물 내사업성이 있는지, 개설상 법적으로 하자가 없는지 정도만을 검토할 수밖에 없고, 인근 입점자의 성향을 일일이 검토하여 '사실상'의 분쟁가능성을 신청인에게 설명하기는 현실적으로 어렵다고 주장한다.

또한 피신청인이 정보공개서에 규정되어 있지 않은 비용을 계약서에 삽입한 것은 맞지만 이는 계약서와 정보공개서가 불일치하는 데에 따른 행정재제의 근거가 될 수 있을 뿐, 당사자의 의사해석은 계약서가 가장 일차적인 기준인데 통상적인 가맹점 오픈 시 점주가 직원을 채용하여 매장을 운영하는 것이 원칙이나, 신청인의 경우 매장에 상주하지 않는 관계로 점포활성화를 위해 별도로 본사조리장을 2개월 간 현장 파견하는 데에 당사자가 합의하였고 이를 '코너개설비'라는 명목으로 받은 것이라고 주장한다.

4. 관련 법규정 및 심사지침

가맹사업거래의 공정화에 관한 법률

제9조(허위 · 과장된 정보제공 등의 금지) ① 가맹본부는 가맹희망자에게 정보를 제공함에 있어서 허위 또는 과장된 정보를 제공하거나 중요사항을 누락하여서는 아니된다.

② 가맹본부는 가맹희망자나 가맹점사업자에게 다음 각 호의 어느 하나에 해당하는 정보를 제공하는 경우에는 서면으로 하여야 한다.

1. 가맹희망자의 예상매출액 · 수익 · 매출총이익 · 순이익 등 장래의 예상수익상황에 관한 정보
2. 가맹점사업자의 매출액 · 수익 · 매출총이익 · 순이익 등 과거의 수익상황이나 장래의 예상수익에 관한 정보

③ 가맹본부는 제2항에 따라 정보를 제공하는 경우에는 그 정보의 산출근거가 되는 자료로서 대통령령으로 정하는 자료를 가맹본부의 사무소에 비치하여야 하며, 영업시간 중에는 언제든지 가맹희망자나 가맹점사업자의 요구가 있는 경우 그 자료를 열람할 수있도록 하여야 한다.

5. 분쟁조정협의회의 판단

가. 허위 · 과장 정보 제공행위 해당 여부

1) 허위·과장 정보 제공행위 해당 여부에 대한 판단기준

- 법 제9조 제1항 전단의 허위 또는 과장된 정보제공 행위가 성립하기 위해서는 가맹본부가 가맹희망자에게 ① 사실과 다르거나 사실을 지나치게 부풀린 정보를 제공하여 ② 가맹희망자를 기만하거나 오인시킬 우려가 있어야 한다. 다만, 가맹본부가 사실과 다르거나 사실을 지나치게 부풀린 정보 또는 중요사항을 누락한 정보를 제공하더라도 가맹희망자가 그 정보로 인하여 계약체결 등의 판단에 별다른 영향을 받지 아니하였다는 객관적인 정황이 있는 경우에는 허위 · 과장 정보 제공행위로 보지 아니한다.
- 가맹본부가 가맹희망자에게 제공한 정보가 가맹희망자를 기만하거나 오인시킬 우려가 있는지 여부는 정보 제공의 주체, 수단, 시기, 기간 및 표현 방법 등을 고려하여 보통의 주의력을 가진 가맹희망자를 기준으로 판단하여야 한다.
  즉, 같은 정보를 제공하는 경우에도 일반 직원보다는 임원의 정보 제공행위가, 구두보다는 문서 형태의 정보 제공행위가, 개별 상담보다는 공식적인 설명회상의 정보 제공행위가, 일회성보다는 지속적인 정보 제공행위가, 가정보다는 확정적인 정보 제공행위가 가맹희망자를 기만하거나 오인시킬 우려가 높다.

(공정거래위원회 2009. 12. 14. 의결 제 2009 - 247호 참조).

2) 판 단

본 건은 피신청인이 신청인 가맹점의 입지를 중개, 결정함에 있어 신청인 업종이 타 매장 업종과 상충하여 정상적인 영업(상품명칭의 사용)이 곤란할 수 있는데도 무리하게 입점을 진행하여 신청인에게 손해가 발생한 사안으로, 피신청인이 신청인에게 법적으로 업종이 중복된 매장을 중개한 것인지 여부가 피신청인의 허위 · 과장정보제공행위와 관련하여 문제된다.

- 만약 ① 신청인의 업종이 상가분양계약상의 업종제한 약정을 위반하는 것이라면, 애시당초 신청인 가맹점은 정상적인 영업이 곤란하였고 이러한 사정을 사전에 고지하지 않은 피신청인과 상가임대인이 신청인에 대하여 손해배상책임을 진다고 할 것이나 ② 신청인의 업종이 상가분양계약상의 업종제한 약정을 위반하는 것이 아니라면, 신청인 손해의 상당부분은 다른 입점자의 반발을 고려한 (주)○○의 관리거절로 야기되었다고 보아야 하기 때문이다.

상가분양계약상 업종제한 약정에 대해 법원은 다음과 같은 판단기준을 제시한다.

- "건축회사가 상가를 건축하여 점포별로 업종을 정하여 분양한 후에 점포에 관한 수분양자의 지위를 양수한 자 또는 그 점포를 임차한 자는 특별한 사정이 없는 한 상가의 점포 입점자들에 대한 관계에서 상호묵시적으로 분양계약에서 약정한 업종제한 등의 의무를 수인하기로 동의하였다고 봄이 상당하므로 상호간의 업종제한에 관한 약정을 준수할 의무가 있다"고 하면서
- 이러한 업종 제한 약정은 최초 분양계약서나 수분양자들의 집합건물관리단 규약에 객관적으로 명시되어 있어야 하고, 분양계약서 등에 다른 규정이 없는 한 사후에 개별 점주들의 주관적 합의로 이를 변경할 수 없다고 한다(대법원 2006. 7. 4. 선고 2006마 164,165 결정 등).
- 또한 "아파트 상가분양계약상 업종제한 약정이 있으나 그 업종의 의미 및 영업범위에 관하여 따로 정함이 없는 경우, 그 업종의 사전적 의미, 일반적으로 행해지는 업종의 영업내용, 한국표준산업분류표의 분류기준 등을 종합적으로 결정하되 상권의 크기와 인근 동종업종의 상황 등도 고려하여야 한다."고 판시하였다(대법원 2007. 9. 21. 선고 2006다 63747판결).

사건조사과정에서 신청인과 신청인의 임대인, 피신청인, (주)○○에게 최초 분양계약서 제출을 요구하였으나 모두 이를 회피하여 업종별 분양 계약의 정확한 내용을 확인하기 어렵다.

- 다만 신청인과 피신청인뿐만 아니라 신청인의 임대인 및 ㈜○○의 직원까지 조사과정에 OO 건물이 점포별로 업종이 지정되어 분양되었다고 진술하였고
- 수분양자 또는 그의 승계인이 소유 부분을 임대할 경우 통상 분양계약의 내용이 임대차계약에 반영될 수밖에 없는데, 신청인의 임대차계약서에 '업종'을 '커리'로 명시하고 지정 업종 준수의무를 규정하고 있으므로 신청인 점포는 '커리' 업종으로, 다른 입점자의 점포는 '돈까스' 등의 업종으로 지정 · 분양되었음이 정황상 추정된다.

위 추정사실에 입각할 경우 신청인과 다른 입점자는 각각 '커리'와 '돈까스'의 업종 준수의무가 있는데

- 한국표준산업분류표상 돈까스는 '일식'음식점업 또는 '서양식'음식점업에 해당하지만 커리는 '기타 외국식' 음식점업에 들어가므로 양자는 구분되고
- 특히 '돈까스커리'는 이른바 퓨전음식으로서 '기타 외국식' 음식점업 가운데에서도 독특한 성격을 가지고 있을 뿐만 아니라 사회통념상 일반적인 일식 돈까스나 양식 돈까스와 업종이 구분되는 점
- △△, □□는 같은 '돈까스' 업종인데도 중복되지 않는 업종으로 분류하면서 신청인의 돈까스 '커리' 업종을 중복업종으로 분류하면 균형에 맞지 않는 점 등을 참작한다면 신청인의 업종이 △△ 등의 업종과 중복되지는 않는 것으로 사료된다.

그러므로 피신청인이 신청인에게 추천한 가맹점은 다른 입점자와 중복되는 업종이라 할 수없으므로 신청인은 적법하게 영업을 할 수 있는데도 ㈜○○는 △△ 등 다른 매장의 반발을 고려하여 신청인 영업을 위법하게 제한한 것으로 보인다.

따라서 피신청인은 신청인에게 '계약상' 또는 '법률상' 영업이 불가능한 점포를 중개하여 입점시킨 것은 아니므로 ('사실상'의 분쟁 가능성에 대한 위험을 적절히 고지 · 설명하지 않은 데대한 민사상 손해배상책임은 별론으로 하더라도) 객관적인 법 위반으로서 허위 · 과장된 정보를 제공하였다고 보기에는 곤

란한 면이 있다.

나. 피신청인의 설명의무 위반 등 민사책임 관련

본 건의 경우 피신청인은 ㈜○○로부터 '돈까스커리'를 메뉴에 게시할 수 없고 포스 관리도 안해주겠다는 사전 통지를 받았으므로 분쟁 가능성을 예견하였다고 할 수 있는데 피신청인은 일단 입점을 진행시키기 위해 이러한 위험을 신청인에게 충분히 설명하지 않은 과실이 있다고 보인다.

또한 가맹사업에서의 '영업표지'란 단순한 상호와 간판 뿐만 아니라 가맹본부의 통일적으로 제공하는 상품명 등에도 내재해 있다고 본다면 가맹금에는 해당 상품명을 사용하는 대가의 성격도 포함된 것이라 볼 여지가 있다.

따라서 신청인이 '돈까스커리'와 '오므라이스커리'의 정식 명칭조차 제대로 사용하지 못했다면 피신청인이 신청인으로부터 수령한 가맹금 등의 일부를 반환할 책임이 있다고 사료되며 코너개설비 역시 피신청인의 직원 파견 실비를 제외한 잔여분은 실질적으로 가맹금의 성격이 있으므로 이 역시 일부 반환의 대상이 될 수 있다.

다. 권고 주문

1. 피신청인은 신청인이 지급한 '가맹비'와 '코너개설비'의 합계 25,000,000원의 50% 금액인 12,500,000원을 반환하여야 한다.
2. 피신청인은 신청인의 가맹점이 장래에 양도되거나 '돈까스커리' 등의 상품명을 정상적으로 사용할 수 있을 때까지 월 로열티를 면제하여야 한다.

6. 조정 결과

피신청인이 본 협의회의 권고주문을 불수락하여 조정 절차를 종료하였다.

사례 10. 패스트푸드 외식사업자의 허위·과장 정보제공을 이유로 한 손해배상 관련 분쟁에 대한 건

1. 사건개요

가. 당사자 현황

피신청인은 샌드위치·핫도그 전문점 가맹사업을 영위하는 가맹본부이고, 신청인은 가맹계약을 체결하고 가맹점을 운영하다 신청인의 영업표지를 철거하고 현재 개인 상호로 동종 사업을 영위하고 있는 자이다.

나. 분쟁의 경위

신청인은 피신청인과 2011. 8. 31. 계약기간을 2년으로 하는 가맹계약을 체결였으나, 영업 개시 이후 피신청인이 계약체결 당시 제시한 예상매출액과 실제 매출액의 차이가 커 이사건 분쟁이 발생하였다.

다. 사안의 쟁점

정보공개서 제공의무 위반 및 가맹계약서 사전제공의무 위반, 가맹금 미예치, 허위·과장 정보제공행위 해당 여부

- 위 사안의 경우 피신청인의 정보공개서를 제공하였는지 여부 및 가맹계약서를 계약체결 이전에 제공하였는지 여부, 가맹금을 예치하였는지 여부, 그리고 예상매출액 정보 제공이 허위·과장 정보제공행위에 해당하는지 여부가 문제된다.

손해배상액의 산정

- 또한 피신청인의 행위가 위와 같은 가맹사업법 위반행위에 해당한다고 할 경우, 그로 인한 신청인의 손해가 얼마인지를 확정하기 위해 그 산정기준을 살펴보아야 한다.

라. 조정신청 대상적격

분쟁당사자 간의 거래가 가맹사업법 제2조 제1호에 따른 가맹사업에 해당

하므로 조정대상이 된다.

2. 분쟁사실

피신청인은 신청인과의 2011. 8. 31. '▲▲▲점'에 대한 가맹계약 체결과정에서 신청인에게 정보공개서를 제공하지 않았고 가맹계약서 역시 가맹계약 당일 교부하였으며 가맹금도 2011. 9. 2. 피신청인 대표의 개인계좌로 입금받았다.

- 계약체결 당시 피신청인 대표는 '일 매출 150만원, 식재료비, 인건비 등 기타 비용을 지급하고도 매월 1,291만원의 수익을 달성할 수 있다'는 내용과, 하단에 '과도한 수익범위의 오해가 없도록 미니멈으로 근거한 예상수익구조 자료임'이라는 내용이 기재되어 있는 '가맹점 예상 수익 구조'를 신청인에게 서면으로 제공하였다.

그러나 신청인이 실제로 영업을 해 본 결과, 신청인 가맹점이 개설된 건물의 입주율이 계약 체결시보다 약 20% 늘었음에도 매월 적자를 면하지 못하고 있다.

신청인은 2012년 4월부터 피신청인의 영업표지를 제거하고 현재 개인 상호로 영업점을 운영 하고 있다.

3. 양 당사자 주장

가. 신청인 주장

신청인은 가맹계약 체결과정에서 피신청인 사무실에서 가맹계약 체결 3일 전인 2011. 8. 28. 피신청인의 대표로부터 서면으로 제공받은 '가맹점 예상 수익 구조'는 정확한 상권분석 및근거 없이 임의로 작성된 것으로 이는 신청인이 피신청인과 가맹계약을 체결하도록 유도 하기 위하여 허위·과장된 정보를 제공한 것이라고 주장한다.

- 신청인은 피신청인의 이러한 실제 매출액과 현저하게 차이가 나는 예상매출액 분석으로 인한 매출 부진의 상황이 계속되어 피신청인과 계약관계를 지속할 수 없으므로 이 사건 가맹계약을 해지하여야 한다고 주장한다.

나. 피신청인 주장

피신청인은 신청인에게 제공한 '가맹점 예상 수익 구조'는 피신청인이 기존에 운영하고 있던 A점 및 B점을 신청인 가맹점과 유사한 상권으로 판단하여 이를 근거로 분석한 자료로,

- 두 매장은 전용면적이 각각 18.84㎡, 15.86㎡인 테이크 아웃 전용 매장이며 의·탁자 시설이 없음에도 불구하고 일 매출이 100만 원을 넘기 때문에, 신청인 가맹점의 경우는 두 매장보다 더 큰 규모의 건물에 입점하였고 매장 규모도 훨씬 큰 116.10㎡이므로 피신청인이 제시하였던 예상수익보다 높은 수익을 기대할 수 있다고 판단하여 예상수익구조를 제공한 것이나, 신청인의 노력 부족과 아직 입주가 완료되지 않은 건물 상권의 영향으로 매출이 부진한 것이라고 주장한다.

피신청인은 신청인 가맹점의 매출 신장을 위하여 가맹점 개설 당시 오픈 행사를 지원하고 본사 직원을 파견하여 영업을 돕는 등 가맹본부로서 가맹점을 지원하였으나 신청인이 2012년 4월 임의로 피신청인이 영업표지를 제거하고 개인 상호로 동종 영업을 하고 있으므로 계약해지에 대한 책임은 신청인에게 있다고 주장한다.

4. 관련 법규정 및 심사지침

가맹사업거래의 공정화에 관한 법률 제9조

(**허위 · 과장된 정보제공 등의 금지**) ① 가맹본부는 가맹희망자에게 정보를 제공함에 있어서 허위 또는 과장된 정보를 제공하거나 중요사항을 누락하여서는 아니된다.

② 가맹본부는 가맹희망자나 가맹점사업자에게 다음 각 호의 어느 하나에 해당하는 정보를 제공하는 경우에는 서면으로 하여야 한다.

1. 가맹희망자의 예상매출액 · 수익 · 매출총이익 · 순이익 등 장래의 예상수익상황에 관한 정보
2. 가맹점사업자의 매출액 · 수익 · 매출총이익 · 순이익 등 과거의 수익상황이나 장래의 예상수익에 관한 정보

> ③ 가맹본부는 제2항에 따라 정보를 제공하는 경우에는 그 정보의 산출근거가 되는 자료로서 대통령령으로 정하는 자료를 가맹본부의 사무소에 비치하여야 하며, 영업시간 중에는 언제든지 가맹희망자나 가맹점사업자의 요구가 있는 경우 그 자료를 열람할 수있도록 하여야 한다.

5. 분쟁조정협의회의 판단

가. 정보공개서 제공의무 및 가맹계약서 사전 제공의무 위반 행위 해당 여부

피신청인은 신청인에게 정보공개서를 제공하지 않고 2011. 8. 31. 가맹계약서를 교부한 당일 가맹계약을 체결하여 정보공개서 제공의무를 규정하고 있는 가맹사업법 제7조 제2항 및 가맹계약서 사전제공의무를 규정하고 있는 제11조 제1항을 위반하였다.

나. 가맹금 예치의무 위반 여부

피신청인은 위 계약체결 과정에서 가맹금을 예치기관에 예치하지 아니하고 신청인으로 하여금 피신청인 대표의 계좌로 직접 지급하도록 하여 가맹사업법 제6조의5 제1항을 위반하였다.

다. 예상매출액 정보제공 관련 허위·과장 정보제공행위 해당 여부

1) 허위·과장 정보 제공행위 해당여부에 대한 판단기준

> - 법 제9조 제1항 전단의 허위 또는 과장된 정보제공 행위가 성립하기 위해서는 가맹본부가 가맹희망자에게 ① 사실과 다르거나 사실을 지나치게 부풀린 정보를 제공하여 ② 가맹희망자를 기만하거나 오인시킬 우려가 있어야 한다. 다만, 가맹본부가 사실과 다르거나 사실을 지나치게 부풀린 정보 또는 중요사항을 누락한 정보를 제공하더라도 가맹희망자가 그 정보로 인하여 계약체결 등의 판단에 별다른 영향을 받지 아니하였다는 객관적인 정황이 있는 경우에는 허위·과장 정보 제공행위로 보지 아니한다.
> - 가맹본부가 가맹희망자에게 제공한 정보가 가맹희망자를 기만하거나 오인시킬 우려가 있는지 여부는 정보 제공의 주체, 수단, 시기, 기간 및

표현 방법 등을 고려하여 보통의 주의력을 가진 가맹희망자를 기준으로 판단하여야 한다.
즉, 같은 정보를 제공하는 경우에도 일반 직원보다는 임원의 정보 제공행위가, 구두보다는 문서 형태의 정보 제공행위가, 개별 상담보다는 공식적인 설명회상의 정보 제공행위가, 일회성보다는 지속적인 정보 제공행위가, 가정보다는 확정적인 정보 제공행위가 가맹희망자를 기만하거나 오인시킬 우려가 높다.
(공정거래위원회 2009. 12. 14. 의결 제 2009 - 247호 참조).

2) 판 단

피신청인의 대표가 직접 가맹계약 체결과정에서 신청인에게 '가맹점 예상 수익 구조' 정보를 서면으로 제공한 점, 피신청인이 제공한 예상 수익 구조 하단에 '과도한 수익범위의 오해가 없도록 미니멈으로 근거한 예상 수익구조 자료임'이라고 명시한 점, 피신청인 스스로가 운영하는 직영점인 A점 및 B점의 매출을 근거로 산출한 예상수익자료라고 진술한 점 등을 고려할 때, 피신청인은 신청인에게 이 사건 가맹점을 개설하면서 서면으로 제시한 예상 수익 이상의 매출을 얻을 수 있다는 내용의 정보를 제공하였던 것으로 보인다.

그러나 피신청인이 신청인에게 제공한 '가맹점 예상 수익 구조'의 예상수익 산출에 사용된 사실적인 근거와 예측에 관한 자료를 제시하지 못하고 있으며, 신청인의 가맹점은 의·탁자 시설이 있고 매장 안에서 음식을 먹을 수 있는 구조임에도 불구하고 테이크 아웃 전용 매장인 A점 및 B점의 매출을 근거로 예상 수익 구조를 제시한 것은 신청인 가맹점 영업 방식의 특성을 제대로 반영하지 못하여 적절하지 않고, 예상 수익 구조를 제공하면서 두 매장의 매출액만을 근거로 제시한 것은 표본 매장의 수가 적어 제공된 정보의 신뢰도가 낮다는 점을 고려할 때, 신청인에게 정확한 분석 과정을 거쳐 예상 수익 정보를 제공하지 않은 과실이 있는 것으로 보인다.

따라서 위와 같은 피신청인의 행위는 가맹사업법 제9조 제1항 및 제3항에 위반되는 허위·과장된 정보제공 행위에 해당한다고 판단된다.

라. 가맹금 반환 또는 손해배상 책임 여부

피신청인은 가맹사업법 제7조 제2항을 위반하였으나, 신청인이 가맹계약 체결 전 또는 가맹 계약의 체결일부터 2개월이 경과한 조정신청일 현재까지 피신청인에게 서면으로 가맹금의 반환을 요구한 사실이 없으므로 가맹사업법 제10조 제1항의 반환사유에는 해당하지 않는 것으로 판단된다.

그러나 신청인이 지급한 가맹금은 가입비 · 입회비 · 가맹비 · 교육비 또는 계약금 등 가맹점사업자가 영업표지의 사용허락 등 가맹점 운영권이나 영업활동에 대한 지원 · 교육 등을 받기 위하여 가맹본부에 지급하는 대가이며 신청인이 영업표지를 제거한 후부터는 이러한 성격의 가맹금은 반환하여야 하므로, 피신청인으로 하여금 가맹금 중 일부 금액을 반환하도록 하는 것이 타당할 것이다.

가맹점 예상 수익액에 대하여 사실적인 근거와 예측에 관한 자료 제시 없이 신청인에게 이에 대한 허위 · 과장 정보를 제공한 점에서는 피신청인이 가맹본부로서 상권조사의무를 소홀히 한과실이 인정되어 피신청인은 이 사건 가맹계약을 해지하고 위 가맹사업법 위반행위로 인하여 신청인에게 발생한 손해를 배상하여야 할 것이다.

마. 손해배상액의 산정

1) 산정기준

1) 가맹사업법 위반 (정보공개서 제공의무 위반, 허위·과장정보 제공, 가맹사업 중단)
   가맹사업법상 가맹금 반환 요건(계약체결일로부터 2개월 이내에 서면으로 가맹금 반환 요구)을 갖춘 경우 가맹금 전액을 반환하도록 하고 있음
   계약체결 경위, 가맹금의 성격, 계약기간, 계약이행기간, 귀책정도 등 고려하여 반환 금액을 감액할 수 있음※

※ 가맹금 감액사례
 - 이미 가맹점을 개설하여 운영한 경우
 - 가맹점사업자가 '정보공개서 제공확인서'의 날짜를 허위로 작성한 경우

2) 계약해지 후 계약기간이 남아있는 경우
가맹금 중 계약기간에 따라 소진되는 금액※을 잔여계약기간분만큼 일할 계산
※ 영업표지 사용대가 또는 교육·지원의 대가 등을 말함
(제외) 초도물품비, 가입비 등 일시에 소진되는 금액은 제외

2) 판 단

피신청인이 반환해야 할 가맹금의 범위에 관하여 살펴보건대, 피신청인은 신청인이 피신청인의 영업표지를 제거한 이후부터 산정한 잔여계약기간 분의 가맹금 3,000,000원(4,000,000원 × 18/24개월)을 신청인에게 반환하여야 한다.

한편 신청인이 입게 된 손해에 관하여 살펴보건대, 2011년 10월부터 2012년 3월까지 신청인이 가맹점을 운영하면서 입은 손실액의 합계로 볼 것이 타당하며 신청인은 그 금액을 42,739,270원이라고 주장하나, 신청인이 제출한 '손익현황표' 상의 매출액이 다소 낮고, 반면 매출원가는 상대적으로 높게 기재되어 있으며, 이에 대한 입증자료가 명확하지 않다는 점을 고려할 때, 실제 신청인 가맹점의 매출액은 손익현황표 상의 매출액에 비해 20% 가량 높을 것이고, 매출원가는위 매출액의 약 30% 수준이라고 봄이 타당하므로 이에 따라 산정한 신청인 가맹점의 손실액은 16,439,369원이라고 볼 것이다.

그러나 신청인도 계약체결 당시 피신청인의 정보공개서 등록 및 제공 여부를 확인하여 이를 토대로 계약 체결 여부를 신중히 결정하여야 할 주의의무가 있음에도 이를 소홀히 한 잘못이 있고, 가맹점 매출이 부진한 상황에서 가맹점주로서 인건비 등 경비를 줄이고 영업 손실을 줄이는 등의 노력이 부족하였으며, 가맹계약이 해지되지 않은 상태인 2012년 4월부터 계약 해지 절차를 위반하고 임의로 피신청인의 영업표지를 제거하여 개인 상호로 동종 영업을 영위해 오고 있는 사실 등을 고려할 때 신청인에게도 그 책임이 상당하다고 볼 것이므로 위 손해금액을 7,000,000원으로 정함이 타당하다.

따라서 피신청인으로 하여금 잔존기간 분의 가맹금 및 손해배상액 합계 총 10,000,000원을 지급하도록 함이 적절하다.

바. 권고 주문

> 피신청인은 2012. ○. ○○.까지 신청인에게 가맹금, 손해배상금의 합계 총 10,000,000원을 지급하라.

6. 조정 결과

피신청인은 본 협의회의 권고주문을 불수락하여 조정 절차를 종료하였다.

사례 11. 치킨판매사업자의 허위·과장 정보제공 등 관련 분쟁에 대한 건

1. 사건개요

가. 당사자 현황

피신청인은 치킨판매 가맹사업을 영위하는 가맹본부이고, 신청인은 가맹계약을 체결하고 가맹점을 운영하다 가맹계약을 합의해지하고 타사업을 영위하고 있는 사업자이다.

나. 분쟁의 경위

신청인은 피신청인과 2010. 8. 30. 가맹계약을 체결하고 'ㅇㅇ닭 신창점'을 2012. 7. 2.까지 운영하였던 자로서 피신청인의 정보공개서 미제공, 허위·과장 정보 제공 및 부당한 계약조건 변경을 이유로 이 사건 분쟁조정을 신청하여 분쟁이 발생하였다.

다. 사안의 쟁점

> 정보공개서 제공의무 위반
> - 정보공개서 제공 사실이 있는지 여부 및 정보공개서 미제공 사실이 인정되더라도 구체적으로 반환대상이 되는 가맹금이 있는지 여부 및 계약이 종료된 후에도 이를 반환하여야 하는지 여부를 검토하여야 한다.

허위·과장 정보제공 여부
- 이 사안의 경우 피신청인이 예상월매출액에 관한 정보를 신청인에게 제공하였는지 여부및 홈페이지에 수익분석표를 게시한 행위를 허위·과장 정보제공 행위라고 볼 수 있는지 여부가 문제된다.
- 이 사안의 경우 신청인이 조리방법의 문제로 인해 신청인의 순수익이 감소하였다고 주장하고 있는바 이에 대해 피신청인의 책임이 있는지 여부를 검토할 필요가 있다.

부당한 계약조건 변경에 따른 피신청인의 책임 여부
- 재계약 시 피신청인이 계약조건을 신청인에게 불리하게 변경한 행위가 부당한 지 여부 및이로 인해 실질적으로 신청인에게 손해가 발생하였는지 여부를 검토할 필요가 있다.

라. 조정신청 대상적격

분쟁당사자 간의 거래가 가맹사업법 제2조 제1호에 따른 가맹사업거래에 해당하므로 조정 대상이 된다.

2. 분쟁사실

신청인은 피신청인과 2010. 8. 30. 가맹금을 면제하고, 계약기간을 1년으로 하는 이 사건 매장에 관한 가맹계약을 체결하고 이 사건 매장을 운영하였으며, 신청인 제출자료에 의하면 2011년 신청인의 월별 매출액은 다음 〈표 1〉과 같다.

〈표 1〉 2011년 신청인 월별 매출액

(2011년 기준, 단위 : 원)

월	매출액	월	매출액
1	27,912,500	7	23,460,500
2	26,143,900	8	23,721,500
3	30,092,000	9	30,809,500
4	31,145,700	10	26,746,000
5	28,198,000	11	29,377,500
6	30,450,500	12	29,377,500

* 자료출처 : 신청인 제출자료 중 2011년 월별 매출액 자료[13]

13) 피신청인 홈페이지에 게시된 수익분석

가맹계약 체결과정에서 피신청인은 신청인에게 정보공개서를 제공하지 아니하였다.

신청인은 피신청인과 2011. 8. 20. 계약기간을 1년으로 하여 재계약을 체결하였다.

신청인은 피신청인과 2012. 7. 2. 이 사건 가맹계약을 합의해지하였다.

신청인은 2012. 7. 19. 정보공개서 미제공, 허위·과장 정보제공 및 부당한 계약조건 변경 등을 이유로 이 사건 분쟁조정을 신청하였다.

3. 양 당사자 주장

가. 신청인 주장

신청인은 가맹계약체결 시 정보공개서를 제공받지 못하였으므로 피신청인은 정보공개서 미제공으로 인해 발생한 손해를 배상하여야 한다고 주장한다.

신청인은 가맹계약체결 시 피신청인 담당직원이 구두로 경비를 모두 제하고 매출의 30%이상 남고, 월매출 30,000,000원이면 순수익이 8,000,000원 이상이라고 말하였으나 실제 월매출 30,000,000원을 달성하고도 순수익이 이에 미치지 못하였다는 이유로 피신청인은 허위·과장 정보제공으로 인한 손해를 배상하여야 한다고 주장한다.

신청인은 피신청인이 공급해주는 닭이 껍질과 정육이 분리되어 있지 않아 껍질을 제거하는 과정에서 버려지는 부속물이 많아 매출액 대비 순수익이 낮아졌으므로 피신청인의 귀책사유로 인한 손해가 발생하였다고 주장한다.

신청인은 2010. 8. 20. 체결한 가맹계약에는 영업지역의 거리가 반경 2킬로미터로 정해져 있었으나 2011. 8. 20. 새로이 체결한 가맹계약에는 영업지역의 거리가 반경 300미터로 축소되었음을 이유로 피신청인은 부당한 계약조건 변경으로 인한 손해를 배상하여야 한다고 주장한다.

월매출액	1,000만원	2,000만원	3,000만원
원/부자재(%)	45~50%	45~50%	45~50%
판매관리(%)	15~25%	15~25%	15~25%
점주수익(%)	20~35%	20~35%	20~35%
예상손익	약 300만원	약 700만원	약 1,000만원

나. 피신청인 주장

피신청인은 정보공개서를 제공하지 않고 이 사건 가맹계약을 체결한 사실이 있으나, 계약체결 시 가맹금을 면제하였으며 양 당사자의 합의에 의해 2012. 7. 2. 계약이 종료되었으므로 정보공개서 미제공을 이유로 신청인에게 반환할 가맹금이 없다고 주장한다.

피신청인은 구체적으로 예상매출액에 관한 자료를 신청인에게 제공한 사실이 없으며, 다만 홈페이지를 통해 월매출액 중 재료비가 50%정도이며, 점주의 수익이 약 20~35%정도가 된다는 수익 분석표 1) 를 게시하였을 뿐이므로 허위・과장 정보를 제공한 사실이 없다고 주장한다.

피신청인은 가맹점 오픈 당시 신청인에게 교육을 함에 있어서 껍질을 제거해야 한다고 교육한 적이 없고, 껍질과 정육을 같이 붙여 조리하면 전혀 문제가 없다고 수차례 알려주었으며, 방문하여 이를 시정할 것을 요청하였음에도 불구하고, 신청인이 껍질을 제거하고 조리하였기 때문에 신청인의 매출액 대비 순수익이 낮아졌다고 주장한다.

피신청인은 계약갱신 시 신청인에게 새로운 계약조건의 변경내용을 설명하였으며, 신청인도 이를 확인한 후 서명하였으므로 부당한 계약조건의 변경이 아니며, 계약조건의 변경 전후 신청인의 매출액에 변동이 없고, 신청인과의 계약기간 내에 종전 영업지역 내에 새로운 점포를 개설한 사실도 없으므로 부당한 계약조건의 변경이 아니라고 주장한다.

4. 관련 법규정 및 심사지침

가맹사업거래의 공정화에 관한 법률

제9조(허위·과장된 정보제공 등의 금지) ① 가맹본부는 가맹희망자에게 정보를 제공함에 있어서 허위 또는 과장된 정보를 제공하거나 중요사항을 누락하여서는 아니된다.

② 가맹본부는 가맹희망자나 가맹점사업자에게 다음 각 호의 어느 하나에 해당하는 정보를 제공하는 경우에는 서면으로 하여야 한다.

1. 가맹희망자의 예상매출액・수익・매출총이익・순이익 등 장래의 예상수익상황에 관한 정보

2. 가맹점사업자의 매출액 · 수익 · 매출총이익 · 순이익 등 과거의 수익 상황이나 장래의 예상수익에 관한 정보

③ 가맹본부는 제2항에 따라 정보를 제공하는 경우에는 그 정보의 산출 근거가 되는 자료로서 대통령령으로 정하는 자료를 가맹본부의 사무소에 비치하여야 하며, 영업시간 중에는 언제든지 가맹희망자나 가맹점사업자의 요구가 있는 경우 그 자료를 열람할 수 있도록 하여야 한다.

5. 분쟁조정협의회의 판단

가. 정보공개서 제공의무 위반에 따른 피신청인의 손해배상 책임여부

가맹사업법 제7조 제1항에 따라 가맹계약체결 시 가맹본부는 가맹점사업자에게 정보공개서를 제공하여야 하는바, 피신청인은 이 사건 분쟁조정 신청 시까지 정보공개서를 등록하지 않은 사업자로서 이 사건 가맹계약체결 시 신청인에게 정보공개서를 제공하지 않은 사실이 인정된다.

다만, 정보공개서를 제공하지 아니한 경우 신청인은 가맹사업법 제10조 제1항 제1호에 따라 가맹계약 체결일로부터 2개월 이내에 가맹금의 반환을 요구할 수 있는바, 이 사건 가맹계약의 경우 가맹계약 체결일로부터 2개월이 경과하였고, 가맹금을 면제하여 반환대상 금전이 없으므로, 정보공개서 미제공으로 인해 피신청인이 신청인에게 지급할 금전은 없다고 보여지며, 이에 따른 피신청인의 손해배상 책임도 없다고 판단된다.

나. 허위 · 과장 정보제공행위 해당 여부

1) 허위·과장 정보 제공행위 해당여부에 대한 판단기준

- 법 제9조 제1항 전단의 허위 또는 과장된 정보제공 행위가 성립하기 위해서는 가맹본부가 가맹희망자에게 ①사실과 다르거나 사실을 지나치게 부풀린 정보를 제공하여 ② 가맹희망자를 기만하거나 오인시킬 우려가 있어야 한다. 다만, 가맹본부가 사실과 다르거나 사실을 지나치게 부풀린 정보 또는 중요사항을 누락한 정보를 제공하더라도 가맹희망자가 그 정보로 인하여 계약체결 등의 판단에 별다른 영향을 받지 아니하였다는 객관적인 정황이 있는 경우에는 허위 · 과장 정보 제공행위로 보지

> 아니한다.
>
> - 가맹본부가 가맹희망자에게 제공한 정보가 가맹희망자를 기만하거나 오인시킬 우려가 있는지 여부는 정보 제공의 주체, 수단, 시기, 기간 및 표현 방법 등을 고려하여 보통의 주의력을 가진 가맹희망자를 기준으로 판단하여야 한다.
>   즉, 같은 정보를 제공하는 경우에도 일반 직원보다는 임원의 정보 제공행위가, 구두보다는 문서 형태의 정보 제공행위가, 개별 상담보다는 공식적인 설명회상의 정보 제공행위가, 일회성보다는 지속적인 정보 제공행위가, 가정보다는 확정적인 정보 제공행위가 가맹희망자를 기만하거나 오인시킬 우려가 높다.
>
> (공정거래위원회 2009. 12. 14. 의결 제2009 - 247호 참조).

2) 판 단

다음과 같은 이유에서 피신청인의 허위·과장 정보제공이 있었다고 보기 어렵다.

- 신청인은 피신청인이 예상 월매출액이 30,000,000원 정도이고 순수익이 월 8,000,000원 이상이라고 구두로 정보를 제공하였다고 주장하나 이를 입증할 근거를 제시하지 못하고 있어 신청인의 주장을 사실로 인정하기 어렵다.
- 가맹사업법 제9조 제1항은 가맹본부가 가맹희망자에게 허위·과장 정보를 제공하는 행위를 금지하고 있는바, 홈페이지를 통하여 불특정 다수에게 정보를 제공하는 것은 개별계약 체결과정에서 가맹희망자에게 정보를 제공한 행위로 보기는 어렵다.
- 또한, 피신청인의 홈페이지에 게시된 수익분석표는 일반적인 매출액에 따른 매출원가를 표시한 자료로 보여지며, 통상적인 외식업의 매출원가와 비교해 볼 때 이러한 수익분석표의 게시가 신청인에 대한 허위·과장 정보를 제공한 행위라고 보기는 어렵다.

따라서, 허위·과장 정보제공 사실이 인정되지 않으므로 이에 따른 피신청인의 손해배상책임 또한 인정되지 않는다고 보여진다.

한편, 신청인의 주장에 따르면 월매출액이 30,000,000원 정도임에도 불구하고 순수익이 일정 수준에 미치지 못하는 주된 원인은 껍질을 손질하는 과정에서 많은 원재료가 버려지기 때문인 것으로 보이는바, 피신청인은 가맹계약 체결단계에서 껍질을 함께 조리하도록 교육하였고 껍질과 정육을 같이 붙여 조리하면 전혀 문제가 없다고 수차례 알려주었으며 방문하여 이를 시정할 것을 요청한 사실이 인정되므로 피신청인의 귀책사유로 인해 신청인의 순수익이 낮아졌다기보다는 신청인이 자의적으로 조리방법을 변경하였기 때문에 순수익이 낮아졌다고 보여진다.

신청인은 2011년 월별 매출액 자료는 제출하였으나 월별 매출원가 등 순수익이 일정 수준에 미치지 못하였다는 점을 입증할 구체적인 자료를 제시하지 못한 점, 통상적인 피신청인 가맹점주들의 경우 껍질과 정육을 붙여 조리하여 판매하고 있는 점을 고려한다면 피신청인의 귀책사유로 인해 신청인의 순수익이 낮아졌다고 보기는 어려우므로, 이에 대한 피신청인의 손해배상 책임은 인정되지 않는다고 보여진다.

다. 부당한 계약조건 변경에 따른 피신청인의 손해배상책임 여부

신청인의 영업지역을 반경 2킬로미터로 정한 2010. 8. 30. 체결된 가맹계약과 달리 신청인의 영업지역을 반경 300미터로 정한 2011. 8. 20. 체결된 가맹계약은 신청인에게 불리한 계약조건의 변경으로 보여진다.

가맹사업법 제13조 제4항에 따르면 가맹본부가 계약기간 만료 전 180일부터 90일까지 사이에 가맹점사업자에게 조건의 변경에 대한 통지를 하지 아니한 경우에는 계약 만료 전의 가맹계약과 같은 조건으로 다시 가맹계약을 체결한 것으로 보고 있는바, 피신청인은 계약조건 변경 시 이러한 변경된 계약조건을 사전에 통지하지 아니하였으므로 가맹사업법상 계약조건 변경을 위한 절차를 위반한 것으로 보여진다.

그러나, 〈표 1〉에서 보는 바와 같이 영업지역을 반경 300미터로 정한 2011. 8. 20. 전후 신청인의 월별 매출액에 큰 차이가 없으며, 2011. 8. 20. 재계약 시점부터 2012. 7. 2. 계약종료 전까지 신청인의 종전 영업지역인 반경 2킬로미터 내에 새로운 가맹점을 개설하여 신청인의 영업지역을 침해한 사실이 없으므로 계약조건 변경에 따른 신청인의 손해는 없다고 보여지고, 이미 이 사건 분쟁조정 신청 전인 2012. 7. 2. 양당사자의 합의에 의해 계약이 해지되었으므로 계약조건을 원래대로 변경할 실익도 없다고 판단된다.

6. 조정 결과

본 협의회는 이 사건 분쟁은 신청인의 주장이 이유 없어 조정절차를 진행할 실익이 없다고 보아 조정절차를 종료하였다.

사례 12. 치킨판매사업자의 허위 · 과장정보 제공행위에 따른 가맹점 인수 관련 분쟁에 대한 건

1. 사건개요

가. 당사자 현황

피신청인은 치킨 전문점 가맹사업을 영위하는 가맹본부이고, 신청인은 가맹계약을 체결하고 가맹점을 운영하는 자이다.

나. 분쟁의 경위

신청인은 2009. 9. 9. 피신청인과 계약기간을 3년으로 하여 가맹계약을 체결하여 가맹점을 운영하던 중, 신청인이 피신청인을 상대로 정보공개서 미제공, 가맹금 미예치, 허위 · 과장 정보제공 행위를 이유로 가맹점의 인수를 구하는 취지의 조정을 신청하였다.

다. 사안의 쟁점

정보공개서 제공의무 위반 및 가맹계약서 사전제공의무 위반, 가맹금 미예치, 허위·과장 정보제공행위 해당 여부

- 위 사안의 경우 피신청인의 정보공개서를 제공하였는지 여부 및 가맹계약서를 계약 체결 이전에 제공하였는지 여부, 가맹금을 예치하였는지 여부, 그리고 예상매출액 정보 제공이 허위 · 과장 정보제공행위에 해당하는지 여부가 문제된다.

라. 조정신청 대상적격

분쟁당사자 간의 거래가 가맹사업법 제2조 제1호에 따른 가맹사업에 해당하므로 조정대상이 된다.

2. 분쟁사실

신청인은 2009. 9. 9. 피신청인과 "○○치킨 강남대점"을 3년 간 운영하기로 하는 가맹계약을 체결하였다.

- 위 계약체결 당시 신청인은 정보공개서를 제공받지 아니하였고 가맹금 또한 피신청인 대표의 개인계좌로 입금하였다.

신청인은 가맹계약의 기간 만료일이 다가오자 피신청인에게 이 사건 가맹점의 인수를 요청하였고 피신청인은 이를 거절하였다.

신청인은 2012. 9. 10. 피신청인과 이 사건 가맹계약을 2012. 9. 9.자로 계약 기간 만료를 이유로 종료하고 피신청인이 비용을 부담하여 이 사건 가맹점의 상호, 상표, 서비스표, 휘장, 간판 등을 철거하는 조건으로 폐점에 동의하는 내용의 '동의서'를 작성하였다.

3. 양 당사자 주장

가. 신청인 주장

신청인은 가맹계약체결 당시 피신청인으로부터 정보공개서를 제공받지 못하였으며 가맹금 또한 피신청인 대표 개인계좌에 입금하는 등 피신청인이 가맹사업법을 위반하였다고 주장 한다.

신청인은 또한 피신청인이 2009. 9. 9. 계약체결 당시 매출액 실적이 저조했던 타 가맹점에 관한 설명을 하지 않은 부분은 중요한 사항이 누락된 정보제공행위에 해당하며, 피신청인이 신청인에게 일매출 약 500,000원이 예상된다는 허위·과장 정보를 제공였으나 실제로 이러한 매출이 발생하지 아니하였으므로 피신청인이 가맹점을 인수하여야 할 것이라고 주장한다.

나. 피신청인 주장

피신청인은 신청인과 가맹계약을 체결할 당시인 2009. 9. 9.의 바로 전 사업연도인 2008년의 피신청인의 손익계산서상 매출액이 44,977,380원으로 50,000,000원 미만에 해당하기 때문에 가맹사업법 제3조에 의해 정보공개서 제공의무 및 가맹금 예치의무가 면제되는 상황이었다고 주장한다.

피신청인은 신청인에게 계약체결 당시 영업중이던 타 가맹점 매출 상황을 참고적으로 설명한 것이며, 신청인 가맹점의 예상매출액에 대하여는 언급을 한 적이 없다고 주장한다.

- 또한 피신청인은 이 사건 가맹점은 신청인이 가맹점 운영을 소홀히 하여 매출이 부진한 것임에도 불구하고 이를 가맹본부인 피신청인의 책임으로 떠넘겨 가맹점의 인수를 요구하는 것은 받아들일 수 없다고 주장한다.

4. 관련 법규정 및 심사지침

가맹사업거래의 공정화에 관한 법률

제9조(허위 · 과장된 정보제공 등의 금지) ① 가맹본부는 가맹희망자에게 정보를 제공함에 있어서 허위 또는 과장된 정보를 제공하거나 중요사항을 누락하여서는 아니된다.

② 가맹본부는 가맹희망자나 가맹점사업자에게 다음 각 호의 어느 하나에 해당하는 정보를 제공하는 경우에는 서면으로 하여야 한다.

1. 가맹희망자의 예상매출액 · 수익 · 매출총이익 · 순이익 등 장래의 예상수익상황에 관한 정보
2. 가맹점사업자의 매출액 · 수익 · 매출총이익 · 순이익 등 과거의 수익상황이나 장래의 예상수익에 관한 정보

③ 가맹본부는 제2항에 따라 정보를 제공하는 경우에는 그 정보의 산출근거가 되는 자료로서 대통령령으로 정하는 자료를 가맹본부의 사무소에 비치하여야 하며, 영업시간 중에는 언제든지 가맹희망자나 가맹점사업자의 요구가 있는 경우 그 자료를 열람할 수있도록 하여야 한다.

5. 분쟁조정협의회의 판단

가. 가맹사업법 적용배제 여부

가맹사업법 제3조 제2호)는 가맹본부의 연간 매출액이 일정규모 미만일 경우 가맹사업법 적용을 배제하도록 규정하고 있고 동법 시행령 제5조 제2항에서는 그 기준액을 5천만원으로 규정하고 있다.

그런데, 피신청인의 바로 전 사업연도(2008. 1. 1. ~ 12. 31.)의 손익계산서 상 매출액은 44,977,380원이나, 2009년 수정신고 한 부가가치세확정신고서 상 바로 전 2개 과세기간(2008. 2. 18. ~ 12. 31.)의 과세표준을 합한 금액은 52,617,880원으로 50,000,000원을 초과하므로 피신청인은 신청인과 가맹계약을 체결할 당시 가맹사업법 적용대상에 해당한다고 할 것이다.

나. 정보공개서 제공의무 위반 행위 해당 여부

신청인은 신청인에게 정보공개서를 제공하지 않고 가맹계약을 체결하여 정보공개서 제공의무를 규정하고 있는 가맹사업법 제7조 제2항을 위반하였다.

다. 가맹금 예치의무 위반 여부

피신청인은 위 계약체결 과정에서 가맹금을 예치기관에 예치하지 아니하고 신청인으로 하여금 피신청인 대표의 계좌로 직접 지급하도록 하여 가맹사업법 제6조의5 제1항을 위반하였다.

라. 예상매출액 정보제공 관련 허위·과장 정보제공행위 해당 여부

1) 허위·과장 정보 제공행위 해당여부에 대한 판단기준

- 법 제9조 제1항 전단의 허위 또는 과장된 정보제공 행위가 성립하기 위해서는 가맹본부가 가맹희망자에게 ① 사실과 다르거나 사실을 지나치게 부풀린 정보를 제공하여 ② 가맹희망자를 기만하거나 오인시킬 우려가 있어야 한다. 다만, 가맹본부가 사실과 다르거나 사실을 지나치게 부풀린 정보 또는 중요사항을 누락한 정보를 제공하더라도 가맹희망자가 그 정보로 인하여 계약체결 등의 판단에 별다른 영향을 받지 아니하였

> 다는 객관적인 정황이 있는 경우에는 허위·과장 정보 제공행위로 보지 아니한다.
>
> - 가맹본부가 가맹희망자에게 제공한 정보가 가맹희망자를 기만하거나 오인시킬 우려가 있는지 여부는 정보 제공의 주체, 수단, 시기, 기간 및 표현 방법 등을 고려하여 보통의 주의력을 가진 가맹희망자를 기준으로 판단하여야 한다.
>   즉, 같은 정보를 제공하는 경우에도 일반 직원보다는 임원의 정보 제공행위가, 구두보다는 문서 형태의 정보 제공행위가, 개별 상담보다는 공식적인 설명회상의 정보 제공행위가, 일회성보다는 지속적인 정보 제공행위가, 가정보다는 확정적인 정보 제공행위가 가맹희망자를 기만하거나 오인시킬 우려가 높다.
>
> (공정거래위원회 2009. 12. 14. 의결 제2009 - 247호 참조).

2) 판 단

가맹사업법 제9조는 "가맹본부는 가맹희망자에게 정보를 제공함에 있어서 허위 또는 과장된 정보를 제공하거나 중요한 사항을 누락하여서는 아니된다"고 규정하고 있다.

- 그리고 공정거래위원회는 가맹사업법 제9조의 허위·과장된 정보제공행위가 되기 위한 위법성 성립요건으로 "① 가맹본부가 가맹희망자에게 직접 또는 간접적인 방법으로 가맹희망자가 운영하려는 가맹사업에 관한 정보를 제공하면서 ② 사실과 다르거나 사실을 지나치게 부풀린 정보를 제공하여 ③ 가맹희망자를 기만하거나 오인시킬 우려가 있어야 한다"고 판단하고 있다.

그러나 이 사건에서 신청인은 피신청인의 대표가 "일매출액 500,000원이 예상된다"는 정보를 제공하였다고 주장하나, 이를 입증할 수 있는 증거가 없고, 이 사건 조사과정에서 피신청인은 '예상매출액 정보를 제공한 것이 아니라 당시 영업 중이던 타 가맹점의 매출액을 참고적으로 언급했을 뿐이다'라고 부인하는 등 가맹사업법 제9조의 허위·과장된 정보제공 행위의 위법성 성립요건 중 '피신청인의 정보제공 행위'를 파악할 수 없으므로 피신청인의 위법성 여부를 판단하기 어렵다.

마. 피신청인이 신청인 가맹점을 인수하여야 하는지 여부

신청인은 피신청인의 정보공개서 미제공 및 가맹금 미예치, 그리고 허위·과장 정보제공행위를 이유로 신청인 가맹점의 인수를 요구하는 취지로 분쟁 조정을 신청하였다.

그러나 조정절차 진행 도중인 2012. 9 .10. 신청인은 피신청인과 계약의 기간만료를 이유로 계약을 종료하는데 동의하여 피신청인의 영업표지를 모두 철거하였고 신청인이 현재 다른 영업표지로 동종 영업을 영위하고 있으므로, 분쟁의 성격상 조정을 하는 것이 적당하지 아니하여 조정의 실익이 없는 것으로 판단된다.

6. 조정 결과

본 협의회는 이 사건 분쟁은 신청인의 주장이 이유없어 조정절차를 진행할 실익이 없다고 보아 조정절차를 종료하였다.

사례 13. 교육서비스사업자의 허위·과장정보 제공행위에 따른 가맹금 반환 관련 분쟁에 대한 건

1. 사건개요

가. 당사자 현황

피신청인은 교육서비스 가맹사업을 영위하는 가맹본부이고, 신청인은 가맹계약을 체결하고 가맹점을 운영하는 자이다.

나. 분쟁의 경위

신청인은 피신청인과 가맹계약을 체결하여 가맹점을 운영하였는데, 피신청인이 제공하는 교육 프로그램의 이용자가 없어, 신청인은 피신청인을 상대로 가맹계약의 해지 및 초도물품비 235만원의 반환을 청구하는 취지의 조정을 신청하였다.

다. 조정신청 대상적격

분쟁당사자 간의 거래가 가맹사업법 제2조 제1호에 따른 가맹사업에 해당하므로 조정대상이 된다.

2. 분쟁의 쟁점

가. 분쟁사실

신청인은 피신청인과 계약기간을 1년으로 하여 2011. 10. 28. 피신청인으로부터 교재·교구·홍보물품 등을 공급받아 교육 프로그램을 운영하는 가맹계약을 체결하였다.

신청인은 피신청인에게 교육 프로그램의 이용자 저조 등을 이유로 가맹계약의 해지 및 당시 미사용한 교재 및 교구의 반환을 요청하였으나 피신청인이 이를 거절하였다.

나. 양 당사자 주장

1) 신청인 주장

신청인은 피신청인 홈페이지의 가맹점 체험수기란에 게재된 수기 중 회원수 등이 부풀려진 내용이 있었고 이로 인하여 계약체결 전 허위·과장된 정보를 제공받았으므로 가맹계약을 해지해야 한다고 주장한다.

또한 신청인은 피신청인으로부터 제공받은 초도물품 중 교재·교구 등 전혀 사용하지 않은 물품을 피신청인에게 반환하고 피신청인은 이에 대한 대금을 신청인에게 지급하여야 한다고 주장한다.

2) 피신청인 주장

피신청인은 체험수기란의 특성상 약간의 과장된 표현으로 작성된 부분이 있을 수 있으나 후기가 허위로 작성되었다는 신청인의 주장은 전혀 사실이 아니라고 주장한다.

피신청인은 가맹계약체결 후 초도물품을 주문제작하는 여건 및 가맹계약서 제5조 및 제12조에 근거하여 가맹사업 개시 후에는 제공받은 물품은 반환되지 않으며 초도물품비용은 환불이 불가하므로 신청인의 주장을 받아들일 수 없다고 주장한다.

3. 조정 결과

양 당사자는 피신청인이 39만원을 신청인에게 지급하고 계약을 해지하는 내용으로 합의하여 조정이 성립되었다.

사례 14. 편의점사업자의 허위·과장 정보제공 등 관련 분쟁에 대한 건

1. 사건개요

가. 당사자 현황

피신청인은 편의점 가맹사업을 영위하는 가맹본부이고, 신청인은 가맹계약을 체결하고 가맹점을 운영하는 사업자이다.

나. 분쟁의 경위

신청인은 피신청인과 이 사건 가맹계약을 체결하는 과정에서 개발담당직원인 신청 외 □□□이 이 사건 매장의 일평균 매출액은 800,000원 이상 예상되며 계약체결 후 2년 간 월 5,000,000원을 최저보장으로 지급한다고 하였음에도 불구하고, 이 사건 매장의 일평균 매출액은 800,000원에 미치지 못하였으며 신청인에게 매월 지급되는 금액도 월 5,000,000원에 미치지 못하였음을 이유로 위약금 없는 계약해지를 요구하여 분쟁이 발생하였다.

다. 조정신청 대상적격

분쟁당사자 간의 거래가 가맹사업법 제2조 제1호에 따른 가맹사업거래에 해당하므로 조정대상이 된다.

2. 분쟁의 쟁점

가. 분쟁사실

신청인은 자신이 소유한 건물 1층 매장에서 편의점을 운영하고자 피신청인 등 주요 편의점 가맹본부들의 계약조건을 비교하기 위해 피신청인으로부터 이 사건 가맹계약체결과 관련하여 정보공개서 및 가맹계약서를 2010. 11. 1. 제공받았다.

신청인은 피신청인과 2010년 12월 15일 가맹금 7,000,000원, 상품보증금 14,000,000원, 계약기간을 5년으로 하는 이 사건 매장에 관한 가맹계약을 체결하였으며 계약서 별첨(9)에는 피신청인의 이익분배액 범위 내에서 지원하는 최저보장제에 관한 다음과 같은 내용이 포함되어 있다.

> 2. 최저보장제도
>
> 1) 최저보장이라 함은 상권 미성숙 등의 사유로 인하여 점포의 매출이 현저히 낮은 경우에 '갑'이 '을'의 손실을 보전하고 매출을 증대하기 위한 노력을 지원 및 격려하기 위한 제도이다.
>
> 2) '갑'은 '을'에게 점포 개점일(또는 전환일)로부터 2년 간, '을'의 이익배분액(①)과 '갑'이 지급하는 각종 명목의 지원금 및 장려금의 합계금액(②)이 월 최대 500만원에 미치지 못할 경우 500만원이 될 수 있도록 그 차액을 지원(③)하는 것이다. 단 '갑'이 지급하는 각종 명목의 지원금 및 장려금의 합계 금액(②)과 최저보장 지원 금액(③)의 합이 해당 월의 '갑'의 이익배분액(④)을 상회하는 경우, '갑'의 이익배분액 범위 내에서만 지원하기로 한다.
>
> - '①+②〈500만원' 인 경우, '③=500만원-①-②'가 되며,
> - '①+②=500만원' 또는 '①+②〉500만원'인 경우 '③=0원'이 됨
> - 단, '①+②〈500만원'이나, '②+③=④' 또는 '②+③〉④'인 경우, '③=④-②'가 됨

양 당사자는 이 사건 가맹계약 체결 시 최저보장지원금을 매출총이익 한도 내에서 지급한다는 사항이 기재된 최저보장제에 관한 추가약정을 체결하였다.

계약체결 후 현재까지 가맹점 정산서상의 분배금액은 다음 〈표 2〉와 같다.

〈표 2〉 가맹점 정산서상 분배금액

(단위 : 원)

시기	매출총이익	신청인 이익배분액	피신청인 이익배분액	기타지원금	최저보장 지원금
2011. 1.	3,185,787	2,070,762	1,115,025	364,189	750,836
2011. 2.	4,307,130	2,799,635	1.507,495	1,007,310	500,185
2011. 3.	3,313,178	2,153,566	1,159,612	695,280	464,332
2011. 4.	3,739,078	2,430,401	1,308,677	332,231	976,446
2011. 5.	3,907,207	2,539,685	1,367,522	921,499	446,023
2011. 6.	4,060,156	2,639,101	1,421,055	646,891	774,164
2011. 7.	3,955,944	2,571,364	1,384,580	657,552	727,028
2011. 8.	3,833,305	2,491,648	1,341,657	724,344	617,313
2011. 9.	4,018,601	2,612,091	1,406,510	692,462	714,048
2011. 10.	3,729,100	2,423,915	1,305,185	615,747	689,438
2011. 11.	3,583,650	2,329,373	1,254,277	670,112	584,165
2011. 12.	3,529,185	2,293,970	1,235,215	682,588	552,627
2012. 1.	2,891,294	1,879,341	1,011,953	541,409	470,544
2012. 2.	2,689,532	1,748,196	941,336	1,020,224	0
2012. 3.	3,017,518	1,961,387	1,056,131	517,654	538,477
2012. 4.	3,146,734	2,045,377	1,101,357	455,467	645,890
2012. 5.	3,479,555	2,261,711	1,217,844	461,189	756,655
2012. 6.	3,525,478	2,291,561	1,233,917	473,036	760,881
2012. 8.	3,395,656	2,207,176	1,188,480	638,136	550,344
2012. 9.	3,285,902	2,135,836	1,150,066	606,687	543,379

* 자료출처 : 피신청인 제출자료 중 가맹점 정산서 발췌

신청인은 피신청인에 대하여 허위·과장 정보제공을 이유로 공정거래위원회에 신고하였으며, 공정거래위원회는 2012. 8. 9. 이 사건 분쟁조정을 의뢰하였다.

나. 양 당사자 주장

1) 신청인 주장

신청인은 가맹계약체결 시 피신청인 개발담당직원이 구두로 일평균 매출액 800,000원 이상이 예상된다고 하였으나 실제로는 계약기간 중 일평균 매

출액이 400,000원 정도에 불과하므로 피신청인이 허위 · 과장 정보를 제공하여 계약을 체결한 경우에 해당한다고 주장한다.

신청인은 가맹계약체결 시 피신청인 개발담당직원이 구두로 최저보장제도에 대해서 신청인의 수익분배금 및 장려금이 월 5,000,000원에 미치지 못하는 경우 5,000,000원까지 보전해 주는 것이라고 설명하였으나, 계약기간 동안 신청인이 받은 분배금이 월 5,000,000원에 크게 미치지 못하고 있으므로 피신청인이 허위 · 과장 정보를 제공하여 계약을 체결한 경우에 해당한다고 주장한다.

신청인은 피신청인의 이러한 허위 · 과장 정보제공 행위로 인하여 계약을 체결하여 손해를 입었음을 이유로 위약금 없이 가맹계약을 해지하기를 원한다고 주장한다.

2) 피신청인 주장

피신청인은 구체적으로 예상매출액에 관한 자료를 신청인에게 제공한 사실이 없으며, 신청인이 분배금액이 왜 5,000,000원에 미치지 못하느냐고 문의하자 일평균 매출액이 800,000원 정도가 되면 최저보장제를 적용했을 때 신청인의 분배금액이 5,000,000원 정도가 될 것이라고 알려 준것에 불과하다고 주장한다.

피 신청인은 ① 신청인에게 분배금이 매월 5,000,000원이 될 수 있도록 보장한다고 한 사실이 없으며, ② 피신청인의 이익분배액 범위 내에서 지원금액이 제한되는 최저보장제도에 관하여 계약서 별첨(9)에 상세한 내용을 명시하여 2010. 11. 1. 정보공개서와 함께 사전에 제공하였으므로 신청인으로서는 그 내용에 관하여 사전에 충분히 숙지할 시간이 있었으며, ③ 신청인이 자필서명한 추가약정서에도 매출총이익 한도 내에서 월 5,000,000원 범위 내에서 최저보장 한다는 내용이 명시되어 있으므로 허위 · 과장 정보를 제공한 사실이 없다고 주장한다.

피신청인은 계약체결 과정에서 신청인에게 허위 · 과장 정보를 제공한 사실이 없으므로 위약금 없이 이 사건 가맹계약을 해지할 의무가 없다고 주장한다.

3. 조정 결과

분쟁당사자 간에 "신청인은 인테리어 잔존가 21,000,000원에서 보증금 14,000,000원을 공제한 7,000,000원을 피신청인에게 위약금으로 지급하며, 위약금 지급 다음날을 기준으로 이 사건 매장에 대한 가맹계약을 합의해지한다"는 내용으로 합의하여 조정이 성립되었다.

사례 15. 외식사업자의 부당한 구속조건부 거래행위 관련 분쟁에 대한 건

1. 사건개요

가. 당사자 현황

피신청인은 육류 외식업 가맹사업을 영위하는 가맹본부이고, 신청인은 피신청인과 가맹계약을 체결하고 가맹점을 운영해오다가 피신청인이 계약을 해지하자 계약해지의 철회를 주장하는 사업자이다.

나. 분쟁의 경위

신청인은 2010. 3. 3., 동년 4월 21일에 피신청인과 'ㅇㅇ' 창원상남점과 진해석동점에 관한 가맹계약을 체결하고 가맹점을 운영하던 중 육류 원재료를 피신청인이 지정한 업체로부터 구매하지 않았다는 이유로 2011. 8. 11. 피신청인으로부터 가맹계약을 해지당하자 이의 취소를 요구하고자 본 조정을 신청하였다.

다. 사안의 쟁점

구속조건부 거래행위의 정당성 여부
- 피신청인은 신청인이 육류 원재료를 피신청인이 아닌 제3자로부터 공급받아 계약을 위반하였다는 이유로 계약을 해지하였는바, 외식업 가맹본부가 육류 원재료를 본부가 아닌 제3자로부터 공급받는 행위를 일체 금지시키는 구속조건부 거래행위가 정당한지 검토를 요한다.

구속조건부 거래약정 위반을 이유로 한 계약해지의 정당성 여부
- 구속조건부 거래약정을 위반하였음을 이유로 계약해지를 통보한 사안인바, 구속조건부 거래약정의 부당성 여부에 따라 계약해지의 부당성 여부가 결정될 것이다.

라. 조정신청 대상적격

분쟁당사자 간의 거래가 가맹사업법 제2조 제1호에 따른 가맹사업거래에 해당하므로 조정 대상이 된다.

2. 분쟁사실

신청인은 2010. 2. 10. 피신청인으로부터 정보공개서를 제공받은 후 2010. 3. 3. '○○ 창원상남점' 에 관한 가맹계약을 체결하고 가맹금 1,100만원을 ▲▲은행에 예치하였다.

- 그리고 신청인은 2011. 4. 6. 피신청인으로부터 다시 정보공개서를 제공받고, 2011. 4. 21. '○○ 진해석동점'에 관한 가맹계약을 신청인의 모친의 명의로 체결하였다.

2011년 5월경 피신청인은 전국 가맹점의 점검 및 실태조사를 하였고, 그 결과 신청인이 운영하는 2개 가맹점이 피신청인이 지정한 업체로부터 육류 원재료를 구입하지 않고 있다는 사실을 알게 되었다.

- 이에 피신청인은 2011. 6. 8., 2011. 6. 28., 2011. 7. 22. 이의 시정을 서면으로 요구하였고 2011. 8. 9.에 2011. 8. 11.자로 가맹계약이 해지됨을 서면으로 통보하였다.

3. 양 당사자 주장

가. 신청인 주장

신청인은 피신청인이 육류 원재료를 정상적으로 공급하지 못하기에 동일한 재료를 타 업체로부터 구매할 수밖에 없었음에도 불구하고, 피신청인이

무조건 자신이 지정한 업체로부터만 재료를 구매하도록 강요하고 이를 지키지 않았다는 이유로 가맹계약을 해지한 것은 부당하다고 주장한다.

나. 피신청인 주장

피신청인은 육류 유통과정의 관리를 위해 피신청인이 지정하는 업체를 통해 육류를 가맹점에 공급해야 하며, 이러한 사실을 정보공개서와 가맹계약서에 기재하였고 이를 신청인에게 미리 설명한 후 가맹계약을 체결하였으므로 가맹사업법상 위법행위가 전혀 없다고 주장한다.

4. 관련 법규정 및 심사지침

가맹사업거래의 공정화에 관한 법률

제12조 (불공정거래행위의 금지) ① 가맹본부는 다음 각호의 1에 해당하는 행위로서 가맹사업의 공정한 거래를 저해할 우려가 있는 행위를 하거나 다른 사업자로 하여금 이를 행하도록 하여서는 아니된다.

2. 가맹점사업자가 취급하는 상품 또는 용역의 가격, 거래상대방, 거래지역이나 가맹점사업자의 사업활동을 부당하게 구속하거나 제한하는 행위

가맹사업거래의 공정화에 관한 법률 시행령

제13조 (불공정거래행위의 유형 또는 기준) ① 법 제12조 제2항의 규정에 의한 불공정거래행위의 유형 또는 기준은 별표 2와 같다.

[별표 2] 불공정거래행위의 유형 또는 기준

2. **구속조건부 거래**

법 제12조 제1항 제2호에 해당하는 행위의 유형 및 기준은 다음 각 목의 어느 하나와 같다.

가. 가격의 구속

정당한 이유없이 가맹점사업자가 판매하는 상품 또는 용역의 가격을 정하여 그 가격을 유지하도록 하거나 가맹점사업자가 상품 또는 용역의 가격을 결정하는 행위를 부당하게 구속하는 행위. 다만, 다음의 어느 하나에 해당하는 행위는 제외한다.

(1) 판매가격을 정하여 가맹점사업자에게 이를 따르도록 권장하는

행위

(2) 가맹점사업자에게 판매가격을 결정하거나 변경하는 경우 그 내용에 관하여 사전에 협의하도록 하는 행위. 다만, 사전협의를 통해 판매가격을 강요하는 행위는 가격을 구속하는 행위로 본다.

나. 거래상대방의 구속

부동산·용역·설비·상품·원재료 또는 부재료의 구입·판매 또는 임대차 등과 관련하여 부당하게 가맹점사업자에게 특정한 거래상대방(가맹본부를 포함한다)과 거래할 것을 강제하는 행위. 다만, 다음의 요건을 모두 충족하는 경우에는 그러하지 아니하다.

(1) 부동산·용역·설비·상품·원재료 또는 부재료가 가맹사업을 경영하는데 필수적이라고 객관적으로 인정될 것

(2) 특정한 거래상대방과 거래하지 아니하는 경우에는 가맹본부의 상표권을 보호하고 상품 또는 용역의 동일성을 유지하기 어렵다는 사실이 객관적으로 인정될 것

(3) 가맹본부가 미리 정보공개서를 통하여 가맹점사업자에게 해당 사실을 알리고 가맹점사업자와 계약을 체결할 것

다. 가맹점사업자의 상품 또는 용역의 판매제한 가맹점사업자에게 부당하게 지정된 상품 또는 용역만을 판매하도록 하거나 거래상대방에 따라 상품 또는 용역의 판매를 제한하는 행위. 다만, 다음의 요건을 모두 충족하는 경우에는 그러하지 아니하다.

(1) 가맹점사업자의 상품 또는 용역의 판매를 제한하지 아니하는 경우에는 가맹본부의 상표권을 보호하고 상품 또는 용역의 동일성을 유지하기 어렵다는 사실이 객관적으로 인정될 것

(2) 가맹본부가 미리 정보공개서를 통하여 가맹점사업자에게 해당 사실을 알리고 가맹점사업자와 계약을 체결할 것

라. 영업지역의 준수강제

부당하게 가맹점사업자에게 영업지역을 준수하도록 조건을 붙이거나 이를 강제하는 행위.

다만, 다음 각 호의 어느 하나에 해당하는 행위는 그러하지 아니하다.

(1) 가맹본부가 가맹점사업자의 영업거점지역을 정하는 행위

(2) 가맹점사업자가 자기의 영업지역에서의 판매책임을 다한 경우에 영업지역 외의 다른 지역에서 판매할 수 있도록 하는 행위

(3) 가맹점사업자가 자기의 영업지역 외의 다른 지역에서 판매하고자 하는 경우 그 지역의 가맹점사업자에게 광고선전비 등 판촉비용에 상당하는 일정한 보상금을 지불하도록 하는 행위

마. 그 밖에 가맹점사업자의 영업활동의 제한

가목 내지 라목에 준하는 경우로서 부당하게 가맹점사업자의 영업활동을 제한하는 행위.

다만, 다음의 요건을 모두 충족하는 경우에는 그러하지 아니하다.

(1) 가맹점사업자의 영업활동을 제한하지 아니하는 경우에는 가맹본부의 상표권을 보호하고 상품 또는 용역의 동일성을 유지하기 어렵다는 사실이 객관적으로 인정될 것

(2) 가맹본부가 미리 정보공개서를 통하여 가맹점사업자에게 해당 사실을 알리고 가맹점 사업자와 계약을 체결할 것

5. 분쟁조정협의회의 판단

가. 부당한 구속조건부 거래행위 해당 여부

1) 공정거래위원회의 태도

- 부당한 계약조항의 설정 또는 변경행위가 성립하기 위해서는 ①가맹본부가 가맹점사업자에 대하여 거래상 지위가 있어야 하고, ②가맹점사업자에게 불리한 계약조항을 설정 또는 변경하는 행위를 함으로써 불이익을 주는 행위이어야 한다.
- 다만, 위 요건을 충족하더라도 가맹본부의 상표권을 보호하고 상품 또는 용역의 동일성을 유지하기 어렵다는 사실이 객관적으로 인정되는 경우로서 해당 사실에 관하여 가맹본부가 미리 정보공개서를 통하여 가맹점사업자에게 알리고 가맹점사업자와 계약을 체결하는 경우에는 법 시행령 제13조 제1항 관련 [별표 2] 제3호 단서규정에 의해 위법성이 조각된다.

(공정거래위원회 2009. 12. 16. 의결 제2009 - 274호 참조).

2) 판 단

피신청인은 신청인과 가맹계약을 체결하기 전에 정보공개서와 가맹계약서를 통해서 자신이 지정하는 사업자로부터 육류 원재료를 공급받아야 한다는 사실을 신청인들에게 알리고 가맹계약을 체결한 후, 신청인들로 하여금 자신이 지정한 사업자로부터 일정한 품질과 사양의 육류 원재료를 구입하도록 강제하였으나,

- 피신청인이 지정한 사업자가 공급하는 위 육류 원재료는 신청인들이 시중에서 동일한 품질로 자유롭게 구매가 가능하고, 위 업체와 거래하지 않는다고 하여 피신청인의 상표권 보호 및 상품의 동일성을 유지하기 어렵다는 사실이 객관적으로 인정되지 않으므로, 위와 같은 피신청인의 행위는 가맹사업법 제12조 제1항 제2호에서 규정한 구속조건부거래행위에 해당할 소지가 있다.

나. 계약해지의 부당성 여부

피신청인은 신청인이 육류 원재료를 자신이 지정한 업체로부터 구매하지 않는다는 이유로 2011년 6월 8일, 동년 동월 28일, 동년 7월 22일의 3차례에 걸쳐 신청인에게 이의 시정을 요구하였고, 신청인이 이를 시정하지 않자 2011년 8월 11일에 가맹계약을 해지하였는데, 비록 해지 절차는 가맹사업법 제14조 제1항을 준수한 것으로 보이나, 해지 사유는 구속조건부거래행위에 근거한 것이므로 본 건 계약 해지는 부당하다고 할 것이다.

다. 권고 주문

> 양 당사자는 본 건 가맹계약을 재개하여야 하며, 피신청인은 신청인에게 피신청인이 지정한 업체로부터 육류 재료를 구매하도록 강제하여 신청인의 사업활동을 부당하게 구속하는 조건으로 거래하는 행위를 하여서는 아니된다.

6. 조정 결과

피신청인은 본 협의회의 권고주문을 불수락하여 조정 절차를 종료하였다.

사례 16. 주류외식사업자의 부당한 구속조건부 거래행위 등 관련 분쟁에 대한 건

1. 사건개요

가. 당사자 현황

피신청인은 주류 외식업을 영위하는 가맹본부이고, 신청인은 피신청인과 가맹계약을 체결하고 주점을 운영하고 있는 가맹점사업자이다.

나. 분쟁의 경위

신청인은 피신청인이 지정한 주류 업체로부터 주류를 공급받아 가맹점을 운영하던 중, 피신청인에게 주류 공급 업체를 변경할 것을 요구하였고, 이에 피신청인이 신청인에게 정기납입경비의 지급을 요구하여 분쟁이 발생하였다.

다. 사안의 쟁점

정보공개서 제공의무 위반 및 허위·과장 정보제공행위 해당 여부
- 위 사안의 경우 피신청인의 정보공개서를 적법하게 제공하였는지 여부 및 예상매출액 정보 제공이 허위 · 과장 정보제공행위에 해당하는지 여부가 문제된다.

부당한 구속조건부 거래행위에 해당하는지 여부
- 피신청인이 신청인으로 하여금 지정하는 업체와 주류거래를 하지 않는 경우 정기납입경비를 피신청인에게 지급하도록 하는 행위가 부당한 구속조건부 거래행위에 해당하는지에 대한 검토를 요한다.

피신청인의 행위가 거래상 지위남용 행위에 해당하는지 여부
- 피신청인은 신청인과의 가맹계약서에 중도해지의 경우 신청인으로 하여금 위약금으로 평균 매출총이익의 6개월분 상당을 부담하도록 하였는데, 이러한 계약조건의 설정행위가 거래관행상 부당하게 과다한 손해배상액의 예정에 해당하여 가맹사업법 위반에 해당하는지 여부를 살펴보아야 한다.

라. 조정신청 대상적격

분쟁당사자 간의 거래가 가맹사업법 제2조 제1호에 따른 가맹사업에 해당하므로 조정대상이 된다.

2. 분쟁사실

신청인은 2002. 3. 13. 피신청인과 계약기간 1년, 가맹금 1,000만 원의 '□□ 둔촌2호점'에 관한 가맹계약을 체결한 후 매년 재계약을 체결하여 가맹점을 운영해 오고 있다.

2008년 양 당사자 간에 체결한 가맹계약 제11조에 따르면 신청인은 가맹본부에 주류의 구입을 위탁하는 방법을 선택하였다. 또한 신청인이 피신청인에게 매월 지급하여야 할 정기납입경비는 없는 것으로 약정하였다.

〈신청인과 피신청인이 체결한 가맹계약서〉

제9조(로얄티) ① "가맹점사업자"는 "가맹본부"의 영업표지 및 상표, 로고 등을 사용하는 대가로 지급하는 로얄티는 별도로 책정, 납입하지 않으며, 가맹점에서 사용하는 식자재에 반영한다.

② 로얄티는 식자재 사용에 따라 발생하는 변동비용으로서 가맹점 해약 등에 따라 식자재 사용이 중단될 경우는 자동 소멸된다. 따라서 가맹계약 중도해지에 따른 반환금은 발생하지 않는다.

제11조 (주류 및 식자재의 구입) ① 주류의 구입방법은 "가맹점사업자"가 다음 각 호 중에서 택일한다. 단, 본 계약 기간 중에는 아래에서 선택한 구입방법을 변경할 수 없다.

1. 주류를 "가맹점사업자"가 직접 구입하는 방법 : 이 경우 제12조 제1항에서 정한 정기납입경비를 매월 납입하여야 한다. 단, "가맹점사업자"가 정기납입경비의 지급을 2월 이상 지체할 경우에는 제2호의 방법에 따라 주류를 구입하여야 한다.
2. 주류의 구입을 "가맹본부"에 위탁하는 방법

★ "가맹점사업자"의 선택 : 제2호

② 전체 가맹점에서 사용되는 상품(메뉴)의 동일성 유지의 필요를 위하여 "가맹점사업자"는 "가맹본부"에 식자재의 구입을 위탁한다.

제12조(정기납입경비) ① "가맹점사업자"는 "가맹본부"의 영업표지의 사용

및 경영지원에 대한 대가로 정기 납입경비를 매월 "가맹본부"에 납입하여야 하며, 그 금액은 일금 ㅈ 원(₩ ㅈ)(V.A.T 별도)으로 한다.
② 전항의 정기납입경비는 매 익월 5일까지 납입하여야 한다.

신청인은 2012년 6월경 피신청인에게 타 사업자로부터 주류를 구입하겠다고 하자, 8. 20. 피신청인은 신청인이 직접 주류를 구입하는 경우 평당 12,000원의 정기납입경비의 매월 납입하도록 하는 아래와 같은 조건으로 재계약을 요구하였다.

〈피신청인이 제시한 신규 가맹계약서〉

제9조(정기납입경비) ① 영업표지 및 상표 등의 사용대가 (=로얄티)
1. "가맹점사업자"가 "가맹본부"의 영업표지 및 상표, 로고 등을 사용하는 대가로 지급하는 정기납입경비는 가맹점에서 사용하는 식자재 및 주류에 반영하고 별도로 책정·납입하지 않을 수 있다.
2. 위 정기납입경비는 식자재 및 주류 사용에 따라 발생하는 변동비용으로서 가맹점 해약 등에 따라 식자재 사용이 중단된 경우는 자동 소멸된다. 따라서 가맹계약 중도해지에 따른 반환금은 발생하지 않는다.

② 경영지원 및 메뉴개발 등에 대한 대가
"가맹점사업자"는 "가맹본부"의 경영지원 및 메뉴개발 등에 대한 대가로 지급하는 정기납입경비는 매월 5일까지 "가맹본부"에 납입하여야 하며, 그 금액은 일금 원(₩)(V.A.T 별도)으로 한다.
그 금액은 평당 12,000원(부가세별도)로 한다. (수기함)

제12조 (주류 및 식자재의 구입) ① 주류의 구입방법은 "가맹점사업자"가 다음 각 호 중에서 택일한다. 단, 본 계약 기간 중에는 아래에서 선택한 구입방법을 변경할 수 없다.
1. "가맹점사업자"가 직접 구입하는 방법 - 제9조 제1항에 따른 정기납입경비(단 계산은 정보공개서의 기준에 따름)를 매월 납입하여야 한다. 만약 "가맹점사업자"가 정기납입경비의 지급을 2월 이상 지체할 경우에는 2호의 방법에 따라 주류를 구입하여야 한다.
2. "가맹본부"에 위탁하는 방법 - 정기납입경비를 면제한다.

★"가맹점사업자"의 선택 : 제 호

② "가맹점사업자"는 전체 가맹점에서 사용되는 상품(메뉴)의 동일성 유지의 필요를 위하여 "가맹본부"에 식자재의 구입을 위탁하여야 한다.

피신청인이 2008년 공정거래위원회에 등록한 정보공개서에 따르면 가맹점사업자가 가맹본부에 위탁하여 지정한 주류업체와 거래하지 않을 시에는 경영지원 및 메뉴 개발대가에 해당하는 정기납입경비를 가맹점사업자로 하여금 부담하도록 하고 있다.

3. 양 당사자 주장

가. 신청인 주장

신청인은 주류의 경우 다른 식자재와 달리 가맹본부가 지정한 업체 외의 다른 업체를 통하여 구입한다고 하더라도 가맹점의 동일성 유지를 훼손할 우려가 없기에 주류를 지정업체가 아닌 다른 업체를 통하여 구입한다고 하여 신청인으로 하여금 정기납입경비를 추가 부담하도록 하는 것은 부당하다고 주장한다.

나. 피신청인 주장

피신청인은 가맹계약 및 정보공개서 상의 내용에 따라 계약조건을 설정하고 신청인으로 하여금 거래조건을 선택하도록 하고 있는 바 피신청인을 통하여 주류를 구입하지 않는 경우에 정기납입경비를 청구하는 것이 부당하지 않다고 주장한다.

4. 관련 법규정 및 심사지침

가맹사업거래의 공정화에 관한 법률

제12조(불공정거래행위의 금지) ① 가맹본부는 다음 각호의 1에 해당하는 행위로서 가맹사업의 공정한 거래를 저해할 우려가 있는 행위를 하거나 다른 사업자로 하여금 이를 행하도록 하여서는 아니된다.

2. 가맹점사업자가 취급하는 상품 또는 용역의 가격, 거래상대방, 거래지역이나 가맹점사업자의 사업활동을 부당하게 구속하거나 제한하는

행위

3. 거래상의 지위를 이용하여 부당하게 가맹점사업자에게 불이익을 주는 행위

② 제1항 각호의 규정에 의한 행위의 유형 또는 기준은 대통령령으로 정한다.

가맹사업거래의 공정화에 관한 법률 시행령

제13조(불공정거래행위의 유형 또는 기준) ① 법 제12조 제2항의 규정에 의한 불공정거래행위의 유형 또는 기준은 별표 2와 같다.

[별표 2] 불공정거래행위의 유형 또는 기준(제13조제1항 관련)

2. 구속조건부 거래

법 제12조 제1항 제2호에 해당하는 행위의 유형 및 기준은 다음 각 목의 어느 하나와 같다.

가. 가격의 구속

정당한 이유없이 가맹점사업자가 판매하는 상품 또는 용역의 가격을 정하여 그 가격을 유지하도록 하거나 가맹점사업자가 상품 또는 용역의 가격을 결정하는 행위를 부당하게 구속하는 행위. 다만, 다음의 어느 하나에 해당하는 행위는 제외한다.

(1) 판매가격을 정하여 가맹점사업자에게 이를 따르도록 권장하는 행위

(2) 가맹점사업자에게 판매가격을 결정하거나 변경하는 경우 그 내용에 관하여 사전에 협의하도록 하는 행위. 다만, 사전협의를 통해 판매가격을 강요하는 행위는 가격을 구속하는 행위로 본다.

나. 거래상대방의 구속

부동산·용역·설비·상품·원재료 또는 부재료의 구입·판매 또는 임대차 등과 관련하여 부당하게 가맹점사업자에게 특정한 거래상대방(가맹본부를 포함한다)과 거래할 것을 강제하는 행위. 다만, 다음의 요건을 모두 충족하는 경우에는 그러하지 아니하다.

(1) 부동산·용역·설비·상품·원재료 또는 부재료가 가맹사업을 경영하는데 필수적이라고 객관적으로 인정될 것

(2) 특정한 거래상대방과 거래하지 아니하는 경우에는 가맹본부의

상표권을 보호하고 상품 또는 용역의 동일성을 유지하기 어렵다는 사실이 객관적으로 인정될 것

(3) 가맹본부가 미리 정보공개서를 통하여 가맹점사업자에게 해당 사실을 알리고 가맹점사업자와 계약을 체결할 것

다. 가맹점사업자의 상품 또는 용역의 판매제한

가맹점사업자에게 부당하게 지정된 상품 또는 용역만을 판매하도록 하거나 거래상대방에 따라 상품 또는 용역의 판매를 제한하는 행위. 다만, 다음의 요건을 모두 충족하는 경우에는 그러하지 아니하다.

(1) 가맹점사업자의 상품 또는 용역의 판매를 제한하지 아니하는 경우에는 가맹본부의 상표권을 보호하고 상품 또는 용역의 동일성을 유지하기 어렵다는 사실이 객관적으로 인정될 것

(2) 가맹본부가 미리 정보공개서를 통하여 가맹점사업자에게 해당 사실을 알리고 가맹점사업자와 계약을 체결할 것

라. 영업지역의 준수강제

부당하게 가맹점사업자에게 영업지역을 준수하도록 조건을 붙이거나 이를 강제하는 행위.

다만, 다음 각 호의 어느 하나에 해당하는 행위는 그러하지 아니하다.

(1) 가맹본부가 가맹점사업자의 영업거점지역을 정하는 행위

(2) 가맹점사업자가 자기의 영업지역에서의 판매책임을 다한 경우에 영업지역 외의 다른 지역에서 판매할 수 있도록 하는 행위

(3) 가맹점사업자가 자기의 영업지역 외의 다른 지역에서 판매하고자 하는 경우 그 지역의 가맹점사업자에게 광고선전비 등 판촉비용에 상당하는 일정한 보상금을 지불하도록 하는 행위

마. 그 밖에 가맹점사업자의 영업활동의 제한

가목 내지 라목에 준하는 경우로서 부당하게 가맹점사업자의 영업활동을 제한하는 행위.

다만, 다음의 요건을 모두 충족하는 경우에는 그러하지 아니하다.

(1) 가맹점사업자의 영업활동을 제한하지 아니하는 경우에는 가맹본부의 상표권을 보호하고 상품 또는 용역의 동일성을 유지하기 어렵다는 사실이 객관적으로 인정될 것

(2) 가맹본부가 미리 정보공개서를 통하여 가맹점사업자에게 해당 사실을 알리고 가맹점사업자와 계약을 체결할 것

3. 거래상 지위의 남용

법 제12조 제1항 제3호에 해당하는 행위의 유형 및 기준은 다음 각 목의 어느 하나와 같다. 다만, 다음 각 목의 어느 하나에 해당하는 행위를 허용하지 아니하는 경우 가맹본부의 상표권을 보호하고 상품 또는 용역의 동일성을 유지하기 어렵다는 사실이 객관적으로 인정되는 경우로서 해당 사실에 관하여 가맹본부가 미리 정보공개서를 통하여 가맹점사업자에게 알리고 가맹점사업자와 계약을 체결하는 경우에는 그러하지 아니하다.

가. 구입강제 : 가맹점사업자에게 가맹사업의 경영과 무관하거나 그 경영에 필요한 양을 넘는 시설·설비·상품·용역·원재료 또는 부재료 등을 구입 또는 임차하도록 강제하는 행위

나. 부당한 강요 : 부당하게 경제적 이익을 제공하도록 강요하거나 가맹점사업자에게 비용을 부담하도록 강요하는 행위

다. 부당한 계약조항의 설정 또는 변경 : 가맹점사업자가 이행하기 곤란하거나 가맹점사업자 에게 불리한 계약조항을 설정 또는 변경하거나 계약갱신과정에서 종전의 거래조건 또는 다른 가맹점사업자의 거래조건보다 뚜렷하게 불리한 조건으로 계약조건을 설정 또는 변경하는 행위

라. 경영의 간섭 : 정당한 이유없이 특정인과 가맹점을 같이 운영하도록 강요하는 행위

마. 판매목표 강제 : 부당하게 판매 목표를 설정하고 가맹점사업자로 하여금 이를 달성하도록 강제하는 행위

바. 불이익제공 : 가목부터 마목까지의 행위에 준하는 경우로서 가맹점사업자에게 부당하게 불이익을 주는 행위

5. 분쟁조정협의회의 판단

가. 피신청인의 주류업체 지정행위가 부당한 구속조건부거래인지 여부

1) 공정거래위원회의 태도

- 부당한 계약조항의 설정 또는 변경행위가 성립하기 위해서는 ① 가맹본

부가 가맹점사업자에 대하여 거래상 지위가 있어야 하고, ② 가맹점사업자에게 불리한 계약조항을 설정 또는 변경하는 행위를 함으로써 불이익을 주는 행위이어야 한다.

- 다만, 위 요건을 충족하더라도 가맹본부의 상표권을 보호하고 상품 또는 용역의 동일성을 유지하기 어렵다는 사실이 객관적으로 인정되는 경우로서 해당 사실에 관하여 가맹본부가 미리 정보공개서를 통하여 가맹점사업자에게 알리고 가맹점사업자와 계약을 체결하는 경우에는 법 시행령 제13조 제1항 관련 [별표 2] 제3호 단서규정에 의해 위법성이 조각된다.

(공정거래위원회 2009. 12. 16. 의결 제2009 - 274호 참조).

2) 판 단

피신청인이 신청인으로 하여금 지정하는 업체와 주류거래를 하지 않는 경우 정기납입경비를 피신청인에게 지급하도록 하는 행위가 가맹사업법 제12조 제1항 제2호의 구속조건부 거래행위에 해당하는지 여부에 대해 먼저 살펴보아야 한다.

- 가맹사업법 제12조 제1항 제2호에서 규정하는 구속조건부거래라 함은 가맹본부가 가격, 거래상대방, 거래지역이나 가맹점사업자의 사업활동을 부당하게 구속하거나 제한하는 행위라고 규정하고 있으며, 그 구속조건에 관하여 '불공정거래행위 심사지침'은 그 형태나 명칭을 묻지 않고 사실상 구속을 받는 것으로 충분하다고 보고 있다.

이 사건에서 피신청인은 가맹계약서상 신청인에게 피신청인이 지정한 주류업체로부터 주류를 공급받거나, 신청인이 자유롭게 주류업체를 고를 수 있도록 선택권을 주면서, 신청인이 지정된 주류업체로부터 주류를 공급받을 경우 매월 피신청인에게 지급해야 할 정기납입경비를 면제해주고 있다.

그런데 피신청인은 가맹계약 및 정보공개서에 기재된 바에 의해 가맹점사업자들로부터 로열티및 정기납입경비를 지급받고 있으며, 단지 약정에 의해 가맹점사업자가 지정된 주류업체를 이용하는 경우에는 위 정기납입경비를 면제해주는 방식으로 인센티브를 제공하는 것이므로, 신청인은 지정된 주류

업체를 선택하고 인센티브를 취할지 아니면 정기납입경비를 다시 피신청인에게 지급하고 다른 주류업체를 선택할지 여부를 스스로 선택할 수 있다.

그리고 신청인이 위 인센티브를 포기한다 하더라도 그로 인해 지급하게 되는 정기납입경비는 원래부터 신청인에게 부여되었던 의무였던 것이므로, 피신청인의 정기납입경비 요구행위는 부당하다고 보기 어렵다.

따라서 피신청인의 위 거래조건은 부당한 구속조건부거래행위에 해당한다고 볼 수 없다.

나. 피신청인의 재계약 요구가 거래상 지위의 남용 행위에 해당하는지 여부

1) 거래상 지위 남용행위 해당여부에 대한 판단기준

(1) 거래상 우월한 지위에 있을 것

가맹사업에 있어 가맹본부는 일반적으로 거래상 우월한 지위에 있는 것으로 인정된다.

왜냐하면 가맹점사업자들은 가맹본부의 영업표지 등을 사용하는 대가로 일정 금액의 가맹금을 지급하고 가맹본부로부터 상호, 상표, 디자인뿐만 아니라 제품의 생산에 대한 노하우 등 영업행위 일체에 대하여 지원을 받고 있는 등 가맹본부에 전적으로 의존하는 거래관계에 있기 때문이다. 또한 가맹점사업자들이 가맹본부의 가맹사업에 참여하기 위해서는 가맹본부가 제시하는 조건과 기준 등에 따라 점포 및 내부 시설장비 등을 준비하여야 하고 또 상당한 비용의 투자가 이루어져야 하는 바, 만약 가맹본부가 가맹계약을 해지하는 경우 가맹점사업자는 투자비용을 회수할 수 있는 방법이 없어 상당한 경제적 손실을 입게 되므로 가맹본부의 요구에 응할 수밖에 없는 사정에 있기 때문이다(공정거래위원회 2008. 4. 16. 2008-124호 결정).

(2) 거래상 지위의 부당한 이용이 있을 것

가맹본부는 자신의 거래상 지위를 부당하게 이용하였어야 한다. 거래상의 지위를 부당하게 이용하였는지 여부는 당사자가 처하고 있는 시장 및 거래의 상황, 당사자 간의 전체적 사업능력의 격차, 거래의 대상인 상품 또는 용역의 특성, 그리고 당해 행위의 의도·목적·효과·영향 및 구체적인 태양, 해당 사업자의 시장에서의 우월한 지위의 정도 및 상대방이 받게 되는 불이익의 내용과 정도 등에 비추어 볼 때 정상적인 거래관행을 벗어난 것으로서 공정한 거래를 저해할 우려가 있는지 여부를 판단하여 결정하여야 한다(대법원 2002. 9. 27. 선고 2000두3801 판결).

2) 판 단

신청인이 피신청인과 체결한 2002년의 최초 가맹계약서와 2012년 6월 피신청인이 제시한 가맹계약서상의 이 사건 분쟁대상인 '정기납입경비'와 관련된 규정을 비교해보았을 때 그내용은 사실상 동일하고, 최초 가맹계약서에는 공란으로 비워두었던 금액부분만이 '평당 월 12,000원'으로 새로이 정해졌을 뿐이므로, 그 금액이 신청인에게 뚜렷하게 불리한 조건으로 변경되었는지 여부를 파악하여 부당성 여부를 판단해야 할 것이다.

그런데 위 최초 가맹계약 체결일로부터 10년이 지난 현재, 관련 자료가 존재하지 않아 그 당시 면제된 정기납입경비의 금액과 피신청인이 이 사건에서 신청인에게 계약조건의 변경을 통해 요구하는 정기납입경비의 금액을 비교하기는 어려우나, 최초 계약체결일로부터 10년이라는 긴시간이 지나 물가가 변동하였다는 점, 피신청인이 현재 요구하는 정기납입경비 금액(평당 12,000원)이 2008년 피신청인이 공정거래위원회에 등록한 정보공개서와 현재 모든 가맹점사업자에게 통상적으로 사용되는 가맹계약서상에 기재된 정기납입경비 금액과 동일하다는 점을 고려할때 이는 종전의 거래조건 또는 다른 가맹점사업자의 거래조건보다 뚜렷하게 불리한 조건이 아니라고 볼 것이므로, 피신청인의 이 사건 거래조건 변경행위는 부당하다고 보기 어렵다.

6. 조정 결과

본 협의회는 위와 같이 신청인의 주장이 이유없어 조정절차를 진행할 실익이 없으므로 조정 절차를 종료하였다.

사례 17. 편의점사업자의 가맹계약 중도해지 및 위약금 관련 분쟁에 대한 건

1. 사건개요

가. 당사자 현황

피신청인은 편의점 사업을 영위하는 가맹본부이고, 신청인은 피신청인과 가맹계약을 체결하고 편의점을 운영하고 있는 가맹점사업자이다.

나. 분쟁의 경위

신청인은 2011년 4월 경 피신청인에게 '6개월 이상 연속하여 피신청인으로부터 최저보장 지원금을 받아왔다'는 이유로 약정해지를 구두로 요구하자 피신청인이 계약해지에 따른 운영위약금 등이 발생할 수 있다고 설명하기에 계속 가맹점을 운영하였으나,

- 이후에도 매출이 부진하여 또다시 피신청인으로부터 6개월 연속하여 최저보장지원금을 받게 되자 2012년 2월 경 피신청인에게 서면으로 약정해지를 요구하였는데 피신청인이 계약해지에 따른 영업위약금 등 약 55,757,000원의 지급을 요구하여 분쟁이 발생하였다.

다. 사안의 쟁점

정보공개서 제공의무 위반 및 최저보장으로 인한 약정해지권 행사와 관련한 피신청인의 거래상 지위남용 행위 해당 여부
- 위 사안의 경우 피신청인이 정보공개서를 적법하게 제공하지 않았는지 여부, 그리고 신청인이 최저보장을 사유로 한 약정해지권 행사에 대하여 제대로 고지하지 않은 피신청인의 행위가 거래상지위 남용행위 중 불이익 제공행위에 해당하는지가 문제 된다.

손해배상액의 산정
- 또한 피신청인의 행위가 불이익제공행위에 해당한다고 할 경우, 그로

인한 신청인의 손해가 얼마인지를 확정하기 위해 그 산정기준을 살펴 보아야 한다.

라. 조정신청 대상적격

분쟁당사자 간의 거래가 가맹사업법 제2조 제1호에 따른 가맹사업에 해당하므로 조정대상이 된다.

2. 분쟁사실

신청인은 2009. 11. 30. 피신청인과 계약기간을 5년으로 설정한 가맹계약을 체결하면서, 가맹금 7,000,000원, 보증금(상품준비금) 10,000,000원, 기타 준비금 3,000,000원의 합계 총 20,000,000원을 피신청인에게 지급하였다.

- 계약체결당시 신청인은 '정보공개서 및 가맹계약서 제공확인서'에 자신의 성명, 주민등록번호, 주소, 연락처를 자필기재하였는데 동 서면에는 신청인이 피신청인으로부터 2009. 10. 13. 정보공개서와 가맹계약서를 교부받은 것으로 기재되어 있다.

신청인은 피신청인으로부터 2010년 10월부터 2011년 4월까지 7개월 연속하여 최저보장지원을 받았고 2011년 6월에는 신청인 가맹점 앞에 다른 마트가 개설되었는 바, 이에 신청인은 2011 년 5월부터 수차례 피신청인에게 구두로 계약해지를 요구하였으나 피신청인은 신청인이 계약해지를 요구하더라도 3개월 후에 계약해지가 가능하며 인테리어잔존가와 철거비용 외에 운영위약금이 추가적으로 청구된다고 고지하였다.

- 이후 신청인은 다시 2011년 7월부터 같은 해 12월까지 6개월 연속하여 피신청인으로부터 최저보장지원을 받아 2012년 2월에 피신청인을 상대로 서면으로 가맹계약의 즉시해지를 요구하였는데 이에 대해 피신청인은 인테리어 잔존가와 장비철거비용 17,180,000원 외에 운영위약금 22,457,000원 등 총 위약금이 55,757,000원이라는 정산서를 신청인에게 교부하였다.

3. 양 당사자 주장

가. 신청인 주장

신청인은 자신이 2009년 11월에 피신청인과 처음으로 접촉하여 가맹계약을 체결하였고 같은 해 10월에는 피신청인과 접촉한 사실이 없으며

- 당시 택배회사 기사로 근무하여 택배 운송을 위해 회사에 상시 대기하여야 하므로 계약 교섭을 할 수 없는 상황이었으므로 '정보공개서 제공 확인서'에 제공일자로 기재된 2009. 10. 13. 부분은 피신청인이 임의로 기재한 것이라고 주장한다.

신청인은 자신이 최저보장지원을 6개월 이상 연속하여 받아 가맹계약을 중도해지할 수 있었으나, 피신청인이 계약해지절차를 제대로 고지하지 않고 오히려 과다한 위약금을 청구하겠다고 회신하여 자신의 정당한 약정해지권 행사를 방해하였으며,

- 이후 서면으로 계약해지를 명시적으로 청구하였음에도 피신청인이 또 다시 위약금을 청구하겠다고 회신하고 현재까지 해지절차를 진행하지 않아 자신의 손해가 확대되었다고 주장한다.

나. 피신청인 주장

피신청인은 '정보공개서 및 가맹계약서 제공 확인서'에 기재된 대로 2009. 10. 13. 정상적으로 신청인에게 정보공개서를 적법하게 제공하였다고 주장한다.

피신청인은 신청인의 계약해지 요청에 대해 단순히 가맹계약서 상의 '특별해지'와 '중도해지' 내용의 차이점을 설명하고 '사전에 서면으로 해지통지를 하지 않을 경우 중도해지로 판단되어 위약금이 발생할 수 있다'고 하였을 뿐 신청인의 해지권 행사를 방해한 것이 아니라고 주장한다.

4. 관련 법규정 및 심사지침

가맹사업거래의 공정화에 관한 법률

제12조(불공정거래행위의 금지) ① 가맹본부는 다음 각 호의 1에 해당하는 행위로서 가맹사업의 공정한 거래를 저해할 우려가 있는 행위를 하거나 다른 사업자로 하여금 이를 행하도록 하여서는 아니된다. 〈개정 2007.8.3.〉

3. 거래상의 지위를 이용하여 부당하게 가맹점사업자에게 불이익을 주는 행위

② 제1항 각호의 규정에 의한 행위의 유형 또는 기준은 대통령령으로 정한다.

가맹사업거래의 공정화에 관한 법률 시행령

제13조(불공정거래행위의 유형 또는 기준) ① 법 제12조 제2항의 규정에 의한 불공정거래 행위의 유형 또는 기준은 별표2와 같다.

[별표2]불공정거래행위의 유형 또는 기준(제13조 제1항 관련)

3. 거래상 지위의 남용

법 제12조 제1항 제3호에 해당하는 행위의 유형 및 기준은 다음 각 목의 어느 하나와 같다. 다만, 다음 각 목의 어느 하나에 해당하는 행위를 허용하지 아니하는 경우 가맹본부의 상표권을 보호하고 상품 또는 용역의 동일성을 유지하기 어렵다는 사실이 객관적으로 인정되는 경우로서 해당 사실에 관하여 가맹본부가 미리 정보공개서를 통하여 가맹점사업자에게 알리고 가맹점사업자와 계약을 체결하는 경우에는 그러하지 아니하다.

가. 구입강제 : 가맹점사업자에게 가맹사업의 경영과 무관하거나 그 경영에 필요한 양을 넘는 시설·설비·상품·용역·원재료 또는 부재료 등을 구입 또는 임차하도록 강제하는 행위

나. 부당한 강요 : 부당하게 경제적 이익을 제공하도록 강요하거나 가맹점사업자에게 비용을 부담하도록 강요하는 행위

다. 부당한 계약조항의 설정 또는 변경 : 가맹점사업자가 이행하기 곤란하거나 가맹점사업자에게 불리한 계약조항을 설정 또는 변경하거나 계약갱신과정에서 종전의 거래조건 또는 다른 가맹점사업자

의 거래조건보다 뚜렷하게 불리한 조건으로 계약조건을 설정 또는 변경하는 행위

라. 경영의 간섭 : 정당한 이유없이 특정인과 가맹점을 같이 운영하도록 강요하는 행위

마. 판매목표 강제 : 부당하게 판매 목표를 설정하고 가맹점사업자로 하여금 이를 달성하도록 강제하는 행위

바. 불이익제공 : 가목부터 마목까지의 행위에 준하는 경우로서 가맹점사업자에게 부당하게 불이익을 주는 행위

5. 분쟁조정협의회의 판단

가. 정보공개서 제공의무 위반 행위 해당 여부

정보공개서 제공확인서에 신청인이 자필로 서명을 한 사실은 있으나, 제공확인서 상 '정보 공개서 제공일' 부분과 '신청인의 인적사항 및 자필서명' 부분의 필체가 다른 점, 2011년 10월 경에 신청인이 택배회사에 근무하고 있었던 점 등을 고려할 때, '제공일자' 부분은 신청인이 백지로 남겨놓은 부분을 피신청인이 사후에 임의로 기재한 것으로 보인다.

피신청인은 위 '정보공개서 제공확인서'상 제공일자에 신청인에게 정보공개서를 제공하였다고 보기 어렵고 달리 피신청인이 정보공개서의 제공일을 입증하지 못하고 있으므로 피신청인은 가맹사업법 제7조 제2항 제1호[14] 를 위반하였다고 할 것이다.

14) 第7조(정보공개서의 제공의무 등) ② 가맹본부는 등록된 정보공개서를 제공하지 아니하였거나 정보공개서를 제공한 날부터 14일 (가맹희망자가 정보공개서에 대하여 변호사 또는 제27조에 따른 가맹거래사의 자문을 받은 경우에는 7일로 한다)이 지나지 아니한 경우에는 다음 각 호의 어느 하나에 해당하는 행위를 하여서는 아니된다.

1. 가맹희망자로부터 가맹금을 수령하는 행위. 이 경우 가맹희망자가 예치기관에 예치가맹금을 예치하는 때에는 최초로 예치한 날 (가맹본부가 가맹희망자와 최초로 가맹금을 예치하기로 합의한 때에는 그 날)에 가맹금을 수령한 것으로 본다.

나. 거래상 지위남용행위 해당 여부

1) 거래상 지위남용행위 해당 여부에 대한 판단기준

(1) 거래상 우월한 지위에 있을 것

가맹사업에 있어 가맹본부는 일반적으로 거래상 우월한 지위에 있는 것으로 인정된다.

왜냐하면 가맹점사업자들은 가맹본부의 영업표지 등을 사용하는 대가로 일정 금액의 가맹금을 지급하고 가맹본부로부터 상호, 상표, 디자인뿐만 아니라 제품의 생산에 대한 노하우 등 영업행위 일체에 대하여 지원을 받고 있는 등 가맹본부에 전적으로 의존하는 거래관계에 있기 때문이다. 또한 가맹점사업자들이 가맹본부의 가맹사업에 참여하기 위해서는 가맹본부가 제시하는 조건과 기준 등에 따라 점포 및 내부 시설장비 등을 준비하여야 하고 또 상당한 비용의 투자가 이루어져야 하는 바, 만약 가맹본부가 가맹계약을 해지하는 경우 가맹점사업자는 투자비용을 회수할 수 있는 방법이 없어 상당한 경제적 손실을 입게 되므로 가맹본부의 요구에 응할 수밖에 없는 사정에 있기 때문이다(공정거래위원회 2008. 4. 16. 2008-124호 결정).

(2) 거래상 지위의 부당한 이용이 있을 것

가맹본부는 자신의 거래상 지위를 부당하게 이용하였어야 한다. 거래상의 지위를 부당하게 이용하였는지 여부는 당사자가 처하고 있는 시장 및 거래의 상황, 당사자 간의 전체적 사업능력의 격차, 거래의 대상인 상품 또는 용역의 특성, 그리고 당해 행위의 의도·목적·효과· 영향 및 구체적인 태양, 해당 사업자의 시장에서의 우월한 지위의 정도 및 상대방이 받게 되는 불이익의 내용과 정도 등에 비추어 볼 때 정상적인 거래관행을 벗어난 것으로서 공정한 거래를 저해할 우려가 있는지 여부를 판단하여 결정하여야 한다(대법원 2002. 9. 27. 선고 2000두3801 판결).

2) 판 단

신청인은 2010년 10월부터 2011년 4월까지 7개월 연속하여 최저보장을 받았으므로 가맹계약 제50조 제2항에 따라 즉시해지권을 행사할 수 있었고 더

욱이 그 시점에 신청인 점포 인근에 마트 개설이 진행되었으므로 통상적인 가맹점사업자라면 동조의 즉시해지권 행사를 적극적으로 고려할 것으로 보이며, 신청인 역시 이와 같은 사정 때문에 피신청인을 상대로 2011년 5월부터 수차례 계약해지를 요구하였다.

그러나 피신청인은 신청인의 해지 요구에 대해 '서면으로 계약 해지를 요구하더라도 3개월 뒤에 해지가 가능하다'고 하고 '인테리어 잔존가 외에 운영위약금이 추가적으로 청구된다'고 하였으며, 다시 신청인이 2011년 7월부터 같은 해 12월까지 피신청인으로부터 최저보장을 받게 되어 2012. 2. 15. 서면으로 계약해지를 청구하였으나 피신청인은 동일한 내용으로 운영위약금이 포함된 위약금 정산서를 신청인에게 제공하였다.

이를 종합하여 볼 때 피신청인은 신청인에 대하여 6개월 연속 최저보장에 따른 즉시해지권을 규정한 계약서 제50조 제2항의 해지 규정을 적용하지 않고 계약서 제51조의 중도해지 규정을 적용하는 것으로 판단된다.

그러나 계약서 제51조의 중도해지 규정은 문언상 제50조 제2항상의 6개월 연속 최저보장에 따른 즉시해지규정이 적용되지 않는 경우, 주로 가맹점사업자가 단순 변심에 의해 계약을 해지하는 경우에 적용되는데, 6개월 연속 최저보장지원 요건을 충족한 신청인에 대하여 피신청인이 계약서 제50조 제2항의 즉시해지 규정을 고지하지 않고 제51조의 중도해지 규정만을 반복하여 고지한 것은 신청인에 대하여 계약 조항을 고의 또는 과실로 잘못 적용한 것이라 할 것이다.

이와 같이 가맹점사업자가 자신에게 보다 유리한 계약서 제50조 제2항의 즉시해지를 청구할수 있는 사안에서, 가맹본부가 이를 묵비하고 가맹점사업자에게 보다 불리한 계약서 제 51조의 중도해지 규정을 임의로 적용하여 고액의 위약금이 부과된다고 고지하는 행위는 가맹점사업자의 계약 해지를 곤란하게 하는 불이익을 제공하는 행위이고, 이는 가맹사업법 제 12조 제1항 제3호 및 동법시행령 제13조 제1항에서 정한 불공정거래행위의 유형 또는 기준에 관한 [별표2]의 거래상지위 남용행위 중 불이익 제공행위라 할 것이다.

동시에 이러한 피신청인의 행위는 거래상대방의 조건 성취를 고의 또는 과실로 방해하는 행위이므로 민법 제150조의 취지에 비추어 신청인은 자신의 즉시해지권 행사가 최초로 방해된 2011년 5월에 최저보장 연속에 의한 해지권을 행사하였음을 주장할 수 있다 할 것인 바, 피신청인은 신청인에게 가맹계약이 정상적으로 해지되었더라면 신청인이 입지 않았을 2011년 5월부터 현재까지 누적된 가맹점의 순손실액 약 1,522만원을 배상하여야 하며, 가맹금 역시 2011년 5월 이후의 잔여계약기간을 기준으로 산정되는 501만원을 반환하여야 할 것이다.

다만 신청인 역시 계약서 제50조 제2항에 따른 즉시해지권 행사로 인하여 피신청인에게 인테리어 잔존가와 가맹점 철거비용을 지급해야 할 채무가 있고 그 금액은 피신청인의 위약금 정산서로 판단컨대 약 1,551만원으로 산정되어 위 신청인의 손해액과 비슷하므로, 피신청인이 주장하는 인테리어 잔존가 및 철거비용 채권과 신청인의 손해배상채권을 상계하여 피신청인이 신청인에 대하여 인테리어 잔존가와 철거비용을 청구하지 않도록 하는 것이 타당하다고 판단된다.

다. 권고 주문

1. 피신청인은 신청인이 지급한 가맹금 5,010,000원 및 보증금 10,000,000원을 반환 하여야 한다.
2. 피신청인은 신청인에 대하여 운영위약금, 인테리어 잔존가, 가맹점 철거비용 일체를 청구하지 않고 신청인 가맹점의 폐점을 즉시 진행하여야 한다.

6. 조정 결과

양 당사자는 본 협의회의 권고주문을 수락하여 주문과 같은 내용의 조정이 성립하였다.

사례 18. 편의점사업자의 정보공개서 미제공 등에 따른 계약해지 및 손해배상 관련 분쟁에 대한 건

1. 사건개요

가. 당사자 현황

피신청인은 편의점사업을 영위하는 가맹본부이고, 신청인은 피신청인과 가맹계약을 체결하고 편의점을 운영하고 있는 가맹점사업자이다.

나. 분쟁의 경위

신청인은 피신청인으로부터 정보공개서를 제공받지 못한 채, 피신청인이 제시한 본 건가맹점의 예상매출액에 관한 자료를 믿고 계약을 체결하였으나, 영업개시 이후 가맹점매출액이 예상매출액보다 현저히 낮았으며, 피신청인이 신청인의 계약해지에 대하여 부당하게 과다한 위약금을 청구하자 가맹점의 폐점절차를 진행하지 못하고 이 사건 분쟁이 발생하였다.

다. 사안의 쟁점

피신청인의 행위가 거래상 지위남용행위에 해당하는지 여부

- 피신청인은 신청인과의 가맹계약서에 중도해지의 경우 신청인으로 하여금 위약금으로 평균 매출총이익의 6개월분 상당을 부담하도록 하였는데, 이러한 계약조건의 설정 행위가 거래관행상 부당하게 과다한 손해배상액의 예정에 해당하여 가맹사업법 위반에 해당하는지 여부를 살펴보아야 한다.

정보공개서 제공의무 위반 및 허위·과장 정보제공행위 해당 여부

- 위 사안의 경우 피신청인의 정보공개서를 적법하게 제공하였는지 여부 및 예상매출액 정보 제공이 허위·과장 정보제공행위에 해당하는지 여부가 문제된다.

라. 조정신청 대상적격

분쟁당사자 간의 거래가 가맹사업법 제2조 제1호에 따른 가맹사업에 해당하므로 조정대상이 된다.

2. 분쟁사실

신청인은 2008. 11. 26. 피신청인과 "△△ 성서호산점"(이하 '성서호산점')을 5년간 운영하기로 하는 가맹계약을 체결하고, 가맹점을 운영하였다.

그러나 신청인은 위 가맹점의 매출이 부진하여 2010년 10월 경 가맹점포를 제3자에게 양도하고, 2011. 1. 13. 피신청인과 2011. 1. 27.부로 성서호산점 가맹계약을 해지하기로 하면서, 2011. 8. 31.까지 신청인이 피신청인의 가맹점을 새로이 개설 할 경우 계약서에서 규정된 위 가맹계약의 해지에 따른 위약금 15,000,000원 지급채무를 면제받기로 하는 내용으로 피신청인과 서면합의한 사실이 있다.

이후 2011. 9. 2. 신청인은 '△△ 봉덕효성점'(이하 '이 사건 가맹점')을 5년간 운영하기로 하는 이사건 가맹계약을 체결하였다. 피신청인은 이를 신청인의 대체점포로 인정하여 폐점에 따른 위약금 15,000,000원과 신규 가맹계약에 따른 가맹금 5,000,000원을 면제하였다.

그리고 가맹계약 체결 과정에서 피신청인의 개발담당 직원은 신청인에게 일 평균 매출액 600,000원, 월 순수익 2,467,000원이 예상된다는 "점주예상손익 계획"이라는 제목의 한 페이지 분량의 서면자료를 제공하였다.

피신청인은 신청인에게 제공한 예상수익의 산출 근거로서 이 사건 가맹점 개설 직전까지 같은 자리에서 영업하였던 "편의점■■"의 매출현황자료를 피신청인의 사무실에 비치하고 있으며, 가맹계약 체결과정에서 이를 신청인에게도 제공한 사실이 있다.

위 매출현황자료에 의하면 "편의점■■"의 2011. 3. 9.부터 2011. 7. 27.까지의 일평균 매출액은 987,054원이었다.

- 그러나 이 사건 가맹점 개설 후 ① "편의점■■"은 배달판매를 통하여 일정부분 수익을 얻고 있었다는 점, ② "편의점■■"의 점주가 허위로

매출을 조작하였다는 점을 당시 "편의점■■" 의 파트타임 직원의 진술서를 통하여 확인하였다. 또한 신청인은 "편의점■■"이 심야에 영업을 하지 않았음을 이유로 야간에는 운영을 하지 않고 있다.

그리고 신청인이 2011. 9. 2. 가맹점을 개설하여 2011. 10. 31.까지 운영한 결과 실제 일평균 매출액이 282,580원에 그치자 신청인은 2011년 11월 경 피신청인에게 가맹계약의 해지를 서면으로 요청하기에 이르렀다.

이에 피신청인은 2011. 12. 30. 부로 가맹계약을 합의해지 하기로 하면서 가맹계약 제29조에 따른 가맹료 15개월 상당의 위약금 5,561,000원의 지급을 청구하였고, 양당사자는 이 사건 가맹점 해지합의에 이르지 못하여 신청인은 현재까지 가맹점을 운영 중이다.

3. 양 당사자 주장

가. 신청인 주장

신청인은 피신청인으로부터 정보공개서를 제공받지 못한 채, 피신청인이 제시한 본 건 가맹점의 예상매출액에 관한 자료를 믿고 계약을 체결하였으나, 실제 영업개시 이후 가맹점매출액이 예상매출액보다 현저히 낮아 피신청인이 이에 대한 손해를 배상해야 한다고 주장한다.

신청인은 또한 위와 같은 피신청인의 가맹사업법 위반행위로 가맹계약 해지를 청구하게 된것인데 오히려 피신청인이 신청인에게 과다한 위약금을 요구하는 것은 부당하다고 주장한다.

나. 피신청인 주장

피신청인은 신청인에게 제공한 예상매출액 자료는 허위·과장된 정보를 제공한 것이 아니며, 이 사건 가맹점의 매출액이 저조한 것은 피신청인의 귀책으로 인한 것이 아니므로 이에 대하여 손해를 배상하여야 한다는 신청인의 주장은 이유가 없다고 주장한다.

피신청인은 이 사건이 신청인측의 귀책사유로 가맹계약을 중도해지하려는 것이므로 가맹계약 제29조에 명시된 바와 같이 신청인이 가맹료 15개월 상당의 위약금을 부담하여야 할 것이라고 주장한다.

4. 관련 법규정 및 심사지침

가맹사업거래의 공정화에 관한 법률

제9조(허위·과장된 정보제공 등의 금지) ① 가맹본부는 가맹희망자에게 정보를 제공함에 있어서 허위 또는 과장된 정보를 제공하거나 중요사항을 누락하여서는 아니된다.

② 가맹본부는 가맹희망자나 가맹점사업자에게 다음 각 호의 어느 하나에 해당하는 정보를 제공하는 경우에는 서면으로 하여야 한다.

1. 가맹희망자의 예상매출액 · 수익 · 매출총이익 · 순이익 등 장래의 예상수익상황에 관한 정보 2. 가맹점사업자의 매출액 · 수익 · 매출총이익 · 순이익 등 과거의 수익상황이나 장래의 예상 수익에 관한 정보

③ 가맹본부는 제2항에 따라 정보를 제공하는 경우에는 그 정보의 산출근거가 되는 자료로서 대통령령으로 정하는 자료를 가맹본부의 사무소에 비치하여야 하며, 영업시간 중에는 언제든지 가맹희망자나 가맹점사업자의 요구가 있는 경우 그 자료를 열람할 수있도록 하여야 한다.

제12조(불공정거래행위의 금지) ① 가맹본부는 다음 각 호의 1에 해당하는 행위로서 가맹사업의 공정한 거래를 저해할 우려가 있는 행위를 하거나 다른 사업자로 하여금 이를 행하도록 하여서는 아니된다. 〈개정 2007.8.3.〉

3. 거래상의 지위를 이용하여 부당하게 가맹점사업자에게 불이익을 주는 행위

② 제1항 각호의 규정에 의한 행위의 유형 또는 기준은 대통령령으로 정한다.

가맹사업거래의 공정화에 관한 법률 시행령

제13조(불공정거래행위의 유형 또는 기준) ① 법 제12조 제2항의 규정에 의한 불공정거래 행위의 유형 또는 기준은 별표2와 같다.

[별표2]불공정거래행위의 유형 또는 기준(제13조 제1항 관련)

3. **거래상 지위의 남용**

법 제12조 제1항 제3호에 해당하는 행위의 유형 및 기준은 다음 각 목의 어느 하나와 같다. 다만, 다음 각 목의 어느 하나에 해당하는 행위를 허용하지 아니하는 경우 가맹본부의 상표권을 보호하고 상품 또는 용역의 동일성을 유지하기 어렵다는 사실이 객관적으로 인정되는 경우

로서 해당 사실에 관하여 가맹본부가 미리 정보공개서를 통하여 가맹점사업자에게 알리고 가맹점사업자와 계약을 체결하는 경우에는 그러하지 아니하다.

가. 구입강제 : 가맹점사업자에게 가맹사업의 경영과 무관하거나 그 경영에 필요한 양을 넘는 시설·설비·상품·용역·원재료 또는 부재료 등을 구입 또는 임차하도록 강제하는 행위

나. 부당한 강요 : 부당하게 경제적 이익을 제공하도록 강요하거나 가맹점사업자에게 비용을 부담하도록 강요하는 행위

다. 부당한 계약조항의 설정 또는 변경 : 가맹점사업자가 이행하기 곤란하거나 가맹점사업자에게 불리한 계약조항을 설정 또는 변경하거나 계약갱신과정에서 종전의 거래조건 또는 다른 가맹점사업자의 거래조건보다 뚜렷하게 불리한 조건으로 계약조건을 설정 또는 변경하는 행위

라. 경영의 간섭 : 정당한 이유없이 특정인과 가맹점을 같이 운영하도록 강요하는 행위

마. 판매목표 강제 : 부당하게 판매 목표를 설정하고 가맹점사업자로 하여금 이를 달성하도록 강제하는 행위

바. 불이익제공 : 가목부터 마목까지의 행위에 준하는 경우로서 가맹점사업자에게 부당하게 불이익을 주는 행위

5. 분쟁조정협의회의 판단

가. 거래상 지위남용행위에 해당하는지 여부

1) 부당한 계약조건 설정에 관한 판단기준

- 부당한 계약조항의 설정 또는 변경행위가 성립하기 위해서는 ①가맹본부가 가맹점사업자에 대하여 거래상 지위가 있어야 하고, ②가맹점사업자에게 불리한 계약조항을 설정 또는 변경하는 행위를 함으로써 불이익을 주는 행위이어야 한다.
- 다만, 위 요건을 충족하더라도 가맹본부의 상표권을 보호하고 상품 또는 용역의 동일성을 유지하기 어렵다는 사실이 객관적으로 인정되는 경우로서 해당 사실에 관하여 가맹본부가 미리 정보공개서를 통하여 가맹

> 점사업자에게 알리고 가맹점사업자와 계약을 체결하는 경우에는 법 시행령 제13조 제1항 관련 [별표 2] 제3호 단서규정에 의해 위법성이 조각된다.
> (공정거래위원회 2009. 12. 16. 의결 제2009 - 274호 참조).

2) 판 단

신청인은 성서호산점 가맹계약과 관련하여 매월 매출총이익의 15%를 피신청인에게 가맹료로 지급하고 있었다. 따라서 신청인이 성서호산점 가맹점포를 피신청인의 동의 없이 제3자에게 양도하였을 경우 아래 가맹계약에 따라 피신청인이 청구하게 되는 위약금은 신청인이 피신청인에게 매월 지급하는 가맹료의 약 40개월분에 해당한다.

〈성서호산점 가맹계약서〉

> **제32조(해지의 효과)** 1. 제30조 제1항 나호에서 마호…중략…에 의하여 甲또는 乙이 계약을 해지하는 경우에 귀책사유가 있는 당사자는 상대방이 입은 손해(계약의 잔존기간에 관한 일실이익을 포함)의 배상으로 다음에 정한 금액을 상대방에게 지급하여야 한다.
> 가. <u>과거 12개월분의 가맹점 경영실적(12개월 미만일 경우에는 甲이 제시하는 예상매출총이익) 에 의거한 6개월분의 매출총이익 및</u>
> 나. 과거 12개월분의 매출액 실적(그보다 짧을 때는 그 기간, 전혀 실적이 없을 때에는 甲이 제시한 1개월의 예상매출액)의 1개월 평균 매출총액을 기준으로 하여 계약 잔존기간의 1/5에 상당하는 기간의 매출총액의 2% 상당액

공정거래위원회는 편의점 가맹점이 자신의 사정으로 중도에 계약을 해지하는 경우 지급하여야 하는 해약금 조항에 대하여 총 계약기간 동안 가맹점이 지급하는 가맹수수료의 10퍼센트를 훨씬 상회하는 것은 계약의 내용 및 예상 손해액, 거래관행 등을 고려할 때 부당하게 과중한 손해배상의무를 부담시키는 약관조항에 해당하여 무효라고 판단하였다.

따라서 신청인으로 하여금 총 계약기간 동안 피신청인에게 지급하는 가맹

료의 60%를 상회하는 금액을 해약금으로 지급하도록 하는 계약 조항은 이 사건 계약의 중도해지로 인하여 피신청인에게 발생한 예상 손해액의 크기를 고려할 때 부당히 과다하다고 판단할 여지가 있다.

- 실제 피신청인은 신청인에게 위 계약 조항에 따른 위약금액이 아닌 15,000,000원을 지급하도록 제시하였다 하더라도 이 또한 총 거래금액의 10%를 상회하는 것으로 통상의 거래 관행을 고려할 때 신청인으로 하여금 과중한 손해배상의무를 부담하도록 하였다고 보여진다.

위와 같은 부당한 약관 조항을 전제로 위약금을 산정하고, 이를 면제하기로 하는 조건으로 신규 출점을 유도한 피신청인의 행위는 가맹사업법 제12조 제1항 제3호를 위반하여 가맹본부로서 거래상 지위를 남용한 행위에 해당할 소지가 있다.

나. 허위·과장 정보제공 행위 해당 여부

1) 허위·과장 정보 제공행위 해당여부에 대한 판단기준

- 법 제9조 제1항 전단의 허위 또는 과장된 정보제공 행위가 성립하기 위해서는 가맹본부가 가맹희망자에게 ①사실과 다르거나 사실을 지나치게 부풀린 정보를 제공하여 ② 가맹희망자를 기만하거나 오인시킬 우려가 있어야 한다. 다만, 가맹본부가 사실과 다르거나 사실을 지나치게 부풀린 정보 또는 중요사항을 누락한 정보를 제공하더라도 가맹희망자가 그 정보로 인하여 계약체결 등의 판단에 별다른 영향을 받지 아니하였다는 객관적인 정황이 있는 경우에는 허위·과장 정보 제공행위로 보지 아니한다.
- 가맹본부가 가맹희망자에게 제공한 정보가 가맹희망자를 기만하거나 오인시킬 우려가 있는지 여부는 정보 제공의 주체, 수단, 시기, 기간 및 표현 방법 등을 고려하여 보통의 주의력을 가진 가맹희망자를 기준으로 판단하여야 한다.

  즉, 같은 정보를 제공하는 경우에도 일반 직원보다는 임원의 정보 제공행위가, 구두보다는 문서 형태의 정보 제공행위가, 개별 상담보다는 공식적인 설명회상의 정보 제공행위가, 일회성보다는 지속적인 정보 제공행위가, 가정보다는 확정적인 정보 제공행위가 가맹희망자를 기만하거나 오인시킬 우려가 높다.
(공정거래위원회 2009. 12. 14. 의결 제2009 - 247호 참조).

2) 판 단

피신청인의 개발담당직원은 신청인과 봉덕효성점에 관한 가맹계약을 체결하면서 일 평균 매출액 600,000원, 월 순수익 2,467,000원 이상이 예상된다는 내용의 한 페이지로 된 서면자료와 이에 대한 산출근거로서 기존에 같은 자리에서 운영되었던 '편의점■■'이라는 상호의 편의점의 매출액자료를 함께 신청인에게 제공하였는데 이러한 행위는 다음과 같은 점을 고려할 때가맹사업법 제9조 제1항을 위반한 허위·과장 정보제공 행위에 해당한다고 보인다.

- 첫째, 봉덕효성점 가맹점의 일평균 매출액이 238,820원, 순수익이 1,252,295원에 그쳐 피신청인이 예상한 일평균매출액의 40%, 순수익의 10% 정도에 불과한 점,
- 둘째, 피신청인은 단순히 기존에 같은 자리에서 운영하였던 매장의 일평균 매출액 자료만을 산출근거로 하여 이를 명확한 근거없이 600,000원으로 감액하여 봉덕효성점의 예상매출액으로 산정하였다는 점,
- 셋째, 위 예상 순수익액은 피신청인이 예상한 일매출액을 기준으로 봉덕효성점의 실제 임차료와 권리금 등을 토대로 산정한 특수한 문서인 만큼 신청인이 이를 신뢰할 가능성이 컸다는 점

또한 피신청인은 신청인에게 서면으로 예상 매출액 및 수익 정보를 제공하면서 그 정보의 산출 근거가 되는 자료로서 "편의점■■"의 매출액 자료만을 사무소에 비치하고 있어, 가맹사업법 시행령 제9조 제1항 2호, 3호에서 요구하고 있는 사항을 누락하여 가맹사업법 제9조 제3항을 위반한 소지가 있다고 사료된다.

다. 정보공개서 제공의무 위반 행위 해당 여부

피신청인은 계약 체결일로부터 17일 전인 2011. 8. 16.에 가맹점 인허가

사항을 진행하기 위하여 신청인을 만나 정보공개서를 제공하였다고 주장하면서 "정보공개서 수령 확인서"를 제출 하였는데,

위의 "정보공개서 수령 확인서" 상에는 ① 정보공개서를 제공한 날짜가 기재되어 있지 아니한 점, ② 가맹희망자의 인적사항 및 정보공개서 수령방법란이 공란으로 되어있는 점, ③ 신청인의 자필서명 대신 날인이 되어있기는 하나 당시 피신청인이 신청인의 도장을 소지하고 있었던 정황을 고려하여 볼 때, 피신청인이 가맹사업법 제7조에 따라 적법하게 정보공개서를 제공하였다고 보기 어렵다.

라. 권고 주문

피신청인은 신청인에게 8,873,934원을 현금으로 지급하여야 한다.

6. 조정 결과

피신청인은 본 협의회의 권고주문을 불수락하여 조정 절차를 종료하였다.

사례 19. 화장품 도소매사업자의 거래조건 변경 관련 분쟁에 대한 건

1. 사건개요

가. 당사자 현황

피신청인은 화장품 도소매 관련 가맹사업을 영위하는 가맹본부이고, 신청인은 피신청인과 가맹계약을 체결하고 가맹점을 운영하고 있는 가맹점사업자이다.

나. 분쟁의 경위

신청인은 피신청인과 매월 20,000천원 상당의 제품을 무상으로 지원받기로 하는 내용의 특약을 체결하고 가맹점을 운영하였으나 피신청인으로부터 위 지원을 중단한다는 내용의 통지를 받으면서 분쟁이 발생하였다.

다. 조정신청 대상적격

분쟁당사자 간의 거래가 가맹사업법 제2조 제1호에 따른 가맹사업에 해당하므로 조정대상이 된다.

2. 분쟁의 쟁점

가. 분쟁사실

신청인은 2011. 5. 27. 'ㅇㅇㅇ 동성로점'에 관한 가맹계약을 체결한 후 2011. 6. 27. 가맹점을 개설하여 운영 중이다.

- 신청인과 피신청인은 "계약기간 동안 갑(피신청인)은 을(신청인)에게 갑의 제품으로 월 20,000천원(제고 출고가 기준)을 덤으로 지원하기로 한다"는 내용의 특약을 체결한 바있다.

피신청인은 2011년 8월부터 계속하여 특약사항을 이행해 왔으나, 2012. 3. 1. 부로 신청인에게 위 특약사항의 지원을 중단하기로 한다는 내용을 구두로 통지하고 3월 지원 내역을 신청인의 매입 내역으로 처리하였다.

신청인은 2012. 3. 31. 피신청인을 상대로 미납채무 19,114,575원이 발생하였음을 확인하였으나 이를 지급하지 않았다. 그러자 피신청인은 신청인의 대금 미지급을 이유로 신청인 가맹점에 제품 공급을 중단하였다.

나. 양 당사자 주장

1) 신청인 주장

신청인은 가맹계약에 따라 특약사항을 변경하기 위하여는 신청인과 상호협의 하여야 함에도 불구하고 피신청인이 일방적으로 지원 중단을 통지하고 공급제품의 대금지급을 요구하는 것은 부당하게 거래조건을 변경하는 행위에 해당한다고 주장한다.

또한 피신청인은 할인행사 시에는 판매금액의 50%에 상당하는 만큼, 그리고 가맹점의 회원이 포인트로 제품을 구입한 경우에는 이에 해당하는 판매금액 만큼 가맹점에 포인트를 지급하여 가맹점에서 상품을 매입할 시에 이 포인트를 현금처럼 사용할 수 있도록 해 왔으나 2012년 3월부로 이러한 지원 정책을 일방적으로 중단하여 신청인에게 불이익을 제공하였다고 주장한다.

2) 피신청인 주장

피신청인은 신청인의 친동생인 □□□이 피신청인의 직원으로 근무할 당시 15,000천 원을 횡령하고 잠적한 사건이 발생하여 신청인이 □□□을 대신하여 피신청인에게 부당이득금을 반환하기로 하였으나 이를 이행하지 않고 있으며, 신청인이 피신청인의 무상 지원품 외에 유상으로 상품을 매입하지 않고 비정상적으로 가맹점을 운영하고 있기에 무상 지원을 보류하고 있다고 주장한다.

그리고 포인트 지원과 관련하여 피신청인은 이에 대해 신청인과 약정한 사실이 없으며 단지 피신청인이 영업정책의 일환으로 시행하였을 뿐이나 신청인 가맹점의 경우 이러한 포인트 관련 지원 외에도 특약에 따른 20,000천 원 상당의 지원이 이루어지고 있기에 다른 가맹점과의 형평을 고려하여 포인트 지원을 중단하였다고 주장한다.

3. 조정 결과

분쟁당사자간에 "피신청인이 신청인과의 가맹계약상 특약사항을 성실히 이행하고, 기존의 포인트 지원 정책을 유지하며 추가로 가맹점 판촉행사에 따른 비용을 포인트로 지원하기로 한다"는 내용으로 합의하여 조정이 성립되었다.

사례 20. 교육서비스사업자의 정보공개서 미제공 등에 따른 계약해지 및 손해배상 관련 분쟁에 대한 건

1. 사건개요

가. 당사자 현황

피신청인은 교육서비스 관련 가맹사업을 영위하는 가맹본부이고, 신청인은 피신청인과 가맹계약을 체결하고 가맹점을 운영하고 있는 가맹점사업자이다.

나. 분쟁의 경위

피신청인이 신청인으로 하여금 가맹점 총 원생의 85%(이하 '차시율'이라 한다)를 초과하여 피신청인이 공급하는 주교재를 구입할 것을 요구하고, 가맹계약이 종료된 이후에도 계약 기간 중의 차시율 미달분에 상당하는 교재를 구입하도록 강요하여 분쟁이 발생하였다.

다. 조정신청 대상적격

분쟁당사자 간의 거래가 가맹사업법 제2조 제1호에 따른 가맹사업에 해당하므로 조정대상이 된다.

2. 분쟁의 쟁점

가. 분쟁사실

신청인은 2009. 2. 16. 피신청인과 '□□□영재학습관 제1학습관'을 2년간 운영하기로 하는 가맹계약을 체결하고 가맹점을 개설하였으며 이후 매년 계약을 갱신하여 위 가맹점을 운영하고 있다.

이 사건 가맹계약은 신청인으로 하여금 피신청인으로부터 교재를 공급받아 학원을 운영하도록 하면서 본 학원 원생의 85%를 초과한 원생이 피신청인이 공급하는 정품교재를 사용하도록 하고 있다.[15]

피신청인은 2012년 1월 3일, 4월 4일, 7월 3일 총 3차례에 걸쳐 신청인에게 차시율 관련 계약 규정을 위반하였음을 이유로 1주일 내에 시정조치가 이루어지지 않을 경우 신청인 가맹점에 교재 및 전산 시스템의 공급을 중단할 예정임을 서면 통지하였다.

이후 피신청인의 직원 △△△ 부장은 2012. 7. 20. 신청인에게 계약 위반을 이유로 한 가맹계약의 해지를 구두 통지하면서, 계약해지 절차를 진행함에 따라 신청인으로 하여금 차시율 85%에 미달한 부분만큼의 교재를 추가 주문할 것을 요구하였다.

---

15) 가맹계약 제14조 (교재의 공급 등)
⑤을은 본 학원 교육의 수준 및 품질 유지를 위하여 본 학원 원생의 85%(이사 "차시율")를 초과한 원생이 갑이 공급하는 정품교재만을 사용하도록 본 학원 원생에게만 판매하여야 한다.

나. 양 당사자 주장

1) 신청인 주장

신청인은 일률적으로 매월 원생 한명이 한권의 교재를 진도에 따라 소화하기는 어려우며, 피신청인의 주교재는 듣기학습에 초점을 두고 있어 그 밖에 어휘 학습 등을 위해서는 별도의 교재 사용이 필수적이기 때문에 피신청인이 공급하는 교재의 차시율을 85%로 유지하는 것은 불가능하다고 주장한다.

신청인은 2009년 최초 가맹점 개설 당시에 가맹점에 교재 재고 물량을 확보해 놓아야 할필요성이 있었기에 상대적으로 높은 차시율을 유지할 수 있었으나, 이후로는 피신청인의 부당한 강요가 계속됨에 따라 신청인으로서는 불이익을 감수하면서 차시율을 유지할 수밖에 없었다고 주장한다.

그리고 신청인은 가맹계약이 종료된 이후에는 피신청인의 교재를 사용할 필요가 없음에도 피신청인이 계약의 종료와 함께 신청인으로 하여금 차시율 미달분에 상당하는 교재를 구입하도록 하는 것은 부당하다고 주장한다.

2) 피신청인 주장

피신청인은 가맹사업의 동질성 확보를 위하여 가맹점사업자로 하여금 가맹본부가 공급하는 주교재를 사용하도록 관리하여야 할 필요가 있으며, 다만 원생의 학습 진도 등을 고려하여 85%의 차시율 준수에 대하여 가맹계약 및 정보공개서 상에 규정하고 있기에 부당하지 않다고 주장한다.

피신청인은 신청인의 차시율 관련 계약 위반과 관련하여 수차례 시정을 요구하였으나 신청인이 이를 시정하지 않았기에 가맹계약 제29조(계약의 해지) 제1항 제4호[16] 상의 계약해지사유가 발생하였다고 주장한다.

그리고 피신청인은 가맹계약 제31조(계약의 종료와 조치)[17]에 따라 계약이

---

16) 가맹계약 제29조 (계약의 해지)
① 다음의 경우, 갑은 2개월 이상의 유예기간을 두고 본 계약의 위반 사실을 구체적으로 밝히고 이를 시정하지 아니하면 그 계약을 해지한다는 사실을 을에게 서면으로 2회 이상 통지함으로써, 본 계약을 해지할 수 있다.
4. 본 계약 제14조 제3항 내지 제9항까지를 위반하는 경우

17) 가맹계약 제31조 (계약의 종료와 조치)
③ 을은 차시율 85%가 맞춰지는데 필요한 교재를 갑에게 반드시 주문하여야 한다. 그렇지 않은 경우 갑은 을에게 보증금에서 부족액을 차감하여 지급하거나 보증보험에 지급 청구할 수 있다.

종료된다면 그에 따른 조치로서 신청인은 차시율 85%를 맞추는 데에 필요한 교재를 주문하여야 함이 타당하며, 신청인이 이를 이행하지 않을 경우 피신청인은 보증보험을 통해 차시율 미달분에 상당하는 교재대금을 지급 청구할 수 있다고 주장한다.

3. 조정 결과

양 당사자는 2012. O. OO.부로 가맹계약을 합의해지 하되, 합의일 이후 계약종료일까지의 계약기간 동안에는 계약상의 차시율 규정을 적용하지 않기로 하며, 신청인이 피신청인의 교재 102권을 분할하여 구입하기로 하는 내용으로 합의하여 조정이 성립되었다.

사례 21. 편의점사업자의 영업지역 침해 관련 분쟁에 대한 건

1. 사건개요

가. 당사자 현황

피신청인은 편의점 가맹사업을 영위하는 가맹본부이고, 신청인은 피신청인과 가맹계약을 체결하고 가맹점을 운영하는 자이다.

나. 분쟁의 경위

신청인은 피신청인과 계약기간을 5년으로 하여 가맹계약을 체결한 후 가맹점을 운영 하였는데, 피신청인이 신청인 가맹점과 70m 거리에 신규 가맹점을 개설하자 영업지역 침해를 이유로 신규 개설된 가맹점의 폐점 또는 손해배상금 3억 원의 지급을 청구하는 취지의 분쟁조정을 신청하였다.

다. 사안의 쟁점

영업지역 침해 여부
- 위 사안의 경우 가맹계약서 및 정보공개서상 신청인의 독점적·배타적 영업지역이 설정되어 있는지 여부가 문제된다.

거래상 지위남용 해당 여부
- 만약 영업지역 침해행위가 인정되지 않는다 하더라도, 실질적으로 새로운 인근 매장개설로 인하여 신청인의 매출액이 현저히 하락하는 등 부정적인 영향을 주는 경우 가맹본부의 신규가맹점 개설행위가 피신청인의 거래상 지위를 이용하여 불이익을 제공하는 행위에 해당하는지 여부가 문제된다.

라. 조정신청 대상적격

분쟁당사자 간의 거래가 가맹사업법 제2조 제1호에 따른 가맹사업거래에 해당하므로 조정대상이 된다.

2. 분쟁사실

신청인은 기존에 '○○ 염창역점'을 운영하고 있던 중 2011. 8. 9. 피신청인과 추가로 '○○ 영등포 한강성심병원점'을 5년 간 운영하기로 하는 가맹계약을 체결하고, 가맹점을 운영해오고 있다.

위 계약 체결 당시 신청인 가맹점 개설 예정지와 60m 거리에 위치한 '△△[18] 영등포 한강성심병원점'이 영업을 하고 있었으나, 피신청인은 이 영업점은 건물소유자와 명도소송 중으로 법원의 판결에 의하여 점포를 건물소유자에게 반환하도록 하여 폐점이 진행될 것이므로 신청인에게 이 점포의 대체점으로 '○○ 영등포 한강성심병원점'을 개설하도록 권유하였다.

'△△ 영등포 한강성심병원점'은 2012. 4. 6. 폐점하였고, 이 위치에는 2012. 4. 25. '■■'이라는 개인 편의점이 개설되었다.

그런데 피신청인은 2012. 4. 30. 신청인 가맹점과 70m, 폐점한 '△△ 영등포 한강성심병원점'과는약 10m 떨어진 거리에 '○○ 한강성심병원본점(이하 추가 가맹점)'을 개설하였다.

---

18) △△과 ○○은 둘 다 피신청인이 사용하는 영업표지에 해당한다.

3. 양 당사자 주장

가. 신청인 주장

신청인은 추가 가맹점인 한강성심병원본점이 신청인 가맹점과 직선거리로 약 70m 떨어진 곳에 위치하지만, 신청인 가맹점과 추가 가맹점 사이에 위치한 영등포 한강성심병원 건물을 따라 코너를 돌면 바로 보이는 곳에 개설되었으며, 사실상 병원을 사이에 두고 같은 영업지역 내에 개설된 것이라고 볼 수 있으므로 피신청인이 추가 가맹점을 개설한 행위는 피신청인의 영업지역 침해 행위 또는 거래상 지위 남용 행위에 해당한다고 주장한다.

이로 인해 '△△ 한강성심병원점' 폐점 이후 신청인 가맹점으로 유입되어야 할 고객층이 추가 가맹점으로 분산되어 가맹점 개설 당시 예상했던 매출액보다 현저하게 적은 매출이 나오고 있으므로 피신청인이 이 차액을 배상해야 한다고 주장한다.

나. 피신청인 주장

피신청인은 가맹계약서 제10조 및 정보공개서를 근거로 피신청인은 신청인에게 독점적·배타적인 영업지역을 설정하지 않았다고 주장한다.

피신청인은 한강성심병원본점 개설 이후에도 신청인의 점포의 월매출액은 하락하지 않았고 오히려 상승하는 추세를 보이고 있으므로 영업지역 침해로 인한 신청인의 손해 역시 없다고 주장한다.

4. 관련 법규정 및 심사지침

가맹사업거래의 공정화에 관한 법률

제5조(가맹본부의 준수사항) 가맹본부는 다음 각 호의 사항을 준수한다.

6. 가맹계약기간 중 가맹점사업자의 영업지역 안에서 자기의 직영점을 설치하거나 가맹점사업자와 유사한 업종의 가맹점을 설치하는 행위의 금지

제12조(불공정거래행위의 금지) ① 가맹본부는 다음 각 호의 1에 해당하는 행위로서 가맹사업의 공정한 거래를 저해할 우려가 있는 행위를 하거나 다른 사업자로 하여금 이를 행하도록 하여서는 아니 된다.

4. 가맹계약을 위반하여 가맹계약기간 중 가맹점사업자의 영업지역 안에서 가맹점사업자와 동일한 업종의 자기 또는 계열회사('독점규제 및 공정거래에 관한 법률' 제2조 제3호에 따른 계열회사를 말한다)의 직영점이나 가맹점을 설치하는 행위

5. 분쟁조정협의회의 판단

가. 영업지역 침해 여부

1) 영업지역 침해 여부에 대한 판단기준

[공정거래위원회 의결 제2011-015호 사건번호 2010서제2345]
가맹사업법은 가맹본부가 부당하게 직영점 내지 가맹점을 설치함으로써 가맹사업자의 영업지역을 침해하는 행위를 불공정거래행위로서 금지하면서, 다만 가맹본부가 가맹점사업자에게 배타적인 영업지역을 설정하지 아니한다는 사실을 미리 정보공개서를 통하여 해당 가맹점사업자에게 알리고 계약을 체결하는 경우에는 이를 예외로 규정하고 있다.
따라서 가맹사업법상 불공정거래행위로서의 '영업지역의 침해'를 판단함에 있어서는, 가맹계약서에 배타적인 영업지역 범위를 설정했는지 여부 또는 가맹사업법 시행령 제13조 제1항 관련 '별표2'의 4호 단서 규정에 해당하는지 여부 및 가맹점사업자의 계약위반 등가맹점사업자의 귀책사유로 가맹사업거래의 계속적 거래관계를 지속하기 어려운 사정이 발생하여 기존 가맹점사업자의 의사에 관계없이 동일 영업지역 내에 다른 가맹점 내지 직영점을 설치할 필요가 있는지 여부 등에 따라 위법성을 판단한다.

2) 판 단

가맹사업법 제12조 제1항 제4호에서는 가맹본부로 하여금 가맹계약을 위반하여 가맹계약 기간 중 가맹점사업자의 영업지역 안에서 가맹점사업자와 동일한 자기 또는 계열회사의 직영점이나 가맹점을 설치하는 행위를 금지하고 있는데, 이 사건 가맹계약서와 정보공개서상 피신청인은 다음과 같이 신청인에게 특정한 영업지역을 부여하거나 독점적·배타적 영업지역을 설정하

지 않고 있으므로 피신청인의 추가 가맹점 개설 행위가 위 가맹사업법 상의 영업지역 침해행위에 해당한다고 보기는 어렵다.

가맹계약서 제10조(경영의 허락 지역) '회사'는 별첨(1)의 점포가 소재하는 지역에 대하여 '경영주'에게 편의점의 경영에 관한 배타적 또는 독점적인 영업권리를 부여하는 것은 아니다.

정보공개서

5. **가맹점 사업자의 영업지역 보호**

1) 영업지역 보호 제도 유무와 독점적 · 배타적 영업지역 설정 여부
영업지역과 관련하여 기본적으로 다음과 같은 방침을 갖고 있습니다.

영업지역 제도 운영 여부	독점적·배타적 영업지역 설정 여부
X	X(직영점이나 다른 가맹점 설치 가능)

나. 거래상 지위남용 행위 해당 여부

1) 거래상 지위남용행위 해당 여부에 대한 판단기준

(1) 거래상 우월한 지위에 있을 것

가맹사업에 있어 가맹본부는 일반적으로 거래상 우월한 지위에 있는 것으로 인정된다.

왜냐하면 가맹점사업자들은 가맹본부의 영업표지 등을 사용하는 대가로 일정 금액의 가맹금을 지급하고 가맹본부로부터 상호, 상표, 디자인뿐만 아니라 제품의 생산에 대한 노하우 등 영업행위 일체에 대하여 지원을 받고 있는 등 가맹본부에 전적으로 의존하는 거래관계에 있기 때문이다. 또한 가맹점사업자들이 가맹본부의 가맹사업에 참여하기 위해서는 가맹본부가 제시하는 조건과 기준 등에 따라 점포 및 내부 시설장비 등을 준비하여야 하고 또 상당한 비용의 투자가 이루어져야 하는 바, 만약 가맹본부가 가맹계약을 해지하는 경우 가맹점사업자는 투자비용을 회수할 수 있는 방법이 없어 상당한 경제적 손실을 입게 되므로 가맹본부의 요구에 응할 수밖에 없는 사정에 있기 때문이다(공정거래위원회 2008. 4. 16. 2008-124호 결정).

> (2) 거래상 지위의 부당한 이용이 있을 것
>
> 가맹본부는 자신의 거래상 지위를 부당하게 이용하였어야 한다. 거래상의 지위를 부당하게 이용하였는지 여부는 당사자가 처하고 있는 시장 및 거래의 상황, 당사자 간의 전체적 사업능력의 격차, 거래의 대상인 상품 또는 용역의 특성, 그리고 당해 행위의 의도·목적·효과· 영향 및 구체적인 태양, 해당 사업자의 시장에서의 우월한 지위의 정도 및 상대방이 받게 되는 불이익의 내용과 정도 등에 비추어 볼 때 정상적인 거래관행을 벗어난 것으로서 공정한 거래를 저해할 우려가 있는지 여부를 판단하여 결정하여야 한다(대법원 2002. 9. 27. 선고 2000두3801 판결).

2) 판 단

비록 가맹본부가 위와 같이 가맹계약상 특정한 영업지역을 부여하거나 독점적·배타적 영업지역을 설정하지 않아 영업지역 침해행위가 인정되지 않는다 하더라도, 가맹본부가 가맹점으로부터 매우 가까운 거리에 가맹점이나 직영점을 개설하여 기존 가맹점의 영업에 부정적인 영향을 주는 경우에는 가맹본부가 거래상 지위를 이용하여 불이익을 제공하는 행위에 해당할 소지가 있다고 할 것이다.

피신청인은 계약체결 당시 한강성심병원을 주된 상권으로 하고 있던 △△ 한강성심병원점의 대체점으로 신청인으로 하여금 이 사건 가맹점을 개설하도록 하였으나, △△ 한강성심병원점 폐점 이후 24일 만에 신청인 가맹점으로부터 70m, 위 △△ 한강성심병원점이 있던 자리로부터는 10m 떨어진 위치에 추가 가맹점을 개설하였고, 이 추가 가맹점 또한 한강성심병원을 주된 상권으로 하고 있기에 신청인의 영업에 지장을 줄 소지가 크고, 만약 이로 인해 실제로 신청인 가맹점의 매출이 하락하였다면 피신청인의 위 추가 가맹점 개설행위는 거래상 지위 남용 행위라고 볼 것이다.

그러나 실제 신청인 가맹점의 매출현황을 파악해 보았을 때, 피신청인이 가까운 위치에 추가 가맹점을 개설한 2012. 4. 30. 직후인 2012년 5월에는 단 12만 원 가량의 매출액만 하락하였을 뿐, 그 이후로는 오히려 매출액이 상승하고 있는 사실을 확인할 수 있다.

따라서 피신청인의 추가가맹점 개설로 인하여 신청인의 매출액에 영향을 미쳐 신청인이 불이익을 얻었다고 보기 어려우므로 피신청인이 거래상 지위를 남용하여 신청인에게 불이익을 제공하였다고 보기 어렵다.

6. 조정 결과

본 협의회는 이 사건 분쟁은 신청인의 주장이 이유 없어 조정절차를 진행할 실익이 없다고 보아 조정절차를 종료하였다.

사례 22. 편의점사업자의 영업지역 침해 관련 분쟁에 대한 건

1. 사건개요

가. 당사자 현황

피신청인은 편의점 가맹사업을 영위하는 가맹본부이고, 신청인은 가맹계약을 체결하고 가맹점을 운영하는 자이다.

나. 분쟁의 경위

신청인은 피신청인과 가맹계약을 체결하고 편의점을 운영하던 중 신청인의 매장에서 직선거리로 약 290미터 떨어진 곳에 새로운 피신청인의 가맹점이 개설되자 영업지역 침해를 이유로 신규점포 개점에 따른 매출하락분 1,500,000원의 손해배상액을 매월 지급하거나 또는 30,000,000원에 해당 점포를 인수할 것을 청구하는 내용의 분쟁조정을 신청하였다.

다. 사안의 쟁점

영업지역 침해 여부
- 위 사안의 경우 가맹계약서 및 정보공개서상 신청인의 독점적·배타적 영업지역이 설정되어 있는지 여부가 문제된다.
- 실질적으로 새로운 인근 매장 개설로 인하여 신청인의 매출액이 현저히 하락하는 등피해가 발생하였는지 여부가 문제된다.

라. 조정신청 대상적격

분쟁당사자 간의 거래가 가맹사업법 제2조 제1호에 따른 가맹사업거래에 해당하므로 조정대상이 된다.

2. 분쟁사실

피신청인은 신청인에게 2011. 11. 8. 정보공개서를 제공하고, 2011. 12. 10. 신청인과 계약기간을 5년으로 하는 '○○ 울산영원점'에 관한 가맹계약을 체결하였으며, 가맹계약서 및 정보공개서의 영업지역에 관한 사항은 다음과 같다.

〈가맹예약서〉

가맹계약 제10조(경영의 허락 지연) '회사'는 별첨(1)의 점포가 소재하는 지역에 대하여 '경영주'에게 편의점의 경영에 관한 배타적 또는 독점적인 영업권리를 부여하는 것은 아니다.

〈정보공개서〉

5. 가맹점사업자의 영업지역 보호

1) 영업지역 보호 제도 유무와 독점적·배타적 영업지역 설정 여부
당사는 영업지역과 관련하여 기본적으로 다음과 같은 방침을 갖고 있습니다.

영업지역 제도 운영 여부	독점적·배타적 영업지역 설정 여부
X	X(직영점이나 다른 가맹점 설치 가능)

계약기간 중 신청인의 매장의 월별 일평균 매출액은 다음 표와 같다.

〈표〉 신청인 월별 일평균 매출현황

(단위: 천 원)

구 분	11.12.	12.1.	12.2.	12.3.	12.4.	12.5.	12.6.	12.7.	평균
일일 평균 매출액	756	928	807	767	841	895	866	827	835

* 자료출처 : 양 당사자 제출자료 중 월별 매출현황표에서 발췌

'○○ 울산위드점'(이하 '울산위드점'이라 한다)은 2012. 6. 2. 개점하였으며, 양 매장의 직선거리는약 290미터이다.

3. 양 당사자 주장

가. 신청인 주장

신청인은 신청인의 매장과 울산위드점은 같은 직선도로상에 있는 매장으로서 약 290미터 정도 떨어진 곳에 있지만, 신청인의 매장이 위치한 지역은 읍-리 지역이기 때문에 통상적인 편의점 상권 분석의 경우와 달리 약 290미터 정도 떨어진 울산위드점이 위치한 △△아파트(140세대) 일대 역시 신청인의 영업지역으로 보아야 하므로, 신청인의 동의 없이 신규점 오픈을 추진한 피신청인의 행위는 영업지역 침해에 해당한다고 주장한다.

나. 피신청인 주장

피신청인은 가맹계약서 제10조 및 정보공개서를 근거로 피신청인은 신청인에게 독점적·배타적인 영업지역을 설정하지 않았다고 주장한다.

피 신청인은 울산위드점은 신청인의 점포로부터 도보거리 기준 290미터 정도 떨어진 곳에 위치하고 있으며, 신청인의 점포의 주 고객은 인근 주택가 거주민과 울주군립도서관 이용자들인 반면 울산위드점의 주 고객은 주변 원룸 및 △△아파트 거주민들로서 양 점포의 주 고객층과 상권이 전혀 다르다고 주장한다.

피신청인은 울산위드점 개점 이후에도 신청인의 점포의 일평균 매출액은 큰 차이가 없으므로 영업지역 침해로 인한 신청인의 손해 역시 없다고 주장한다.

4. 관련 법규정 및 심사지침

가맹사업거래의 공정화에 관한 법률

제5조(가맹본부의 준수사항) 가맹본부는 다음 각호의 사항을 준수한다.

6. 가맹계약기간 중 가맹점사업자의 영업지역 안에서 자기의 직영점을 설치하거나 가맹점사업자와 유사한 업종의 가맹점을 설치하는 행위

의 금지

제12조(불공정거래행위의 금지) ① 가맹본부는 다음 각호의 1에 해당하는 행위로서 가맹사업의 공정한 거래를 저해할 우려가 있는 행위를 하거나 다른 사업자로 하여금 이를 행하도록 하여서는 아니된다.

4. 가맹계약을 위반하여 가맹계약기간 중 가맹점사업자의 영업지역 안에서 가맹점사업자와 동일한 업종의 자기 또는 계열회사('독점규제 및 공정거래에 관한 법률' 제2조 제3호에 따른 계열회사를 말한다)의 직영점이나 가맹점을 설치하는 행위

5. 분쟁조정협의회의 판단

가. 영업지역 침해 여부에 대한 판단기준

[공정거래위원회 의결 제2011-015호 사건번호 2010서제2345]

가맹사업법은 가맹본부가 부당하게 직영점 내지 가맹점을 설치함으로써 가맹사업자의 영업지역을 침해하는 행위를 불공정거래행위로서 금지하면서, 다만 가맹본부가 가맹점사업자에게 배타적인 영업지역을 설정하지 아니한다는 사실을 미리 정보공개서를 통하여 해당 가맹점사업자에게 알리고 계약을 체결하는 경우에는 이를 예외로 규정하고 있다.

따라서 가맹사업법상 불공정거래행위로서의 '영업지역의 침해'를 판단함에 있어서는, 가맹계약서에 배타적인 영업지역 범위를 설정했는지 여부 또는 가맹사업법 시행령 제13 조 제1항 관련 '별표2'의 4호 단서 규정에 해당하는지 여부 및 가맹점사업자의 계약위반 등가맹점사업자의 귀책사유로 가맹사업거래의 계속적 거래관계를 지속하기 어려운 사정이 발생하여 기존 가맹점사업자의 의사에 관계없이 동일 영업지역 내에 다른 가맹점 내지 직영점을 설치할 필요가 있는지 여부 등에 따라 위법성을 판단한다.

나. 판 단

가맹사업법 제12조 제1항 제4호에 의하면 가맹본부의 가맹계약을 위반하여 가맹계약기간중 가맹점사업자의 영업지역 안에서 가맹사업자와 동일한 업종의 자기 또는 계열회사의 직영점이나 가맹점을 설치하는 행위가 금지되는 바, 다음과 같은 이유에서 피신청인의 영업지역 침해행위가 있었다고 보

기 어렵다고 판단된다.

- 가맹계약서 제10조 및 정보공개서에 의할 때 피신청인은 신청인 등 가맹점사업자들에게 독점적・배타적인 영업지역을 설정하지 않고 있으므로 피신청인은 신청인에 대하여 계약상 영업지역을 보장해 줄 의무가 있다고 보기 어렵다.
- 신청인의 매장과 울산위드점은 직선거리로 약 290미터 정도 떨어진 곳에 위치하고 있어 동일한 영업지역이라고 보기 어려우며, 주 고객이 도보 보행자인 편의점의 특성상 읍-리 단위 지역이라는 사정만으로 편의점의 영업지역을 신청인의 주장처럼 넓게 인정하기는 어렵다.
- 또한 울산위드점이 개점한 2012년 6월 이전과 이후의 신청인의 월별 일평균 매출액을 비교하면 오히려 약 1.7% 정도 증가하여 영업지역 침해로 인한 매출액 감소가 있었다고 볼사정이 없으며, 울산위드점이 개점한 2012. 6. 2. 이전과 이후의 신청인 매장을 방문한 평균 고객 수를 비교하면 주중 205명이었던 것이 201명 수준을 유지하고 있고, 주말 255명이었던 것이 오히려 329명으로 증가한 사실을 확인할 수 있어 피신청인의 영업지역 침해 및 이로 인한 손해가 발생하였다고 보기는 어렵다.

6. 조정 결과

본 협의회는 이 사건 분쟁은 신청인의 주장이 이유없어 조정절차를 진행할 실익이 없다고 보아 조정절차를 종료하였다.

사례 23. 육류 외식 사업자의 영업지역 침해 관련 분쟁에 대한 건

1. 사건개요

가. 당사자 현황

피신청인은 육류 외식업 가맹사업을 영위하는 가맹본부이고, 신청인들은 각각 피신청인과 가맹계약을 체결하고 가맹점을 운영하는 자이다.

나. 분쟁의 경위

신청인1과 신청인2는 피신청인과 가맹계약을 체결하고 'ㅇㅇ 생고기' 가맹점을 운영하는 자인바, 피신청인이 신청인들의 점포 인근에 위치한 'ㅇㅇ 생고기스토리'라는 상호의 개인 점포에 물류를 공급하는 계약관계를 유지하고 있는 것은 영업지역 침해행위라는 이유로 신청인1은 'ㅇㅇ생고기스토리' 매장의 폐점을, 신청인2는 'ㅇㅇ생고기스토리' 매장의 폐점및 300,000,000원의 손해배상을 각각 구하는 내용의 이 사건 분쟁조정을 신청하여 분쟁이 발생하였다.

다. 사안의 쟁점

영업지역 침해 여부
- 위 사안의 경우 가맹계약서 및 정보공개서상 신청인의 독점적・배타적 영업지역이 설정되어 있는지 여부가 문제된다.
- 신청인의 영업지역 내에 개설된 점포가 실질적으로 피신청인의 가맹점에 해당한다고 볼수 있는지 여부가 문제된다.
- 실질적으로 새로운 인근 매장 개설로 인하여 신청인의 매출액이 현저히 하락하는 등피해가 발생하였는지 여부가 문제된다.

라. 조정신청 대상적격

분쟁당사자 간의 거래가 가맹사업법 제2조 제1호에 따른 가맹사업거래에 해당하므로 조정 대상이 된다.

2. 분쟁사실

신청인들은 이 사건 매장에 관한 가맹계약을 피신청인과 체결하고 가맹점을 운영하는 사업자이다.

신청인1이 2009. 1. 21. 1차로 체결한 가맹계약서에는 영업지역이 반경 500미터로 설정되어 있었으며, 피신청인과 2011. 7. 1. 체결한 2차 가맹계약서에서는 영업지역에 관한 조항을 공란으로 남겨두어 종전 계약조건대로 현재 신청인1의 영업지역은 반경 500미터이다.

신청인2가 2011. 7. 18. 체결한 가맹계약서에는 신청인2의 영업지역이 지도상에 표시되어 있었다.

피신청인은 2012. 6. 21. 신청 외 ▲▲과 'ㅇㅇ생고기 ㅁㅁ점'에 관한 가맹계약을 체결하였다.

신청인들은 'ㅇㅇ생고기 ㅁㅁ점'의 공사가 시작된 사실을 인지하고 2012. 6. 28. 피신청인에게 내용증명을 발송하여 영업지역 침해행위에 해당하므로 가맹점 출점을 중단할 것을 요구하였다.

피신청인은 신청인들의 요구에 따라 2012. 7. 5. 신청 외 ▲▲과 가맹계약을 합의해지 하였으며 식자재만을 공급하는 물류공급계약을 별도로 체결하였다.

신청 외 ▲▲은 2012. 7. 14. 'ㅇㅇ생고기스토리'라는 상호의 개인 음식점을 오픈하고 현재 영업을 계속 중에 있다.

신청인1의 매장과 'ㅇㅇ생고기스토리' 매장은 직선거리 약 870미터, 도보 이동거리 약 1700미터 정도 떨어진 위치에 있으며, 신청인2의 매장과 'ㅇㅇ생고기스토리' 매장은 직선거리 약 1350 미터, 도보 이동거리 약 1600미터 정도 떨어진 위치에 있다.

'ㅇㅇ생고기스토리' 점포의 개점을 전후한 신청인2의 매장 매출액은 신청인2의 제출자료에 의하면 다음 〈표 1〉과 같고, 신청인1은 매장 매출액에 관한 자료를 제출하지 아니하였다.

〈표 1〉 신청인2 월별 매출액 현황

	월별 매출액		월별 매출액	전년 동기간 대비
2011. 1.	70,858,320원	2012. 1.	79,701,100원	112%
2011. 2.	74,078,000원	2012. 2.	82,905,100원	111%
2011. 3.	97,715,400원	2012. 3.	83,667,600원	85%
2011. 4.	97,738,200원	2012. 4.	79,784,000원	81%
2011. 5.	91,368,300원	2012. 5.	92,204,000원	101%
2011. 6.	90,133,100원	2012. 6.	76,985,300원	85%
2011. 7.	93,349,400원	2012. 7.	84,336,400원	90%
2011. 8.	87,950,700원	2012. 8.	70,793,550원	81%
2011. 9.	70,955,300원	2012. 9.	41,839,300원**	104%
2011. 10.	89,814,500원			
2011. 11.	87,359,700원			
2011. 12.	110,323,000원			

* 자료출처 : 신청인2 제출자료 중 월별 매출액 현황

** 2012. 9. 매출액은 9. 17.까지의 매출액 자료임.

피신청인은 분쟁조정절차 계속 중 2012. 11. 7. 신청 외 ▲▲과의 물류공급 계약을 합의해지 하였다.

3. 양 당사자 주장

가. 신청인 주장

신청인들은 'ㅇㅇ생고기스토리' 점포는 'ㅇㅇ생고기'라는 상호만 사용하지 않을 뿐 실질적으로 식자재를 피신청인으로부터 계속 공급받고 있으며, 내부 인테리어나 메뉴구성, 설비 등이 대동소이하기 때문에 'ㅇㅇ생고기스토리' 점포의 개설은 실질적인 가맹점의 개설로서 영업지역 침해행위에 해당한다고 주장한다.

신청인1은 가맹계약서상 영업지역은 반경 500미터로 정하고 있으나, 실질적으로 'ㅇㅇ생고기스토리' 매장의 개설 이후 매출액이 감소하였으므로 'ㅇㅇ생고기스토리' 매장의 개설이 영업지역 침해행위에 해당한다고 주장한다.

신청인2는 'ㅇㅇ생고기스토리' 매장이 신청인2의 영업지역 내에 위치하고 있으며, 'ㅇ ㅇ생고기스토리' 매장의 개설 이후 매출액이 감소하였기 때문에 피신청인은 'ㅇㅇ생고기스토리' 매장을 폐점시키고 신청인에게 영업지역 침해에 따른 300,000,000원의 손해배상을 하여야 한다고 주장한다.

나. 피신청인 주장

피신청인은 신청인들의 항의에 따라 분쟁을 사전에 방지하고자 'ㅇㅇ생고기 ㅁㅁ점'에 관한 가맹계약을 2012. 7. 5. 합의해지 하여 'ㅇㅇ생고기 ㅁㅁ점' 상호를 사용한 점포가 영업을 개시한 사실이 없고, 문제된 'ㅇㅇ생고기스토리' 매장은 개인 음식점으로서 피신청인으로부터 식자재를 공급받을 뿐 피신청인의 영업표지를 사용하는 가맹점 또는 직영점이 아니므로, ' ㅇㅇ생고기스토리' 매장에 식자재를 공급하는 계약관계를 유지하는 행위를 영업지역 침해행위라고 볼 수는 없다고 주장한다.

피신청인은 대부분의 정육 음식점이 내부 인테리어, 메뉴구성, 설비 등이 대동소이한 상황에서 피신청인의 영업표지를 사용하지 않고 피신청인의 영업지원을 받지도 않는 'ㅇㅇ생고기스토리' 매장을 단지 내부 인테리어, 메뉴구성, 설비 등이 유사한 정육 음식점이라는 이유만으로 실질적인 가맹점으로 볼 수는 없다고 주장한다.

피신청인은 신청인1과 2009. 1. 21. 체결된 가맹계약서에 신청인1의 영업지역은 반경 500미터로 명시되어 있었으며, 2011. 7. 1. 체결한 2차 가맹계약서에서는 영업지역에 관한 조항을 공란으로 남겨두어 종전 계약조건대로 현재 신청인1의 영업지역은 반경 500미터이므로 직선거리 800 미터 이상 떨어진 곳에 개설된 'ㅇㅇ생고기스토리' 매장은 신청인1의 영업지역 밖에 개설된 매장이어서 영업지역 침해행위가 문제될 여지가 없다고 주장한다.

피신청인은 'ㅇㅇ생고기 ㅁㅁ점'이 신청인2의 영업지역 내에 위치한 사실을 인정하면서, 'ㅇ ㅇ생고기 ㅁㅁ점' 개설에 대한 신청인들의 문제제기에 따라 분쟁을 원만히 해결하고자 'ㅇ ㅇ생고기 ㅁㅁ점'에 관한 가맹계약을 2012. 7. 5. 해지하고 물류공급 계약만 체결하였으며, 피신청인 대표는 2012. 7. 10. 신청인2를 만나 이러한 내용을 통지하였고, 신청인2는 이러한 협의안을 수용하여 이미 분쟁이 종결되었다고 주장한다.

피신청인은 분쟁조정절차 계속 중인 2012. 11. 7. 신청 외 ▲▲과의 물류공급 계약을 합의해지 하였으므로 더 이상 'ㅇㅇ생고기스토리' 매장과 피신청인은 아무런 관계가 없다고 주장한다.

4. 관련 법규정 및 심사지침

가맹사업거래의 공정화에 관한 법률

제5조(가맹본부의 준수사항) 가맹본부는 다음 각호의 사항을 준수한다.

6. 가맹계약기간 중 가맹점사업자의 영업지역 안에서 자기의 직영점을 설치하거나 가맹점사업자와 유사한 업종의 가맹점을 설치하는 행위의 금지

제12조(불공정거래행위의 금지) ① 가맹본부는 다음 각호의 1에 해당하는 행위로서 가맹사업의 공정한 거래를 저해할 우려가 있는 행위를 하거나 다른 사업자로 하여금 이를 행하도록 하여서는 아니된다.

4. 가맹계약을 위반하여 가맹계약기간 중 가맹점사업자의 영업지역 안에서 가맹점 사업자와 동일한 업종의 자기 또는 계열회사('독점규제 및 공정거래에 관한 법률' 제2조 제3호에 따른 계열회사를 말한다)의 직영점이나 가맹점을 설치하는 행위

5. 분쟁조정협의회의 판단

가. 영업지역 침해 여부에 대한 판단기준

[공정거래위원회 의결 제2011-015호 사건번호 2010서제2345]
가맹사업법은 가맹본부가 부당하게 직영점 내지 가맹점을 설치함으로써 가맹사업자의 영업 지역을 침해하는 행위를 불공정거래행위로서 금지하면서, 다만 가맹본부가 가맹점사업자 에게 배타적인 영업지역을 설정하지 아니한다는 사실을 미리 정보공개서를 통하여 해당 가맹점사업자에게 알리고 계약을 체결하는 경우에는 이를 예외로 규정하고 있다.
따라서 가맹사업법상 불공정거래행위로서의 '영업지역의 침해'를 판단함에 있어서는, 가맹 계약서에 배타적인 영업지역 범위를 설정했는지 여부 또는 가맹사업법 시행령 제13조 제1항 관련 '별표2'의 4호 단서 규정에 해당하는지 여부 및 가맹점사업자의 계약위반 등가맹점사업자의 귀책사유로 가맹사업거래의 계속적 거래관계를 지속하기 어려운 사정이 발생하여 기존 가맹점사업자의 의사에 관계없이 동일 영업지역 내에 다른 가맹점 내지 직영점을 설치할 필요가 있는지 여부 등에 따라 위법성을 판단한다.

나. 판 단

가맹사업법 제12조 제1항 제4호에 따르면 가맹본부는 가맹계약을 위반하여 가맹계약기간중 가맹점사업자의 영업지역 안에서 가맹점사업자와 동일한 업종의 자기 또는 계열회사의 직영점이나 가맹점을 설치하는 행위가 금지되는바, 다음과 같은 이유에서 피신청인의 부당한 영업지역 침해행위는 없었다고 판단된다.

- 피신청인은 신청외 ▲▲과 2012. 6. 21. 체결한 'ㅇㅇ생고기 ㅁㅁ점'에 관한 가맹계약을 점포가 개설되기 전인 2012. 7. 5. 합의해지 하였는바 'ㅇㅇ생고기 ㅁㅁ점'이라는 가맹점이 설치된 사실이 없다.
- 신청외 ▲▲이 운영하는 'ㅇㅇ생고기스토리' 매장은 개인 음식점으로서 피신청인으로부터 식자재를 공급받을 뿐 피신청인의 영업표지를 사용하지 않으며, 영업활동에 대한 지원 및 통제를 받지 않고, 별도의 가맹

금 또는 로열티를 지급하지도 않고 있어 가맹점사업자로서의 표지를 결여하고 있으므로 내부 인테리어 등이 유사하다는 이유만으로 실질적인 가맹점이라고 보기는 어렵다.

- 분쟁조정절차 계속 중인 2012. 11. 7. 피신청인과 신청 외 ▲▲의 물류공급 계약도 합의해지되었으므로 피신청인의 가맹본부로서 신의성실 원칙에 위반되는 행위가 있다고 보기도 어렵다.
- 신청인1의 경우, 'ㅇㅇ생고기스토리' 매장은 신청인1의 가맹계약상 영업지역인 반경 500미터 밖에 개설된 매장이기 때문에 영업지역 침해행위가 문제될 여지가 없다.
- 신청인2의 경우, 'ㅇㅇ생고기스토리' 매장은 신청인2의 가맹계약상 영업지역 내에 위치한 매장이지만 피신청인의 영업표지를 사용하는 가맹점 또는 직영점이 아니라 동종 사업을 영위하는 개인사업자이기 때문에 이러한 개인 사업자에게 식자재를 공급한다는 이유만으로 피신청인의 영업지역 침해행위가 있었다고 보기는 어렵다.
- 또한 신청인2의 경우, 〈표 1〉에서 보는 바와 같이 'ㅇㅇ생고기스토리'매장이 개점한 2012년 7월이후 상당 정도의 매출액이 감소한 사정도 없으므로 'ㅇㅇ생고기스토리'매장의 개점 및영업지역 침해행위에 따른 손해가 있었다고 보기도 어렵다.

6. 조정 결과

본 협의회는 이 사건 분쟁은 신청인1과 신청인2의 주장이 이유없어 조정절차를 진행할 실익이 없다고 보아 조정절차를 종료하였다.

사례 24. 주류판매 사업자의 영업지역 침해 관련 분쟁에 대한 건

1. 사건개요

가. 당사자 현황

피신청인은 주류를 판매하는 주점을 운영하는 가맹사업을 영위하는 가맹본부이고, 신청인은 가맹계약을 체결하고 가맹점을 운영하는 자이다.

나. 분쟁의 경위

양 당사자는 2009. 6. 23. 이 사건 가맹계약을 체결하였으며, 2012. 8. 3. 양 당사자는 가맹계약을 합의해지하고 2012. 12. 22.까지 ㅇㅇ 간판만 사용할 수 있도록 합의하였는바, 2012. 8. 7. 신청인의 매장에서 약 200미터 떨어진 곳에 ㅁㅁ 매장이 오픈하면서 신청인 매장의 매출이 감소하자 신청인이 이 사건 분쟁조정을 신청하여 분쟁이 발생하였다.

다. 조정신청 대상적격

분쟁당사자 간의 거래가 가맹사업법 제2조 제1호에 따른 가맹사업거래에 해당하므로 조정대상이 된다.

2. 분쟁의 쟁점

가. 분쟁사실

신청인은 피신청인과 2009. 6. 23. 계약기간을 3년으로 하는 이 사건 매장에 관한 가맹계약을 체결하고 맥주 등 주류를 판매하는 주점을 운영하던 사업자이다.

피신청인은 2012. 5. 21. 신청인이 가맹계약 제21조 제3항 및 제30조 제3항[19]을 위반하였다는 이유로 계약을 갱신하지 않고 2012. 6. 22. 계약을 종료할 예정임을 통지하였다.

양 당사자는 2012. 6. 22.에 이르러 점포 양도를 위해 가맹계약을 추가로 1개월만 연장하기로 합의하였으나 2012년 7월말까지 점포 양도가 이루어지지 않자 2012. 8. 3. 가맹계약을 확정적으로 해지하고 다만 신청인에게 2012. 12. 22.까지 ㅇㅇ 상호를 사용하여 영업할 수 있도록 허용하는 합의서를 작성하였다.

---

19) 가맹계약서 제 21조 ③'을'은 자기의 가맹점 내에서 고객에게 제공하기 위하여 '갑'이 지정한 메뉴를 임의로 변경하여서는 안되며, '갑'이 메뉴를 변경하는 경우에는 그 변경된 메뉴를 준수하여야 한다. 또한 '을'은 영업활성화를 위해 '갑'이 개발 출시하는 신메뉴를 정해진 시점에서 반드시 변경 판매하여야 한다.

가맹계약서 제30조 ③'을'은 '갑'이 제공하지 않았거나 서면 동의가 없는 간판이나 포스터 등을 '을'의 점포 내 · 외부에 부착하지 아니한다.

2012. 8. 7. 신청인의 매장에서 약 200미터 정도 떨어진 곳에 맥주 등 주류를 판매하는 주점인 ㅁㅁ 매장이 개설되었다.

신청인은 피신청인 대표이사의 친형인 △△△이 대표이사로 있는 주식회사 ◇◇의 ㅁㅁ 매장이 인근에 개설되어 영업지역 침해로 인해 피해를 입었다는 이유로 이 사건 분쟁조정을 신청하였다.

나. 양 당사자 주장

1) 신청인 주장

신청인은 피신청인이 일방적으로 계약종료시점을 불과 1개월 앞두고 일방적으로 계약종료 및 갱신거절을 통지한 것은 가맹사업법 제13조 제4항의 규정을 위반한 부당한 계약해지 통지이므로, 이러한 부당한 계약해지 통지 이후에 작성된 2012. 8. 3.자 합의서는 무효이고 자신은 여전히 유효한 가맹사업자의 지위에 있다고 주장한다.

신청인은 피신청인 대표이사의 친형인 △△△이 대표이사로 있는 주식회사 ◇◇은 피신청인과 사실상 동일한 회사이기 때문에 동일업종을 영위하는 가맹점인 ㅁㅁ 매장을 약 200미터 떨어진 곳에 개설하여 신청인의 매장을 감소하게 한 것은 부당한 영업지역 침해에 해당한다고 주장한다.

2) 피신청인 주장

피신청인은 2012. 6. 22. 계약기간 만료에 따라 가맹계약은 종료되었으며, 신청인의 요청에 따라 매장 양도를 위해 계약기간을 추가로 연장해주었으며, 최종적으로 2012. 8. 3. 작성된 합의서에 따라 가맹계약은 종료되었으며, 2012. 12. 22.까지 ㅇㅇ상호를 사용하여 영업을 할 수 있도록 허락해주었을 뿐이라고 주장한다.

피신청인은 피신청인 대표이사의 친형인 △△△이 대표이사로 있는 주식회사 ◇◇과 피신청인은 전혀 별개의 법인이고 계열사 관계에 있지도 않으므로, 2012. 8. 7. ㅁㅁ 매장이 오픈한 것은 영업지역 침해행위에 해당하지 않는다고 주장한다.

3. 조정 결과

분쟁당사자 간에 피신청인이 신청인에게 3,000,000원을 지급하기로 합의하여 조정이 성립 되었다.

사례 25. 제과·제빵 사업자의 영업지역 침해 관련 분쟁에 대한 건

1. 사건개요

가. 당사자 현황

피신청인은 제과·제빵 가맹사업을 영위하는 가맹본부이고, 신청인은 가맹계약을 체결하고 가맹점을 운영하는 자이다.

나. 분쟁의 경위

신청인은 2008. 10. 16. 피신청인과 계약기간을 3년으로 하여 가맹계약을 체결하였고 2011년 10월경 위 계약을 갱신하여 가맹점을 운영하였는데, 피신청인이 2010. 6. 30. 신청인 가맹점과 350m 거리에 추가 가맹점인 '○○○○○ 매탄시티점'을 개설하였고, 이에 피신청인을 상대로 영업지역 침해를 이유로 추가 개설된 가맹점의 폐점 또는 손해배상금 514,381,686원의 지급을 구하는 취지의 조정을 신청하였다.

다. 조정신청 대상적격

분쟁당사자 간의 거래가 가맹사업법 제2조 제1호에 따른 가맹사업거래에 해당하므로 조정대상이 된다.

2. 분쟁의 쟁점

가. 분쟁사실

신청인은 2008. 10. 16. 피신청인과 "○○○○○ 매탄한국점"을 3년 간 운영하기로 하는 가맹계약을 체결하고, 2011년 10월경 위 계약을 갱신하여 현재까지 가맹점을 운영해오고 있다.

피신청인은 2010. 6. 30. 신청인 가맹점과 약 350m 떨어진 거리에 '○○○○○ 매탄시티점(이하 가맹사업거래분쟁조정협의회 363 '추가 가맹점')'을 개설하였다.

본 사건 가맹계약서 제9조(乙의 영업지역)에는 신청인의 영업지역으로 표기된 지역 경계선 밖북쪽과 서쪽에 원으로 '입점가능지역'이라고 표시된 구역이 있다.

위 추가 가맹점은 가맹계약서 제9조(乙의 영업지역) 제1항의 신청인 영업지역으로 표시된 구역과 '입점가능지역'으로 표기된 지역 사이에 개설되었다.

이 사건 가맹계약서 제9조 제2항에는 '갑은 을의 영업지역 내(경계선 미포함)에 동일 브랜드 ("○○○○○") 점포를 설치할 수 없으며, 본 계약상 영업지역을 벗어난 지역은 갑의 판단에 의해 신규 점포를 설치할 수 있다'고 명시되어 있다.

나. 양 당사자 주장

1) 신청인 주장

신청인은 가맹계약서 제9조에 표기된 영업지역 내에는 해당하지 않지만 '입점가능지역'이라고 표시된 지역을 벗어나 신청인의 영업지역에 가까운 곳에 피신청인이 추가 가맹점을 개설한 것은 피신청인의 영업지역 침해 행위에 해당한다고 주장한다.

- 그리고 신청인은 피신청인이 적어도 입점가능지역으로 표기된 지역과 그 위쪽 지역으로만 직영점 또는 가맹점을 개설하겠다는 의미로 계약서상 입점가능지역을 표기한 것이라고 주장한다.

신청인은 피신청인의 추가 가맹점 개설행위로 신청인 가맹점으로 유입되어야 할 고객층이 추가 가맹점으로 분산되어 매출이 하락하게 되었으므로 부당하다고 주장한다.

- 신청인은 가맹점 개설 이후 일평균 약 1,200,000원 정도의 매출을 유지하였으나 추가 가맹점인 ○○○○○ 매탄시티점이 개설된 후에는 일평균 매출액이 약 400,000원 감소하여약 800,000원에 그치고 있다고 주장한다.

신청인은 피신청인의 추가 가맹점 개설행위로 인하여 매출이 하락하게 된 것이므로 피신청인이 이러한 매출액 감소분에 대한 손해를 배상해야 한다고 주장한다.

2) 피신청인 주장

피신청인은 추가 가맹점인 ○○○○○ 매탄시티점은 신청인의 영업지역 북쪽 경계선 밖에 개설되었으므로 신청인의 영업지역을 침해한 것이 아니라고 주장한다.

- 피신청인은 가맹계약서의 영업지역도 상 입점가능지역을 표기한 것은 단지 신청인의 영업지역으로 표기된 지역을 벗어난 북쪽과 서쪽 지역에 피신청인이 신규 가맹점 또는 직영점을 개설할 수 있다는 의미로 계약서 제9조 제2항의 문구에 대한 부연설명 차원에서 표기해 놓은 것일 뿐이라고 주장한다.

피신청인은 신청인 가맹점의 매출이 하락한 것은 피신청인이 매탄시티점을 개설하였기 때문이 아니라 신청인이 가맹점 관리를 부실하게 하였고 영업에 소홀하였기 때문에 나타난 결과이며 영업지역 침해로 인한 손해가 아니라고 주장한다.

3. 조정 결과

분쟁당사자 간에 "피신청인은 신청인에게 손해배상금 75,000,000원을 지급한다"는 내용으로 합의가 되어 조정이 성립되었다.

사례 26. 유지관리서비스업자의 가맹계약 해지 관련 분쟁에 대한 건

1. 사건개요

가. 당사자 현황

피신청인은 유지관리서비스 관련 가맹사업을 영위하는 가맹본부이고, 신청인은 피신청인과 가맹계약을 체결한 가맹점사업자이다.

나. 분쟁의 경위

신 청인은 피신청인과 'ㅇㅇㅇ 광주점'과 'ㅇㅇㅇ 전남점'에 관한 가맹계약을 각각 체결하였는데, 'ㅇㅇㅇ 광주전남점'이라는 상호로 하나의 가맹점만 개설하고 가맹금 총 10,000,000원 중 5,000,000원만 피신청인에게 지급하였고, 이에 대해 피신청인이 가맹금 미지급을 이유로 가맹계약을 해지하면서 분쟁이 발생하였다.

다. 사안의 쟁점

가맹계약의 해지가 부당한지 여부

- 위 사안의 경우 피신청인의 계약 해지의 효력에 대하여 살펴보건대 정당한 계약 해지의 사유가 발생하였는지, 그리고 계약 해지 사유가 발생하였다면 피신청인이 가맹계약 및가맹사업법상의 해지 절차를 준수하였는지가 문제된다.

가맹금 반환 및 손해배상액 산정기준

- 또한 피신청인의 행위가 부당한 계약 해지에 해당한다면, 그로 인한 신청인의 손해가 얼마인지를 확정하기 위해 그 산정기준을 살펴보아야 한다.

라. 조정신청 대상적격

이 사건 분쟁당사자 간의 거래가 법 제2조 제1항에 따른 가맹거래에 해당하므로 조정대상이 된다.

2. 분쟁사실

신청인은 2011. 4. 21. 피신청인과 계약기간 1년, 가맹금 5,000,000원을 계약조건으로 하는 'ㅇㅇㅇ 광주점', 'ㅇㅇㅇ 전남점'에 관한 가맹계약을 각각 체결하였는데, 이 과정에서 피신청인은 신청인에게 계약체결 당일 정보공개서를 제공하고, 가맹계약서를 교부하였다.

그리고 신청인은 가맹점을 운영하기 위한 필수 설비인 세정로봇 2대를 피신청인에게 80,000,000원을 지급하고 구입하였다.

그런데 신청인은 2011. 6. 7. 가맹금 5,000,000원만을 피신청인에게 지급하고, 2011. 7. 20. 'ㅇㅇㅇ 광주전남점'이라는 상호로 하나의 가맹점만을 개설한 후, 피신청인으로부터 구입한 2대의 세정로봇 중 1대만을 사용하여 영업행위를 하였다.

이에 대해 피신청인은 2011. 9. 15. 신청인에게 미납된 가맹금 5,000,000원을 2011. 9. 30.까지 지급할 것을 촉구하면서 이를 이행하지 않을 경우 계약이 해지됨을 서면으로 1차 통지하였으나, 신청인이 가맹금을 위 기한까지 지급하지 아니하자 2012. 3. 20. 'ㅇㅇㅇ 전남점'에 관한 가맹계약이 최종 해지되었음을 통지하였다.

한편, 피신청인은 2012. 3. 21. 신청 외 A와 'ㅇㅇㅇ 전남점'에 관한 가맹계약을 체결하였으며, A는 현재 광주지역에 사업장을 두고 영업을 하고 있다.

3. 양 당사자 주장

가. 신청인 주장

신청인은 이 사건 가맹계약을 체결한 후 두 개의 가맹점을 운영하기 어렵게 되어 하나의 가맹점만을 운영해 오던 중, 신청인이 운영하지 않는 'ㅇㅇㅇ 전남점'에 대해 이를 운영하고자 하는 가맹희망자에게 가맹점 운영권과 세정로봇 1대를 양도하는 방안을 피신청인과 논의하였는데, 피신청인이 이러한 협의를 무시하고 일방적으로 'ㅇㅇㅇ 전남점' 가맹계약을 해지함은 부당하다고 주장한다.

그리고 신청인은 피신청인의 이러한 가맹계약 해지로 인하여 피신청인과의 신뢰관계를 회복할 수 없게 되었기에 신청인의 또 다른 가맹점인 'ㅇㅇㅇ 광주점'에 관한 가맹계약도 해지할 것을 주장한다.

나. 피신청인 주장

피신청인은 신청인이 'ㅇㅇㅇ 광주점'에 관한 가맹금 5,000,000원만을 지급하여, 'ㅇㅇㅇ 전남점'에 관한 가맹금 5,000,000원의 지급을 구두로 촉구하여 왔으나 신청인이 이를 지급하지 아니하여 가맹계약에서 정하는 대로 'ㅇㅇㅇ 전남점'에 관한 가맹계약을 해지하기에 이른 것이고, 'ㅇㅇㅇ 광주점'에 관하여는 계약의 해지를 통보한 사실이 없기에 피신청인에게 어떠한 귀책사유도 없다고 주장한다.

4. 관련 법규정 및 심사지침

가맹사업거래의 공정화에 관한 법률

제14조(가맹계약해지의 제한) ① 가맹본부는 가맹계약을 해지하려는 경우에는 가맹점사업자에게 2개월 이상의 유예기간을 두고 계약의 위반 사실을 구체적으로 밝히고 이를 시정하지 아니하면 그 계약을 해지한다는 사실을 서면으로 2회 이상 통지하여야 한다.

다만, 가맹사업의 거래를 지속하기 어려운 경우로서 대통령령이 정하는 경우에는 그러하지 아니하다.

가맹사업거래의 공정화에 관한 법률 시행령

제15조(가맹계약의 해지사유) 법 제14조 제1항 단서에서 "대통령령이 정하는 경우"란 다음 각 호의 어느 하나에 해당하는 경우를 말한다.

1. 가맹점사업자에게 파산 신청이 있거나 강제집행절차 또는 회생절차가 개시된 경우
2. 가맹점사업자가 발행한 어음·수표가 부도 등으로 지불정지된 경우
3. 천재지변, 중대한 일신상의 사유 등으로 가맹점사업자가 더 이상 가맹사업을 경영할 수없게 된 경우
4. 가맹점사업자가 공연히 허위사실을 유포함으로써 가맹본부의 명성이나 신용을 뚜렷이 훼손하거나 가맹본부의 영업비밀 또는 중요정보를 유출하여 가맹사업에 중대한 장애를 초래한 경우
5. 가맹점사업자가 가맹점 운영과 관련되는 법령을 위반하여 이를 시정하라는 내용의 행정처분(과징금·과태료 등의 부과처분을 포함한다)을 통보받고도 행정청이 정한 시정기한(시정기한을 정하지 아니한 경우에는 통보받은 날부터 10일) 내에 시정하지 않는 경우
6. 가맹점사업자가 가맹점 운영과 관련되는 법령을 위반하여 자격·면허·허가 취소 또는 영업정지 명령(15일 이내의 영업정지 명령을 받은 경우는 제외한다) 등 그 시정이 불가능한 성격의 행정처분을 받은 경우. 다만, 법령에 근거하여 행정처분을 갈음하는 과징금 등의 부과 처분을 받은 경우는 제외한다.
7. 가맹점사업자가 법 제14조 제1항 본문에 따른 가맹본부의 시정요구

에 따라 위반사항을 시정한 날부터 1년(계약갱신이나 재계약된 경우에는 종전 계약기간에 속한 기간을 합산한다) 이내에 다시 같은 사항을 위반하는 경우. 다만, 가맹본부가 시정을 요구하는 서면에 다시 같은 사항을 1년 이내에 위반하는 경우에는 법 제14조 제1항의 절차를 거치지 아니하고 가맹계약이 해지될 수 있다는 사실을 누락한 경우는 제외한다.
8. 가맹점사업자가 가맹점 운영과 관련된 행위로 형사처벌을 받은 경우
9. 가맹점사업자가 공중의 건강이나 안전에 급박한 위해를 일으킬 염려가 있는 방법이나 형태로 가맹점을 운영하는 경우
10. 가맹점사업자가 정당한 사유 없이 연속하여 7일 이상 영업을 중단한 경우

5. 분쟁조정협의회의 판단

가. 정보공개서 제공의무 위반에 해당하는지 여부

피신청인은 신청인에게 2011. 4. 21. 정보공개서를 제공하고 14일이 지나지 아니한 상태에서 이사건 가맹계약을 체결하여 가맹사업법 제7조 제2항 제2호[20]를 위반하였다.

나. 가맹계약 해지절차위반 여부

신청인은 'ㅇㅇㅇ 전남점'을 운영하기로 하는 가맹계약을 체결하고 그에 따른 가맹금 5,000,000원을 피신청인에게 지급하지 아니하였는데 이는 가맹계약서 제12조 제1항 제10호의 "을"이 "갑" 및 "갑"의 협력업체에 지급해야 하는 비용을 지급하지 않은 경우'로서 위 가맹계약의 해지사유에 해당한다.

가맹사업법 제14조 제1항에 따르면 가맹본부는 가맹계약을 해지하려는 경우 가맹점사업자에게 2개월 이상의 유예기간을 두고 계약의 위반사실을

20) 제 7조(정보공개서의 제공의무 등) ② 가맹본부는 등록된 정보공개서를 제공하지 아니하였거나 정보공개서를 제공한 날부터 14일 (가맹희망자가 정보공개서에 대하여 변호사 또는 제27조에 따른 가맹거래사의 자문을 받은 경우에는 7일로 한다)이 지나지 아니한 경우에는 다음 각 호의 어느 하나에 해당하는 행위를 하여서는 아니된다.
1. 가맹희망자로부터 가맹금을 수령하는 행위. 이 경우 가맹희망자가 예치기관에 예치가맹금을 예치하는 때에는 최초로 예치한 날 (가맹본부가 가맹희망자와 최초로 가맹금을 예치하기로 합의한 때에는 그 날)에 가맹금을 수령한 것으로 본다.
2. 가맹희망자와 가맹계약을 체결하는 행위

구체적으로 밝히고 이를 시정하지 아니하면 그 계약을 해지한다는 사실을 서면으로 2회 이상 통지하여야 하며 이러한 사항을 가맹계약서에도 규정하고 있는데, 피신청인은 신청인의 가맹금 지급채무 불이행에 대해 서면으로 2회 이상 시정요구를 하지 않은 채, 단지 2011. 9. 15. 한 차례만 서면으로 가맹금의 예치를 촉구하고 이를 이행하지 않으면 계약을 해지한다는 사실을 통지한 후 2012. 3. 20. 가맹계약을 해지하였기에 이 사건 가맹계약 및 가맹사업법 제14조 제1항을 위반하였고, 따라서 피신청인의 이 사건 가맹계약 해지는 무효이다.

다. 가맹금 반환 또는 손해배상 책임 여부

1) 관련 판례의 태도

- 가맹사업거래의 공정화에 관한 법률(2007. 8. 3. 법률 제8630호로 개정되기 전의 것) 제14조는 가맹본부가 가맹계약을 해지하고자 하는 경우에는 해당 가맹점 사업자에게 계약을 해지하는 날부터 2월 이상의 유예기간을 두고 3회 이상 계약해지의 사유를 기재한 문서로서 그 시정을 요구하도록 하고, 그와 같은 절차를 거치지 아니한 가맹계약의 해지는 효력이 없다고 규정하고 있는바, 이는 가맹점사업자들로 하여금 위 유예기간 동안 계약해지사유에 대하여 해명하고 시정할 수 있는 기회를 충분히 가지도록 하기 위한 강행규정이므로, 가맹본부로서는 위 법률 제14조가 규정하는 유예기간 중에는 가맹점사업자에게 가맹계약상의 급부 제공을 거절할 수 없고, 이에 위반하는 행위는 불법행위가 될 수 있다 할 것이다(대법원 2009. 9.24. 선고 2009다32560 판결 참조).

2) 판　단

피신청인은 위와 같이 정보공개서 제공의무를 위반하고, 가맹계약의 해지절차를 위반하는등 가맹사업법을 위반한 사실이 있으므로 이로 인하여 신청인에게 발생한 손해를 배상하거나 가맹금을 반환해야 할 것이다.

먼저 정보공개서 제공의무 위반을 이유로 가맹금을 반환하여야 하는지 살펴보건대, 신청인이 가맹계약 체결일로부터 2개월 이내에 이를 이유로 서면으로 가맹금의 반환을 청구한 바 없기에 피신청인은 신청인에게 가맹사업법

제10조 제1항[21]에 따른 가맹금 반환의무를 지지 않는다.

다음으로 피신청인이 가맹계약 해지절차 위반으로 인하여 신청인에게 발생한 손해에 대하여 배상하여야 할 책임을 지는지 살펴보기로 한다. 피신청인은 신청인에게 'ㅇㅇㅇ 전남점'에 관한 계약 해지를 통지한 이후 제3자와 'ㅇㅇㅇ 전남점'에 관한 가맹계약을 신규로 체결하고 가맹점을 개설하였는바, 신청인과의 가맹계약을 유지하는 것이 사실상 불가능하므로 'ㅇㅇㅇ 전남점'에 관한 가맹계약은 피신청인이 제3자와 'ㅇㅇㅇ 전남점'을 새로이 개설한 때에 해지되었다고 볼것이고, 피신청인은 이로 인한 신청인의 손해를 배상하여야 한다.

라. 손해배상액의 산정

1) 산정기준

계약만료일까지의 예상순이익 금액 또는 계약해지를 원인으로 실제 발생한 손해액과 새로운 사업을 준비하는데 걸리는 기간 동안의 기회수익의 합계

※ 계약만료일이 상당히 길게 남은 경우에는 배상금액이 매우 커지고, 가맹점사업자가 다른 사업을 영위할 가능성, 계약이 유효하게 지속된다 하더라도 향후 또 다른 사유에 의한 계약해지의 가능성도 배제할 수 없기에 "계약만료일까지의 예상순이익 금액"은 현재 사용하지 않고 있음

2) 판 단

가맹계약 해지절차 위반과 관련하여 피신청인은 신청인에게 'ㅇㅇㅇ 전남점'에 관한 계약 해지를 통지한 이후 제3자와 'ㅇㅇㅇ 전남점'에 관한 가맹계약을 신규로 체결하고 가맹점을 개설하였는 바, 신청인과의 가맹계약을 유지하는 것이 사실상 불가능하므로 'ㅇㅇㅇ 전남점' 에 관한 가맹계약은 피신청

---

21) 가맹사업법 제10조(가맹금의 반환) ① 가맹본부는 다음 각 호의 어느 하나에 해당하는 경우에는 가맹희망자나 가맹점사업자가 대통령령으로 정하는 사항이 적힌 서면으로 요구하는 날부터 1개월 이내에 가맹금을 반환하여야 한다.

1. 가맹본부가 제7조 제2항을 위반한 경우로서 가맹희망자 또는 가맹점사업자가 가맹계약 체결 전 가맹계약의 체결일부터 2개월 이내에 가맹금의 반환을 요구하는 경우

인이 'ㅇㅇㅇ 전남점'을 새로이 개설한 때에 해지되었다고 볼것이고, 피신청인은 이로 인한 신청인의 손해를 배상하여야 할 것이다. 그러나 신청인은 'ㅇㅇㅇ 전남점'을 개설하거나 영업활동을 한 사실이 전혀 없어 지출한 투자금이나 얻은 수익이 없으므로, 신청인에게 발생한 손해 금액을 산정하기 어렵다.[22]

다만 가맹계약서 제13조에 따르면 가맹계약이 종료되거나 해지된 경우 신청인은 피신청인으로부터 구매한 세정로봇을 반환하고, 피신청인은 잔여가치에 해당하는 대금을 신청인에게 지급하도록 하고 있는 바, 피신청인은 위 가맹계약 조항에 따라 신청인으로부터 세정로봇을 반환받고 잔존가치인 18,880,000원(계약체결일로부터 계약해지일까지 사용연수 1년 미만)을 지급해야 할 것이나 신청인이 'ㅇㅇㅇ 전남점'의 세정로봇을 전혀 사용하지 않은 사실과 피신청인이 가맹사업법을 위반한 사실을 고려하여 피신청인으로 하여금 세정로봇 구매대금 잔존가치 대신 25,000,000원을 지급하도록 함이 적절하다.

마. 'ㅇㅇㅇ 광주점'의 가맹계약 해지 여부

신청인은 'ㅇㅇㅇ 전남점'의 계약해지로 인해 신뢰관계가 파괴되어 'ㅇㅇㅇ 광주점' 또한 해지되어야 한다고 주장하고 있나 이 사건 계약해지 행위는 'ㅇㅇㅇ 광주점' 당해 계약이 아닌 'ㅇㅇㅇ 전남점' 가맹계약에 대하여만 이루어졌다는 점, 피신청인이 'ㅇㅇㅇ 광주점'과 관련한 계약을 위반한 사실이 없다는 점, 신청인이 'ㅇㅇㅇ 광주점'에 관한 가맹계약도 유지하기 어렵다고볼 객관적인 사정이 없다는 점에서 신청인의 위 주장은 이유 없다.

---

22) 가맹계약 제13조(가맹계약의 종료 및 해지에 따른 조치 사항)

① "을"은 가맹계약의 기간이 만료되거나 해지되었을 경우에 "갑"으로부터 구매한 세정로봇을 반환하여야 하며 "ㅇㅇㅇ"임을 알 수있는 영업표지의 사용을 중단하고 즉시 철거하여야 한다. 또한 전화번호 등록(114등록 및 온라인 포털사이트 내 지역정보) 및 기타 홍보사이트를 삭제하여야 한다.

② "갑"은 본 조 1항에서 정한 "을"의 세정로봇 반환 시 장비의 내용연수 및 감가상각비에 의거 세정로봇의 잔여가치에 해당하는 대금을 "을"에게 지급하여야 한다. 세정로봇의 내용연수 및 삼가상각비는 법인세법에 의거하여 산정하며 그 내용은 아래 표와 같다.

사용연수	취득원가	당기상각액	상각액누계	상각방법	잔존가치
~01년	40,000,000	21,120,000	21,120,000	정률법	18,880,000
01-02년	40,000,000	9,968,640	31,088,640	정률법	8,911,360
20-03년	40,000,000	4,705,198	35,793,838	정률법	4,206,162
03-04년	40,000,000	2,220,853	38,014,692	정률법	1,985,308
04년~	40,000,000	1,985,308	40,000,000	정률법	0

바. 권고 주문

피신청인은 신청인의 미사용 세정로봇 1대를 반환받고 25,000,000원을 신청인에게 현금으로 지급하여야 한다.

6. 조정 결과

양 당사자는 본 협의회의 권고주문을 수락하여 주문과 같은 내용의 조정이 성립하였다.

사례 27. 제과·제빵사업자의 계약해지에 따른 손해배상 관련 분쟁에 대한 건

1. 사건개요

가. 당사자 현황

피신청인은 제과·제빵 가맹사업을 영위하는 가맹본부이고, 신청인은 피신청인과 가맹계약을 체결하고 가맹점을 운영해오다가 계약이 해지되어 현재 개인상호로 커피전문점을 운영하고 있는 사업자이다.

나. 분쟁의 경위

신청인은 피신청인과 가맹계약을 체결하면서 피신청인으로부터 30,000,000원을 대여하여 이를 가맹점의 개설비용에 충당하였는데, 이후 피신청인에게 20,000,000원을 변제하고 나머지 10,000,000원을 변제하지 못하자 피신청인이 신청인에게 위 잔금 미지급을 이유로 신청인 가맹점 내의 시설, 집기 등에 대하여 동산압류를 하면서 가맹계약의 즉시해지를 통보하여 분쟁이 발생하였다.

다. 사안의 쟁점

가맹계약서 사전제공의무 위반 여부 및 가맹금 미예치 여부

- 위 사안의 경우 피신청인이 신청인에게 계약체결 14일 이전 적법하게 정보공개서를 제공하였 는지 여부, 그리고 가맹금을 예치하였는지 여부가 문제된다.

가맹계약 해지절차 위반 여부 및 이로 인한 손해배상액의 산정

- 또한 피신청인의 행위가 가맹계약의 해지절차 위반 행위에 해당한다고 할 경우, 그로 인한 신청인의 손해가 얼마인지를 확정하기 위해 그 산정기준에 대해 살펴보아야 한다.

라. 조정신청 대상적격

분쟁당사자 간의 거래가 가맹사업법 제2조 제1호에 따른 가맹사업에 해당하므로 조정대상이 된다.

2. 분쟁사실

신청인은 피신청인과 2010. 12. 7. 계약기간을 1년으로 하여 '▲▲▲점'에 관한 가맹계약을 체결하고, 2010. 12. 24.부터 2011. 1. 14.까지 세 차례에 걸쳐 가맹금 5,000,000원과 기타 인테리어 시설 비용 및 기계·장비 구매비용의 합계 89,350,000원 중 69,350,000원을 피신청인에게 분할 지급하였다.

- 위 총 비용 중 30,000,000원은 신청인이 약속어음을 발행하여 공증받는 방식으로 대체하였고, 이후 신청인은 위 금액 중 20,000,000원은 피신청인에게 변제하였으나 나머지 10,000,000원은 변제기일인 2011. 4. 24.이 지나도록 변제하지 않고 있었다.

한편, 피신청인은 계약체결 과정에서 계약체결일로부터 22일 전인 2010. 11. 15.에 신청인에게 정보공개서를 적법하게 제공한 사실은 있으나, 가맹계약서는 계약체결 당일인 2010. 12. 7. 제공하였고, 신청인으로 하여금 가맹금 5,000,000원을 예치하도록 하지 않고 직접 수취한 사실이 있다.

피신청인은 신청인이 위 차용금 잔액 10,000,000원을 피신청인에게 지급하지 않는다는 이유로 이의 이행을 요구하는 내용의 서면을 2011년 5월 12일, 7월 22일, 8월 1일, 9월 19일, 10월 12 일의 총 5차례에 걸쳐 발송하였음에도 신청인이 차용금 잔액을 지급하지 않자, 공증사무소에서 부여받은 집행문으로 신청인 가맹점의 유체동산에 대해 압류 절차를 진행하고, 2011. 10. 24. 가맹계약서 제12조 제2항을 근거로 신청인과의 가맹계약을 즉시 해지하고, 물품공급을 중단하였다.

- 이에 신청인은 2011. 11. 15. 차용금 잔액 10,000,000원 및 집행비용 303,770원의 합계 10,303,770원을 피신청인에게 변제하였다.

이후 신청인은 2011. 12. 8. 피신청인을 상대로 이 사건 분쟁조정을 신청하였고, 이에 피신청인은 2012. 1. 9. 신청인에게 분쟁조정신청을 취하하지 않으면 신청인이 피신청인의 영업표지를 무단으로 사용하고 있다는 이유로 금 20,000,000원 및 매일 200,000원의 손해배상을 청구하겠다는 내용의 통지를 하였고, 신청인은 즉시 영업표지를 제거한 후 개인상호로 점포를 운영하고 있다.

3. 양 당사자 주장

가. 신청인 주장

신청인은 피신청인으로부터 가맹계약서를 계약 체결 당일에 제공받았으며, 피신청인이 피신청인의 예치계좌가 아닌 계좌로 가맹금을 수령하였고, 피신청인이 가맹계약의 즉시해지통보를 한 것은 계약해지 절차를 적법하게 지키지 않고 부당하게 계약을 해지한 것이므로 이에 대한 손해를 배상하여야 한다고 주장한다.

나. 피신청인 주장

피신청인은 신청인의 대금 미지급에 대해 수 차례 독촉하였고 유예기간도 충분히 부여하였음 에도 불구하고 이행이 되지 않기에 부득이하게 가맹계약을 해지할 수 밖에 없었고, 신청인이 계약해지된 이후에도 2개월 이상 피신청인의 영업표지를 무단으로 사용한 바 있으므로 오히려 피신청인이 신청인에게 손해배상을 청구해야 한다고 주장한다.

4. 관련 법규정 및 심사지침

가맹사업거래의 공정화에 관한 법률

제14조(가맹계약해지의 제한) ① 가맹본부는 가맹계약을 해지하려는 경우에는 가맹점사업자에게 2개월 이상의 유예기간을 두고 계약의 위반 사실을 구체적으로 밝히고 이를 시정하지 아니하면 그 계약을 해지한다는 사실을 서면으로 2회 이상 통지하여야 한다.
다만, 가맹사업의 거래를 지속하기 어려운 경우로서 대통령령이 정하는 경우에는 그러하지 아니하다.

가맹사업거래의 공정화에 관한 법률 시행령

제15조(가맹계약의 해지사유) 법 제14조 제1항 단서에서 "대통령령이 정하는 경우"란 다음각 호의 어느 하나에 해당하는 경우를 말한다.

1. 가맹점사업자에게 파산 신청이 있거나 강제집행절차 또는 회생절차가 개시된 경우
2. 가맹점사업자가 발행한 어음·수표가 부도 등으로 지불정지된 경우
3. 천재지변, 중대한 일신상의 사유 등으로 가맹점사업자가 더 이상 가맹사업을 경영할 수없게 된 경우
4. 가맹점사업자가 공연히 허위사실을 유포함으로써 가맹본부의 명성이나 신용을 뚜렷이 훼손하거나 가맹본부의 영업비밀 또는 중요정보를 유출하여 가맹사업에 중대한 장애를 초래한 경우
5. 가맹점사업자가 가맹점 운영과 관련되는 법령을 위반하여 이를 시정하라는 내용의 행정처분(과징금·과태료 등의 부과처분을 포함한다)을 통보받고도 행정청이 정한 시정기한(시정기한을 정하지 아니한 경우에는 통보받은 날부터 10일) 내에 시정하지 않는 경우
6. 가맹점사업자가 가맹점 운영과 관련되는 법령을 위반하여 자격·면허·허가 취소 또는 영업정지 명령(15일 이내의 영업정지 명령을 받은 경우는 제외한다) 등 그 시정이 불가능한 성격의 행정처분을 받은 경우. 다만, 법령에 근거하여 행정처분을 갈음하는 과징금 등의 부과 처분을 받은 경우는 제외한다.
7. 가맹점사업자가 법 제14조 제1항 본문에 따른 가맹본부의 시정요구

에 따라 위반사항을 시정한 날부터 1년(계약갱신이나 재계약된 경우에는 종전 계약기간에 속한 기간을 합산한다) 이내에 다시 같은 사항을 위반하는 경우. 다만, 가맹본부가 시정을 요구하는 서면에 다시 같은 사항을 1년 이내에 위반하는 경우에는 법 제14조 제1항의 절차를 거치지 아니하고 가맹계약이 해지될 수 있다는 사실을 누락한 경우는 제외한다.

8. 가맹점사업자가 가맹점 운영과 관련된 행위로 형사처벌을 받은 경우
9. 가맹점사업자가 공중의 건강이나 안전에 급박한 위해를 일으킬 염려가 있는 방법이나 형태로 가맹점을 운영하는 경우
10. 가맹점사업자가 정당한 사유 없이 연속하여 7일 이상 영업을 중단한 경우

5. 분쟁조정협의회의 판단

가. 가맹계약서 사전제공의무 위반 및 가맹금 미예치 여부

피신청인은 이 사건 가맹계약 체결 과정에서 신청인에게 가맹계약체결일 이전에 가맹계약서를 교부하지 않아 가맹사업법 제11조 제1항을 위반한 소지가 있고, 신청인으로 하여금 가맹금 5,000,000원을 예치하도록 하지 않고 직접 수취하여 가맹사업법 제6조의5 제1항[23]을 위반한 소지가 있다.

나. 가맹계약 해지절차위반 여부

피신청인은 신청인이 차용한 금전을 변제하지 않는다는 이유로 신청인 가맹점의 유체동산을 압류한 후 가맹계약을 즉시해지하였는데, 이에 대해 "신청인 가맹점에게 강제집행절차가 개시된 경우"가 발생한 것이므로 가맹계약서 제12조 제2항 중 제1호를 근거로 가맹계약을 즉시 해지한 것이라 진술하였는데, 위 가맹계약서상 즉시계약 해지사유를 열거한 계약조항은 그 문언 자체로만 볼 경우 가맹사업법 시행령 제15조에서 정하는 즉시계약해지 사유와 동일하다.

---

23) 제6조의5(가맹금의 예치 등) ① 가맹본부는 가맹점사업자(가맹희망자를 포함한다.)로 하여금 가맹금을 대통령령으로 정하는 기관에 예치하도록 하여야 한다. 다만, 가맹본부가 제15조의2에 따른 가맹점사업자피해보상보험계약 등을 체결한 경우에는 그러하지 아니하다.

그러나 가맹사업법 제14조는 즉시계약 해지사유를 '가맹사업의 거래를 지속하기 어려운 경우로서 대통령령이 정하는 경우'라고 정하고 있는바, 시행령에서 '강제집행절차가 개시된 경우'라고 규정한 것은 단순히 집행절차의 개시만으로는 부족하고 가처분, 경매 등 사실상 가맹점의 운영을 기대하기 어려운 경우까지 절차가 진행된 경우에 한정하여 판단해야 할 것으로 보인다.

이 사건과 같이 강제집행절차가 개시된 경우라 하더라도 유체동산만이 압류되었을 뿐 경매절차까지는 진행되지 않아 사실상 정상적인 가맹점 운영이 가능하였던 경우에는 '가맹사업의 거래를 지속하기 어려운 경우'라고 보기 어렵다고 볼 것이므로 피신청인의 이 사건 계약해지 행위는 적법하다고 보기 어렵고 가맹사업법 제14조 제1항을 위반한 소지가 있다고 보인다.

다. 손해배상 책임 여부

1) 관련 판례의 태도

- 가맹사업거래의 공정화에 관한 법률(2007. 8. 3. 법률 제8630호로 개정되기 전의 것) 제 14조는 가맹본부가 가맹계약을 해지하고자 하는 경우에는 해당 가맹점 사업자에게 계약을 해지하는 날부터 2월 이상의 유예기간을 두고 3회 이상 계약해지의 사유를 기재한 문서로서 그 시정을 요구하도록 하고, 그와 같은 절차를 거치지 아니한 가맹계약의 해지는 효력이 없다고 규정하고 있는바, 이는 가맹점사업자들로 하여금 위 유예기간 동안 계약해지사유에 대하여 해명하고 시정할 수 있는 기회를 충분히 가지도록 하기 위한 강행규정이므로, 가맹본부로서는 위 법률 제14조가 규정하는 유예기간 중에는 가맹점사업자에게 가맹계약상의 급부 제공을 거절할 수 없고, 이에 위반하는 행위는 불법행위가 될 수 있다 할 것이다(대법원 2009. 9.24. 선고 2009다32560 판결 참조).

2) 판 단

위 나항에서 본 바와 같이 피신청인의 이 사건 가맹계약의 해지는 가맹사업법 제14조에서 정한 절차를 거치지 아니하여 그 효력을 발생하지 아니하고, 따라서 피신청인은 물품공급을 중단함으로 인하여 신청인에게 발생한 손해를 배상할 책임이 있다.

라. 손해배상액의 산정

1) 산정기준

계약만료일까지의 예상순이익 금액 또는 계약해지를 원인으로 실제 발생한 손해액과 새로운 사업을 준비하는데 걸리는 기간 동안의 기회수익의 합계

※ 계약만료일이 상당히 길게 남은 경우에는 배상금액이 매우 커지고, 가맹점사업자가 다른 사업을 영위할 가능성, 계약이 유효하게 지속된다 하더라도 향후 또 다른 사유에 의한 계약해지의 가능성도 배제할 수 없기에 "계약만료일까지의 예상순이익 금액"은 현재 사용하지 않고 있음

2) 판 단

피신청인이 배상해야 할 손해배상액은 신청인이 2012년 1월경 피신청인의 영업표지를 제거하고 새로운 영업표지를 설치하여 점포 운영을 시작하는데 소요된 비용 일체와 피신청인의 가맹점을 계속 운영하였더라면 얻을 수 있었던 순수익이 될 것이고, 추가적으로 남아있는 가맹계약기간에 해당하는 가맹금 또한 반환해야 할 것이다.

신청인이 기존의 영업표지를 제거하고 새로운 영업표지로 점포를 전환하는데 지출한 비용은 2,500,000원이며, 잔여 가맹계약기간에 해당하는 가맹금은 약 602,739원이다. 그러나 신청인 가맹점은 개설 이후 이 사건 가맹계약 해지 이전까지 계속하여 순이익이 적자를 면치 못하고 있었기에 순이익 손해는 산정하기 어렵다.

마. 권고 주문

피신청인은 신청인에게 2012. ○. ○○까지 3,102,739원을 지급하여야 한다.

6. 조정 결과

피신청인은 본 협의회의 권고주문을 불수락하여 조정 절차를 종료하였다.

사례 28. 교육서비스사업자의 양수도 승인 관련 분쟁에 대한 건

1. 사건개요

가. 당사자 현황

피신청인은 교육서비스 관련 가맹사업을 영위하는 가맹본부이고, 신청인은 피신청인과 가맹계약을 체결한 가맹점사업자이다.

나. 분쟁의 경위

신청인은 피신청인에게 신청인의 가맹점 양수도 계약을 승인할 것을 요구하였으나 피신청인이 신청인에게 계약의 위반을 이유로 계약해지를 통지하고 양수도 승인 요청에 응하지 아니하여 분쟁이 발생하였다.

다. 사안의 쟁점

- 가맹계약의 해지가 부당한지 여부
  - 위 사안의 경우 피신청인의 계약 해지의 효력에 대하여 살펴보건대 정당한 계약 해지의 사유가 발생하였는지, 그리고 계약 해지 사유가 발생하였다면 피신청인이 가맹계약 및 가맹사업법상의 해지 절차를 준수하였는지가 문제된다.
- 가맹계약의 양수도
  - 가맹점사업자가 가맹본부의 동의를 얻어 가맹계약을 제3자에게 양도하려는 경우, 가맹본부는 가맹계약의 양수도에 동의하여야 하는지, 어떠한 경우 이를 거절할 수 있는지가 문제된다.

라. 조정신청 대상적격

분쟁당사자 간의 거래가 가맹사업법 제2조 제1호에 따른 가맹사업에 해당하므로 조정대상이 된다.

2. 분쟁사실

신청인은 2008. 7. 22. 피신청인과 계약기간을 2년으로 하는 '○○○ 야탑점'에 관한 최초 가맹계약을 체결하고, 2010. 7. 28. 재계약 가맹비 3,000,000원을 지급하고 계약기간을 2012. 7. 22.까지로 하는 내용으로 재계약을 체결하여 위 가맹점을 운영해 왔다.

신청인은 이 사건 가맹점을 양도하기로 결정하고, 2012. 4. 24. 피신청인에게 가맹점 영업양도를 승인할 것을 구두로 요청하였는데 피신청인은 이에 대해 답변을 하지 않았다.

피신청인은 2012. 5. 8. 신청인이 가맹계약 제11조(로열티 지급의무) 및 제16조(보고의무), 제25조(물품공급 및 운영관리), 제32조(경업금지의무)를 위반하여 가맹점 매출액을 축소 보고하고, 피신청인이 공급하는 셀프리더를 사용하지 않았으며, "△△교육"에 입사하여 근무하고 있음을 이유로 가맹계약의 해지를 서면으로 통지하였고, 또한 피신청인은 계약해지를 통지한 당일과 2012. 6. 7. 신청인에게 계약 위반을 이유로 별도의 "경고장"을 발송한 사실이 있으며, 이에 대해 신청인은 피신청인에게 2012. 5. 12.과 2012. 6. 11. 피신청인의 각 경고장에 해당하는 계약위반사실이 없다는 내용의 서면을 발송하였고, 2012. 6. 29. 가맹점 양수도의 승인을 서면으로 요청하였다. 위 각 서면의 내용은 아래 표와 같다.

사실관계 정리

<table>
<tr><th>날짜</th><th>발신</th><th>제목</th><th>내용</th></tr>
<tr><td rowspan="2">2012. 5. 8</td><td rowspan="2">피신청인</td><td>경고장</td><td>11, 16, 25조 위반</td></tr>
<tr><td>가맹계약 위반 행위
및 가맹해지 통보</td><td>11, 16, 25, 32조 위반,
계약해지</td></tr>
<tr><td>2012. 5. 12.</td><td>신청인</td><td>신청인 답변</td><td>위반사실 및 해지의사 없음</td></tr>
<tr><td rowspan="2">2012. 6. 7.</td><td rowspan="2">피신청인</td><td>경고장</td><td>7조 1항 4호 위반 및 시정요구</td></tr>
<tr><td>경고장</td><td>11, 16조 위반</td></tr>
<tr><td>2012. 6. 11.</td><td>신청인</td><td>신청인 답변</td><td>위반사실 없음</td></tr>
<tr><td>2012. 6. 29.</td><td>신청인</td><td>가맹계약 해지 중단
및 양수요청</td><td>해지의사 없음,
양수승인 요청</td></tr>
</table>

2012. 8. 17.	피신청인	가맹계약 위반 행위에 대한 시정 요구 및 계약 해지(종료)통지의 건	2012. 8. 22. 계약해지(종료

피신청인은 2012. 8. 17. 신청인에게 발송한 "가맹계약 위반행위에 대한 시정요구 및 계약 해지(및/또는 종료)통지의 건"에서 계약 위반 등에 대하여 시정할 것을 요구하고 이에 따르지 아니할 경우, 2012. 8. 22.부포 가맹계약이 해지됨을 통지하였다.

3. 양 당사자 주장

가. 신청인 주장

신청인은 2012. 5. 8. 피신청인이 신청인에게 가맹계약의 해지를 일방적으로 통지하였으며, 신청인은 이러한 부당한 계약 해지에 대하여 이의를 제기하였으나 피신청인은 또다시 일방적으로 계약의 해지를 통지하였다고 주장한다.

신청인은 피신청인의 가맹점 매출 추정액은 사실과 다르며, 신청인이 가맹점의 매출을 허위부고하거나 영업상 비밀을 제3자에게 누출하여 이 사건 가맹계약을 위반한 사실이 없음에도 확인되지 않은 허위의 사실을 이유로 가맹계약 해지를 통지하였다고 주장한다.

그리고 신청인은 이 사건 가맹점을 운영하는데 있어 결격사유가 없고 학원을 운영한 경험도 있는 자가 가맹점을 양수하고자 함에도 피신청인이 특별한 이유 없이 양수도 승인 요청에 응하지 아니하고 있다고 주장한다.

나. 피신청인 주장

피신청인은 2012. 5. 8. 서면으로 신청인에게 계약 위반사실을 통지하여 신청인으로 하여금 그러한 사실을 시정하도록 요구하고자 하였을 뿐이었기에 위 통지 이후 실제 신청인 가맹점에 대하여 가맹계약 해지에 따른 조치를 이행한 바 없다고 주장한다.

피신청인은 신청인 가맹점의 회원을 대상으로 설문하고, 등원 횟수 관리 프로그램을 통해서 2012년 3월 매출액을 추정하여 보건대[24] 신청인은 가맹점 개점 후 계속하여 가맹점 매출을 허위로 보고하여 왔다고 보여지므로[25] 신청인은 가맹점 양도 전에 이를 우선 정산하여야 할 것이며, 이러한 신청인의 계약 위반에 따라 가맹계약상 해지사유가 발생하였기에 피신청인의 이 사건 가맹계약 해지 통지는 정당하다고 주장한다.

피신청인은 신청인이 "△△교육"에 입사한 후 '○○○의 향후의 영업상 비밀 누설 가능성 및 그로 인한 경영상 위험부담 등을 고려할 때 신청인 가맹점 양수도를 승인하기 어렵다고 주장한다.

4. 관련 법규정 및 심사지침

가맹사업거래의 공정화에 관한 법률

제14조(가맹계약해지의 제한) ① 가맹본부는 가맹계약을 해지하려는 경우에는 가맹점사업자에게 2개월 이상의 유예기간을 두고 계약의 위반 사실을 구체적으로 밝히고 이를 시정하지 아니하면 그 계약을 해지한다는 사실을 서면으로 2회 이상 통지하여야 한다. 다만, 가맹사업의 거래를 지속하기 어려운 경우로서 대통령령이 정하는 경우에는 그러하지 아니하다.

가맹사업거래의 공정화에 관한 법률 시행령

제15조(가맹계약의 해지사유) 법 제14조 제1항 단서에서 "대통령령이 정하는 경우"란 다음 각 호의 어느 하나에 해당하는 경우를 말한다.

1. 가맹점사업자에게 파산 신청이 있거나 강제집행절차 또는 회생절차가 개시된 경우
2. 가맹점사업자가 발행한 어음·수표가 부도 등으로 지불정지된 경우
3. 천재지변, 중대한 일신상의 사유 등으로 가맹점사업자가 더 이상 가맹사업을 경영할 수 없게된 경우
4. 가맹점사업자가 공연히 허위사실을 유포함으로써 가맹본부의 명성이나 신용을 뚜렷이 훼손하거나 가맹본부의 영업비밀 또는 중요정보를 유출하여 가맹사업에 중대한 장애를 초래한 경우

24) 피신청인은 위와 같은 방법으로 조사한 결과, 2012년 3월 해당기간 누락된 로열티가 4,240,000원이라고 주장한다.

25) 이 사건 가맹사업은 가맹점 회원에게 상담, 관리, 개별지도 프로그램을 제공하고 상담관리 횟수 등에 따라 학원비를 받고 있는데 피신청인은 신청인이 상담관리 횟수를 축소 보고하거나 누락하여 왔다고 주장한다.

5. 가맹점사업자가 가맹점 운영과 관련되는 법령을 위반하여 이를 시정하라는 내용의 행정처분(과징금 · 과태료 등의 부과처분을 포함한다)을 통보받고도 행정청이 정한 시정기한(시정기한을 정하지 아니한 경우에는 통보받은 날부터 10일)내에 시정하지 않는 경우
6. 가맹점사업자가 가맹점 운영과 관련되는 법령을 위반하여 자격 · 면허 · 허가 취소 또는 영업정지 명령(15일 이내의 영업정지 명령을 받은 경우는 제외한다) 등 그 시정이 불가능한 성격의 행정처분을 받은 경우. 다만, 법령에 근거하여 행정처분을 갈음하는 과징금 등의 부과 처분을 받은 경우는 제외한다.
7. 가맹점사업자가 법 제14조 제1항 본문에 따른 가맹본부의 시정요구에 따라 위반사항을 시정한 날부터 1년(계약갱신이나 재계약된 경우에는 종전 계약기간에 속한 기간을 합산한다) 이내에 다시 같은 사항을 위반하는 경우. 다만, 가맹본부가 시정을 요구하는 서면에 다시 같은 사항을 1년 이내에 위반하는 경우에는 법 제14조 제1항의 절차를 거치지 아니하고 가맹계약이 해지될 수 있다는 사실을 누락한 경우는 제외한다.
8. 가맹점사업자가 가맹점 운영과 관련된 행위로 형사처벌을 받은 경우
9. 가맹점사업자가 공중의 건강이나 안전에 급박한 위해를 일으킬 염려가 있는 방법이나 형태로 가맹점을 운영하는 경우
10. 가맹점사업자가 정당한 사유 없이 연속하여 7일 이상 영업을 중단한 경우

5. 분쟁조정협의회의 판단

가. 피신청인의 가맹계약 해지 통지가 부당한지 여부

피신청인은 2012. 5. 8. 신청인에게 사전에 서면으로 계약위반 사실을 통지하고, 그 시정을 요구함이 없이 즉시 가맹계약이 해지됨을 통보한 것으로 이는 가맹계약서[26]에서 즉시 계약해지사유로 정하지 않은 사정을 이유로 계

---

26) 가맹계약서 제7조(계약의 해지) ① 갑은 다음 각 호의 경우에 2개월 이상의 유예기간을 두고 2회 이상 계약해지의 사유를 기재한 문서로서 을에게 이행 또는 시정을 최고하고 그 이행 또는 시정이 이루어지지 아니하는 경우 서면에 의한 통지로서 계약을 해지할 수 있다.

4. 을이 갑과 협의없이 지점관리 업무를 5일 이상 방치하는 경우

14. 제25조(물품공급 및 운영관리)각 항의 위반한 사유가 있는 경우

약의 해지를 통지한 것으로 계약위반일 뿐 아니라 가맹사업법에서 정한 계약 해지 절차도 위반한 것이므로 가맹사업법 제14조에 따라 위 가맹계약의 해지는 효력이 없다고 볼 것이다.

그리고 피신청인은 2012. 8. 17. 또다시 신청인에게 가맹계약의 해지를 통지하였는바 위에서 살펴본 바와 같이 가맹사업법의 준수여부를 검토하여야 할 것이다.

피신청인은 2012. 5. 8.과 2012. 6. 7. 신청인에게 가맹계약 제11조 및 제16조 위반을 통지하는 "경고장"을 발송하였는데 이 서면에서는 허위 보고한 매출을 재보고하여 누락된 로열티를 추가 지급할 것으로 요구하고 있을 뿐 위반행위의 시정을 요구하고 그러하지 아니하면 계약이 해지될 수 있다는 사실을 적시하지 않았다. 또한 신청인이 가맹점 업무를 방치하였음을 이유로 가맹점에 복귀할 것을 요구하는 2012. 6. 7. "경고장"에서도 계약 해지에 대하여 예고하지 않았음은 동일하다.

따라서 2012. 8. 17. 피신청인의 계약해지 통지 역시 가맹사업법 제14조를 위반한 것으로 그 효력이 없다고 볼 것이다.

그리고 피신청인이 주장하는 신청인의 각 계약위반사실을 살펴보건대 아래와 같은 이유로 피신청인의 계약위반에 대한 주장이 이유가 없다고 볼 것이다.

---

19. 을이 제16조(보고의무)을 위반한 사유가 있는 경우
20. 을이 제32조(영업상 비밀 공개금지 및 경업금지의무)의 위반한 사유가 있는 경우

② 갑은 다음 각 호의 경우에 즉시 계약을 해지할 수 있다.

1. 을이 파산신청이 있거나 강제집행절차 또는 회생절차가 개시된 경우
2. 을이 발행한 어음, 수표가 부도로 처리된 경우
3. 을이 공연히 허위사실을 유포하거나 갑의 영업비밀 또는 중요정보를 유출함으로써 갑의 명성이나 신용을 현저히 훼손하거나 갑의 영업비밀 및 중요정보를 유출하여 가맹사업에 중대한 장해를 초래한 경우
4. 을이 가맹사업의 운영과 관련되는 법령의 위반사실을 통보받은 후 10일 이내에 이를 시정하지 않는 경우
5. 을이 가맹사업거래의 공정화에 관한 법률 제14조 제1항 본문에 따른 갑의 시정요구에 따른 후에 다시 같은 위반행위를 2회 이상 반복한 경우
6. 을이 지점운영과 관련된 행위로 형사처벌을 받은 경우
7. 을이 공중의 건강이나 안전에 급박한 위해를 초래할 염려가 있는 방법이나 형태로 지점을 운영하는 경우
8. 을이 정당한 이유없이 연속하여 7일 이상 영업을 중단한 경우
9. 기타 천재지변 등 가맹사업의 유지 또는 영업을 계속할 수 없는 객관적으로 불가피한 사정이 있는 경우

- 첫째, 피신청인은 명확한 입증자료 없이 신청인이 매출액을 허위보고하였다는 의심을 가지고 단순히 추정된 매출액을 근거로 신청인이 가맹계약 제11조 및 제16조를 위반하였다고 주장하고 있어 이로써 신청인의 계약위반 사실을 확인할 수 없다.
- 둘째, 신청인이 피신청인의 영업상 비밀을 외부에 유출하였다는 사실이 확인되지 않으며, 가맹계약 제32조 제6항에서 금지하는 학원을 경영하는 행위를 한 바 없고, 단지 방문형 학습지 교육을 주로 하는 "△△교육"에 입사하여 영업본부장으로 근무하고 있는 바 "△△교육"이 가맹사업을 영위하는 피신청인과 경쟁관계에 있다고도 보기 어려워 신청인의 직업선택의 자유를 제한하면서 이러한 경업을 금지하여야 할 합리적인 이유가 인정되기 어렵다.
- 셋째, 신청인이 셀프리더를 구매하지 않아 가맹계약 제25조를 위반하였다는 피신청인의 주장에 디하여는 신청인의 가맹점 외 다른 가맹점에도 셀프리더 대신 유사한 별도의 양식지를 사용하는 것이 일반화 되어 있다는 신청인의 주장에 대하여 피신청인도 이를 인정하여 다툼의 여지가 없다.

나. 피신청인이 가맹점 양수도를 승인하여야 하는지 여부

1) 공정위의 태도

- 고객이 사업자로부터 획득하게 되는 권리 및 고객이 사업자에게 지게 되는 의무는 당사자 간의 특약이나 성질상 허용되지 아니하는 경우(채권자가 변경되면 급부내용이 전혀 달라지거나 채권의 행사방법에 큰 차이가 생기는 경우 등)를 제외하고는 원칙적으로 양도·양수가 가능한다.

(공정위 2002. 5. 16. 의결 2002약제0401 참조)

2) 판 단

이 사건 가맹계약 제21조[27]에 따르면 신청인으로 하여금 피신청인의 사전

27) 가맹계약서 제21조(을의 영업양도 등)

동의 없이 가맹점 영업을 제3자에게 양도할 수 없도록 하고 있다.

가맹점사업자의 영업양도 제한에 관하여 상법 제168조의9(가맹점의 영업양도) 제1항은 '가맹상(가맹점사업자)은 가맹업자(가맹본부)의 동의를 받아 그 영업을 양도할 수 있도록 하면서 제2항에서 '가맹업자는 특별한 사유가 없으면 제1항의 영업양도에 동의하여야 한다'고 규정하고 있고, 따라서 가맹본부는 특별한 사정이 없는 한 가맹점사업자의 영업 양도에 동의하여야 할 것이다.

그런데 피신청인은 신청인이 향후 경쟁사업을 영위할 가능성이 있는 회사에 입사하여 피신청인의 영업상 비밀의 보호를 전제하기 어렵다는 우려를 이유로 신청인의 양도 승인 요청에 응하지 아니하고 있는데 이러한 사정이 신청인의 양도 요청을 거절할 만한 특별한 사유에 해당한다고 보기는 어렵다고 할 것이다.

그리고 앞서 살펴본 바와 같이 피신청인의 계약해지통지는 그 효력이 없어 신청인과의 가맹계약은 유효하다고 볼 것이며, 비록 신청인은 가맹점을 폐점하였다 하더라도 가맹점의 제반 시설 등이 그대로 보존되어 양수희망자는 현 상태 그대로 가맹점을 양수할 것을 원하고 있기에 이 사건 가맹점 영업의 양수도는 가능하다고 할 것이고 이를 위하여 피신청인의 승인이 요구된다. 따라서 피신청인은 신청인 가맹점의 양수도를 승인하여야 함이 타당하다.

다. 권고 주문

> 피신청의 신청인에 대한 가맹계약 해지는 무효임을 확인하며, 피신청인은 신청인 가맹점 영업의 양수도를 승인하여야 한다.

6. 조정 결과

피신청인은 본 협의회의 권고주문을 불수락하여 조정 절차를 종료하였다.

---

① 을은 갑의 사전 동의 없이 지점 또는 영업을 제3자에게 양도, 전대, 담보제공할 수 없다.
② 을은 지점 또는 영업을 처분하고자 하는 예정일로부터 2개월 전에 갑에게 동의를 구하는 의사를 서면으로 통지하여야 한다.
③ 갑은 을로부터 제2항의 통지를 받은 날로부터 1개월 이내에 서면으로 동의 또는 거절의 의사표시를 하여야 한다. 단 갑이 위 1개월 이내에 확답을 발신하지 아니한 경우에는 을의 처분에 동의한 것으로 본다.

사례 29. 반찬판매사업자의 계약해지 관련 분쟁에 대한 건

1. 사건개요

가. 당사자 현황

피신청인은 반찬을 판매하는 외식업 가맹사업을 영위하는 가맹본부이고, 신청인은 피신청인과 가맹계약을 체결한 가맹점사업자이다.

나. 분쟁의 경위

피신청인은 신청인의 계약위반 사항에 대하여 2012. 4. 24. 및 2012. 5. 10. 두차례에 걸쳐 이를 시정할 것을 요구하였으나 신청인이 이에 응하지 않자 2012. 7. 6. 계약해지를 통지하였는바, 신청인은 피신청인의 계약해지 통지가 부당하고 계약체결 과정에서 허위·과장 정보를 제공하였다는 이유로 계약해지 통지의 철회 및 계약이행보증금 등 12,800,000원의 반환을 요구하는 이 사건 분쟁조정을 신청하여 분쟁이 발생하였다.

다. 조정신청 대상적격

이 사건 분쟁당사자 간의 거래가 법 제2조 제1항에 따른 가맹사업거래에 해당하므로 조정대상이 된다.

2. 분쟁의 쟁점

가. 분쟁사실

신청인은 피신청인과 2011. 6. 14. 계약기간을 3년으로 하는 이 사건 매장에 관한 가맹계약을 체결하고 반찬을 판매하는 가맹점을 운영하는 사업자이다.

피신청인은 2012. 4. 2. 및 2012. 4. 13. 두 차례에 걸쳐 신청인이 피신청인으로부터 공급받지 않은 국/찌개 등을 판매하는 행위가 계약위반으로서 해지사유에 해당한다는 이유로 이에 대한 시정을 요구하는 내용증명을 발송하였으나 신청인은 계속적으로 피신청인에게 국/찌개 등에 대한 매입을 요청하지 않고 자신이 만든 국/찌개 등을 판매하였다.

신청인은 2012. 4. 6. 및 2012. 4. 17. 두 차례에 걸쳐 피신청인이 문제삼는 품목을 정확하게 열거하여 줄 것, 조미료를 사용하지 않는다고 홍보하였음에도 불구하고 국/찌개 등에서 조미료 맛이 나는 이유에 대한 소명 및 신청인 점포의 매출부진에 대한 대책마련을 요구하는 내용증명을 발송하였다.

피신청인은 2012. 4. 24. 3차로 신청인에게 본사로부터 공급받지 않은 국/찌개 등을 판매하는 행위를 중단할 것을 요구하고 이에 응하지 않을 경우 계약해지 사유에 해당한다는 사실을 통지하면서 신청인 점포의 매출부진에 대한 대책마련을 위해 신청인에게 매출장부 및 현재 판매되고 있는 제품의 목록 및 구입처를 제출할 것을 요구하였다.

신청인은 피신청인의 자료제출요구에 응하지 아니하였으며 계속하여 본사로부터 공급받지 않은 국/찌개 등을 판매하였다.

피신청인은 2012. 5. 10. 4차로 신청인에게 본사로부터 공급받지 않은 국/찌개 등을 판매하는 행위를 중단할 것을 요구하고 이에 응하지 않을 경우 계약을 해지할 것임을 통지하였다.

피신청인은 신청인이 시정요구에 응하지 않자 2012. 7. 6. 가맹계약 제19조 제2항, 제20조 제1항 및 제23조 가맹계약서 제19조(경영지도) ② '을'은 '갑'의 효과적인 경영지도를 위하여 '갑'이 요청하는 자료를 지정한 기간 내에 성실하게 보고하여야 한다.

제20조(감독 및 시정 요구권 등) ① '갑'은 '을'의 가맹점 경영상태를 파악하기 위하여 매뉴얼 등에서 제시한 관리기준에 의하여 정기적 또는 부정기적으로 '갑'의 직원을 통하여 '갑'이 정한 규정 이외의 품목 취급 여부, 공급품의 보관상태, 위생상태, 회계관리 등 매장 운영 전반에 대하여 점검 및 지도・관리・감독하고 그 결과에 대하여 시정을 요구할 수 있다.

위반을 이유로 신청인에게 계약을 해지함을 통지하였다.

신청인은 2012. 8. 1. 피신청인의 계약해지가 부당하고 계약체결 시 허위・과장 정보를 제공하였음을 이유로 부당한 계약해지 통지의 철회 및 12,800,000원의 지급을 구하는 이 사건 분쟁조정을 신청하였다.

나. 양 당사자 주장

1) 신청인 주장

신청인은 피신청인에게 구체적으로 자점매입을 하지 말아야 할 품목을 특정해 줄 것을 요구하였음에도 이에 대한 답변도 해주지 않은 채 포괄적으로 피신청인으로부터 공급받지 않은 국/찌개 등을 판매하였다는 이유로 계약을 해지하였으므로 부당한 계약해지라고 주장한다.

신청인은 계약체결 시 피신청인이 조미료를 사용하지 않고 조리한다고 하였음에도 불구하고 국/찌개 등에서 조미료 맛이 강하게 나고 이러한 조미료 맛에 대하여 소명을 요구하였음에도 이에 대한 일체의 답변을 하지 않은 것은 허위·과장 정보 제공이라고 주장한다.

2) 피신청인 주장

피신청인은 자점매입이 금지된 주요 품목으로 된장찌개, 김치찌개 등 총 27개 품목을 정보공개서에 명시하고 있으며, 특히 반찬류를 판매하는 진이찬방 가맹점의 주요품목인 국/찌개 등의 경우 맛이 통일되어야 할 필요성이 크기 때문에 이에 대한 시정을 서면으로 4차례에 걸쳐 요구하였음에도 불구하고 신청인이 이에 응하지 아니하여 2012. 7. 6. 계약을 해지한 것이므로 부당한 계약해지가 아니라고 주장한다.

피신청인은 물품을 공급하는 방식이 ① 가맹본부가 조리하여 완제품 형태로 공급하는 경우와 ② 가맹점이 직접 매장에서 조리할 수 있도록 원재료만 공급하는 경우로 나뉘며, 화학 조미료를 사용하지 않는다고 홍보한 것은 가맹점이 직접 조리하는 경우에 준수하여야 할 조리원칙을 정한 것이므로 피신청인이 공급하는 국/찌개에 조미료를 일부 사용하였다 하더라도 허위·과장 정보제공이 아니라고 주장한다.

3. 조정 결과

"피신청인은 2012. 7.부터 현재까지 신청인이 미지급한 로열티를 면제하고, 신청인에게 계약이행보증금 2,000,000원을 지급하고, 신청인은 2012. 11. 1.까지 '□□□□' 가맹점임을 인식할 수 있는 간판 및 부착물을 제거하고 계약을 합의해지한다"는 내용으로 합의하여 조정이 성립하였다.

〈부록〉 가맹사업거래의 공정화에 관한 법령

「가맹사업거래의 공정화에 관한 법률, 시행령」

가맹사업거래의 공정화에 관한 법률 [법률 제14135호, 2016.3.29., 일부개정]	가맹사업거래의 공정화에 관한 법률 시행령 [대통령령 제27528호, 2016.9.29., 일부개정]
제1장 총칙	
제1조(목적) 이 법은 가맹사업의 공정한 거래질서를 확립하고 가맹본부와 가맹점사업자가 대등한 지위에서 상호보완적으로 균형있게 발전하도록 함으로써 소비자 복지의 증진과 국민경제의 건전한 발전에 이바지함을 목적으로 한다.	
제2조(정의) 이 법에서 사용하는 용어의 정의는 다음과 같다. <개정 2007.8.3, 2013.8.13> 1. "가맹사업"이라 함은 가맹본부가 가맹점사업자로 하여금 자기의 상표·서비스표·상호·간판 그 밖의 영업표지(이하 "영업표지"라 한다)를 사용하여 일정한 품질기준이나 영업방식에 따라 상품(원재료 및 부재료를 포함한다. 이하 같다) 또는 용역을 판매하도록 함과 아울러 이에 따른 경영 및 영업활동 등에 대한 지원·교육과 통제를 하며, 가맹점사업자는 영업표지의 사용과 경영 및 영업활동 등에 대한 지원·교육의 대가로 가맹본부에 가맹금을 지급하는 계속적인 거래관계를 말한다. 2. "가맹본부"라 함은 가맹사업과 관련하여 가맹점사업자에게 가맹점운영권을 부여하는 사업자를 말한다. 3. "가맹점사업자"라 함은 가맹사업과 관련하여 가맹본부로부터 가맹점운영권을	**제3조(가맹금의 정의)** ①「가맹사업거래의 공정화에 관한 법률」(이하 "법"이라 한다) 제2조제6호 각 목 외의 부분 단서에서 "대통령령으로 정하는 대가"란 다음 각 호의 어느 하나에 해당하는 대가를 말한다. <개정 2008.1.31> 1. 소비자가 신용카드를 사용하여 가맹점사업자의 상품이나 용역을 구매한 경우에 가맹점사업자가 신용카드사에 지불하는 수수료 2. 소비자가 상품권을 사용하여 가맹점사업자의 상품이나 용역을 구매한 경우에 가맹점사업자가 상품권 발행회사에 지급하는 수수료나 할인금 3. 소비자가 「전자금융거래법」 제2조 제11호에 따른 직불전자지급수단·선불전자지급수단 또는 전자화폐를 사용하거나 「전자금융거래법」 제2조 제19호에 따른 전자지급결제대행 서비스를 이용하여 가맹점사업자의 상품이나 용역을 구매한 경우에 가맹점사업자가 지급수단 발

가맹사업거래의 공정화에 관한 법률 [법률 제14135호, 2016.3.29., 일부개정]	가맹사업거래의 공정화에 관한 법률 시행령 [대통령령 제27528호, 2016.9.29., 일부개정]
부여받은 사업자를 말한다. 4. "가맹희망자"란 가맹계약을 체결하기 위하여 가맹본부나 가맹지역본부와 상담하거나 협의하는 자를 말한다. 5. "가맹점운영권"이란 가맹점사업자가 가맹본부의 가맹사업과 관련하여 가맹점을 운영할 수 있는 계약상의 권리를 말한다. 6. "가맹금"이란 명칭이나 지급형태가 어떻든 간에 다음 각 목의 어느 하나에 해당하는 대가를 말한다. 다만, 가맹본부에 귀속되지 아니하는 것으로서 대통령령으로 정하는 대가를 제외한다. 가. 가입비·입회비·가맹비·교육비 또는 계약금 등 가맹점사업자가 영업표지의 사용허락 등 가맹점운영권이나 영업활동에 대한 지원·교육 등을 받기 위하여 가맹본부에 지급하는 대가 나. 가맹점사업자가 가맹본부로부터 공급받는 상품의 대금 등에 관한 채무액이나 손해배상액의 지급을 담보하기 위하여 가맹본부에 지급하는 대가 다. 가맹점사업자가 가맹점운영권을 부여받을 당시에 가맹사업을 착수하기 위하여 가맹본부로부터 공급받는 정착물·설비·상품의 가격 또는 부동산의 임차료 명목으로 가맹본부에 지급하는 대가 라. 가맹점사업자가 가맹본부와의 계약에 의하여 허락받은 영업표지의 사용과 영업활동 등에 관한 지원·교육, 그 밖의 사항에 대하여 가맹본부에 정기적으로 또는 비정기적으로 지급하는 대가로서 대통령령으로 정하는 것 마. 그 밖에 가맹희망자나 가맹점사업자	행회사나 지급결제 대행회사에 지급하는 수수료나 할인금 4. 법 제2조 제6호 다목에 따라 가맹본부에 지급하는 대가 중 적정한 도매가격(도매가격이 형성되지 아니하는 경우에는 가맹점사업자가 정상적인 거래관계를 통하여 해당 물품이나 용역을 구입·임차 또는 교환할 수 있는 가격을 말하며 가맹본부가 해당 물품이나 용역을 다른 사업자로부터 구입하여 공급하는 경우에는 그 구입가격을 말한다. 이하 같다) 5. 그 밖에 가맹본부에 귀속되지 아니하는 금전으로서 소비자가 제3의 기관에 지불하는 것을 가맹본부가 대행하는 것 ② 법 제2조 제6호 라목에서 "대통령령으로 정하는 것"이란 다음 각 호의 어느 하나에 해당하는 대가를 말한다. <신설 2008.1.31> 1. 가맹점사업자가 상표 사용료, 리스료, 광고 분담금, 지도훈련비, 간판류 임차료·영업지역 보장금 등의 명목으로 정액 또는 매출액·영업이익 등의 일정 비율로 가맹본부에 정기적으로 또는 비정기적으로 지급하는 대가 2. 가맹점사업자가 가맹본부로부터 공급받는 상품·원재료·부재료·정착물·설비 및 원자재의 가격 또는 부동산의 임차료에 대하여 가맹본부에 정기적으로 또는 비정기적으로 지급하는 대가 중 적정한 도매가격을 넘는 대가. 다만 가맹본부가 취득한 자신의 상품 등에 관한 「특허법」에 따른 권리에 대한 대가는 제외한다. ③ 공정거래위원회는 제1항 제4호 및 제2항제2호에 따른 적정한 도매가격을 정하여 고시할 수 있다. <개정 2008.1.31> **제4조(정보공개서의 기재사항)** ① 법 제2조

가맹사업거래의 공정화에 관한 법률 [법률 제14135호, 2016.3.29., 일부개정]	가맹사업거래의 공정화에 관한 법률 시행령 [대통령령 제27528호, 2016.9.29., 일부개정]
가 가맹점운영권을 취득하거나 유지하기 위하여 가맹본부에 지급하는 모든 대가 7. "가맹지역본부"라 함은 가맹본부와의 계약에 의하여 일정한 지역 안에서 가맹점사업자의 모집, 상품 또는 용역의 품질유지, 가맹점사업자에 대한 경영 및 영업활동의 지원·교육·통제 등 가맹본부의 업무의 전부 또는 일부를 대행하는 사업자를 말한다. 8. "가맹중개인"이라 함은 가맹본부 또는 가맹지역본부로부터 가맹점사업자를 모집하거나 가맹계약을 준비 또는 체결하는 업무를 위탁받은 자를 말한다. 9. "가맹계약서"라 함은 가맹사업의 구체적 내용과 조건 등에 있어 가맹본부 또는 가맹점사업자(이하 "가맹사업당사자"라 한다)의 권리와 의무에 관한 사항(특수한 거래조건이나 유의사항이 있는 경우에는 이를 포함한다)을 기재한 문서를 말한다. 10. "정보공개서"란 다음 각 목에 관하여 대통령령으로 정하는 사항을 수록한 문서를 말한다. 가. 가맹본부의 일반 현황 나. 가맹본부의 가맹사업 현황(가맹점사업자의 매출에 관한 사항을 포함한다) 다. 가맹본부와 그 임원(「독점규제 및 공정거래에 관한 법률」 제2조제5호에 따른 임원을 말한다. 이하 같다)이 다음의 어느 하나에 해당하는 경우에는 해당 사실 1) 이 법, 「독점규제 및 공정거래에 관한 법률」 또는 「약관의 규제에 관한 법률」을 위반한 경우 2) 사기·횡령·배임 등 타인의 재산	제10호 각 목 외의 부분에서 "대통령령으로 정하는 사항"이란 별표 1의 기재사항(이하 "정보공개사항"이라 한다)을 말한다. <개정 2008.1.31> ② 정보공개서는 표지·목차 및 정보공개사항으로 구성하되 그 내용이 명확하고 구체적이며 가맹희망자가 이해하기 쉽도록 영업표지별로 별도의 문서로 작성되어야 한다. <개정 2008.1.31> ③ 가맹본부는 가맹사업의 경영에 필요한 내용으로서 별표 1에 규정되지 아니한 사항을 정보공개서에 기재할 수 있다. <신설 2008.1.31> ④ 공정거래위원회는 필요하다고 인정하는 경우 정보공개사항에 대하여 업종별·업태별 또는 용도별로 세부적인 사항을 정하여 고시할 수 있다. <개정 2008.1.31>

가맹사업거래의 공정화에 관한 법률 [법률 제14135호, 2016.3.29., 일부개정]	가맹사업거래의 공정화에 관한 법률 시행령 [대통령령 제27528호, 2016.9.29., 일부개정]
을 영득하거나 편취하는 죄에 관련된 민사소송에서 패소의 확정판결을 받았거나 민사상 화해를 한 경우 3) 사기·횡령·배임 등 타인의 재산을 영득하거나 편취하는 죄를 범하여 형을 선고받은 경우 라. 가맹점사업자의 부담 마. 영업활동에 관한 조건과 제한 바. 가맹사업의 영업 개시에 관한 상세한 절차와 소요기간 사. 가맹본부의 경영 및 영업활동 등에 대한 지원과 교육·훈련에 대한 설명 11. "점포환경개선"이란 가맹점 점포의 기존 시설, 장비, 인테리어 등을 새로운 디자인이나 품질의 것으로 교체하거나 신규로 설치하는 것을 말한다. 이 경우 점포의 확장 또는 이전을 수반하거나 수반하지 아니하는 경우를 모두 포함한다. 12. "영업지역"이란 가맹점사업자가 가맹계약에 따라 상품 또는 용역을 판매하는 지역을 말한다.	
제3조(적용배제) ①이 법은 다음 각 호의 어느 하나에 해당하는 경우에는 적용하지 아니한다. <개정 2012.2.17, 2013.8.13> 1. 가맹점사업자가 가맹금의 최초 지급일부터 6개월까지의 기간동안 가맹본부에게 지급한 가맹금의 총액이 100만원 이내의 범위에서 대통령령으로 정하는 금액을 초과하지 아니하는 경우 2. 가맹본부의 연간 매출액이 2억원 이내의 범위에서 대통령령으로 정하는 일정규모 미만인 경우. 다만, 가맹본부와 계약을 맺은 가맹점사업자의 수가 5개 이상의 범위에서 대통령령으로 정하는 수 이상	**제5조(적용배제)** ① 법 제3조 제1항 제1호에서 "대통령령으로 정하는 금액"이란 100만원을 말한다. <개정 2012.5.7, 2014.2.11> ② 법 제3조 제1항 제2호 본문에서 "대통령령으로 정하는 일정규모"란 5천만원을 말한다. 다만, 해당 가맹본부가 가맹사업을 시작하기 전에 해당 가맹사업과 같은 품질기준이나 영업방식에 따라 상품이나 용역을 판매하는 직영점을 개설하여 1년 이상 운영하고 있는 경우에는 2억원(직영점의 매출액을 포함한다)으로 한다. <개정 2008.1.31, 2012.5.7, 2014.2.11>

가맹사업거래의 공정화에 관한 법률 [법률 제14135호, 2016.3.29., 일부개정]	가맹사업거래의 공정화에 관한 법률 시행령 [대통령령 제27528호, 2016.9.29., 일부개정]
인 경우는 제외한다. ② 제1항에도 불구하고 제9조 및 제10조(제10조 제1항 제1호는 제외한다)는 모든 가맹사업거래에 대하여 적용한다. <신설 2013.8.13>	③ 제2항에 따른 금액의 산정은 바로 전 사업연도의 손익계산서상의 매출액으로 한다. 다만, 가맹본부가 손익계산서를 작성하지 아니하는 경우에는 「부가가치세법」에 따른 바로 전 2개 과세기간의 부가가치세확정신고서상의 과세표준과 면세수입금액을 합한 금액으로 한다. <신설 2008.1.31, 2010.10.13> ④ 가맹본부가 가맹사업을 시작한 후 1년이 지나지 아니한 경우에는 사업을 시작한 때부터 마지막으로 부가가치세확정신고를 한 때까지의 부가가치세확정신고서(부가가치세확정신고를 하지 아니한 경우에는 부가가치세예정신고서)상의 과세표준과 면세수입금액을 합한 금액을 제3항 단서의 금액으로 본다. <신설 2008.1.31, 2010.10.13> ⑤ 법 제3조 제1항 제2호 단서에서 "대통령령으로 정하는 수"란 5개를 말한다. <신설 2014.2.11>
제2장 가맹사업거래의 기본원칙	
제4조(신의성실의 원칙) 가맹사업당사자는 가맹사업을 영위함에 있어서 각자의 업무를 신의에 따라 성실하게 수행하여야 한다.	
제5조(가맹본부의 준수사항) 가맹본부는 다음 각호의 사항을 준수한다. 1. 가맹사업의 성공을 위한 사업구상 2. 상품이나 용역의 품질관리와 판매기법의 개발을 위한 계속적인 노력 3. 가맹점사업자에 대하여 합리적 가격과 비용에 의한 점포설비의 설치, 상품 또는 용역 등의 공급 4. 가맹점사업자와 그 직원에 대한 교육·훈련 5. 가맹점사업자의 경영·영업활동에 대한 지속적인 조언과 지원	

가맹사업거래의 공정화에 관한 법률 [법률 제14135호, 2016.3.29., 일부개정]	가맹사업거래의 공정화에 관한 법률 시행령 [대통령령 제27528호, 2016.9.29., 일부개정]
6. 가맹계약기간중 가맹점사업자의 영업지역안에서 자기의 직영점을 설치하거나 가맹점사업자와 유사한 업종의 가맹점을 설치하는 행위의 금지 7. 가맹점사업자와의 대화와 협상을 통한 분쟁해결 노력	
제6조(가맹점사업자의 준수사항) 가맹점사업자는 다음 각호의 사항을 준수한다. 1. 가맹사업의 통일성 및 가맹본부의 명성을 유지하기 위한 노력 2. 가맹본부의 공급계획과 소비자의 수요충족에 필요한 적정한 재고유지 및 상품진열 3. 가맹본부가 상품 또는 용역에 대하여 제시하는 적절한 품질기준의 준수 4. 제3호의 규정에 의한 품질기준의 상품 또는 용역을 구입하지 못하는 경우 가맹본부가 제공하는 상품 또는 용역의 사용 5. 가맹본부가 사업장의 설비와 외관, 운송수단에 대하여 제시하는 적절한 기준의 준수 6. 취급하는 상품・용역이나 영업활동을 변경하는 경우 가맹본부와의 사전 협의 7. 상품 및 용역의 구입과 판매에 관한 회계장부 등 가맹본부의 통일적 사업경영 및 판매전략의 수립에 필요한 자료의 유지와 제공 8. 가맹점사업자의 업무현황 및 제7호의 규정에 의한 자료의 확인과 기록을 위한 가맹본부의 임직원 그 밖의 대리인의 사업장 출입허용 9. 가맹본부의 동의를 얻지 아니한 경우 사업장의 위치변경 또는 가맹점운영권의 양도 금지 10. 가맹계약기간 중 가맹본부와 동일한 업종을 영위하는 행위의 금지	

가맹사업거래의 공정화에 관한 법률 [법률 제14135호, 2016.3.29., 일부개정]	가맹사업거래의 공정화에 관한 법률 시행령 [대통령령 제27528호, 2016.9.29., 일부개정]
11. 가맹본부의 영업기술이나 영업비밀의 누설 금지 12. 영업표지에 대한 제3자의 침해사실을 인지하는 경우 가맹본부에 대한 영업표지침해사실의 통보와 금지조치에 필요한 적절한 협력	
제3장 가맹사업거래의 공정화	
제6조의2(정보공개서의 등록 등) ① 가맹본부는 가맹희망자에게 제공할 정보공개서를 공정거래위원회에 등록하여야 한다. <개정 2013.8.13> ② 가맹본부는 제1항에 따라 등록한 정보공개서의 기재사항 중 대통령령으로 정하는 사항을 변경하려는 경우에는 대통령령으로 정하는 기한 이내에 공정거래위원회에 기재사항의 변경등록을 하여야 한다. 다만, 대통령령으로 정하는 경미한 사항을 변경하려는 경우에는 신고하여야 한다. <신설 2013.8.13> ③ 공정거래위원회는 제1항 또는 제2항에 따라 등록·변경등록하거나 신고한 정보공개서를 공개할 수 있다. <개정 2013.8.13> ④ 공정거래위원회는 제3항에 따라 정보공개서를 공개하는 경우 해당 가맹본부에 공개하는 내용과 방법을 미리 통지하여야 하고, 사실과 다른 내용을 정정할 수 있는 기회를 주어야 한다. <개정 2013.8.13, 2016.3.29> ⑤ 공정거래위원회는 제3항에 따라 정보공개서를 공개하기 위하여 예산의 범위 안에서 가맹사업정보제공시스템을 구축·운용할 수 있다. <개정 2013.8.13> ⑥ 그 밖에 정보공개서의 등록, 변경등록, 신고 및 공개의 방법과 절차는 대통령령으로 정한다. <개정 2013.8.13>	**제5조의2(정보공개서의 등록 등)** ① 가맹본부는 법 제6조의2 제1항에 따라 정보공개서를 등록하려는 경우에는 별지 제1호서식의 정보공개서 신규등록 신청서에 다음 각 호의 서류를 첨부하여 공정거래위원회에 제출하여야 한다. <개정 2010.10.13, 2012.5.7> 1. 정보공개서[문서 형태의 정보공개서와 함께 「정보통신망 이용촉진 및 정보보호 등에 관한 법률」 제2조 제1항 제1호에 따른 정보통신망(이하 "정보통신망"이라 한다)을 이용하여 전자적 파일을 제출하여야 한다] 2. 바로 전 3개 사업연도의 대차대조표 및 손익계산서(가맹본부가 재무제표를 작성하지 아니하는 경우에는 바로 전 3개 사업연도의 매출액을 확인할 수 있는 서류) 3. 바로 전 사업연도 말 현재 운영 중인 직영점 및 가맹점 목록(대표자, 소재지, 가맹계약 체결일 및 전화번호를 기재하여야 한다) 4. 가맹계약서 양식 사본 5. 바로 전 사업연도 말 현재 근무 중인 임직원 수를 확인할 수 있는 서류 6. 그 밖에 정보공개서 내용과 관련있는 서류로서 공정거래위원회가 제출하도록 요구하는 서류 ② 제1항에 따라 신청서를 제출받은 공정

가맹사업거래의 공정화에 관한 법률 [법률 제14135호, 2016.3.29., 일부개정]	가맹사업거래의 공정화에 관한 법률 시행령 [대통령령 제27528호, 2016.9.29., 일부개정]
[본조신설 2007.8.3]	거래위원회는 「전자정부법」 제36조 제1항에 따른 행정정보의 공동이용을 통하여 다음 각 호의 서류를 확인하여야 한다. 다만, 신청인이 제2호 및 제3호의 확인에 동의하지 아니하는 때에는 그 서류(제3호의 경우에는 사본)를 제출하도록 하여야 한다. <개정 2010.10.13> 1. 법인 등기사항증명서(가맹본부가 법인인 경우로 한정한다) 2. 해당 법인의 설립등기 전에 등록신청하는 때에는 법인을 설립하려는 발기인의 주민등록표 등본 3. 사업자등록증(제3항에 따라 정보공개서 등록증을 내준 날부터 30일 이내에 공정거래위원회가 확인하거나 신청인이 제출할 수 있다) ③ 공정거래위원회는 제1항에 따른 등록신청이 있으면 등록신청일부터 30일(법 제6조의4에 따라 등록이 취소된 가맹본부가 다시 등록을 신청한 경우에는 2개월) 이내에 가맹본부에 별지 제2호서식의 정보공개서 등록증(이하 "등록증"이라 한다)을 내주어야 하며, 법 제6조의2 제5항에 따른 가맹사업정보제공시스템(이하 "가맹정보시스템"이라 한다)에 등록에 관한 사항을 관리하여야 한다. <신설 2010.10.13, 2014.2.11> ④ 공정거래위원회는 제3항에도 불구하고 다음 각 호의 어느 하나에 해당하면 1회에 한하여 상당한 기간을 정하여 가맹본부에 필요한 내용의 변경 또는 보완을 요구하거나 정보공개서의 등록을 거부할 수 있다. <개정 2010.10.13> 1. 정보공개서의 기재 사항이 사실과 다르거나 일부 내용이 빠진 경우 2. 제1항 제2호부터 제6호까지의 첨부 서류를 제출하지 아니한 경우

가맹사업거래의 공정화에 관한 법률 [법률 제14135호, 2016.3.29., 일부개정]	가맹사업거래의 공정화에 관한 법률 시행령 [대통령령 제27528호, 2016.9.29., 일부개정]
	3. 제2항 제2호 및 제3호의 확인에 동의하지 아니하고 서류를 제출하지 아니한 경우 ⑤ 공정거래위원회는 다음 각 호의 어느 하나에 해당하면 정보공개서의 등록을 거부하여야 하고, 그 사실을 가맹본부에 통지하여야 한다. <개정 2010.10.13> 1. 정보공개서의 기재사항이나 첨부서류에 거짓이 있는 경우 2. 제4항에 따른 변경 또는 보완 요구에 가맹본부가 따르지 아니한 경우 ⑥ 가맹본부가 제4항에 따른 변경 또는 보완 요구에 따른 경우에는 그 요구에 따른 날을 등록신청을 한 날로 본다. <개정 2010.10.13> ⑦ 가맹본부는 가맹정보시스템을 통하여 제1항에 따른 정보공개서 등록신청을 할 수 있다. <신설 2010.10.13> [본조신설 2008.1.31] **제5조의3(정보공개서의 변경등록 및 변경신고)** ① 법 제6조의2 제2항 본문에서 “대통령령으로 정하는 사항”이란 별표 1의2에 따른 변경등록사항을 말한다. <신설 2014.2.11> ② 법 제6조의2 제2항 본문에서 “대통령령으로 정하는 기한”이란 별표 1의2에 따른 기한을 말한다. <신설 2014.2.11> ③ 가맹본부는 별표 1의2에서 정한 변경등록사항이 변경된 경우에는 같은 표에서 정한 기한 내에 별지 제4호서식의 정보공개서 변경등록 신청서에 다음 각 호의 서류를 첨부하여 공정거래위원회에 제출하여야 한다. 이 경우 공정거래위원회는 「전자정부법」 제36조 제1항에 따른 행정정보의 공동이용을 통하여 법인 등기사항증명서와 사업자등록증을 확인(변경등록에 필요한 경우만 해당한다)하여야 하며, 신청인이 사업자등록증의 확인에 동의하지 아니하는 경우에는

가맹사업거래의 공정화에 관한 법률 [법률 제14135호, 2016.3.29., 일부개정]	가맹사업거래의 공정화에 관한 법률 시행령 [대통령령 제27528호, 2016.9.29., 일부개정]
	그 서류를 첨부하도록 하여야 한다. <개정 2012.5.7, 2014.2.11> 1. 변경된 정보공개서 2. 변경내용을 증명하는 서류 3. 등록증(등록증 기재사항을 변경하는 경우만 해당한다) ④ 변경등록 및 거부절차에 관하여는 제5조의2 제2항부터 제6항까지의 규정을 준용한다. 이 경우 제5조의2 제3항 중 "30일"은 "20일"로 본다. <개정 2010.10.13, 2014.2.11> ⑤ 법 제6조의2 제2항 단서에서 "대통령령으로 정하는 경미한 사항"이란 별표 1의2에 따른 변경신고사항을 말한다. <개정 2010.10.13, 2014.2.11> ⑥ 가맹본부는 별표 1의2에서 정한 변경신고사항이 변경된 경우에는 같은 표에서 정한 기한 내에 별지 제4호서식의 정보공개서 변경신고서에 변경내용을 증명하는 서류를 첨부하여 공정거래위원회에 제출하여야 한다. 이 경우 공정거래위원회는 「전자정부법」 제36조 제1항에 따른 행정정보의 공동이용을 통하여 법인 등기사항증명서와 사업자등록증을 확인(변경신고에 필요한 경우만 해당한다)하여야 하며, 신고인이 사업자등록증의 확인에 동의하지 아니하는 경우에는 그 서류를 첨부하도록 하여야 한다. <개정 2010.10.13, 2012.5.7, 2014.2.11> ⑦ 공정거래위원회는 제3항에 따른 변경등록 신청 또는 제6항에 따른 변경신고가 있으면 가맹정보시스템에 변경등록 또는 변경신고에 관한 사항을 관리하여야 한다. <개정 2010.10.13, 2014.2.11> ⑧ 가맹본부는 정보공개서를 변경등록하거나 변경신고하는 경우에는 정보통신망을 이용하여 전자적 파일 형태의 정보공개서를 함께 제출하여야 한다. <개정 2014.2.11>

가맹사업거래의 공정화에 관한 법률 [법률 제14135호, 2016.3.29., 일부개정]	가맹사업거래의 공정화에 관한 법률 시행령 [대통령령 제27528호, 2016.9.29., 일부개정]
	⑨ 삭제 <2016.9.29> ⑩ 삭제 <2016.9.29> ⑪ 가맹본부는 가맹정보시스템을 통하여 제3항에 따른 변경등록을 신청하거나 제6항에 따른 변경신고를 할 수 있다. <신설 2016.9.29> [본조신설 2008.1.31] **제5조의4(정보공개서의 공개 등)** ① 공정거래위원회는 법 제6조의2 제3항에 따라 정보공개서의 내용을 공개하는 경우에는 「개인정보 보호법」 제2조 제1호에 따른 개인정보와 「부정경쟁방지 및 영업비밀보호에 관한 법률」 제2조 제2호에 따른 영업비밀에 관한 사항은 제외하고 공개한다. <개정 2011.9.29, 2014.2.11> ② 공정거래위원회는 정보공개서를 공개하는 경우에는 법 제6조의2 제4항에 따라 다음 각 호의 사항을 적은 서면으로 공개일 10일 전까지 가맹본부에 이를 미리 알려야 한다. <개정 2014.2.11> 1. 공개 목적과 공개 기간 2. 공개 내용 3. 공개 방법 4. 가맹본부의 정정 또는 비공개 요구 방법 ③ 제2항에 따른 통지를 받은 가맹본부는 공개하는 내용 중 사실과 다른 내용이 있거나 제1항에 해당하는 내용이 있으면 통지를 받은 날부터 7일 이내에 그 사실을 증명하는 서류를 첨부한 서면으로 공정거래위원회에 그 내용의 정정 또는 비공개를 요구할 수 있다. 이 경우 공정거래위원회는 가맹본부의 요구가 정당하다고 인정되면 정보공개서의 공개 내용을 변경하거나 공개하지 아니하여야 한다. ④ 삭제 <2012.5.7> [본조신설 2008.1.31]

가맹사업거래의 공정화에 관한 법률 [법률 제14135호, 2016.3.29., 일부개정]	가맹사업거래의 공정화에 관한 법률 시행령 [대통령령 제27528호, 2016.9.29., 일부개정]
제6조의3(정보공개서 등록의 거부 등) ① 공정거래위원회는 제6조의2에 따라 등록을 신청한 정보공개서나 그 밖의 신청서류에 거짓이 있거나 필요한 내용을 적지 아니한 경우에는 정보공개서의 등록을 거부하거나 그 내용의 변경을 요구할 수 있다. ② 공정거래위원회는 정보공개서의 등록을 하였을 때에는 신청인에게 등록증을 내주어야 한다. [본조신설 2007.8.3]	
제6조의4(정보공개서 등록의 취소) ①공정거래위원회는 정보공개서가 제1호에 해당하는 경우에는 그 등록을 취소하여야 하며, 제2호부터 제4호까지의 어느 하나에 해당하는 경우에는 등록을 취소할 수 있다. <개정 2013.8.13> 1. 거짓이나 그 밖의 부정한 방법으로 정보공개서가 등록된 경우 2. 제2조 제10호 각 목의 기재사항 중 대통령령으로 정하는 중요한 사항(이하 "중요사항"이라 한다)이 누락된 경우 3. 가맹본부가 폐업 신고를 한 경우 4. 가맹본부가 정보공개서 등록취소를 요청하는 경우 ② 공정거래위원회는 정보공개서 등록이 취소된 가맹본부의 명단을 공개할 수 있다. <신설 2013.8.13> [본조신설 2007.8.3]	**제5조의2(정보공개서의 등록 등)** ① 가맹본부는 법 제6조의2 제1항에 따라 정보공개서를 등록하려는 경우에는 별지 제1호서식의 정보공개서 신규등록 신청서에 다음 각 호의 서류를 첨부하여 공정거래위원회에 제출하여야 한다. <개정 2010.10.13, 2012.5.7> 1. 정보공개서[문서 형태의 정보공개서와 함께 「정보통신망 이용촉진 및 정보보호 등에 관한 법률」 제2조 제1항 제1호에 따른 정보통신망(이하 "정보통신망"이라 한다)을 이용하여 전자적 파일을 제출하여야 한다] 2. 바로 전 3개 사업연도의 대차대조표 및 손익계산서(가맹본부가 재무제표를 작성하지 아니하는 경우에는 바로 전 3개 사업연도의 매출액을 확인할 수 있는 서류) 3. 바로 전 사업연도 말 현재 운영 중인 직영점 및 가맹점 목록(대표자, 소재지, 가맹계약 체결일 및 전화번호를 기재하여야 한다) 4. 가맹계약서 양식 사본 5. 바로 전 사업연도 말 현재 근무 중인 임직원 수를 확인할 수 있는 서류 6. 그 밖에 정보공개서 내용과 관련있는 서류로서 공정거래위원회가 제출하도록 요

가맹사업거래의 공정화에 관한 법률 [법률 제14135호, 2016.3.29., 일부개정]	가맹사업거래의 공정화에 관한 법률 시행령 [대통령령 제27528호, 2016.9.29., 일부개정]
	구하는 서류 ② 제1항에 따라 신청서를 제출받은 공정거래위원회는 「전자정부법」 제36조 제1항에 따른 행정정보의 공동이용을 통하여 다음 각 호의 서류를 확인하여야 한다. 다만, 신청인이 제2호 및 제3호의 확인에 동의하지 아니하는 때에는 그 서류(제3호의 경우에는 사본)를 제출하도록 하여야 한다. <개정 2010.10.13> 1. 법인 등기사항증명서(가맹본부가 법인인 경우로 한정한다) 2. 해당 법인의 설립등기 전에 등록신청하는 때에는 법인을 설립하려는 발기인의 주민등록표 등본 3. 사업자등록증(제3항에 따라 정보공개서 등록증을 내준 날부터 30일 이내에 공정거래위원회가 확인하거나 신청인이 제출할 수 있다) ③ 공정거래위원회는 제1항에 따른 등록신청이 있으면 등록신청일부터 30일(법 제6조의4에 따라 등록이 취소된 가맹본부가 다시 등록을 신청한 경우에는 2개월) 이내에 가맹본부에 별지 제2호서식의 정보공개서 등록증(이하 “등록증”이라 한다)을 내주어야 하며, 법 제6조의2 제5항에 따른 가맹사업정보제공시스템(이하 “가맹정보시스템”이라 한다)에 등록에 관한 사항을 관리하여야 한다. <신설 2010.10.13, 2014.2.11> ④ 공정거래위원회는 제3항에도 불구하고 다음 각 호의 어느 하나에 해당하면 1회에 한하여 상당한 기간을 정하여 가맹본부에 필요한 내용의 변경 또는 보완을 요구하거나 정보공개서의 등록을 거부할 수 있다. <개정 2010.10.13> 1. 정보공개서의 기재 사항이 사실과 다르거나 일부 내용이 빠진 경우

가맹사업거래의 공정화에 관한 법률 [법률 제14135호, 2016.3.29., 일부개정]	가맹사업거래의 공정화에 관한 법률 시행령 [대통령령 제27528호, 2016.9.29., 일부개정]
	2. 제1항 제2호부터 제6호까지의 첨부 서류를 제출하지 아니한 경우 3. 제2항 제2호 및 제3호의 확인에 동의하지 아니하고 서류를 제출하지 아니한 경우 ⑤ 공정거래위원회는 다음 각 호의 어느 하나에 해당하면 정보공개서의 등록을 거부하여야 하고, 그 사실을 가맹본부에 통지하여야 한다. <개정 2010.10.13> 1. 정보공개서의 기재사항이나 첨부서류에 거짓이 있는 경우 2. 제4항에 따른 변경 또는 보완 요구에 가맹본부가 따르지 아니한 경우 ⑥ 가맹본부가 제4항에 따른 변경 또는 보완 요구에 따른 경우에는 그 요구에 따른 날을 등록신청을 한 날로 본다. <개정 2010.10.13> ⑦ 가맹본부는 가맹정보시스템을 통하여 제1항에 따른 정보공개서 등록신청을 할 수 있다. <신설 2010.10.13> [본조신설 2008.1.31] **제5조의5(정보공개서 등록의 취소 등)** ① 공정거래위원회는 법 제6조의4 제1항 제1호에 해당하는 사유로 정보공개서의 등록을 취소한 경우에는 취소한 날 부터 7일 이내에 해당 가맹본부에 서면으로 그 사실과 취소 사유를 알려야 한다. <개정 2014.2.11> ② 법 제6조의4 제1항 제2호에서 "대통령령으로 정하는 중요한 사항"(이하 "중요사항"이라 한다)이란 다음 각 호의 어느 하나에 해당하는 사항을 말한다. <개정 2010.10.13, 2014.2.11, 2016.9.29> 1. 별표 1 제1호 2. 별표 1 제2호 가목, 나목(가맹본부와 관련된 사항만 해당한다), 다목부터 바목까지, 사목(대표자와 관련된 사항만 해당한다), 아목부터 차목까지

가맹사업거래의 공정화에 관한 법률 [법률 제14135호, 2016.3.29., 일부개정]	가맹사업거래의 공정화에 관한 법률 시행령 [대통령령 제27528호, 2016.9.29., 일부개정]
	3. 별표 1 제3호 나목부터 카목까지 4. 별표 1 제4호부터 제6호까지, 제8호 및 제9호 ③ 공정거래위원회는 법 제6조의4 제1항 제2호에 해당하는 사유가 있는 경우에는 상당한 기간을 정하여 누락된 중요사항의 보완을 가맹본부에 요구하여야 한다. 다만, 다음 각 호의 어느 하나에 해당하는 경우에는 가맹본부의 귀책정도, 회생가능성, 가맹희망자가 입을 피해가능성, 기존 가맹점사업자에게 미치는 영향 등을 모두 고려하여 보완 요구 없이 정보공개서의 등록을 취소할 수 있다. <개정 2014.2.11> 1. 가맹본부가 휴업 또는 폐업 신고를 한 경우 2. 가맹본부가 파산을 신청한 경우 3. 가맹본부에 대하여 강제집행절차 또는 회생절차가 개시된 경우 4. 가맹본부가 발행한 어음·수표가 부도 등으로 지급거절된 경우 5. 가맹본부가 대표자의 사망·소재불명 등의 사유로 영업을 중단한 경우 6. 그 밖에 제1호부터 제5호까지의 규정에 준하는 경우로서 가맹본부가 가맹사업을 정상적으로 경영하기 어렵다고 공정거래위원회가 판단하는 경우 ④ 가맹본부는 제3항 각 호 외의 부분 본문에 따른 보완 요구를 받은 경우에는 누락된 중요사항을 보완하여 제5조의3에 따라 정보공개서의 변경등록을 신청하여야 한다. [본조신설 2008.1.31]
제6조의5(가맹금 예치 등) ①가맹본부는 가맹점사업자(가맹희망자를 포함한다. 이하 이 조, 제15조의2 및 제41조 제3항 제1호에서 같다)로 하여금 가맹금(제2조 제6호 가목 및 나목에 해당하는 대가로서 금전으로 지	**제5조의6(가맹금의 예치기관)** 법 제6조의5 제1항 본문에서 "대통령령으로 정하는 기관"(이하 "예치기관"이라 한다)이란 다음 각 호의 기관을 말한다. <개정 2008.7.29, 2010.10.13>

가맹사업거래의 공정화에 관한 법률 [법률 제14135호, 2016.3.29., 일부개정]	가맹사업거래의 공정화에 관한 법률 시행령 [대통령령 제27528호, 2016.9.29., 일부개정]
급하는 경우에 한하며, 계약체결 전에 가맹금을 지급한 경우에는 그 가맹금을 포함한다. 이하 "예치가맹금"이라 한다)을 대통령령으로 정하는 기관(이하 "예치기관"이라 한다)에 예치하도록 하여야 한다. 다만, 가맹본부가 제15조의2에 따른 가맹점사업자피해보상보험계약 등을 체결한 경우에는 그러하지 아니하다. <개정 2016.3.29> ② 예치기관의 장은 가맹점사업자가 예치가맹금을 예치한 경우에는 예치일부터 7일 이내에 그 사실을 가맹본부에 통지하여야 한다. ③ 가맹본부는 다음 각 호의 어느 하나에 해당하는 경우에는 예치기관의 장에게 대통령령으로 정하는 바에 따라 예치가맹금의 지급을 요청할 수 있다. 이 경우 예치기관의 장은 10일 이내에 예치가맹금을 가맹본부에 지급하여야 한다. 1. 가맹점사업자가 영업을 개시한 경우 2. 가맹계약 체결일부터 2개월이 경과한 경우. 다만, 2개월이 경과하기 전에 가맹점사업자가 제5항 제1호부터 제3호까지의 규정 중 어느 하나에 해당하는 조치를 취한 사실을 예치기관의 장에게 서면으로 통보한 경우에는 그러하지 아니하다. ④ 가맹본부는 거짓이나 그 밖의 부정한 방법으로 예치가맹금의 지급을 요청하여서는 아니 된다. ⑤ 예치기관의 장은 제1호부터 제3호까지의 규정 중 어느 하나에 해당하는 경우에는 제24조에 따른 가맹사업거래분쟁조정협의회의 조정이나 그 밖의 분쟁해결의 결과(이하 "분쟁조정 등의 결과" 라 한다) 또는 제33조에 따른 공정거래위원회의 시정조치가 확정될 때(공정거래위원회의 시정조치에 대하여 이의신청이 제기된 경우에는 재결이,	1. 「은행법」 제2조 제1항 제2호 및 같은 법 제5조에 따른 금융회사 2. 「우체국 예금·보험에 관한 법률」에 따른 체신관서 3. 「보험업법」에 따른 보험회사 4. 「자본시장과 금융투자업에 관한 법률」에 따른 신탁업자 [본조신설 2008.1.31] **제5조의7(가맹금의 예치 등)** ① 가맹본부는 법 제6조의5 제1항 본문에 따라 가맹점사업자(가맹희망자를 포함한다. 이하 이 조, 제5조의8 및 제16조의2에서 같다)로 하여금 가맹금을 예치하도록 할 경우에는 예치기관을 지정하여 가맹금의 예치에 관한 계약을 체결하여야 한다. <개정 2010.10.13> ② 가맹본부는 가맹점사업자에게 별지 제5호서식의 가맹금예치신청서(이하 "예치신청서"라 한다)를 내주어야 하며, 가맹점사업자는 예치신청서와 함께 법 제6조의5 제1항 본문에 따른 예치가맹금(이하 "예치가맹금"이라 한다)을 예치하여 줄 것을 지정된 예치기관에 신청하여야 한다. ③ 가맹본부는 제2항에 따라 예치신청서를 내주는 경우에는 법 제6조의5 제3항 각 호의 어느 하나에 해당하면 예치가맹금이 가맹본부에 귀속된다는 사실을 가맹점사업자에게 알려야 한다. ④ 예치기관의 장은 제2항에 따른 예치신청을 받은 경우에는 예치가맹금을 예치기관의 명의로 예치하여야 하고, 이를 다른 금융자산과 분리하여 관리하여야 한다. ⑤ 예치기관의 장은 제4항에 따라 예치가맹금을 예치한 경우에는 가맹본부와 가맹점사업자에게 각각 별지 제6호서식의 가맹금예치증서(이하 "예치증서"라 한다)를 내주어야 한다.

가맹사업거래의 공정화에 관한 법률 [법률 제14135호, 2016.3.29., 일부개정]	가맹사업거래의 공정화에 관한 법률 시행령 [대통령령 제27528호, 2016.9.29., 일부개정]
시정조치나 재결에 대하여 소가 제기된 경우에는 확정판결이 각각 확정된 때를 말한다. 이하 이 조에서 같다)까지 예치가맹금의 지급을 보류하여야 하고, 제4호에 해당하는 경우에는 예치가맹금의 지급요청을 거부하거나 가맹본부에 그 내용의 변경을 요구하여야 한다. 1. 가맹점사업자가 예치가맹금을 반환받기 위하여 소를 제기한 경우 2. 가맹점사업자가 예치가맹금을 반환받기 위하여 알선, 조정, 중재 등을 신청한 경우 3. 가맹점사업자가 제10조의 위반을 이유로 가맹본부를 공정거래위원회에 신고한 경우 4. 가맹본부가 제4항을 위반하여 거짓이나 그 밖의 부정한 방법으로 예치가맹금의 지급을 요청한 경우 ⑥ 예치기관의 장은 가맹본부 또는 가맹점사업자가 분쟁조정 등의 결과나 시정조치 결과를 첨부하여 예치가맹금의 지급 또는 반환을 요청하는 경우 요청일부터 30일 이내에 그 결과에 따라 예치가맹금을 가맹본부에 지급하거나 가맹점사업자에게 반환하여야 한다. ⑦ 예치기관의 장은 가맹점사업자가 가맹본부의 동의를 받아 예치가맹금의 반환을 요청하는 경우에는 제5항 및 제6항에도 불구하고 요청일부터 10일 이내에 예치가맹금을 가맹점사업자에게 반환하여야 한다. ⑧ 그 밖에 가맹금의 예치 등에 관하여 필요한 사항은 대통령령으로 정한다. [본조신설 2007.8.3]	[본조신설 2008.1.31] **제5조의8(예치가맹금의 지급 및 반환)** ① 가맹본부는 법 제6조의5 제3항에 따라 예치가맹금의 지급을 요청하려는 경우에는 별지 제7호서식의 예치가맹금 지급(반환) 요청서(이하 "가맹금지급요청서"라 한다)를 예치기관의 장에게 제출하여야 한다. 이 경우 법 제6조의5 제3항 제1호의 사유에 해당하면 가맹점사업자가 영업을 시작하였다는 사실을 증명하는 서류 또는 가맹점사업자의 확인서를 첨부하여야 한다. <개정 2012.5.7> ② 가맹점사업자는 법 제6조의5 제5항 제1호부터 제3호까지의 사유가 발생한 경우에는 그 사실을 증명하는 서류를 첨부하여 별지 제8호서식의 예치가맹금 지급보류 요청서를 예치기관의 장에게 제출하여야 한다. ③ 가맹본부 또는 가맹점사업자는 법 제6조의5 제6항에 따라 예치가맹금의 지급 또는 반환을 요청하려는 경우에는 그 사실을 증명하는 서류를 첨부하여 가맹금지급요청서를 예치기관의 장에게 제출하여야 한다. ④ 가맹점사업자는 법 제6조의5 제7항에 따라 예치가맹금의 반환을 요청하려는 경우에는 가맹본부의 동의서를 첨부하여 가맹금지급요청서를 예치기관의 장에게 제출하여야 한다. ⑤ 예치기관의 장은 정보통신망을 이용하여 가맹금의 예치신청·지급 및 반환 등에 필요한 절차를 수행할 수 있다. 이 경우 예치기관의 장은 가맹본부와 가맹점사업자로 하여금 그 신원을 파악하기 위하여 「전자서명법」 제2조 제8호에 따른 공인인증서를 사용하도록 할 수 있다. ⑥ 예치기관의 장은 가맹본부 또는 가맹점사업자가 제1항부터 제4항까지의 규정에 따라 제출한 증명서류 등을 해당 예치가맹

가맹사업거래의 공정화에 관한 법률 [법률 제14135호, 2016.3.29., 일부개정]	가맹사업거래의 공정화에 관한 법률 시행령 [대통령령 제27528호, 2016.9.29., 일부개정]
	금을 지급 또는 반환한 날부터 3개월간 보관하여야 한다. ⑦ 공정거래위원회는 예치기관의 장에게 가맹금의 예치·지급 및 반환 현황 등에 관한 업무 자료를 요청할 수 있다. ⑧ 그 밖에 가맹금의 예치·지급 및 반환 등에 필요한 세부사항은 공정거래위원회가 정하여 고시할 수 있다. [본조신설 2008.1.31]
제7조(정보공개서의 제공의무 등) ① 가맹본부(가맹지역본부 또는 가맹중개인이 가맹점사업자를 모집하는 경우를 포함한다. 이하 같다)는 가맹희망자에게 제6조의2 제1항 및 제2항에 따라 등록 또는 변경등록한 정보공개서를 내용증명우편 등 제공시점을 객관적으로 확인할 수 있는 대통령령으로 정하는 방법에 따라 제공하여야 한다. <개정 2007.8.3, 2013.8.13> ② 가맹본부는 제1항에 따라 정보공개서를 제공할 경우에는 가맹희망자의 장래 점포 예정지에서 가장 인접한 가맹점 10개(정보공개서 제공시점에 가맹희망자의 장래 점포 예정지가 속한 광역지방자치단체에서 영업 중인 가맹점의 수가 10개 미만인 경우에는 해당 광역지방자치단체 내의 가맹점 전체)의 상호, 소재지 및 전화번호가 적힌 문서(이하 "인근가맹점 현황문서"라 한다)를 함께 제공하여야 한다. 다만, 정보공개서를 제공할 때 장래 점포 예정지가 확정되지 아니한 경우에는 확정되는 즉시 제공하여야 한다. <신설 2013.8.13> ③ 가맹본부는 등록된 정보공개서 및 인근가맹점 현황문서(이하 "정보공개서등"이라 한다)를 제1항의 방법에 따라 제공하지 아니하였거나 정보공개서등을 제공한 날부터	**제6조(정보공개서의 제공 등)** ① 가맹본부(가맹지역본부 또는 가맹중개인이 가맹점사업자를 모집하는 경우를 포함한다. 이하 같다)는 법 제7조 제1항에 따라 가맹희망자에게 정보공개서를 제공할 경우에는 다음 각 호의 어느 하나에 해당하는 방법에 따라야 한다. 다만, 제3호 및 제4호의 경우에는 문서의 형태로 인쇄 또는 출력이 가능하도록 하는 조치를 취하여야 한다. <개정 2008.1.31, 2014.2.11, 2015.1.6> 1. 가맹희망자에게 정보공개서를 직접 전달하는 방법. 이 경우 다음 각 목의 모든 사항을 적은 서면을 작성(가목부터 다목까지의 사항은 가맹희망자가 자필로 작성하는 것을 말한다)하여 가맹희망자에게 주어야 한다. 가. 정보공개서를 제공받았다는 사실, 제공받은 일시 및 장소 나. 가맹희망자의 성명·주소 및 전화번호 다. 가맹희망자의 서명 또는 기명날인 라. 가맹본부의 서명 또는 기명날인 2. 가맹희망자에게 정보공개서의 제공시점을 확인할 수 있는 내용증명우편으로 제공하는 방법 3. 정보통신망을 이용하여 정보공개서의 내용을 게시한 후 게시사실을 가맹희망자

가맹사업거래의 공정화에 관한 법률 [법률 제14135호, 2016.3.29., 일부개정]	가맹사업거래의 공정화에 관한 법률 시행령 [대통령령 제27528호, 2016.9.29., 일부개정]
14일(가맹희망자가 정보공개서에 대하여 변호사 또는 제27조에 따른 가맹거래사의 자문을 받은 경우에는 7일로 한다)이 지나지 아니한 경우에는 다음 각 호의 어느 하나에 해당하는 행위를 하여서는 아니 된다. <신설 2007.8.3, 2013.8.13> 1. 가맹희망자로부터 가맹금을 수령하는 행위. 이 경우 가맹희망자가 예치기관에 예치가맹금을 예치하는 때에는 최초로 예치한 날(가맹본부가 가맹희망자와 최초로 가맹금을 예치하기로 합의한 때에는 그 날)에 가맹금을 수령한 것으로 본다. 2. 가맹희망자와 가맹계약을 체결하는 행위 ④ 공정거래위원회는 대통령령이 정하는 바에 따라 정보공개서의 표준양식을 정하여 가맹본부 또는 가맹본부로 구성된 사업자단체에게 그 사용을 권장할 수 있다. <개정 2007.8.3, 2013.8.13> [제목개정 2007.8.3]	에게 알리는 방법. 이 경우 가맹본부는 특정 가맹희망자가 정보공개서의 내용을 읽어 본 시간을 그 가맹희망자 및 가맹본부가 확인할 수 있는 시스템을 마련하여야 한다. 4. 가맹희망자의 전자우편 주소로 정보공개서의 내용이 포함된 전자적 파일을 보내는 방법. 이 경우 가맹본부는 전자우편의 발송시간과 수신시간의 확인이 가능한 방법으로 하여야 한다. ② 가맹본부는 제1항의 규정에 불구하고 가맹희망자의 편의를 위하여 필요하다고 인정하는 때에는 정보공개사항의 일부에 관하여 별도의 문서(이하 "설명서"라 한다)를 작성하여 이를 제공할 수 있다. 이 경우 설명서에 수록되는 정보공개사항의 목차는 정보공개서에 수록하여야 한다. ③ 가맹본부는 정보공개서를 제공한 후 가맹계약 체결 전에 중요사항이 변경된 경우에는 변경된 내용을 제1항 각 호의 어느 하나에 해당하는 방법으로 가맹희망자에게 지체 없이 알려야 한다. <개정 2008.1.31> ④ 삭제 <2014.2.11> ⑤ 삭제 <2014.2.11> **제7조(정보공개서의 표준양식)** 공정거래위원회는 법 제7조 제4항에 따라 각 업종별·업태별 또는 용도별로 정보공개서의 표준양식을 정하여 고시할 수 있다. <개정 2010.10.13, 2014.2.11>
제8조 삭제 <2007.8.3>	
제9조(허위·과장된 정보제공 등의 금지) ① 가맹본부는 가맹희망자나 가맹점사업자에게 정보를 제공함에 있어서 다음 각 호의 행위를 하여서는 아니 된다. <개정 2013.8.13> 1. 사실과 다르게 정보를 제공하거나 사실을 부풀려 정보를 제공하는 행위(이하	**제8조(허위·과장의 정보제공행위 등의 유형)** ① 법 제9조 제1항 제1호에 따른 허위·과장의 정보제공행위의 유형은 다음 각 호와 같다. 1. 객관적인 근거 없이 가맹희망자의 예상수익상황을 과장하여 제공하거나 사실과

가맹사업거래의 공정화에 관한 법률 [법률 제14135호, 2016.3.29., 일부개정]	가맹사업거래의 공정화에 관한 법률 시행령 [대통령령 제27528호, 2016.9.29., 일부개정]
"허위·과장의 정보제공행위"라 한다) 2. 계약의 체결·유지에 중대한 영향을 미치는 사실을 은폐하거나 축소하는 방법으로 정보를 제공하는 행위(이하 "기만적인 정보제공행위" 라 한다) ② 제1항 각 호의 행위의 유형은 대통령령으로 정한다. <신설 2013.8.13> ③ 가맹본부는 가맹희망자나 가맹점사업자에게 다음 각 호의 어느 하나에 해당하는 정보를 제공하는 경우에는 서면으로 하여야 한다. <개정 2007.8.3, 2013.8.13> 1. 가맹희망자의 예상매출액·수익·매출총이익·순이익 등 장래의 예상수익상황에 관한 정보 2. 가맹점사업자의 매출액·수익·매출총이익·순이익 등 과거의 수익상황이나 장래의 예상수익상황에 관한 정보 ④ 가맹본부는 제3항에 따라 정보를 제공하는 경우에는 그 정보의 산출근거가 되는 자료로서 대통령령으로 정하는 자료를 가맹본부의 사무소에 비치하여야 하며, 영업시간 중에 언제든지 가맹희망자나 가맹점사업자의 요구가 있는 경우 그 자료를 열람할 수 있도록 하여야 한다. <개정 2007.8.3, 2013.8.13> ⑤ 제3항에도 불구하고 다음 각 호의 어느 하나에 해당하는 가맹본부는 가맹계약을 체결할 때 가맹희망자에게 대통령령으로 정하는 예상매출액의 범위 및 그 산출 근거를 서면(이하 "예상매출액 산정서" 라 한다)으로 제공하여야 한다. <신설 2013.8.13> 1. 중소기업자(「중소기업기본법」 제2조제1항 또는 제3항에 따른 자를 말한다)가 아닌 가맹본부 2. 직전 사업연도 말 기준으로 가맹본부와 계약을 체결·유지하고 있는 가맹점사업	다르게 가맹본부가 최저수익 등을 보장하는 것처럼 정보를 제공하는 행위 2. 가맹희망자의 점포 예정지 상권의 분석 등과 관련하여 사실 여부가 확인되지 아니한 정보를 제공하는 행위 3. 가맹본부가 취득하지 아니한 지식재산권을 취득한 것처럼 정보를 제공하는 행위 4. 제1호부터 제3호까지의 규정에 따른 행위에 준하여 사실과 다르게 또는 사실을 부풀려 정보를 제공하는 행위로서 공정거래위원회가 정하여 고시하는 행위 ② 법 제9조 제1항 제2호에 따른 기만적인 정보제공행위의 유형은 다음 각 호와 같다. 1. 중요사항을 적지 아니한 정보공개서를 가맹희망자에게 제공하는 행위 2. 가맹본부가 가맹점사업자에게 지원하는 금전, 상품 또는 용역 등이 일정 요건이 충족되는 경우에만 지원됨에도 불구하고 해당 요건을 제시하지 아니하면서 모든 경우에 지원되는 것처럼 정보를 제공하는 행위 3. 제1호 또는 제2호에 따른 행위에 준하여 계약의 체결·유지에 중대한 영향을 미치는 사실을 은폐하거나 축소하는 방법으로 정보를 제공하는 행위로서 공정거래위원회가 정하여 고시하는 행위 [본조신설 2014.2.11] **제9조(예상수익상황에 대한 정보제공 등)** ① 법 제9조 제4항에서 "대통령령으로 정하는 자료"란 다음 각 호의 자료를 말한다. <개정 2008.1.31, 2010.10.13, 2014.2.11> 1. 현재수익 또는 예상수익의 산출에 사용된 사실적인 근거와 예측에 관한 자료 2. 현재수익 또는 예상수익의 산출근거가 되는 가맹사업의 점포(직영점과 가맹점을 포함한다. 이하 같다)의 수와 그 비율

가맹사업거래의 공정화에 관한 법률 [법률 제14135호, 2016.3.29., 일부개정]	가맹사업거래의 공정화에 관한 법률 시행령 [대통령령 제27528호, 2016.9.29., 일부개정]
자(가맹본부가 복수의 영업표지를 보유하고 있는 경우에는 동일 영업표지를 사용하는 가맹점사업자에 한정한다)의 수가 대통령령으로 정하는 수 이상인 가맹본부 ⑥ 가맹본부는 예상매출액 산정서를 가맹계약 체결일부터 5년 간 보관하여야 한다. <신설 2013.8.13> ⑦ 공정거래위원회는 예상매출액 산정서의 표준양식을 정하여 사용을 권장할 수 있다. <신설 2013.8.13>	3. 최근의 일정기간 동안에 가맹본부나 가맹중개인이 표시 또는 설명하는 현재수익 또는 예상수익과 같은 수준의 수익을 올리는 가맹점사업자의 수와 그 비율(이 경우 최근의 일정기간에 대하여 시작하는 날짜와 끝나는 날짜를 표시하여야 한다) ② 공정거래위원회는 제1항의 규정에 의한 자료에 대하여 업종별·업태별 또는 용도별로 세부적인 사항을 정하여 고시할 수 있다. ③ 법 제9조 제5항 각 호 외의 부분에서 "대통령령으로 정하는 예상매출액의 범위"란 가맹희망자의 점포 예정지에서 영업개시일부터 1년 간 발생할 것으로 예상되는 매출액의 최저액과 최고액으로 획정된 범위를 말한다. 이 경우 그 매출액의 최고액은 그 매출액의 최저액의 1.7배를 초과해서는 아니 된다. <신설 2014.2.11> ④ 제3항에도 불구하고 가맹희망자의 점포 예정지가 속한 해당 특별시·광역시·특별자치시·도·특별자치도에 해당 가맹본부의 가맹점(직전 사업연도의 영업기간이 6개월 이상인 가맹점으로 한정한다. 이하 이 항에서 같다)이 5개 이상 있는 경우에는 그 점포 예정지에서 가장 인접한 가맹점 5개 중 별표 1의3에 따른 직전 사업연도 매출환산액이 가장 작은 가맹점과 가장 큰 가맹점을 제외한 나머지 3개 가맹점의 같은 표에 따른 직전 사업연도 매출환산액 중 최저액과 최고액으로 획정된 범위로 제3항에 따른 범위를 갈음할 수 있다. <신설 2014.2.11> ⑤ 법 제9조 제5항 제2호에서 "대통령령으로 정하는 수"란 100개를 말한다. <신설 2014.2.11> [제목개정 2014.2.11]
제10조(가맹금의 반환) ①가맹본부는 다음 각 호의 어느 하나에 해당하는 경우에는 가맹	**제10조(가맹금 반환의 요구)** 법 제10조 제1항에 따라 가맹금의 반환을 요구하고자 하는

가맹사업거래의 공정화에 관한 법률 [법률 제14135호, 2016.3.29., 일부개정]	가맹사업거래의 공정화에 관한 법률 시행령 [대통령령 제27528호, 2016.9.29., 일부개정]
희망자나 가맹점사업자가 대통령령으로 정하는 사항이 적힌 서면으로 요구하는 날부터 1개월 이내에 가맹금을 반환하여야 한다. <개정 2007.8.3, 2013.8.13> 1. 가맹본부가 제7조 제3항을 위반한 경우로서 가맹희망자 또는 가맹점사업자가 가맹계약 체결 전 또는 가맹계약의 체결일부터 4개월 이내에 가맹금의 반환을 요구하는 경우 2. 가맹본부가 제9조 제1항을 위반한 경우로서 가맹희망자가 가맹계약 체결 전에 가맹금의 반환을 요구하는 경우 3. 가맹본부가 제9조 제1항을 위반한 경우로서 허위 또는 과장된 정보나 중요사항의 누락된 내용이 계약 체결에 중대한 영향을 준 것으로 인정되어 가맹점사업자가 가맹계약의 체결일부터 4개월 이내에 가맹금의 반환을 요구하는 경우 4. 가맹본부가 정당한 사유 없이 가맹사업을 일방적으로 중단하고 가맹점사업자가 대통령령으로 정하는 가맹사업의 중단일부터 4개월 이내에 가맹금의 반환을 요구하는 경우 ② 제1항의 규정에 의하여 반환하는 가맹금의 금액을 정함에 있어서는 가맹계약의 체결경위, 금전이나 그 밖에 지급된 대가의 성격, 가맹계약기간, 계약이행기간, 가맹사업당사자의 귀책정도 등을 고려하여야 한다. <개정 2007.8.3>	가맹점사업자 또는 가맹희망자는 다음 각 호의 사항이 기재된 서면으로 요구하여야 한다. <개정 2008.1.31> 1. 가맹금의 반환을 요구하는 가맹점사업자 또는 가맹희망자의 주소·성명 2. 가맹본부가 허위 또는 과장된 정보를 제공하거나 중요사항을 누락한 사실 3. 가맹본부가 허위 또는 과장된 정보를 제공하거나 중요사항을 누락하여 계약체결에 중대한 영향을 준 것으로 인정되는 사실 4. 가맹본부가 정당한 이유없이 가맹사업을 일방적으로 중단한 사실과 그 일자 5. 반환대상이 되는 가맹금의 금액 6. 가맹본부가 정보공개서를 제공하지 아니한 사실 또는 정보공개서를 제공한 날부터 14일(가맹희망자가 정보공개서에 대하여 변호사 또는 법 제27조에 따른 가맹거래사의 자문을 받은 경우에는 7일)이 지나지 아니한 상태에서 가맹희망자로부터 가맹금을 수령하거나 가맹희망자와 가맹계약을 체결한 사실과 그 날짜 **제11조(가맹사업의 중단일)** 법 제10조 제1항 제4호에서 "대통령령으로 정하는 가맹사업의 중단일"이란 다음 각 호의 어느 하나에 해당하는 날을 말한다. <개정 2008.1.31> 1. 가맹본부가 가맹점사업자에게 가맹사업의 중단일을 통지하는 경우에는 그 통지가 가맹점사업자에게 도달된 날 2. 가맹본부가 가맹점사업자에게 미리 통지함이 없이 가맹사업을 영위하는데 중대한 영향을 미치는 부동산·용역·설비·상품 등의 거래를 10일 이상 중단하고 가맹점사업자가 서면으로 거래재개일을 정하여 거래재개를 요청하였음에도 불구하고 가맹본부가 이에 응하지 아니한 경

<table>
<tr><th>가맹사업거래의 공정화에 관한 법률
[법률 제14135호, 2016.3.29., 일부개정]</th><th>가맹사업거래의 공정화에 관한 법률 시행령
[대통령령 제27528호, 2016.9.29., 일부개정]</th></tr>
<tr><td></td><td>우에는 위 서면으로 정한 거래재개일</td></tr>
<tr><td>제11조(가맹계약서의 기재사항 등) ①가맹본부는 가맹희망자가 가맹계약의 내용을 미리 이해할 수 있도록 제2항 각 호의 사항이 적힌 문서를 다음 각 호의 날 중 빠른 날 전에 가맹희망자에게 제공하여야 한다. <개정 2007.8.3>
1. 가맹계약의 체결일
2. 가맹금의 최초 수령일(가맹희망자가 예치기관에 예치가맹금을 예치하는 경우에는 최초로 예치한 날로 한다. 다만, 가맹희망자가 최초로 가맹금을 예치하기로 가맹본부와 합의한 날이 있는 경우에는 그 날로 한다)
② 가맹계약서는 다음 각 호의 사항을 포함하여야 한다. <개정 2007.8.3>
1. 영업표지의 사용권 부여에 관한 사항
2. 가맹점사업자의 영업활동 조건에 관한 사항
3. 가맹점사업자에 대한 교육·훈련, 경영지도에 관한 사항
4. 가맹금 등의 지급에 관한 사항
5. 영업지역의 설정에 관한 사항
6. 계약기간에 관한 사항
7. 영업의 양도에 관한 사항
8. 계약해지의 사유에 관한 사항
9. 가맹희망자 또는 가맹점사업자가 가맹계약을 체결한 날부터 2개월(가맹점사업자가 2개월 이전에 가맹사업을 개시하는 경우에는 가맹사업개시일)까지의 기간 동안 예치가맹금을 예치기관에 예치하여야 한다는 사항. 다만, 가맹본부가 제15조의2에 따른 가맹점사업자피해보상보험계약 등을 체결한 경우에는 그에 관한 사항으로 한다.</td><td>제12조(가맹사업당사자의 권리·의무에 관한 사항) 법 제11조 제2항 제11호에서 "대통령령이 정하는 사항"이란 다음 각 호의 어느 하나에 해당하는 사항을 말한다. <개정 2003.6.13, 2010.10.13>
1. 가맹금 등 금전의 반환조건에 관한 사항
2. 가맹점사업자의 영업설비·집기 등의 설치와 유지·보수 및 그 비용의 부담에 관한 사항
3. 가맹계약의 종료 및 해지에 따른 조치 사항
4. 가맹본부가 가맹계약의 갱신을 거절할 수 있는 정당한 사유에 관한 사항
5. 가맹본부의 영업비밀에 관한 사항
6. 가맹계약 위반으로 인한 손해배상에 관한 사항
7. 가맹본부와 가맹점사업자 사이의 분쟁 해결 절차에 관한 사항
8. 가맹본부가 다른 사업자에게 가맹사업을 양도하는 경우에는 종전 가맹점사업자와의 계약에 관한 사항
9. 가맹본부의 지식재산권 유효기간 만료시 조치에 관한 사항</td></tr>
</table>

가맹사업거래의 공정화에 관한 법률 [법률 제14135호, 2016.3.29., 일부개정]	가맹사업거래의 공정화에 관한 법률 시행령 [대통령령 제27528호, 2016.9.29., 일부개정]
10. 가맹희망자가 정보공개서에 대하여 변호사 또는 제27조에 따른 가맹거래사의 자문을 받은 경우 이에 관한 사항 11. 그 밖에 가맹사업당사자의 권리·의무에 관한 사항으로서 대통령령이 정하는 사항 ③ 가맹본부는 가맹계약서를 가맹사업의 거래가 종료된 날부터 3년 간 보관하여야 한다. ④ 공정거래위원회는 가맹본부에게 건전한 가맹사업거래질서를 확립하고 불공정한 내용의 가맹계약이 통용되는 것을 방지하기 위하여 일정한 가맹사업거래에서 표준이 되는 가맹계약서의 작성 및 사용을 권장할 수 있다. [제목개정 2007.8.3]	
제12조(불공정거래행위의 금지) ①가맹본부는 다음 각 호의 어느 하나에 해당하는 행위로서 가맹사업의 공정한 거래를 저해할 우려가 있는 행위를 하거나 다른 사업자로 하여금 이를 행하도록 하여서는 아니된다. <개정 2007.8.3, 2013.8.13, 2016.3.29> 1. 가맹점사업자에 대하여 상품이나 용역의 공급 또는 영업의 지원 등을 부당하게 중단 또는 거절하거나 그 내용을 현저히 제한하는 행위 2. 가맹점사업자가 취급하는 상품 또는 용역의 가격, 거래상대방, 거래지역이나 가맹점사업자의 사업활동을 부당하게 구속하거나 제한하는 행위 3. 거래상의 지위를 이용하여 부당하게 가맹점사업자에게 불이익을 주는 행위 4. 삭제 <2013.8.13> 5. 계약의 목적과 내용, 발생할 손해 등 대통령령으로 정하는 기준에 비하여 과중한 위약금을 부과하는 등 가맹점사업자	**제12조의2(위약금의 부당성 판단기준)** 법 제12조 제1항 제5호에서 "계약의 목적과 내용, 발생할 손해 등 대통령령으로 정하는 기준"이란 다음 각 호의 기준을 말한다. 1. 계약의 목적과 내용 2. 발생할 손해액의 크기 3. 당사자 간 귀책사유 유무 및 정도 4. 해당 업종의 정상적인 거래관행 [본조신설 2014.2.11] **제13조(불공정거래행위의 유형 또는 기준)** ① 법 제12조 제2항의 규정에 의한 불공정거래행위의 유형 또는 기준은 별표 2와 같다. ② 공정거래위원회는 필요하다고 인정하는 경우에 별표 2의 유형 또는 기준의 범위내에서 특정업종 또는 특정행위에 적용되는 세부적인 불공정거래행위의 유형 또는 기준을 정하여 고시할 수 있다.

가맹사업거래의 공정화에 관한 법률 [법률 제14135호, 2016.3.29., 일부개정]	가맹사업거래의 공정화에 관한 법률 시행령 [대통령령 제27528호, 2016.9.29., 일부개정]
에게 부당하게 손해배상 의무를 부담시키는 행위 6. 제1호부터 제3호까지 및 제5호 외의 행위로서 부당하게 경쟁가맹본부의 가맹점사업자를 자기와 거래하도록 유인하는 행위 등 가맹사업의 공정한 거래를 저해할 우려가 있는 행위 ② 제1항 각호의 규정에 의한 행위의 유형 또는 기준은 대통령령으로 정한다.	
제12조의2(부당한 점포환경개선 강요 금지 등) ① 가맹본부는 대통령령으로 정하는 정당한 사유 없이 점포환경개선을 강요하여서는 아니 된다. ② 가맹본부는 가맹점사업자의 점포환경개선에 소요되는 비용으로서 대통령령으로 정하는 비용의 100분의 40 이내의 범위에서 대통령령으로 정하는 비율에 해당하는 금액을 부담하여야 한다. 다만, 다음 각 호의 어느 하나에 해당하는 경우에는 그러하지 아니하다. 1. 가맹본부의 권유 또는 요구가 없음에도 가맹점사업자의 자발적 의사에 의하여 점포환경개선을 실시하는 경우 2. 가맹점사업자의 귀책사유로 인하여 위생·안전 및 이와 유사한 문제가 발생하여 불가피하게 점포환경개선을 하는 경우 ③ 제2항에 따라 가맹본부가 부담할 비용의 산정, 청구 및 지급절차, 그 밖에 필요한 사항은 대통령령으로 정한다. [본조신설 2013.8.13]	**제13조의2(점포환경개선 비용부담의 범위 및 절차 등)** ① 법 제12조의2 제1항에서 "대통령령으로 정하는 정당한 사유"란 다음 각 호의 어느 하나에 해당하는 경우를 말한다. 1. 점포의 시설, 장비, 인테리어 등의 노후화가 객관적으로 인정되는 경우 2. 위생 또는 안전의 결함이나 이에 준하는 사유로 인하여 가맹사업의 통일성을 유지하기 어렵거나 정상적인 영업에 현저한 지장을 주는 경우 ② 법 제12조의2 제2항 각 호 외의 부분 본문에서 "대통령령으로 정하는 비용"이란 다음 각 호의 비용을 말한다. 1. 간판 교체비용 2. 인테리어 공사비용(장비·집기의 교체비용을 제외한 실내건축공사에 소요되는 일체의 비용을 말한다). 다만, 가맹사업의 통일성과 관계 없이 가맹점사업자가 추가 공사를 함에 따라 드는 비용은 제외한다. ③ 법 제12조의2 제2항 각 호 외의 부분 본문에서 "대통령령으로 정하는 비율"이란 다음 각 호의 구분에 따른 비율을 말한다. 1. 점포의 확장 또는 이전을 수반하지 아니하는 점포환경개선의 경우: 100분의 20 2. 점포의 확장 또는 이전을 수반하는 점포환경개선의 경우: 100분의 40

가맹사업거래의 공정화에 관한 법률 [법률 제14135호, 2016.3.29., 일부개정]	가맹사업거래의 공정화에 관한 법률 시행령 [대통령령 제27528호, 2016.9.29., 일부개정]
	④ 가맹점사업자는 법 제12조의2 제2항 각 호 외의 부분 본문에 따른 금액(이하 "가맹본부부담액"이라 한다)의 지급을 청구하려면 가맹본부에 공사계약서 등 공사비용을 증명할 수 있는 서류를 제출하여야 한다. ⑤ 가맹본부는 제4항에 따른 지급청구일부터 90일 이내에 가맹본부부담액을 가맹점사업자에게 지급하여야 한다. 다만, 가맹본부와 가맹점사업자 간에 별도의 합의가 있는 경우에는 1년의 범위에서 가맹본부부담액을 분할하여 지급할 수 있다. ⑥ 가맹본부는 점포환경개선이 끝난 날부터 3년 이내에 가맹본부의 책임 없는 사유로 계약이 종료(계약의 해지 또는 영업양도를 포함한다)되는 경우에는 가맹본부부담액 중 나머지 기간에 비례하는 부담액은 지급하지 아니하거나 이미 지급한 경우에는 환수할 수 있다. [본조신설 2014.2.11]
제12조의3(부당한 영업시간 구속 금지) ① 가맹본부는 정상적인 거래관행에 비추어 부당하게 가맹점사업자의 영업시간을 구속하는 행위(이하 "부당한 영업시간 구속" 이라 한다)를 하여서는 아니 된다. ② 다음 각 호의 어느 하나에 해당하는 가맹본부의 행위는 부당한 영업시간 구속으로 본다. 1. 가맹점사업자의 점포가 위치한 상권의 특성 등의 사유로 대통령령으로 정하는 심야 영업시간대의 매출이 그 영업에 소요되는 비용에 비하여 저조하여 대통령령으로 정하는 일정한 기간 동안 영업손실이 발생함에 따라 가맹점사업자가 영업시간 단축을 요구함에도 이를 허용하지 아니하는 행위 2. 가맹점사업자가 질병의 발병과 치료 등	**제13조의3(부당한 영업시간 구속 금지의 판단기준)** ① 법 제12조의3 제2항 제1호에서 "대통령령으로 정하는 심야 영업시간대"란 오전 1시부터 오전 6시까지를 말한다. ② 법 제12조의3 제2항 제1호에서 "대통령령으로 정하는 일정한 기간"이란 가맹점사업자가 영업시간 단축을 요구한 날이 속한 달의 직전 6개월을 말한다. [본조신설 2014.2.11]

가맹사업거래의 공정화에 관한 법률 [법률 제14135호, 2016.3.29., 일부개정]	가맹사업거래의 공정화에 관한 법률 시행령 [대통령령 제27528호, 2016.9.29., 일부개정]
불가피한 사유로 인하여 필요 최소한의 범위에서 영업시간의 단축을 요구함에도 이를 허용하지 아니하는 행위 [본조신설 2013.8.13]	
제12조의4(부당한 영업지역 침해금지) ① 가맹본부는 가맹계약 체결 시 가맹점사업자의 영업지역을 설정하여 가맹계약서에 이를 기재하여야 한다. ② 상권의 급격한 변화 등 대통령령으로 정하는 사유가 발생하는 경우에는 가맹계약 갱신과정에서 가맹본부와 가맹점사업자가 합의하여 기존 영업지역을 합리적으로 변경할 수 있다. <개정 2016.3.29> ③ 가맹본부는 정당한 사유 없이 가맹계약기간 중 가맹점사업자의 영업지역 안에서 가맹점사업자와 동일한 업종(수요층의 지역적·인적 범위, 취급품목, 영업형태 및 방식 등에 비추어 동일하다고 인식될 수 있을 정도의 업종을 말한다)의 자기 또는 계열회사(「독점규제 및 공정거래에 관한 법률」 제2조 제3호에 따른 계열회사를 말한다)의 직영점이나 가맹점을 설치하는 행위를 하여서는 아니 된다. [본조신설 2013.8.13]	**제13조의4(영업지역 변경사유)** 법 제12조의4 제2항에서 "상권의 급격한 변화 등 대통령령으로 정하는 사유가 발생하는 경우"란 다음 각 호의 어느 하나에 해당하는 경우를 말한다. 1. 재건축, 재개발 또는 신도시 건설 등으로 인하여 상권의 급격한 변화가 발생하는 경우 2. 해당 상권의 거주인구 또는 유동인구가 현저히 변동되는 경우 3. 소비자의 기호변화 등으로 인하여 해당 상품·용역에 대한 수요가 현저히 변동되는 경우 4. 제1호부터 제3호까지의 규정에 준하는 경우로서 기존 영업지역을 그대로 유지하는 것이 현저히 불합리하다고 인정되는 경우 [본조신설 2014.2.11]
제12조의5(업종별 거래기준 권고) 공정거래위원회는 가맹사업거래의 공정한 거래질서 확립을 위하여 필요한 경우 업종별로 바람직한 거래기준을 정하여 가맹본부에 이의 준수를 권고할 수 있다. [본조신설 2013.8.13]	
제12조의6(광고·판촉행사 관련 집행 내역 통보 등) ① 가맹본부는 가맹점사업자가 비용의 전부 또는 일부를 부담하는 광고나 판촉행사를 실시한 경우 그 집행 내역을 가맹점사업자에게 통보하고 가맹점사업자의	**제13조의5(광고·판촉행사 관련 집행 내역 통보 절차 등)** ① 가맹본부는 법 제12조의6 제1항에 따라 매 사업연도 종료 후 3개월 이내에 가맹점사업자에게 다음 각 호의 사항을 통보하여야 한다.

가맹사업거래의 공정화에 관한 법률 [법률 제14135호, 2016.3.29., 일부개정]	가맹사업거래의 공정화에 관한 법률 시행령 [대통령령 제27528호, 2016.9.29., 일부개정]
요구가 있는 경우 이를 열람할 수 있도록 하여야 한다. ② 제1항에 따른 집행 내역 통보 또는 열람의 구체적인 시기·방법·절차는 대통령령으로 정한다. [본조신설 2016.3.29]	1. 해당 사업연도에 실시한 광고나 판촉행사(해당 사업연도에 일부라도 비용이 집행된 경우를 포함한다. 이하 같다)별 명칭, 내용 및 실시기간 2. 해당 사업연도에 광고나 판촉행사를 위하여 전체 가맹점사업자로부터 지급받은 금액 3. 해당 사업연도에 실시한 광고나 판촉행사별로 집행한 비용 및 가맹점사업자가 부담한 총액 ② 가맹본부가 가맹점사업자에게 제1항에 따른 통보를 하는 경우에는 제6조 제1항 각 호의 어느 하나에 해당하는 방법을 준용한다. 다만, 제6조 제1항 제3호 후단은 준용하지 아니한다. ③ 가맹본부는 법 제12조의6 제1항에 따라 가맹점사업자가 집행 내역의 열람을 요구하는 경우 열람의 일시 및 장소를 정하여 해당 자료를 열람할 수 있도록 하여야 한다. [본조신설 2016.9.29]
제13조(가맹계약의 갱신 등) ①가맹본부는 가맹점사업자가 가맹계약기간 만료 전 180일부터 90일까지 사이에 가맹계약의 갱신을 요구하는 경우 정당한 사유 없이 이를 거절하지 못한다. 다만, 다음 각 호의 어느 하나에 해당하는 경우에는 그러하지 아니하다. 1. 가맹점사업자가 가맹계약상의 가맹금 등의 지급의무를 지키지 아니한 경우 2. 다른 가맹점사업자에게 통상적으로 적용되는 계약조건이나 영업방침을 가맹점사업자가 수락하지 아니한 경우 3. 가맹사업의 유지를 위하여 필요하다고 인정되는 것으로서 다음 각 목의 어느 하나에 해당하는 가맹본부의 중요한 영업방침을 가맹점사업자가 지키지 아니	**제14조(가맹계약의 갱신거절사유 등)** ① 법 제13조 제1항 제3호 다목에서 "대통령령으로 정하는 사항"이란 다음 각 호의 어느 하나에 해당하는 사항을 말한다. 1. 가맹본부의 가맹사업 경영에 필수적인 지식재산권의 보호에 관한 사항 2. 가맹본부가 가맹점사업자에게 정기적으로 실시하는 교육·훈련의 준수에 관한 사항. 다만, 가맹점사업자가 부담하는 교육·훈련 비용이 같은 업종의 다른 가맹본부가 통상적으로 요구하는 비용보다 뚜렷하게 높은 경우는 제외한다. ② 법 제13조 제4항 단서에서 "대통령령으로 정하는 부득이한 사유"란 다음 각 호의 어느 하나에 해당하는 경우를 말한다. 1. 가맹본부나 가맹점사업자에게 파산 신청

가맹사업거래의 공정화에 관한 법률 [법률 제14135호, 2016.3.29., 일부개정]	가맹사업거래의 공정화에 관한 법률 시행령 [대통령령 제27528호, 2016.9.29., 일부개정]
한 경우 가. 가맹점의 운영에 필요한 점포·설비의 확보나 법령상 필요한 자격·면허·허가의 취득에 관한 사항 나. 판매하는 상품이나 용역의 품질을 유지하기 위하여 필요한 제조공법 또는 서비스기법의 준수에 관한 사항 다. 그 밖에 가맹점사업자가 가맹사업을 정상적으로 유지하기 위하여 필요하다고 인정되는 것으로서 대통령령으로 정하는 사항 ② 가맹점사업자의 계약갱신요구권은 최초 가맹계약기간을 포함한 전체 가맹계약기간이 10년을 초과하지 아니하는 범위 내에서만 행사할 수 있다. ③ 가맹본부가 제1항에 따른 갱신 요구를 거절하는 경우에는 그 요구를 받은 날부터 15일 이내에 가맹점사업자에게 거절 사유를 적어 서면으로 통지하여야 한다. ④ 가맹본부가 제3항의 거절 통지를 하지 아니하거나 가맹계약기간 만료 전 180일부터 90일까지 사이에 가맹점사업자에게 조건의 변경에 대한 통지나 가맹계약을 갱신하지 아니한다는 사실의 통지를 서면으로 하지 아니하는 경우에는 계약 만료 전의 가맹계약과 같은 조건으로 다시 가맹계약을 체결한 것으로 본다. 다만, 가맹점사업자가 계약이 만료되는 날부터 60일 전까지 이의를 제기하거나 가맹본부나 가맹점사업자에게 천재지변이나 그 밖에 대통령령으로 정하는 부득이한 사유가 있는 경우에는 그러하지 아니하다. [전문개정 2007.8.3]	이 있거나 강제집행절차 또는 회생절차가 개시된 경우 2. 가맹본부나 가맹점사업자가 발행한 어음·수표가 부도 등으로 지급거절된 경우 3. 가맹점사업자에게 중대한 일신상의 사유 등이 발생하여 더 이상 가맹사업을 경영할 수 없게 된 경우 [전문개정 2008.1.31]
제14조(가맹계약해지의 제한) ① 가맹본부는 가맹계약을 해지하려는 경우에는 가맹점사업자에게 2개월 이상의 유예기간을 두고	**제15조(가맹계약의 해지사유)** 법 제14조 제1항 단서에서 "대통령령이 정하는 경우"란 다음 각 호의 어느 하나에 해당하는 경우를

가맹사업거래의 공정화에 관한 법률 [법률 제14135호, 2016.3.29., 일부개정]	가맹사업거래의 공정화에 관한 법률 시행령 [대통령령 제27528호, 2016.9.29., 일부개정]
계약의 위반 사실을 구체적으로 밝히고 이를 시정하지 아니하면 그 계약을 해지한다는 사실을 서면으로 2회 이상 통지하여야 한다. 다만, 가맹사업의 거래를 지속하기 어려운 경우로서 대통령령이 정하는 경우에는 그러하지 아니하다. <개정 2007.8.3> ② 제1항의 규정에 의한 절차를 거치지 아니한 가맹계약의 해지는 그 효력이 없다.	말한다. <개정 2008.1.31, 2010.10.13, 2015.3.30> 1. 가맹점사업자에게 파산 신청이 있거나 강제집행절차 또는 회생절차가 개시된 경우 2. 가맹점사업자가 발행한 어음·수표가 부도 등으로 지불정지된 경우 3. 천재지변, 중대한 일신상의 사유 등으로 가맹점사업자가 더 이상 가맹사업을 경영할 수 없게 된 경우 4. 다음 각 목의 어느 하나에 해당하여 가맹사업에 중대한 장애를 초래한 경우 가. 가맹점사업자가 공연히 허위사실을 유포함으로써 가맹본부의 명성이나 신용을 뚜렷이 훼손한 경우 나. 가맹점사업자가 가맹점 운영과 관련되는 법령을 위반하여 다음의 어느 하나에 해당하는 행정처분을 받음으로써 가맹본부의 명성이나 신용을 뚜렷이 훼손한 경우 1) 그 위법사실을 시정하라는 내용의 행정처분 2) 그 위법사실을 처분사유로 하는 과징금·과태료 등 부과처분 3) 그 위법사실을 처분사유로 하는 영업정지 명령 다. 가맹점사업자가 가맹본부의 영업비밀 또는 중요정보를 유출한 경우 5. 가맹점사업자가 가맹점 운영과 관련되는 법령을 위반하여 이를 시정하라는 내용의 행정처분(과징금·과태료 등의 부과처분을 포함한다)을 통보받고도 행정청이 정한 시정기한(시정기한을 정하지 아니한 경우에는 통보받은 날부터 10일) 내에 시정하지 않는 경우 6. 가맹점사업자가 가맹점 운영과 관련되는

가맹사업거래의 공정화에 관한 법률 [법률 제14135호, 2016.3.29., 일부개정]	가맹사업거래의 공정화에 관한 법률 시행령 [대통령령 제27528호, 2016.9.29., 일부개정]
	법령을 위반하여 자격·면허·허가 취소 또는 영업정지 명령(15일 이내의 영업정지 명령을 받은 경우는 제외한다) 등 그 시정이 불가능한 성격의 행정처분을 받은 경우. 다만, 법령에 근거하여 행정처분을 갈음하는 과징금 등의 부과 처분을 받은 경우는 제외한다. 7. 가맹점사업자가 법 제14조 제1항 본문에 따른 가맹본부의 시정요구에 따라 위반사항을 시정한 날부터 1년(계약갱신이나 재계약된 경우에는 종전 계약기간에 속한 기간을 합산한다) 이내에 다시 같은 사항을 위반하는 경우. 다만, 가맹본부가 시정을 요구하는 서면에 다시 같은 사항을 1년 이내에 위반하는 경우에는 법 제14조 제1항의 절차를 거치지 아니하고 가맹계약이 해지될 수 있다는 사실을 누락한 경우는 제외한다. 8. 가맹점사업자가 가맹점 운영과 관련된 행위로 형사처벌을 받은 경우 9. 가맹점사업자가 공중의 건강이나 안전에 급박한 위해를 일으킬 염려가 있는 방법이나 형태로 가맹점을 운영하는 경우 10. 가맹점사업자가 정당한 사유 없이 연속하여 7일 이상 영업을 중단한 경우
제14조의2(가맹점사업자단체의 거래조건 변경 협의 등) ① 가맹점사업자는 권익보호 및 경제적 지위 향상을 도모하기 위하여 단체(이하 "가맹점사업자단체"라 한다)를 구성할 수 있다. ② 특정 가맹본부와 가맹계약을 체결·유지하고 있는 가맹점사업자(복수의 영업표지를 보유한 가맹본부와 계약 중인 가맹점사업자의 경우에는 동일한 영업표지를 사용하는 가맹점사업자로 한정한다)로만 구성된 가맹점사업자단체는 그 가맹본부에 대하여 가맹	

가맹사업거래의 공정화에 관한 법률 [법률 제14135호, 2016.3.29., 일부개정]	가맹사업거래의 공정화에 관한 법률 시행령 [대통령령 제27528호, 2016.9.29., 일부개정]
계약의 변경 등 거래조건(이하 이 조에서 "거래조건"이라 한다)에 대한 협의를 요청할 수 있다. ③ 제2항에 따른 협의를 요청받은 경우 가맹본부는 성실하게 협의에 응하여야 한다. 다만, 복수의 가맹점사업자단체가 협의를 요청할 경우 가맹본부는 다수의 가맹점사업자로 구성된 가맹점사업자단체와 우선적으로 협의한다. ④ 제2항에 따른 협의와 관련하여 가맹점사업자단체는 가맹사업의 통일성이나 본질적 사항에 반하는 거래조건을 요구하는 행위, 가맹본부의 경영 등에 부당하게 간섭하는 행위 또는 부당하게 경쟁을 제한하는 행위를 하여서는 아니 된다. ⑤ 가맹본부는 가맹점사업자단체의 구성·가입·활동 등을 이유로 가맹점사업자에게 불이익을 주는 행위를 하거나 가맹점사업자단체에 가입 또는 가입하지 아니할 것을 조건으로 가맹계약을 체결하여서는 아니 된다. [본조신설 2013.8.13]	
제15조(자율규약) ① 가맹본부 또는 가맹본부를 구성원으로 하는 사업자단체는 가맹사업의 공정한 거래질서를 유지하기 위하여 자율적으로 규약을 정할 수 있다. ② 가맹본부 또는 가맹본부를 구성원으로 하는 사업자단체는 제1항의 규정에 의하여 자율규약을 정하고자 하는 경우 그 규약이 제12조제1항의 규정에 위반하는 지에 대한 심사를 공정거래위원회에 요청할 수 있다. ③ 공정거래위원회는 제2항의 규정에 의하여 자율규약의 심사를 요청받은 때에는 그 요청을 받은 날부터 60일 이내에 심사결과를 신청인에게 통보하여야 한다.	**제16조(자율규약의 심사요청)** 가맹본부 또는 가맹본부를 구성원으로 하는 사업자단체는 법 제15조 제2항의 규정에 의하여 자율규약의 심사를 요청하고자 하는 때에는 공정거래위원회에 다음 각호의 사항을 기재한 서면과 심사요청의 대상이 되는 자율규약의 사본을 제출하여야 한다. 1. 심사요청인의 주소와 성명 2. 자율규약의 제정배경 3. 자율규약의 주요골자와 그 취지
제15조의2(가맹점사업자피해보상보험계약 등) ① 가맹본부는 가맹점사업자의 피해를 보	**제16조의2(가맹점사업자피해보상보험계약 등)** ① 법 제15조의2 제1항에 따라 가맹본부가

가맹사업거래의 공정화에 관한 법률 [법률 제14135호, 2016.3.29., 일부개정]	가맹사업거래의 공정화에 관한 법률 시행령 [대통령령 제27528호, 2016.9.29., 일부개정]
상하기 위하여 다음 각 호의 어느 하나에 해당하는 계약(이하 "가맹점사업자피해보상보험계약 등" 이라 한다)을 체결할 수 있다. <개정 2012.2.17> 1. 「보험업법」에 따른 보험계약 2. 가맹점사업자 피해보상금의 지급을 확보하기 위한 「금융위원회의 설치 등에 관한 법률」 제38조에 따른 기관의 채무지급보증계약 3. 제15조의3에 따라 설립된 공제조합과의 공제계약 ② 가맹점사업자피해보상보험계약 등에 의하여 가맹점사업자 피해보상금을 지급할 의무가 있는 자는 그 지급사유가 발생한 경우 지체 없이 이를 지급하여야 한다. 이를 지연한 경우에는 지연배상금을 지급하여야 한다. ③ 가맹점사업자피해보상보험계약 등을 체결하고자 하는 가맹본부는 가맹점사업자피해보상보험계약 등을 체결하기 위하여 매출액 등의 자료를 제출함에 있어서 거짓 자료를 제출하여서는 아니 된다. ④ 가맹본부는 가맹점사업자피해보상보험계약 등을 체결함에 있어서 가맹점사업자의 피해보상에 적절한 수준이 되도록 하여야 한다. ⑤ 가맹점사업자피해보상보험계약 등을 체결한 가맹본부는 그 사실을 나타내는 표지를 사용할 수 있다. ⑥ 가맹점사업자피해보상보험계약 등을 체결하지 아니한 가맹본부는 제5항에 따른 표지를 사용하거나 이와 유사한 표지를 제작 또는 사용하여서는 아니 된다. ⑦ 그 밖에 가맹점사업자피해보상보험계약 등에 대하여 필요한 사항은 대통령령으로 정한다. [본조신설 2007.8.3]	체결하는 가맹점사업자피해보상보험계약 등(이하 "피해보상보험계약 등"이라 한다)은 다음 각 호의 사항을 충족하여야 한다. 1. 가맹본부의 가맹금반환의무의 불이행 등으로 인한 가맹점사업자의 피해를 보상하는 내용일 것 2. 피보험자·채권자 또는 수익자는 해당 가맹본부와 가맹계약을 체결하거나 체결할 예정인 가맹점사업자 또는 가맹점사업자가 지정한 자로 할 것 3. 계약금액은 예치가맹금 이상으로 할 것 4. 정당한 사유 없이 가맹점사업자의 의사표시 방법을 제한하거나 가맹점사업자에게 지나친 입증책임을 지우지 아니할 것 5. 정당한 사유 없이 피해보상의 범위나 보험자·보증인·공제조합 또는 가맹본부의 책임을 한정하지 아니할 것 6. 계약기간은 2개월 이상으로 하고, 정당한 사유 없이 쉽게 계약을 해지할 수 있도록 하여 가맹점사업자에게 불이익을 주지 아니할 것 7. 그 밖에 가맹점사업자에게 예상하기 어려운 위험이나 손해를 줄 염려가 있거나 부당하게 불리한 약정을 두지 아니할 것 8. 보험금·보증금 또는 공제금은 해당 가맹본부와 가맹계약을 체결하거나 체결할 예정인 가맹점사업자 또는 가맹점사업자가 지정한 자가 직접 수령할 수 있도록 할 것 ② 제1항 외에 가맹본부가 경영하는 가맹사업의 특성에 따른 피해보상보험계약 등의 구체적인 기준이나 피해보상의 내용·절차와 보험의 표지 사용 등에 필요한 세부사항은 공정거래위원회가 정하여 고시할 수 있다. [본조신설 2008.1.31]

가맹사업거래의 공정화에 관한 법률 [법률 제14135호, 2016.3.29., 일부개정]	가맹사업거래의 공정화에 관한 법률 시행령 [대통령령 제27528호, 2016.9.29., 일부개정]
제15조의3(공제조합의 설립) ① 가맹본부는 제15조의2 제1항 제3호에 따른 공제사업을 영위하기 위하여 공정거래위원회의 인가를 받아 공제조합(이하 "공제조합"이라 한다)을 설립할 수 있다. ② 공제조합은 법인으로 하며, 주된 사무소의 소재지에 설립등기를 함으로써 성립한다. ③ 공제조합에 가입한 가맹본부는 공제사업의 수행에 필요한 출자금 등을 조합에 납부하여야 한다. ④ 공제조합의 기본재산은 조합원의 출자금 등으로 조성한다. ⑤ 공제조합의 조합원의 자격, 임원에 관한 사항 및 출자금의 부담기준에 관한 사항은 정관으로 정한다. ⑥ 공제조합의 설립인가 기준 및 절차, 정관기재사항, 운영 및 감독 등에 관하여 필요한 사항은 대통령령으로 정한다. ⑦ 공제조합이 제1항에 따른 공제사업을 하고자 하는 때에는 공제규정을 정하여 공정거래위원회의 인가를 받아야 한다. 공제규정을 변경하고자 하는 때에도 또한 같다. ⑧ 제7항의 공제규정에는 공제사업의 범위, 공제료, 공제사업에 충당하기 위한 책임준비금 등 공제사업의 운영에 관하여 필요한 사항을 포함하여야 한다. ⑨ 공제조합에 관하여 이 법에 규정된 것을 제외하고는 「민법」 중 사단법인에 관한 규정을 준용한다. ⑩ 이 법에 따른 공제조합의 사업에 대하여는 「보험업법」을 적용하지 아니한다. [본조신설 2007.8.3]	**제16조의3(공제조합의 인가 등)** ① 법 제15조의3 제1항에 따른 공제조합을 설립하려는 때에는 10명 이상이 발기인이 되어 정관을 작성하고 창립총회의 의결을 거쳐 공정거래위원회에 인가를 신청하여야 한다. ② 제1항에도 불구하고 특정 업종에 속하는 가맹본부만을 조합원으로 하는 공제조합을 설립하려는 때에는 발기인이 10명 미만이라도 해당 업종에 속하는 가맹본부 총수의 10분의 1 이상의 발기인이 있으면 제1항에 따른 절차를 진행할 수 있다. ③ 공정거래위원회는 제1항에 따른 인가를 한 때에는 이를 공고하여야 한다. [본조신설 2008.1.31] **제16조의4(공제조합의 정관기재사항)** ① 법 제15조의3 제6항에 따른 정관기재사항은 다음 각 호와 같다. 1. 목적 2. 명칭 3. 사무소의 소재지 4. 출자금과 그 납부방법 및 그 지분계산에 관한 사항 5. 조합원의 자격과 가입·탈퇴에 관한 사항 6. 조합원의 권리·의무에 관한 사항 7. 자산 및 회계에 관한 사항 8. 총회에 관한 사항 9. 운영위원회에 관한 사항 10. 임원 및 직원에 관한 사항 11. 융자에 관한 사항 12. 업무와 그 집행에 관한 사항 13. 정관의 변경에 관한 사항 14. 해산과 남은 재산의 처리에 관한 사항 15. 공고의 방법에 관한 사항 ② 공제조합이 정관을 변경하려는 때에는 민법 제42조 제2항에 따른다. [본조신설 2008.1.31]

가맹사업거래의 공정화에 관한 법률 [법률 제14135호, 2016.3.29., 일부개정]	가맹사업거래의 공정화에 관한 법률 시행령 [대통령령 제27528호, 2016.9.29., 일부개정]
제15조의4(가맹본부와 가맹점사업자 간 협약 체결의 권장 등) ① 공정거래위원회는 가맹본부와 가맹점사업자가 가맹사업 관계 법령의 준수 및 상호 지원·협력을 약속하는 자발적인 협약을 체결하도록 권장할 수 있다. ② 공정거래위원회는 가맹본부와 가맹점사업자가 제1항에 따른 협약을 체결하는 경우 그 이행을 독려하기 위하여 포상 등 지원시책을 마련하여 시행하여야 한다. ③ 공정거래위원회는 제1항 및 제2항에 따른 협약의 내용·체결절차·이행실적평가 및 지원시책 등에 필요한 사항을 정한다. [본조신설 2013.8.13]	
제4장 분쟁의 조정 등	
제16조(가맹사업거래분쟁조정협의회의 설치) 가맹사업에 관한 분쟁을 조정하기 위하여 「독점규제 및 공정거래에 관한 법률」 제48조의2 제1항에 따른 한국공정거래조정원(이하 "조정원"이라 한다)에 가맹사업거래분쟁조정협의회(이하 "협의회"라 한다)를 둔다. [전문개정 2007.8.3]	**제18조(협의회의 회의)** ①법 제16조에 따라 가맹사업거래분쟁조정협의회(이하 "협의회"라 한다)의 위원장이 법 제19조 제1항에 따른 전체회의를 소집하거나 공익을 대표하는 위원이 같은 항에 따른 소회의를 소집하려는 때에는 관계 위원들에게 회의개최 7일전까지 회의의 일시·장소 및 안건을 서면으로 통지하여야 한다. 다만, 긴급을 요하는 경우에는 그러하지 아니하다. <개정 2008.1.31> ②협의회의 회의는 공개하지 아니한다. 다만, 위원장이 필요하다고 인정하는 때에는 분쟁당사자 그 밖의 이해관계인에게 방청하게 할 수 있다.
제17조(협의회의 구성) ① 협의회는 위원장 1인을 포함한 9인의 위원으로 구성한다. ② 위원은 공익을 대표하는 위원, 가맹본부의 이익을 대표하는 위원, 가맹점사업자의 이익을 대표하는 위원으로 구분하되 각각 동수로 한다. ③ 위원은 조정원의 장이 추천한 자와 다음	

가맹사업거래의 공정화에 관한 법률 [법률 제14135호, 2016.3.29., 일부개정]	가맹사업거래의 공정화에 관한 법률 시행령 [대통령령 제27528호, 2016.9.29., 일부개정]
각 호의 어느 하나에 해당하는 자중 공정거래위원회 위원장이 임명 또는 위촉하는 자가 된다. <개정 2005.12.29, 2007.8.3> 1. 대학에서 법률학·경제학·경영학을 전공한 자로서 「고등교육법」 제2조제1호·제2호 또는 제5호에 따른 학교나 공인된 연구기관에서 부교수 이상의 직 또는 이에 상당하는 직에 있거나 있었던 자 2. 판사·검사 직에 있거나 있었던 자 또는 변호사의 자격이 있는 자 3. 독점금지 및 공정거래업무에 관한 경험이 있는 4급 이상 공무원(고위공무원단에 속하는 일반직공무원을 포함한다)의 직에 있거나 있었던 자 ④ 위원장은 공익을 대표하는 위원중에서 공정거래위원회 위원장이 위촉한다. <개정 2007.8.3> ⑤ 위원의 임기는 3년으로 하고 연임할 수 있다. ⑥ 위원중 결원이 생긴 때에는 제3항의 규정에 의하여 보궐위원을 위촉하여야 하며, 그 보궐위원의 임기는 전임자의 잔임기간으로 한다.	
제18조(공익을 대표하는 위원의 위촉제한) ① 공익을 대표하는 위원은 위촉일 현재 가맹본부 또는 가맹점사업자의 임원·직원으로 있는 자중에서 위촉될 수 없다. ② 공정거래위원회 위원장은 공익을 대표하는 위원으로 위촉받은 자가 가맹본부 또는 가맹점사업자의 임원·직원으로 된 때에는 즉시 해촉하여야 한다. <개정 2007.8.3>	
제19조(협의회의 회의) ① 협의회의 회의는 위원 전원으로 구성되는 회의(이하 "전체회의"라 한다)와 공익을 대표하는 위원, 가맹	**제18조(협의회의 회의)** ① 법 제16조에 따라 가맹사업거래분쟁조정협의회(이하 "협의회"라 한다)의 위원장이 법 제19조 제1항에 따

가맹사업거래의 공정화에 관한 법률 [법률 제14135호, 2016.3.29., 일부개정]	가맹사업거래의 공정화에 관한 법률 시행령 [대통령령 제27528호, 2016.9.29., 일부개정]
본부의 이익을 대표하는 위원, 가맹점사업자의 이익을 대표하는 위원 각 1인으로 구성되는 회의(이하 "소회의"라 한다)로 구분한다. <개정 2007.8.3> ② 협의회의 전체회의는 다음 각 호의 사항을 심의·의결한다. <신설 2013.8.13> 1. 소회의가 전체회의에서 처리하도록 결정한 사항 2. 협의회 운영세칙의 제정·개정에 관한 사항 3. 그 밖에 전체회의에서 처리할 필요가 있다고 인정하는 사항으로서 협의회의 위원장이 전체회의에 부치는 사항 ③ 협의회의 소회의는 제2항 각 호 외의 사항을 심의·의결한다. <개정 2013.8.13> ④ 협의회의 전체회의는 위원장이 주재하며, 재적위원 과반수의 출석으로 개의하고, 출석위원 과반수의 찬성으로 의결한다. <개정 2007.8.3, 2013.8.13> ⑤ 협의회의 소회의는 공익을 대표하는 위원이 주재하며, 구성위원 전원의 출석과 출석위원 전원의 찬성으로 의결한다. 이 경우 소회의의 의결은 협의회의 의결로 보되, 회의의 결과를 전체회의에 보고하여야 한다. <신설 2007.8.3, 2013.8.13> ⑥ 위원장이 사고로 직무를 수행할 수 없을 때에는 공익을 대표하는 위원중에서 공정거래위원회 위원장이 지명하는 위원이 그 직무를 대행한다. <개정 2007.8.3, 2013.8.13> ⑦ 조정의 대상이 된 분쟁의 당사자인 가맹사업당사자(이하 "분쟁당사자"라 한다)는 협의회의 회의에 출석하여 의견을 진술하거나 관계자료를 제출할 수 있다. <개정 2007.8.3, 2013.8.13>	른 전체회의를 소집하거나 공익을 대표하는 위원이 같은 항에 따른 소회의를 소집하려는 때에는 관계 위원들에게 회의개최 7일전까지 회의의 일시·장소 및 안건을 서면으로 통지하여야 한다. 다만, 긴급을 요하는 경우에는 그러하지 아니하다. <개정 2008.1.31> ② 협의회의 회의는 공개하지 아니한다. 다만, 위원장이 필요하다고 인정하는 때에는 분쟁당사자 그 밖의 이해관계인에게 방청하게 할 수 있다.
제20조(위원의 제척·기피·회피) ①위원은	

가맹사업거래의 공정화에 관한 법률 [법률 제14135호, 2016.3.29., 일부개정]	가맹사업거래의 공정화에 관한 법률 시행령 [대통령령 제27528호, 2016.9.29., 일부개정]
다음 각 호의 어느 하나에 해당하는 경우에는 해당 조정사항의 조정에서 제척된다. <개정 2016.3.29> 1. 위원 또는 그 배우자나 배우자이었던 자가 해당 조정사항의 분쟁당사자가 되거나 공동권리자 또는 의무자의 관계에 있는 경우 2. 위원이 해당 조정사항의 분쟁당사자와 친족관계에 있거나 있었던 경우 3. 위원 또는 위원이 속한 법인이 분쟁당사자의 법률·경영 등에 대하여 자문이나 고문의 역할을 하고 있는 경우 4. 위원 또는 위원이 속한 법인이 해당 조정사항에 대하여 분쟁당사자의 대리인으로 관여하거나 관여하였던 경우 및 증언 또는 감정을 한 경우 ② 분쟁당사자는 위원에게 협의회의 조정에 공정을 기하기 어려운 사정이 있는 때에 협의회에 그 위원에 대한 기피신청을 할 수 있다. <개정 2016.3.29> ③ 위원이 제1항 또는 제2항의 사유에 해당하는 경우에는 스스로 해당 조정사항의 조정에서 회피할 수 있다. <개정 2016.3.29>	
제21조(협의회의 조정사항) 협의회는 공정거래위원회 또는 분쟁당사자가 요청하는 가맹사업거래의 분쟁에 관한 사항을 조정한다.	
제22조(조정의 신청 등) ① 분쟁당사자는 제21조의 규정에 의하여 협의회에 대통령령이 정하는 사항이 기재된 서면으로 그 조정을 신청할 수 있다. ② 공정거래위원회는 가맹사업거래의 분쟁에 관한 사건에 대하여 협의회에 그 조정을 의뢰할 수 있다. ③ 협의회는 제1항의 규정에 의하여 조정을 신청받은 때에는 즉시 그 조정사항을 분	**제19조(분쟁조정의 신청)** ① 법 제22조 제1항의 규정에 의하여 분쟁의 조정을 신청하고자 하는 자는 다음 각호의 사항이 기재된 서면을 협의회에 제출하여야 한다. 1. 신청인과 피신청인의 성명 및 주소(분쟁당사자가 법인인 경우에는 법인의 명칭, 주된 사무소의 소재지, 그 대표자의 성명 및 주소를 말한다) 2. 대리인이 있는 경우에는 그 성명 및 주소

가맹사업거래의 공정화에 관한 법률 [법률 제14135호, 2016.3.29., 일부개정]	가맹사업거래의 공정화에 관한 법률 시행령 [대통령령 제27528호, 2016.9.29., 일부개정]
쟁당사자에게 통지하여야 한다. <개정 2007.8.3>	3. 신청의 이유 ② 제1항의 규정에 의한 서면에는 다음 각 호의 서류를 첨부하여야 한다. 1. 분쟁조정신청의 원인 및 사실을 증명하는 서류 2. 대리인이 신청하는 경우 그 위임장 3. 그 밖에 분쟁조정에 필요한 증거서류 또는 자료
제23조(조정 등) ① 협의회는 제22조 제1항에 따라 조정을 신청 받거나 같은 조 제2항에 따라 조정을 의뢰 받는 경우에는 대통령령으로 정하는 바에 따라 지체 없이 분쟁조정 절차를 개시하여야 한다. <신설 2016.3.29> ② 협의회는 분쟁당사자에게 조정사항에 대하여 스스로 조정하도록 권고하거나 조정안을 작성하여 이를 제시할 수 있다. <개정 2016.3.29> ③ 협의회는 다음 각 호의 어느 하나에 해당되는 경우에는 그 조정을 거부하거나 중지할 수 있다. <개정 2007.8.3, 2016.3.29> 1. 분쟁당사자의 일방이 조정을 거부한 경우 2. 이미 법원에 소를 제기하였거나 조정의 신청이 있은 후 법원에 소를 제기한 경우 또는 조정의 신청이 있은 후 분쟁당사자가 「중재법」에 따른 중재합의를 한 경우 3. 신청의 내용이 관계법령 또는 객관적인 자료에 의하여 명백하게 인정되는 등 조정을 할 실익이 없는 것으로서 대통령령이 정하는 사항이 발생하는 경우 ④ 협의회는 다음 각 호의 어느 하나에 해당되는 경우에는 조정절차를 종료하여야 한다. <개정 2007.8.3, 2016.3.29> 1. 분쟁당사자가 협의회의 권고 또는 조정안을 수락하거나 스스로 조정하는 등 조정이 성립된 경우	**제21조(분쟁조정신청의 보완 등)** ①위원장은 제19조의 규정에 의한 분쟁조정의 신청에 대하여 보완이 필요하다고 인정될 때에는 상당한 기간을 정하여 그 보완을 요구하여야 한다. ② 제1항에 따른 보완에 소요된 기간은 법 제23조 제4항 제2호에 따른 기간에 이를 산입하지 아니한다. <개정 2016.9.29> **제21조의2(분쟁조정 절차의 개시)** 협의회는 법 제23조 제1항에 따라 분쟁조정 절차를 개시하는 경우에는 조정번호, 조정개시일 등을 지체 없이 분쟁당사자에게 통보하여야 하며, 분쟁당사자와 분쟁의 구체적 내용을 관리대장에 기록하여야 한다. [본조신설 2016.9.29] **제22조(분쟁조정의 거부 및 중지하는 내용 등)** 법 제23조 제3항 제3호에서 "대통령령이 정하는 사항이 발생하는 경우"란 다음 각 호의 어느 하나에 해당하는 경우를 말한다. <개정 2008.1.31, 2016.9.29> 1. 신청인이 정당한 사유없이 기한내에 분쟁조정신청을 보완하지 아니한 경우 2. 신청의 내용과 직접적인 이해관계가 없는 자가 조정신청을 한 경우 3. 신청인이 부당한 이익을 얻을 목적으로 조정신청을 한 것으로 인정되는 경우 4. 분쟁의 성격상 조정을 하는 것이 적당하

<table>
<tr><th>가맹사업거래의 공정화에 관한 법률
[법률 제14135호, 2016.3.29., 일부개정]</th><th>가맹사업거래의 공정화에 관한 법률 시행령
[대통령령 제27528호, 2016.9.29., 일부개정]</th></tr>
<tr><td>2. 조정을 신청 또는 의뢰 받은 날부터 60일(분쟁당사자 쌍방이 기간연장에 동의한 경우에는 90일로 한다)이 경과하여도 조정이 성립하지 아니한 경우
3. 제3항에 의하여 조정이 중지된 경우로서 조정절차를 진행할 실익이 없는 경우
⑤ 협의회는 제3항에 의하여 조정을 거부 또는 중지하거나 제4항에 의하여 조정절차를 종료한 경우에는 대통령령이 정하는 바에 따라 공정거래위원회에 조정의 경위, 조정거부·중지 또는 종료의 사유 등과 관계서류를 서면으로 지체없이 보고하여야 하고 분쟁당사자에게 그 사실을 통보하여야 한다. <개정 2016.3.29>
⑥ 협의회는 해당 조정사항에 관한 사실을 확인하기 위하여 필요한 경우 조사를 하거나 분쟁당사자에 대하여 관련자료의 제출이나 출석을 요구할 수 있다. <개정 2016.3.29>
⑦ 공정거래위원회는 조정사항에 관하여 조정절차가 종료될 때까지 해당 분쟁당사자에게 시정조치를 권고하거나 명하여서는 아니된다. 다만, 공정거래위원회가 이미 제32조의 규정에 의하여 조사 중인 사건에 대하여는 그러하지 아니하다. <개정 2016.3.29></td><td>지 아니하다고 인정되는 경우
5. 신청인이 같은 사안에 대하여 같은 취지로 2회 이상 조정신청을 한 경우
6. 신청인이 협의회에서 이미 끝난 분쟁조정과 같은 사안을 공정거래위원회에 신고하여 다시 협의회에 넘겨진 경우

제23조(분쟁조정의 종료 등) 협의회는 법 제23조 제5항에 따라 조정을 거부 또는 중지하거나 조정절차를 종료한 경우에는 다음 각 호의 사항이 기재된 분쟁조정종료서를 작성한 후 그 사본을 첨부하여 공정거래위원회에 보고하여야 한다. <개정 2016.9.29>
1. 조정신청인의 주소·성명
2. 조정대상 분쟁의 개요
가. 가맹사업거래 당사자의 일반현황
나. 가맹사업거래의 개요
다. 분쟁의 경위
라. 조정의 쟁점(가맹사업거래 당사자의 의견을 기술한다)
3. 조정의 거부·중지 또는 종료사유(법 제23조 제3항 각 호 및 같은 조 제4항 각 호에 규정된 사유별로 상세하게 기술한다)

제24조(분쟁당사자의 사실확인 등) ① 협의회는 법 제23조 제6항에 따라 분쟁당사자에 대하여 출석을 요구하고자 하는 때에는 시기 및 장소를 정하여 출석요구일 7일 전까지 분쟁당사자에게 통지하여야 한다. 다만, 긴급을 요하거나 출석의 통지를 받은 자가 동의하는 경우에는 그러하지 아니하다. <개정 2016.9.29>
② 제1항의 통지를 받은 분쟁당사자는 협의회에 출석할 수 없는 부득이한 사유가 있는 경우에는 미리 서면으로 의견을 제출할 수 있다.</td></tr>
</table>

가맹사업거래의 공정화에 관한 법률 [법률 제14135호, 2016.3.29., 일부개정]	가맹사업거래의 공정화에 관한 법률 시행령 [대통령령 제27528호, 2016.9.29., 일부개정]
제24조(조정조서의 작성과 그 효력) ① 협의회는 조정사항에 대하여 조정이 성립된 경우 조정에 참가한 위원과 분쟁당사자가 기명날인한 조정조서를 작성한다. <개정 2016.3.29> ② 협의회는 분쟁당사자가 조정절차를 개시하기 전에 조정사항을 스스로 조정하고 조정조서의 작성을 요구하는 경우에는 그 조정조서를 작성하여야 한다. <개정 2016.3.29> ③ 제1항 또는 제2항에 따라 조정조서를 작성한 경우 조정조서는 재판상 화해와 동일한 효력을 갖는다. <신설 2016.3.29>	**제25조(분쟁의 조정 등)** 협의회는 법 제24조 제1항의 규정에 의한 분쟁의 조정이 성립된 경우에는 다음 각호의 사항이 기재된 조정조서를 작성한 후 그 사본을 첨부하여 조정결과를 공정거래위원회에 보고하여야 한다. 1. 조정신청인의 주소·성명 2. 조정대상 분쟁의 개요 가. 가맹사업거래 당사자의 일반현황 나. 가맹사업거래의 개요 다. 분쟁의 경위 라. 조정의 쟁점(가맹사업거래 당사자의 의견을 기술한다) 3. 조정의 결과(조정의 쟁점별로 기술한다)
제25조(협의회의 조직 등에 관한 규정) 제16조 내지 제24조의 규정외에 협의회의 조직·운영·조정절차 등에 관하여 필요한 사항은 대통령령으로 정한다.	
제26조 삭제 <2007.8.3>	
제27조(가맹거래사) ① 공정거래위원회가 실시하는 가맹거래사 자격시험에 합격한 후 대통령령이 정하는 바에 따라 실무수습을 마친 자는 가맹거래사의 자격을 가진다. <개정 2004.1.20, 2007.8.3> ② 다음 각 호의 어느 하나에 해당하는 자는 가맹거래사가 될 수 없다. <개정 2007.8.3> 1. 미성년자·금치산자 또는 한정치산자 2. 파산선고를 받고 복권되지 아니한 자 3. 금고 이상의 실형의 선고를 받고 그 집행이 종료(종료된 것으로 보는 경우를 포함한다)되거나 집행을 받지 아니하기로 확정된 후 2년이 경과되지 아니한 자 4. 금고 이상의 형의 집행유예를 받고 그 집행유예기간 중에 있는 자 5. 제31조의 규정에 의하여 가맹거래사의	**제28조(가맹거래사 자격시험)** ①공정거래위원회는 법 제27조에 따른 가맹거래사 자격시험(이하 "시험"이라 한다)을 제1차시험과 제2차시험으로 구분하여 매년 1회 이상 실시한다. <개정 2008.1.31> ② 공정거래위원회는 시험을 시행하고자 할 때에 시험의 일시·장소·방법·과목·응시자격 및 응시절차 등 필요한 사항을 시험시행일 3개월 전에 「신문 등의 진흥에 관한 법률」 제9조 제1항에 따라 전국을 보급지역으로 등록한 일반일간신문 등에 공고하여야 한다. <개정 2008.1.31, 2010.1.27, 2012.5.7> ③ 제2차시험은 제1차시험에 합격한 자 또는 제1차시험을 면제받은 자에 한하여 응시할 수 있다. ④ 시험방법은 다음 각호에 의한다.

가맹사업거래의 공정화에 관한 법률 [법률 제14135호, 2016.3.29., 일부개정]	가맹사업거래의 공정화에 관한 법률 시행령 [대통령령 제27528호, 2016.9.29., 일부개정]
등록이 취소된 날부터 2년이 경과되지 아니한 자 ③ 제1항에 따른 시험에 응시한 사람이 그 시험에 관하여 부정한 행위를 한 경우에는 해당 시험을 무효로 하고 그 시험의 응시일부터 5년간 시험의 응시자격을 정지한다. <신설 2016.3.29> ④ 가맹거래사 자격시험의 시험과목·시험방법, 실무수습의 기간 등 자격시험 및 실무수습에 관하여 필요한 사항은 대통령령으로 정한다. <신설 2004.1.20, 2007.8.3, 2016.3.29> [제목개정 2007.8.3]	1. 제1차시험은 선택형으로 하되, 기입형을 가미할 수 있다. 2. 제2차시험은 논문형으로 하되, 기입형을 가미할 수 있다. ⑤ 제1차시험 및 제2차시험의 과목은 별표 3과 같다. ⑥ 제1차시험에 합격한 자에 대하여는 다음 회의 시험에 한하여 제1차시험을 면제한다. ⑦ 시험의 합격자는 매과목 100점을 만점으로 하여 매과목 40점 이상, 전과목 평균 60점 이상을 득점한 자로 한다. ⑧ 공정거래위원회는 시험의 합격자가 결정된 때에는 이를 관보에 게재하고, 합격자에 대하여는 합격증서를 교부하여야 한다. ⑨ 삭제 <2016.9.29> ⑩ 시험의 응시자격, 시험방법, 시험문제의 출제, 시험합격자의 결정 등 시험의 시행에 관하여 필요한 사항을 심의하기 위하여 공정거래위원회에 가맹거래사시험위원회를 둘 수 있다. <개정 2008.1.31> ⑪ 그 밖에 시험관리에 관하여 필요한 사항은 공정거래위원회가 정하여 고시한다. [전문개정 2004.3.22]
제28조(가맹거래사의 업무) 가맹거래사는 다음 각 호의 사항에 관한 업무를 수행한다. <개정 2013.8.13> 1. 가맹사업의 사업성에 관한 검토 2. 정보공개서와 가맹계약서의 작성·수정이나 이에 관한 자문 3. 가맹점사업자의 부담, 가맹사업 영업활동의 조건 등에 관한 자문 4. 가맹사업당사자에 대한 교육·훈련이나 이에 대한 자문 5. 가맹사업거래 분쟁조정 신청의 대행	

가맹사업거래의 공정화에 관한 법률 [법률 제14135호, 2016.3.29., 일부개정]	가맹사업거래의 공정화에 관한 법률 시행령 [대통령령 제27528호, 2016.9.29., 일부개정]
6. 정보공개서 등록 신청의 대행 [전문개정 2007.8.3]	
제29조(가맹거래사의 등록) ① 가맹거래사 자격이 있는 자가 제28조에 따른 가맹거래사의 업무를 개시하고자 하는 경우에는 대통령령이 정하는 바에 따라 공정거래위원회에 등록하여야 한다. <개정 2004.1.20, 2007.8.3> ② 제1항의 규정에 의하여 등록을 한 가맹거래사는 공정거래위원회가 정하는 바에 따라 5년마다 등록을 갱신하여야 한다. <개정 2007.8.3> ③ 제1항의 규정에 의하여 등록을 한 가맹거래사가 아닌 자는 제27조의 규정에 의한 가맹거래사임을 표시하거나 이와 유사한 용어를 사용하여서는 아니된다. <개정 2007.8.3> [제목개정 2007.8.3]	**제32조(가맹거래사의 등록 등)** ① 법 제29조 제1항에 따라 가맹거래사등록을 하려는 자는 공정거래위원회가 정하는 바에 의하여 등록신청서를 공정거래위원회에 제출하여야 한다. <개정 2008.1.31> ② 공정거래위원회는 제1항에 따른 등록신청이 있는 때에는 가맹거래사등록부에 다음 각호의 사항을 기재하고 신청인에게 등록증을 교부하여야 한다. <개정 2008.1.31> 1. 가맹거래사의 주소·성명 및 주민등록번호 2. 사무소의 명칭 및 소재지 3. 등록번호 4. 그 밖에 공정거래위원회가 정하는 사항 ③ 가맹거래사등록을 한 자가 제2항에 따라 교부받은 등록증을 잃어버리거나 그 등록증이 못쓰게 된 때에는 재교부신청서를 공정거래위원회에 제출하여야 한다. <개정 2008.1.31> ④ 제3항의 규정에 의하여 등록증의 재교부를 받은 후 잃어버렸던 등록증을 발견한 때에는 지체없이 이를 반환하여야 한다. ⑤ 그 밖에 가맹거래사의 등록 및 등록갱신에 필요한 세부사항은 공정거래위원회가 정하여 고시한다. <신설 2008.1.31>
제30조(가맹거래사의 책임) ① 가맹거래사는 성실히 직무를 수행하며 품위를 유지하여야 한다. <개정 2007.8.3> ② 가맹거래사는 직무를 수행함에 있어서 고의로 진실을 감추거나 허위의 보고를 하여서는 아니된다. <개정 2007.8.3> [제목개정 2007.8.3]	
제31조(가맹거래사의 등록취소와 자격정지) ① 공정거래위원회는 제29조의 규정에 의	

가맹사업거래의 공정화에 관한 법률 [법률 제14135호, 2016.3.29., 일부개정]	가맹사업거래의 공정화에 관한 법률 시행령 [대통령령 제27528호, 2016.9.29., 일부개정]
하여 등록을 한 가맹거래사가 다음 각 호의 어느 하나에 해당하는 경우에는 그 등록을 취소할 수 있다. 다만, 제1호 및 제2호에 해당하는 경우에는 그 등록을 취소하여야 한다. <개정 2007.8.3> 1. 허위 그 밖의 부정한 방법으로 등록 또는 갱신등록을 한 경우 2. 제27조 제2항의 규정에 의한 결격사유에 해당하게 된 경우 3. 업무수행과 관련하여 알게 된 비밀을 다른 사람에게 누설한 경우 4. 가맹거래사 등록증을 다른 사람에게 대여한 경우 5. 업무수행과 관련하여 고의 또는 중대한 과실로 다른 사람에게 중대한 손해를 입힌 경우 ② 제29조 제2항의 규정에 의한 갱신등록을 하지 아니한 가맹거래사는 그 자격이 정지된다. 이 경우 공정거래위원회가 고시로서 정하는 바에 따라 보수교육을 받고 갱신등록을 한 때에는 그 때부터 자격이 회복된다. <개정 2007.8.3> ③ 제1항에 따라 가맹거래사의 등록을 취소하려는 경우에는 청문을 실시하여야 한다. <신설 2012.2.17> [제목개정 2007.8.3]	
제31조의2(가맹사업거래에 대한 교육 등) ① 공정거래위원회는 공정한 가맹사업거래질서를 확립하기 위하여 다음 각 호의 업무를 수행할 수 있다. 1. 가맹본부에 대한 교육·연수 2. 가맹희망자 및 가맹점사업자에 대한 교육·연수 3. 가맹거래사에 대한 교육·연수(제27조제1항에 따른 실무수습을 포함한다) 4. 가맹본부가 이 법을 자율적으로 준수하	**제32조의2(교육기관의 지정기준)** 법 제31조의2 제2항에서 "대통령령으로 정하는 시설·인력 및 교육실적 등의 기준"은 별표 4와 같다. [본조신설 2008.1.31]

가맹사업거래의 공정화에 관한 법률 [법률 제14135호, 2016.3.29., 일부개정]	가맹사업거래의 공정화에 관한 법률 시행령 [대통령령 제27528호, 2016.9.29., 일부개정]
도록 유도하기 위한 자율준수프로그램의 보급·확산 5. 그 밖에 공정한 가맹사업거래질서 확립을 위하여 필요하다고 인정하는 업무 ② 공정거래위원회는 제1항의 업무를 대통령령으로 정하는 시설·인력 및 교육실적 등의 기준에 적합한 법인으로서 공정거래위원회가 지정하는 기관 또는 단체(이하 "교육기관 등"이라 한다)에 위탁할 수 있다. ③ 교육기관 등은 제1항에 따른 업무를 수행하는데 필요한 재원을 조달하기 위하여 수익사업을 할 수 있다. ④ 공정거래위원회는 교육기관 등이 제1항에 따른 업무를 충실히 수행하지 못하거나 대통령령으로 정하는 기준에 미치지 못하는 경우에는 지정을 취소하거나 3개월 이내의 기간을 정하여 지정의 효력을 정지할 수 있다. ⑤ 교육기관 등의 지정절차 및 방법, 제3항에 따른 수익사업 등에 관하여 필요한 사항은 공정거래위원회가 정하여 고시한다. [본조신설 2007.8.3]	
제5장 공정거래위원회의 사건처리절차 등	
제32조(조사개시대상행위의 제한) 이 법의 규정에 의하여 공정거래위원회의 조사개시대상이 되는 가맹사업거래는 그 거래가 종료된 날부터 3년을 경과하지 아니한 것에 한한다. 다만, 그 거래가 종료된 날부터 3년 이내에 신고된 가맹사업거래의 경우에는 그러하지 아니하다.	
제32조의2(서면실태조사) ① 공정거래위원회는 가맹사업거래에서의 공정한 거래질서 확립을 위하여 가맹본부와 가맹점사업자 등 사이의 거래에 관한 서면실태조사를 실시하여 그 결과를 공표할 수 있다. ② 공정거래위원회가 제1항에 따라 서면실	

가맹사업거래의 공정화에 관한 법률 [법률 제14135호, 2016.3.29., 일부개정]	가맹사업거래의 공정화에 관한 법률 시행령 [대통령령 제27528호, 2016.9.29., 일부개정]
태조사를 실시하려는 경우에는 조사대상자의 범위, 조사기간, 조사내용, 조사방법, 조사절차 및 조사결과 공표범위 등에 관한 계획을 수립하여야 하고, 조사대상자에게 거래실태 등 조사에 필요한 자료의 제출을 요구할 수 있다. ③ 공정거래위원회가 제2항에 따라 자료의 제출을 요구하는 경우에는 조사대상자에게 자료의 범위와 내용, 요구사유, 제출기한 등을 명시하여 서면으로 알려야 한다. [본조신설 2013.8.13]	
제33조(시정조치) ① 공정거래위원회는 제6조의5 제1항·제4항, 제7조 제3항, 제9조 제1항, 제10조 제1항, 제11조 제1항·제2항, 제12조 제1항, 제12조의2 제1항·제2항, 제12조의3 제1항·제2항, 제12조의4 제1항·제3항, 제12조의6 제1항, 제14조의2 제5항, 제15조의2 제3항·제6항을 위반한 가맹본부에 대하여 가맹금의 예치, 정보공개서등의 제공, 점포환경개선 비용의 지급, 가맹금 반환, 위반행위의 중지, 위반내용의 시정을 위한 필요한 계획 또는 행위의 보고 그 밖에 위반행위의 시정에 필요한 조치를 명할 수 있다. <개정 2007.8.3, 2013.8.13, 2016.3.29> ② 공정거래위원회는 제24조의 규정에 의하여 협의회의 조정이 이루어진 경우에는 특별한 사유가 없는 한 제1항에 따른 시정조치 및 제34조 제1항에 따른 시정권고를 하지 아니한다. <개정 2007.8.3> ③ 공정거래위원회는 제1항에 따라 시정명령을 하는 경우에는 가맹본부에게 시정명령을 받았다는 사실을 공표하거나 거래상대방에 대하여 통지할 것을 명할 수 있다. <개정 2007.8.3>	**제32조의3(시정명령을 받은 사실의 공표방법)** ① 공정거래위원회는 법 제33조 제3항에 따라 해당 가맹본부에 대하여 시정명령을 받은 사실의 공표를 명하려는 경우에는 다음 각 호의 사항을 고려하여 공표의 내용, 매체의 종류·수 및 지면 크기 등을 정하여 명하여야 한다. 1. 위반행위의 내용과 정도 2. 위반행위의 기간과 횟수 ② 공정거래위원회가 제1항에 따라 시정명령을 받은 사실의 공표를 명할 때에는 해당 가맹본부에 대하여 미리 그 문안(文案) 등에 관하여 공정거래위원회와 협의하도록 할 수 있다. [본조신설 2015.1.6]

가맹사업거래의 공정화에 관한 법률 [법률 제14135호, 2016.3.29., 일부개정]	가맹사업거래의 공정화에 관한 법률 시행령 [대통령령 제27528호, 2016.9.29., 일부개정]
제34조(시정권고) ① 공정거래위원회는 이 법의 규정을 위반한 가맹본부에 대하여 제33조의 규정에 의한 시정조치를 명할 시간적 여유가 없는 경우에는 대통령령이 정하는 바에 따라 시정방안을 마련하여 이에 따를 것을 권고할 수 있다. 이 경우 그 권고를 수락한 때에는 시정조치를 한 것으로 본다는 뜻을 함께 통지하여야 한다. <개정 2016.3.29> ② 제1항의 규정에 의한 권고를 받은 가맹본부는 그 권고를 통지받은 날부터 10일 이내에 이를 수락하는 지의 여부에 관하여 공정거래위원회에 통지하여야 한다. <개정 2016.3.29> ③ 제1항의 규정에 의한 권고를 받은 가맹본부가 그 권고를 수락한 때에는 제33조의 규정에 의한 시정조치를 받은 것으로 본다. <개정 2016.3.29>	**제33조(시정권고절차)** 법 제34조 제1항의 규정에 의한 시정권고는 다음 각호의 사항을 명시한 서면으로 하여야 한다. 1. 법위반내용 2. 권고사항 3. 시정기한 4. 수락여부통지기한 5. 수락거부시의 조치
제35조(과징금) ① 공정거래위원회는 제6조의5 제1항·제4항, 제7조 제3항, 제9조 제1항, 제10조 제1항, 제11조 제1항·제2항, 제12조 제1항, 제12조의2 제1항·제2항, 제12조의3 제1항·제2항, 제12조의4 제1항·제3항, 제12조의6 제1항, 제14조의2 제5항, 제15조의2 제3항·제6항을 위반한 가맹본부에 대하여 대통령령으로 정하는 매출액(대통령령으로 정하는 사업자의 경우에는 영업수익을 말한다. 이하 같다)에 100분의 2를 곱한 금액을 초과하지 아니하는 범위에서 과징금을 부과할 수 있다. 다만, 그 위반행위를 한 가맹본부가 매출액이 없거나 매출액의 산정이 곤란한 경우로서 대통령령으로 정하는 경우에는 5억원을 초과하지 아니하는 범위에서 과징금을 부과할 수 있다. <개정 2016.3.29> ② 공정거래위원회는 제1항에 따라 과징금	**제34조(과징금의 산정방법 등)** ① 법 제35조 제1항 본문에서 "대통령령으로 정하는 매출액"이란 해당 가맹본부가 위반기간(위반행위의 개시일부터 종료일까지의 기간을 말한다. 이하 이 조에서 같다) 동안 관련 가맹점사업자 또는 가맹희망자에게 판매한 상품이나 용역의 매출액 또는 이에 준하는 금액(이하 "관련매출액"이라 한다)을 말한다. <개정 2014.2.11> ② 법 제35조제1항 본문에서 "대통령령으로 정하는 사업자"란 상품 또는 용역의 대가의 합계액을 재무제표 등에서 영업수익으로 적는 사업자를 말한다. <신설 2014.2.11> ③ 법 제35조 제1항 단서에서 "대통령령으로 정하는 경우"란 다음 각 호의 어느 하나에 해당하는 경우를 말한다. <신설 2014.2.11> 1. 영업중단 등으로 인하여 영업실적이 없는 경우

가맹사업거래의 공정화에 관한 법률 [법률 제14135호, 2016.3.29., 일부개정]	가맹사업거래의 공정화에 관한 법률 시행령 [대통령령 제27528호, 2016.9.29., 일부개정]
을 부과하는 경우에는 다음 각 호의 사항을 고려하여야 한다. 1. 위반행위의 내용 및 정도 2. 위반행위의 기간 및 횟수 3. 위반행위로 취득한 이익의 규모 등 ③ 이 법을 위반한 회사인 가맹본부가 합병을 하는 경우에는 그 가맹본부가 한 위반행위는 합병 후 존속하거나 합병으로 설립되는 회사가 한 위반행위로 보아 과징금을 부과·징수할 수 있다. ④ 공정거래위원회는 이 법을 위반한 회사인 가맹본부가 분할되거나 분할합병되는 경우 분할되는 가맹본부의 분할일 또는 분할합병일 이전의 위반행위를 다음 각 호의 어느 하나에 해당하는 회사의 행위로 보고 과징금을 부과·징수할 수 있다. 1. 분할되는 회사 2. 분할 또는 분할합병으로 설립되는 새로운 회사 3. 분할되는 회사의 일부가 다른 회사에 합병된 후 그 다른 회사가 존속하는 경우 그 다른 회사 ⑤ 공정거래위원회는 이 법을 위반한 회사인 가맹본부가 「채무자 회생 및 파산에 관한 법률」 제215조에 따라 신회사를 설립하는 경우에는 기존 회사 또는 신회사 중 어느 하나의 행위로 보고 과징금을 부과·징수할 수 있다. ⑥ 제1항에 따른 과징금의 부과기준은 대통령령으로 정한다. [전문개정 2013.8.13]	2. 위반기간 등을 확정할 수 없어 관련매출액의 산정이 곤란한 경우 3. 재해 등으로 인하여 매출액 산정자료가 소멸 또는 훼손되는 등 객관적인 매출액의 산정이 곤란한 경우 ④ 법 제35조 제1항에 따른 과징금의 부과기준은 별표 4의2와 같다. <신설 2014.2.11> ⑤ 그 밖에 과징금의 부과절차에 필요한 세부사항은 공정거래위원회가 정하여 고시한다. <개정 2014.2.11> [전문개정 2008.1.31]
제36조(관계행정기관의 장의 협조) 공정거래위원회는 이 법의 시행을 위하여 필요하다고 인정하는 때에는 관계행정기관의 장의 의견을 듣거나 관계행정기관의 장에 대하	

가맹사업거래의 공정화에 관한 법률 [법률 제14135호, 2016.3.29., 일부개정]	가맹사업거래의 공정화에 관한 법률 시행령 [대통령령 제27528호, 2016.9.29., 일부개정]
여 조사를 위한 인원의 지원 그 밖의 필요한 협조를 요청할 수 있다.	
제37조(「독점규제 및 공정거래에 관한 법률」의 준용) ① 이 법에 의한 공정거래위원회의 조사·심의·의결 및 시정권고에 관하여는 「독점규제 및 공정거래에 관한 법률」 제42조, 제43조, 제43조의2, 제44조, 제45조, 제49조 제1항 내지 제3항, 제50조 제1항 내지 제4항, 제52조, 제52조의2, 제53조, 제53조의2 및 제55조의2의 규정을 준용한다. <개정 2007.8.3> ② 이 법에 의한 과징금의 부과·징수에 관하여는 「독점규제 및 공정거래에 관한 법률」 제55조의4부터 제55조의8까지를 준용한다. <개정 2004.12.31, 2007.8.3, 2013.8.13> ③ 이 법에 의한 이의신청, 소의 제기 및 불복의 소의 전속관할, 손해배상에 관하여는 「독점규제 및 공정거래에 관한 법률」 제53조, 제53조의2, 제54조, 제55조, 제56조, 제56조의2, 제57조의 규정을 준용한다. <개정 2007.8.3, 2016.3.29> ④ 이 법에 의한 직무에 종사하거나 종사하였던 공정거래위원회의 위원, 공무원 또는 협의회에서 가맹사업거래에 관한 분쟁의 조정업무를 담당하거나 담당하였던 자에 대하여는 독점규제및공정거래에관한법률 제62조의 규정을 준용한다. ⑤ 삭제 <2007.8.3> [제목개정 2007.8.3]	
제38조(「독점규제 및 공정거래에 관한 법률」과의 관계) 가맹사업거래에 관하여 이 법의 적용을 받는 사항에 대하여는 「독점규제 및 공정거래에 관한 법률」 제23조 제1항 제1호(부당하게 거래를 거절하는 행위에 한한다)·제3호(부당하게 경쟁자의 고객을 자	

가맹사업거래의 공정화에 관한 법률 [법률 제14135호, 2016.3.29., 일부개정]	가맹사업거래의 공정화에 관한 법률 시행령 [대통령령 제27528호, 2016.9.29., 일부개정]
기와 거래하도록 유인하는 행위에 한한다) · 제4호 · 제5호(거래의 상대방의 사업활동을 부당하게 구속하는 조건으로 거래하는 행위에 한한다) 및 동법 제29조 제1항의 규정을 적용하지 아니한다. <개정 2007.8.3> [제목개정 2007.8.3]	
제39조(권한의 위임과 위탁) ① 이 법에 의한 공정거래위원회의 권한은 그 일부를 대통령령이 정하는 바에 따라 소속기관의 장이나 특별시장 · 광역시장 · 도지사 또는 특별자치도지사에게 위임하거나 다른 행정기관의 장에게 위탁할 수 있다. <개정 2007.8.3> ② 공정거래위원회는 다음 각 호의 어느 하나에 해당하는 업무를 대통령령으로 정하는 바에 따라 「독점규제 및 공정거래에 관한 법률」 제48조의2에 따라 설립된 한국공정거래조정원이나 관련 법인 · 단체에 위탁할 수 있다. 이 경우 제1호의 위탁관리에 소요되는 경비의 전부 또는 일부를 지원할 수 있다. <개정 2007.8.3, 2012.2.17> 1. 제6조의2 및 제6조의3에 따른 정보공개서의 등록, 등록 거부 및 공개 등에 관한 업무 2. 제27조 제1항에 따른 가맹거래사 자격시험의 시행 및 관리 업무	**제36조(업무의 위탁)** ① 공정거래위원회는 법 제39조 제2항 제1호에 따라 정보공개서의 등록, 등록 거부 및 공개 등에 관한 업무를 「독점규제 및 공정거래에 관한 법률」 제48조의2에 따른 한국공정거래조정원이나 가맹사업 분야의 전문성을 갖춘 법인 · 단체 중 해당 업무를 수행할 수 있다고 공정거래위원회가 인정하여 고시하는 기관에 위탁할 수 있다. <개정 2012.5.7> ② 공정거래위원회는 법 제39조 제2항 제2호에 따라 가맹거래사 자격시험의 시행 및 관리 업무를 「한국산업인력공단법」에 따른 한국산업인력공단에 위탁한다. [전문개정 2008.1.31] [제목개정 2012.5.7]
제40조(보고) 공정거래위원회는 제39조의 규정에 의하여 위임 또는 위탁한 사무에 대하여 위임 또는 위탁받은 자에게 필요한 보고를 하게 할 수 있다.	
제6장 벌칙	
제41조(벌칙) ① 제9조 제1항의 규정에 위반하여 허위 · 과장의 정보제공행위나 기만적인 정보제공행위를 한 자는 5년 이하의 징역 또는 3억원 이하의 벌금에 처한다. <개	

가맹사업거래의 공정화에 관한 법률 [법률 제14135호, 2016.3.29., 일부개정]	가맹사업거래의 공정화에 관한 법률 시행령 [대통령령 제27528호, 2016.9.29., 일부개정]
정 2007.8.3, 2013.8.13> ② 다음 각 호의 어느 하나에 해당하는 자는 3년 이하의 징역 또는 1억원 이하의 벌금에 처한다. <개정 2007.8.3> 1. 제33조 제1항에 따른 시정조치의 명령에 따르지 아니한 자 2. 제37조 제4항의 규정에 의하여 준용되는 「독점규제 및 공정거래에 관한 법률」 제62조의 규정에 위반한 자 ③ 다음 각 호의 어느 하나에 해당하는 자는 2년 이하의 징역 또는 5천만원 이하의 벌금에 처한다. <개정 2007.8.3, 2013.8.13> 1. 제6조의5 제1항을 위반하여 가맹점사업자로부터 예치가맹금을 직접 수령한 자 2. 제7조 제3항을 위반하여 가맹금을 수령하거나 가맹계약을 체결한 자 3. 제15조의2 제6항을 위반하여 가맹점사업자피해보상보험계약 등을 체결하였다는 사실을 나타내는 표지 또는 이와 유사한 표지를 제작하거나 사용한 자 ④ 제6조의5 제4항을 위반하여 거짓이나 그 밖의 부정한 방법으로 예치가맹금의 지급을 요청한 자는 예치가맹금의 2배에 상당하는 금액 이하의 벌금에 처한다. <신설 2007.8.3>	
제42조(양벌규정) 법인의 대표자나 법인 또는 개인의 대리인, 사용인, 그 밖의 종업원이 그 법인 또는 개인의 업무에 관하여 제41조의 위반행위를 하면 그 행위자를 벌하는 외에 그 법인 또는 개인에게도 해당 조문의 벌금형을 과(科)한다. 다만, 법인 또는 개인이 그 위반행위를 방지하기 위하여 해당 업무에 관하여 상당한 주의와 감독을 게을리하지 아니한 경우에는 그러하지 아니하다. [전문개정 2010.3.22]	

가맹사업거래의 공정화에 관한 법률 [법률 제14135호, 2016.3.29., 일부개정]	가맹사업거래의 공정화에 관한 법률 시행령 [대통령령 제27528호, 2016.9.29., 일부개정]
제43조(과태료) ① 가맹본부가 제3호 또는 제4호의 규정에 해당하는 경우에는 1억원 이하, 제1호 또는 제2호의 규정에 해당하는 경우에는 5천만원 이하의 과태료에 처한다. <개정 2007.8.3, 2013.8.13> 1. 제32조의2 제2항에 따른 자료를 제출하지 아니하거나 거짓의 자료를 제출한 자 2. 제37조 제1항의 규정에 의하여 준용되는 「독점규제 및 공정거래에 관한 법률」 제50조 제1항 제1호의 규정에 위반하여 정당한 사유 없이 2회 이상 출석하지 아니한 자 3. 제37조 제1항의 규정에 의하여 준용되는 「독점규제 및 공정거래에 관한 법률」 제50조 제1항 제3호 또는 동조 제3항의 규정에 의한 보고 또는 필요한 자료나 물건의 제출을 정당한 사유 없이 하지 아니하거나, 허위의 보고 또는 자료나 물건을 제출한 자 4. 제37조 제1항의 규정에 의하여 준용되는 「독점규제 및 공정거래에 관한 법률」 제50조제2항의 규정에 의한 조사를 정당한 사유없이 거부·방해 또는 기피한 자 ② 가맹점사업자가 제1항 제2호 또는 제3호의 규정에 해당하는 경우에는 1억원 이하, 동항 제1호의 규정에 해당하는 경우에는 1천만원 이하의 과태료에 처한다. ③ 가맹본부 또는 가맹점사업자의 임원이 각각 제1항 제3호의 규정에 해당하는 경우에는 5천만원 이하, 동항 제1호 또는 제2호의 규정에 해당하는 경우에는 1천만원 이하의 과태료에 처한다. ④ 가맹본부 또는 가맹점사업자의 종업원 또는 이에 준하는 법률상 이해관계에 있는 자가 각각 제1항 제3호의 규정에 해당하는 경우에는 5천만원 이하, 동항 제2호의 규정	**제37조(과태료의 부과기준)** 법 제43조 제6항 및 제7항에 따른 과태료의 부과기준은 별표 5와 같다. [전문개정 2014.2.11]

가맹사업거래의 공정화에 관한 법률 [법률 제14135호, 2016.3.29., 일부개정]	가맹사업거래의 공정화에 관한 법률 시행령 [대통령령 제27528호, 2016.9.29., 일부개정]
에 해당하는 경우에는 1천만원 이하, 동항 제1호의 규정에 해당하는 경우에는 5백만원 이하의 과태료에 처한다. ⑤ 제37조 제1항의 규정에 의하여 준용되는 「독점규제 및 공정거래에 관한 법률」 제43조의2의 규정에 의한 질서유지명령에 응하지 아니한 자는 100만원 이하의 과태료에 처한다. <개정 2007.8.3> ⑥ 다음 각 호의 어느 하나에 해당하는 자에게는 1천만원 이하의 과태료를 부과한다. <개정 2007.8.3, 2013.8.13> 1. 제6조의2 제2항 본문을 위반하여 기한 내에 변경등록을 하지 아니하거나 거짓으로 변경등록을 한 자 2. 제9조 제3항을 위반하여 같은 항 각 호의 어느 하나에 해당하는 정보를 서면으로 제공하지 아니한 자 3. 제9조 제4항을 위반하여 근거자료를 비치하지 아니하거나 자료요구에 응하지 아니한 자 4. 제9조 제5항을 위반하여 예상매출액 산정서를 제공하지 아니한 자 5. 제9조 제6항을 위반하여 예상매출액 산정서를 보관하지 아니한 자 6. 제11조 제3항을 위반하여 가맹계약서를 보관하지 아니한 자 ⑦ 다음 각 호의 어느 하나에 해당하는 자에게는 300만원 이하의 과태료를 부과한다. <개정 2007.8.3, 2013.8.13> 1. 제6조의2 제2항 단서를 위반하여 신고를 하지 아니하거나 거짓으로 신고한 자 2. 제29조 제3항을 위반하여 가맹거래사임을 표시하거나 유사한 용어를 사용한 자 ⑧ 제1항부터 제7항까지의 규정에 따른 과태료는 대통령령으로 정하는 바에 따라 공정거래위원회가 부과·징수한다. <신설 2007.8.3>	

가맹사업거래의 공정화에 관한 법률 [법률 제14135호, 2016.3.29., 일부개정]	가맹사업거래의 공정화에 관한 법률 시행령 [대통령령 제27528호, 2016.9.29., 일부개정]
⑨ 삭제 <2010.3.22> ⑩ 삭제 <2010.3.22> ⑪ 삭제 <2010.3.22>	
제44조(고발) ① 제41조 제1항·제2항 제1호 및 제3항의 죄는 공정거래위원회의 고발이 있어야 공소를 제기할 수 있다. ② 공정거래위원회는 제41조 제1항·제2항 제1호 및 제3항의 죄 중 그 위반의 정도가 객관적으로 명백하고 중대하다고 인정하는 경우에는 검찰총장에게 고발하여야 한다. ③ 검찰총장은 제2항의 규정에 의한 고발요건에 해당하는 사실이 있음을 공정거래위원회에 통보하여 고발을 요청할 수 있다. <개정 2013.8.13> ④ 공정거래위원회가 제2항에 따른 고발요건에 해당하지 아니한다고 결정하더라도 감사원장, 중소기업청장은 사회적 파급효과, 가맹희망자나 가맹점사업자에게 미친 피해 정도 등 다른 사정을 이유로 공정거래위원회에 고발을 요청할 수 있다. <신설 2013.8.13> ⑤ 제3항 또는 제4항에 따른 고발요청이 있는 때에는 공정거래위원회 위원장은 검찰총장에게 고발하여야 한다. <신설 2013.8.13> ⑥ 공정거래위원회는 공소가 제기된 후에는 고발을 취소하지 못한다. <개정 2013.8.13>	

사항색인

[ㄹ]

[ㅂ]

[ㅅ]

[ㅇ]

[ㅈ]

[ㅎ]

[저자약력]

김 홍 석
숭실대학교 대학원 법학박사(상법)
(전)
법무부, 외교부, 주제네바대표부, 경제기획원, 국무총리행정조정실,
공정거래위원회 위원장 비서관, 기획재정담당관, 특수거래과장,
대전지방사무소 소장, 대통령직속 중소기업특별위원회 정책과장,
선문대학교 시설관리본부장, 총장보좌역

(현재)
선문대학교 경찰행정법학과 교수
선문대학교 성화학숙(기숙사) 관장
서울고등검찰청 항고심사회 위원
서울특별시 경제민주화위원회 위원
서울특별시 민생침해 근절 민·관대책협의회 공동위원장
공정거래위원회 대전지방공정거래협의회 자문위원
녹색소비자연대전국협의회 이사 등

〈주요저서 및 논문〉

공정거래법, 하도급법, 방문판매법, 상조업과 할부거래법, 전자상거래 및 통신판매
소비자보호법, 표시·광고법, 교정 및 형집행법,
교정 및 수용자처우법 외

다단계판매조직의 성립요건에 관한 소고
방문판매법상 소비자피해보상보험제도에 관한 고찰
방문판매법상 다단계판매의 개념정의와 개정방향에 관한 연구
방문판매법상 공제조합의 법적 성격과 제도개선 방안
다단계판매분야에서의 소비자피해예방시스템개선 및 공제조합의 발전 방안
상조업에서의 소비자피해예방을 위한 공제조합의 설립필요성과 운영 방안
홍보관 등 특설판매업에서의 소비자보호방안에 관한 연구 외 다수

알기쉬운 프랜차이즈
가맹사업거래법의 이해

초판 1쇄 인쇄 2017년 1월 2일
초판 1쇄 발행 2017년 1월 5일

저 자 김홍석
발 행 인 현근택
발 행 처 화산미디어
주 소 경기도 고양시 덕양구 용현로 10, 507-102(행신동, 무원마을)
신 고 2009년 2월 16일/제395-2009-000012호
전 화 031-973-6929
팩 스 031-972-6930
블 로 그 blog.daum.net/kthyun1
홈페이지 www.hwasanm.com

정 가 35,000원
ISBN 979-11-5977-009-8 (93360)

잘못된 책은 언제나 바꾸어 드립니다.
(저자와의 협의하에 인지는 생략합니다)